经管核心课程系列

商务伦理与会计职业道德

Business and Professional Ethics for Accountants

张俊民 编著

复旦大学出版社

前　言

会计首先是道德的会计。会计职业道德之所以越来越受到重视，就在于会计信息作为公共产品，是投资者、债权人及社会公众进行经济决策的重要信息依据。会计通过确认、计量、记录、报告及信息披露，发挥经济资源的经管责任落实、实施经济利益分配、解脱受托人受托责任、提高经济资源配置效率、维护和实现资本市场秩序乃至经济社会秩序的重要职责。会计的经济后果随着资本市场的快速发展愈发凸显，信息优势拥有者盈余管理愈烈，会计监管的政治活动性也就为社会经济利益相关者各方更加关注。一旦会计道德失范的现象具有普遍性征兆，财务舞弊、会计信息失真演变为系统风险，必将危害社会公众的根本利益，动摇社会发展的信用基础，进而扰乱并破坏整个市场经济的正常运行秩序。因此，在不断快速提升我国"硬实力"的同时必须加快"软实力"的发展速度，否则将欲速则不达。

商务伦理以及管理伦理是会计职业道德的基础，商务伦理以及管理伦理的状况与水平不仅是会计职业道德的重要环境条件，而且直接影响甚至决定着会计职业道德的状况与水平，研究会计职业道德必以商务伦理以及管理伦理的研究为基础。伦理学以研究协调与管理人际关系为主要内容，因此以利益相关者理论为切入点研究商务伦理和会计职业道德应该是事半功倍之路径。这构成本书的基本研究思想框架，也是其内容体系的主要特点之一。

会计职业道德按照会计职业划分，主要包括受雇于企事业单位的会计职业道德和执行公共业务的注册会计师职业道德。就会计职业道德监管而言，注册会计师及会计师事务所职业道德监管是其中的重点内容，而注册会计师职业道德监管的核心内容主要是会计师事务所诚信监管。会计师事务所提供的审计服务是一种具有使用价值和价值的特殊诚信"商品"，其内在质量就是其职业诚信度，诚信是会计师事务所安身立命之本，是保护公众投资者利益和资本市场秩序的基石。会计师事务所诚信作为一种特定职业范畴存在信号传递的大众化障碍，以事务所诚信监管评价指标作为事务所诚信度评价的信号传递的基本载体是现实的理性选择。会计师事务所文化、环境、职业道德和执业质量等因素是决定会计师事务所诚信监管状况的性质标志；进而分析各因素间内在关联度，建立相应完整的事务所诚信监管评价指标体系，拟定各项指标权重参考值；构建综合评价模型，系统阐述评价方法及评价程序。事务所诚信提升依赖于同行乃至整个行业社会公信力的塑造，构筑实施会计师事务所诚信监管评价机制就是将这种"共同责任与义务"以指标的形式加以"固化"。以会计师事务所诚信监管评价实现对注册会计师诚信度的评价，形成本书的另一项主要特点。

本书研究内容是作者主持的国家自然科学基金资助项目"会计师事务所诚信监管指标体系及其联保责任制的研究"(70341035)和"产权视角下的审计师声誉机制及其经济后果研究"(71272189)等科研项目的后续研究成果，同时也是天津市教育委员会天津市高校"十一五"综合投资学科建设项目"会计学科（会计监管与会计信息管理创新团队）"以及天津市"十五"综合投资科技创新项目"基于博弈理论的会计监管独立性研究"的重要研究成果之一。在此对各项目研究参加者王成秋、牛建军、李远鹏、胡国强、傅绍正等表示衷心感谢，他们的参与对于取得预期研究成果发挥了极为重要的作用。

协助编写本书第一版部分章节初稿或资料收集与整理的有文祺、吴艳敏、贾颖、焦娜、隋杰、张金蕾、张莉、宋会丽、张修锋、杨浩、宋晨曦、李伟、程诚、高花飞、刘玉、胡灿、李海岩、王冠、宋敬瑜、徐莉等。本次新版的撰写与修改由张俊民执笔完成。

感谢复旦大学出版社的大力支持与帮助。

本书也是作者多年从事会计学（MPACC）、审计、资产评估专业硕士研究生"商务伦理与会计职业道德"课程和会计学、审计学、财务管理等专业本科生"会计职业道德""商务伦理"等课程教学研究的结晶，在作为理论读物的同时也可以作为教材或教学参考书使用。

由于作者水平所限，书中疏漏与不足之处，敬请读者批评指正。

作　者
2020年6月

目 录

第一编 总 论

第一章 绪论 3
第一节 伦理、道德与诚信 / 3
第二节 文化 / 11
第三节 职业道德 / 16

第二章 商务与会计利益相关者 20
第一节 利益相关者概念 / 22
第二节 利益相关者理论的主要内容 / 24
第三节 利益相关者管理 / 27
第四节 会计利益相关者 / 30

第三章 经济后果与盈余管理 49
第一节 经济人与道德人 / 49
第二节 会计准则经济后果 / 56
第三节 盈余管理 / 59

第二编 商务伦理与管理伦理

第四章 商务伦理 73
第一节 商务伦理的基本内容 / 73
第二节 企业伦理 / 80

第三节　伦理与商业决策 / 95

第五章　管理伦理 ……………………………………………………… 105
第一节　概述 / 105
第二节　主要管理环节的伦理问题 / 115

第三编　会计职业道德

第六章　企业会计职业道德及其规范 …………………………………… 125
第一节　会计人员行为与职责定位 / 125
第二节　企业会计职业道德概念及其历史演变 / 131
第三节　企业会计职业道德的规范 / 145

第七章　注册会计师职业道德及其规范 ………………………………… 162
第一节　注册会计师职业道德概念及特征 / 162
第二节　注册会计师职业道德历史发展简况 / 169
第三节　注册会计师职业道德的基本内容 / 174

第八章　商务伦理风险与会计职业道德冲突 …………………………… 185
第一节　商务伦理风险与会计职业道德冲突概述 / 185
第二节　商务伦理风险与会计职业道德冲突种类及内容 / 195
第三节　商务伦理风险与会计职业道德冲突解决 / 203

第四编　会计师事务所诚信监管及其评价

第九章　会计师事务所诚信监管概述 …………………………………… 215
第一节　会计师事务所诚信监管概念及研究状况 / 215
第二节　会计师事务所诚信监管的制度背景考察 / 237

第十章　会计师事务所诚信监管基本特征理论分析 …………………… 244
第一节　会计师事务所诚信的排他性特征 / 244
第二节　会计师事务所诚信监管的经济学简要分析 / 255

第三节 会计师事务所诚信监管的上层建筑地位分析 / 261
第四节 会计师事务所诚信监管的自发性与自觉性 / 262

第十一章 会计师事务所诚信权力保护 ⋯⋯⋯⋯⋯⋯⋯⋯⋯⋯⋯⋯ 265
第一节 权力的内涵与分类 / 265
第二节 会计师事务所诚信公力保护 / 267
第三节 会计师事务所诚信私力保护 / 275

第十二章 会计师事务所诚信监管内容及评价 ⋯⋯⋯⋯⋯⋯⋯⋯ 278
第一节 会计师事务所诚信监管内容的理论分析 / 278
第二节 会计师事务所诚信监管的具体内容 / 284
第三节 会计师事务所诚信监管评价指标与标准 / 298
第四节 研究结论与局限性 / 307

附表1 会计师事务所诚信监管四级指标评价标准一览表 ⋯⋯⋯ 310

附表2 四级指标评价数据统计分析表 ⋯⋯⋯⋯⋯⋯⋯⋯⋯⋯⋯⋯ 328

附表3 三级指标评价数据统计分析表 ⋯⋯⋯⋯⋯⋯⋯⋯⋯⋯⋯⋯ 331

附录 ⋯⋯⋯⋯⋯⋯⋯⋯⋯⋯⋯⋯⋯⋯⋯⋯⋯⋯⋯⋯⋯⋯⋯⋯⋯⋯ 333
案例一 红光实业案 / 333
案例二 琼花事件考验保荐人制度 / 338
案例三 潜规则搞垮法国大银行 / 343
案例四 理性看待上市公司"高送转"现象 / 344
案例五 十亿财务造假现形,海王继续疯狂造假 / 345
案例六 PT水仙退市案 / 348
案例七 从猴王事件看完善公司财务治理结构 / 351
案例八 普华永道的谨慎生存 / 353
案例九 德勤与普华永道面临诚信危机 / 354
案例十 国际四大会计师事务所遭信任危机 / 356

第一编 总论

第一章 绪 论

第一节 伦理、道德与诚信

一、伦理

"伦理"中的"伦"指人们的关系,"理"即道理,伦理指人与人之间关系的道理。"伦理"一词,在西方来源于古希腊文"伊索思"(ε'θos)。这个词在早期古希腊哲学家中还曾作为专门术语,用来表示某种现象的本质或实质。几经演变之后,人们逐渐开始固定用这个词来表示一个民族特有的生活习惯,相当于汉语的"风尚""习俗"等概念,又有"性格""品质""德性"等意思。在中国,"伦""理"二字据《中国大百科全书》(哲学卷)所载,早在公元前8世纪前后的《尚书》《诗经》《易经》等著作中已分别出现。"伦"有类、辈分、顺序、秩序等含义,可以被引申为不同辈分之间应有的关系。"理"则具有分别、条理、道理、治理等意义。"伦理"二字合用,最早见于秦汉之际成书的《礼记》:"凡音者,生于人心者;乐者,通伦理者也"①,意指音乐同伦理是相通的,以"乐"实现人与人之间之和谐、之气顺。这里所说的"伦理"已含有人们之间关系的基本意思。大约西汉初年,人们开始广泛使用"伦理"一词,以概括人与人之间的道德原则和规范。东汉经学家郑玄认为:在汉语"伦理"二字中,"伦,犹类也;理,犹分也"。东汉文字学家许慎等人则从文字学上解释道:"伦"字,从人从仑,故仑字有"条理""思虑"等意,加上人字旁作偏旁,便含有人与人之间应有之理的意思,所以简单地说,在我们汉语中"伦"指人们之间的关系,故有"人伦"一说;"理"则指道理、规律和原则。"伦理"合起来则指人与人之间相处应当遵守的道理,或者说处理人与人之间相互关系的道理②。P·普拉利在《商业伦理》一书中认为伦理学是哲学的一个分支,研究范围包括道德行为和不道德行为,目的是做出持之有据的判断,提出充足的建议。该书中的伦理,指的是道德哲学或者规范伦理。伦理学并不一定与它的学科知识,即道德期望相对道德行为的常规判断完全同一。伦理学是一门规范性的研究,因而不是一门描述性的科学。规范伦理不是要对道德实践进行不偏不倚的罗列,而是要在详尽的评估框架中对问题加以组织③。

伦理学的管理作用主要表现为:(1) 协调与管理人际关系,通过道德的管理手段,如舆论、风俗、习惯等形式调节人的行为,管理人际关系;(2) 特殊方式管理社会,通过人们的善恶评价体系标准,管理人们的社会行为;(3) 整个社会系统中伦理与法律相互补充,相互关联,道德规范与法律规范相互结合,共同发挥作用。但是,与法律不同,伦理以自发的形式如

---

① 张松山:《商业伦理学》,中国商业出版社,1994年版,第2页。
② 张应杭:《企业伦理学导论》,浙江大学出版社,2002年版,第2页。
③ 〔美〕P·普拉利主编,洪成文等译:《商业伦理》,中信出版社,1999年版,第3页。

社会舆论、风俗习惯、良心、道德理想等管理社会,两者互相区别。

经济伦理的含义是指,人对财产的依赖性,无恒产者无恒心。当大多数无产者转变为大多数有产者之后,保护私有财产不受侵犯就是一种现实的制度选择,但是不能两极分化,既要促进富人更富,同时又要使穷人也富起来,这就是共同富裕,这就是社会主义的优越性,社会主义不是让穷人、让无产者永远是无产的。在商品经济条件下,有了资产也就是有了资本,或称之为资金,资本是计量、衡量资产的一种手段与方法,是一种工具,是一种符号。有了资本会不会产生剥削,人会不会成为资本的奴隶?人不能做"物"的奴隶。资本具有双重性:有利也有害,伦理要求趋其利避其害,利是效率,害是产生食利者,也就是剥削。要让所有的人都富起来的关键是极大地提高社会经济效率,资本就是最好的工具。趋利避害需要建立完善社会主义市场经济体系和制度。避害的核心:一是如何完善分配制度安排问题,也就是不能两极分化,也就是要和谐发展,以人为本;二是解决好资源配置问题,谁拥有资源谁就拥有了分配权,完善资本市场及企业制度、社会保障等一系列制度。

二、道德

道德是一种社会意识形态,它是依靠社会舆论、人们内心的信念和传统习惯的善恶评价方式来调节人与人、个人与社会、人与自然、人与自身的伦理关系的行为准则、行为规范的总和,也指以善恶评价的方式调整个人与个人、个人与社会之间相互关系的标准、原则和规范的总和。"道德"的"道"路也,"德"得也,道德为获利之道。道德的功利性一目了然。义利统一,取财有道。在中国古代,道德含义较广,但主要是指行为规范、品行修养、善恶评价等。在西方,道德(moral)一词源于拉丁文 moralis,原意为风俗、习惯、品性、性格等。英文中的"道德"(ethics)则来源于希腊语中的"ethykos",另一个相同词根的词是"ethos"(社会精神风范),它是知识、信仰、原则的集合体。

道德是社会意识形态之一,它受社会经济关系,特别是生产关系的制约。在阶级社会,道德主要表现为阶级的道德,但在特定的历史条件下,道德有其共性或相似性,因而不同历史时期或同一时期的不同阶级之间的道德存在着相互借鉴的问题。一定的道德原则或规范一旦产生之后对其所依存的社会经济关系将产生重要的影响,它通过调节人们之间以及个人与社会之间的相互关系,在一定的范围内影响着社会生活的秩序。其作用的方式在于通过社会舆论、传统习惯及个人的内心信念对人们的道德和行为进行价值判断。

从内容上看,道德包括主观与客观两个方面:道德的主观方面包括道德活动主体的道德意识、道德判断、道德信念、道德情感、道德意志、道德修养、道德品质等;道德的客观方面是指特定的社会关系对社会成员的客观要求,包括道德关系、道德标准、道德原则和道德规范等,并贯彻于社会生活的各个领域。

伴随着社会的发展,出现了越来越多的职业和更精细的社会分工,从事一定职业的人们在长期的社会实践中,亦逐渐形成一种特有的职业道德规范和行为标准,以此来规范从业人员的职业行为。

可以从以下四个方面来理解道德。

(1) 它是一种社会意识形态,属于上层建筑的范畴。道德是一定社会为了调整人们之间,以及个人与社会之间相互关系所倡导的行为准则和规范的综合。从本质上讲,道德是一种由社会经济关系决定的、从属于上层建筑的社会意识形态。道德的内容受社会经济关系的制约,社会经济关系的性质决定着道德体系的性质。

(2) 它是一种准则规范。用于律人——调节人与人之间的关系(社会道德),调节人与自然之间的关系(生态道德);用于自律——调节人与自身之间的关系(属于伦理学的范畴)。

(3) 它是一个属于文化的范畴,通过社会舆论、内心信念、传统习惯发挥作用。

(4) 它是一个时间和空间的概念,不同时期、不同民族、不同地域具有不同的道德意识和标准,同一时期的不同地域或同一地域的不同时期都有不同的道德规范、道德意识。

道德关系是意识形态和上层建筑诸关系之一,它是由经济关系所决定,并且按照一定的道德观念、道德原则和规范所形成的一种特殊的社会关系,是人们通过彼此意识形成的特殊的"思想的社会关系"之一。道德关系隶属于上层建筑,是一种思想的社会关系,即它是一种意识形态,受社会物质条件的制约;道德关系是人与道德指向(人、自然、社会)之间的关系,是由经济关系决定的。伦理关系和道德关系相辅相成,伦理关系是构成道德关系的前提,道德关系表现且调控着伦理关系,道德关系健康则伦理关系和谐,道德关系紧张则伦理关系混乱。伦理关系和道德关系的异同如表1-1所示。

表1-1 伦理关系和道德关系的异同

项 目	伦 理 关 系	道 德 关 系
存在形式	自然形成,客观上本来就存在	在伦理关系基础上依据对客观存在的伦理关系的认识而自觉建构起来
性 质	是道德关系的本体(父子、君臣)	是伦理关系的状态(亲、义、别、序、信)
稳 定 性	一段时间内相对稳定	多样性、可变性
相互作用	是道德关系的前景	调控伦理关系

道德现象是人类社会诸现象之一。人类社会的道德现象,是人与道德指向(人、自然、社会)之间的某种道德关系的表现,是一种实践现象。我们通常可以将道德现象细分为三个层面,即道德活动现象、道德规范现象和道德意识现象。道德活动现象主要指人类生活中依据一定的道德规范,可以用善恶观念评价的群体活动和个体行为。它是道德的实践环节,与道德意识相互区别,相互丰富,道德活动与道德意识的矛盾运动推动了人类道德不断向前发展。道德意识现象是指在道德活动中形成并影响道德活动的各种具有善恶价值的思想、观点和理论体系。它是整个道德现象中深层次的部分,是人的主观意识,产生于道德活动,反过来指导道德实践。道德规范现象是一种规范,是对道德活动的立法,它是社会道德活动中抽象出来的,分为个体道德规范和社会道德规范,两者相互联系、相互区别。

社会公德是指社会全体公民为维护社会正常生活秩序和人际关系而必须共同遵守的最简单、最起码的社会公共生活准则。这种准则,其本质是重视他人的存在,重视个人与社会、个人与企业、个人与自然的关系,以此协调人际关系、协调生态关系,维护社会公共生活的相对稳定。社会公德的基本要求通常有:为人正直、善良、诚实、守信;人们相互之间团结合作、互相尊重、互相帮助;维护社会公共秩序、公共设施、公共卫生、公共安全;讲究行为文明、礼貌交往。

伦理关系是人与客观世界(社会、自然、人本身)之间本来具有的、客观存在的、特殊的关系,如君臣、父子、朋友、长幼等。伦理关系与道德关系相辅相成,伦理关系是客观的本来既有的社会关系。伦理关系在一定时期内是相对稳定的,而道德关系则具有多样性和可变性。在现实生活中人们常常将伦理道德联合起来使用。比如,会计伦理道德是指在全球范围内调整会计与投资者、会计与市场主体及会计本身之间的关系的基本行为规范,使会计活动为了生存和发展所必须遵守的一系列行为准则。会计伦理道德从适用范围而言,不仅包括会计职业道德,还包括社会会计道德。社会会计道德要求不能仅仅将会计伦理道德局限在职业道德的范畴中,还应将其看作是社会道德的组成部分,以便使社会公众能理解、接受、遵守会计伦理道德,监督其实施。会计理论上的伦理道德标准将重点放在正当、真实与公正上,这是作为会计应遵守的普遍道德标准[①]。

三、诚信

诚信是指诚实、守信、真实、无妄的总称,也就是实事求是、真实客观、不弄虚作假、无妄无欺,它要求人们言行一致,表里如一,忠诚为人,以诚待人。在中国古人看来,诚是指一种真实无妄、表里如一的品格,也是道德的根本。信是指一种诚实不欺、遵守诺言的品格。诚信的内容与要求是多方面的,但最基本的是以诚为本,取信于人。诚是根本,信是诚的表现,诚涵内,信显外。诚与信是一而二,二而一。诚实必须守信,守信源于诚实。有诚无信,有信无诚,都不能达到诚信品质的内在要求。诚信之德在于言必信,行必果,言行一致,表里如一,讲究信用,遵守诺言。诚信人之本性,古语云"言而无信,非人也"。同时,诚信看上去是人的一种主观行为,实则是客观的、必然的,人与人、人与社会之间的相互关系的形成是诚信赖以产生的客观条件。诚信是世间万物和人类社会所固有的实在和内心的实在表达。王船山说"诚也者,实也,实有也"[②]。诚信的基本含义是诚实无欺,讲求信用,这构成了人类社会做人处事的基本道德准则。《说文解字》的注释认为"诚,信也""信,诚也"。朱熹说"诚者何?不自欺、不妄之谓也"[③]。诚信表明了人与人相处时应当诚实无欺、言行一致。许慎说"信,诚也,从人言"[④]。《释名》指出"信,申也,相申述使不相违也"[⑤]。孔子认为"人而无信,不知其可也",并把"言必信,行必果"[⑥]作为规范弟子言行的基本要求。孟子认为"诚者,天之道也。思诚者,人之道也"[⑦],表明诚信是自然的规律,追求诚信是做人的规律。诚信是自然而然的存在,追求诚信是做人处世之道。诚信也是道德的本原。二程认为"天地非人不立",而人只有至诚,才能发挥"参天地,赞化育"的作用[⑧]。"这里的'天'不仅代表着人类群体赖以生存的自然环境,而且代表着人类群体赖以生存的文化环境,尤其代表着群体或个体的终极信念与安身立命之根据"[⑨]。所谓"天理"就是指客观规律"自然法则",是不以人的意志为转移的,是人类必须遵守的规则。

诚信不仅是一般人的行为准则,而且还是政治生活的普遍性原则。对于为政者来说,诚

---

① 劳伦斯·波尼蒙主编,李正、王晖、翁乐天、王颖译:《会计职业道德研究》,上海人民出版社,2006年版,第1页。
② 《尚书引义》卷四。
③ 《朱子语类》卷一一九。
④ 许慎:《说文解字》。
⑤ 《法言·重黎》。
⑥ 《论语·学而》。
⑦ 《孟子·离娄》。
⑧ 《二程集》。
⑨ 武高寿:"论'信'",《山西大学学报》,1997年第3期。

信是立民之本。"为天下之至诚,谓能经纶天下之大经,立天下之大本,知天地之化育"①,"欲正其心者,先诚其意","意诚而后心正"②。荀子从诚信对国家强弱的影响角度,强调了诚信在政治生活中的重要性,他说:"政令信者强,政令不信者弱。"③孔子也对这一点作了精辟的阐述:"子贡问政。子曰:'足食,足兵,民信之矣。'子贡曰:'必不得已而去,于斯三者何先?'曰:'去兵。'子贡曰:'必不得已而去,于斯二者何先?'曰:'去食。自古皆有死,民无信不立。'"④可见,在孔子眼中生命与诚信相比,诚信更为重要。失去人民信任的统治者,是立不住脚的。统治者能够取得人民的信任,是政治凝聚力形成的前提和关键。它在很大程度上决定了某一政权能否创建、巩固和发展。

诚信是人类发展过程中的观念支撑与平衡,是人类自我和谐发展中的一种监管活动。个体的人的生存与发展,人类社会及其历史的延续,始终是以个人之间的行为互动形成的社会交往的不断展开来实现的。在个人的社会性生活之中,在个人与他人之间的关系的稳定与扩展的过程中,在个人与他人的彼此交往与协调中必然形成一种共同的观念和约束机制,进而成为产生诚信观念的基础,这既是一种自然的过程,又是人类对自身价值的关注和价值平衡,以及价值冲突解决的过程。诚信本身是人的价值的体现和对人的尊重。古人云:"信者,行之基也";周敦颐指出"诚,五常之本,百行之源也"⑤。孔子认为:"上好礼,则民莫敢不敬;上好义,则民莫敢不服;上好信,则民莫敢不用情。夫如是,则四方之民襁负其子而至矣。"⑥这是指做官的人讲求诚信,则百姓不会说假话、作假事,如此,则四方百姓背着孩子来归附。子夏也认为:"君之信而后劳其民,未信则以为厉己也;信而后谏,未信则以为谤己也。"⑦汉代思想家荀悦提出:"致治之术,先屏四患,乃崇五政。""四患既蠲,五政既立,行之以诚,守之以固。"⑧"四患"是指伪、私、放、奢。伪,即不诚信、作假、欺骗、伤风败俗、扭曲人性;私,即营私、谋取不义之财、会破坏法令,使国家失去控制;放,即放纵,会使礼仪名存实亡;奢,即奢侈享受,使人欲泛滥。"五政"指的是"养生""正俗""彰化""秉威""统法"五项政事。

诚信是一种社会监管,还可以从诚信是法律的基石的角度来考察。我国自古就有"法者,国家所以布大信于天下"的观念。"德礼为政教之本,刑法为政教之用"⑨,"法律必须具有道德性,才能具有合理性;失去道德基础的法律,不是恶法,就是被公民拒绝的法"⑩。《臣轨·诚信》是武则天所制定的官德戒规,指出:"凡人之情,莫不爱于诚信。诚信者,即其心易知。""非诚信无以取爱于其君,非诚信无以取亲于百姓。故上下通诚者,则暗相信而不疑;其诚不通者,则近怀疑而不行。""夫诚信者,君子所以事君上、怀下人也。天不言而人推高焉,地不言而人推后焉,此以诚实为本者也。故诚实者,天地之所守而君子之所贵也。"⑪

---

① 《中庸》。
② 《大学》。
③ 《荀子·议兵》。
④ 《论语·颜渊》。
⑤ 《通书·诚下》。
⑥ 《论语·子路》。
⑦ 《论语·子张》。
⑧ 《申鉴·政体》。
⑨ 《唐律疏议·序》。
⑩ 谢晖:《法律信仰的理念与基础》,山东人民出版社,1997年版,第76—77页。
⑪ 《臣轨·诚信》。

诚信中蕴含着朴素的平等观,诚信是平等主体之间处理相互关系的道德原则。孟子提出:"父子有亲,君臣有义,夫妇有别,长幼有序,朋友有信。"说的是在五伦关系中,唯有朋友是平等的主体。而谭嗣同认为"三纲五常"中唯有朋友"一伦"合乎人与人相处的原则,指出:"五伦中与人生最无弊而有益,无纤毫之苦,有淡水之乐,其为朋友乎!"[1]这是指在人们的社会交往中,最具普遍意义的是诚信、平等、自由、正义等基本法则。

在西方法律中,诚信原则的使用起源于罗马法中的诚信契约和诚信诉讼。诚信契约是和严正契约相对称的一个概念。在诚信诉讼中,程式中注明"按诚信"(exbona fide)原则的字样,使承审员可斟酌案情,根据当事人在法律关系中的应该诚实信用,按公平正义的精神而进行恰当地判决,不必严守法规,拘泥于形式,故原告如欺诈胁迫等行为,即使被告未在程式中提出抗辩,承审员也有开释被告之权[2]。诚信契约较严正契约不仅要求当事人承担契约规定的义务,而且还要具备善意诚实的内心状态。罗马皇帝查士丁尼指出:"法律的基本原则是:为人诚实,不损害别人,给予每个人他应得的部分。"[3]以罗马法时期为例,"一方面商品经济的蓬勃发展以国际贸易的繁荣为中心;另一方面,诚信对于国际贸易来说是一种决定性的要素,它被执法官确认具有规范性意义,赋予符合商品经济发展的新行为和新关系以效力……",所以,"罗马人承认'诚信'是一种规范要素,'诚信'创造出一系列罗马的规则"[4]。"由于道德约束的弱势强制难以控制私欲的膨胀,法律比任何时候更需要诚信的介入。将诚信这一道德规则法律化无疑为秩序增设另一种更加强有力的规则屏障。故诚信这一道德规则在人类进入市场经济之后,越来越多地体现在法律之中,规定也越来越细化和具体。""诚信这一道德规则除了通过道德法律化进入法律中成为法律规范的一部分之外,它还为评价法律提供了价值基础和道德前提。"[5]"当法治概念的经典要义将社会各要素普遍地符合良法规范的有序状态囊括于自身时,它已内在地包含了正义、公平、诚实信用等精神或原则。"[6]

英国马林诺夫斯基认为:美拉尼西亚人乘独木舟捕鱼,除了独木舟主人以外,还有其他人,如船长、舵手、看渔人、撒网人等,他们必然需要诚实有信用地完成自己应完成的任务,才能生存下去[7],人们在诚信的道德规则的约束抑或诚信的行为习惯的遵从中,实现着生产的目的,维持着社会的平衡与稳定。

"1922年苏俄民法典及其后的捷克斯洛伐克民法典、波兰民法典、匈牙利民法典等虽规定不一,但上述东欧国家民法中有关规定的精神,无非是要求当事人在行使权利义务时保持相互利益的平衡,以及他们的利益和社会利益的平衡,与诚信要求完全相合,是诚信原则的具体化,是实质意义上的诚信原则。"[8]

"诚信法律化后,可以通过国家强制力发挥其应有的作用;但道德的诚信,只有通过人们内心的信念、社会舆论、习惯发挥作用。因此,要使道德的诚信发挥其作用,诚信人是必不可少的前提。所谓的诚信人是一个抽象的概念,按照现在的法律用语,在实际生活中存在的是

---

[1] 转引自武高寿:"论'信'",《山西大学学报》,1997年第3期。
[2] 转引自廖进、赵东荣:《诚信与社会发展》,西南财经大学出版社,2004年版,第105页。
[3] 〔罗马〕查士丁尼著,张企泰译:《法学总论》,商务印书馆,1989年版。
[4] 胡旭晟:"论法律源于道德",《法制与社会发展》,1997年第4期。
[5] 廖进、赵东荣:《诚信与社会发展》,西南财经大学出版社,2004年版,第110页。
[6] 林吉吉、张国炎:"诚实信用:现代法治社会的道德基础",转引自廖进、赵东荣:《诚信与社会发展》,西南财经大学出版社,2004年版,第110页。
[7] 〔英〕布·马林诺夫斯基著,许章润译:"初民的犯罪与刑罚",《南京大学法律评论》,1998年第1期。
[8] 徐国栋:《民法基本原则解释》,中国政法大学出版社,1992年版。

机关、团体、企事业单位、公民个人等。诚信人的概念不考虑这些具体组织形式,只考虑其是否具有诚信的理念,在行为中是否遵守承诺、重视信誉、善意行事。"①

在西方资本主义市场经济几百年的历史中,诚信问题一直困扰着社会大众。资本主义商品经济的早期阶段,诚信状况非常糟糕。马克思认为:"只要商业资本是对不发达的共同体的产品交换起中介作用,商业利润就不仅表现为侵占和欺诈,而且大部分是从侵占和欺诈中产生的。"②到亚当·斯密时代,工业革命刚刚开始,诚信状况有所改善,但实际情况还是不能令人满意:经营者的利益与公众利益往往不一致,有时甚至相悖,经营者的利益在于欺骗公众,经营者聚到一起谈论的不是阴谋对付公众就是筹划抬高价格。马歇尔时代,西欧工业革命接近尾声,市场经济体制已相对完善和发达,诚信状况有了很大改观,马歇尔认为,贸易中的欺诈行为猖行于资本主义市场经济的早期和经济不发达地区,一旦经济发展到一定程度,尽管欺诈的机会并未完全消失,但抵御欺诈的力量还是在不断地发展壮大③。恩格斯认为诚信首先是现代经济规律,其次才表现为伦理性质,指出:"现代政治经济学的规律之一就是:资本主义生产与发展,它就愈不能采用作为它早期阶段的特征的那些琐细的哄骗和欺诈手段……的确,那些狡猾手腕在大市场上已经不合算了,那里时间就是金钱,那里商业道德就必然发展到一定的水平,其所以如此,并不是出于对伦理的狂热,而纯粹是为了不白费时间和劳动。"④

基于以上,可以从以下六个方面认识诚信:(1)诚信是人类基于共同劳动并伴随人类的产生而产生的处理人与人之间相互关系的信念和态度,是人类劳动的集体性意志在人的头脑中的反映,这决定了诚信性质是不以人的意志为转移的,具有客观性质,它是主观见之于客观而存在的人类认识世界、改造世界的一种价值观念和处事态度,属于上层建筑范畴,人们遵守诚信原则就可以不断推动人类社会的发展,不讲诚信就违背了客观规律要求,就会阻碍人类社会的进步与发展。(2)诚信是一种信念,也是一种意志、激情、理性和行动。诚信作为一种信念是人们追求一种理想目标,是人们发挥主观能动性的一种价值选择;诚信作为一种意志是促使人类社会发展与进步的一种支撑力和推动力;诚信作为一种激情可以爆发出改造自然、发展社会的智慧,可以坚定意志,焕发出惊人的力量;诚信作为一种理性可以指导人们的行动,调控人们之间的关系;诚信作为一种行动是诚信信念、诚信理性等的综合体现和归宿,是诚信观念变为人类所需求的客观物质性财富的过程。(3)诚信是一种制度及其安排,在 North(1989)的定义中,制度从根本上说是有非正式的约束、正式规则和这两者的实施特征组成的。按照这一原理,不难发现在人类社会生活中,诚信作为一种信念、意志等既是一种非正式的约束,也是一种正式规则,以及非正式的约束与正式规则的实施特征;"生活中的诚信,人与人之间社会交往上的诚信,属于世俗上的诚信,主要受道德的约束,一般靠个人自觉遵守"⑤。当道德约束的弱势强制难以控制私欲的膨胀时,诚信道德规则开始法律化以增强其强有力的规则屏障,诚信的许多内容与规则越来越多地成为法律、规章制度的组成内容,尽管这不会也不可能取代诚信的非正式的约束,但却是诚信制度发展的既成事实和发

---

① 廖进、赵东荣:《诚信与社会发展》,西南财经大学出版社,2004年版,第118页。
② 《马克思恩格斯全集》,第25卷,第369—370页。
③ 转引自周建平:《诚信论》,天津人民出版社,2005年版,第26页。
④ 《马克思恩格斯全集》,第22卷,第368页。
⑤ 邢海宝:"浅论诚信",《诚信与法制》,中国工商出版社,2002年版,第124页。

展规律,诸如"子女对父母有赡养义务"早已成为法律义务而不仅仅是人伦之理。许多道德伦理均已进入法律范畴。(4)诚信自产生之日起就存在或者就已经内涵着诚信的监督管理之意,诚信是社会人与生俱来的信念与意志,但是每个人的所处环境、对诚信的理解以及诚信践约却存在较大差异,自觉自愿的成本很高,效率却很低,因此诚信自产生之日起就需要人们之间相互监视,督促理解、掌握和践行,只是在不同历史时期诚信监管方式、监管内容等存在一定差别而已。(5)诚信是一个发展的概念,在不同历史时期,诚信内涵、特征等存在差别,从人与自然的关系中由"从鸡窝中抢掠鸡蛋"到"养鸡生蛋",从人与社会的关系中由"父子有亲,君臣有义,夫妇有别,长幼有序,朋友有信"到"政府诚信",传统诚信被不断注入新的内涵,"现代诚信应包括两个主要方面:一是与市场经济直接相联系的诚信,它关注与经济主体和行为主体的利益;二是整个现实社会生活中普遍起调节作用和规范作用的诚信。具体而言,它必然包括三个层次的内容:一是各社会个体之间相互尊重、相互爱护、和谐共处的义务;二是社会全体的诚信观念和相应规范,各社会组织利益的获得,不得建立在损害他人以及社会利益的基础之上,并履行一定的社会义务;三是现代政府的诚信行为"。①(6)诚信纳什均衡,诚信是在博弈中存在与发展的,"信,申也,相申述使不相违也"是指主体间的相互约定、相互承诺、相互申辩的有条件的行为意志和观念,就说明了朴素的博弈均衡思想。

四、诚信、信誉、信用及声誉

诚信、信誉及信用是三个既紧密联系又相互区别的概念。如前所述,诚信的"诚"是真诚、诚实、诚恳、诚意等的含义,英文中常用的有 sincere、honest 等,诚信的核心内涵是诚实,守信用,这里信用是指能够履行跟人约定的事情而取得的信任;在经济交往中的信用是指不需要提供物质保证,可以按时偿付的,或者是指银行信贷或商业上的赊销、赊购;显然信用有宽窄两种含义,前者指信任是宽泛或广义的信用,后者则仅指商业信用;信誉是指信用与名誉,信誉中的信用应指广义的信用概念,名誉是指名声②。可见,这三个概念都与信用有关,信用一词最早源于拉丁语 credere,意为信任,后引入英文 credit 具有信贷与信任的含义,被解释为无需当即支付的交易系统③,不讲信用肯定不诚信,也无信誉可言。同时,信用与信誉都以诚实、诚意即诚信为基础,信誉和信用可以反映、评价诚信,正是所谓的"诚涵内,信显外"之意。不同之处主要有:(1)诚信具有一定的内生性,在一定程度上取决于自身的品德和意志,多属于行为主体的内心活动;信誉主要是外生的,主要取决于社会的评价;信用是互生的,既有授信方,又有受信方。(2)信誉、信用的确立大多需要参与活动的另一方或社会通过媒介等方式,比如信用评估机构、征信机构等确立某一个体或组织的信誉或信用,通过交易双方或银行等金融机构建立信用关系等,而对于诚信的评价尽管可以通过其信誉、信用状况加以观察评价,但是脱离诚信主体自身的外部的诚信评价有一定的难度。(3)信誉和信用通常具有较为直接的商业价值,信誉是一种商誉,是一种无形资产;信用是一种交换手段;诚信在一般商业企业或组织中很难单独直接成为商业交换手段。(4)从监管的角度来分析,信誉和信用由于其外显性特征明显,因此其监管相对较为容易,而诚信的监管成本往往会很高,因而信誉和信用可以以直接监管为主,诚信应以诚信主体内部监管为主,诚信的外部监

---

① 郑贤君、潘静:"诚信是构建法治国家的精神基石",《诚信与法制》,中国工商出版社,2002年版,第4页。
② 有关概念解释均来自中国社会科学院语言研究所词典编辑室编:《现代汉语词典》,商务印书馆,2005年版。
③ 在《英文韦氏字典》中解释为"The system of buying and selling without immediate payment on security"。

管则应以间接监管为主。总之,诚信是信用、信誉的基础和前提,诚信在一定程度上决定了信用和信誉水平和程度;信用和信誉在一定程度上具有反映、检验、评价诚信的作用。

第二节 文 化

一、西方对文化阐述的简要考察

文化一词由西方引进,英语、法语中称 culture,德语中称 kultur,皆源于拉丁文 cultura,原意有耕种、居住、练习、留心或注意、敬神等意思。1690 年安托万·菲雷蒂埃的《通用词典》中,其定义为"人类为使土地肥沃,种植树木和栽培植物所采取的耕耘和改良措施",并有注释称"耕种土地是人类所从事的一切活动中最诚实、最纯洁的活动"。19 世纪中叶,一些新的人文学科如人类学、社会学、民族学等在欧洲国家兴起,文化的概念也随之发生变化,从而具有现代意义。在西方,通常认为最先将文化作为专门术语使用的是号称"人类学之父"的英国人泰勒,他认为文化是一个复杂的总体,包括知识、信仰、艺术、道德、法律、风俗,以及人类在社会里所有一切的能力与习惯。知识来自书本、经验等,包括显性知识与隐性知识;信仰是文化的核心要素,是最具精神力量的。艺术如歌剧、雕刻、雕塑、绘画等。道德这里是指道德规范,随时间、地域或文化的不同而不同的价值观。法国启蒙思想家卢梭的《社会契约论》中,对文化的定义是风俗、习惯,特别是舆论;他认为文化有三个特点:铭刻在人们的内心;缓慢诞生,但是每天都在获得新生力量并取代权威力量;能够维持人们的法律意识,激活已经疲软的法律或取代已经消亡的法律。1952 年,美国文化学家克罗伯和克拉克洪发表《文化——概念和定义的批评考察》,对西方 1871—1951 年关于文化的 160 多种定义做了清理与评析,并在此基础上给文化下了一个综合定义:"文化由外显的和内隐的行为模式构成,这种行为模式通过象征符号而获致和传递;文化代表了人类群体的显著成就,包括他们在人造器物中的体现;文化的核心部分是传统的(即历史的获得和选择的)观念,尤其是他们所带来的价值;文化体系一方面可以看作是活动的产物,另一方面则是进一步活动的决定因素。"这一文化的综合定义基本为现代东西方的学术界所认可,有着广泛的影响。《美国传统词典》中,"culture"字源意义为:"广泛传承的行为规范、信仰、制度和所有其他人类劳动及思想产品的总和。广义是人类在社会实践过程中所创造的物质、精神财富的总和;狭义是指自然科学技术和社会意识形态等人类精神产品的社会意识形态。作为一种历史现象,其有历史继承性;作为社会意识形态,其反映着一定社会政治经济的水准。"

二、中国对文化阐述的简要考察

《周易》有所谓:"观乎天文,以察时变;观乎人文,以化成天下",这大概是中国人论述"文化"之始,但其中"文化"一词尚未联结在一起。在中国人此时的观念中,文化的含义是,通过了解人类社会的各种现象,用礼仪、风俗、典籍等教育感化的方法治理天下。到汉朝,"文化"一词正式出现。刘向在《说苑·指武》中提出"圣人之治天下也,先文德而后武力。凡武之兴为不服也。文化不改,然后加诛。夫下愚不移,纯德之所不能化而后武力加焉",这里的"文化"是指文治为法,以礼乐典章制度为依据而教化臣民。晋人束皙也讲"文化内辑,武功外悠",这些都是指的与国家军事手段相对的一个概念。到唐代大学问家孔颖达则别有见地地解释《周易》中的"文化"一词,认为"圣人观察人文,则诗书礼乐之谓",这实际上是说"文化"主要是指文学、礼仪、风俗等属于上层建筑的东西。古人对文化的这种规定性从汉唐时起一直影响到清代,因此明末清初的大学问家顾炎武在《日知录》中说"自身而至于家国天下,制之为度数,发之为音容,莫非文也",即人自身的行为表现和国家的各种制度,都属于"文化"的范畴。《辞海》《辞源》中对文化的定义:人类生存和繁衍的模式。

三、广义文化概念

广义文化是指人类社会历史实践过程中所创造的物质财富和精神财富的总和。依层次不同,包括以下四个方面。

物质文化,是指社会生产、生活、文化娱乐等方面的环境、条件、设施等物质要素的总和。物质文化(硬文化)指有形的物质财富或文化的物质载体。以实物形态显露于外,直接反映经济社会的发展状况和人类文明进步的程度。因此,物质文化可成为评价社会的客观价值尺度。比如,蒸汽机的发明——工业化的开端,计算机——信息时代的来临;又如,考古中发现的古址、古墓、陶片、钱币等反映了不同文明成果。物质文化是文化整体的基础和根本。

精神文化(软文化),通常指为社会多数成员所共有的并指导和支配他们行为的思想意识,其内容包括理想信念、价值观念、行为取向、哲学信仰、法律意识、道德规范、审美情趣、心理习惯等。精神文化无时无刻不通过物质文化表现出来。精神文化是社会文化的核心。因为直接拥有精神,并受其支配的是人,人所创造的各种物质产品、制度的背后,隐藏着人的精神境界。人的精神是国之根、民之本、企业之魂。民族精神、价值观念、伦理道德等文化的力量,是民族的脊梁和灵魂,也是企业活力的源泉。

制度文化(中介文化),是指协调社会各方面关系,规范人们行为的各种法规和制度。就国家而言,为了使社会有秩序、高效率运转而建立的政治、经济、文化等管理体制;就企业而言,为了规范工作程序和提高工作效率而制定的各种章程、条例等。衡量制度文化品位高低的重要标志是各种体制、法规、制度和政策的科学性、管理的有效性、社会的秩序和活力,以及人们的精神面貌。

教育文化(中介文化),是指通过各种形式的教育影响人们的思想观念、道德品质和增加人的知识技能的活动。例如:学校教育、社会教育、家庭教育等。

四、狭义文化概念

狭义文化是指与人类精神活动有关的精神生活、精神现象和精神过程。它包括三个方面的内容:(1)精神本身,包括世界观、思维方式、宗教信仰、价值观、道德标准、认识能力等;(2)精神性的行为,包括衣食住行、婚丧嫁娶、工作学习等;(3)精神的物化产品,以物质形态出现,包括人类所创造的一切物质产品。

文化具有精神性、集合性、独特性和一致性四个特征。精神性是文化最基本的特征。所谓精神性就是指文化必须具有人类的精神活动,与人类精神活动无关的物质就不能称为文化,如山河湖泊等。文化具有很强的社会性,是人与人之间按一定的规律结成社会关系的产物。集合性指文化必须是在一定时期、一定范围内的许多人共同的精神活动、行为或物化产品。独特性指文化是构成一个民族、一个组织或一个群体的基本因素,这些民族、组织或群体的差异性,就形成了他们不同的文化。一致性是指在一个民族、组织或群体中,文化有着相对一致的内容,即有着共同的精神活动,共同的精神性行为和共同的精神物化产品。

五、中西方文化差异与交融

随着中国改革开放的进一步深入,中国经济与世界经济的日趋一体化,跨文化管理亦日益成为中国管理理论界和企业界必须面对的一个重要课题。因此,分析研究导致东西方企业管理差异的文化原因,有利于人们深入认识不同文化背景下的企业管理特征,从而更好地迎接世界性的跨文化管理的挑战。通常认为,东西方企业管理的差异主要表现在以下几个方面:东方宣扬集体主义,西方崇尚个性张扬;东方讲究人际关系,西方推崇科学思想;东方重伦理,西方尚法制;东方管理意在引导,西方管理旨在防范;东方企业鼓励以厂为家,西方企业则主张工厂只是工作的场所;等等。东西方企业管理中的种种差异,导致其形成的原因是十分复杂的,但是东西方不同的思维方式和各自的历史传统,应当说是其管理差异形成的主要文化根源。企业管理的差异,在一定程度上源于文化基础的不同,而东西方文化基础的最根本的差别,在于思维方式的不同。

在对世界的认识上,东方思维方式从综合出发,认为万物归一。正如老子所言:"道生一,一生二,二生三,三生万物。"道也就是中国传统哲学中的元气,它是一个混沌的整体,充塞宇宙,推优惟愧,视之不可见,搏之不可得。然而,它的作用却是实在的,与天地万物相融合。同中国传统哲学所讲的元气论不同,西方古代哲学讲的则是原子论,认为万物都是由原子构成的,原子是一种最小的、不可再分的物质微粒,其根本属性就是"实在性"。如果说西方思维容易导致的结果是"只见树木不见森林"的话,那么东方思维则是"见林不见木"。也就是说,东方文化倾向于从整体看问题,而西方文化则倾向于关注个体和局部。就拿"国家"这个名词来说,中国原来就这么一个词,其含义笼统而丰富。西方则分得比较具体,有三种说法:(1) state,对应的是国家机关;(2) country,对应的是疆域;(3) nation,对应的是民族。再拿医学来说,中医治病是望、闻、问、切,全面考虑,一副汤药,多方照顾。西医则是头痛治头,脚痛治脚。东西方综合与分析的思维特点,由此可见一斑。在思维方式上,东西方都讲辩证法,东方的老子和西方的赫拉克利特都是辩证法的大家,但东西方的辩证思维又是有所不同的。中国传统的辩证思维比较注重对立的统一,认为和谐,对立双方的统一是最重要的;而西方则强调对立面的斗争。老子特别强调和谐,孔子亦讲"叩其两端",讲和谐与统一的"中庸之道"。赫拉克利特则特别强调斗争,强调双方的对立。这说明虽然东西方古代都有辩证思维,但其思维的侧重点是不一样的,东方重合,西方重分。东西方思维方式的不同,也体现在对天人关系或者说主客关系的认识上。东方文化传统中,占主导地位的是"天人合一",而西方则是"天人相分"。在东方漫长的文化传统中,"天人合一"一直是一个非常重要的命题。"天人合一"的观念源于原始氏族时代,成熟于先秦。它强调人与自然、个体与群体的顺从、一致、和睦、协调的关系。此后,汉代的董仲舒讲"天人感应",讲"人副天数"。建立起了"阴阳五行"的宇宙论图式,并以此来规范人们的政治、经济活动。如果说汉代的"天人合一"观念主要建立了制约人们外在行为的规范的话,那么,宋代的"天人合一"则已经浸透到了人们的内心世界,用来规范人们的伦理道德、情感、心性。周敦颐在《太极图说》中把宇宙生成、万物化生的理论和人类、社会的产生及道德伦理规范统统融合在一起,认为从天地万物的"立太极"到善恶五性的"立人极",才是真正的"天人合一"。从这种思维模式出发,无论在认识客观世界上还是在社会组织管理及人际关系上,东方文化体现出来的都是天人合一、整体和谐与中庸平和的特征。与东方不同,西方文化倾向于天人相分、主客相分。长期以来,西方哲学史上占主导地位的是二元论,亦即认为世界是由物质和精神两个各自独立、性质不同的本原构成的。早在古希腊时代,先哲们就将人与自然分割开来。古希腊早期的哲学家们,关注的对象主要是自然,而人本身则在哲人们的视野之外。传说当时的哲学家泰勒斯因一边走路一边仰头观看星象,不慎跌落井中,引得一位姑娘嘲笑他,只急于知道天上的东西,却忘了自己的存在。只是从智者派领袖普罗泰戈拉起,才出现了以"人事"为主要对象的哲学,到苏格拉底时,他已经认为"心灵是唯一值得研究的对象"。也正是由此开始,西方文化中就出现了关心人与关心自然的分野,这也正是天人相分思维方式的体现。在中世纪,整个世界又被一分为二,出现了"上帝之城"(天国)与"世人之城"(人世)的长期对立,人学成为神学的"奴婢",人性受到神性的压制。中世纪神学家安瑟伦曾告诫人们说:"轻视自己的人,在上帝那里就会受到尊重,你若把自己看得很微小,在上帝眼中,你就是大的。"在这一时期,人不但与天相分,而且成了天(亦即神)的奴婢和臣民。近代以来,随着人性的解放和科学的发展,人们不仅把无形的天(亦即神)踩在了自己的脚下,如尼采"上帝死了"的宣言,同时,还开始向有形的天(即自然)开战。伴随着人类征服自然过程中的节节胜利,科学精神与理性分析亦得以发扬光大,在近现代的西方文化中逐渐占据了主导地位,并影响到了包括企业管理在内的诸多人类行为。

东西方不同的思维方式,同各自的历史传统亦紧密相连,而正是不同的历史传统,对东西方企业管理差异的形成有着更为直接的影响。我们知道,任何一个组织,其功能的真正发挥都有赖于管理。因此,自从有了组织,也就产生了管理。产生于19世纪中期的现代企业,远不是人类历史上第一种重要组织,因此最早运用管理理论和管理原则来发挥组织功能的并不是企业,而是其他比企业出现得更早的组织,早期组织中形成的管理思想和原则自然会影响到后来的企业管理。可以说,历史传统是决定企业管理面貌的基本因素之一。在西方,最早出现的重要组织是政府、教会和军事机构,西方关于领导、指挥、协调、控制和职能等管理学方面的专业化概念,都是在这些组织的形成过程中产生的。在西方的历史传统中,国家和教会是两个各自具有不同势力范围的独立机构,它们分别发挥着不同的社会管理功能。在漫长的中世纪,教会是西方文化和"人与上帝关系"的主要管理者,它垄断了人们的全部精神生活,政府无权过问人们的精神生活。这种政教分离的二元化社会组织传统,对西方管理思想产生了很大的影响。由于教会垄断了人们的精神生活,管理就被看作是与思想信仰无关的活动,16世纪的马基雅维利就明确提出了管理与道德互不相干的观点。工业革命以后,随着机器大生产和现代企业的出现,人越来越被只当作劳动力来使用,从而逐渐形成了将人作为社会精神存在物和生产者分割开来的观点,即认为企业只是工作的场所,人的精神生活和社会生活只应该在工作场所之外。这种根深蒂固的传统观念,直到今天也还是西方企业管理中仍然存在问题的根源之一。

与西方不同,传统中国是一种一元化的社会组织结构。先秦之时,诸侯林立,百家争鸣,思想文化灿烂繁荣。然而,并未出现西方早期文明中那种重自然与重人事的分野,亦即科学探究与人文追寻的对立。中国早期的哲人们,其思维的翅膀主要在人文王国的天地翱翔,这使得中国文化一开始就缺少科学精神支配下的对自然的理性探寻。如果说先秦之际的文化可以不受国家的控制而自由绽放的话,那么秦朝之后中国传统文化的自由之花就开始萎缩和凋零了。秦统一中国后,把军、政、财、文大权全部集中到朝廷或皇帝手中,建立了大一统的中央集权君主专制政体。随着封建统治的日益完善,不但人们的经济、文化活动被统进了政治之中,最后就连人们的伦理道德、情感心性也被同政治统治紧密结合在一起。至宋代时,经过儒学家们的努力,终于构起了自然、社会、人生一体化的系统思维模式。这一思维模式不但成为中国文化传统的主导,而且也直接强化了政治-经济-文化一元化的社会组织结构。中国社会长达两千年的这种一元化的社会组织形式,也使得传统的管理思想和行为不但同经济和政治,而且同文化活动与道德伦理都紧密联系在一起,这对中国现代的企业管理有着直接的影响。

中华人民共和国成立后,企业管理普遍带有浓厚的政治性和强烈的伦理色彩,企业不但是工作的场所,而且也是政治宣传和道德教育的场所。与西方企业中严格的法制、冰冷的理性不同,中国企业中发挥作用的是无章的人治、温和的人情。因此,"以厂为家"的观念对西方企业是格格不入,而在东方企业看来则是顺理成章。与西方传统上崇尚"自利""利己主义"不同,在儒家看来,义是处理利益关系的适宜性或遵循伦理准则的正确性:"义者,宜也""义,人之正路也"。儒家主张"见利思义""不以利为利,以义为利也"。主张君子爱财,取之有道,如"富与贵,是人之所欲也。不以其道得之,不处(留恋)也。贫与贱,是人之所恶也。不以其道得之,不去(厌恶)也"。墨家则认为义利是完全统一的,兼爱与互利也是统一的。法家认为人好利,"好利恶害,人之情也",认为人与人以利为核心纽带,并无爱可言,彼此"各用计算之心相待"。兵家孙子对内、对争取对象讲"道",即通常所说的道义。"道"为兵战"五事"(道、天、地、将、法)之首。对于兵战之敌则不讲道义,"兵者,诡道也""兵以诈立,以利动"。诸如此类的东西方企业管理中的差异,正是由各自不同的思维方式和历史传统所致。

总之,文化与管理的关系,已经成为当前管理学界研究的一个热门课题。正是文化差异,带来了管理基因的特性差异,使不同的文化特质,成为不同管理模式差异的根本原因之一。因此,探究东西方文化的特质,可以使我们更好地理解东西方企业管理的差异,进而主动迎接跨文化管理的挑战。

我们必须认识到,按照市场经济规律的要求,遵循有偿交换、平等互利的原则,实现社会经济博弈的公平性。承认个人社会综合能力差异,同时对他们做出必要的经济性评价(薪金、待遇、企业的肯定程度等)。企业内部所有者、经营者、劳动者三者的利益相互有别,并存在一定矛盾,应在三者之间建立利益边界清晰、权利义务对等的平等契约关系,通过彼此的制约与合作,建立起合理兼顾三者利益的利益共同体。等价交换和以此为基础的按劳分配是市场经济的基本原则,必须贯彻"又好又快发展""效益与公平均衡发展"的原则,把"企业分配制度"与"社会慈善事业"区分开来,把企业的一次分配与社会的二次分配区别开来。市场经济并非是一种鼓励人们自私自利、尔虞我诈的经济体制。在社会化的分工、交换健全的市场经济中,人们只有满足他人的需求,才能满足自身的需求;只有不损害他人的合法权益,才能不损害自己的合法权益;只有彼此诚实守信,才能实现和保障各自的长期、稳定的利益。市场经济同样肯定群体意识和团队精神。市场经济同样需要国家意识和社会责任感。另外,还必须充分认识市场经济的公共道德在经济活动中的重要性,一方面它是市场经济条件下人们基本的内在道德信念,是人们评价善恶的基本价值尺度,构成人们的基本道德人格或良心;另一方面也是人们外在的伦理行为准则,成为人们在市场经济活动的整个过程中应当遵守的基本活动规范。

市场经济公共道德的特点表现在：(1)从道德层次来看它属于社会道德体系的基础层面；(2)从道德调节的范围来看，它具有广泛的社会普遍性；(3)从道德性质上看，它具有一定的人类共同性。在传统社会中，企业投资者、管理者等对于所谓的"社会责任与伦理"并无很明确的概念，大多是抱着一种感恩的心，以"取之社会，用之社会"的观念来做一些公益的事，以回馈社会。近年来企业的社会责任与企业伦理因某些国际大企业接连发生丑闻事件而受重视，但在大多数国家中，社会大众与企业经理人都认为企业的社会责任与伦理是很重要的，却并不很重视它。我们都知道，企业所获得的利润，并不单来自企业经营的结果，而且来自公众消费及企业所处的环境文化、政治等因素互动的结果。企业如果要长期经营，则必须要关心其周围环境的问题，同时，一个能担负社会责任与遵守企业伦理的企业，才能得到各方的支持，创造更多的利润。

第三节　职业道德

一、职业道德概念

职业是人们谋生的手段，是社会的分工。职业特征通常是：良好的专业培训、为社会提供特定的服务；取得专业资格证书、组织严格的团体组织、较强的行业自我管理。职业群体和职业个体具有共同的职业利益。职业人利益突出表现为以职业为谋利、生存手段的职业人的利益。职业道德是其职业生存与发展的道德以及根本。职业道德是同人们的职业活动紧密联系的、具有自身职业特征的道德准则和规范。由于从事某种特定职业的人们，有着共同的劳动方式，经受着共同的职业训练，因而往往具有共同的职业兴趣、爱好、习惯和心理传统，结成某些特殊关系，形成特殊的职业责任和执业纪律，从而产生特殊的行为规范和道德要求。自从社会出现分工以后，每一个从事着社会活动的人，都是在一定职业的界限、前提和条件下，能动地表现自己的才能和力量，同他人发生这样或那样的交往和关系，并在自己的活动和交往中，自觉地或不自觉地遵循着具有某种职业特征的道德行为准则。职业道德的存在，主要是同人们的职业实践相联系的，职业或行业的分工不同，从事不同职业的人们对社会所承担的责任不同，影响着人们对生活目标的确立和对人生道路的具体选择，以至不同程度地影响着人们的人生观和道德思想。不同职业所具有的不同利益和义务，以及对共同职业整体利益的认同，直接影响着人们的道德信念，及其用以评价行为的道德标准，从而造成人们之间不同的"职业良心"，进而能够自觉地甚至习惯性地根据所从事的职业的整体利益，以及自己对职业整体的义务，来评价自己和他人的职业行为。职业活动的不同影响着人们的情趣、爱好，以及性格和作风，职业道德表现为从事其职业的人所具有的特殊道德品质和人格特征，包括特定职业所要求的道德认识、道德情感、道德意志和道德习惯等。总之，职业道德准则和职业传统习俗是由各种职业的具体利益和义务以及具体活动的内容、方式等决定的[①]。

关于职业道德概念的看法常见的表述有以下几种：

认为职业道德是指从业人员在职业活动中应该遵守的行为准则，涵盖了从业人员与服

---

① 罗国杰、马博宣、余进：《伦理学教程》，中国人民大学出版社，1986年版，第293—308页。

务对象、职业与职工、职业与职业之间的关系。狭义的职业道德是指在一定职业活动中应遵守的、体现一定职业特征的、调整一定职业关系的职业行为准则和规范。

认为所谓职业道德,就是同人们的职业活动紧密联系的符合职业特点所要求的道德准则、道德情操与道德品质的总和。每个从业人员,不论是从事哪种职业,在职业活动中都要遵守道德。比如,教师要遵守教书育人、为人师表的职业道德,医生要遵守救死扶伤的职业道德,等等。

职业道德是人们在职业活动中所遵守的行为规范的总和。

常见的另一个定义是:"所谓职业道德是某一职业组织以公约、规则等形式公布的,其会员自愿接受的职业行为标准。"①从这个定义来看,职业道德强调了是"其会员自愿接受的职业行为标准"。

从职业道德与道德的关系来看,道德是职业道德的基础,职业道德是道德的重要组成部分,是道德在职业活动领域中的具体体现。

可见,职业道德不仅是从业人员在职业活动中的行为标准和要求,而且是本行业对社会所承担的道德责任和义务。它是社会道德的重要组成部分,是社会道德在职业活动中的具体表现,是一种更为具体化、职业化、个性化的社会道德。人们普遍认为,在专业领域,对道德的要求是很重要的,这是因为职业人员向他们的客户提供技术性的服务,职业人员的品行水准应该高于社会其他大多数成员。例如,如果新闻报道医生、政府官员、律师或注册会计师被指控有罪,那么大多数人会觉得比非职业人员犯有同样罪行更令人失望。

职业道德同样体现了社会的精神风范,而社会精神风范正是由具有值得称道的道德主体所形成的。在一个文明的社会中,一个人应当在一定程度上保证具有正常的行为方式,而这种行为方式是其他人、组织、团体在一般意义上所能期望的。人们不可能坐下来制定或规定用以规范行为的所有基本准则,某些基本的原则或道德是被社会公众一致认定为公理,即这些原则或道德被认定是确实存在的、无可非议的,而且被引为依据。在世界范围内,这些公理性的原则基本上是一致和共同的。对于每一种文化、每一个社会群体、团体、职业领域和组织而言,又都有其独特的道德体系、道德规则、荣誉标准和游戏规则,有其向外部世界展示的标准,外部世界以此为参照标准去理解他们,并对他们进行判断。

值得关注的是这样一些职业,它们或者提供具有公共性的产品或服务,或者其行为本身就具有不容忽视的公共影响。它们所承担的义务道德虽然也可以与社会常识相容,但其层次往往较其他职业高,比如注册会计师行业就当属其列。注册会计师是社会公众的普遍信任所派生出来的具有公共代理性质的职业。它使公众可以利用注册会计师的技能和知识来参与经济活动,从而使他们从事经济决策活动的能力得到了极大的加强。毫无疑问,注册会计师职业也是基于经济活动的复杂性和社会分工的必要而产生,它可弥补社会公众精力、知识的不足,拓展其活动空间,提高其办事效率,并且极大地降低其交易成本。

对于一个社会职业而言,其存在的合理性在于它的行为应当符合社会公众的期望。与此相适应,一套职业的行为标准实际上源于公众对其义务道德的合理预期,而不仅仅是出于减少风险或者保护其自身利益的行业考虑。同时,应当注意到,由于行业的特点和社会作用的差异,每一社会职业的义务道德是有所区别的。

---

① 财政部注册会计师考试委员会办公室:《审计》,经济科学出版社,2002年版。

二、职业道德特点

职业道德具有行业性、广泛性、实用性、讲诚信、时代性等特点。

行业性是指职业道德只适用于特定的职业活动领域。

广泛性是指只要有职业活动,就体现一定的职业道德,它渗透在职业活动的方方面面。

实用性是指职业活动的行为可用条例、章程、守则、制度、公约等以简明的形式作出规定,具有很强的针对性和可操作性。

讲诚信是由职业的专业性特征所决定的,职业技术实施、职业服务内在质量常常为非职业的一般人难以观察,许多情况下只能在接受专业服务的过程中或其后才能体验或观察,因此,职业人必须讲职业诚信、讲职业质量,诚实守信是其立业之本,否则,职业人就会失去存在的社会基础。

职业活动代代相传,所以不同时代的职业道德有许多相同的内容。随着时代的变化,职业道德具有时代的特征。社会主义职业道德的核心是为人民服务。社会主义职业道德的基本原则是集体主义。集体主义是处理个人与社会利益关系的根本准则,是调节人们职业活动中相互关系的众多规范和范畴的基本的出发点和最重要的指导原则。

职业道德与法律既有紧密的关系又存在一定的差别,法律具有一定的滞后性,对于不良的人性,具有外在强制性、处罚严重等特点;职业道德相对于法律而言具有一定的超前性,职业道德的提高依赖职业人内心的感悟和觉悟。法律制度是职业道德的最低要求,同时法律制度又是职业道德的基本保证。

三、职业道德规范

由于职业道德不是一个科学概念,其价值有时很难去判断和决定。职业道德的规范主要包括一般道德和其职业所需的特殊义务和责任。不同的行业,不同的公司,由于其不同的业务性质及其所伴随的营运方式与过程,都直接或间接蕴藏了不同的伦理问题,在制定公司或行业的行为守则时,这些特殊性必须反映在行为守则上;而该公司所属行业的一般伦理关注,在行为守则上亦应占有一般原则性的位置。公司行为守则不管是一般的条文或特殊的条文,都只能关注一般的情况,在内容上无法作具体的规定,所以难免有一定的含糊性。很多时候是否违反道德规范的决定权只能交给作为个体的专业人员,但这就容许了很大的灰色地带,怎样才算违反守则,怎样才不算,就有很大的酌情余地,如很多行为守则中引用"公共利益""利益冲突"等词语,其内涵可宽可窄,不同的人有不同的诠释。我国《公民道德建设实施纲要》中提出职业道德内容有爱岗敬业、诚实守信、办事公道、服务群众、奉献社会。

四、会计职业道德

会计职业道德作为职业道德的一个分支,其内容是由会计职业的具体利益和义务以及具体活动的内容、方式等决定的。会计职业道德规范框架内容应包括会计职业道德及职业纪律等内容。会计职业道德内容应由会计职业责任与义务、职业权利,以及行使权力、承担责任、履行义务而必须具备的职业技能和职业专长等内容组成;会计职业纪律是会计职业自律的主要形式,会计职业自律是以职业良心、职业精神为核心的,同时辅以职业纪律处罚和职业道德谴责等内容。会计职业是会计人谋生之手段,是社会的分工。会计职业利益是会计职业人以会计职业为谋利、为生存手段的利益,分为会计职业群体利益和会计职业个人利益。会计职业利益包括会计职业群体及职业个人的社会地位、社会权利、法律地位、经济地位、经济收入及其水平、在经济组织中的角色方位等方面。具体而言,其主要权益包括:坚持按照既定的法规制度及职业标准提供受托服务;会计行业能以垄断者的身份执业;制定职业的入门标准,建立控制本职业的准入及考核机制;获得相对较高的收入;制定行业统一职业标准,实行行业自我管理及纪律惩戒即自律管理;实施同业协会仲裁;推动会计职业的业务不断扩展与发展等。会计在社会及经济管理分工中负有核算、监督经济活动的受托责任,随着社会的发展与进步,企业承担的社会责任越来越多,会计也由单纯承担企业投资人及管理当局的受托责任,发展为承担包括企业投资人及管理当局在内的更加广泛的社会受托责任。这种社会责任的扩展变化,不但对会计专业技术能力及水平提出更高的要求,而且引起会计职业道德理念的全面发展与提升。因此,现代会计职业的社会责任通常应包括:会计专业领域的胜任能力;提供会计服务的客观性;正直诚实地处理利益相关者的事务;为所服务的企业单位保守必要的秘密;对没有按照会计标准履行职责的人员进行惩戒处罚;等等。履行上述会计职业职责,保持并维护上述会计职业权益,所必需的会计职业核心价值观应包括:客观、诚实、正直;自觉履行应尽职责,提高工作技能;保密;树立将社会公众、客户、职业的需要置于个人自身利益之上的信念,并以此作为职业承诺。

在我国,根据我国会计工作、会计人员的实际情况及会计基础工作规范要求,结合《公民道德建设实施纲要》和国际上会计职业道德的一般要求,习惯上将会计职业道德规范的主要内容概括为:爱岗敬业,诚实守信,廉洁自律,客观公正,坚持准则,提高技能,参与管理和强化服务等[①]。这是在总结我国会计工作历史经验及现实职业状况的基础上,对我国会计职业道德规范框架内容的高度概括和提炼,同时也是我们进一步研究、建设我国会计职业道德规范体系的理论基础和指导方向。

---

① 项怀诚:《会计职业道德》,人民出版社,2003年版,第43—44页。

第二章
商务与会计利益相关者

> **引例**
>
> ### 公司舞弊引发企业利益相关者冲突
>
> 1990年,ST巨力前身——潍坊巨力机械总厂组建时,只是一个仅有职工600多人、固定资产600万元的小集体企业,在业内名不见经传。然而,公司抓住股份制改革的机遇,在业内较早实现上市融资,成就了企业的高速发展。1993年,潍坊巨力机械总厂以定向募集方式,独家发起设立了巨力股份;1998年3月,巨力股份发行2 500万A股,在深交所挂牌上市,融资总额达2.88亿元。利用这笔资金,公司建设起行业内一流的车架、涂装生产流水线和大型冲压中心、机加工中心等,迅速成长为拥有总资产12亿元,农用车年生产能力达60万台的大型企业,各项经济指标在业内名列前茅。
>
> 然而,上市并不能改变公司在内部治理建设方面的缺失。ST巨力董事长、高管等职务长期由大股东法人代表王清华等人兼任,而且地方政府还通过党委会、人事安排等行政手段控制、干涉上市公司的正常运作,使ST巨力财务、内控制度形同虚设,"五分开"有名无实。
>
> 股东经常以各种名义占用上市公司资金,2001年,潍坊巨力机械总厂曾以公司名义,从当地工商银行、建设银行、交通银行先后借款9 700万元,该事项并未公告和入账,至今仍剩余金额6 573万元;2002年底,第三大股东潍城区国资局向公司借款800万元,也未经董事会审议,至今仍未归还。另据透露,上市以来,ST巨力因当地政府摊派发生的资金占用达千万元之巨。大量的资金流失于上市公司体系之外,使得其资金面日益捉襟见肘。
>
> "多元化"则是公司法人治理结构不完善、盲目决策酿成的又一杯苦酒。20世纪90年代末期,ST巨力农用车产销量已位居全国同行业第二位,国内市场占有率达到20%以上。在大好形势下,ST巨力开始自我"膨胀",把目光瞄向了当时流行的"纳米""生物"等高科技概念。
>
> 根据ST巨力欺诈发行股票一案的公诉材料,1998年前后,国内农用车市场竞争日趋激烈,ST巨力高层开始有了配股搞多元化投资的考虑。但是,当时业绩不能满足配股的要求,造假计划从而萌生。1999年4月,时任ST巨力法定代表人、董事长的王清华,安排财务处副处长张传胜编造虚假会计材料,虚增1999年利润,以达到配股需要的条件。张传胜采取原材料少列生产成本,多转在建工程、原材料,少转生产成本,管理费用及财务费用在山东巨力集团列支的方式,虚增1999年度利润计1.61亿元。2000年,王清华安排利用上述虚假的会计材料编制招股说明书,使ST巨力骗取了配股资格,并于2001年2月在深圳证券交易所配售发行股票1 149万股,共募集资金15 971.1万元。
>
> 在盲目多元化的过程中,ST巨力停止了对农用车产业的投入,逐渐偏离了主业发展的轨迹。公司煞费苦心、欺诈配股投入的系列项目,不但没有形成新的利润增长点,反而形成大量的资金沉淀,为企业的衰败埋下了伏笔。公司斥资4 423万元、参股40%的北京东超巨力纳米产业有限公司,斥资3 300万元、参股30%的青岛国大生物制药股份有限公司,产品尚未投放市场,每年亏损额达数百万元;而斥资5 000万元参股的天同证券有限公司发生重大亏损,给公司直接造成投资损失2 000万元;投资8 000万元设立的山东巨力管业有限公司折价对外转让,形成投资损失1 000余万元,这些

成为ST巨力2004年巨亏的重要原因。

2000年以后,ST巨力业绩开始连续下滑,资金链不断收紧,企业发展的大厦摇摇欲坠。内忧外患之下,ST巨力高管层将目光投向了上市公司之外,试图引进战略投资者,以缓解公司的经营危机。2002年11月底,公司第一大股东潍坊巨力机械总厂与北京盛邦投资签署了股权转让协议书,盛邦投资受让公司4 200万股法人股,占总股本的15.21%,成为公司第二大股东。其后,盛邦投资派出3名董事进入ST巨力董事会。

根据公开资料,盛邦投资成立于2000年10月,注册资本14 000万元,主营高新技术、房地产及制造业的战略投资和投资咨询、投资管理等。盛邦投资曾经在2001年通过资本运营一举摘掉实达集团(600734)的ST帽子,资本运营经验丰富。

盛邦入主巨力,被认为是一桩"双赢"的范例:ST巨力要借投资主体多元化实现经营管理模式和思维理念的跃升,并获得新股东的实力支持;而盛邦则看好ST巨力干净的壳资源和所处的行业前景,意在长期战略投资。盛邦投资入主之初,也对ST巨力财务、人事、营销制度进行了一系列的整顿和改革,并计划与北汽福田、苏常柴等上下游企业进行战略合作,以提升ST巨力农用车主业的竞争力。合作似乎正朝着双方预期的方向发展。

盛邦和巨力总厂签署股权转让协议仅仅5天后,巨力总厂又与具有外资背景的领先实业有限公司草签协议,拟再向其协议转让3 800万法人股。然而,这一协议却成为新旧股东争斗的导火索。当地政府和巨力总厂其后认定领先实业与盛邦投资间存在关联关系,并极力试图保持对上市公司控制权。在这种背景下,巨力总厂宣布自行召开临时股东大会,意欲重新改选ST巨力董事会,股东间矛盾开始公开化。

巨力总厂某人士认为,在重组ST巨力的过程中,盛邦投资即挟带第三方入局。领先实业与盛邦关联密切,而双方配合持股,正好规避了30%的要约收购触发点,要以第二、第三股东身份控制企业。双方矛盾直接影响了公司的经营。盛邦入主两年来,ST巨力没有完成一个农用车新车型的开发,几年前提出的大中型拖拉机、联合收割机等项目也被长期搁置,错失了发展良机。2004年4月,盛邦投资总裁张卫东辞去了ST巨力董事长的职务,其后上市公司董事长一职便一直空缺。2005年1月6日,ST巨力第四届董事会第一次会议选举盛邦投资副总裁刘刚为公司董事长,然而仅仅4个月后,刘刚便以工作变动及身体健康为由,辞去了董事及董事长职务。ST巨力内部人士称,目前盛邦投资方面人士除了掌控公司财务、人事等权力外,对企业日常生产经营极少过问,甚至与公司其他高管也少有往来,与上市公司关系已日益淡漠。

迫于监管压力,2003年中期,ST巨力对公司资产负债情况进行了全面清查,对存货失实、账外负债等一一补记入账,并在2003年年报进行了集中计提。ST巨力由此曝出上市以来的首度亏损,并由此开始了2003年、2004年连续两年的亏损。

资产质量连续下滑,使ST巨力进入了银行系统的"黑名单"。2004年下半年以来,潍坊当地仅有一家银行维持了与ST巨力的资金往来,其他金融机构则纷纷对公司亮起了"红灯"。到2004年底,ST巨力短期借款相比中期仅增加了2 160万元,筹资活动产生的现金流量净额则减少了428.7万元,可以清楚地看到银行对公司加紧收贷的迹象。ST巨力虚增利润、欺诈配股的违法行为暴露,是导致银行机构收紧对公司贷款的直接导火索。2004年7月,当地司法机关介入调查ST巨力虚增利润、欺诈配股的犯罪事实,并陆续拘押相关涉案人员,在当地掀起轩然大波。银行机构纷纷上门索债,并停止对ST巨力继续放贷。ST巨力开始出现资金链断裂迹象,并于2004年11月前后基本停产。

在此期间,ST巨力的部分配套商也纷纷停止向公司供货。ST巨力的商业信用降至了冰点。在正常情况下,ST巨力采用对上游配件企业货款延后支付等方式,可以占用的资金额度在2亿元左右。

公司涉嫌欺诈行为,导致这些企业开始催付货款,使公司原本紧张的资金面雪上加霜。随着这种状况愈演愈烈,已先后有诸城市东武机械配件厂等6家配套企业对公司提起诉讼,涉及金额达1 500多万元。

新《道路交通安全法》及一系列新法规条例的付诸实施,农用车行业环境发生急剧变化。由于增加牌照费、第三者责任险、购置税等购车费用,农用车平均购车成本提高了1 000~3 000元,对于以农民为消费主体的农用车市场而言,影响十分明显。钢材、焦炭、橡胶等原材料价格上涨,也使得原本薄利的农用车业务雪上加霜。中国农机协会统计显示,2004年国内农用运输车产量首次出现了20%以上的负增长,全国137家农用车生产企业中,超过半数以上企业处于停产、半停产状态,农用车行业的发展空间明显收窄。农机行业进行结构性调整,农用车、小拖等产品基本处于亏损状态。

ST巨力目前财务状况和资产质量已经严重影响到其持续经营能力,亟须有实力的大股东帮助公司走出困境。截至一季度,ST巨力流动负债高达6.19亿元,应收款项合计1.91亿元,违规担保责任5 319万元。这些问题要靠公司自我消化很困难。据了解,ST巨力一度尝试清理多元化投资以求自救。2004年8月,公司董事会将持有的山东巨力管业有限公司94.11%股权及PP-R塑管相关设备向外转让,交易总额合计6 587.7万元,以回收资金确保主业运营。事实证明,这只是杯水车薪,公司资金面紧张的状况并未有所改善。

技术分析: 盲目多元化——公司欺诈行为——银行收紧银根——供应商起诉——资金链断裂。

第一节 利益相关者概念

一、利益相关者定义

企业作为股东、经理人员、债权人、供应商、消费者、工人和社会公众等利益相关者参与的一系列契约的联结,每个利益相关者都通过各种途径行使着他们的不同控制权。因此,利益相关者是指能影响组织行为、决策、政策、活动或目标的人或团体,或是受组织行为、决策、政策、活动或目标影响的人或团体。商务伦理的研究内容首先应正确处理这些利益相关者的关系。企业利益相关者按其利益相关度可以分为一级利益相关者和二级利益相关者。企业的一级利益相关者包括企业所有者、客户、员工和供应商。企业股东和董事会对企业生存至关重要,属一级利益相关者,企业的CEO和其他高级管理人员可以是利益相关者,但通常将他们作为事件主角和企业代表。二级利益相关者包括所有其他利益群体,如媒体、消费者、游说立法者的人、法院、政府、竞争对手、公众和社会等。除此之外,企业利益相关者还有战略合作伙伴等。

二、利益相关者理论的缘起与发展

利益相关者理论(stakeholder theory)是20世纪60年代在西方国家逐步发展起来的,进入80年代以后其影响迅速扩大,并开始影响英美等国的公司治理模式的选择,并促进了企业管理方式的转变。

20世纪60年代末期以后,在美英等国那些奉行"股东至上主义"的企业遇到了前所未有的困难，从而影响了当时英美等国的经济，而企业经营更多体现"利益相关者理论"思想的德国、日本，以及许多东南亚国家和地区经济迅速崛起。当时的诸多学者研究的结果表明，产生这种差距的原因之一就是"股东至上主义"的公司治理模式使经理人员始终处于严重的短期目标的压力之中，往往无暇顾及公司的长远发展；日本、德国实行的是内部监控型公司治理模式，企业的经营活动注重公司利益相关者的利益要求，并充分融合了人本主义的管理思想。

20世纪70年代前后全球企业开始普遍遇到了一系列的现实问题，主要包括企业伦理问题、企业社会责任问题、环境管理问题等。这些问题都与企业经营时是否考虑利益相关者的利益要求密切相关。

1. 企业伦理

企业伦理问题是20世纪60年代以后经济学和管理学研究的一个热点问题。由于过分追求所谓的利润最大化，企业经营活动中以次充好、坑蒙拐骗、行贿受贿、恃强凌弱、损人利己等不顾相关者利益、违反商业道德的行为，在世界各国都不同程度地存在着。1997年加拿大有数百家企业从事了违反商业道德的行为，平均每家企业遭受的经济损失达150万美元。企业在经营活动中应对谁遵守伦理道德、遵守哪些伦理道德、如何遵守伦理道德等问题摆在了全球学术界和企业界的面前。

2. 企业社会责任

企业社会责任的概念是从20世纪80年代开始得到广泛认同的，其内涵也日益丰富。过去那种认为企业只是生产产品和劳务的工具的传统观点受到了普遍的谴责，人们开始意识到企业不仅仅要承担经济责任，还需要承担法律、道德和慈善等方面的社会责任（刘俊海，1999）。随后，对企业社会责任的研究逐渐成为利益相关者理论的一个重要组成部分，其研究的重点已从社会和道德关怀转移到诸如产品安全、广告诚信、雇员权利、环境保护、道德行为规范等问题上来。

3. 企业环境管理

企业环境管理问题日益恶化已是一个不争的现实，全球环境问题正逐步成为人们关注的焦点。1992年11月18日，包括99位诺贝尔获奖者在内的1 500位科学家发表了3页的《对人类的警告》。这些科学家们肯定地认为："全球环境至少在8个领域内面临着严重威胁，全球环境问题不仅仅已经影响着当代人的生活，而且还对人类后代、非人物种的生存也构成威胁。"现代企业的发展，使企业生产不仅吞噬着大量的原材料和燃料，而且排放出大量的废气、废水、废渣，并产生噪音、振动、放射性污染等。

在利益相关者看来，企业的发展前景有赖于管理层对公众不断变化的期望的满足程度，也就是说，依赖于企业管理层对利益相关者利益要求的回应质量。

利益相关者理论的产生不仅是由于企业所面临的企业伦理、社会责任和环境问题，同时若干个关于利益相关者理论和思想的研讨会议的召开之后其理论也变得具有重要意义。

1990年美国通过的《宾夕法尼亚州1310法案》表明了利益相关者理论成为企业和社会至少某一个重要方面的主旋律。《宾夕法尼亚州1310法案》的通过被认为是"从根本上改变了公司管理层和股东之间传统的委托-代理关系"，从实践中"动摇了股东利益最大化的原则"(沈艺峰,林志扬,2001;杨瑞龙,2001),即董事会和管理者不再只是对股东负有信托义务,董事会和管理者可以不需要再特别地照顾股东的利益要求;股东作为公司中众多利益相关者中一个权利相等的组成部分,不再享有詹森所说的"特殊地位"。

多伦多大学的马克斯·克拉松(Max Clarkson)在1993年、1994年先后召开了两次利益相关者理论的专题研讨会;1994年,来哈·纳西(Juha Nasi)在芬兰举行了一个关于利益相关者思想专题讨论会。这几个会议得出了如下的基本看法:尤其在企业与社会这一领域里,管理的利益相关者理论是一个有待进一步发展的思想。在学术界,利益相关者理论的正式提出说明了利益相关者概念的核心内涵已得以阐明。

随着企业的发展、社会的进步,人们已经越来越清楚地认识到,企业实际上是一个"状态依存"的经济存在物,是一个以所有权为中心的社会关系的集合。企业剩余权的拥有者不断向外扩展,已从昔日的股东逐渐扩展到其他的利益相关者,包括管理者、工人、客户、供应商、银行、社区等(宋瑞卿,2001)。新的企业剩余权观念,一方面是对企业内部股权结构的多元化和两权分离的变化情形的适应;另一方面也是对企业所有其他参与主体的平等权利的承认。其实,经理、雇员、顾客、供应商乃至企业所处社区,都是一些与企业实体存在着密切关联的利益和权利主体。在与企业的关系上,他们与股东并无本质上的区别。这一新的认识对现代公司治理产生了深刻的影响,在许多重新构架的公司治理安排中,已经开始包括各利益相关者,并把承担社会责任、满足所有者和利益相关者的利益作为企业重要的目标。

在过去的20年时间里,利益相关者理论取得了许多方面的进展。正如美国经济学家蒂尔所描述的:"我们原本只是认为利益相关者的观点会作为外因影响公司的战略决策和管理过程,……但现实的变化已经表明,企业管理正从利益相关者影响迈向利益相关者参与。"

第二节 利益相关者理论的主要内容

一、利益相关者理论简况

据考证,《牛津词典》是最早记载"利益相关者"(stakeholder)一词的工具书,它于1708年就收入了"利益相关者"这一词条,用来表示人们在某一项活动或某企业中"下注"(have a stake),在活动进行或企业运营的过程中抽头或赔本(Clark,1998)。事实上,第一次提出公司应该为利益相关者服务的想法可以追溯到1929年通用电气公司的一位经理的就职演说(刘俊海,1999)。潘罗斯(Penrose)是企业成长理论和资源基础观(resource-based view)的代表人物,也被西方学者认为是"企业利益相关者理论的先行者"(pioneer of stakeholder theory),她在1959年出版的《企业成长理论》一书中提出了"企业是人力资产和人际关系的集合"的观念,从而构建了利益相关者理论的"知识基础"(Pitelis,1998)。

西方学者真正给出利益相关者的定义是20世纪60年代以后。1963年,一些学者认为:"利益相关者是指对企业来说存在这样一些利益群体,如果没有他们的支持,企业就无法生存"(Freeman & Reed,1983)。最早正式将"利益相关者"一词引入管理学界和经济学界的是美国学者安索夫,他认为"要制定出一个理想的企业目标,必须综合平衡考虑企业的诸多利益相关者之间相互冲突的索取权,他们可能包括管理人员、工人、股东、供应商以及分销商"(Ansoff,1965)。在20世纪70年代,利益相关者理论开始逐步被西方学术界和企业界所接受,随后宾夕法尼亚的沃顿学院于1977年开设了"利益相关者管理"的课程,旨在将利益相关者的概念应用于企业的战略管理之中,并形成了一个初步的分析框架。

弗里德曼出版了具有里程碑意义的《战略管理：一个利益相关者方法》一书,其对利益相关者的定义可以说是最具代表性的。在这本书中,弗里德曼认为,"各利益相关者是能够影响一个组织目标的实现,或者受到一个组织实现其目标过程影响的所有个体和群体"。在该书出版后至今为止,论述利益相关者理论的著作和文章可以说是汗牛充栋。例如,David Wheeler和Maria Sillanpaa在1997年指出：一个公司长期的价值依赖于其员工所拥有的知识、能力及承担的义务,以及公司与投资者、客户及其他利益相关者之间的关系。他们认为对企业的忠诚关系如今越来越依赖于一个公司是如何在商业交易之外创造"附加值"。这里的附加值包括质量、服务、对人的关怀、自然环境和城市之类的问题。他们相信,纳入利益相关者忠诚关系的发展,今后将成为决定企业活力和成功的最重要的因素。纳入利益相关者将会带来长期的和更加出色的企业业绩,不仅给其他利益相关者带来经济价值,也会给股东带来更大的经济价值。

一个企业能否存在,股东的投入和经理人员的经营管理的确至关重要,但是这并不是企业利益相关者所包括的全部。首先,企业总是存在于社会公共环境之中,它必定要耗费社会公共资源,对社会公共环境产生影响,企业与周围环境组成的是一种企业生态体系,在动态中达到一种平衡,必须维持其持续发展性,否则企业一味地索取、我行我素,势必造成生态链的中断,企业的"百年"将不可能存在。所以,企业与周围环境的交流是相互的,是有责任维持其平衡的,是需要付出的;其次,债权人是企业走向大型化的助推器,是企业的生存与发展的重要资源;再次,企业的存在与供应商和消费者也是鱼水之依存关系;最后,今天的企业视员工为资本,否则一个企业无法实施准时生产方式(JIT),也不可能进行流程的优化,更不可能进行作业管理。

我国学者陈宏辉认为,国外学者对利益相关者的定义过于宽泛,应结合关联性和投资专用性两个角度对利益相关者给予重新认识,利益相关者是那些在企业中进行了一定的专用性投资,并承担了一定风险的个体和群体,其活动能够影响该企业目标的实现,或者受到该企业实现其目标过程的影响。在此定义下,陈宏辉利用专家评分法邀请了24位企业界的经理人员对符合这一定义的利益相关者进行统计调查,其调查结果如表2-1所示。

表2-1 利益相关者界定的专家评分法结果

利益相关者	入选数(个)	入选率(%)	利益相关者	入选数(个)	入选率(%)	利益相关者	入选数(个)	入选率(%)
股东	24	100	分销商	15	62.5	专业投资机构	1	4.16
管理人员	24	100	特殊利益团体	14	58.33	教育机构	1	4.16
员工	24	100	社区	13	54.17	宗教团体	1	4.16
消费者	20	83.33	行业协会	6	25	竞争对手	1	4.16
债权人	20	83.33	媒体	3	12.5	人类下一代	0	0
政府	19	79.17	公众	2	8.33	非人物种	0	0
供应商	16	66.67	政治团体	2	8.33			

按表 2-1 中入选率的高低我们可以看出：股东、管理人员、员工、消费者、债权人、政府、供应商、分销商、特殊利益团体和社区这十个群体可作为企业的利益相关者。

总之，利益相关者理论的关键论点是：现代公司是由各个地位平等的利益相关者所组成，股东只是其中的一员，管理者不仅要为股东，还要为公司所有利益相关者的利益服务。公司并不是由股东主导的"分享民主"的企业组织制度，其本质上是一种受产品市场影响的企业实体，股东的利益并不靠表决权的保护，而是依赖于股票市场、产品市场和经理市场的保护。债权人、管理人、管理者和公司其他雇员等具有特殊资源者也同样是公司的所有者。利益相关者是在公司内部有着合法利益的个人或组织，所有利益相关者不仅要积极考虑自己的利益，而且要同时关注其他利益相关者的合法利益，使利益相关者的利益最大化。

二、利益相关者的分类

弗里曼从所有权、经济依赖性和社会利益三个不同的角度对利益相关者进行了分类，认为对企业拥有所有权的利益相关者有持有公司股票的经理人员、持有公司股票的董事和所有其他持有公司股票者等。与企业在经济上有依赖关系的利益相关者主要有在公司取得薪俸的所有经理人员、债权人、内部服务机构、雇员、消费者、供应商、竞争者、地方社区、管理机构等。与公司在社会利益上有关的利益相关者主要有特殊群体、政府领导人和媒体等。

弗雷德里克（Frederick，1988）则认为利益相关者是"对企业的政策和方针能够施加影响的所有集团"。为了深入了解利益相关者与企业的利益关系及影响程度，弗雷德里克将利益相关者分成了直接利益相关者和间接利益相关者。直接利益相关者是与企业直接发生市场交易关系的利益相关者，主要包括股东、企业员工、债权人、供应商、零售商、消费者、竞争者等。间接利益相关者是与企业发生非市场关系的利益相关者，包括中央政府、地方政府、外国政府、社会活动团体、媒体、一般公众、其他团体等。

查克汉姆按照相关群体与企业是否存在交易性的合同关系，将利益相关者分为契约型利益相关者和公众性利益相关者。前者如包括股东雇员、顾客、分销商、供应商、贷款人，后者包括全体消费者、监管者、政府部门、压力集团、媒体、当地社区。

克拉克森提出了两种有代表性的分类方法：（1）根据相关群体在企业经营活动中承担的风险的种类，可以将利益相关者分为自愿的利益相关者和非自愿的利益相关者。前者是指在企业中主动进行了物质资本或人力资本投资的个人或群体，他们自愿承担企业经营活动给自己带来的风险；后者是指由于企业的活动而被动地承担了风险的个人或群体。换言之，克拉克森认为利益相关者就是"在企业中承担了不同风险的个人或群体"。（2）根据相关群体与企业联系的紧密性，可以将利益相关者分为首要的利益相关者和次要的利益相关者：前者是指这样一些个人和群体，倘若没有他们连续性的参与，公司就不可能持续生存，包括股东、投资者、雇员、顾客、供应商等；后者是指这样一些个人和群体，他们间接地影响企业的运作或者受到企业运作的间接影响，但他们并不与企业开展交易，对企业的生存也不起根本性的作用，比如环境主义者、媒体、学者和众多的特定利益集团。

威勒则将社会性维度引入到利益相关者的分类中，并产生了深远的影响。他认为，有些利益相关者是有社会性的，即他们与企业的关系直接通过人的参与而形成；有些利益相关者却不具有社会性，即他们并不是通过人"实际存在的具体的人"参与企业发生联系的，比如恶化的或改善的自然环境、人类的后代、非人类物种等。结合克拉克森提出的紧密性维度，威勒将所有的利益相关者分为以下四种：(1)首要的社会性利益相关者，他们与企业有直接的关系，并且有人的参与；(2)次要的社会性利益相关者，他们通过社会性的活动与企业形成间接联系；(3)首要的非社会性利益相关者，他们对企业有直接的影响，但不与具体的人发生联系；(4)次要的非社会性利益相关者，他们对企业有间接的影响，也不包括与人的联系。

20世纪90年代后期，美国学者米切尔和伍德按照利益相关者的特征即合法性、权力性和紧急性将利益相关者分为以下三类：(1)确定性利益相关者，他们同时拥有对企业问题的合法性、权力性和紧急性，典型的确定型利益相关者包括股东、雇员和顾客；(2)预期型利益相关者，他们与企业保持较密切的联系；(3)潜在的利益相关者，是指只拥有合法性、权力性、紧急性这三项特性中一项的群体。

惠勒和西兰帕运用主要和次要、社会和非社会的类别划分方法把利益相关者分为主要的利益相关者和次要的社会利益相关者。主要的利益相关者包括股东和投资者、普通雇员和管理者、顾客、当地社区、供应商和其他合作企业；次要的社会利益相关者包括政府和管理机构、市政机构、社会压力群体、媒体和学术评论者、贸易团体、竞争者。他们认为，主要的社会利益相关者在企业中拥有直接的收益，对企业的成功起着直接的影响作用。次要的社会利益相关者对企业也具有极大的影响力，尤其是在企业的声誉和社会地位的方面，比起那些直接的利益相关者，次要利益相关者在企业中的权益更能代表公众和特殊的利益。企业对次要利益相关者负有的责任往往较小，但是这些相关群体对企业可能产生十分重要的影响，并颇能代表大众对企业的看法。

加拿大多伦多市的一个研究小组，将利益相关者分为三类：核心的利益相关者、战略的利益相关者和环境的利益相关者。核心的利益相关者是对组织生存具有决定意义的战略利益相关者中的一个子类；战略利益相关者是指对组织继续生存下去以及对组织在某一特定时期如何有效应对一系列特殊的威胁和机会乃是至关重要的那些利益相关者群体；环境利益相关者是指组织中核心、战略的利益相关者除外的其他所有利益相关者。

在国内学者中，万建华(1998)、李心合(2001)都从企业利益相关者合作性和威胁性两个维度对利益相关者进行了分类，细分出如下四种类型的利益相关者：支持型的利益相关者，其特点是合作性强、威胁性低，是理想型的利益相关者；边缘型的利益相关者，其特点是对企业的威胁与合作这两方面的可能性都较低；不支持型的利益相关者，其特点是对企业的潜在性威胁较高，而合作的可能性较低，企业需要加以防备；混合型的利益相关者，其特点是对企业的潜在性威胁和潜在性合作的可能性都较高。陈宏辉从利益相关者的主动性、利益相关者的重要性和利益相关者利益要求的紧急性三个维度上对所界定出的十类利益相关者进行分类，通过实证研究将这三类利益相关者分为核心利益相关者、蛰伏利益相关者和边缘利益相关者三大类。

第三节　利益相关者管理

一、利害关系

利害关系是指组织或个人在企业政策、程序或针对他人采取的行动中所享有的利益、份额或索取权。这种利害关系多是建立在法律、经济、社会、道德、技术、生态环境、政治或力量基础上的。许多利害关系是一目了然的,但是也有一些并非总是清楚明了的,比如,当一家企业威胁进入某一市场或参与某一市场竞争时,竞争性企业在经济上的生存力就成为两家企业的利害关系。利害关系可以分为现在导向、过去导向和未来导向的利害关系。如果利益相关者要求企业对过去的行为进行赔偿,就是一种过去导向的利害关系;如果利益相关者对未来事件提出请求权,就是一种未来导向的利害关系;如果利益相关者对企业现在的某种行为提出要求权,就是一种现在导向的利害关系。

二、利益相关者管理含义

企业利益相关者利益要求源于综合性社会契约。在"工具性观点"看来,忽视利益相关者利益要求的企业实际上是在冒风险,而与重要的利益相关者对立则可能危及企业自身的生存。其关键点在于,企业考虑利益相关者的利益要求是因为可以将其作为一种实现企业经营目的的手段和工具。古德帕斯特(Goodpaster,1991)曾把这种观点描述为"策略性的利益相关者分析"。然而,在"规范性观点"(Donaldson & Preston,1995)看来,不论企业的经营状况如何,它都有一种伦理责任,应当对利益相关者的要求做出恰当的回应。该观点强调做"正确的事",做"应该做的事",它不再将"关注利益相关者利益要求"作为"实现企业经济利益"的一种手段和工具。多纳德逊和邓非所建立的综合性社会契约论中,融合了"工具论观点"和"规范性观点"。他们认为,工具性观点是企业必须考虑其利益相关者利益要求的"最流行的辩护理由",也容易为企业所接受;但是,规范性观点从根本的基础上奠定了企业与利益相关者之间的契约关系(多纳德逊、邓非,2001/1999)。他们认为,虽然许多利益相关者的利益要求都是通过他们与企业所签订的显性契约来实现的,但是还有许多利益要求是无法显化的,或是显化的成本极高以至于双方都愿意放弃这种显化的努力。但是这不意味着当某些事前没有在契约中明示的或然事件发生时,企业可以以"契约中没有这一规定"为由而推卸责任,因为这既不符合规范性的道德伦理,也会对企业的生存发展产生不利的影响。当然,有些利益相关者的利益要求是合理的,有些则可能是不合理的,这需要企业建立起一套严格的审计程序和规范的决策过程来加以甄别,但这是一个技术层面的问题,并不能否定企业的根本责任。总而言之,企业之所以需要慎重考虑其利益相关者的利益要求,根源就在于企业必须履行其综合社会契约。

利益相关者管理是建立并实施一套理性处理企业与利益相关群体关系,以使达成并实现合作"共赢"的方案。所谓"共赢"是指企业决策及其行为符合道义、社会公正、公平、可持续发展标准,并使所有利益相关者享有应有利益的一种理想状态。尽管在复杂危机状态下,现实状况总是有输赢,是零和博弈而非"共赢",但是利益相关者管理必须尽可能将"共赢"作为终极追求目标和解决利益相关者矛盾与冲突的基本出发点。

三、利益相关者分析

企业的利润最大化目标受制于社会公正,这不仅指投资者或企业管理当局个人权利,还应扩展到所有在企业事务中有利益关系的群体,企业从本质上讲不单是"经济"主体,作为社会成员,其行为同时也要负担其社会的责任。利益相关者分析法是用来识辨并把握利益相关者多种相互竞争的政治、社会、经济、法律和道德请求的一种经验方法。这种方法帮助人们特别是企业管理当局清楚明了地把握在特定环境条件下,企业交易、事件和危机的复杂性和应采取的措施与方法。约瑟夫·韦斯(Joseph W. Weiss)教授在其所著《商业伦理——利益相关者分析与问题管理方法》(第3版)中提出一种利益相关者分析法,其基本分析步骤及内容如下。

1. 详细列示利益相关者及其关系

韦斯首先引入弗里曼的利益相关者识别理论。1984年,爱德华·弗里曼(R. Edward Freeman)提出了一套利益相关者分析问题样本(如表2-2所示),这有助于识别主要的利益相关者。

表2-2 用于利益相关者评价与分析的问题样本

样本顺序	分 析 样 本
1	谁是我们现在的利益相关者?
2	谁是我们潜在的利益相关者?
3	每位利益相关者对我们的影响如何?
4	我们对每位利益相关者的影响如何?
5	每一分部和每一种业务的利益相关者是谁?
6	目前战略对所有重要利益相关者有何假设(在每一层次上)?
7	影响我们及利益相关者的现行"环境变量"是什么?(如通货膨胀、国民收入、主要指标、商业信心指数(来自民意测验)、企业标识、媒体形象,等等)
8	怎样测评这些变量?怎样测评这些变量对我们的影响和对我们的利益相关者的影响?
9	怎样与利益相关者保持一致?

资料来源:R. Edward Freeman. 1984. *Straegic Management: A Stakeholder Approach*. Boston: Pitman, 242. 转引自韦斯著,符彩霞译:《商业伦理——利益相关者分析与问题管理方法》(第3版),中国人民大学出版社,2005年版,第33页。

企业的利益相关者通常包括所有者、金融机构、激进组织、客户、用户维权组织、工会、员工、贸易协会、竞争对手、供应商、政府、政治团体等。

2. 勾画利益相关者联盟

企业的利益相关者在不同的历史时期、不同的条件下其利益关系可能有所不同,因此利益相关者之间常会围绕共同的问题、共同利益和共同目的形成联盟关系。这是进行利益相关者管理的重要工作。

3. 评估每一位利益相关者的利害关系本质

对企业的每一项行为与决策,每一位利益相关者出于自身利益或所持观点的考虑都会扮演支持者、中立者或反对者的角色,因此企业应及时分辨各利益相关者的实际角色,并确定他们是积极还是不积极,是潜在的积极者还是支持或反对,他们各自的行动如何,他们将从行动中会获得何种好处,是否有合作潜力等。

4. 评估每一位利益相关者的力量本质

本步骤要解决的问题是：每位利益相关者有什么？在特定利害关系中谁会赢？谁会输？谁会撤退？有实力的利益相关者通常指有投票权的利益相关者、有政治力量的利益相关者、有经济力量的利益相关者。

5. 利益相关者道德责任分析

企业利益相关者道德责任可分为法律责任、经济责任、伦理责任和自愿责任四种。

第四节 会计利益相关者

一、会计准则利益相关者

《中国注册会计师职业道德守则第1号——职业道德基本原则》（征求意见稿）第二条指出："维护公众利益是注册会计师行业的宗旨。公众不仅包括注册会计师服务的客户，也包括广大投资者、债权人、政府机构、社会公众等其他可能依赖注册会计师提供的信息以做出相关决策的组织或人员。"为了便于分析，本节以下内容主要以分析会计准则及其制定过程中的利益相关者为主要内容。

在现代资本市场中，会计信息是多种合约得以履行的基础。比如，债务合约签约前，债权人需要了解债务人的财务状况与经营业绩，评价其盈利能力，进而评价其还款能力，这主要依赖于债务人的会计报表来获取相关信息；在签约时，合约中会加入以会计信息为基础对债务人财务指标的约束要求；在签约后，债权人要依赖债务人的会计报表来监督债务合约的履行。再如，经营者的报酬计划中就明确有对财务指标的约束，从而既影响经营者的经济利益，也影响股东的经济利益，而包括所得税在内的多项税收，对股东的利润分配等均以有关财务指标为基础。在发达的资本市场上，会计信息还会影响着股票的涨跌，进而影响投资者可赚取的股票价差（资本利得），影响企业的融资成本。然而，所有这些财务指标都是以会计信息为基础计算确定的，因此会计信息会影响企业各利益关系人的直接经济利益，决定或影响着其使用者的决策。所谓决策时"胸有成竹"的"竹"就是以会计信息为主的经济信息。

会计准则是直接用来规范企业财务信息（会计信息）生产与交换的标准，所以最关心会计准则制定的利益关系人自然就是那些将受到财务信息影响的关系人。

会计准则的利益相关者应包括企业、国家、投资者、债权人、经营者、职工、供应商、客户等。

企业作为股东、经理人员、债权人、供应商、消费者、工人和社会公众等利益相关者参与的一系列契约的联结，每个利益相关者也通过各种途径行使着他们的控制权，会计的作用不仅仅只在于对企业作为一个整体对市场做出反应过程中的利益进行确认、计量、记录和报告并进行相应的会计管理，更重要的是会计需要对企业制度形成过程中的不同利益相关者在出现利益冲突时对于协调过程中的利益进行确认、计量、记录和报告。会计准则是会计活动所应遵循的规范和标准，它也是对会计工作进行评价、鉴定的依据。会计信息影响着企业、政府、工会、投资者和债权人的决策行为，受影响的决策行为反过来又会损害其他相关方的利益，并不只是简单地反映这些决策行为的结果，而会计准则作为会计信息的生产与提供的规则则具有经济后果,并体现着各利益方的利益。

在公司制的企业制度下,财务信息的提供者和使用者的分离程度加大,管理层次增多,特别是随着证券市场的发展,受企业影响的利益关系人扩大到整个社会公众,他们都从不同方面、不同程度关注着企业的财务信息。在这种企业制度下,财务信息已经成为一种社会公共物品,用以规范这些信息生成的会计准则也具有公共物品的特性。

在以发达的资本市场、较完善的现代企业制度为基础的现代市场经济环境中,人们均直接或间接地涉入资本市场,关联现代企业,普遍存在的基本联系就是资源委托人与受托人之间经管责任关系,我们现代社会就是奠基在经管责任网络之上的。在经管责任关系的建立、执行与解除的过程中,资源委托人面临的最大困境就是,与受托人之间的信息不对称,前者处于信息劣势地位。这一困境若得不到解决,其带来的高昂的成本足以使经管责任关系破裂,合作博弈终止甚或根本建立不起来。会计信息系统就是人们为解决这一问题而设计使用的一个用于解决或缓解委托人与受托人之间的信息不对称的分布状态、降低交易成本的社会装置。

所以,会计为资源委托人与受托人等进行经管责任关系的执行提供信息基础,影响着有关各方的经济利益。因此,会计信息自身的质量也备受各方关注。在实践中,对这一问题的关注是通过对信息的生产、传递规则(即会计准则)制定权的制度安排来实现的。现代企业会计是基于市场环境的不确定性、人的有限理性和机会主义(动机)、信息不完备与不对称分布等因素的,这使会计处理方法的多样化,以及对经验判断与估计的大量离合性是不会为企业债权资本提供风险担保的。这一有限责任的制度安排是债权人进入现代企业合约的不容谈判的前提,因此债权人必须面对着"血本无归"的风险,其中包括股东和经营者共谋串通吞噬债权资本,如通过会计准则的变更将企业资本尽可能快地转化为剩余利润并分配掉,使企业"空壳"化(我们不考虑转移定价、公款消费、贪污等非会计的吞噬手段),为此,债权人必然要求参与会计准则的制定,并力图使会计计量出最稳健(保守)的资产价值与剩余额,这是会计的稳健原则或谨慎原则得以形成的重要力量源泉之一。反过来,由稳健(谨慎)原则的形成史则可窥出债权人介入会计规则制定的不懈努力。从现代美国资本市场与德国资本市场来看,后者以债权资本市场为主,所以后者的会计准则比前者要稳健很多。同时,债权人为了监护其投入资本的安全,还需要更多地利用会计信息来监测企业的生产经营状况,尤其是现金流动能力、财务状况和经营业绩,以便及时采取行动尽量减少损失。债权人虽然通过抵押借款、在债务合约中对企业财务比率等作出约束规定等方式来保护自己的资本。但是,这些方式也需要利用会计信息,如抵押资产的计量、财务比率的计算。因此,债务合约中也必须有关会计规则及其制定权的明确约定。这就要求债权人也必须参与会计规则的制定,否则上述保护方式只能流于形式,不能发挥实质性作用。更何况,企业剩余索取权的状态依存性也要求债权人必须参与会计准则的制定。这样一来,在现代企业制度下,会计准则中应该体现着股东、经营者、债权人的利益。

在人力资本是企业价值增值的重要资源的企业,职工也与股东一样承担了与企业经营效益相关的风险。传统理论认为,财务资本一旦投入企业,便成为一种抵押品,其所有者就难以退出企业,因此财务资本所有者是天生的企业风险承担者。相反,人力资本所有者就具有退出企业的自由,能迅速规避企业风险,因此应由财务资本所有者拥有企业所有权。但是,这种理论在现代企业中则遭受了极大的挑战。首先,随着财务资本社会表现形式的多样化,实务型、货币型和信用型财务资本之间很容易相互转换,大大降低了财务资本所有者的投资风险,同时财务资本社会表现形式的证券化趋势也使得财务资本所有者与企业关系逐步弱化和间接化。其次,从人力资本的专用性来看,生产力水平越高,社会分工越细,职工的专用性就越强,职工的专用性反映了社会分工对人力资本所有者进入和退出企业的客观性制约,这一制约使人力资本所有者具有一种退出企业的惰性,以及承担企业生产经营风险的自觉性和主动性。最后,从人力资本的全体性质来看,社会化大生产下,具有专用性特征的职工只有加入社会协作体系才有用武之地,这种协作形成了群体的有形和无形资产,只有在单位人力资本所有者加入特定的集体后才得以分享,一旦离开就失去分享的机会。因此,职工的群体性进一步加大了人力资本所有者对企业风险的承受度。联系知识经济的发展、高新技术企业的崛起,越来越多的企业成为财务资本和知识资本共有的企业。

股权的分散和流动使股东承担的风险下降,其关注企业经营效益的动力减弱。资本市场的发达使股东们可以通过投资组合来分散风险,而对于所投资企业经营业绩的关注已经不是直接从特定企业角度的评价与监管,而是更多地通过"以脚投票"这样一种外部的市场监督方式来表达。

经营环境的变化使越来越多的个人和群体的利益受企业经营业绩的影响,企业越来越演变为"社会的企业"。在股份疏散和流动增加的同时,越来越庞大的企业规模使其经营状况对国民经济和社会状况有越来越大的影响,龙头企业对上下游企业的影响和控制、企业之间战略合作关系的发展,都使企业之间、企业与个体之间构成网状关系。受企业经营状况影响,承担剩余风险的就不仅仅是股东,而是涉及更为广阔的社会层面。企业将不仅仅是股东的企业,而是越来越成为"社会的企业"。

企业价值增加的资源不仅仅是财务资本。在现代企业的生产经营环境中,企业价值已越来越依赖于报表外非财务因素,包括企业的商誉、各种专用技术、劳动者的技能、企业的组织管理效率等。这些无形资产无疑对企业价值增值起着举足轻重的作用。无形资本在现代企业中的相对地位急剧上升,而财务资本在现代企业中的相对重要性日趋下降。不是财务资本的存在,才使得个人、经理和企业家无形资本的所有者"有碗饭吃",而是无形资本所有者保证了财务资本的保值、增值和扩张。无形资本所有者的权利一旦受损,产权的主人就会将其无形资本"关闭"起来,其资本的经济利用价值便会立刻贬值或荡然无存。因此,企业家和管理者作为知识资本的所有者,应当分享企业经营的剩余。

会计目标中所说的公众利益就是它所规范的财务信息是否有利于社会资源配置的优化。因为拥有资源的普遍公众会根据企业所提供的财务信息进行各种相关的投资与信贷决策,财务信息也就通过投资者和债权人的决策行为影响到社会资源的有效配置和合理流动。

权力的多元化和所有权的多元化,形成了多种多样的利益关系和与之相适应的受托经济责任关系,并产生了公共受托责任的概念。受托责任的公众化,使得会计准则目标的立足点应该放在公众利益上。会计准则制定者在准则制定过程中,就不再仅照顾某一方利益而牺牲另一方的利益,而是权衡各方的利益要求,以社会福利最大化的目标为己任。

当假设会计目标的确定以公众利益最大化为原则时,这里隐含着的前提条件是将会计准则定位于经济利益的协调,会计准则制定者以公众利益为己任。实际上正如公共选择学派所指出的,会计准则制定者也和其他人一样是自私的,他们行事的原则并不是公共利益最大化,而是制定者及其所代表的政治集团利益的最大化。

在某个集团的影响下所确定的会计准则目标也不一定能实现公众利益的最大化。但是,不同利益集团的影响在现实中是一个客观存在,它必然影响会计准则目标的确定。

财务报表用户是一个很泛的概念,任何受到企业影响的利益关系人,都是企业财务报表的用户。在一般情形下,企业利益关系人主要是指企业投资人和债权人。在现代企业制度下,企业投资人和债权人本身就已经数量众多且相当分散,更不用说除此之外,还有大量的其他利益关系人存在。例如,工薪阶层会关心企业财务信息,消费者会使用企业的财务信息,税务部门也是企业财务报表的主要用户(Paton & Littleton,1940);由于公司要消耗自然资源、造成环境污染,所以普通民众也会通过企业财务信息来了解企业是否有能力节约资源和控制环境污染(葛家澍、李若山,1992)。凡此种种,随着这些责任关系的扩展,企业所提供的财务信息也日益受到越来越多的民众的关心,于是企业财务报表也因而具有民众的性质(Paton & Littleton,1940)。

二、参与会计准则制定的利益相关者

会计准则体现着企业、国家、投资者、债权人、经营者、职工、供应商、客户等利益相关者的利益。它作为会计信息的质量标准,是用以规范会计信息生产与披露的基本规范,是社会制度的重要组成部分。作为一种制度,它又是一种社会博弈规则,是人们所创造的用以限制人们相互交往的行为的框架。博弈理论认为,制度是一种历史的和现实的长期重复博弈的结果,是"有限理性和具有反思能力的个体所构成的社会的长期经验的产物"(Kreps,1990),即制度博弈均衡论使制度起源问题影响了历史继承下来的社会结构(青木昌彦,2001)。

会计准则作为通用会计规则的公共合约(谢德仁,1998),一个理想的企业会计规则制定权是:政府享有一般通用的会计规则制定权,经营者享有剩余的会计规则制定权,由独立、客观、公正的会计专家担当外部权威来监督对一般通用的会计准则的遵循和对剩余的会计规则制定权的适当行使,即政府制定会计准则,注册会计师通过审计监督会计准则的执行,企业在允许的范围内选择适当的会计程序。

参与会计准则制定的应该包括学术界、职业界、企业界、证监会、财政部等。会计准则的制定需要概念框架的指导,这是美国数次更换准则制定机构得出的经验结论。所谓概念框架是指由相互关联的目标和基本概念所组成的逻辑一致的体系。学者的使命是站在客观的立场上提出一套理论体系来理解和解释现象,并对实务进行评价和批判。学术界要增强在会计准则制定中的话语权,证明其存在的价值,学者要为建立一个能指导会计准则制定和应用的完整的概念框架体系作出自己的贡献。国外和国内的学术界都曾为此做出过很大的努力。

早在1936年,美国会计学会在首任主任维廉·佩顿的领导下,就普遍适用的会计原则发表了一系列纲要性专论。在此之后,佩顿与另一位著名学者利特尔顿合作的名著《公司会计准则绪论》对原则性的会计准则做过开创性的探讨,对美国以后的会计准则制定产生了巨大的影响。此后,美国会计学会在理论研究和会计准则制定过程中产生了巨大的影响。1996年,会计学会任命的"基本会计理论报告委员会"发布了《基本会计理论说明书》,提出"会计是一个经济信息系统"的观点,为以目标为起点的新的概念框架的建立,提供了最直接、有效的理论准备。当然,成型的美国财务会计概念框架最终是由美国财务会计准则委员会(FASB)提供的,也即由准则制定机构自身完成的,但不能由此抹杀学术界的作用,况且,FASB中也有学者代表。

成立于1980年初的中国会计学会，是中国会计学术界的代表。中国会计学会一成立，便开始酝酿建立我国会计准则体系。在我国会计准则的产生过程中，中国会计学会主要完成了两大任务：一是在其会刊《会计研究》及其他相关刊物上刊登了大量介绍国外会计准则理论及制定方法的文章，完成了会计准则制定的思想启蒙运动；另一个是直接促进了我国会计准则的诞生。财政部会计司于1988年设立了"会计准则课程组"，随后取得会计准则的制定权，中国会计学会虽然未获得会计准则的制定权，但对我国会计准则的制定一直提供很重要的智力支持：一方面，继续通过《会计研究》介绍国外准则制定的最新动态和经验，发表对国内会计准则的意见和评论；另一方面，通过会计准则委员会直接表达对已发布的会计准则的看法。

总之，中国会计学会作为一个学术团体，按生存和发展的基本逻辑，为了发挥其应有的作用和影响，提高社会地位，必然会加入会计准则制定的博弈中来。

西方许多发达国家，如美国的会计准则是由以职业界（注册会计师）为主的民间机构制定的。职业界在会计准则制定中起着举足轻重的作用，这与由西方职业界的发展历史有关。西方注册会计制度的形成是一个相对长期的自然过程，是伴随着西方商品和市场发展而逐步建立起来的，因而具有相当的权威性和实力来制定会计准则。同时，为了保证在实务界的声誉和规避审计风险，注册会计师行业也积极寻求会计准则的制定权。但是，中国的注册会计师制度是从计划经济向市场经济的体制转轨过程中建立起来的，直到1993年开始实行脱钩改制前，会计师事务所均依靠于各政府部门，这种行政影响至今仍未完全清除。中国注册会计师协会隶属于中国财政部，并长期以来代行财政部的某些行政职能（如审批会计师事务所）。这种性质导致我国注册会计师行业不可能像西方职业界一样具有足够的实力和权威来制定会计准则。毋庸置疑的是，我国独立审计和注册会计师制度为某些具体会计准则的出台提供了支持。例如1998年，《债务重组》和《非货币性交易》两项具体会计准则正式出台的背景就是：深圳世纪新源1997年与港澳控股签订一揽子协议，其中涉及换股、非货币性交易、债务重组等，承担该项审计业务的会计师事务所为了规避审计风险，就这些事项请示了财政部会计司。这种"救火式"的会计准则的出台可以说在很大程度上是源于审计需求的推动。

由此可以看出，我国会计职业界在准则制定过程中扮演的角色主要是需求推动，在意见不明确的情况下，对准则制定的参与方式是通过签署带说明段的无保留意见、保留意见甚至是否定意见的审计报告来规避风险，从而影响准则制定。

企业界作为会计信息的提供者，在会计信息影响到自己的利益、并且会计信息必须遵循会计准则的前提下，关心会计准则的制定是很自然的事。美国企业界不但在会计准则制定机构中有代表，由商界精英组成的企业家圆桌会议也可发表声明，对会计准则制定机构施加压力。

与美国企业界热衷于参与会计准则的制度不同，我国企业界对会计准则的制定采取的却是另一种态度。2002年，财政部会计司针对拟发布的会计准则在全社会征求意见，可反馈回来的意见只有4份，这显然与我国庞大的队伍和企业数量不相称（冯淑萍，2002）。与此类似的，我国第一、二批具体会计准则的征求意见稿的反馈意见，也只来源于高等院校和各地财政部门的座谈记录，却没有一份来源于这些会计准则主要的实施者——上市公司（葛家澍、刘峰，2003）。尽管我国企业界参与会计准则制定的动机不是很强烈，但是事后盈余管理的出现使得会计准则表现为"救火式"，这在一定程度上说明企业界对会计准则制定的影响是不容忽视的。

众所周知,证券市场是以信息披露制度为基础的,而会计信息披露在证券市场信息披露中占有特别重要的地位。会计的确认、计量、记录、报告四个环节是紧密相连、不可分割的,因此会计信息的披露必须以会计准则为基准,会计准则影响到会计信息披露的质量。作为证券市场的守望者,证监会当然会非常关心准则的制定。事实上,美国会计准则的法定制定权在美国证监会(SEC),只是其把这一权力授予了民间机构,但仍保留着最终否决权。

按照《证券法》及其他相关法律法规,证监会拥有上市公司会计信息披露规则的制定权,却并不掌握会计准则的制定权,但会计信息披露对会计准则的依赖必然导致证监会参与会计准则的制定。

由于我国转型阶段的经济、法律环境制约,在我国会计准则制定中,证监会还不能取得主导地位。自1951年以来,财政部门一直是我国会计事务的最高权威管理部门。现行《会计法》第八条明确规定:"国家实行统一的会计制度,国家统一的会计制度由国务院财政部门根据法律规定并公布",从而将财政部门的会计管理权上升到法律地位。财政部的会计管理权是由我国传统的"财政决定财务,财务决定会计"的计划经济体制决定的。在现行经济转型阶段,政府仍具有国有资产所有者代表和宏观经济调控者的双重身份,财政部承担国有资产管理(国有资产管理部门曾隶属于财政部)和宏观调控的重要职能,必然要求企业的会计信息(国有企业仍占相当比重)为自己的职能服务。由于财政部具有长期从事会计制度的经验,我国政府在经济中的主导地位作用仍是很明显的,我国会计准则由财政部制定便是顺理成章的事了。

以上是理论上参与会计准则制定的各方利益相关者,通过实证的调查同样也表明社会各方广泛参与会计准则的制定,是在更大程度上提高会计准则公正性的基础。綦好东和杨志强(2003)在对上市公司财务总监(CFO1)、控股股东财务总监(CFO2)、银行信贷部门负责人(BCO)、高校会计教师(UAT)、注册会计师(CPA)、政府会计管理(监管)部门负责人(GAMO)六类利益相关者进行调查后认为:能参与会计准则制定的利益相关者应该包括会计职业团体、中介机构专业人士、工商界专业人士、金融界专业人士、学术界代表和政府官员,如表2-3所示。

表2-3 参与会计准则制定的利益相关者调查统计表

选项	总体支持率(%)	分类支持率(%)					
		CFO1	CFO2	BCO	UAT	CPA	GAMO
A. 会计职业团体	88.61	93.94	85.71	94.12	96.30	82.61	81.08
B. 中介机构专业人士	79.75	72.73	80.95	64.71	81.48	95.65	81.08
C. 工商界专业人士	72.15	72.73	57.14	94.12	88.89	47.83	72.97
D. 金融界专业人士	65.19	51.52	52.38	70.59	81.48	69.57	67.57
E. 学术界代表	91.14	90.91	90.48	100.00	92.59	86.96	89.19
F. 政府官员	71.52	63.64	57.14	52.94	70.37	73.91	94.59
合计	468.36	445.47	423.80	476.48	511.11	456.53	486.48

从理论上和实证方面我们可以看出,会计准则是各个参与主体对在会计范围内从事经济活动形成的做法加以选择后的结果,即具有交流与合作的内在价值。会计准则作为会计

惯例，其本质上是一种人们就会计活动所达成或默认的协议与契约。让更多的组织参与，其实质是增加制度博弈的次数，以便从条件上保障会计制度从低境界纳什均衡向高境界纳什均衡演进。只有博弈的规则成为博弈参与方的共同知识，才能使博弈公平、公开地进行。保持会计准则制定的公开性、透明性，可提高社会各界充分参与会计准则制定的积极性，减少制度的执行障碍与成本，从而有助于提高会计准则的质量。公开其信息，让广大社会组织参与其间，可以减少市场交易费用和摩擦费用，这是会计准则建设的必要条件，是实现会计准则正常化与科学化的社会基础。

三、会计准则主要利益相关者行为特征分析

（一）利益相关者利益要求的本源

企业是一种人格化的组织，是不同个人之间一组复杂的显性和隐性的交汇所构成的一种法律实体。在这种法律实体中，交汇的契约既有经营者与所有者之间的契约、经营者与雇员之间的契约，还有企业作为债权人与债务人之间的契约、企业作为供应商（或消费商）与消费商（供应商）之间的契约、企业作为法人与政府之间的契约等。

在制度经济学看来，制度是一种人为设计的界定人们相关关系的约束机制。它既包括正式的约束机制，如规则、法律、法规，也包括非正式的约束机制，如行为准则、习惯、自我行为规范等。这些约束机制共同作用确定了社会的，尤其是经济的激励结构（诺斯，1994）。实际上，正式的约束机制就是一种显性约束，而非正式的约束机制就相当于我们前面所说的隐性契约。既然所有的制度安排都是显性契约和隐性契约的混合体，企业作为制度安排的一种自然也不例外，在构成企业的各种契约交汇中，显性契约和隐性契约也是并存的。例如，在雇用契约中，雇主和雇员尽管可以就工作时间长度、从事的工作岗位、不同岗位的工资水平等等做出明确的规定。在大多数情况下，雇员对企业价值的贡献是难以客观加以衡量的，只能求助于各级管理人员的主观评价。毫无疑问，这种主观评价存在很大的模糊性。更重要的是，由企业管理人员或经营者对雇员的绩效进行评估（进而作为确定雇员报酬的根据）往往存在着"败德行为"的可能，即经营者可能会有意低估雇员绩效的价值，以减少企业的工资支付额。为此，雇佣双方事前必须达成一种隐性契约，而这种契约的实施是建立在双方的信任基础上的。正是由于隐性契约的存在和有效地实施，才补充和改进了显性契约的不足（李向阳，2000）。

同样，经营者与股东、经营者与债权人以及所有的利益相关者与企业之间的关系都离不开各式各样的显性契约和隐性契约。美国管理学家多纳德逊和邓非（Donaldson & Dunfee, 1994; 1995）将企业与其利益相关者之间所遵循的所有契约形式总称为综合性社会契约。他们认为企业对利益相关者的利益要求必须做出反应，这是因为"企业是社会系统中不可分割的一部分，是利益相关者显性契约和隐性契约的载体"。倘若企业对其利益相关者的合理利益要求不作慎重考虑且尽量满足的话，那么这种企业的长久生存和持续发展就很成问题了。

（二）各利益相关者的利益要求

股东的利益要求是追求利润并实现其他战略目标；企业管理者追求更高薪酬、在职消费以及职业声誉；雇员追求工资收入、各种福利和晋升机会；债权人则关心自己投入到企业中

的本金和利息能否顺利收回；供应商和经销商可能关心自己与企业的交易中是否能够保持永久性的关系；消费者追求购买一种安全稳定的产品，并获取更多的消费者剩余；政府往往希望企业提供更多的税收；而特殊利益团体和社区一般都希望企业能够为改善周边的环境尽更多的力量。

在企业中，股东作为利益相关者，其贡献的是权益资本生产要素。财务资本是最基本的一类企业生产要求，以普通形式存在的货币不会生产增值，而货币一旦投入企业运行就成为资本，便可以不断生产新的价值，为资金投入者带来回报。财务资本的投入要求获取的是资本收益，也就是要获取最大的投资回报。股东所要求的收益可以分为两个部分：一部分是每一个期间过后，企业所分配给股东的利润，主要表现为股利；另一部分是，由于股东是企业永久的参与者，所以企业产出分配剩余的部分也要归股东所有。不论是哪部分收益都可以用会计数据来计量。股份的分配需要以盈利为基础，企业每年的净利润是获取股利的保证，而企业的剩余，不论是货币形态还是实物形态，最终体现为报表中的所有者权益。因此，整体上说，企业股东这一利益相关者的获利要求和动机通过净利润和所有者权益得到体现。股东通过观察这些会计数据，可以取得自身要素投入是否得到反映和计量的信息。大股东直接参与企业的管理决策，其收益预期更具长远性，而大股东也很难在企业面临危机时迅速退出，这样，股东不但很关心当期从企业获得的利益，而且更关心未来还能从企业获取多少收益。小股东一般难以直接参与企业的管理和决策，同时也比较缺乏相关的决策知识和信息，他们通常会保持"理性的无知"，通过"搭便车"方式获取短期利益，一旦在企业中的利益不保，他们可以马上通过完善的资本市场退出企业。因此，小股东们通常关注的是当期或是最近期间能从企业获取的收益，其关注的是当期利润及分配程度。

债权人在企业中贡献的是借贷资本生产要素，要求的是资本的保值和增值，一方面要求企业能够在规定的付息期交付利息，另一方面要求企业在信贷期满时能归还本金。因此，相关的会计数据成为债权人判断自身收益是否得到合理反映的依据。流动比率、有形资产净值率、利息保障倍数和营运资本是债权人主要关注的指标。

更具体地，不同类别的债权人对观测函数还有不同的要求。债权人可以分为短期债权人和长期债权人两类，短期债权人一般关注在较短期间内企业能否还本付息，是否真实体现借贷资本的收益，流动比率就成为其主要关注的指标；对于长期债权人，他们提供的借贷资本可以由企业在较长的期间使用，甚至某些情况下成为类似于股东投入的一类财务资本。在这种情况下，长期债权人关心的是企业在较长一个期间的经营业绩和成果，体现企业资产质量、业绩好坏的指标也成为反映长期债权人利益的因素。

在现代激烈的市场竞争中，企业面对的是高度不确定性的环境，机遇和挑战并存。企业所选择的行业发展导向、技术前景、重点生产经营决策，乃至社会经济环境变化，如国家宏观经济政策、技术消费趋向、金融市场波动等等，无一不从各个方面影响乃至决定企业的生存和发展。企业为了适应外部环境的威胁和抓住机会，同时又要与自身的优势相结合，就要求企业在市场竞争中拥有足够的灵活性和应变性，所有这一切决定了经营者在企业中具有举足轻重的重要地位。经营者为企业贡献出管理、组织、决策等人力资本生产要素，是企业能否获取收益或是获取多少收益的关键性因素。因此，经营者从企业得到应得的收益也是毫无疑问的。随着经营者在企业运行中地位的变化，他们与财务资本要素贡献者共同承担了经营的风险，也一同享受着企业的剩余收益，净利润、净资产收益率等指标作为经营者自身利益衡量的指标也备受关注。

经营者的报酬与其经营业绩成正比：经营业绩表现良好，报酬随之增多；经营业绩表现不佳，报酬的获得便会受到影响。于是，为了取得更好的经营业绩从而获得更多的报酬，管理层便产生了进行盈余管理的动机。

员工是企业财富的创造者，是资本和劳动的结合。员工在企业中负责具体的生产、服务、销售等工作，将自身的劳动和技术转化为商品，他们为企业投入了劳动资本要素。尽管现代社会高科技日益发展，机器劳动逐步取代了工人劳动，但仍然有许多的工作必须要有普通雇员来完成，员工的参与对企业来说必不可少，因而员工的利益不可忽视。

在传统的企业模式下，员工的利益容易受到忽视和侵蚀。资本主义的积累很大程度上来自对员工劳动剩余的过多索取。在"股东至上"的思路下，只有出资者才是企业的利益主体，员工只能获得固定的劳动报酬，企业产出的剩余和员工没有关系。可以说，在企业生产的初期，员工的利益被忽视了。随着现代企业的不断完善，员工利益逐步得到认可。员工的劳动是企业创造利润的源泉，过多获取劳动剩余引发劳资双方的不断冲突，影响企业的健康运行。同时，现代经济技术条件下，员工的技术和劳动越来越具有专用性，在一家企业中形成的专用技术很可能不能用于其他企业，企业的生存和发展与员工息息相关。相反地，财务资本的投入者可以利用完善的资本市场保持资本的流动性，其利益相关性在某些时候还不及企业的普通员工。因此，员工所关注的利益反映在企业当期的经营业绩指标和长期持续经营能力指标上。因而，净资产收益率体现着职工的要求。

政府对企业利益的影响丝毫不亚于其他利益相关者，在一个无政府的世界中，无秩序的状况可能导致流窜的匪帮活动频繁。这对于任何人来说都是很少或者根本没有激励进行生产或积累财富的，因为它们很可能被偷走。理性的匪徒会抓住一块固定的地盘，占地为王，并为当地的居民提供和平秩序和其他公共物品，以税的形式获取财富会比流窜抢劫获利更为丰富和容易，这样政府的统治代替了无政府的混乱。政府与专业化的生产组织——企业，共享了收益，政府也就成为企业的重要利益相关者。

政府作为企业利益相关者为企业投入的是公共品资源和制度资源等生产要素。政府的职能对企业形成三个方面的投入：(1)政府为企业提供制度资源。在一个充满机会主义和不确定性的社会里，信息的缺乏使人们在决策时面临困难。制度的存在可以抑制人际交往中可能出现的任意行为，增进信任，促进合作。这大大降低了社会交往成本，也使得企业这种社会化大生产的形式得以存在。政府在此正是扮演了一个制度提供者和仲裁者的角色。可以看到，企业受到形形色色法律规章制度的规范，这些制度一方面约束了企业的任意行为和机会主义行为，同时也使企业在充满风险和未知的市场中获得了一定的保护。(2)政府为企业提供公共物品资源。当一件产品的成本和收益都归于私人所有者时，可称其为私人物品，但只要其成本和效益的排他性得不到保证，就会产生特殊的经济问题，除非这一物品是非稀缺的。搭便车的想法以及巨大的生产成本使大家都不愿意生产公共物品，而许多的公共物品显然也是必不可少的，因此就需要政府承担提供公共物品的责任，为企业的运行提供必要的公共物品。(3)政府通过对收入和财富的再分配对企业投入其他资源。维护社会公平是政府的一项基本职能，为避免强者更强和弱者更弱，实施适当的收入和财富转移是十分必要的，这同时也在一定程度上维护了国家的稳定。企业在其中很可能获得隐性或显性的财富转移。比如，国家对企业的补贴以及国家采取的关税保护等其他贸易保护措施，所有的这些政府投入都是存在成本的。为了履行这些职能必须耗费的资源,可以被称为政府的代理成本。弥补政府代理成本的方式通常是强制性征税。显然,对企业所征收的各种税费,特别是所得税,是与企业的经营成果密切相关的。企业的利润虽然不是征税的直接依据,但却是一个重要基础。在某些特殊的情况下,政府甚至还可以从企业中分得一定的生产剩余。因此,企业的经营业绩指标反映了政府作为一个利益相关者的要素贡献程度和剩余索取权要求。

四、主要利益相关者利益要求的实现方式

(一) 股东

1. 通过法律的手段实现股东的利益

股东作为公司的出资者或投资者,按其投资额或其所持有的公司股份比例享有一定的权利。股东可以通过法律的形式来维护自己的合法利益。德国学者考勒认为,股东具有表决权、利润分配请求权和剩余财产请求权。"自益权是股东以从公司获得经济利益为目的的权利,股东共益权是股东以参加公司的经营为目的的权利。"这些权利主要包括:(1)公司盈利分配请求权;(2)新股的优先认股权;(3)剩余财产分配请求权,在公司终止后,股东有权请求分配剩余财产;(4)股份转让权。公司虽然是资合社团,但从股东选择董事来看,具有一定的人合因素,因而各国公司法并未限制公司章程对股份转让的限制,反而予以承认。因此,公司章程对股份转让的限制有效;(5)其他权利,包括股份买取权、股东名义更换请求权、无记名股份向记名股份转换请求权等。

股东共益权主要包括:(1)表决权,股东享有出席股东大会并行使表决权的权利;(2)诉权,单独股东或股东作为整体股权受到不法侵害时,可以向法院提起诉讼,具体包括对董事违法行为起诉、代表诉讼、股东大会决议无效、撤销诉权等等;(3)知情权,股东有权查阅股东大会会议记录、公司财务报表、会计账簿、公司业务及财产状况等;(4)对公司经营进行监督的权利,包括董事、监事的解任请求权、公司业务及财产状况等;(5)对公司经营进行监督的权利,包括董事、监事的解任请求权、公司治理机构组成人员选任权等。

2. "用手投票"实现股东利益:股东会

股东是公司活动的重要参与人,不但是公司财产的提供者和公司股权的所有者,而且是公司股东会的当然成员。公司股东会既是公司的最高权力机关和主要决策机关,也是公司的监督机关。因而,股东通过参与股东会就可以参与公司的决策和监督活动,从而成为公司的治理主体。换言之,虽然由于股权的分散化和公司事务的复杂化,股东不能也没有必要亲自参加公司的具体经营管理事务,但股东对公司的重大事项的参与权则必须受到充分尊重和有效保护。

股东可以通过股东大会就公司组织和运营中的基本事项享有决策权,如经营方针、章程修订、投资计划等;可以通过股东大会对董事监事的任选和解任权,做出的决策对董事会、监事会和经理均有法律效力。

我国《公司法》第38条规定,股份有限公司的股东大会行使下列职权:(1)决定公司的经营方针和投资计划;(2)选举和更换董事,决定有关董事的报酬事项;(3)选举和更换由

股东代表出任的监事,决定有关监事的报酬事项;(4)审议批准董事会的报告;(5)审议批准监事会的报告;(6)审议批准公司的年度财务预算方案、决算方案;(7)审议批准公司的利润分配方案和弥补亏损方案;(8)对公司增加或减少注册资本作出决议;(9)对发行公司债券作出决议;(10)对公司合并、分立、变更公司形式、解散和清算等事项作出决议。

3．"用脚投票"实现股东利益：出卖股权

"用脚投票"主要是针对中小股东维护自身利益的一种方式。中小股东由于拥有股份较少,任何股东监管经营都将投入一定的费用,这种费用是完全内在化的,而监管产生的投入和产出不对称,作为距离相对较远的投资者很少或不能有效地行使支配权,所以当中小股东不满意的话,可以"用脚投票"。随时在股票市场上出让不中意的公司股票,避免治理失误带来的损失。

（二）债权人

债权人与公司签订契约并享有债权,除了依据与公司订立的契约对公司享有债权请求外,对公司不再享有其他更多的权力。公司债权人依约将其资金借贷给发行公司,取得对发行公司的金钱债权,而该发行公司依约负有届期偿还本金与给付利息的义务。

1．参与公司治理

通过法律手段对债权人的保护仅仅是一种事后保护,法律应当给予债权人更大权利,赋予其对公司管理层事前监督和事中监督的权力,鼓励其在维护自身利益过程中扮演积极角色。"为了更好地保护债权人的权益,我们应在制度上重新做出安排,由对债权人权益的消极保护变为积极保护,而其中的一个重要途径就是让债权人在一定的条件下参与企业治理。"这是从更为积极、主动的角度为债权人利益设置的保护措施。"真正能够积极保护公司债权人合法权益的制度,应是在公司的日常经营过程中,公司债权人对公司经营者的制约机制。"

债权人参与公司的治理,与股东和经营者正面接触,才有可能对公司的经营状况有一个较为全面、直观的了解,这不但有利于债权人快捷地获得大量信息,而且其获得公司信息的成本显著减少,信息的真实性、可靠性也会大大增强。债权人在公司信息掌握方面与管理层的差距显著缩小,实际意味着管理层实施损害债权人的机会主义行为的范围大大缩小了,可以在很大程度上减少债权人面临的风险。债权人参与公司内部监督,有利于及时采取措施维护自身的利益。如果公司在营运过程中显露出公司的经营已经陷入危机的信号,如销售收入持续下降、股利持续低水平、过高的资产负债率、经理人员或董事玩忽职守、贪污腐败等,债权人凭借公司内部监督者身份可以及时发现这些信号,进而阻止和避免可能出现的妨碍债权人行使权利的行为,并为实现债权的保全或避免损失的进一步扩大采取补救措施。

2．以契约的方式保护利益

债权投资具有稳定的收益,无论企业是否创造收益,无论企业处于建设期、发展期,还是亏损期,向债权人支付利息都是企业的责任,债权人有权到期收回本金,在企业清算时,债权人有优先求偿权,债权人被置于股权人权益资本的保护下。债权人通过与债务人签订契约来明确债务人责任和债权人权利,以保障收益规避风险,甚至也可以限制债务人的经营行为,如不能进行过度风险投资、禁止举借新债或为其他债权人提供担保,或者在契约中限制公司的资产负债率、流动比率和速动比率等从外部对公司经营施加影响。

债权人的这些契约方式有银行借款契约、债券契约等。发行债券是企业债务资本筹集手段之一。在发行债券过程中,债务人处于主动地位,发行数量、发行价格、票面价值、利率等都由债务人决定而不是与债权人进行协商。协商过程被交易过程所代替,当投资者对债务人提出的条件不满时,便不去购买,企业在市场上公开发行的债券可以流通或转让。

在债券契约中对债券发行量的限制是防止新债权人侵害老债权人利益,防止加大老债权人的风险。对派发现金股利的限制主要是为了防止股东向债权人转移风险。内部股东为掠夺债权人利益,可以通过虚计收益的方法创造利润,以便取得派发股利的资格,但企业的资产实际价值远远小于账面价值,这就降低了资产对负债的保障程度。此外,由于派发现金股利,加大了企业的现金流出,因此造成企业丧失偿债能力。对公司合并的有关限制可以避免债权人受合并损失的影响。对公司财产处理的限制可以防止经营者转移资产,将变现力度较大的有形资产变卖,降低公司资产质量,将破产风险转移给债权人。偿债基金是保障债权人的有力条款,它要求发行债券的公司设立偿债基金,并将这一基金委托信托机构管理,待债务到期时用此项基金偿还债务。抵押时发行债券的公司将某种不动产作为债券的担保物,当债务人到期不能偿付利息及本金时,抵押物的所有权归属债权人所有。抵押款中还存有求偿顺序的问题,在封闭条款下,公司不能再发行有抵押条款中指定的财产担保的新债券,即不允许新债权人拥有同一等级的求偿权。

3. 以法律来维护债权人的利益要求

债权人依据《公司法》《破产法》等相关法律、法规来维护自身的合法权益。

(三) 职工

1. 职工持股

随着时代的发展,企业的所有权与控制权发生了分离,在所有者和经营者之间产生了委托-代理关系,股东是委托人,经营者是代理人,委托人和代理人都有各自的特殊利益,委托人为了维护自身的利益,需要设计一套激励机制来使自己获得利益的最大化。然而,在委托-代理关系下,如果经营者和生产者不能分享企业剩余,二者就可能采用比股东掌握更多信息的优势来"合谋"侵犯股东的利益,加剧"内部人控制"问题。职工与雇佣者相比,处于弱者的地位,通过持股就赋予了职工劳动者和资本持有者的双重身份,在一定程度上恢复了劳动者经济的民主,从而最大限度地防止道德风险的发生,提高经营效率。

职工持股本质上是职工以其人力资本参与企业剩余索取权利的实现,并通过职工参与提升职工的主体地位,这是法律公平对待所有人的基本要求。

职工持股是人力资本价值的体现。在现代社会,激烈的市场竞争要求企业的设备、资本和人员能够不断地优化组合,从而创造出比同类企业更高的价值,这就要求企业的职工必须不断更新知识和提高能力,从而具备与企业生产高度匹配的技术和能力。由于各企业职工的这种技术和能力并不是通用的,职工的人力资本的投资成本会很高。为了鼓励职工做出这种人力资本投资,现代企业通行的做法是企业承诺职工分享特殊的人力资本投资带来的利润。现实的问题是特定人力资本的价值的变动无法用固定工资来体现,而企业的兴衰又与职工密切相关。在现实中,职工持股制度很好地解决了这个问题,通过对职工的股权激励,充分发挥职工作为人力资本的提供者的主观能动力,促进了职工对企业的关切度,真正体现了人力资本的价值。职工持股是职工参与、职工监督等权利最直接、最硬性的保障,是公司对职工所负有的社会责任和义务的体现。

2. 经营参与

经营参与,即职工董事制度,职工代表直接进入董事会,参与经营决策。20世纪70年代后,欧洲大陆各国普遍推行职工董事制度,许多国家的法律规定董事会必须有职工代表,例如,法国在1986年和1988年修订后的《商事董事公司法》规定,董事会包括由职工选举产生的董事,但职工董事数额不得超过4个,上市公司不得超过5个,同时职工董事人数不得超过其他董事人数的1/3。德国《共同决定法》和《煤钢共同决定法》都规定必须在董事会中设一名劳方董事,由雇员代表担任,享有同等权利。

3. 参加监督机构行使监督权

职工可以通过参加公司的监督机构来行使监督权。这种方式以德国的"劳资共决制"最具代表性,如德国《共同决定法》规定,在雇工达2 000人以上的公司,职工代表与股东代表在监事会中各占一半。根据《德国股份公司法》的规定,德国的监事会不仅享有对董事会的经营管理活动的监督权,还享有对董事会成员的任免权,监事会是高于董事会的机关。

4. 通过职工代表大会维护利益

公司职工通过劳资协议机构、职工代表大会等方式参与公司管理,了解公司的经营状况,并向公司决策机关提出建议和意见。例如,德国1972年《企业宪法》第87条规定,企业职工可以通过企业职工委员会及经济委员会行使其参与决定权;第106条规定企业职工对公司问题享有知情权与建议权,这些问题包括公司的经济状况、财政状况、生产销售状况、生产投资计划等。

5. 激励制度

公司可以通过利润分配给职工的方式激励职工,使职工与企业产生共同利益感。其本质是使职工及时参与公司的经营管理,让职工能享有企业生产结果的分配。

(四)政府

政府作为国家权力执行机构,是国家的代理人,具有超越微观经济个体的特殊地位,拥有行政权,对企业行为进行干预和协调,管理社会经济活动。作为国家基本职能的一个组成部分,政府依法对社会生活诸领域进行管理,是行政机关依据国家通过宪法和法律赋予的行政权力来实现的。在市场经济条件下,政府的经济职能如下。

1. 建立和维护市场经济秩序,矫正市场失灵,调配再分配

政府通过政权可建立市场经济要求的产权制度,以法律来保障各利益群体的财产权利不受侵犯,制定市场正常运行所需要的各种法令、条例和规则,并凭借其强制力来规范市场

形式和市场行为。

2. 对微观经济进行规制

政府对具有垄断外部效应、公共物品、非价值性物品等特点而不能充分发挥作用的非竞争领域进行干预,或者对市场机制可以充分调节但其作用的结果却不合社会需要的竞争领域进行干预,以促进资源和配置的效率。

3. 调控经济总量,以实现资源的优化配置和经济持续稳定的增长

对宏观经济的调控是市场非均衡引起的政府经济职能。为了减少市场非均衡引起的失业、通货膨胀和收支失调等经济波动,使资源得到充分利用,政府必须运用财政政策和货币政策的宏观经济政策对宏观经济总量进行调控,为优化资源配置创造外部条件,以实现持续稳定的经济增长和经济发展的目标。

政府运用经济的、法律的、行政的手段对企业的经济运行状况进行检测、监察、调节和控制,以维持正常的经济秩序、经济环境,保持经济的持续、快速、健康发展。同时,为了避免由于贫富差距过大和某些不可预测的原因引起社会动荡而采取的将某一部分人(富有)的财富无偿地转给另一部分人(贫者)和将一部分现时财富强制性地移作将来使用的措施。收入调节的重要手段是征收累进的个人收入所得税和企业收入所得税。

维持政府这架机器运转的主要"燃料和动力"是税收,而来自公司的各项税收是政府税收的主要源泉之一,公司经营不善或偷税漏税都会减少政府的收入流,从而使政府的运转失灵。

社会保障的主要途径是建立失业、退休、医疗等各种保险基金。其最终目的在于维护经济系统赖以存在的社会系统的稳定,避免社会动荡可能造成的损失,为企业的生存和发展创造必要的条件和外部环境。

(五) 管理者

现代公司制的建立使所有权与经营权的分离,造成了大股东委托管理层对企业日常的经营管理负责。由于委托-代理关系的存在,管理当局与股东之间的利益并不一致,信息存在不对称。股东以企业一定会计期间所产生的盈余数字来考核管理者的经营业绩,管理者作为一个理性的经济人就有动机通过控制和采用适当的编报方法,使盈余数字更有利于自己从而使自身报酬最大化。

管理人员能否获得奖金以及奖金的多少往往与企业的经营业绩挂钩。如果净利润低于奖金方案的下限,管理者就会有进一步降低净利润的动机,即所谓的"洗澡"。这样,下一年得到奖金的概率就会增加。相反,如果净利润高于奖金方案的上限,管理者在计算报告利润时就会尽量去除超过上限的部分,因为这部分利润得不到奖金。只有当净利润在奖金方案的上限和下限之间时,管理者才会有增加报告利润的动机。为了实现自己的报酬最大化,管理者就有了盈余管理的动机。

股份制企业管理层持有本公司相当数额的股票,一方面管理者根据持股量对公司拥有相应的责任和义务,另一方面管理者拥有股票增值带来的收益的权利,这是企业的管理层追求自身利益最大化的一个相当重要的方面。股票市场这个巨大的资本市场能够为企业、为个人带来广阔的筹资投资机会的同时,也是一个风险巨大的市场,如果企业的经营业绩良

好,能够吸引更多的投资者,那么股票的价格就会升高,由此带给持有公司股票的管理者的将是巨大利益;然而一旦企业的经营业绩不良,不能够吸引更多投资者的目光,股票的价格将受到巨大的影响,这对于一个企业来讲是非常危险的,由此带给持有公司股票的管理者的损失也将是巨大的。所以管理者出于追求自身利益最大化的角度,就会产生盈余管理的动机。

在发达的市场经济环境下存在着经理市场,这就意味着存在代理人之间的竞争。会计的报告盈余是考评经理人员业绩的主要指标,一位现任经理人员前一阶段的业绩好不好,盈利是董事会最为关注的一个方面。盈余管理就常常成为代理人竞争的一种重要手段。对于发生经营困难、经济效益很差,甚至面临破产的企业的管理人员,会采取尽量提高利润,美化财务状况的盈余管理行为,以防止或推迟被解雇或被免职的命运,保住现有的职位。如果某位高层管理人员有职位升迁的可能性,其采取使自己任期内收益逐年增加的盈余管理行为的可能性也将大大增加。新上任的高层管理人员,为了增加企业未来预期的盈利能力,提高自己的经营业绩,往往会注销一笔巨额"不良资产",会采用"洗澡"的方式降低当期利润,把责任推卸到前任高级管理人员的身上,以及采取一些其他的盈余管理行为来调整会计利润等财务指标。

五、关于会计准则制定权制度的博弈分析

(一)会计准则制定权制度博弈的含义

会计准则制定及其范式理论研究虽然就会计准则及其制定模式的经济效率、经济后果、社会福利、遏制会计信息失真等理论与实践问题进行了透彻的分析,但是忽视了会计的经济利益相关者及其各自利益集团对会计准则的影响及其对会计准则制定权的"民主化"要求,因而在一定程度上影响了会计准则的制定效率。注重经济生活中各个方面、各个个体及集团之间的相互影响,以他们之间的对抗、依赖和制约为研究的前提和出发点的博弈理论则更符合经济生活的要求,因此博弈论成为现代会计准则理论乃至整个会计监管理论发展的一个重要方向也就成为一种必然之势了。"为了实现合作的潜在利益和有效地解决合作中的冲突,理性人发明了各种各样的制度规范他们的行为。"(张维迎,1996)制度不是设计的结果,而是动态的过程,是不同人群互动和博弈的过程,制度同时是一个试错过程,制度变迁就是人们在试错过程中形成的自然演进的结果(Hayek,F.A.,1960;Hayek,2000)。会计准则作为会计信息的质量标准,是用以规范会计信息生产与披露的基本规范,是社会制度的重要组成部分。反复暴露的财务欺诈、会计舞弊问题已是当前影响一国乃至世界经济秩序与发展的重要问题,提高会计准则质量及其有效性,是治理与防范财务欺诈与会计舞弊的十分重要的基本措施与方法。"统一会计制度(会计准则是统一会计制度的实现形式)所确立的控制目标在于,通过实现对产权的统一控制和基础性控制,达到维护与保障财产所有者合法经济权益的目的。"(郭道扬,2005)产权关系的复杂化,会计准则对经济利益关系者的影响也日趋多样化和复杂化。会计准则是社会利益相关者经管责任落实、经济利益分割、经济资源配置愿望与诉求的交汇点和集中体现的基本规则与制度安排,会计准则制定权也自然成为利益相关者权力控制的争夺焦点。同时,利益相关者充分参与会计准则制定也是会计准则质量的重要基础和基本保证。社会利益相关者对会计准则经济后果的认知水平、对会计准则制定的关注程度以及参与会计准则制定的愿望等随着经济的不断发展而快速提高。"经济

后果直接导致了准则制定的最后一个标准,即政治色彩。""准则制定过程是与管制的利益集团理论最一致的。""新准则会影响已签订的契约的灵活性,并会削弱其通过会计政策选择与市场交流的能力。那么,准则制定者就必须在各方利益的冲突中寻求一种妥协。准则制定机构的结构就是按照有利于达成这种妥协的原则来设计的。"(William R.Scott,1999)博弈理论认为制度是一种历史的和现实的长期重复博弈的结果,是"有限理性和具有反思能力的个体所构成的社会的长期经验的产物"(Kreps,1990),即制度博弈均衡论把制度起源问题影响了从历史继承下来的社会结构(青木昌彦,2001)。会计准则及其制定权制度安排作为一种基本的社会经济制度也是利益相关者长期重复博弈的结果。要保证会计准则的科学、公正、公平、权威和效率性等高质量特征,就必须保证会计准则制定过程中利益相关者的充分参与及其制定机构的独立性。

就制度的理解与论述,目前被经济学界所广泛接受的主要有制度博弈规则论和制度博弈均衡论。制度博弈规则论(North,1990,1995;Hurwicz,1993,1996)认为,制度是一种博弈规则,它是人为设计出来的并用以制约人们行为的规则;制度博弈均衡论(Schotter,1981;Sugden,1986,1989;Yong,1998;Bowles,2000;Greif,1989,1994;Milgrom,North and Weingast,1990;Greif,Milgrom and Weingast,1994;Calvert,1995)认为,制度是一种博弈均衡,它是通过博弈参与人之间的策略互动而最后成为自我实施的,而非人为设计的需要借助实施机制才能够得到执行的规则。吴联生进一步研究认为:"制度包括两类:一类是自发的结果,如社会规范、惯例;一类是人为设计的结果,如会计制度、合同等。第一类制度实际上就等同于秩序,也就是说,习俗性产权规则和社区规范即是一种秩序,也是一种能够自我执行的制度;而第二类制度则明显异于秩序,因为这种制度是人为设计的结果。"会计制度也相应包括两类:"第一类会计规则是自生自发的结果;第二类会计规则是人为设计的结果。""第一类会计规则就是利益相关者自己所想要的会计规则,也是他们重复博弈所得到的纳什均衡","利益相关者对会计规则制定参与的过程虽然还有待进一步研究,但利益相关者对会计规则制定参与的重要性,已经得到会计规则制定机构的重视"(吴联生,2004;2005)。由于不同的财务会计信息对主体效用的满足程度各异,所以各主体之间的偏好发生冲突时,若采用归纳法制定会计准则,准则的制定者的任务就是要选择能代表社会利益所要求的、大多数主体偏好的会计处理方法(薛云奎,1999)。王建新研究认为:"会计准则制定变迁的过程可以看作是一个博弈的过程。从静态来看,由于信息需求的复杂性,最后出台的会计准则并不是精确计算出来的,而是各利益集团'折中'的产物。从动态来看,会计准则的制定与完善是一个渐进的过程。""一次博弈过程的完成,会计准则便暂时达到了'纳什均衡'状态,但是这种均衡状态不能长久,一旦新技术、新业务的出现而现有会计准则未能涵盖时,则又会引起新一轮的博弈,其结果又会达到新的'纳什均衡'状态。这样,会计准则经过多次博弈就会不断得到改善,'纳什均衡'的均衡点就会不断地由低层次向高层次逼近,使非合作博弈向合作博弈接近,使个人理性(各方追求其效用最大化的偏好)与团体理性(追求全社会福利水平最大化的偏好)趋于一致,从而提高帕累托改进,提高会计准则的效力,提高整个社会的福利水平。"(王建新,2005)洪剑峭和娄贺统运用博弈论分析方法,对会计准则导向的选择和会计监管之间的关系进行了分析,从理论上确定了特定会计准则和会计监管环境下投资者和企业管理层的博弈均衡特征(洪剑峭、娄贺统,2004)。

资源的稀缺性与人类需求的多样性及无限性,决定人类利益冲突的普遍存在。从本质上讲,人与人之间是一种相互依存又相互冲突的关系,因此博弈是人类基本的生存状态。会计准则及其制定权制度安排是以受托责任为前提的社会经济管理建构的一种必然选择,内生于会计利益相关者之间经济利益的相互依存又相互冲突的博弈均衡,并且随着会计环境包括经济的、政治的和文化的不断变化而变化,基于共有的理念和自身的利益,利益关系各方不断进行策略互动,不断以新的均衡替代旧有的均衡,每次均衡的再生又将进一步强化博弈的信号显示机制。就会计准则制定权制度博弈而言,表现为两种博弈均衡特征:会计准则制定权制度变迁表现为多次博弈均衡更替;会计准则制定主体表现为不断更新的博弈均衡状态。

(二)基于博弈均衡视角的会计准则制定权制度变迁

在社会经济发展的不同历史时期,社会经济权责结构具有不同的特征,利益相关者参与会计准则制定权博弈模式具有不同的特征而呈现动态均衡状态。在国际上,关于会计准则制定权制度的历史变迁也表明会计准则制定权制度是一个各利益集团长期博弈的产物。经济后果直接导致了准则制定的最后一个标准,即政治色彩。新准则会影响已签订的契约的灵活性,并会削弱其通过会计政策选择与市场交流的能力。那么,准则制定者就必须在各方利益的冲突中寻求一种妥协。准则制定机构的结构就是按照有利于达成这种妥协的原则来设计的(William R. Scott,1999)。1989年在加拿大召开的"面向2000年的会计准则制定"会议(代表来自美国及加拿大)上,有一场关于公共利益理论和利益集团理论的讨论。一种观点认为,准则制定是一个经济因素和社会各相关集团的利益因素相协调的过程,而并不考虑准则本身的技术质量;另一种观点认为,好的准则应更能反映经济现实,准则制定者应抵制来自各方的压力。最后,各发言者似乎达成如下共识:两种观点都重要;制定更好的准则是可能的,但那些被会计准则影响的经济利益集团会继续影响准则的制定(The Line,April,1989)。

美国会计准则制定权的嬗变大致经过四个阶段:(1) 1906年以前,经营者独享会计规则制定权,会计方法完全由经营者自由选择。(2) 1906—1933年,为政府与经营者共享会计规则制定权。1906年美国制定赫本法案(Hepburn Act)授权洲际商业委员会为铁道业制定一套统一的会计制度,1917年美国联邦储备委员会(FRB)发布"统一会计"(Uniform Accounting),但除铁道业外的其他行业的会计规则制定权仍主要由经营者独享。(3) 1933—1973年,政府享有通用的会计规则制定权,经营者享有剩余的会计规则制定权,注册会计师监督经营者遵循会计规则及适当行使剩余的会计规则制定权。1933年美国《证券法》授权联邦贸易委员会制定统一会计规则,1934年《证券交易法》授权成立证券交易委员会并取代联邦贸易委员会制定统一会计规则,要求上市公司必须遵从统一会计制度并接受注册会计师的监督(吴水澎等,2000)。(4) 1973年至今的财务会计准则委员会阶段,美国会计界历尽艰难困苦终于创立了一种崭新的、在世界上具有重大影响的统一会计制度实现形式——会计准则;"无论选择任何统一会计制度实现形式,都必须注意相对保持它的独立性,并从制定机制与执行机制相统一的方面考虑树立这种统一会计制度的权威性的问题。"原AAA主席斯蒂芬·泽弗(Stephen A. Zeff)等指出,"把财务会计准则委员会设计为一个独立机构的原因之一是,将财务经理协会(FEI)纳入财务会计基金会,并使之成为联合资助人。财务经理协会曾积极地在诸如所得税分摊、企业合并及无形资产等方面对该委员会展开游说。当时希望财务经理协会如果成为新的财务会计准则委员会框架中的一员,会发生较小的摩擦"(Stephen A.

Zeff,Bala G. Dharan,2000)。美国"证券交易委员会和制定准则的民间机构之间的关系并不是一帆风顺的"。"这些矛盾与分歧的一部分和其他没有在这里提到的矛盾与分歧,在势力强大的企业说客、金融团体成员、政府部门和国会议员要求改进某些会计实务以满足特殊利益需要的压力下爆发了。财务会计准则委员会与他的前任们努力使他们的建议有助于产生对投资者和债权人有用的公正的信息,但是社会上其他的力量有时会阻止民间准则制定机构按照原则行事。"(Stephen A. Zeff,2000)安然事件再一次引发了对美国会计准则制定机构的争论,争论的核心是如何保证准则制定机构的独立性。会计准则由具有民间机构性质的FASB制定是否比政府部门更能保证准则制定机构的独立性?国会或政府部门(如SEC)是否应当在会计准则的制定方面发挥更大的作用?关于准则制定机构的独立性,莱维特在其文章中主张FASB应当不受制于国会的压力。他指出,每当FASB拟发布的准则可能降低公司的盈利时,势力强大的美国大公司以及其他既得利益集团往往会通过国会对FASB施加不当的压力,这种现象应当制止(林钟高、魏立江,2004)。

(三)会计准则制定主体的博弈均衡状态

从世界范围看,会计准则的制定主体有两种:政府制定模式和民间制定模式。传统上,欧洲大陆国家和日本等国主要采取前一种模式,而英国、美国以及其他曾为英属殖民地的国家则更多地采用后一种模式。制定主体的形成,取决于多种因素,但主要受制于资源配置方式和政治文化传统。在直接投资情况下,民间制定会计准则的积极性比较高。在间接融资为主的体制下,很难生长出类似美国财务会计准则委员会这样的民间机构。在大陆法系国家中,会计准则受法律和政府的影响既广也深;而在普通法系国家,一般是由民间机构制定会计准则。随着社会经济发展变化,会计准则制定主体发生了一些变化,像德国,会计准则是司法部制定,他们于1998年初新成立了德国会计准则委员会,被授权制定合并会计报表准则。法国也在政府指导下成立了成员范围相当广泛的会计准则委员会(陈毓圭,2005)。在美国,"由于民间机构制定准则的权力是由证券交易委员会授予的,而证券交易委员会的频繁干涉,不仅影响到民间机构制定准则的连续性,也有损于其制定准则的权威性"。"美国的公认会计原则并不是某一个机构或团体所制定的,它是证券交易委员会、财务会计准则委员会和美国注册会计师协会等机构长期共同努力与协调的结果。这其中,既有相互的合作,也有相互的斗争。事实上,除这三个机构外,其他一些团体也在一定程度上影响了公认会计原则的制定。可以说,公认会计原则是各方利益相互斗争和妥协的产物。也正是这一特征,决定了它很难朝任何其他准则和管理靠拢,即便后者或许更科学、合理。"(刘峰,1996)在民间机构主导会计准则制定的情况下,准则制定机构缺乏必要的强制力,无法形成完善及权威的概念框架体系以及由此引致在准则制定中主要采用的归纳法,是美国形成以具体规则为基础的准则制定模式的技术逻辑。在美国会计准则制定的历史进程中,会计原则委员会(APB)曾试图通过建立一套完整的会计原则来指导会计准则制定,以期望形成逻辑一致的准则体系。APB的尝试失败后,FASB投入大量人力财力构建财务会计概念框架体系,并颁布了7号概念公告。时至今日,财务会计概念框架体系依然存在内容不完整、缺乏逻辑一致性和重要概念模糊的严重缺陷(陈汉文、王华等,2003)。2000年2月16日美国SEC发表的一份概念文告中认为,一个有效的高质量的准则制定机构应具备下列特征:一个独立的决策机构;一个有活力的咨询(顾问)职能;健全的应循程序;一个有效率的(准则)解释职能;独立的代表公众利益的监督;筹资充足,工作班子配备齐全(SEC,2000)。郭道扬进一步总结指出:"美国在解决财务会计准则制定机制与执行机制的一致性方面还存在值得加以研究的问题。一方面尽管在美国政府的证券管理组织与财务会计准则研究、制定与发布的民间团体之间有着明确的受托责任关系,并且在一定程度上得到美国国会的认可与支持,然而美国政府却过多地下放了它的制定权和发布权,进而放松了它的领导与监控,由此在一定程度上削弱了财务会计准则的权威性。另一方面美国的财务会计准则在制定、执行与适时进行修订方面还存在一定失误。"

国际会计准则制定机构的形成及其工作模式也证明会计准则制定权制度是一个利益相关者长期博弈的结果。伴随商业活动(包括证券市场)的日益全球化,对国际会计准则的需求将会扩展。但是,制定准则的难度也将增加。除了投资者与管理者的冲突以外,代表各种经济发展水平、各种商业管理和不同文化的利益集团也将不断出现。准则制定机构必须适应这些新局面的挑战(William R. Scott,1999)。过去的IASC(包括相应的理事会)是一个完全由执业会计师组成的松散、无稳定资金支持的民间组织,现在(指2000年12月1日)改组为一个吸收金融界、证券界广泛参与,有独立的基金支持的法人团体;过去IASC理事会的成员基本上按地区分配,代表各国的利益,改组后的理事会,则以技术背景为主,强调理事会成员应是会计本行的技术专家。例如,14名理事,要求包括5名有执业会计师背景,其中,3名是有编制财务报告经验的专家,3名则是有使用和分析财务报告经验的专家,1名具有会计学术背景。一份准则须经8名理事同意才可以获得通过(葛家澍,2002)。高质量会计准则的争论加剧了FASB(美国财务会计准则委员会)与IASB(国际会计准则委员会)之间的博弈。美国会计准则界一直自恃为世界上技术性最强、最完美的会计准则,并凭其超强的政治地位和经济实力不断努力扩大美国会计准则在世界范围的影响,而拒绝接受国际会计准则,但在美国财务会计丑闻后及其由此关于以会计准则是原则导向还是规则导向为核心的高质量会计准则的讨论,正加剧了较规则化的美国会计准则和较原则化的国际会计准则的博弈,迫于美国国会的压力,SEC和FASB对待国际会计准则的态度才有所松动,2002年9月8日,FASB和IASB签署了一份协议,双方同意在2005年前基本协调好双方的会计准则(魏明海,2005)。

第三章
经济后果与盈余管理

第一节 经济人与道德人

一、"经济人"本质及其演进

"经济人"假设、资源稀缺性、供给与需求、成本与收益等概念构成了经济学分析框架的基本范畴体系。正确界定"经济人"的内涵和特征,既有助于建立有效的经济学理论分析框架,也更有助于对实践中现实问题的深刻分析。"经济人"问题包括两个方面:一是什么是"经济人"的本质;二是如何有效约束"经济人",使其选择符合社会道德及最优原则。亚当·斯密是英国古典经济学家,同时也是著名的伦理学家,其代表作《道德情操论》和《国富论》,把经济与伦理有机联系起来,提出了著名的"经济人"观点[1]。"经济人"把自身利益的追求和满足,看成是人们从事经济活动的原始驱动力。人是理性的存在物,其行为受自我利益的驱使。在市场经济条件下,生产者为社会提供各种产品和服务,并非出于仁慈,而是为了满足自身对物质利益的需求。正是人类对自身利益的追求,才导致人们的经济冲动,进而进行社会的分工与交换,不断创造出新的商品,创造了商品经济及市场经济形式以满足人类对更多物质财富与利益的追求。

"经济人"概念并不是近代才提出来的。早在春秋战国时期,中国的一些思想家就提出了"趋利避害是人的天性"的思想。孔子曾指出,人具有追求富贵、逃避贫贱的心理倾向:"富与贵是人之所欲也""贫与贱是人之所恶也"[2]。荀况对人性进行了详细的论述,提出了有关人性的一些基本命题:(1)人性是先天生就的:"凡性者,天之就也,不可学,不可事。"(2)人性是人所共有的:"凡人之性者,尧、舜与桀、跖,其性一也;君子与小人,其性一也。"(3)人的本性是恶的:"今人之性,生而好利焉……;生而有疾恶焉……;生而有耳目之欲,有好声色焉……。"[3]墨子、商鞅、韩非也认为,追求名利、趋利避害是人的本性。《管子》对"经济人"的论述更为全面,提出人的本性"见利莫能勿就,见害莫能勿避。其商人通贾,倍道兼行,夜以继日,千里而不远者,利在前也。渔人之入海,海深万仞,就彼逆流,乘危百里,宿夜不出者,利在水也。故利之所在,虽千仞之山,无所不上,深源之下,无所不入焉"[4]。这里《管子》已把追求经济利益视为人们从事各种经济活动的根本动力。中国先秦时期的思想家对人性的论述,是"经济人"概念的雏形。但是,奴隶社会的主要经济基础是自然经济,自然经济社会中

---

[1] 〔英〕亚当·斯密著,谢祖钧译:《国富论》,新世界出版社,2007年版。
[2] 《孔子家语》卷一。
[3] 严清华:《中国经济管理思想概要》,武汉大学出版社,1989年版,第40—41页。
[4] 《管子·禁藏》。

人与人的经济关系是简单明了的,没有产生现代经济学所讲的"经济人"的社会基础。因此,这种"经济人"概念不可能成为经济学的一个基本假设。

孟德维尔是近代较早提出"经济人"概念的西方作家。他的《蜜蜂寓言》提出了一个重要思想:每个人自由地进行利己的活动,会自然而然地促进全社会的繁荣,而且其效果要比以非利己为目的而进行的活动大得多。他指出:在蜜蜂的社会里,如果(所谓)劣行和奢侈风行,那么这个社会就繁荣昌盛;如果代之以(所谓)道德和简朴,那么这个社会就冷落衰退。他还认为,一个人之所以成为社会动物,不是友情,不是善性,不是恻隐之心,不是装模作样的殷情厚意,而是他那最卑鄙和最可恶的本性,这本性是使他能够适合于这个最大的、世俗地说也就是最幸福和最繁荣的社会的最必要的条件。

但是,《蜜蜂寓言》毕竟不是一本严格的经济学著作。如前所述,最初把"经济人"假设引入经济学,并使之成为经济学的出发点的,是英国古典经济学家亚当·斯密。他在《国富论》《国民财富的性质与原因的研究》等著作中,明确提出了"经济人"的概念。他指出:"人类几乎随时随地需要同胞的协助,想要仅仅依赖他人的恩惠,那是一定不行的。如果他能够刺激他们的利己心,使有利于他,并告诉他们,给他做事,是对他们自己有利的,他要达到目的就容易多了。不论是谁,如果要与旁人做买卖,他首先要这样提议。请给我所要的东西吧,同时你也可以得到你所要的东西,这句话是交易的通义。……我们每天所需要的食料和饮料,不是出自屠夫、酿酒家或烙面师的恩惠,而是出自他们自利的打算。我们不说唤起他们的利他心,而说唤起他们利己心的话。我们不说自己有需要,而说对他们有利。"①但是,按自利原则行事,并不能保证人们不去做有悖于常理的事情。为了使经济学有别于精神分析学或精神病理学,还必须假定"经济人"的自利行为同时也是一种理性行为。在斯密的时代,理性作为一种不言自明的假定隐含在所有经济行为的描述中。"经济人"的每一种行动,不是出于任意的想象或盲目的冲动,而是以可以理解的方式进行的,或者说,是可以从利害得失的比较中推导出来的行动。在斯密那里,理性表现为对得失和盈亏的正确计算②。在斯密看来,自利原则不仅是个人经济行为的原始动因,而且是促进整个社会发展的"第一推动力"。人们在追求自己的私人利益时,会在一只"看不见的手"的引导下,最大限度地增进全社会的利益。在从事经济活动时,每个人所考虑的不是社会利益,而是他自身的利益。但是,在市场机制这只"看不见的手"的作用下,他对自身利益的追求自然会或不如说必然会引导他将资源运用于最有利于社会的用途。因此,埃奇沃思把人的行为受自身利益的驱使称为"经济学的第一原理"。

西尼尔在经济学说史上第一次区分了实证经济学和规范经济学,并第一次明确提出了这样一种思想:经济学的基础是为数不多的几个一般的理论前提,这些理论前提是公认的公理,用不着加以证明。从这些前提可以推演出各种经济学理论。他把这些理论前提归纳为:(1)每个人都企图用尽可能少的牺牲求取最大限度的财富;(2)人口的增长有超过生活资料增长的趋势;(3)劳动者借助于机器进行劳动,能够生产出剩余的纯产品;(4)农业受报酬递减规律的限制③。其中的第一个前提,进一步发展了斯密的"经济人"概念。

约翰·穆勒发挥了西尼尔第一个理论前提所包含的思想,从方法论的角度对"经济人"

---

① 〔英〕亚当·斯密著,郭大力、王亚南译:《国民财富的性质与原因的研究》(上卷),商务印书馆,1972年版,第13—14页。
② 朱绍文、俞品根:《现代西方微观经济分析》,商务印书馆,1996年版,第20—24页。
③ 杨德明:《当代西方经济学基础理论的演变》,商务印书馆,1988年版,第38—39页。

概念的合理性和内涵做了详细的论述。他于1944年出版了《经济学上若干未解决的问题》的经济学论文集。在该书中,他把"经济人"与经济学的研究对象联系起来。他指出,政治经济学并不是论述社会中人类的一切行为,它所关注的人仅仅是作为一个人,他占有财富的愿望,而且他具有达到这种目的的能力,它将其他每一种人类情欲或动机完全抽象掉。政治经济学认为,人类把全部精力都用于取得和消耗财富,这并不是说人类生活真正是这样组成的,而是因为这是科学要前进而必须采取的方式。政治经济学探索这样一个问题:如果没有其他欲望的阻碍,这种欲望所产生的行为是什么。因此,穆勒"经济人"概念的内涵,是从人类行为的各种动机中抽象出来的经济动机,其中最主要的是财富最大化的动机,这种动机要受有限的收入和对闲暇的喜爱的制约。穆勒所说的"经济人",就是在一定的约束条件下追求自身财富最大化的人。

19世纪70年代的"边际革命",使经济学进入了一个新的阶段,而"经济人"概念也朝着精细化方向发展。边际学派把注意力从对经济世界的一般描述转向市场本身更复杂的模型。它强调个人作为消费者和生产者对希望与欲望的满足。在完全竞争的条件下,对效用的计算支配着个人的理性选择,并引起价格调整过程。这个调整过程是走向均衡的理想条件。在均衡状态下,所有资源都被充分调动起来,以便更好满足需求。瓦尔拉斯的一般均衡理论对此做出了最好的诠释。他从家户的效用最大化行为出发,得出家户对各种产品的需求函数和对各种要素的供给函数,从厂商的利润最大化行为出发,得出厂商对各种产品的供给函数和对各种要素的需求函数,并把各种商品(产品和要素)的供给和需求都看作所有商品价格的函数。以此为基础,瓦尔拉斯对一般均衡的存在性、唯一性、稳定性和效率性进行了系统的论述。至此,"经济人"的概念始终与经济行为的动机联系在一起。

20世纪30年代,逻辑实证主义进入经济学。在实证主义看来,无需关心"经济人"的心理假定是否正确,只要他的行为与预测的结果相一致就可以了。受这种哲学观的影响,"经济人"的概念日益具有行为主义的色彩,并补充了一些新的内容,如偏好的可传递性公理。其含义是如果你认为A优于B,B优于C,那么你一定认为A优于C。可传递性公理使经济学家可以使用数学方法来描述和分析个人行为。20世纪50年代,莫里斯·阿莱斯提出了更明确的"经济人"理性行为概念,并为西方经济学家所普遍接受。他指出,按照科学的逻辑,如果一个人被看成理性的,那么:(1)他追求的目标是相互一致的;(2)他使用的手段与他追求的目标相适应。所谓目标的相互一致,其含义和偏好的可传递性相同,即一个人不能认为A优于B,B优于C,而又认为C优于A。手段与目标相一致是指,手段正好是达到目标所必要的条件,即不能出现"南辕北辙"的现象。当个人行为出现上述两种不一致时,这种行为就视为非理性的。但是,主流经济学假定,在市场上活动的各交易当事人,其行为都符合理性的要求。在此基础上,阿罗和德布鲁运用数学上的不动点定理,对一般均衡的存在性问题进行了严格的论证。之后,一般均衡理论获得了很大发展。国内外的研究成果表明,"经济人"假设成为经济学的研究主流。

二、道德人与社会人

古典经济学在其理论体系中,将"经济人"本质界定为是追求自我利益最大化的主体。但利他现象又是客观存在的事实,所以斯密同时也承认:"无论假定人如何自利,在人的本性中还存在着某些本原(principles),使他关心其他人的命运,考虑其他人的幸福,虽然他从这种关心和考虑中除了看到它时的愉快之外一无所获。怜悯和同情就属于这种本原……即使最大的恶棍，最执迷不悟的惯犯，也或多或少地具有这种天性。"亚当·斯密在《道德情操论》中阐述了人性不同于经济人的另外三个方面：同情心、正义感（合宜感）、行为的利他主义倾向。斯密在《国富论》中《论分工的原由》一章中谈到，人的利己本性使人在交换中发现，与其采用什么事都做的方式，还不如采用分工进而交换的方式。这种不是以广大效用作为目标的人类倾向，却产生了普遍富裕的结果。这也完全符合建立在等价关系上的经济人这一假设条件。每个人都为了追求自身的最大利益而进行分工和交换，而这也同样为别人带来了其自身利益的提高，进而促使整个社会达到普遍富裕的结果。所以，这种建立在等价关系上的利己行为是社会进步的源泉。这些是人的道德性的体现。斯密的这种伦理思想后来被发展成"道德人"理论。

新古典经济学在其理论体系中，将"经济人"本质界定为追求自我效用最大化的主体，但同时马歇尔也承认：经济人实际上也是一个怀有利他的愿望、甘受劳苦和牺牲以赡养家庭的人。贝克尔是美国芝加哥学派的主要代表和新自由主义经济学的重要成员之一。他将"利他"和"利己"统一到"经济人"的效用函数中，认为"经济人"的本质不仅是利己，也有利他的一面。

"社会人"模式是另一种应用于经济学中的假设。它是由旧制度主义经济学家提出的想以之来取代"经济人"模式。它的基本内容是：作为一种社会存在，除了物质经济利益之外，人还追求安全、自尊、情感、社会地位等；人所作出的选择，必须建立在他个人的社会经验、不断的学习过程以及构成其日常生活组成部分的个人之间相互作用的基础之上，因此人的行为是直接依赖于他生活在其中的社会文化环境中的；因此，要从每个人的现实存在和他与环境的关系去理解人，去解释人的经济行为。

"管理人"是赫伯特·西蒙在其"有限理性"假说的基础上提出的，认为在现实世界中，人受到自身在认识和计算能力方面固有的限制，以及信息不完全、时间有限的制约，只能在力所能及的范围内进行选择。因此，不论主观愿望怎样，人们都只是追求可以实现的"满意的状态"而不是"最大化"。"管理人"分析模式把人的决策行为视为一种动态的选择、探索、适应过程，即：根据既定的满意目标，对已知的少量替代方案进行选择，不久因环境变化而不能得到满足再探索新的替代方案，同时也对满意程度进行调整。这的确是一种比较接近现实行为的分析模式。但是，有学者认为，就其自身的逻辑而言，"满意"标准是一个非常含糊的解说，也很难获得数学上的支持。同时，什么时候探索新的方案、什么时候下调低满意程度也是非常模糊的。最后，生产者如果都是仅仅根据"满意"目标展开活动，很难解释资源会产生稀缺状况①。最后则是不属于经济学假定范围的"道德人"，它仅仅是其他学科学派用以进攻"经济人"的武器而已。道德人对于经济问题的解释能力非常小，一个例证是在制度方面的，制度提供了人们追求私利时的行为规则，由此形成了社会秩序；相反，如果不把人假设为"经济人"，而是假设为不谋私利的"道德人"或"圣徒"，那么制度及其约束就显得无关紧要了。遗憾的是，人不是圣徒。

那么，经济学中的"经济人"是否就完全否定"道德人"呢？回答应该是否定的，我们认为"经济"不是人类的真正的最终目的，经济是人类生存与发展的手段，随着社会的发展和人类

---

① 杨春学：《经济人与社会秩序分析》，上海三联书店、上海人民出版社，1998年版。

的进步,经济的物质基础对人的"幸福感"的作用有愈来愈低的趋势,因此尽管"经济人"在进行决策时,其决策的依据可能是以自我利益最大化为原则,并不能保证社会利益最大化,但是这并不能否认人的社会性特征,事实上人类能够生存并发展壮大最根本的原因是由劳动的集体性本质所决定的,同时影响并决定人的社会本性的除了人固有的特征外还有制度,制度是将个人的自我利益转化为社会利益的有效转化器。良好的制度将既能促进个人利益最优,也能促进社会利益最优。无论是对人的需求理论的研究,还是"学习型组织"管理理论的提出,都在一定程度上证明人不仅仅是"经济动物",舍弃"道德人"仅仅依赖"经济人"理论的经济学和管理学的研究,都存在一定的片面性。实践是检验真理的唯一标准,让我们阅读一下比尔·盖茨2008年1月在达沃斯论坛所作的演讲①也许有一定的帮助,其全文如下。

21世纪的新资本主义
——"用市场力量和制度创新,服务穷人"

一、现有资本主义不直接服务穷人

世界正变得越来越好,而且进步非常明显。在未来几十年里,人类还将拥有惊人的新力量,拥有更强大的软件,更精准的诊断手段,更有效的治疗药物,更好的教育以及更好的发展机会,而且会有越来越多的优秀的人才贡献出解决问题的创意想法。这就是我眼中的世界。

我是一个非常乐观的人,但我是个急性子。诚然,世界在越变越好,但在我看来,速度还是太慢,而且世界并非对所有人而言都是越变越好。伟大的进步总会加剧不平等现象。丰衣足食的人可以享受到技术进步带来的改善,而贫苦困顿的人却获益很少,特别是那些一天的生活支出还不足1美元的最贫困的10亿人。

在全球范围内,差不多有10亿人缺乏足够的食物,喝不上清洁的饮用水,用不上电,而这些是我们已经习以为常的生活基本必需品。全世界每年有超过100万人死于疟疾,然而这类疾病得到的关注还比不上治疗脱发的药物。全世界最贫困的10亿人没有享受到全球化的好处,相反他们承受着经济发展带来的弊端。他们被撇在一边。气候变化的成因和他们无关,可偏偏对他们的生活影响最大。

为什么人们的需要总是和他们所能享受的经济发展成果成反比?原因就在于市场激励机制。

在资本主义体系中,一个人的财富增加了,为他们服务的经济动力就相应增强;而如果一个人的财富减少,则为他服务的经济动力就减弱,直到完全消失。我们必须得找到一个办法让资本主义的这种为有钱人打工的属性同样也能够帮扶穷人。

资本主义的奥秘就在于它有能力让自利服务于更广大社会群体的利益,它能通过财务回报来推动创新。自利所驱动的资本主义制度催生了许多令人难以置信的创新发明,这些创新改善了很多人的生活。

在我看来,我们需要一个新的制度体系来让自利的动力发挥作用,从而使每一个人都能从中受益。在人的本性中蕴藏着两股巨大的力量,一是自利,一是关爱他人。资本主义利用了人性中自利的力量,让它能持续不断地发挥有益的作用,但只是服务于那些有支付能力的人,而那些没钱买服务的人就只能靠政府援助和慈善。

---

① 比尔·盖茨2008年1月在达沃斯论坛所作的他认为是他最重要的一次演讲。由上海师范大学金融学院彭建辉翻译整理,载于《南方周末》2008年2月28日c14。采用时略有编辑。

二、创新型资本主义：如何通过市场力量为穷人服务

为了让穷人的生活能迅速改观，我们需要一个制度体系，这个制度体系需要比我们现在的更能够吸引创新者和企业参与。这个新制度有两个使命：一是赚钱盈利；二是让那些无法充分享受市场经济益处的人群的生活得到改善。

为了让制度可以有持续性，我们必须用利润来进行激励。如果企业服务的对象非常贫困，那利润就不大可能产生，这时我们就需要另一个激励手段，那就是认可（recognition）。企业得到认可就意味着它的知名度提高了，知名度能吸引顾客，更为重要的是，它可以感召优秀的人才前来加盟。这种知名度能够让好的行为得到市场的嘉奖。当企业在市场上无法盈利的情况下，知名度可以是一种替代；而知名度又是额外的激励。

我们的挑战就是设计出一个新的制度体系，让利润和知名度这样的市场激励发挥作用，使企业更加倾向于为穷人服务。我把这种想法称为创新型资本主义（creative capitalism）。通过这种途径，政府、企业及非营利组织可以进行合作，让市场的作用在更大的范围内发挥作用，从而更多的人可以从中赚取利润，或是得到认可，最终改善全球不平等的现象。

也许有人会反对这种基于市场的社会变革，他们认为如果把感情和自利结合在一起，市场的作用范围不会扩大，相反会缩小。但是，亚当·斯密这位资本主义的鼻祖、《国富论》的作者，这位坚信自利对于社会的价值的思想家，在他的第一本著作的开卷部分这么写道：无论把人看成多么自私，在人的本性中明显的存在某些根本原则：一个人对改善别人的命运产生兴趣，将别人的快乐当成自己的必需，虽然从中他并不能获得什么，只是看见它就感到满足。

创新型资本主义把这种对他人命运的兴趣与对自己命运的关心联系起来，既可以帮助他人，同时也可以提升自己。与单纯的自利行为相比，利己与利他相结合能够惠及更多的人。

三、金字塔底层的财富

创新型的资本主义将商业专长和发展中国家的需要相结合，在发展中国家，市场一直存在，只是没有企业去开辟。有些时候，市场经济的做法在发展中国家行不通，并不是在发展中国家不存在需求，或是他们缺钱，真正的原因是企业没有花足够的时间来研究该市场的需求。普拉哈拉德在他的著作《金字塔底层的财富》中对此有相当精彩的论述。此书对很多公司和企业产生了巨大的影响，它帮助这些企业通过特殊的创新拓展了盈利空间。

在这里我可以举一个例子。世界卫生组织希望在非洲扩大脑膜炎疫苗的接种范围。但是，它没有直接去和生产疫苗的厂商接触，它先是到非洲了解人们的支付能力。该组织了解到如果要让非洲的母亲为她们的孩子接种脑膜炎疫苗，那疫苗的价格不能超过50美分。随后，世界卫生组织要求合作厂商按这个价格标准组织生产。事实上，一家印度的制药企业找到一种新的生产方法，将售价降到了40美分。世界卫生组织允许该企业在未来十年为公共卫生体系提供2.5亿支脑膜炎疫苗，同时允许它将产品卖给私营医疗机构。

另一个例子是有一家荷兰的制药企业拥有一种疫苗的产权。该企业对在发达国家生产该疫苗的企业收取专利费，而免除发展中国家生产该疫苗企业的专利费。结果在越南生产这种疫苗的成本还不到1美元，而且这1美元当中还包含了运费和免疫宣传费用。

因为今天许多重要产品的边际费用已经很低了。软件、医药、媒体作品等都是如此。这种分级定价的做法能够让没钱的人也可以买得起一些有价值的产品。这种定价方式其实可以在更大的范围内进行推广。

我所举的这些项目能够给我们一点启示。致力于满足发展中国家需要的人要和科学家

一起合作,因为科学家知道可以在哪里实现突破,这一点在软件业和医药行业都一样。两方面的人结合在一起就可以找到办法让好的想法在贫穷国家得到实施。

四、需要政府直接参与

另一个实现创新型资本主义的办法需要政府的直接参与。当然,政府在帮扶穷人方面已经做了大量的工作。这就不仅仅是培育市场方面的努力,政府在援助、科研和医疗卫生方面投入了大量财力。这些工作都非常有意义。但是,我认为政府最能够调动资源的做法是出台政策,通过市场的方式鼓励企业为改善贫困人口生活来做出努力。

布什总统最近签署了一个法案,根据该法案,如果一家制药公司为疟疾或肺结核这样长期受到忽视的疾病开发出了一种新的治疗手段,则该公司高利润的产品,比如治疗胆固醇的药物就可以提早两年上市销售,这种优先权可能意味着上亿美元的市场。

五、这会是个全球性运动

还有个实现创新型资本主义的办法,那就是帮助贫困国家的企业进入发达国家的市场。明天我会在此宣布一个合作计划,这个计划将帮助非洲农民进入上等咖啡市场。计划的目的是要让这些农民种植咖啡的收入能够增加一倍。它帮助非洲农民种植优质咖啡,帮助他们与需要购买咖啡的企业建立联系。最终计划将使咖啡种植农民和他们的家庭摆脱贫困。

最后,还有一种实现创新型资本主义的最有创意的方式。几年前的一个深夜,我和Bono(U2主唱)在达沃斯小镇上的一个酒吧里闲聊。在小酌了几杯后,Bono变得非常激动,他和我谈起我们要用什么方法让那些具备公益心的企业拿出销售收入的一小部分来帮助改变整个世界。那天晚上,他不停地打电话,把别人从睡梦中叫醒,然后还把电话交给我,让我知道他们对此都很感兴趣。我们用了不少时间才启动这项工作。

Bono说得对,如果一个人意识到他在购买一件好产品的同时还有机会参与一项他非常重视的社会事业,那他一定会非常乐意购买。红色运动就是这样在达沃斯诞生的。GAP、摩托罗拉、阿玛尼等公司的产品都参与了这项活动。

本周,这些公司的代表在微软相聚,商量下一步的发展。在过去的一年半时间里,我们通过这项运动筹集了 1 500 万美元在全球范围内防治艾滋病、肺结核和疟疾。它的成果便是今天在非洲差不多有两百万人得到了救命的药品。现在世界上越来越多的人认识到,如果有合适的激励方式,那么改变就可以持续进行。因为利润和认可是可以不断更新的资源。

更为重要的是在这个基础上,全世界的企业家不论性别都可以把他们改善生活的想法转化为人们可以购买得起的产品和服务。克林顿总统作为非营利组织成员,帮助发达国家的生产商和贫困国家的消费者建立联系,他在当中发挥了独特的作用。有的企业还为他们所认为的社会资本主义专门设立了奖项。

我只是举了几个例子来说明世界上对这样的创新型制度体系有了越来越浓厚的兴趣。这会是个全球性的运动,我们每一个人都有能力而且有责任来加速推动这个进程。在座诸位,无论你们是来自企业,还是政府,或是非营利机构,我想请你们在新的一年里一同从事创新型资本主义的活动举措。看看我们是否能够扩展市场经济的影响,我们要做成一些事,无论这会是国际援助的,还是慈善捐赠,或是一项新产品。

各位能否应用这样一个创新型的制度体系,让市场的力量发挥作用来帮助穷人?我希望公司企业可以安排最有创新能力的研发人员拿出一部分时间来考虑这些问题,从而帮助人们一起来推动全球经济。这类贡献会比直接捐赠现金更有价值。你们或许可以给员工放假让他们从事志愿者工作,这样便是让公司集中发挥你们最擅长的优势。这也是创新型资本主义的一种形式,因为这种智慧在让有钱人生活得更好之后,又开始致力改善所有人的生活。

目前已经有许多制药企业,像葛兰素·史克公司,他们让最有创造能力的研发人员开发帮助穷人的药物。日本的住友化工利用他们的专长建好蚊帐工厂后再捐赠出去。其实,在食品、高科技、移动电话,以及银行业都有许多这样的例子。事实上,我想说的是如果各行业的企业都可以做到像这些公司一样,那世界的不平等现象就会有极大的改观。

我们处在一个非同寻常的时代。如果我们能够在21世纪的前几十年探索到满足贫困人口需要的方式,找到为企业带来利润和认可的办法,那么我们减少世界贫困的努力就可以一直持续下去。这个任务永远都不会结束。能投身这项事业,我内心激动不已。

第二节 会计准则经济后果

一、会计准则经济后果形成

在资本市场出现以前,社会经济资源的配置和经济利益的分配主要依靠政府的行政管理,剩余索取权基本上归物质资本所有者,管理者和职工得到的是固定收入。会计制度及其变迁的后果,影响的主要是物质资本所有者和国家的利益。但是,国家天生具有暴力优势,如果税收降低到不能满足需要时,国家会提高税率加大税收的征收。所以,会计制度所产生的经济影响是有限的。当资本市场出现后,市场与企业成为社会经济资源配置和社会经济利益分配的主要方式,企业不再只是物质资本所有者而是众多利益相关者的一组契约的连接体。资本投资者、力量愈来愈强的管理者、不同渠道的债权人、员工、消费者、社会公众等都成为平等的市场签约主体,原有的会计制度由会计准则所取代,使得会计准则成为决定利害关系各方利益的"游戏规则",或者说,会计准则本身也是一个与参与各方利益相关的契约。就是说,即使某个主体根据企业的契约拥有较大比例的索取权,但不同的会计准则可能使他所拥有的实际收益有所改变。所以,他们在企业所获得的利益,不仅取决于各主体之间讨价还价所达成的契约,而且也依赖于作为计量规则的会计准则这个"契约"。由于通过契约连接起来的主体众多,所以会计准则的出台与变迁都会引起众多人的关注。各利益集团都会在会计准则制定出台或者变迁过程中,针对自己的利益诉求与利益变动情况,采取相应的行动。所以,会计准则的制定就变成了一个利益相关者相互博弈的政治过程,会计准则的经济后果也就十分明显了。对经济后果的存在这一事实的最有说服力的解释,出现在斯蒂芬·泽夫(Stephen Zeff)的1978年的论文《"经济后果"的产生》(*The Rise of "Economic Consequences"*)。泽夫将经济后果定义为"会计报告对企业、政府和债权人的决策行为的影响",该定义的实质是会计报告会影响管理者和其他人的实际决策,而非仅仅反映决策结果。经济后果观认为,不论有效证券市场理论的含义如何,会计政策的选择会影响公司的价值。会计准则不是一种纯粹的技术手段,不同的准则将生成不同的会计信息,企业利益相关者会在财务报告内容的经济后果中努力扩大自己的利益,从而影响不同主体的利益,会计准则的经济后果往往通过企业的会计政策的选择来实现,多种会计选择为不同利益相关者谋取对自己有利的经济后果提供了可能。一般说来，会计准则的经济后果与有效市场理论似乎是格格不入的。根据有效市场理论，在一个半强式有效市场中，投资者能识别不影响现金流量的不同会计方法的差异，并能进行调整。所以，管理当局会计方法的选择不能有效地影响资本市场，即不影响现金流量的会计准则的变动不会引起股价的变动。然而，从委托代理理论的角度来分析，管理当局与股东及债权人之间有许多以会计数字为基础的合同，如债务条款、报酬契约，这些合同具有刚性特征，会计准则的变动就影响这些合约，或者随着会计准则变更，管理当局虽然可以与各方就合同重新谈判，但又会使其交易成本增高。所以，这些刚性的合约使得管理当局对会计准则的变更非常敏感。

在新古典经济学[1]里，信息完备、完全竞争、产品同质等假设构成其基本理论基础。所以，在新古典经济学的框架里，一切都是安排好了的，结论都已经包含在这些假设里，即都可以从这些假设里推导出来，确定性、线性均衡和最优点成了必然的结果。新古典经济理论除了给人们描绘了一幅美好的蓝图外，可以说什么也没能提供，因为它脱离现实太远了，只能是一个遥远的乌托邦。以科斯交易费用为理论基础的新制度经济学，引发了对新古典经济学反叛的思考。在新制度经济学里，信息不对称，企业各参与者之间存在着利益冲突，世界充满着不确定性，在这样的世界里，一切都是参与个体在参与约束条件下博弈的结果，所以不存在必然的最优和线性的均衡点。新古典经济学是从假设中演绎出的结论，而新制度经济学是从具有不同偏好和心理预期的行为人的行动及彼此之间的相互作用中来分析经济系统的特征，用科斯(1972)的话来说，就是"研究问题的直面方式"。这是和新古典经济学理论完全相反的一种研究范式。

从新古典经济学和新制度经济学两种不同的研究范式，可以发现会计准则的"技术观"和"经济后果观"的本质差异。前者是从理论演绎出会计准则的研究范式，作为理论基石的推理前提是人们设定的会计目标，接下来的是由此而要求的会计信息质量特征：相关性、可靠性等。这反映了人们一种良好的主观愿望。这与新古典经济学的研究范式完全一样，所推导出的结论同样只是一副美好的蓝图。这一研究范式最大的问题是无视作为个体的人的行为。与此相适应，人们对会计准则经济后果的研究，开始从"不断地追求占为己有的一切"的经济人的行为出发来研究会计准则问题。在此研究范式下，不存在最优答案，只有利益各方通过博弈达到的均衡的状态。所以，由所有参与各方进行博弈而形成的会计准则，才真正反映了经济世界的本来面目，也才是最有解释力的制度设计。哈耶克(1991)[2]认为，人的理性在理解自身运作的能力方面有着逻辑上的局限。人类在有意识地设计和指导文明的制度方面有不可避免的认识局限。理性主义认为，个人足以知道并能够根据社会成员的偏好而考虑到建构社会制度所必需的境况的所有细节。哈耶克把这种观点称为"致命的自负"。在此认识的基础上，他提出了"自生自发秩序"的概念。就是说，那些追求自己目的的个人之间发生的一种秩序，是人类行动的结果，但不是人类有意识设计的结果。在他看来，文明于偶然之中获得的种种成就，是人类行动的结果，不是一般人所认为的那样，是条理井然的人类智慧设计的产物。所以，由于面对复杂多变的世界，人类的理性不可避免地处于短缺状态，因此不可能依靠人类的理性来设计和规划制度和秩序，而只能靠行为人之间有机的自发的

---

[1] 〔美〕埃瑞克·菲吕博顿等编,孙经纬译：《新制度经济学》,上海财经大学出版社,1998年版。
[2] 〔英〕哈耶克著,贾湛译：《个人主义与经济秩序》,北京经济学院出版社,1991年版。

作用来形成制度和秩序。从哈耶克关于自发秩序的理论来分析关于会计准则的"技术说"和"经济后果说"的差异,可以得出如下结论,即会计准则制定者面对纷繁复杂的世界,他们的理性是处于一种不可及状态,再加上如公共选择理论所言,政府作为制定机构,也是以自身效用最大化为行动准绳,这样设计出来的制度和秩序的局限性就可想而知了。所以,会计准则的性质,也应该是经济行为主体"行为的后果,但不是人类设计的结果"。

当然,哈耶克对理性的批判并不是否定理性本身,而是批判那种"知识的自命不凡"。"我们所主张的,并不是要废弃理性,而是要对理性得到恰当的控制的领域进行理性考察。"所以,他并不是赞成要放弃理性,而是认为理性的不完全,强调人的试错、竞争等有机的进化机制。同样道理,就像新古典经济学仍然成为新制度经济学的参照系一样,从理论演绎出来的会计准则,也是会计准则发展过程中一种参照系,可为会计准则的制定与发展提供启发、思考和灵感。所以,会计准则的"技术说",在准则发展过程中也有其一定的存在空间。只是不能无视它的不足而强行应用到复杂多变的经济世界里。因此,在当前社会经济情况下,切实可行的会计准则制定与发展模式应该是以财务会计概念框架演绎出来的会计准则理论为基础,再经过充分程序(duprocess),让所有行为主体都能充分表达自己的意见,考虑经济发展中行为人的心理、效用等因素,使会计准则既有理论基础,又能反映复杂多变的经济现实,做到既有效、合理又切实可行,这样的会计准则才能不断促进提高资源的配置效率。

二、会计准则经济后果的具体分析

Watts 和 Zimmerman 于 1978 年提出的实证会计理论三大假说,即分红计划假说、债务契约假说和政治成本假说。分红计划假说认为,其他条件保持相同,在实施分红计划的企业中,其管理层更有可能选择将报告收益从未来期间提前至当期确认的会计政策。根据这一假说,如果企业实施的激励机制将管理层的薪酬与会计利润相挂钩,那么企业管理层在确定企业会计政策时,通常会倾向于选择是报告收益偏高的会计政策,从而增大管理层的报酬效用。此外,如果有效资本市场假说不完全成立或者只是弱式有效,报告较高的利润将有助于股价的上升。实施股票期权激励计划的公司,其管理层一般倾向于选择报告收益偏高的会计估计与会计政策,以提升其股票期权的价值效用。债务契约假说指出,其他条件保持不变,企业面临着违反以会计数据为基础的债务契约条款时,其管理层就越有可能选择将未来期间收益提前至当期确认的会计政策。政治成本假说是指,其他条件保持不变,企业的政治成本越大,其管理层就越有可能选择将当期报告收益递延至以后各期确认的会计政策。如果这一假说成立,那么规模较大或盈利能力极高的企业,其管理层将更乐意选择报告收益偏低的会计估计与会计政策,以免因报告太高利润而招致不必要的政治成本。

美国财务会计准则委员会(FASB)颁布第 141 号准则之前,美国国会曾在 2000 年邀请工商界代表,对新的企业合并会计准则的潜在经济后果多次举行听证会。在听证会上,工商界代表对 FASB 拟取缔权益结合法的做法口诛笔伐,时任 FASB 主席的 Jenkins 俨然成为被告。尽管第 141 号准则最终得以通过,但 FASB 不得不同时颁布第 142 号准则。第 142 号准则摈弃了美国长期以来要求对商誉进行定期摊销的做法,改为定期进行减值测试。毋庸置疑,第 142 号准则是 FASB 向国会和工商界妥协的结果。一个会计技术问题,能够引起国会议员和商界精英们的高度关注,再一次印证了 Zeff 教授 1978 年提出的会计准则具有经济后果的观点。具体分析不难发现,两种方法对资产负债表和利润表以及相关财务指标的影响是十分明显的。在购买法下,购买方按照公允价值计价基础对被购买方的资产、负债和净资产重新进行计量,净资产的价值变动以及商誉必须在购买方的单独报表或合并报表予以反映。而在权益结合法下,合并一方在编制单独报表或合并报表时,计价基础保持不变,继续沿用合并另一方资产和负债的账面价值,既不反映资产和负债的价值变动,也不确认商誉。在物价上涨或资产质量较好的情况下,采用购买法所报告的净资产通常大于权益结合法。从合并报表的角度看,在购买法下,无论合并的支付方式是支付现金还是换股,购买方的股东权益(未分配利润除外)就是合并后的股东权益,被购买方在合并时业已存在的未分配利润必须予以抵消,不得纳入合并报表。而在权益结合法下,合并一方在记录合并业务时,并不按合并另一方的股本、资本公积等所有者权益项目的账面数记录,而是按换出股票的面值和股票溢价发行收入记录,但合并时业已存在的未分配利润可全额纳入合并报表。采用购买法一般会使利润降低,因为购买法运用新的计价基础,需要确认资产增值和商誉并加以摊销或计提减值准备,在权益结合法下则不存在这类摊销或减值准备。另外,购买法仅将合并日后被购买方实现的利润纳入合并报表,而权益结合法则需要将参与合并另一方整个年度的利润纳入合并报表;购买法通常采用现金或债务(举债或承债)的方式收购被合并方,利息负担通常大于按权益结合法反映的换股合并。这样,在权益结合法下,利润较高,股东权益较低,净资产收益率(ROE)和每股收益(EPS)通常也较高;而在购买法下,利润较低,股东权益较高,ROE 和 EPS 一般也较低。如果在合并过程中出现负商誉或公允价值低于账面价值,则结果正好相反。此外,在被合并企业的负债评估后的价值与账面价值的差异不大,而资产的评估价值高于其账面价值时,反映偿债能力的指标如资产负债率、流动比率在购买法下往往会高于权益结合法下的相应指标。

据中国财政部提供的数据显示,截至 2008 年 1 月底公布年报的 36 家上市公司,按新准则调整后的股东权益比按原制度计算的股东权益总计净增加 12.28 亿元,每家上市公司股东权益平均净增加约 0.34 亿元,平均增幅为 3.69%。如果将因为不是真正股东权益而被剔除的少数股东权益计算在内,上述 36 家上市公司执行新准则后的股东权益增加额达 34.30 亿元。同时也存在一些负面的影响,统计显示,截至 2008 年 2 月 10 日,有 6 家上市公司披露的年报显示其股东权益在新会计准则下出现负增长。其中,ST 江纸最为明显,股东权益因执行新会计准则而减少 2.67 亿元;光华控股股东权益减少 1.07 亿元;华泰股份股东权益减少 1.57 亿元。

第三节 盈余管理

一、盈余管理概念

国外关于盈余管理的研究已有二十几年的时间,以往文献中出现过的有关盈余管理定义,归纳起来主要有以下几种观点:

Schipper[①] 提出盈余管理是"企业管理当局为了获取某些个人利益,有目的地干预对外

---

① K. Schipper,"Commentary on Earnings Management," *Accounting Horizons*, 1989(12): 56-64.

财务报告过程的'披露管理'"。这种观点认为,盈余管理是一种"披露管理",即企业管理层为获取一定的私人利益,在对外进行披露时,有目地地对财务报告过程进行控制,并认为盈余管理可以以多种形式出现在对外披露过程的任何阶段与部分。Schipper 从广义上定义了盈余管理,但没有对那些旨在提高企业价值通过投资和生产决策盈余管理的行为和纯粹为了"干预对外财务报告过程"而采取的盈余管理行为加以区分。由于这一观点是在信息观的基础上提出来的,因此也被称为"信息观"下的盈余管理。

1998 年,Paul M. Healy 和 James M. Wahlen 在美国"财务报告问题学术研讨会"上,总结了盈余管理的经验研究及其对会计准则制定者的启示,采用了如下盈余管理的定义:盈余管理发生在管理当局运用职业判断编制财务报告和通过规划交易以变更财务报告时,旨在误导那些以公司业绩为基础的利益关系人的决策或者影响那些以会计报告数字为基础的契约的后果。

Healy 和 Wahlen(1999)[①]提出盈余管理是"管理当局在编制财务报告和规划交易的过程中运用个人判断来改变财务报告的数字,达到误导那些以公司的经济业绩为基础的利益关系人的决策或者影响那些以会计报告数字为基础的契约结果的目的"。Healy 和 Wahlen 的这一定义仍是广义的,同时强调盈余管理目的在于"误导利益关系人决策和影响契约结果"。Healy 和 Wahlen 在综合了 Scott 和 Schipper 两种不同观点的基础上提出通过规划交易改变财务报告亦属盈余管理,全面扩大了盈余管理的范畴,增加了盈余管理研究的内容,是目前学术界比较主流的一种观点。

Scott 提出盈余管理是"在 GAAP 许可的范围内,通过会计政策选择使经营活动者自身利益(或)公司市场价值达到最大化的行为"[②]。这种观点认为会计政策选择具有经济后果,经营者在对一系列的会计政策进行选择时,会采用那些使自身效用或公司市场价值最大化的会计政策。持这种观点的学者仅把对会计政策的选择认定为盈余管理行为,是一种狭义的定义。

国内许多会计学者对盈余管理都有着各自不同的理解,围绕上述各种观点,形成不同的认识:

孙铮、王跃堂认为,盈余管理是企业利用会计管制的弹性操纵会计数据的合法行为[③]。

魏明海认为,盈余管理必然会同时涉及经济收益和会计数据的信号作用问题,从"信息观"的角度看待盈余管理更有意义[④]。

秦荣生认为,盈余管理是指企业有选择会计政策和变更会计估计的自由时,选择其自身效用最大化或是企业市场价值最大化的一种行为[⑤]。

综上所述,盈余管理以遵循相关会计法律、法规和制度为前提,离开会计准则约束的盈余管理,就超出其范畴。盈余管理行为会造成不同利益集团受益或受损,产生一定的相应经济后果。因此,研究盈余管理状况及其"合理"程度是研究商务伦理和会计职业道德及其职业风险与道德冲突的理论基础和重要内容。

---

① Paul M. Healy and James M. Wahlen, "A Review of the Earnings Management Literature and Its Implications for Standard Setting," *Accounting Horizons*, 1999(13): 365-383.
② William R. Scott, *Financial Accounting Theory*. London: Prentice Hall, 1997: 657.
③ 孙铮、王跃堂:"资源配置与盈余操纵之实证研究",《财经研究》,1999 年第 4 期。
④ 魏明海:"盈余管理基本理论及其研究评述",《会计研究》,2000 年第 9 期。
⑤ 秦荣生:"财务会计新课题:盈余管理",《当代财经》,2001 年第 3 期。

二、盈余管理研究状况简要分析

盈余管理和会计准则存在着密不可分的联系,当财务报告被用来传递公司管理当局关于公司经营业绩的信息并存在多种选择时,会计准则也就必将允许公司管理当局在财务报告中采用职业判断,管理当局便可以选择会计方法、会计估计和披露方式以更符合该公司经济情形。同时,审计存在缺陷,公司管理当局的职业判断也给他们选择不能准确反映其公司真实经济情形的会计方法和会计估计创造了机会,盈余管理就产生了。盈余管理研究起源于20世纪80年代的美国,是从早期的创造性会计演变而来的。最初表现为利润平滑,后来则是秘密准备。随着会计准则和会计法规的不断完善,在西方国家逐渐形成了盈余管理的理论与实务。目前,盈余管理已经成为国内外经济学界和会计学界广泛研究的课题,所涉及的主题比较全面和深入。雪普(Katherine Schipper,1989)认为,盈余管理之所以无法消除,是因为信息不对称,要改善这个问题,增加对外财务报告的透明度和会计信息的可比性就显得尤为重要,这推动了各国公认会计原则和国际会计准则向这个方向改进。但是,大部分盈余管理的学术研究对准则制定者和监管者只具有有限的价值,这类文献对准则制定者感兴趣的问题提供的证据仍然不足(Healy & Wahlen,1998)。比如,盈余管理的主要研究集中在检验盈余管理是否以及何时发生,对各种盈余管理的程度和频度的研究还不够,现有的证据无法帮助会计准则制定者评估现行准则对于增进公司与投资者的交流是否卓有成效,或者是否怂恿了普遍的盈余管理;另一方面,大量的研究将可操控应计利润项目(discretionary accruals)作为盈余管理的表征,希利模型(Healy model,1985)、琼斯模型(Jones model,1991)以及在其基础上改进或衍生的模型被广泛采用以度量可操控应计利润项目,而关于运用特定应计项目进行盈余管理的证据相对较少,准则制定者对哪些具体应计项目或者会计方法被用来管理盈余更感兴趣,因为通过检验特定应计项目或会计方法,研究者可以为准则制定者提供直接的证据,用以说明在哪些领域准则工作富有成效,哪些准则有待完善。如果可以确定盈余管理在某些领域普遍存在并对盈余和资源配置有重大影响,会计准则制定者可以考虑完善现有的会计准则,并增加披露要求,以提高财务报告的有用性;反之,如果盈余管理虽然存在,但并非普遍现象,或对资源配置仅有微弱的影响,则无须修订财务报告准则。

(一) 国外关于盈余管理研究的主要领域及观点

1. 盈余管理动机的检验

国外关于盈余管理研究的文献中,大部分都集中在对盈余管理动机的检验上。要想断定盈余是否被管理,首先要对不含盈余管理影响的盈余做出估计,在这方面,Healy从1980年美国前250位大工业公司中筛选出94家样本公司,探讨如果公司红利计划是以会计盈余为基础,那么管理当局是否尝试由可控制性应计项目及会计政策进行盈余管理,以求增加自身的红利。实证结果显示,当原始盈余高于红利计划上限或低于下限时,管理当局倾向采用降低盈余的应计项目方法,利用应计项目可以在未来回转的特性,留待以后提高盈余增加红利;当原始盈余介于上下限之间时,则管理当局倾向于采用提高盈余的应计项目方法[①]。

[①] Paul M. Healy, "The Effect of Bonus Schemes on Accounting Decisions," *Journal of Accounting and Economics*, 1985(4): 85-107.

Jones 选取了 1980—1985 年 5 个行业的 23 家公司作为样本,提出了样本企业在观察期间会通过操纵可控性应计项目调减企业当期的盈余假设[①]。首先,从应计利润总额切入,将其确定为报告净收益与经营活动净现金流量的差额。然后,通过那些代表非可操纵应计利润变量对应计利润总额进行回归,这些变量包括反映应收账款、存货和其他商业赊欠的营业收入、反映正常折旧水平的固定资产总额。回归的结果代表某一集合(如某个行业)内个别公司所应具有的营业收入、固定资产总额等变量与应计利润总额呈正线性关系,即用前者(收入等)来估计后者(正常的应计利润总额)。Jones 通过利用应计利润预期模型进行实证分析的结果显示,样本公司在观察期间显著地调低了盈余数据,从而支持了假设。

Burgstahler 和 Dichev 采用了一种新的方法来检测盈余管理,即通过检验报告盈余的分布以判断是否存在盈余管理的证据。这些研究假设公司管理者有避免报告亏损或报告盈余下降的动机,从而围绕这些问题检验了报告盈余的分布情况[②]。这方面的发现说明了有略微正的盈余(或盈余变更)公司的盈余管理频率比预期的高,有略微负的盈余(或盈余变更)公司的盈余管理的频率比预期的低。这种方法相对于 Jones 模型来说,最大的优点是,仅仅通过检查盈余的分布就能够估计盈余管理的普遍性。但是,其缺点也非常明显,运用这种方法来计量盈余管理并不能获得关于公司进行盈余管理的手段或各程度的信息。Healy 和 Wahlen 认为,采用对可操纵应计利润项目的估计来衡量管理当局运用会计职业判断的影响,存在一定程度的错误[③]。他们指出 Jones 模型只适用于发现那些盈余管理较为严重的公司,但并不能检验出所有对盈余进行管理的公司,因而具有一定的局限性。

2. 进行盈余管理的具体应计项目的研究

迄今,国外大量的研究将可操纵应计利润作为盈余管理的表征。这一类的研究主要集中在银行业和保险业,研究方法主要采用应计模型,特定应计模型的特点是通过一个特定的应计项目或者一组特定的应计项目来建立计算模型,以此来检测是否存在盈余管理。

McNichols 和 Wilson[④]最早采用这一方法,证明了坏账准备这一应计项目确实被用来进行盈余管理。Teoh、Wong 和 Welch[⑤]就公司股票初始发行的折旧估计和坏账准备进行了考察。他们发现,相对于非初始发行股票公司的对照样本而言,样本公司在初始股票发行的年份和随后几年中更可能采用致使收益增加的折旧政策和坏账准备计提比率。Healy 和 Wahlen(1999)指出会计准则制定者很可能对哪些具体应计项目或会计方法被用来盈余管理感兴趣;通过检验特定应计项目,研究者可以为准则制定者提供直接的证据,用以说明在哪些领域准则工作富有成效,哪些准则有待完善。

[①] J. Jones, "Earnings Management During Import Relief Investigations," *Journal of Accounting*, 1991(29): 193-228.

[②] D. Burgstahler and L. Dichev, "Earnings Management to Avoid Earnings Decreases and Losses," *Journal of Accounting and Economics*, 1997 (1): 99-126.

[③] Paul M. Healy and James M. Wahlen, "A Review of the Earnings Management Literature and Its Implications for Standard Setting," *Accounting Horizons*, 1999(4): 365-383.

[④] M. McNicholes and G. P. Wilson, "Evidence of Earnings Management from the Provision for Bad Debts," *Journal of Accounting Research*, 1988(26): 1-31.

[⑤] S. H. Teoh, I. Welch and T. J. Wong, "Earnings Management and the Underperformance of Seasoned Equity Offerings," *Journal of Financial Economics*, 1998(3): 63-99.

3. 盈余管理的程度和频率的研究

相对而言,有关对基于资本市场盈余管理的程度和频率的研究并不是很多。Teoh,Wong 和 Welch(1998)发现,初始股票发行的公司在发行当年的非预期应计项目的中位数为资产的 4%—5%。Teoh,Wong 和 Welch(1998)的研究还指出,大约 62% 的初始股票发行公司比所选定作为对照样本的控制公司有更高的非预期应计项目。如果正常情况下的频率是 50%,这意味着大约 12% 的股票发行公司存在盈余管理行为。

4. 基于股市的盈余管理是否影响资源配置

Forster(1979)发现,那些被财务报刊上批评误导财务报告的公司在消息发布当天的股票价格平均下降了 8%。Dechow(1994)证实了投资者更趋向于认为企业披露的盈余数据相比现金流量数据具有更多的信息含量的价值相关数据。这说明投资者并没有认为盈余管理如此严重以致使盈余数据缺乏可信度,也从另一个侧面反映了经过管理的会计盈余信息能够影响到市场资源的合理配置。大量的关于这方面的研究通常将盈余管理和市场回报和未来盈余联系在一起。Sloan(1996)指出,持有当期盈余包括大量应计项目公司的股票,一年后的股票非正常报酬率是负的,而持有当期盈余包括较少应计项目的盈利的公司股票,一年后的股票非正常报酬率是正的。总之,这些研究表明盈余管理确实影响了资本市场的资源配置。

(二)国内对盈余管理的研究

虽然国内对盈余管理的研究起步较晚,但已取得了广泛的研究成果,这些研究集中分析了我国证券市场在特殊监管政策下的盈余管理现象。到目前为止,主要是将国外的计量模型按照我国证券市场的特点进行适当的修正,并从沪深股市抽样进行实证研究,其研究的问题主要集中在盈余管理的存在、配股行为、保牌行为和会计准则变动前后对盈余管理影响等问题的研究。

蒋义宏、魏刚对上市公司的 ROE 分布进行研究。他们首先做出 1993—1997 年各年的 ROE 趋势分布图,从通过分布图发现,ROE 在 10% 右侧明显出现高点,1996 年和 1997 年两年最为明显[①]。蒋义宏、魏刚认为,这种现象的出现是与上市公司的配股政策紧密联系在一起的。为验证他们的猜测,他们分别做出了 1993—1997 年各年 $7\% \leqslant ROE \leqslant 14\%$ 和 $10.0\% \leqslant ROE \leqslant 11.0\%$ 的直方图。直方图的结果验证了他们的猜测:当配股资格要求连续两年盈利(1993 年 12 月 17 日证监上字 128 号文)时,上市公司净资产收益率的分布呈离散趋势;而要求三年均盈利且净资产收益率平均在 10% 以上(1994 年 9 月 28 日证监发字 131 号文)时,就诱使上市公司围绕 10% 进行利润操纵;当配股条件改为最近三年净资产收益率每年都在 10% 以上(1996 年 1 月 24 日关于上市公司配股工作的通知)时,上市公司的净资产收益率明显集中在 10%—11%。研究结果证明了众望所归的 ROE 并未真实地反映上市公司盈利能力,其操纵行为动机显然是为了达到 ROE 等于 10% 的配股资格线。

陈晓、李静通过规范的分析方法,详细地阐述了地方政府财政行为(税率优惠、税收返还、财政补贴)在提升上市公司业绩中的动机、手段和作用,发现为了在资本市场中争夺资源,地方政府积极参与上市公司的盈余管理,对上市企业进行了大面积的税收优惠和财政补

[①] 蒋义宏、魏刚:"上市公司 ROE 分布的实证研究",《上市公司会计研究论丛》,1998 年第 6 期。

贴,不仅导致了税务竞争现象,还极大地扭曲了会计信息,如果没有地方政府的财政支持,近一半的已配股公司会得不到配股资格①。研究表明,地方政府通过财政支持(税率优惠、税收返还、财政补贴)积极参与了上市公司的业绩提升行动。我国上市公司的所得税实际税率远远低于33%的法定水平,享受15%实际税率的公司占了上市公司的绝大多数,并且越来越多的公司从地方政府得到直接的财政补贴。如果剔除补贴和税收优惠,许多上市公司将丧失配股资格。

陆宇建对亏损上市公司提出了五个基本假设:(1)亏损上市公司在首次出现亏损的前一个会计年度,会做出能调增收益的应计会计处理;(2)亏损上市公司在首次出现亏损年度,会做出能调减收益的应计会计处理;(3)亏损上市公司在其扭亏为盈的年度,会做出能调增收益的应计会计处理;(4)亏损上市公司主要通过调剂应计利润额来达到盈余管理的目的;(5)亏损上市公司会在其亏损及其前后年度利用营运资金项目进行盈余管理。陆建桥收集了1996—1997年在上海证券交易所上市的22家亏损公司作为研究样本,另外还选取了与各亏损公司行业相同、规模类似的22家盈利公司作为控制样本,采用5个模型多角度地对亏损上市公司盈余管理行为进行经验验证。陆建桥分别用T检验检验各变量历年平均数与上年相比的统计显著水平,用威尔科克森符号秩非参数检验来检验各变量历年中位数与上年相比的统计显著水平,并利用扩展修正的琼斯模型验证亏损上市公司在亏损及其前后年度的盈余管理行为。研究结果基本支持了亏损上市公司在亏损及其前后年度存在盈余管理行为假设②。

刘英男、王丽萍以2005—2007年深市475家上市公司半年报数据为样本,采用截面修正琼斯模型和T检验的方法验证我国新会计准则的实施是否能够有效抑制盈余管理行为。从实证结果来看,新会计准则实施后,上市公司可操控性应计利润平均值低于原会计准则下可操控性应计利润平均值,从而得出研究结论:新会计准则对上市公司盈余管理行为起到了有效的抑制作用。新会计准则能够缩小上市公司盈余管理空间,说明此次颁布实施的新会计准则有利于增强会计信息的可靠性,是高质量的会计准则③。

三、盈余管理研究应用举例

(一) 相关研究回顾

较早的研究是从Jones系列评估模型开始的。Jones系列评估模型的原理主要是通过资产负债表、损益表中形成应计的会计项目金额的变动,来揭示形成应计过程中的操控行为。这类研究已经注意到了销售收入、厂房、设备以及固定资产的影响。Jones系列评估模型包括横截面的基本Jones模型、修正的横截面Jones模型、KS模型和KLW模型。

1. 横截面的基本Jones模型

应计的概念是由Healy在1985年提出的,他用狭义应计概念衡量操控性应计,并以应计额来反映盈余质量。通过对处于美国贸易救济中的公司进行调查,Jones认识到为了获取

---

① 陈晓、李静:"地方政府财政行为在提升上市公司业绩中的作用探析",《会计研究》,2001年第1期。
② 陆宇建:"上市公司基于配股权的行为实证分析",《经济学研究》,2002年第3期。
③ 刘英男、王丽萍:"新会计准则对上市公司盈余管理影响的实证研究",《会计之友》,2008年第2期。

救济,公司可能实施一些调低报告净收益的行为,比如可能通过操控性应计项目,夸大折旧和摊销费用,虚增产品质量保证、意外事故及回扣所形成的负债,也可能会计提大量的坏账及存货准备金来操控盈余。所以,Jones 开始探讨对非操控性应计的分离。

确定公司的应计有两种方法。第一种是用净利润扣减经营现金流量。应计项目通常定义为公司 1 年内所有记录的非现金流量经营事项的净成果。因此,应收账款及其变动同存货的变动额一样,都是应计项目,折旧费用作为年度内摊销的财产、厂房及设备成本,是一种负应计项目。另一种是等价法,通过比较资产负债表得出年度非现金营运资本的变动,再加上折旧费用就得出应计项目总额。在分离操控性与非操控性应计项目时,非操控性应计项目与公司的经营活动有关。例如,如果一个公司受到外来竞争的影响,它的应收款项可能就会降低,同时它不得不延迟流动负债的偿还并且注销掉大量流动性差的存货。这些都属于负应计项目,但不能把它们看作是操控性的项目。

Jones 利用等价法确定了总应计,然后从各个样本公司中推算出了回归模型,其中考虑了基于经营活动收入的流动资产和流动负债之类的非操控性应计和基于财产、厂房和设备等固定资产折旧之类的非操控性应计。由此可见,Jones 也是使用狭义应计对不动产、厂房和设备,以及销售收入变动额的回归方程的残差即非正常应计来反映盈余被操控的程度。模型表述如下[①]:

$$TA_{j,t} = \alpha_j + \beta_{1,j}\Delta REV_{j,t} + \beta_{2,j}PPE_{j,t} + \varepsilon_{j,t}$$

其中,$TA_{j,t}$ 指公司 j 在 t 年的应计项目总额,$TA_{j,t}$ 指净利润－经营现金净流量;$\Delta REV_{j,t}$ 指公司 j 在 t 年和 $t-1$ 年的收入的差额,计算出流动资产和负债的非操纵性应计项目;$PPE_{j,t}$ 指公司 j 在 t 年的财产、厂房和设备总额,以公司的资本性资产投资额为基础,以折旧费用的非操纵性部分;α_j、$\beta_{1,j}$、$\beta_{2,j}$ 指回归参数;$\varepsilon_{j,t}$ 指反映除 $\Delta REV_{j,t}$、$PPE_{j,t}$ 以外的残差项目对 $TA_{j,t}$ 所带来的影响。

那么,实际应计项目总额与其预测值(非操纵性应计项目)的差额即为操纵性应计项目的预测值,即

$$U_{j,t} = TA_{j,t} - (\alpha + \beta_{1,j}\Delta REV_{j,t} + \beta_{2,j}PPE_{j,t}) = TA_{j,t} - \hat{TA}_{i,t}$$

其中,$U_{j,t}$ 指公司 j 在 t 年的操纵性应计项目的预测值。

2. 修正的横截面 Jones 模型

戴求、斯罗恩和斯威尼(Dechow、Sloan and Sweeny,1995)对琼斯模型提出了异议,他们认为琼斯模型容易高估非操纵性应计项目,低估盈余管理行为。原因是在营业收入增加额中,信用销售收入增加额的部分(即应收账款增加额)往往是盈余管理的结果,而在琼斯模型中则将其视为影响非操纵性应计项目的一个因素,显然会产生较大的估计误差。为此,戴求、斯罗恩和斯威尼提出了修正的 Jones 模型,即

$$NDA_{j,t} = \alpha_j + \beta_{1,j}(\Delta REV_{j,t} - \Delta REC_{j,t}) + \beta_{2,j}PPE_{j,t} + \varepsilon_{j,t}$$

其中,$\Delta REC_{j,t}$ 为公司 j 在第 t 年和第 $j-1$ 年应收账款的差额,其他变量与琼斯模型含

[①] 〔加拿大〕威廉·R. 斯科特著,陈汉文等译:《财务会计理论》,机械工业出版社,2006 年版,第 163 页。

义相同。

3. KS 模型

在对各应计利润项目与主营业务收入、成本费用以及固定资产的关系进行分析的基础上，Kang 和 Sivarama Krishnan 于 1995 年提出了时间序列模型（简称为 KS 模型）。KS 模型进一步假设每个公司在当期和上一期间，其销售收入与应收款项、成本费用与存货及应付款项、折旧摊销与固定资产之间的比率保持稳定。这样，公司的应计利润就主要由销售收入、成本费用和固定资产来决定。实证研究表明，这一基于工具变量法建立的盈余管理模型比时间序列的 Jones 模型以及修正的横截面 Jones 模型更能降低各种错误。

4. KLW 模型

Kothari、Leone 和 Wasley 于 2005 年提出了与公司经营业绩相匹配的操控性应计计量模型（Performance Matched Discretionary Accrual Measures，简称为 KLW 模型）。其建模思想体现为：Jones 模型和调整 Jones 模型只是试图控制当期业绩，但是来自经济常识的直觉、现有的盈余、现金流量和应计模型及其实证研究的证据都表明，应计额与公司的当期及以前多期的业绩相关。因此，需要控制当年、上年的资产收益率，即控制以前年度公司业绩对操控性应计的影响，并且匹配盈余业绩的变量采用资产收益率（ROA）。使用 ROA 作为衡量业绩的控制变量有两个原因：一个是从定义看，来自资产的盈余等于资产的收益，一定层次上衡量了业绩；另一个是在股票异常收益和公司异常业绩的研究中使用这一变量后结果更有解释力和检验力。根据这一思想，Kothari、Leone 和 Wasley 在调整 Jones 模型中加入了控制变量资产收益率（ROA），提出了 KLW 模型。实证检验表明，与传统模型相比，业绩匹配模型可以提高操控性应计分离模型的可靠性。与业绩相匹配能够有效识别由公司业绩驱动的盈余管理，特别是在某些特殊事件（如再融资）发生前后或匹配的控制样本公司都存在类似行为的时候，它能够预测与业绩相关联的操控性应计以及由其他动机（如薪酬合约、迎合分析师的预测等）产生的操控性应计。因此，业绩匹配模型评估的操控性应计表示非正常应计，而不是所有盈余管理造成的总操控性应计。由于它是用来识别出于业绩管理考虑的盈余管理成分，使用业绩匹配模型来消除与业绩相关联的操控性应计评估模型中不适当假设是非常合适的，而且对业绩的控制并没有过度纠正与业绩相关的应计项目。

Jones 系列模型在中国学者进行盈余管理研究中得到广泛的应用。陆建桥（1999）以上交所 22 家亏损上市作为研究样本，以行业相同、规模相同的 22 家盈利公司作为控制样本，采用应计利润总额的随机行走预期模型、考虑成长因素的应计利润预期模型、考虑规模和行业因素的应计利润预期模型和扩展的 Jones 模型，对亏损公司的盈余管理行为进行了实证研究。实证研究结果表明，亏损公司在首次出现亏损年份，存在显著的非正常调减盈余的应计会计处理，在首次出现亏损前一年度和扭亏为盈年度，存在调增收益的盈余管理行为。这表明为了避免公司出现连续三年亏损而受到证券监管部门的管制，亏损上市公司在亏损年度及其前后普遍采取了相应的调低或调增收益的盈余管理行为。而且，这些盈余管理行为主要通过管理应计利润项目来达到的，其中营运资金项目，尤其是应收应付项目、存货项目等有可能是上市公司最主要的盈余管理工具。吴东辉（2001）利用 Jones 模型对中国上市公司的应计项目选择进行的研究表明，投资机会，相对于行业的业绩水平，财务杠杆和企业规模对应计项目的选择有影响。在IPO年度和争取配股资格的公司中,反常应计项目明显增加,但未发现企业使用应计项目避免摘牌的现象。此外,还发现机构投资者持股比例和大会计师事务所审计的企业报告的反常应计项目低。企业报告非预期应计项目的能力随着上市年限的增加和应计资产和应计负债的增加而降低。夏立军等(2003)考虑时间序列模型在中国股票市场还不适用,将其调整为截面模型,并将其内在假设变为:在同一行业内,不同公司具有类似的应收账款周转率、存货和应付账款周转率,并加入主导变量长期投资,以反映投资收益项目对应计利润的影响。周铁(2006)对于应计利润计量偏差及对识别盈余管理的影响进行实证研究,应计利润反映了收付实现制与权责发生制的差异,论文通过分析两种广泛采用的应计利润计量方法发现,在我国现行会计制度下,这些方法所产生的计量结果与因权责发生制而产生的应计利润不存在完全的相关性。我们探讨了由此而产生的计量偏差及对判断盈余管理行为的影响。经验验证的结果表明:在截面Jones修正模型下:(1)以上计量方法产生的反常应计利润是盈余管理有偏估量,可能导致在判断盈余管理行为时发生第一类和第二类错误;(2)修正计量方法所产生的计量结果更合乎应计利润的概念,体现出更好的相关性;产生的反常应计利润能更准确地反映盈余管理行为。吴联生(2007)以非上市公司盈余管理程度作为基准,运用参数估计的方法,对股票市场是否提高了公司盈余管理程度的问题进行研究。研究结论显示,1998—2004年我国上市公司与非上市公司每年都存在避免亏损的盈余管理;在上市公司中,盈余管理公司比例为15.87%,它们提高ROA数据0.0122;在非上市公司中,盈余管理公司比例则只有5.49%,它们提高ROA数据0.0009。上市公司盈余管理频率大约为非上市公司的3倍,平均盈余管理幅度大约为非上市公司的13倍;两类公司盈余管理程度差异随着时间的推移而不断增大,因为非上市公司盈余管理程度在年度上的分布比较稳定,而上市公司盈余管理程度则随着时间的推移而不断增大。研究结论表明,股票市场提高了公司的盈余。

对于2007年1月1日实施的会计准则,很多学者(刘泉军等,2006;沈烈、王建新等,2007)采用规范研究对新准则与盈余管理的关系进行探讨,由于缺乏年报数据支持,对于新准则与盈余管理的实证结果检验尚未发现,这里仅根据2006年及2007年沪、深股市A股上市公司的半年报数据,采用修正截面Jones模型,对新旧准则体系下盈余管理程度予以比较,旨在对学者所讨论的新准则对盈余管理的影响进行实证检验,检验新会计准则的变化是否对企业的盈余管理程度有所控制。

(二)研究假设及样本选择

1. 研究假设

研究假设:新会计准则体系下企业通过操纵性应计项目进行盈余管理的程度有所降低,新准则压缩了盈余管理可借用的空间。由于考虑到企业实际应计项目总额($TA_{j,t}$)与其预测值(非操纵性应计项目,$\hat{TA}_{i,t}$)的差额,即可操纵性应计项目预测值($U_{i,t}$)可能为负数,这将影响对于盈余管理程度的衡量,故此处采用可操纵性应计项目预测值的平方和($\sum U_{i,t}^2$)作为企业通过操纵性应计项目进行盈余管理程度的替代变量,故我们的假设也可进一步解释为:新会计准则体系下可操纵性应计项目预测值的平方和低于旧会计准则体系下可操纵性应计项目预测值的平方和。

2. 样本选择

我们以 2005—2007 年沪、深股市 A 股上市公司公布的财务中报数据作为初选样本,在此基础上主要以 2006 年被冠以 ST 类上市公司[①]为主要研究对象,这类上市公司和一般公司相比,业绩和财务状况较差,并且受到了很多特殊处理,如中报必须被审计,且如果 ST 类公司继续亏损,就可能被冠以 PT(特别转让)以致退市的风险,在这种背景下,亏损对于上市公司的负面影响非常大,被冠以 ST 的上市公司存在更大的盈余管理动机,以避免即将面临的退市风险。经筛选,沪市样本共 72 家,深市样本共 76 家,总样本为 148 家。

3. 数据来源

本书研究中所使用的上市公司中报数据主要通过 CSMAR 财务数据库、中国证监会网站、《中国证券报》和巨潮资讯网获得。

(三) 研究设计

我们采用修正的横截面 Jones 模型作为基础模型,笔者认为在我国的会计准则环境下,该模型存在以下四点缺陷:

(1) 投资、融资活动的财务费用却认为减少净利润的期间费用,而相应的现金支出不反映为经营活动的现金流出,由此产生的净利润、营业利润与经营活动现金流量的差值不反映费用与相应现金支出之间的差异,不属于应计项目的概念,故当期的投资、融资费用应从被解释变量中剔除。

(2) 营业外收入、营业外支出为企业的非经常性项目,且不包含在应计项目总额的范围内。故应用"应计项目总额=净利润-经营现金净流量"计算出的应计项目总额被放大。

(3) 中国税务部门及证监会等政府机构对于所得税管理比较完善,企业利用所得税进行盈余管理要受到多方面的限制,不太容易实现;另外,对于亏损公司而言,盈余管理的主要动机在于调增利润,而不是避税,故所得税费用亦不应在解释变量的范围内被反映。

(4) 忽视了无形资产摊销、长期待摊费用摊销等对非操纵性应计项目的影响,而这些亦是非操纵性应计项目的重要组成部分,如果不加以考虑,将导致低估正常应计项目,高估盈余管理行为,故在修正的横截面 Jones 模型的解释变量中加入无形资产和长期待摊费用项目。

鉴于以上分析,可将应计项目总额修正为:

$$TA_{i,j} = 营业利润 - 当期财务费用 - 经营活动产生的现金流量净额$$

同时,将以下指标作为自变量引入 Jones 模型,即主营业务收入变动额与经营应收项目变动额的差额、非流动资产(主要为固定资产及无形资产合计)原值,模型设计如下:

模型 1: $TA_{i,t} = \alpha_i + \beta_{1,i}(\Delta REV_{i,t} - \Delta REC_{i,t}) + \beta_{2,i} PPE_{i,t} + \beta_{3,i} INT_{i,t} + \varepsilon_{i,t}$

其中,$TA_{i,t}$ 指公司 i 在 t 年的应计项目总额,$\Delta REV_{i,t}$ 指公司 i 在 t 年和 $t-1$ 年主营业务收入的差额,$\Delta REC_{i,t}$ 指公司 i 在 t 年和 $t-1$ 年应收账款变动额,$PPE_{i,t}$ 指公司 i 在 t 年的固定资产原值,$INT_{i,t}$ 指公司 i 在 t 年的无形资产原值加长期待摊费用,α_i、$\beta_{1,i}$、$\beta_{2,i}$、$\beta_{3,i}$

[①] 我国自 1998 年 4 月 22 日开始实行 ST 制度,目的在于向投资者提示风险,其针对对象是连续两年亏损的上市公司。

指回归参数，$\varepsilon_{i,t}$ 指反映除 $\Delta REV_{i,t}$、$\Delta REC_{i,t}$、$PPE_{i,t}$、$INT_{i,t}$ 以外的残差项目给 $TA_{i,t}$ 所带来的影响。

模型 2：$U_{i,t} = TA_{i,t} - \hat{TA}_{i,t}$

其中：$U_{i,t}$ 指公司 i 在 t 年可操纵性应计项目预测值，$\hat{TA}_{i,t}$ 指 $TA_{i,t}$ 的预测值。

由于可操纵性应计项目预测值（$U_{i,t}$）可能为负数，这将影响对于盈余管理程度的衡量，故采用 $\sum U_{i,t}^2 = \sum (TA_{i,t} - \hat{TA}_{i,t})^2$ 对于新旧准则下盈余管理程度进行比较分析。其中，$\sum U_{i,t}^2$ 指该线性回归模型的残差平方和，该项指标的值越大，表明企业可操纵性应计项目预测值越大，即企业通过操纵应计项目进行盈余管理的程度越显著。

根据上述模型，对所筛选的数据依据模型进行回归分析，并比较 2006 年（旧会计准则体系）、2007 年（新会计准则体系）$\sum U_{i,t}^2$ 的差异，以此证明假设。

(四) 回归分析结果

使用 EVIEW3.0 采用 OLS 法（以前一年的资产作为权数）对模型 1 进行估计，得到多元线性回归模型如下：

2007 年（新会计准则体系）：

$$\hat{TA}_{i,2007} = 83\,753\,059.35 + 0.112(\Delta REV_{i,2007} - \Delta REC_{i,2007}) - 0.056 PPE_{i,2007} - 0.094 INT_{i,2007}$$
$$(10.43) \qquad\qquad (-7.19) \qquad\quad (-1.96)$$

$$R_{2007}^2 = 0.928, \quad F_{2007} = 260.125, \quad DW_{2007} = 1.922, \quad T_{2007} = 148$$

2006 年（旧会计准则体系）：

$$\hat{TA}_{i,2006} = 38\,066\,127.46 + 0.008(\Delta REV_{i,2006} - \Delta REC_{i,2006}) - 0.109 PPE_{i,2006} - 0.21 INT_{j,2006}$$
$$(4.08) \qquad\qquad (-60.02) \qquad\quad (-2.63)$$

$$R_{2006}^2 = 0.996, \quad F_{2006} = 256.335, \quad DW_{2006} = 1.993, \quad T_{2006} = 148$$

根据回归分析的结果，对模型参数的意义说明如下。

(1) 回归参数检验

$\beta_{1,2007} = 0.112, \beta_{2,2007} = -0.056, \beta_{3,2007} = -0.094; \beta_{1,2006} = 0.008, \beta_{2,2006} = -0.109, \beta_{3,2006} = -0.21$。由此说明，主营业务收入变动额与应收账款变动额的差额的回归参数 $\beta_{1,i} > 0$，表示应计项目总额与该项指标呈正向变动关系；而固定资产原值、无形资产原值与长期待摊费用之和的回归参数 $\beta_{2,i} < 0$、$\beta_{3,i} < 0$，表示应计项目总额与这两个指标呈反向变动关系，这与会计理论相符。

(2) 拟合优度检验

$R_{2007}^2 = 0.928, R_{2006}^2 = 0.996$，可知估计的样本回归方程能够较好地拟合样本的观测值。

(3) F 检验

$F_{2007} = 260.125, F_{2006} = 256.335$，对于给定的显著性水平 $F_{0.05(2,145)} = 3.06$，总体回归方程是显著的，即应计项目总额与主营业务收入变动额与应收账款变动额之差、固定资产原值、无形资产原值与长期待摊费用总和之间存在显著的线性关系。

(4) T 检验

$t_{1,2007}=10.43, t_{2,2007}=-7.19, t_{3,2007}=-1.96; t_{1,2006}=4.08, t_{2,2006}=-60.02, t_{3,2006}=-2.63$。对于给定的显著性水平 $t_{0.05(145)}=1.65$,可知 $\beta_{1,i}$、$\beta_{2,i}$、$\beta_{3,i}$ 显著不等于零,即可认为主营业务收入变动额与应收账款变动额的差额、固定资产原值、无形资产原值与长期待摊费用总和对应计项目总额有显著影响。

通过以上检验,证明了模型的可行性,从而得到 2007 年(新准则体系)、2006 年(旧准则体系)下可操纵性应计项目的平方和,即

$$\sum U_{i,2007}^2 = \sum (TA_{i,2007} - \hat{TA}_{i,2007})^2 = 167\,000\,000$$

$$\sum U_{i,2006}^2 = \sum (TA_{i,2006} - \hat{TA}_{i,2006})^2 = 247\,000\,000$$

可见,$\sum U_{i,2007}^2 < \sum U_{i,2006}^2$,即新会计准则体系下企业通过操纵性应计项目进行盈余管理的程度显著低于旧准则体系。

(五) 初步的简要结论

上述研究结合中国会计准则现状对修正的横截面琼斯模型的解释变量及被解释变量进行修正,通过多元线性回归分析并运用比较分析法,证明了最初的假设,从而得到以下结论:新会计准则体系下可操纵性应计项目预测值的平方和低于旧会计准则体系下可操纵性应计项目预测值的平方和,新会计准则体系下企业通过操纵性应计项目进行盈余管理的程度显著降低,从这一角度看,新会计准则降低了盈余管理程度。

第二编　商务伦理与管理伦理

第四章 商务伦理

> **引例**
>
> **美国凯瑟琳经营一家小面包店**
>
> 凯瑟琳认为要想取得竞争优势、赢得信誉,必须具有过硬的产品和优质的服务,她在产品包装上注明生产日期、标明成本和利润,使消费者知道面包的新鲜程度和定价标准,绝不卖超过三天的面包。有一年秋天,所在州发大水,仍然坚持送货上门,有一天收回过期面包的汽车经过灾区,饥饿的人们要求押运员将过期的面包卖给他们,但押运员说"卖给你们过期面包我将会被开除",可是饥饿的人群仍然要求不放人走,押运人说"无论如何我也不能将面包卖给你们,但是如果你们将面包抢走,我就没有办法了",经点拨后的人们真的将面包抢走了。于是,面包房声名远扬,后来面包房成为一家颇具规模的现代企业。

第一节 商务伦理的基本内容

一、商业伦理的概念

(一) 历史背景及定义

商务是指商业活动与事务,它是实现经济目的的基本手段与方式之一。伦理学是研究人类行为及其道德评价的一门学科。那么,商业伦理学研究的对象就是个人或公众及其公司的规模和复杂程度,都会面对伦理问题。什么是合理的判断和行为,有时是清楚的,但并非总是如此。考虑一下这些问题:举报和忠诚、工作场合的性骚扰、知识产权、产品安全的限度,以及不同文化的伦理差异。经理人员经常需要系统地分析一个经济决策可能产生的道德影响——以伦理道德的视角和语言去评定各种决策方案,对很多情况来说,这是商业伦理学最具实用价值的定义[①]。

商业伦理学的历史至少和商业本身一样悠久,而现代意义上的商业伦理学可以追溯到工业革命时期。个人、公司甚至作为一个社会经济系统的资本主义都处在伦理学的倡导者和批评家之类的监视下。20 世纪下半叶,由于一些社会事件的发生和学科方面的重组,对

---

① 〔英〕沃海恩、弗里曼主编,刘宝成译:《布莱克韦尔商业伦理学百科辞典》,对外经济贸易大学出版社,2002 年版,第 55 页。

商业伦理学的兴趣又掀起了新的高潮。这些事件包括争取公民权利、妇女平等之类的政治和社会运动,还有公众环保意识的空前觉醒。在美国值得一提的有水门事件、华尔街内部交易丑闻、信贷危机,还有世界范围内的苏联解体,这些都引起人们对伦理问题的深思。就学科的焦点而言,商业教育已经跨出了心理学和社会学的范畴,逐步向哲学、神学和文学领域扩散,进而探求一种更富人本主义的前景。

现代公司既是它所处社会的微观世界,又是为之工作的员工的宏观世界。公司代表宏观世界时,它涉及古典政治哲学所关心的许多常规性问题:权威的合法性;与雇佣、辞退、考核、晋升和继任相关的权利和责任;公民自由;道德氛围。当公司作为社会一分子的微观世界时,它涉及古典道德哲学所关心的一些问题:责任、正直、良心、美德;避免伤害和偏私的义务;守法;济困扶危。当然,公司和社会的现实是复杂多样的,任何哲学教条不可能和具体的现实情况丝丝入扣,因此不能生搬硬套,但是许多哲学思想又是高度凝练和概括的,在任何时期和任何场合都闪烁着理性的光辉,因而对处理商业管理中出现的一般性问题具有很强的指导意义[①]。

普拉利认为,商业伦理是应用规范伦理学的方法和目的来探讨具体的商业道德问题。它将对具体的道德标准加以研究,使其能够应用到现代文明的商业环境中,其研究范围包含营利企业和非营利性企业。虽然商业伦理的结论必须建立在对事实规范和价值的详细研究之上,但是商业伦理学的核心任务却不是描述性的。在这里,商业伦理学与一般伦理学是相通的,即都是规范性的。要对现行的实践作出判断,就要对特定环境应该怎样做事进行了解。商业伦理也具有一般伦理学的两个特点,即诊断性和理疗性。一方面它要运用明确界定的道德标准对商业道德行为加以评判,另一方面它要阐述具体的道德规则,以适用于实际的商业问题。商业伦理学的独特之处在于它必须对战略利益加以解释。与道德伦理的其他分支不同的是,商业伦理要在道德标准和战略利益的调解上提出适当的对策。在商业界,伦理反思还考虑处在危机中的利益,以防止由于太原则化而置企业的未来后果于不顾[②]。日本企业家涩泽荣一按《论语》的教诲经商谋利,他提出"论语+算盘"理论,即"拨算盘是利,读论语是道德"。

综合而言,商业伦理探讨企业在经济领域中进行各种商业活动所应遵循的准则和道德标准。现代商业伦理最初是在美国及西欧兴起并发展起来的。

现代商业伦理大致经历了如下五个发展阶段。

1. 20世纪60年代:商业伦理的产生阶段

20世纪60年代,美国和西欧企业的商业环境发生变化。在这一时期,社会公众对企业污染环境、侵害消费者权利等问题日益关注,兴起了保护自然环境、保护消费者权利的运动。这些运动由独立的个人、团体组织推动,并最终促成相关法案的形成。1962年,美国总统约翰·肯尼迪发表了《有关保护消费者利益的特殊消息》的报告,详细说明了三种基本的消费者权利:完全权、知情权和发表意见的权利。这些后来成为人们所熟知的《消费者权利法案》。此外,相关团体的积极分子也帮助若干与环境污染、消费者保护相关的法案的形成,如

---

① 〔英〕沃海恩、弗里曼主编,刘宝成译:《布莱克韦尔商业伦理学百科辞典》,对外经济贸易大学出版社,2002年版,第55页。

② 〔美〕普拉利主编,洪成文等译:《商业伦理》,中信出版社,1999年版,第31页。

1967 年通过的《健康肉类法案》、1972 年通过的《洁净水法案》和 1976 年的《有毒物质法案》。这些法案的形成,标志着社会公众及政府对企业经营中相关道德观的新的要求,也标志着商业伦理的兴起。

2. 20 世纪 70 年代:商业伦理的兴起阶段

20 世纪 70 年代,美国和西欧企业的经营活动中又出现了许多新的伦理问题,如行贿受贿、欺骗性广告、价格勾结等。商业伦理更加受到人们的关注,并开始发展成为一个专门的研究领域。企业开始关心它们的公众形象,而且随着社会环境的变化,许多企业意识到它们必须更直接地处理商业中的伦理问题。商学教授开始写作和讲授关于商业伦理的课程和著作,哲学家也登上这一舞台,应用伦理理论和哲学思想构建商业伦理的原则。人们召开各种会议来讨论企业的道德责任以及商业中的伦理问题,专门处理商业伦理问题的中心被建立起来。

3. 20 世纪 80 年代:商业伦理的巩固阶段

20 世纪 80 年代,商业伦理得到学者和实务工作者的普遍认可和重视。在美国,全国范围内的大学设置了 500 门商业伦理方面的课程,有 40 000 多名学生学习这些课程。美国商业伦理中心作为一个研究组织,提供各种出版物、课程、会议和研讨会。在一些著名公司内部,商业伦理也是一个突出的关注点,如通用汽车公司、通用电气公司等都成立了伦理委员会和社会政策委员会来处理伦理问题。在这一时期,由 8 个国防承包商起草的"商业伦理和行为准则"被制定出来,成为支持公司伦理行为的非常重要的指南。

4. 20 世纪 90 年代:商业伦理的制度化阶段

1991 年 9 月,美国国会通过《联邦组织判决指南》。该指南为 20 世纪 90 年代的组织伦理遵循计划定下了基调。该指南首开先河地把激励组织采取行动防止不道德行为写进了法律,如组织应开发有效的伦理遵循计划。指南对那些努力发现不当行为并建立高标准伦理和法律准则的企业,减轻处罚。

美国联邦政府创立了美国判决委员会来使伦理遵守计划制度化,从而帮助企业防止不当行为的发生。组织被要求对其雇员的不当行为负责任。如果一个公司缺乏必要且有效的伦理遵循计划而导致其员工犯法,该企业将会被处以重罚。

5. 2000 年及其后:商业伦理的完善阶段

2000 年以后,商业伦理研究的视野进一步扩大。许多学者从法律、哲学、神学或社会学的角度处理商业伦理问题,或者用实用主义精神寻求特殊伦理问题的解决方法。商业伦理的研究并非对特定情况下应该做什么或不应该做什么进行简单道德化。相反,它系统地将伦理责任的概念和决策在组织内部联系起来。企业管理者、学者和政府正在试图开发系统的指南来帮助个人或组织作伦理决策。当前的潮流正在朝摒弃组织中基于法律的伦理初衷而向基于文化或诚实正直品质的伦理观念的方向转变,这使伦理成为组织核心价值观的一部分。美国、加拿大等市场经济发达国家重视和加强企业伦理学的实践和研究,甚至把伦理思想渗透到各个领域,如会计学。美国 IRWIN 出版公司出版的 *Financial Accounting* 和

Fundamental Accounting Principle 都把伦理问题放在非常突出的地位,都在其序言中指出:伦理是最基本的会计原理(ethics: the most fundamental principle of accounting)。在西方,管理崇尚伦理道德是一种趋势。美国密执安大学霍斯默教授指出:我们生活在一个多元的社会里,每个人的规范、信仰的价值观都会各不相同,这些不同必将导致矛盾的产生。比较突出的矛盾是:企业的经济利益与社会利益之间的矛盾。

(二) 商业伦理的本质

现代商业伦理是社会道德的一个重要组成部分。就整个社会的经济伦理体系来说,现代商业伦理是经济伦理的四个组成部分之一,是生产、流通领域中的一种交换伦理;从理论和应用的关系来说,现代商业伦理是社会道德在商业领域的具体体现,是一种职业伦理。因此,商业伦理既可以理解为经济领域的交换伦理或流通伦理,又可以理解为社会领域的职业伦理。当从宏观的角度审视商业伦理时,可以侧重于研究其作为经济领域的交换伦理或流通伦理的内涵;当从微观的角度审视商业伦理时,可以侧重于研究其作为个体的职业道德品质、职业道德规范和职业道德活动的内涵。商业伦理不是一般的社会伦理,而是社会经济伦理的重要组成部分和体现。社会经济过程包含生产、交换、分配和消费四大环节,相应地,交换伦理或流通伦理是经济伦理的一个重要组成部分。商业伦理作为交换伦理或流通伦理,属于经济伦理的范畴,因此把握经济伦理的本质对于理解商业伦理是不可缺少的重要内容。

在经济伦理中,伦理规范、伦理规则不仅是个体意识中的自我约束,而且还是社会关系中的制度限定。换言之,经济伦理规范、规则既是个体意识中的自我约束,也是社会关系中的制度限定,而且不是一般的制度限定,是作为机制表现出来的制度限定。因此,经济伦理是经济制度系统内部制度与制度之间、经济制度与政治制度、法律制度等其他社会制度之间良性互动的内含机制。商业伦理的内涵和本质随着人类社会的发展而不断地丰富和完善。从职业伦理的角度而言,现代商业伦理是社会道德在商业领域的具体化或个别化,是商业系统职业伦理规范的总和,是商业行业的道德心理、道德品质、道德习惯、道德传统代代相传的历史积淀。从经济伦理的角度而言,现代商业伦理是交换伦理或流通伦理,是交换流通领域中经济制度的设置或经济制度系统内部制度与制度之间、经济制度与政治制度、法律制度等其他社会制度之间良性互动所内含的伦理机制。要指出的是,不应仅仅从职业伦理的角度将现代商业伦理理解为职业规范、职业心理、职业习惯、职业品质和职业传统,而且应从作为经济伦理的交换伦理、流通伦理的角度,把现代商业伦理理解为制度内含的机制,否则就无法把握作为经济伦理的商业伦理的本质。

可以从以下五个方面把握商业伦理的性质。

第一,商业伦理是体现效用价值的一种道德价值。如果说,道德价值与效用价值是两个既相互联系又彼此独立的领域的话,那么商业伦理就是道德价值与效用价值之间的边缘领域。商业伦理不是一般意义上的社会道德,而是经济活动领域中流通环节所特有的道德,它直接联系着效用或功利价值。商业交往、商品交换、财产转移意味着与经济关系、商品关系相关的伦理关系和诸如正义和非正义的观念,意味着与财产上的权利义务关系相关的道德上的权利义务关系。因此,必须重视商业福利的伦理意义问题。讲究经济效益是商业从业人员的道德责任,即尽量以最少的人力、物力的耗费,取得最佳的经济效果或商业效益。要兼顾国家、地方、企业、劳动者个人以及消费诸方面的利益，不能将自身的利益建立在损害国家利益、其他商业企业利益和消费者利益的基础之上。在商业经营中，效益和道德也可能存在一定矛盾。销量大、利润多的高档热门商品，经济盈利自然高，但人民群众的生活需求是多种多样的，商业企业决不能单从盈利多少决定经营项目。

第二，商业伦理是一种服务行业伦理。商业作为一种行业，从根本上说是一种服务行业。服务是商业伦理的精髓。商业伦理与商业服务是密切相关的。商业伦理就建立在良好的服务的基础上。商业企业的成功与否取决于它的服务水平和质量，最好的商业企业肯定是为社会提供最好的服务的企业。一般说来，商业伦理要求良好的服务在服务过程的前、中、后三个阶段缺一不可：在商品销售前，保证产品的质量，商业行业的服务性质要求商业必须把"质量第一"作为行为原则；在商品销售的过程中，为顾客提供细致、周到的服务，把对顾客的关切和爱心作为销售工作的行为原则；在商品销售后，负责为顾客提供必需的售后服务，把对顾客的关怀贯彻到销售过程的最后阶段。服务过程是人生的过程，商业服务决不因商品出售而停止。从整个商业服务过程而言，售后服务不过是下一个服务过程的起点，因此售后服务是商业过程的关键环节。

第三，商业伦理是一种特殊窗口行业伦理。现代社会常常有两个问题需引起重视。其一，在现代化的商业社会中，商业从业人员接触顾客的数量越多，与单个顾客接触的时间也就越短，从而与顾客相互了解就越肤浅，彼此关心也就越少，这样就容易产生双方的对峙，在彼此眼里都失去了对方的个性，变成了纯粹的业务性关系，而顾客对于这种无个性的对象，常常产生反感，从而在不同程度上影响到商业的声誉和效益。为此，商业服务必须提高其质量。高质量服务的实质就是应当把顾客当作与自己一样具有人格尊严和人生价值的人来服务。其二，在顾客眼里，商业从业人员似乎是商品生产、分配、销售一系列过程的代表，而且是这一过程中同消费者发生直接联系的唯一实际代表，因而顾客对于商品或服务的一切反映一般总是直接诉诸商业从业人员，顾客对商品本身的不满往往变成对商业人员和商业企业本身的不满。

第四，商业伦理是内在伦理价值和外在法制的统一。商业伦理与商业法规法律存在着内在的联系。一方面，商业伦理与商业法规法律紧密结合、互为补充；另一方面，商业伦理与商业法规法律彼此重合、相互转化。从理论上说，商业伦理以应该的方式要求商业从业人员的遵守，商业法规法律以必需的方式强制商业从业人员的执行。在实践中，商业伦理大量地通过章程、守则、公约、誓言、保证、条例等形式表示出来，与商业法规法律往往重合，而商业法规法律则是商业伦理最起码的规范。因此，商业伦理既有伦理上的应当性质，也具有法律上的强制性质。

第五，商业伦理具有较强的操作性，这不同于一般的道德。作为职业伦理和经济伦理，商业伦理直接与商业经营和商业管理相关。在商业决策上，对于商业行为所包含的道德价值的评价直接关系到商业效益和商业发展。在商业管理、商业经营、商业控制和商业调节方面，商业伦理机制的作用随着商业系统的日益复杂而显得越来越重要，已经成为商业管理行为的指示器。商业伦理表面上是不产生效益的，实际上却是能够产生商业效益的。很难想象一个高度繁荣、高度文明的社会是一个商业伦理低下的社会[1]。

---

[1] 江雪莲：《现代商业伦理》，中央编译出版社，2002年版，第12—13页。

二、商业伦理学的研究对象和研究方法

1. 商业伦理学是关于商业道德的科学

每一门科学都有自己的研究对象,规定着它的研究内容和研究方向。商业伦理学作为一门科学,以商业活动中的道德现象为自己的研究对象,专门研究商业道德诸问题,这是一个特殊的研究领域。其特殊性表现在如下四个方面。

(1) 商业道德产生基础的特殊性。商业道德是同人们的商业实践活动紧密联系的,是在经商活动中产生的,这是它区别于其他道德的基础。在商品交换过程中,人们必然会产生各种各样的联系。为了调整人们的相互关系,便产生了商业道德,并用来约束人们的行为,维护商业买卖的正常秩序,调节商业内部和外部的关系。

(2) 商业道德有自己特殊的道德原则、道德规范和行为方式。由于商业道德是在经商活动中产生的,它必然有体现自己活动特点的特殊的道德原则、道德规范和行为方式,鲜明地表达商业经营人员的义务和责任,形成特有的道德心理、道德品质、言谈举止和性格特征。

(3) 商业道德行为准则的表达方式和范围的特殊化。商业道德行为准则的表达方式往往更具体、更生动,往往通过制度、章程、守则、服务公约、保证、条例等形式表现出来,在商业这个特殊的领域里发挥作用。

(4) 商业道德有自己特殊的善恶标准和评价行为善恶的特殊方式。这些特殊性规定着商业伦理学同其他职业伦理学的区别,并决定商业伦理学的特殊本质,使商业伦理学有确定的范围和内容。

商业道德同商业伦理学不是同等概念。商业伦理学是一门科学,商业道德则是商业伦理学的研究对象。商业道德产生得很早,商业伦理学出现得较晚。就是说,从商业道德的产生到商业伦理学的建立有一个过程。从历史的资料来看,最初的商业道德多数是通过对具体人、具体事、具体行为的描述来表扬商业交易的正确行为,批评错误的行为。例如,据《谢承书》记载:东汉公沙穆使人到市上卖猪,因猪病,他叮嘱说:"如售,当告买者言病,贱取其值,不可言无病,欺人取贵价也。"卖猪人到市上未说猪有病,卖了好猪的价钱。公沙穆知道后,立即找到买主,说猪有病,应退还多收的钱。买主说已经成交,不必退多收的钱。公沙穆坚持要退,买主"终不收钱而去"。这里表扬了公沙穆交易中的诚实行为,批评了卖猪人的欺骗行为。又如,《郁离子》记载:越商虞孚到吴国卖漆,他听信妻兄之言,用漆树叶煮膏充漆一起带去。到了吴国,市场上正需要漆,吴商第一次看货,见漆的质量很好,便约次日来买,当夜,虞孚将假漆掺入漆筒。第二天,吴商见漆筒封口处有新开启的痕迹,产生疑心,改约日期来买,以后却一直未来。时间一长,假漆变质,连好漆也一起报废。虞孚蚀光本钱,沦为乞丐。类似的道德故事,散见于古书典籍,举不胜举,具有生动、形象、具体、直观的特点。在那时,能启迪人们的思想,规范经商交易行为,形成社会舆论,具有明显的道德意义,为商业伦理学的研究提供了材料。

2. 商业伦理学的研究方法

研究方法是科学研究的方法论,在科学研究中占有重要地位。

(1) 唯物辩证的方法。纵观商业道德研究的历史,在马克思主义以前,基本上采用两种方法:一是唯物的方法,这种方法从经商活动的实际出发研究商业道德,如商品质量是不是

符合要求,以假充真是不道德的,物价是不是公道,不公道是不道德的;二是唯心主义的方法,这种方法认为商业道德的行为戒律是"神"或"上帝"的教示,如伊斯兰教的根本经典《古兰经》,以安拉名义为穆斯林规定的十条伦理道德戒律,其中第七条规定"禁止称量不公,亏待别人",这就宣扬了神赋道德说,又如中国香港作者钟隆津著有《商业心理学》一书,其中第八章以"商业道德与宗教"为题,分析了商业道德与宗教的关系,所以商业道德的宗教阐释也属唯心主义。

马克思主义产生以后,尤其在社会主义国家中,研究商业伦理学不能离开马克思主义科学世界观和方法论的指导。马克思主义认为,辩证唯物主义和历史唯物主义是无产阶级的世界观和方法论,这种世界观和方法论主张社会存在决定社会意识,经济基础决定上层建筑,同时上层建筑对经济基础具有反作用。这就同商业道德研究的唯心主义划清了界限。

因此,唯物辩证的方法是商业伦理学研究的科学方法。这种方法告诉我们,商业道德作为一种社会意识,其根源不在社会之外,它是由经济关系决定的,同时又受政治、法律制度的制约和其他社会意识形态的影响,其中统治阶级的思想意识对商业道德产生重大影响;因为经济关系随着生产力的发展不断地变化,商业道德也在不断地改变自己的内容。这就把商业道德理解为一个过程,在不同的历史阶段加进一些新内容、新思想、新观念。

(2)演绎和归纳的方法。演绎和归纳是任何科学研究都必须运用的基本的科学方法,商业伦理学研究也必须运用这些方法。演绎也叫演绎推理,是从已知为真的前提出发,经过正确的推理形式而得出科学的结论。演绎的前提已蕴含着结论的知识,而结论则受前提所制约。思维过程是从一般到特殊;归纳同演绎相反,是由个别事实推出一般结论的间接推理形式,其思维过程是从个别到一般。这就要根据商业道德现象的大量事实,通过演绎和归纳的方法得出科学的结论,从而获得正确的认识。

(3)比较的方法。比较研究和比较方法是伦理学家们经常用的方法。商业伦理学的研究也毫不例外地运用这一方法。比较的方法在于区分真伪,达到科学认识事物的目的。比较也是认识,比较方法是认识事物的一种方法。

(4)全面的方法。商业伦理学是一门以商业道德为研究对象的科学,它不是研究商业道德的某个方面,譬如道德规范方面或者道德实践方面,而是要全面地研究商业道德。

(5)历史的方法。严格地说,全面的方法、历史的方法都属于唯物辩证的方法。为什么要历史地研究商业道德呢?原因有三个方面。第一,商业道德是重要的社会精神财富,应该把它继承下来。人们之所以重视商业道德,就是因为它体现了一种精神。这种精神是历史上商人在经商活动中正确行为的结晶,它倡导正义,反对邪恶,提倡高尚,反对欺诈,维护消费者的利益。我们要继承这种精神,对过去经商活动中的道德现象进行分析、整理、研究,使之发扬光大。第二,任何事物都有自己发展的历史,用历史的观点认识事物是了解事物的重要方法。商业道德有自己的发展史,只有对历史上的商业道德进行全面的剖析,才能更好地认识它。当然,商业道德是要为现实服务,但现实也是历史的发展,离开历史就没有现实。对历史上的商业道德进行研究、宣传,就是更好地为现实服务。第三,对商业道德规律性的认识离不开历史的分析,研究事物主要的是达到规律性的认识,而规律就在历史中。商业伦理学对商业道德现象的研究,不能停留在表面上,而是要通过对道德现象的分析得到规律性的认识。这一工作离开对商业道德的历史分析是不可能完成的。商业道德产生在奴隶社会,经过封建社会、资本主义社会,发展为社会主义商业道德,体现了它发展的规律性。如果对商业道德的这方面或那方面都进行了研究,就是没有对它的规律进行研究,或者这种规律性的认识还没有同商业经营管理结合起来,这就是商业道德研究的缺憾①。

第二节 企业伦理

一、企业伦理与企业文化

(一) 企业伦理概念

在明确了"伦理"的含义之后,对企业伦理就不难理解了。美籍学者成中英教授认为,"企业伦理是指任何商业团体或机构以合法手段从事营利时,所应遵守的伦理规则"②,或者说,企业伦理是企业在处理内外部人与人关系时所应自觉遵守的道德方面的行为规范。从这样一个角度来理解,我们可以说,企业伦理是一个古老而又新颖的话题。说它古老,是因为在工商企业经营活动中,不论有意无意,企业伦理实际上一直都存在着;因为道德活动本身就是人的活动的一个基本方面,因此企业伦理几乎与企业生产经营活动一样悠久。说它新颖,是因为企业伦理学作为一门学科,它直到20世纪70年代才在美国开始形成;自80年代后期,才开始与企业社会责任一起作为一章内容出现在西方的管理学教科书中;只是到了20世纪90年代,才有越来越多的企业家和伦理学家坚信,关注并研究企业伦理将是现在及未来企业管理的一个重要特征。

其实,如果做点简单的历史回顾,我们就会发现,企业伦理学的形成是理论界对公众和实业界普遍重视企业伦理、社会责任这一实践现象作出的理论回应。我们知道,在20世纪50年代末60年代初,在美国出现了一系列有关工商企业活动的丑闻,包括行贿受贿、规定垄断价格、胁迫或欺诈交易、不平等甚至歧视员工等,公众对此反应强烈,要求政府对此进行调查。于是,在1962年,美国政府公布了一个报告——《关于企业伦理及相应行动的声明》(A Statement on Business Ethics and Call for Action)。同年,威廉·洛德在美国管理学院联合会(America Assembly of Collegiate Schools of Business)成员中发起了一项有关开设企业伦理学必要性的调查,被调查者几乎一致认为企业伦理学应该成为企业管理教育的一个重要组成部分。正是在这样的历史背景下,1974年11月,在美国堪萨斯大学召开了第一届企业伦理学讨论会。此次会议标志着企业伦理学的正式确立。这次大会的会议记录后来被汇编成书发表,这本书的书名为:《伦理学、自由经营和公共政策:企业中的道德问题论文集》。此后不久,一批有影响的企业伦理学专著也开始陆续面世③。到20世纪90年代中期,在《财富》杂志排名前500家的企业中,有90%以上的企业通过成文的伦理守则来规范员工的行为。美国约有3/5的大企业设有专门的企业伦理机构,负责有关企业伦理工作,并且有30%—40%的美国企业对员工进行过某种形式的伦理培训。

1987年,欧洲成立了最著名、最具有影响力的欧洲管理伦理学网络(EBEN),该网络活

---

① 张松山:《商业伦理学》,中国商业出版社,1994年版,第4—13页。
② 成中英:《文化、伦理与管理》,贵州人民出版社,1991年版,第244页。
③ 张应杭:《企业伦理学导论》,浙江大学出版社,2002年版,第2—3页。

动频繁,每次开会都有不同主题。日本的丸山敏造于1945年成立了日本伦理研究所。目前日本的很多大学的管理学部,都开设有管理经营伦理课,也有专门的经营伦理学会定期举行学术交流活动。

英国、德国等欧洲国家中越来越多的大企业正在依据管理伦理学的规则要求制定成文的企业管理伦理准则,美国有60%的企业设有专门的管理伦理机构,欧洲有50%以上的企业设有专门机构负责企业的伦理建设。《幸福》杂志上排名1 000家企业中,80%以上的企业把伦理价值观融合到企业的日常活动中去。这些企业中的93%有成文的伦理准则来约束员工的行为,有的企业甚至出现了"伦理主管"这一新职位。

美国制造业和服务业前1 000家企业中,20%的企业设有伦理主管,训练员工遵守正确的行为准则,处理员工对受贿、报假账等可能发生的不正当行为提出质疑。美国94%的大企业老板认为企业的伦理道德是事关重大的主题,60%的企业高层主管认为企业管理中的伦理道德是搞好现代企业管理的必要工具。因此,专门为企业进行道德形象咨询、设计、调查和测试服务的企业公关事务所也应运而生。

可以肯定地说,到了20世纪80年代,世界各国的绝大多数管理学院都意识到注重管理行为和企业行为中的伦理问题不仅恰当而且必要,因而纷纷开设了企业伦理学课程。据有关资料统计,到2000年止,美国已有90%以上的商学院开设了企业伦理学课程。一些权威人士纷纷认为,重视企业伦理教学已成了世界各地MBA教学的一大趋势。著名的哈佛大学商学院是培养企业家的最权威学府,该学院就曾是进行企业伦理方面教育的最早学院之一。所有申请报考该学院MBA的学生,都必须交一篇企业伦理方面的文章。全体新生入学后的第一次课,便是学习"管理决策与伦理价值"(DMEV)这门课程,而且这是一门必修课。其实,考察DMEV课程的由来就可以发现企业伦理问题的被关注实在是必然的。1987年,美国哈佛大学商学院一位杰出的校友查德先生,由于亲眼看到不少毕业自全美名校法学院与企管学院的年轻人,卷入金钱交易或公物私用的商界丑闻里,在颇感失望之余,这位当时担任美国政管会的主任委员,慷慨捐出一大笔钱给母校。他希望通过教育,让学生了解企业伦理与社会责任的课题,以免学生毕业后踏入社会时,为人行事在伦理真空中运作,从而贻害个人与大众。于是,在哈佛商学院副院长派博教授的领导下,一群教授通过研究、创新、脑力激荡与实验尝试的方法,终于在1988年首次推出"管理决策与伦理价值"即DMEV的新课程。这门哈佛MBA一年级全体学生必修的课程,其主要目的在于协助学生了解现代企业的多元社会责任,同时探索公平、诚实与尊重等方面的伦理价值以及如何影响到经理人的决策行为。其次,也讨论个人的廉洁与所管理的工作如何搭配,即经理人如何将他们生命中的价值与承诺以及工作上的责任、企图,搭配妥当得近乎理想。当然,经理人的领导风格是否与组织内的伦理气候有关,也是课程的重点。

为了使"管理决策与伦理价值"(DMEV)的课程不沦为形式化、教条化与口号化的窠臼,哈佛商学院的教授们利用来自营销、生产、人力资源与财务领域内的个案,引导学生热烈参与课堂上的讨论,鼓励学生们在课堂上建立一种坦然、尊重和合作的气氛,并强调欣赏别人的观点,反思自己的偏见,彼此互相学习,共享不同的经验。

一般而言,DMEV这门课程具有六个教学目标:首先,它讨论现代企业责任的广度、实际运作时的限制与权衡角度;其次,它强调如何在个人与组织效率的前提下,寻找出伦理价值的中心点;再者,它说明了忽视伦理后影响各方面的危险;另外,它提倡融合伦理价值来作企业决策的积极态度;当然,它也着重衡量经济与非经济结果的企业策略与实施方案;最后,它鼓励尊重法律并了解其限制。而且,企业伦理的观念并不是在 DMEV 的课程结束后,就从哈佛商学院消失得无影无踪了。事实上,派博教授认为伦理价值与企业责任这种问题,必须在所有管理学的各种必修课程内一再融合讨论,才能在两年的 MBA 训练过程中,让学生们拥有深刻的感触。因此,商学院的教授们不仅可以自由参加 DMEV 的教学小组讨论,而且也被鼓励从各自的专长领域内,发展有关伦理的个案与研究。

除了在教学与研究两大层面内贯彻伦理的观念外,在学生的课外活动范畴里,哈佛也广开渠道传递伦理的信息。譬如,鼓励学生从事义工活动;帮助穷人、清寒子弟或其他不幸的人群;邀请各行各业的领袖对伦理的实践方式现身说法;成立企业伦理论坛,提倡不同观点的交流[1]。

由此可见,作为实践理性的伦理学,在 20 世纪七八十年代派生出企业伦理学这样一门分支学科是必然的,因为自从完整和规范意义上的资本主义市场确立以后,企业的生产经营活动的实践需要企业伦理学在学理和规范方面进行理论指引。这也可以说明为什么这门学科诞生于企业生产经营活动最为活跃的美国。

置身于社会主义市场经济的时代,当今中国企业的生产经营活动也同样在呼唤具有中国文化特色的企业伦理学的诞生。因此,我们有理由相信,这样一门既体现中国文化特色又反映企业伦理学科的诞生和完善将是指日可待的事。

企业伦理学(或管理伦理学)是研究企业在一切经营活动中的道德现象的科学。它以管理学作为基本理论框架,用伦理学的观点来分析管理理论的正确与否、管理行为道德与否,并构成自己的理论体系。管理伦理学既是管理学的一个分支,又是伦理学的一个分支。作为管理学的一个分支,它以独特的研究视野和角度来分析和研究管理思想和行为,帮助人们进一步对管理思想和行为作出思考,并使人类的管理行为趋于更加符合道德要求,以此来促使社会进步。作为伦理学的一个分支,管理伦理学属于应用伦理学,它具有很强的实践性,但又有一定的理论的抽象性和概括性,是研究管理过程中的道德现象、道德评价体系、道德标准及道德发展的规律。伦理学和管理伦理学是一般到特殊、共性和个性的关系。管理伦理学对管理过程中的道德建设起指导作用。

(二) 企业文化概念

国外对企业文化概念的理解主要有:(1)泰伦斯·狄尔和艾伦·肯尼迪认为企业文化是由五个因素组成的系统,即企业环境、价值观、英雄人物、习俗仪式、文化网络。其中价值观、英雄人物、习俗仪式和文化网络,是它的四个必要的因素,而企业环境则"是形成企业文化唯一的而且又是最大的影响因素"。因此,理解企业文化的重要性,就是重视"运用价值观形成、塑造英雄人物、明确规定习俗和仪式并了解文化网络来培养其职工行为的一致性"。(2)《成功之路》的作者认为企业文化是指一个企业的共有价值观与指导观念,是一种能使各个部分互相协调一致的传统,是给人们提供崇高的意义和大展宏图机会的活动,是进行道德性的领导等。(3)《Z 理论》作者威廉·大内,是较为明确、集中地给出企业文化概念的第一人,他说:"一个公司的文化由其传统和风气所构成。此外,文化还包括一个公司的价值观,如进取性、

---

[1] 千高原:《企业伦理学》,中国纺织出版社,2000 年版,第 263—265 页。

守势、灵活性——即确定活动、意见和行动模式的价值观。经理们从雇员们的事例中提炼出这种模式,并把它传达给后代的工人。"

国内对企业文化的理解有:(1)"管理新阶段说",认为企业文化是当代以人为中心的管理理论发展的新阶段。(2)"总和说",认为企业文化是企业中物质和精神文化的总和,是硬件和软件的结合。企业文化可以分为两大部分,一部分是企业中的外显文化,其中包括厂房设施、原材料、产品等;另一部分是企业的隐形文化,是以人的精神为依托的各种文化现象,包括企业管理制度、行为方式。(3)"同心圆说",认为企业文化包含着三个同心圆,外层同心圆为物质文化,指企业内部的机器设备和生产经营的产品等;中间层为制度文化,包括人际关系,企业领导制度;内层是精神文化,是企业内的行为规范、价值观念等。物质、制度、精神三者相结合,便形成了企业文化。(4)"成果或财富说",认为企业文化是一个整体性的概念。它作为社会文化的重要组成部分,体现了企业在一定发展阶段生产技术与经营管理的现代化程度,体现了企业物质文明和精神文明建设的成果。企业文化作为企业文明的特征,是企业全体成员共同创造的企业物质财富和精神财富的总和。(5)"共同价值观念与思维行为方式说",认为企业文化就是全体员工所共同信奉和遵守的价值观、思维方式和行为方法。(6)"广义狭义特色说",认为广义的企业文化,指企业在经营过程中所创造的具有本企业特色的物质财富和精神财富的总和;狭义的企业文化,指企业在发展过程中形成的具有企业特色的思想意识、价值观和行为习惯,其核心是企业的价值观。(7)"社会文化体系说",认为企业文化是社会文化体系的一个有机的重要组成部分,它是民族文化和现代意识在企业内部的综合反映和表现,是民族文化和现代意识影响下形成的具有企业特点的群体意识以及这种意识产生的行为规范。总之,企业文化是一种文化现象,从事经济活动的组织中形成的组织文化,它以人为中心、以文化为引导手段,以激发员工的自觉行为为目的;它是一种管理思想,认为员工是企业实现一切目的的源泉,良好的企业文化是员工发挥积极性的前提,企业的管理者要有目的地建设本企业的企业文化。企业文化的核心功能有导向功能、约束功能、凝聚功能、激励功能、辐射功能等。导向功能是指公司有了明确的企业文化,就能够对企业整体和每一个成员的价值取向,以及行为取向起引导作用,使得每一个员工的言行和思想都能够符合公司确定的标准。约束功能是指优秀的企业文化,不但有很好的导向功能,还有非常明显的约束功能,这种约束不是靠文字,不是靠管压,不是靠处罚,优秀企业文化的约束功能是对每一个企业员工的思想、心理和行为具有约束和规范的作用。这种文化约束是软约束,软约束产生整个文化的氛围,以及群体的行为准则和道德规范。凝聚功能是指当一种价值观被企业的员工认同后,就会成为一种黏合剂,从各个方面把企业的员工凝聚和团结起来,这是企业文化能够形成的一种强大力量。企业所有的员工由此会产生一种认同感,他们一方面为企业做出贡献,另一方面在展现自我的价值,从而产生巨大的向心力和凝聚力,这是企业文化能够给企业带来的一种非常强大的力量。激励功能是指企业文化的激励功能,指的是全体员工从内心深处产生高昂的工作情绪和发奋进取的精神。辐射功能指的是企业文化一旦形成鲜明的内涵后,不仅在企业内部发挥作用,对本企业的员工产生影响,还会通过各种渠道对整个社会产生深远的影响,这种辐射功能非常强大。

二、企业伦理学的研究对象

正如伦理学以道德现象作为自己的研究对象那样,企业伦理学以企业的伦理道德活动作为自己的研究对象。因此,"企业伦理"通常和"企业道德"是同质的范畴,在相关的实践活动和理论研究中,两者常常互换使用。因为两者所指称的是同一个对象,即企业道义方面的存在。我们知道,企业活动的本质当然是谋利,但如何谋利却有一个"应当"与否的问题,或者说有一个是否合乎"道义"的问题,这就涉及企业的伦理道德问题。我们通常把"义利统一"视为企业伦理道德的一个基本原则,其根据也就在这里。

其实,关于企业活动中的"义利统一"问题始终是企业伦理所要涉及的基本问题。早在日本明治维新时期,当时著名的企业家涩泽荣一作为日本"株式会社"企业组织方式的创立人,就曾经在日本的企业经营方面,提出过一个著名的理论:"论语+算盘"的理论。涩泽荣一为此还专门写了一本《论语讲义》。他在这本讲义中曾这样说道:"拨算盘是利,读论语是道德。余则相传论语、算盘二者,应该相伴随,相一致,故咀嚼《论语》的教论以为处世之信条。"涩泽荣一根据他那独特的"论语+算盘"理论,使企业得到了发展,也终于使他成为日本企业界一个楷模式的成功企业家。他曾这样总结自己从事的企业经营活动:"我明治六年辞官,进入本来就向往的实业界之后,我和《论语》就有了特别的关系。这就是我刚成为商人时,心里有所不安,即想到今后要在锱铢必较中度过一生,应该有怎样的操守呢?此时,我想起来以前学过的《论语》。《论语》里说的是修己交人的日用之教。……我可以按照《论语》的教谕经商谋利。"①

特别重要的还在于,正如我们在涩泽荣一的经营活动中看到的那样,企业伦理中的这个"道德"(或称"道义")不是外部强加的,而是建立在企业经营活动者自觉自愿从而也是自由的心性基础之上的:我们认为,企业伦理道德的这一基本特性也可从"道德"的语义学中得出。"道德"这个词在中国古代典籍中含义较广,但基本的意思正如《说文解字》理解的那样,"道者,路也""德者,得也"。《孟子·尽心上》中称:"夫道者大路然。"朱熹在《四书集注》中注道:"人所共由谓之道。"可见,"道"的语义学意义是"道路"的意思,引申为"规范""规矩";而"德"通"得",古人称"行道,有得于心,谓之德"。这样,"德"事实上就被理解为一个人对"道"的内心感悟,所以它通常指一个人内在的"品质""自我觉悟"。由此可见,"道"与"德"原本是两个东西,"道"是"德"的前提,没有"人所共行"的规范、规则,就不可能有对规范、规则的内心感悟;而"德"则是"道"的归宿,规范、规则只有通过"有得于心"才能被接受,并发挥规范人生行为的作用。因此,那些不能被接受的"道"是没有道德意义的。在中国思想史上,"道德"二字从这样一个伦理学意义上合用,始于战国后期的著名思想家荀子。荀子曾这样论述学习与道德的关系,"故学至乎礼而止矣,夫是之谓道德之极"(《荀子·劝学》)。

正是从道德作为行为规范的如上语义学含义出发,我们的一些伦理学词典通常就把企业道德定义为"在企业经营活动中调整人们相互关系的行为规范总和"。这个定义的确揭示了企业道德最为本质的东西,即企业道德是人类在企业生产经营过程中所必须遵循的行为规范。但是,我们认为这个定义又是不严格的。因为行为规范不仅只是道德规范,也还可以是法律规范,甚至是企业经营活动中的规章制度等;因此,从严格的定义出发,我们还必须在界定企业伦理道德时,反映人类道德活动的另一个本质含义。这个本质含义就是,道德同时还必须是因主体内心感悟而得到实施的规范。所以,企业道德也是通过内心感悟,"有得于心"而自觉自愿地被企业经营活动主体奉行的。这里没有法律和规章制度所带有的那种强

---

① 谢洪恩等:《企业伦理学》,中央党校出版社,1993年版,第4—5页。

制性。由此，企业道德的定义应准确地表述为"在企业活动中通过主体内心感悟而自觉奉行的行为规范总和"。

从伦理学的一般理论来分析，可以这样来概括"道"与"德"的关系："道"是"德"的必然性前提，没有"人所共由"的必然规范，就不可能有对规范的内心感悟；而"德"是"道"的当然性归宿，规范只有通过"有得于心"成为当然的东西才能被主体所接受并发挥作用。这亦即是说：只有认识了道，内得于心，又外施于人，化必然为当然，才能称为"德"。然而，要把外部的规范转化为内心的自觉要求并体现在行动中，则需要包括社会舆论、内心信念（如良心、荣誉感、义务感等）、道德教育和自身修养等活动在内的长期努力。广义地讲，道德包含三方面的内容：道——规范；德——对规范有所得，表现为认知、情感、意志、信仰和习惯等；以及由"道"转化为"德"的途径与方法，即道德评价、道德教育、道德修养；相应地，我们认为，企业道德也包含上述三方面的内容，即一定社会要求企业在经营活动中必须遵循的道德规范，企业经营主体对这些规范的道德认识、情感、意志、信仰、习惯等德性的自觉，以及企业道德评价、教育及道德修养的方法等。当然，这其中企业的道德规范的形成是最重要的，因为"道德规范是在人们一定的道德活动和道德意识的基础上形成和概括的，又往往作为一种社会法则，指导和制约人们的道德意识和道德活动，集中体现着道德意识和道德活动的统一"[①]。所以，狭义的企业道德主要是从企业活动所要遵循的道德规范意义上来说的。

从这样一个规范意义的角度来理解企业道德，我们就可以把企业道德主体所形成的道德规范作如下两个层次的划分：一是企业的整体道德规范，二是企业内部的个人道德规范。在现实社会生活中，团体常以独立的资格与国家、社会和个人发生交往，这就使团体也具有了道德上的人格，从而也就处于承担道德义务和责任的道德主体地位。特别是在现代商品经济高度发达的情况下，人们的社会交往极为复杂，团体的活动亦非常频繁，它在社会生活中起着越来越重要的作用，因而对团体的整体道德的要求也日益为社会所重视。企业作为从事生产、流通或服务活动的独立核算经济单位，作为依法成立并能以自己的名义行使权利和承担义务即依法取得民事主体资格的"法人"，就是一种典型的社会团体。因此，企业作为一个团体其所有的道德，我们简称企业整体道德。这是在企业的生产经营及其他活动中，企业整体作为道德行为主体而产生的行为规范的总称。显然，企业整体道德所调节的是企业与国家、企业与社会、企业与个人（外部的与该企业进行交往的个人和内部的每个企业成员）的关系，所规范的是企业的行为。由此可见，企业整体道德规范就是作为道德主体的企业在生产、经营及与社会的其他交往过程中所自觉遵循的道德规范。我们的国家是社会主义国家，树立良好的社会主义企业整体道德风范，既是社会主义的本质特征之一，也是发展社会主义现代企业的根本途径之一。

其实，现代企业发展的历史已充分证明，形成企业的整体道德规范及对这一规范抱有坚定而执着的信念是任何一个企业发展所不可缺少的。曾任美国 IBM 公司总裁的汤姆·小沃森在1962年的一次著名演说中就曾这样强调过一个企业确立整体道德信念的重要性："首先，我坚信，任何一个企业为了生存和获得成功，必须拥有一套牢固的信念，作为制定政策和采取行动的前提；其次，我坚信决定公司成功的一个最重要因素，是忠诚地遵守那些信念；最后，我相信一个企业如果想对付变化中的世界的挑战，它就必须准备它的一切，但它的

[①] 罗国杰等：《伦理学教程》，中国人民大学出版社，1985年版，第9页。

信念在整个公司的生命中都是固定不变的。"他认为,IBM 公司的基本道德信念就是:"尊重个人,即尊重企业中每一个人的尊严和权利;为顾客服务,即对顾客给予世界上最好的服务;卓越的工作,即企业必须能够在各项工作中卓越的完成其目标。"[①]显然,汤姆·小沃森所说的道德信念正是企业所信奉的处理与内外部主要关系的整体道德规范。

企业中的个人道德规范就是企业成员各自的职业道德规范,也可称之为职业德性。由于企业特别是大、中型企业的成员结构相当复杂,包括领导决策人员、部门管理人员、技术人员、生产操作人员、产品检验人员以及其他辅助人员、后勤人员等,在生产操作工作中又包括若干工种、若干门类和级别,因此企业成员个人的具体分工就各有不同。但有一点是相同的,这就是企业成员在以职业谋利的过程中同时都必须遵循一定的道义。与此相应的是,尽管人们各自所恪守的职业道德的具体内容有所不同,但都必须形成对职业道德的道义之心。所以,从总体上我们可以把企业成员的职业道德大体划分为企业家道德和企业员工道德两部分。由于完整意义上的企业是由一定社会关系中的成员共同组成的,企业中的企业管理者——企业家和企业经营活动的主要承担者——企业员工是整个企业的主体和核心。因而,企业家和企业员工素质的优劣与企业生产经营的成败直接相关。道德素质则是企业家和企业员工素质至关重要的部分,并能对其他各种素质产生直接或间接的影响,进而影响整个企业的生存和发展。由此可见,将企业家和企业员工道德作为企业伦理研究对象中的一项重要内容,这既是企业伦理学科体系的理论要求,也是企业自身经营活动中道德实践的内在需要。

在中国企业界,2001 年有一本题为《大败局》的书十分畅销。作者通过对瀛威、秦池、爱多、玫瑰园、飞龙、巨人、三株、太阳神、南德、亚细亚这十家著名企业之败局的分析,得出了他们共同的三大失败原因,而这三大失败原因多与企业伦理因素相关[②]。

失败原因之一:普遍缺乏道德感和人文关怀意识。

草创型的中国企业家群体,在某种意义上算得上是"功利的、不择手段的理想主义者"的俱乐部,在这个特殊的群体中蔓延着一种病态的道德观。在关注史玉柱、吴炳新、姜伟这些悲剧人物的时候,我们会发现一个很奇异的现象,这些企业家中的绝大多数就他们个人品质和道德而言算得上无可挑剔,甚至律己之严达到了苛刻的地步,他们的生活都十分简朴,不讲究吃穿排场,不摆一般暴发户的阔嘴脸,为人真诚坦直,做事认真投入。同时,他们还是一些十分真诚的"理想主义者",他们对中国社会的进步拥有自己的理想和方案,对中华民族和东方文明有深厚的感情和责任感。他们中的一些人更算得上是狂热的民族经济的捍卫者。可是,当我们考察其市场行为的时候,我们又看到另一番景象,他们对民众智商极度地蔑视,在营销和推广上无不夸大其词、随心所欲,他们对市场游戏规则十分的漠然,对待竞争对手冷酷无情,兵行诡异。然而,我们的公众舆论和社会集体意识却又有着一种根深蒂固的"成者为王,败者为寇"的考核标准,对那些取得辉煌市场业绩的企业家往往无意于追究其过程的道德性,这在很大程度上也助长了企业家们的功利意识,这一现象几乎成为阻碍中国许多新生代企业家真正走向成熟的最致命的痼疾。

失败原因之二:普遍缺乏对规律和秩序的尊重。

1800 年,当法国经济学家萨伊杜撰出"企业家"这个名词时,他是这样下的定义:将经济

[①] 转引自陈炳富等:《企业伦理》,天津人民出版社,1996 年版,第 48—49 页。
[②] 吴晓波:《大败局》,浙江人民出版社,2001 年版,第 4—7 页。

资源从生产力较低的领域转移到较高的领域。20世纪中期，西方最重要的经济学家熊彼特这样简捷地描述说：企业家的工作是"创造性的破坏"。

萨伊或熊彼特都没有从道德的范畴来规范企业家的行为。甚至在工业文明的早期，连恩格斯都认为"原始积累的每个毛孔都充满了血腥"。如果我们用书卷气的固执来坚持对这一切经济行为的道德认同，那显然是不现实的。问题在于，当经济或一个企业的发展到了一个稳态的平台期后，经济宏观环境的道德秩序的建立从企业内部道德责任的培育，便成了一个无法回避的课题。一个成熟的、健康的竞争生态圈，不是简单地在政府所提供的若干条法律法规的框架内追求利益，它更应该体现为法律与道义传统、社会行为规范的整体协调。

然而，许多企业家则缺乏对游戏规则的遵守和对竞争对手的尊重。在捍卫市场公平这个层面上，他们的责任感相当淡薄，往往信口开河，翻云覆雨。他们是一群对自己、对部下、对企业负责的企业家，而对社会和整个经济秩序的均衡有序则缺少最起码的责任感，这种反差造成了他们的个人道德与职业道德的分裂症状。

失败原因之三：普遍缺乏系统的职业精神。

深圳万科董事长王石曾经概括过包括他自己企业在内的新兴民营企业的七大特征：一是企业的初期规模很小；二是短期内急速膨胀；三是创业资金很少或没有；四是毛利率较高，总是找一个利润空间较大的行业钻进去；五是初期的发展战略不清晰；六是创业者没有受过现代企业管理的训练；七是企业家的权威作用毋庸置疑。

王石描述出了几乎所有新兴民营企业和草创型企业家先天不足的原因所在。令人遗憾的是，像王石这般清醒意识到不足并努力提升自我的企业家实在是凤毛麟角，"多乎哉，不多也"。

"现代管理学之父"彼得·德鲁克在他1995年出版的《创新与企业家精神》一书中，第一次指出美国经济已经从"管理的经济"转型为"企业家经济"，他认为"这是战后美国经济和社会历史中出现的最有意义、最富希望的事情"。在此之后，中国的经济学家中便也有人做出过类似的预言，高呼中国也进入了"企业家经济"的时代。

但是，这样的欢呼显然是过于乐观的。

一个真正的"企业家经济"应该具有三个基本的特征：一是该国拥有量大面广的中型现代企业，它们以蓬勃的生命力成为这个国家经济进步的孵化器和推动力；二是管理成为一门技术被广泛地应用，由此出现了一个具有职业精神的专业型经理人阶层；三是在经济生态圈中形成了一个成熟而健康的经济道德秩序。

如果用这个标尺来衡量，我们自然可以清醒地扪心自问：到底我们离"企业家经济"还有多远？这也正是我们希望表述的最重要的一个观点。中国企业家要真正地成为这个社会和时代的主流力量，那么首先必须完成的一项工作——一项比技术升级、管理创新乃至种种超前的经营理念更为关键的工作，就是塑造中国企业家的职业精神和重建中国企业的道德秩序。

由此可见，企业伦理学作为研究"义利统一"之道的科学，在研究对象上所体现的探讨企业整体道德的形成和企业中个人经营德性的生成问题具有相当的重要性。我们的企业伦理学不仅要研究其中具体的道德规范以及这些规范背后体现的必然性，而且还要探讨如何遵循这些规范从而拥有自觉的经营德性的修养方法。只有这样，企业伦理学提出的对"义利统一"境界的追求才可能在实践中得以真正的实现[①]。

---

① 张应杭：《企业伦理学导论》，浙江大学出版社，2002年版，第4—11页。

三、确立企业伦理规范的必然性观念

(一) 必须制约企业谋利的天性

企业以谋求利润为天职,这不仅无可非议而且它也是企业经营活动得以进行的充分必要条件。问题在于,作为人的利己天性在企业经营活动中集中表现的谋利行为,存在着是否合乎道义的问题,如果这种谋利行为是不合乎道义的,那么伦理道德对于人性的规范必然性就要求人们自觉地以一定的伦理道德规范来制约人性中唯利是图的天性。这种制约对于企业行为而言是充分必要的。

在企业生产经营中这种必须制约的不道德的谋利行为大致上发生于如下两种情形:其一是企业整体的不道德谋利行为;其二是企业中个人不道德的谋取私利行为。

完整意义的企业伦理学理论诞生于20世纪70年代的美国。有材料证明,在20世纪70年代前后,美国工商企业界产生了极多类似于罗宾斯公司无视消费者安全而推销"达尔康"产品和哈里斯对员工进行胁迫的案件。从某种意义上可以说,正是对这些工商企业丑闻的理性反思,才促使了西方企业伦理学的诞生。

有学者曾这样评析过西方企业伦理学兴起的这一历史背景:在西方各资本主义国家,自20世纪60年代以后出现了许多直接涉及企业伦理问题的社会性运动,其中最主要的有消费者运动,亦称"维护消费者权益"运动。这项运动要求企业在其生产经营中必须充分考虑消费者的需要和利益,坚决反对损害消费者正当权益的行为。这一运动的兴起得到了广大公众的普遍支持,在许多国家和地区还成立了影响颇大的"消费者协会"之类常设组织,并与有关国家机构、群众团体和新闻媒介等建立了密切联系。在这类组织的作用下,任何欺骗、愚弄和坑害消费者的行为,不仅可以成为公众舆论攻击的对象,而且还可以通过某种渠道和程序向有关企业索赔、起诉,甚至发起大规模的抵制该企业商品经营的制裁运动。在西方,由于这类运动的制裁而导致有关企业遭受重大损失甚至弄得身败名裂的,早已不乏其例。这种社会的压力并不仅仅是一般的道德褒贬,已经直接涉及企业的社会地位和物质利益,使企业的伦理问题,成为关系企业生死存亡的重大问题。

正是基于上述种种原因,自20世纪60年代起,企业的伦理道德问题成为一个受到普遍重视的新型课题。"企业伦理"也作为一个崭新的范畴,成为企业管理学家、伦理学家以及其他社会科学家的专门研究对象。正是随着对这一问题研究的逐步深入和系统,我们知道,到20世纪70年代,一门与企业管理学和伦理学均有直接联系的新兴学科——企业伦理学,便在西方国家初步形成了。

由此可见,与伦理学的产生源于对人性中天性的利己行为进行规范一样,从西方企业伦理学产生的实践来看,也正是基于对企业经营者的自私利己天性的理性规范才诞生了企业伦理学[①]。

(二) 企业伦理规范是对社会责任的理性认同

既然人的利己天性是需要规范的,那么这种规范可能吗?这显然也是企业伦理学所必

---

① 张应杭:《企业伦理学导论》,浙江大学出版社,2002年版,第49—50页。

须回答的。恩格斯认为这源于人的"社会本能",这种本能是人对自己必然作为一种社会存在物的理性意识。这种理性意识体现在企业活动中就表现为企业经营者对社会责任的一种理性的自觉认同。

当然,关于企业履行社会责任的问题,在西方理论界曾是有争议的。诺贝尔经济学奖获得者米尔顿·弗里德曼就竭力主张"企业的社会责任就是使利润最大化"。他指出:企业有一个而且只有一个社会责任,那就是"在公开、自由的竞争中,充分利用资源、能量去增加利润"[1]。在他看来,企业为了盈利,必须生产社会成员所需要的产品,而且要以最有效的方式进行,因而对企业有利的也就是对社会有利的。

"企业的社会责任就是使利润最大化"的观点虽曾在西方占主导地位,但到了20世纪70年代,这一观点开始失去了昔日的统治地位。现在更多的学者倾向于认为,企业应该保护社会大众的利益并在改善社会的活动中发挥积极的作用。著名学者斯蒂芬·P·罗宾斯就认为,"企业社会责任是指超过法律和经济要求的、企业为谋求对社会有利的长远目标所承担的责任"[2]。他区分了社会责任(Social Responsibility)和社会义务(Social Obligation):一个企业只要履行了经济和法律责任,就算履行了社会义务;而社会责任则是在社会义务的基础上加了一个道德责任,它要求企业分清是非善恶并遵守基本的道德准则。另一位著名经济学家哈罗德·孔茨也认为,公司的社会责任就是认真地考虑公司的一举一动对社会的影响。在他看来,这种考虑既是道义上的,更是公司自身发展所必需的。

圣加·霍姆斯曾就履行企业社会责任后的可能结果询问了美国560家企业的高层管理者,如表4-1所示[3]。

表4-1 企业履行社会责任的积极后果的调查结果

积 极 的 结 果	百分比(%)
企业信誉改善	97.4
社会制度得到强化	89.0
经济制度得到强化	74.3
雇员的工作满足感增加	72.3
避免政府干预	63.7
高级管理者的工作满足感增加	62.8
企业生存的机会增多	60.7
有利于吸引更好的管理人才	55.5
长期获利能力增强	52.9
留住和吸引顾客	38.2
投资者喜欢对社会负责的公司	36.6

---

[1] 〔美〕米尔顿·弗里德曼著,高榕、范恒山译:《弗里德曼文萃》,北京经济学院出版社,1991年版,第43—46页。
[2] Stephen P. Robbins, *Management*. London: Prentice Hall, Inc, 1991: 124.
[3] 转引自陈炳富、周祖城:《企业伦理》,天津人民出版社,1996年版,第22—23页。

续表

积 极 的 结 果	百分比(%)
短期获利能力加强	15.2
短期获利率下降	59.7
消费者承担的价格提高	41.4
管理绩效评价标准有冲突	27.2
对股东不利	24.1
生产率下降	18.8
长期获利能力降低	13.1
政府干预增强	11.0
经济制度削弱	7.9
社会制度削弱	3.7

调查结果表明,在当今西方管理者对企业承担社会责任的态度已比较积极,多数人认为履行社会责任能产生许多正面的结果,而反面结果较少。可见,企业履行社会责任已得到了比较普遍的认同。

企业社会责任是企业为所处社会的全面和长远利益而必须关心、全力履行的责任和义务,是企业对社会的生存和发展在道义方面的积极参与。企业社会责任的内容极为丰富,既有强制履行的法律责任,也有自觉履行的道德责任。尽管人们对企业社会责任的表述不尽相同,而且对这一道义上的责任履行到什么程度也意见不一,但是,有一点是显而易见的,这就是在现时代大多数人已放弃了狭隘的经济责任观点,而把企业社会责任看作是包含经济责任、法律责任和道德责任在内的一种综合责任。显然,这是对企业社会责任认识的一种质的飞跃。

因此,企业社会责任中的道德责任实际上包括两层含义:一是履行经济责任时要讲道德,不能损人利己;二是除了履行经济责任以外,尚需为增进社会福利做出贡献。企业伦理学所指称的企业履行社会责任主要是围绕上述这两方面内容展开的。而这也是企业伦理道德之所以必要的最本质依据,或者说是企业伦理道德之所以可能存在的最重要的必然性根据。

在我国学术界曾有学者[①]把目前人们所接受的企业社会责任概括为如下六方面的内容:

(1) 对消费者:价格合理、质量保证、使用方便、经济、安全;
(2) 对供应者:恪守信誉,履行合同;
(3) 对竞争者:公平竞争;
(4) 对政府、社区:执行国家法律、法令,保护环境,扶持社区建设;
(5) 对员工:公平、安全的就业机会,教育培训和利润分享;
(6) 对全社会:资助社会公益事业,资助文化教育、体育事业。

由此可见,企业所承担的社会责任是客观的必然的,因而,由企业的社会责任所衍生的

---

① 转引自陈炳富、周祖城:《企业伦理》,天津人民出版社,1996年版,第25页。

企业道德责任也就是客观和必然的。而且,由于企业所承担的社会责任的宽泛性,企业所承担的道德责任也必然是多方面的。企业伦理学所探讨的企业道德规范正是在这一实践理性的基础上才得以具体展开的。

(三) 企业伦理的两大基本规范:信任与责任

如果对企业经营活动所涉及的社会关系进行归类,那么我们认为无非是两大关系:一是内部的,与供应商、与顾客、与员工的关系;二是外部的,与社会、与国家的关系。因此,企业伦理作为对人性的一种自觉的理性规范,也就可以划分为两大规范体系。这些规范体系又由许多的具体规范体系来构成,这些具体规范体系的形成不仅受企业经营活动义利统一的经营本质影响,而且也受社会制度、传统习俗甚至地理环境因素的影响。显然,我们无法抽象地罗列其中的细目,但我们却可以从普遍一般的层面对这两类规范体系所体现的道德责任进行总体探讨。

企业伦理在处理企业生产经营内部的社会关系时,其道德规范主要指向与供应商的关系、与顾客的关系和与企业员工这样三层关系。在我们的理解看来,在这三层关系中的一个基本道德规范也许可以概括为可信任。

美国企业伦理学家戴维·弗里切曾这样说过信任这一德性规范:"信任由三个基本要素组成:可预见性、可依靠性和依赖。"可预见性指可以避免出乎意料的情况,这种情况在商业环境中通常是不受欢迎的。可依靠性提供保证,确定可以依赖一个人,他将按所期望的去做。依赖是相信一个人会一直是可预见和可依靠的。当你面对某种风险时,就出现了对信任的需要。当一个人获得实际经验而对另一人产生信任时,他感到与其进行交易的风险下降了。因此,信任是一种降低风险的机制。他认为这种可信任具体体现在三个方面。

其一,是与供应商关系中的相互信任:供应商通常称供货商,他们提供给企业进行商业活动所需要的产品和服务,包括原料、产品、信息服务、咨询服务、金融服务、财务服务和计算机服务。但是,不仅限于这些。因此,供应商是商业组织的一个重要利益相关者,一个企业常常与它的一些供应商长时间进行商业交往,发展为交易关系。显然,交易关系是基于双方信任的基础上的,双方都相信承诺会得到兑现,从而最大程度减少了出乎意料的情况。这样可以大大降低购买过程中的风险。因此,经营活动中的相互信任感能促进合作。

可以肯定地说,相互信任能提高交易的效率,因为各方都能相信另一方会以一种可预见和可依靠的方式行事。当好信誉得到保持而且所有承诺得到兑现时,购买者就得到了供应商的信任。当购买方有"欺诈"行为,譬如挑拨两个供应商反目以获得有利的价格条件,就会失去供应商的信任。对价格的其他作假行为,包括说谎和欺骗,也会毁坏信任,购买者如果有欺诈的行为,他的坏名声会使其与供应商的交易变得困难,并会降低该购买者及其企业的价值。欺诈行为的名声还会使一个人再找工作时比较困难。因此,只有在购买者像希望别人对待自己那样对待供应商时,基于信任的交易关系才会发展起来。

相互信任的交易关系给购买者带来几个重要的益处。它可以得到可依赖的货源,购买的货物应有使人满意的质量,并应及时提供。这样,本来花在频繁的质量检验和运货检验上的时间,现在可以用到更能提高生产效率的其他地方了。在货物储存供应不足难以获得时,这种交易关系会使获得所需物品的机会提高。因为,供应商将会首先满足与他们建立了交易关系的顾客,然后再满足其他顾客。

其二，是与顾客关系中的相互信任。顾客通常也就是用户。用户这一概念，是指作为企业服务和企业产品的享受者、使用者的各个社会集团、社会组织或社会成员中的个人。自近代以来，由于产品经济向商品经济转变，企业越来越成为独立的经济实体，市场的竞争越来越激烈，而企业与市场的关系，最主要、最根本地就反映在企业与用户的关系如何上，用户对企业的态度和意见，对企业的兴衰、成败起着决定性的作用。在这里，企业是否能保持与用户建立良好的道德关系，就成了企业生死攸关的大事，也成了企业自我评价的一个重要方面。因此，在与顾客的关系上，营销人员必须做到可依靠、诚实、有能力和处处为顾客着想而获得顾客的信任。顾客则依靠供应商在承诺的时间提供质量满意的产品和服务而获得对企业及其产品的信任。

在这种关系中，诚实是信任的拐棍，实力则是信任的前提。顾客往往依靠销售人员，他们是现有的或新的产品和服务信息的来源。一个不能提供所需产品或服务信息的低能销售人员没有任何价值。从顾客出发的导向把购买者放在首位，提高了顾客满意度，从而才能增加信任。显然，这种可信任的交易关系必然会给供应商带来一些重要的益处。它提供了一个长期顾客群。顾客如果信任供应商，就更可能一直与他们保持关系。这样，就是新顾客加入现有的顾客群，而不是用新顾客代替原顾客群中流失的那部分顾客。

自 20 世纪 60 年代一些发达国家首先提倡"消费者利益主义"运动以来，保护消费者利益的呼声已成潮流。近几年来，我国各大中城市先后建立了消费者协会。1987 年 9 月，我国进入国际消费者联盟组织，并成为该组织的正式成员。目前，我国全国性的有关保护消费者权益的立法也已出台。这说明，企业对顾客（消费者）的道德责任已受到社会各界的广泛重视。因此，企业向用户提供产品或劳务，就要使其能满足用户的愿望和要求。在消费者中建立信任和争取支持，从而形成良好的道德关系，这不仅是企业应当承担的道德责任，而且也是企业生命力之所在。

然而，在企业产品的可信任问题上，由于我国尚处于社会主义初级阶段，市场经济的发展还很不充分。因此，当市场竞争机制被引入企业生产经营活动后，一些企业见利忘义，不愿生产那些本大利薄、利润不多但为用户所需的产品，不愿耗费企业人力、物力和财力进行各类产品售后服务。有少数企业为牟取暴利，甚至置法律于不顾，以假充好、以次充优，采取坑蒙拐骗等手段，推销假冒伪劣产品，做出种种损害消费者和用户权益的行为，给国家、企业和消费者个人的利益造成重大损害。这些企业无疑应当受到社会的道德谴责，乃至国家法律的严厉制裁。

其三，是与员工关系中的相互信任。这个关系中的彼此信任在企业内部适用于上下级和同级之间。信任的气氛能增进交流，带来更强的可预见性、可依靠性和雇员的信心，减少雇员的流动和雇员间的摩擦，更开放、更情愿地听取和接受批评，而不是对批评采取抵制的态度。

美国通用公司关于雇员间信任的研究发现[①]，最为重要的五个因素是：

（1）组织内部从上到下和从下到上开放，诚实的交流观念。
（2）公平地、始终如一地对待各雇员群体。
（3）工人与管理者间拥有共同的目标和价值观。
（4）取消密切监督，使雇员们自治，这是对雇员个人信任的标志。

---

① 〔美〕戴维·弗里切主编，杨斌等译：《商业伦理学》，机械工业出版社，1994 年版，第 22—24 页。

(5) 管理层能得到关于雇员表现和职责的反馈,同时也发出反馈信息。

因此,信任有助于企业产生凝聚力。我们可以把它比喻为一种磁场,它可以把企业职工凝聚在一起,并产生一种强大的力量,使每个员工都为企业的整体利益和目标最大限度地发挥出自己的能力,为本企业努力工作。譬如,日本著名的松下电器公司,以"松下基本纲领"(或称基本企业原则)将全体职工团结在一起,要求职工"认清我们身为企业人的责任,追求进步,促进社会大众的福利,致力于社会文化的长远发展",努力培养职工的"松下精神"信念,以激励员工的工作热情。这种内聚力,对充分发挥职工的工作潜能,显然起着相当大的作用。实践证明,这种表现为企业与员工道德关系状况的凝聚力,毫无疑问是至关重要的。

在1997年的美国经济学会中,哈佛大学的四位经济学者共同发表了一篇实证研究论文指出,人际之间(特别是彼此不熟悉的"陌生人"之间)的信任感是一个国家行政效率与企业规模的重要因素。该研究发现,民众对陌生人的信任程度越高,政府的行政效率越好,也越有可能出现大规模的企业。根据对40个国家的比较,该研究发现北欧人对陌生人的信任感最高,而南美人对陌生人的信任感最低。事实上,两个地区的政府与企业的表现,也正好符合该研究的预期。

为什么对陌生人的信任高低会造成这些成果呢?因为对陌生人的信任决定人际间的合作关系。无论是政府机关或大型企业都雇用许多员工,这些员工彼此之间未必很熟悉(换言之,彼此是陌生人),但他们会因业务需要而必须共同完成某些任务,这些任务能否圆满达成,取决于员工是否能够彼此信任合作,反之,彼此之间就难以合作。组织的规模越大,组织成员越可能需要与平日不大熟悉的同事合作。假定员工不能信任陌生人,企业规模就很难得到扩大[①]。

企业在处理企业生产经营的外部社会关系时,其要规范的行为主要表现在与社会、与国家的关系之中。我们认为处理这个关系的一个核心道德规范也许可以概括为负责任。在我们的理解看来,企业对社会的关系表现为:一方面,企业的兴衰直接影响着社会的兴衰;另一方面社会的存在又是企业存在的充分必要条件,社会的稳定和繁荣是企业生存和发展的前提。如果一个企业在生产和经营活动中的行为违反了社会利益与社会安定,那么这个企业就丧失了存在的基础。

这也就是说,企业与社会的关系表现为一种同步关系,而由这种关系反映出来的企业与社会的道德关系,便体现在企业自身应承担的社会责任上。这个责任具体体现在企业行为与社会的习俗、道德观念、自然环境的交互作用上,例如,当今普遍存在的工业企业排放废渣、废水和废气的问题。在美国威尔士的一个叫阿伯凡的地方,堆积的工业废渣竟达100多年之久,废渣最终滑下山谷淹没了一所学生们正在上课的学校;1952年,英国伦敦遭到有毒烟雾的袭击,导致3 000多人死于呼吸道疾病;1953年,日本水俣海湾的渔民出现狂怒症,许多人精神失常或死亡,其原因在于吃了受工业污染的贝类,"水俣病"由此而闻名于世;在20世纪80年代,印度和美国联合碳化物公司的毒气泄漏,以及当时的苏联切尔诺贝利核电站泄漏,酿成了闻名世界的两大惨案。这些悲剧的发生,说明企业排放工业废物已不单纯是企业自身的生产经营和管理问题,它必将影响附近其他各企业的生产经营、居民生活以及周围相当范围的区域环境,以致造成空气、河流、海洋、土地的污染。同时,它不仅会在经济领域

[①] 千高原:《企业伦理学》,中国纺织出版社,2000年版,第250页。

造成许多问题,还会由此引发诸多社会问题和政治问题,甚至还会涉及国际关系。由此可见,企业行为是否负责任直接关系到一个国家、一个地区的经济发展、社会安定和人民的健康幸福,甚至关系到整个人类社会的生存和发展。

企业对外的道德关系,还通过企业同国家的关系表现出来。国家作为社会的集中代表,其重要职能就在于对社会进行宏观调控和统一管理。因此,任何一个企业组织都必须服从国家的管理,把维护国家法律和保障国家整体利益视为自己神圣的道德责任。

这种责任集中体现在当国家的倡导与企业的生产经营和经济效益发生矛盾时,企业应该怎样抉择自己的行为?例如,在我国,由于燃放鞭炮可能造成的危害,国家对生产烟花爆竹有一定限制,并三令五申要求注意安全,以保护人民的生命、财产安全。然而,对企业来说,这类商品为社会习俗所接受,有着极其广泛的消费需求和较大的利润。这时,企业自身的利益与国家的倡导发生了矛盾。企业如何处理这一矛盾?是对国家的倡导置若罔闻,置人民生命财产安全、生态环境的污染于不顾,还是自觉承担自身对社会的道德义务,改进其生产经营,尽力避免有可能发生的对人员的伤害和对环境的损害,在必要的情况下,甚至牺牲企业自身的某些利益?这不能不说是一场严峻的道义上的考验。而且,我们认为企业自觉地承担对社会、国家的责任,尤其必须依靠道德的自我约束力量。特别是在现代企业制度下,国家对企业的直接干预日益减弱,企业获得了更大的独立性和自主性,道德调节的作用也将日益加大,这就更需要企业自觉地承担其道德责任。

可以肯定地说,企业伦理道德规范的具体内容在这里是无法一一罗列的,但通过对企业伦理所必须处理的两大社会关系的考察,我们却可以概括这其中两大基本规范:可信任与负责任。这是企业伦理规范对人性中谋利的天性进行理性约束从而生成的经营德性的两个重要方面,它也是我们从元伦理学考察人为什么要有道德这一结论对企业伦理的根本实践启迪之所在。

四、基本的结论

在元伦理学的理论看来,人有着自私利己的生物学意义上的天性,但人更有着社会学意义上的理性和德性,而这恰恰是人之为人的本性之所在。因此,道德作为人对自我生存本能超越的一种实践理性的规范,对人性的规范不仅必要而是可能。正是基于这一理论前提,我们在本章中探讨并强调如下三个基本的结论。

(1) 企业经营者的谋利天性从某种意义上讲是一种源于生物学方面的利己天性,但这种天性的过度张扬不仅会对企业经营带来损害,甚至还会直接危及他人和社会的利益,因此必须对这种谋利的天性进行法律和道德上的有效制约。而且,这种制约既是充分必要的,也是有现实可能性的。这个可能性源于人性中的理性和德性。

(2) 企业经营活动中的理性和德性就具体体现于企业经营者对社会责任的自觉认同。特别重要的还在于,企业经营者对社会责任的认同不仅是企业经营德性得以自觉生成的认知前提,也是企业伦理规范在实践中的核心内容。事实上,对企业所承担的社会责任的认同和自觉履行,也是企业自身得以生存和谋利的一个德性方面的保障。

(3) 作为利己天性进行德性规范的具体表现,企业伦理道德规范主要体现于:一是在企业内部形成一种可信任的经营德性;二是在企业外部形成一种自觉的道德责任感。而且,正是由信任和责任这两大德性规范派生出其他诸多具体的企业伦理规范。因而,可信任和负责任构成企业伦理在处理内外社会关系中的两大核心的基本行为规范[①]。

第三节　伦理与商业决策

商业决策是由个人和团体做出的,因此商业伦理事实上是组成商业界的每个人的伦理。于是,商业伦理的讨论就是对商业决策者伦理的讨论。个人伦理是受一系列因素,包括个人价值观、自我实力、环境依赖性、控制点、伦理发展水平和伦理认可影响的,图 4-1 列示了这些因素。当然,现实中的伦理行为还受组织文化的影响,这点将在以后讨论。

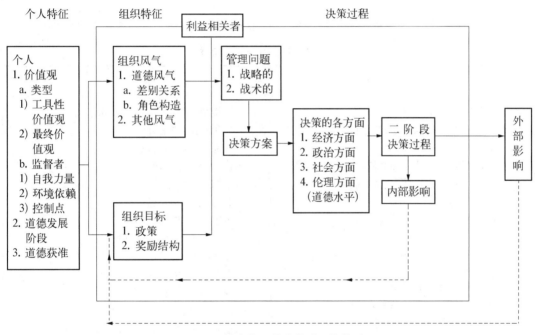

图 4-1　符合伦理的决策过程的模型

一、价值观

伦理水准是通过决策者解决环境中出现的商业问题时的行为揭示的。这些行为源自对产生问题的环境条件的态度。决策者的个人价值观体系是其个人态度的基础。因此,价值观是行为的先导,这样一来价值观就成为伦理决策的关键[②]。

"价值观是一种观念,在这种观念的基础上人们按照偏好行事。"[③]罗基奇认为价值观是一种约定俗成的观念。因此,伦理价值观是一种关于是非的约定俗成的观念。价值观的依据可以是一些规则,如"十诫",这种价值观被称为义务论的观念,或依据法规的观念,价值观的依据还可以是预计的结果或目的,这种价值观被称为技术性观念。

[①] 张应杭:《企业伦理学导论》,浙江大学出版社,2002 年版,第 60 页。
[②] Milton Rokeach, *The Nature of Human Values*. New York: The Free Press, 1973.
[③] Gordon W. Allport, *Pattern and Growth in Personality*. New York: Holt, Rinehart & Winston, 1981.

(一) 价值观的类型

图 4-2 是模型的个人特征部分。模型显示了决策的最初影响来自决策者的个人价值观。这些价值观是人在一生的经验中形成和改变的。罗基奇认为价值观可分为两类：最终价值观和工具性价值观。最终价值观是指"关于最终目标或所希望的最终生活状态的观念和概念"(如舒适的生活——富裕的生活)；工具性价值观是指"关于所希望的行为模式的观念或概念，这一行为模式有助于获得所希望的最终生存状态"(如有抱负——工作勤奋，充满热情)[①]。

表 4-2 中包括了罗基奇用到的最终价值观和工具性价值观。

```
个人
  1. 价值观
    a. 类型
      1) 工具性价值观
      2) 最终价值观
    b. 监督者
      1) 自我力量
      2) 环境依赖
      3) 控制点
  2. 道德发展阶段
  3. 道德获准
```

图 4-2　个人特征

表 4-2　罗基奇价值观调查

最　终　价　值	最　终　价　值
生活舒适(生活富裕)	有抱负(工作努力,充满热情)
令人兴奋的生活(刺激的、积极的生活)	思想开阔(思想开放)
成就感(持续的贡献)	有能力(能干,有成效)
和平的世界(无战争和对抗)	快乐(高兴,愉快)
美好的世界(大自然和艺术的美)	清洁(干净,整洁)
平等(手足情谊)	有勇气(维护自己的信仰)
家庭安全(照顾所爱的人)	宽容(愿意原谅他人)
自由(独立、自由的选择)	乐于助人(为他人的利益而工作)
幸福(满足感)	诚实(诚挚,真诚)
内心和谐(无内心斗争)	有想像力(大胆,有创造力)
成熟的爱(灵与肉的亲密关系)	独立(自立,自足)
国家安全(防御外来进攻)	智慧(聪明,思想有深度)
快乐(愉快、休闲的生活)	逻辑性强(思维有一致性,有理智)
获得拯救(被拯救的,无尽的生命)	友爱(亲切,温柔)
自尊(自我尊重)	顺从(有义务感,彬彬有礼)
社会认可(尊重,赞赏)	有礼貌(谦恭,文雅)
真正的友谊(亲密的伙伴关系)	负责(可靠,可信赖)
智慧(对生命的成熟理解)	自我控制(自我克制,自律)
工具性价值	

虽然决策者的个人价值观左右着私人生活中的伦理决策，但在职业生活中，个人价值被组织结构中其他力量中和了，这些力量能改变个人价值观在决策中的作用。哲学家将有明显区别的这两种不同的决策作用称作个人伦理和公众伦理。以下这段著名的文章阐释了这一观点。它摘自莱茵霍尔德·尼布尔(Reinhold Niebuhr)的《道德的人和不道德的社会》的

---

① Milton Rokeach, "From Individual to Institutional Values: With Special Reference to the Values of Science," in *Understanding Human Values: Individual and Societal*, ed. M.R.Keach. New York: The Free Press, 1979.

前言：必须明确地区分个人的道德行为和社会行为与社会团体(民族的、种族的、经济的)的道德行为和社会行为。这种区分使政治政策成为合理的和必要的,无疑这些政治政策总是使纯粹个人化的伦理观感到困窘①。

(二) 影响个人价值观作用的因素

两种个人特征在决策行为中影响着个人价值观的作用,即自我实力、对环境的依赖性和控制点。

1. 自我实力

自我实力实际上是自信的另一种说法。自我实力与个人观念相联系。一个有较强自我实力和较高自信程度的人比自我实力较弱的人在更大程度上依赖个人观念。自我实力强的人更多地依靠自己的个人价值观和是非观念,受他人的影响较少,因此组织对决策的伦理方面的影响相对自我实力较强的人比自我实力弱的人要小。

2. 环境依赖性

当情况不清楚时,环境依赖性较强的人更多地用他人提供的信息来确定问题;而不依赖环境的人则依靠自己拥有的信息和自己开发的信息。

伦理问题常提出一些模棱两可的难题。在组织环境中,依赖环境的人往往在尽力对付伦理难题时在很大程度上受组织内其他人的影响,因为他们在决策中接受并使用组织内其他人提供的信息。因此,他们的决策会与他们在组织外无法获得他人信息的情况下所作的决策有很大偏离。

不依赖环境的人在决策中使用的信息往往只限于自己拥有的信息。这些信息或是事前收集的,或是为帮助解决某个伦理难题由决策者自己收集的。他们的决策更大的程度上依赖于自己的个人价值观,因此往往与在组织外进行的决策偏差很小。

3. 控制点

控制点反映了一个人如何理解自己对生命中事件的控制能力。"外部控制"认为生命中的事件是由命运、天命或运气控制的;"内部控制"认为生命中的事件是由自己的行动控制的。内部控制论者更容易对后果产生责任感,因为他们更依赖他们的个人价值观和是非观念来指导自己的行动。外部控制论者对行为后果的责任感较差,因此更容易受组织内其他力量的影响。

总的来说,决策者行为对其个人价值的反映程度在某种程度上取决于决策者的自我实力、环境依赖性和控制点观念。一个自我实力较强,不依赖环境的内部控制论者 A,其行为往往较彻底地反映自己的个人价值观。一个自我实力较差且依赖环境的外部控制论者 B,其行为则与他的个人价值观关系甚少。因此,我们可以认为组织力量在决策过程中对 A 的个人价值观的中和作用比对 B 的个人价值观的中和作用要小②。

---

① Reinhold Niebuhr, *Moral Man and Immoral Society*. New York: Charles Scribner, 1932.
② 〔美〕戴维·弗里切主编,杨斌等译:《商业伦理学》,机械工业出版社,1994年版,第88—90页。

二、组织特征

(一) 组织文化

组织文化是指一些假设、观念和价值观的普通集合。这些假设、观念和价值观是为了应付内部环境和外部环境而在组织内部发展起来的,并且它们被传给新成员以指导他们在这些环境中的行为。"文化有几个重要功能:它使组织成员产生一种同一感;它促使组织成员效忠于大于自我的事物(组织);它有助于组织的交际体系的稳定性;它为行为提供了理论基础和方向。"[①]

惠普公司的文化很著名,它的基础是一般被称为"惠普方式"的商业哲学。惠普方式包括一些基本的组织价值观,它们起着公司文化基石的作用。这些价值观[②]是:

(1) 信任并尊重个人;
(2) 注重高水准的成就和贡献;
(3) 以不妥协的正直进行商业经营;
(4) 通过团队工作实现共同目标;
(5) 鼓励灵活性和创新。

(二) 组织特征

组织文化的作用像胶水使组织黏合在一起,我们应该单独研究组织文化的特定方面,以增进我们对伦理决策的理解。这些方面包括组织风气和组织目标。图 4-1 中间显示了这些组成部分。

1. 组织风气

组织风气,或称组织氛围,可被看作"对工作环境中影响心理的重要方面持久的认识"。本杰明·施奈德(Benjamin Schneider)认为在实际生活中有许多种组织风气[③]。虽然有许多对其他组织风气的研究,我们只讨论伦理风气。这些伦理风气包括专制与控制、结构等级、奖励性质、关怀、温暖和支持[④]。

(1) 伦理风气。

维克托(Victor)和卡伦(Cullen)认为组织中存在 9 种伦理风气。解决问题时用到的伦理标准和参考层次决定了特定的伦理风气。这 9 种风气可概括为自我利益、公司利益、效率、友谊、团队利益、社会责任、规则和经营程序、个人伦理以及法律和职业规范。一个企业中可以有一种以上的伦理风气,比如其不同地区的机构和位于组织不同位置的机构会有不同的风气。组织机构中的伦理风气对决策者考虑商业伦理问题的方法会有很大的

---

① Linda Smircich, "Concepts of Culture and Organizational Analysis," *Administrative Science Quarterly*, 1983 (28): 339-358.

② David Packard. "Communicating the HP Way: A Guide for HP Managers," *Trainers and Other Communicators*. Collins, 1996.

③ Benjamin Schneider. Organizational Climate: An Essay. *Personnel Psychology*, 1975(28): 477-479.

④ Bart Victor and John B. Cullen, "The Organizational Bases of Ethical Work Climates," *Administrative Science Quarterly*, 1988(33): 101-125.

影响。

经验性调查的著作中出现越来越多的一致意见,认为决策者与上级和同级的关系会影响决策的伦理尺度。你可以认为这种影响作用因为关系存在的伦理环境不同而有差异。例如,在自我利益风气小,这种影响结果比在团队协作风气中小得多。

(2) 差别关系。

在模型中,组织成员之间的交往程度是决策者与上级和平级的关系的一个方面。萨瑟兰(Sutherland)和克雷西(Cressey)创建了差别关系理论,即一个人会接纳与其有联系的人的行为和观念,接纳的多少依据其与该人接触的多少而定[1]。因此,某个管理者的行为和观念往往更接近于与其关系密切的同级的行为和观念,而不太接近其他部门的同级的行为和观念。

角色构造决策者所扮演的实际角色是决策者与上级和同级关系中的另一个方面。一个人在组织内的角色取决于他与组织内其他人(与管理者有关系的人)的关系。某个人凭借在组织中的社会地位会与其他人产生关系,实际中的决策是这个人在这些关系中一系列的集合[2]。

在模型中包含的角色集合有两个方面的要素:组织距离和相对权威。组织距离是指决策者和与其相关的人之间存在的组织间和组织内明显界限的数量。决策者与其他人组织距离越大,所受的影响越小。在其他条件相同时,远距离部门中的人要比相邻部门的人影响力小。

根据商业环境中相对权威这一理论,最高管理层比决策者的同级对决策者的影响大。一个可能原因是最高管理层通过控制提升和奖励掌握更多的权力。因此,决策者推测上级会采取的行为是影响决策伦理的一个重要因素。

2. 组织目标

除了组织风气,组织目标也影响决策时的伦理方面。有许多组织目标不会影响决策的伦理选择,我们只讨论事实证明确实影响决策的伦理方面的组织目标:政策和奖励结构。

可以认为组织目标与组织最终价值观是相似的。罗基奇认为"组织的价值观是被社会所共同认可的组织目标和需求的体现"。这些目标会对制定公司的规范和政策产生很大影响,进而影响管理行为。

(1) 政策。

有充足证据表明,某些类型的组织政策能很大地影响公司内管理者们的伦理行为。这些政策的形式可以是行为规范或最高管理层宣布的经营政策。无论采取何种形式,这些政策都充当着企业法律的角色,为管理控制提供了指导原则和方法。

尽管政策的形式并不重要,政策的宣传却很重要。要使政策有效,必须让组织内所有成员熟悉这些政策,还必须执行这些政策。一套构思良好,确实得到执行的伦理行为政策会对决策者的伦理有很大影响。

---

[1] Edwin H. Sutherland and Donald R. Cressey, *Principles of Criminology* (8th edition). Chicago: Lippincott, 1970.

[2] Robent K. Merton, "The Role-set: Problem in Sociological Theory," *British Journal of Sociology*, 8, 2, 1957, 106-120.

(2) 奖励结构。

除政策外，奖励结构也会影响决策的伦理方面。可以认为，奖励和惩罚的效果取决于得到奖惩的几率大小和奖惩的大小。宣传在此起很大作用，对奖惩的要求和奖惩条件的宣传可能对决策者的伦理有很大影响。

三、利益相关者

利益相关者对决策过程中的伦理问题具有重要作用。在以上关于组织风气的讨论中提到了同级的影响。同级不只限于组织内部的人，也可以是辅助公司的员工（如广告代理公司的经理们）或竞争组织的员工（如竞争对手的销售人员），等等。此外，其他利益相关者，如股东、雇员、管制机构、公众利益团体、竞争对手以及供应商都会对决策者施加影响，从而影响决策的伦理方面。

四、决策过程

现在，我们已知道人们有一系列个人价值观，这些价值观对决策伦理的作用受组织文化（特别是组织风气和组织目标），以及利益相关者的影响。认清需要解决的问题，为考察伦理在决策中的作用提供了机会。这些问题要求对环境变化进行反应和对未来机遇采取积极态度。图4-1中显示了这部分的内容。

（一）管理问题

决策过程模型注重决策的伦理问题，因此商业中有关的管理问题必定有应予考虑的伦理内容。这些管理问题可以是大问题，如为新厂选址；也可以是小问题，如下月送往仓库的某种产品的数量。这些问题可以是在组织内的各个等级进行决策的问题。某些情况下，不合伦理的行为必然有明显的表现；另一些情况下，只要遗漏某些事情便构成不合伦理的行为。

管理问题可大体分为战略性的和战术性的。战略性问题包括资源的长期安排，如为新制造厂选址；战术性问题包括资源的短期使用，如某工厂下月多少条生产线投入运行。战术性决策往往由低层管理者制定，而战略性决策由上层管理者制定。导致不合伦理行为的两种类型的决策都不应做，但从伦理角度来讲，可疑的战略性决策比战术性决策危害性更大。

战略性决策为将来大量的战术性决策创造了环境。因此，一个不合伦理的战略性决策可能导致一系列不合伦理的战术性决策，而一个不合伦理的战术性决策则不太可能影响其他战术性决策，当然更不会影响战略性决策。此外，因为战略性决策由高层制定，不合伦理的战略性决策会向下级宣传这样一个观点："不合伦理的行为是可以的。"如前所述，上级的行为是影响下级伦理行为的主要因素。

（二）备选决策方案

对管理问题的认识激发决策者去寻求解决途径。首先要制定一组决策方案，包括决策者考虑到的几个选项。决策方案的具体组合取决于管理者及其组织。决策方案的组成反映了决策者的个人价值以及组织文化和相关利益相关者的影响。某些组织认为可接受的备选方案，其他组织可能会认为不能接受。

组织政策会对决策者考虑哪种备选方案有显著影响。能有效鼓励伦理行为、遏制不合伦理的行为的公司政策会将不合伦理的备选决策方案排除在方案组之外。相反,无效的政策或出发点低的政策会诱导方案组将可疑的备选方案包括在内。除了政策,鼓励伦理行为并且惩罚不合伦理行为的奖励结构会阻碍不合伦理的决策被包括在方案组内。

决策者所属组织的专业行为规范也会排除不合伦理的备选方案。政策、正面的奖励结构和专业规范会消除从事不合伦理的行为的机会。如果决策者所考虑的备选方案组内没有不合伦理的行为,那么合乎伦理的行为就有保证了。

(三) 决策的各方面

确立了备选方案组后,接下来要评估每一个备选方案。评估的根据是有关的标准:经济标准、政治标准、技术标准、社会标准和伦理标准,根据这些标准逐项评估。虽然我们知道这些大的标准,我们并不知道在实际评估过程中它们的作用。可以假定这些标准的相对重要性是依情况而定的。例如,当在两种供选的营销渠道中做选择时,经济标准是关键的。对一个关于开发新计算机芯片的决策来说,技术标准是首要的。虽然在决策过程中所有标准都重要,我们将在简单讨论每种标准后重点讨论伦理标准。

1. 经济标准

经济标准(短期和长期获利情况)对大多数决策都是一个重要的标准,特别是对商业组织尤为如此。可以认为,应该使用的标准比许多被揭发有违反伦理行为的公司现在使用的标准更有高度。长期标准与伦理行为的关系更密切。例如,采取"迅速致富"阴谋的组织因其对顾客或社会的不良行为将不会生存很久。遵循长期商业策略的组织必然会为达到成功而关心顾客和社会。欺诈行为会导致顾客的损失,并(或)致使公共政策出台,用以限制该组织的行为。

2. 政治标准

组织内部和外部都有相关的政治考虑。组织内部的政治考虑可以包括某个备选决策对决策者现在和未来在组织内的政治行为的影响。这种影响会导致政治背景的变化或现在或未来谈判地位的改变。外部政治考虑可以是决策与目前公众政策的关系以及决策对组织的政治力量和谈判能力的影响。这种影响与未来的公众政策和企业的利益相关者有关。

3. 社会标准

社会问题包括决策对本地社区或更广的社会可能产生的影响,以及这些团体对决策的反应。因为经济组织为造福社会而运转,社会因素对决策者是非常重要的。被看作有积极影响和受欢迎的决策会带来有利的公众政策,减少不利的公众政策,带来较好的经济收益,吸引更有能力的人才,等等。

4. 伦理标准

伦理问题是关于某个备选决策在道德上的是非问题。判断的依据是决策者的道德标准。道德标准包括道德规范和道德准则。道德规范是允许或禁止特定类型行为的具体标准。例如,道德规范禁止说谎、偷窃和谋杀。道德规范分为最高规范和社团规范。道德准则是较普遍的标准,用于评价个人和公共行为。这些标准包括公正原则、权利原则和功利原则。如果对一个或几个备选决策是否违背道德准则有疑问,那么决策就包含道德问题的成分。

琼斯(Jones)认为备选决策的道德状态对决策的实际结果有重要影响①。道德状态包括六个方面:

(1) 后果的大小——行为所产生的危害和利益的总和;
(2) 社会一致意见——社会对行为是好是坏的认同程度;
(3) 结果的可能性——危害或利益实际出现的可能性;
(4) 临近时间——行为后果开始之前的时间长短;
(5) 接近程度——决策者与行为受益者或受害者间的社会、文化、心理或生理亲近程度;
(6) 结果的涉及面——受行为影响的人的范围。

当后果大小增加、社会意见一致、产生结果的可能性大、临近时间短、接近程度较近或结果的涉及面较广时,道德状态较高。虽然认为道德状态是其相关成分的函数是符合逻辑的,这种函数关系尚待思考。

琼斯提出了有关道德状态的几点主张。他认为备选决策中道德成分的确认几率与行为道德状态的高低直接相关。如果问题的备选决策有较高的道德状态,这一问题需要较复杂的推理。行为的道德状态越高,行为的意图就越可能是道德的。选择道德的备选决策的几率随被考虑的备选方案的道德状态的提高而增加。

(四) 两阶段决策过程

1. 最低表现水平

虽然决策尺度所扮演的特殊角色还不太清楚,但有足够的证据表明,实际的决策过程包括两个阶段。

第一阶段,决策者将最低可接受表现水平规则用于决策的各个方向。这一规则规定了决策各个方面可以接受的最低表现水平。经济表现规则可以是:必须预测备选决策的投资回报率(ROI),比如用一个百分数来表示,以供进一步考虑。伦理表现规则可以是:任何造成利益冲突的备选方案都应排除在考虑之外。

最低表现水平会比满意表现水平低,而且只考虑一个备选方案的最低表现水平可能导致排除这一备选方案。但是,如果决策在其他方面(如经济方面和技术方面)出色的表现能弥补某一方面的边际表现,这方面的最低表现水平也是可以接受的。因此,我们可将表现分成三个范围:不可接受的、边际的可接受的和可接受的。最低表现水平和满意表现水平描述了这三个范围。图 4-3 是表现范围这一概念的一个例子。

2. 总利益的测试

第一阶段(最低表现规则测试)的备选决策完成后,接下来要经历第二阶段,即总利益的测试,以给出各备选方案的总价值。计算总价值的第一步是按相对重要性给备选方案的五个方面中的每个方面一个权重 w,然后分别评估各个备选决策的总利益。先给备选决策的

---

① Thomas M. Jones, "Ethical Decision Making by Individuals in Organizations: An Issue-Contingent Model," *The Academy of Management Review*, 16, 2, April 1991: 336-395.

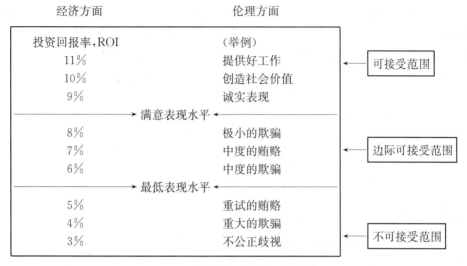

图 4-3 决策各方面的表现范围举例

每个方面估计一个预期利益 b，再用每个方面的重要性权重 w 和预期利益 b 相乘得到其相对价值 $v(v=w \times b)$。然后将备选方案各方面的相对价值 v 相加，得出该备选方案所提供的总利益。

大多数读者会把这个步骤看作类似于计算平均成绩。重要性权重 w 相当于某一课程的学时，利益 b 相当于每门课的成绩。每门课的成绩与学时相乘便得到该门课的总分，相当于某一备选决策一方面的相对价值 v。每门课的成绩与学时乘积之和再除以各门课时之和，便得到最后的平均成绩。因为只需计算总收益，所以一个方面的 v 相加便可得到 T，无须除以权重之和来确定每个重要性单位的平均利益。

在得到被考虑的备选决策各自的总利益 T 之后，按情理，决策者会选择 T 最高的备选决策。

决策某一方面的最低表现水平代表决策者在该方面能容许的最低水平，但并不代表普遍接受的水平或满意水平。例如，伦理方面的最低水平可能只要求备选方案不会导致消费者死亡（或至少不会导致消费者死亡数量超过可接受的界限），而不会谴责虚假介绍产品或贿赂等违背商业伦理的行为。满意表现水平代表了肯定诚实表现行为的开始。但是，边际范围内的备选方案（在最低表现水平和满意表现水平之间的范围）会为其他方面带来足够大的正利益，以抵消在伦理方向的负利益。

评价伦理方面负利益的基础可能是后果的大小及后果出现的可能性。倘若潜在的消极后果越大，并且（或者）这种消极后果出现的可能性越大，备选决策的吸引力越小。例如，对某些不合伦理行为或非法行为的罚金很高，而被抓到的机会几乎等于零，这样一来，负利益可能被看作相对较小。这一评估过程可以解释为什么一些被选定的商业决策如果仅从伦理方面考虑会被立刻否定。这些备选决策可能刚刚达到最低可接受水平，但低于满意水平，因此单考虑伦理方面会被否决。但是，其他方面的利益可能完全超越了伦理方面的负利益，致使此备选方案被选中。第二阶段的计算尚需进一步研究。

决策者遇到的问题的类型也影响决策的伦理性质。可以认为其原因在于某些伦理问题设定的最低伦理表现水平比其他问题的低。如前所述，决策者所处的管理职位的类型和该职位在组织中的等级在某种程度上决定了决策者会遇到哪类的潜在问题及其遇到的机会。

选择某一备选决策并实施它会对未来决策产生内部影响或外部影响。内部影响会影响组织风气和组织目标。外部影响会改变未来考虑的备选决策组。产生正面影响的备选方案会被包括在将来的备选决策组中,而那些产生负面影响的备选方案会被排除[①]。

[①] 〔美〕戴维·弗里切主编,杨斌等译:《商业伦理学》,机械工业出版社,1994年版,第93—101页。

第五章 管理伦理

第一节 概 述

一、管理伦理学概念

管理伦理学,英文为 Business Ethics 或 Management Ethics,有些人译作商业伦理学或企业伦理学。本书在编写过程中虽然认为商务伦理与管理伦理具有紧密的联系,同时又存在一定的差别,但是并未严格区分,所以这里从补充前述商务伦理的角度对管理伦理学作一简单介绍,以引起读者对管理伦理问题的重视。

20世纪五六十年代,美国企业界出现一系列的丑闻,如受贿、欺诈、垄断价格、非法交易等,引起美国公众的强烈不满。1962年,美国政府公布了一个报告:*A Statement on Business Ethics and A Call for Action*。同年,William Ruder 在 American Assembly Collegiate School of Business 所属成员发起了一项有关开设管理伦理学必要性的调查,调查结果确认了管理伦理学在管理教育中的地位——管理伦理学应该成为管理教育的一个重要部分。20世纪八九十年代以来,管理与伦理结合的趋势日趋明显,管理学家几乎把伦理提到了关系企业或组织生存与发展的至高地位,"企业通过竞争焕发活力,依靠伦理而得以生存";"优秀企业的秘诀在于懂得人的价值观和伦理,懂得如何把它们融合到公司战略中";管理追求卓越的"基本伦理是对人的尊重"[1]等,这种管理观越来越成为管理界的共识。有人甚至指出,如果说泰罗的科学管理、梅约的行为科学是管理科学发展史上的两个里程碑,那么管理伦理学就是管理科学发展史上的第三个里程碑[2]。面对当今社会的历史巨变,面对21世纪经济和社会发展的要求,管理伦理既显示了伦理学亘古常新的生命活力,又预示着当代管理科学发展的新动向。科学揭示管理和伦理之间的关系及管理伦理的本质,对于完善人类的科学管理之道,充分发挥"管理也是生产力"的功能,具有重要意义。

管理伦理是一个组织的经理人在执行业务时,作为行为或道德判断的准则。法律是一个社会伦理形成的结果,但是管理上的伦理,牵涉到更多的个人行为与组织群体的行为,非法律所能涵盖的。管理作为人类一种特殊的实践活动,起源于人类社会成员劳动的集体性、组织性和社会活动过程中相互交往的必要性,其任务正如马克思所指出的,是协调个人的活动,并执行生产总体的运动所产生的各种一般职能,从而使组织有一个良好的结构,把各种活动引向共同的目标。组织是管理的"载体",协调是管理的本质。对一个组织而言,管理就是要在其职责范围内协调组织内外部的各种关系,既包括对管理活动过程中人和物、物和

---

[1] Edward Freeman and Daniel R. Gibert, *Corporate Strategy and the Search for Ethics*. Englewood Cliffs, 1988, 5.
[2] 张文贤等:《管理伦理学》,复旦大学出版社,1995年版,第3页。

物、人和人多种因素的合理配置与适时调整,也包括对组织成员行为的协调一致,以及对组织系统各成员之间关系的调整处理,还包括正确处理组织与环境(自然、社会、政府、其他组织等)之间的复杂关系,维护二者的动态平衡,以期达到组织所追求的经济效益和社会效益。管理关系的实质是伦理关系,管理活动的关键在于协调管理的伦理关系。

管理伦理的标准是由许多因素形成的,如社会的一般规范和价值观,个人在家庭、宗教、教育和其他组织中所获得经验,所以管理伦理和个人伦理是不尽相同的。卡罗(Archie B. Carroll)在其文章中提出,在管理伦理判断上有三种主要的不同特征的经理人。第一种是不伦理的管理人,即只关心公司的收益获利率,完全漠视其他方面的期望,将法律视为必须克服的障碍;在做决定时只考虑"我们的行动与决定是否能赚钱"而其他事完全不关心。第二种是伦理的管理人,即伦理的管理人也希望成功,但他们的行动、决定都在伦理的范围之内,并且寻求一个公平、公正的方法。第三种是处于伦理与不伦理之间的经理人,即有些经理人在做决定时并不考虑到伦理道德的问题,他们认为伦理道德应用在生活的其他部分上,而非在商业做生意上;另有部分经理人则在做决定时,完全未注意到所谓的伦理不伦理或道德不道德的问题,此类的经理人通常将追求利润视为目标,以他们期望任意行为,很少会注意到他们的行为是否会影响他人,除非受到外来的压力或强烈批评。

管理伦理学是研究人类各种管理活动中的道德伦理的科学。管理伦理学是研究、指导企业进行伦理建设的科学,因此它也是一门实践的科学。

管理伦理学是研究企业在一切经营活动中的道德现象的科学。它以管理学作为基本理论框架,用伦理学的观点来分析管理理论的正确与否、管理行为道德与否,并构成自己的理论体系。作为管理学的一个分支,它以独特的研究视野和角度来分析和研究管理思想和行为。帮助人们进一步对管理思想和行为作出思考,并使人类的管理行为趋于更加符合道德要求,以此来促使社会进步。作为伦理学的一个分支,管理伦理学属于应用伦理学,它具有很强的实践性,但又有一定的理论的抽象性和概括性,是研究管理过程中的道德现象、道德评价体系、道德标准及道德发展的规律。

伦理学和管理伦理学是一般到特殊、共性和个性的关系。管理伦理学对管理过程中的道德建设起指导作用。管理的对象是人,管理者和被管理者也是人,因此管理是一个以人为本的问题,是人与人之间的一种社会关系,它理所当然地存在着规范彼此行为的问题,这里存在着律人与自律的道德问题。管理的内容是人财物、供产销,是对整个生产过程或某一部分过程的控制,离不开对伦理规则的把握,在对人财物的支配中有一个道德标准的问题,有义利关系问题。管理是协调人与人之间的关系,必须正确处理个人与个人、个人与团队之间的关系问题,这种关系事实上也是一种伦理关系。管理的过程是一个由人来行使权力的过程,管理者本人的管理方法、管理渠道、管理手段是否符合伦理道德规范,也是管理能否得以实施以取得预期效果的重要问题。管理是一个自我管理和强制管理相统一的过程,是一个制度管理和自我约束相统一的过程,人的自律很大程度是一种道德意义上的自我束缚。

二、中国古代管理伦理思想考察

(一)《孙子兵法》

《孙子兵法》相传是吴国将军孙武所作,是我国兵家和兵书的始祖。《孙子兵法》认为,客观条件是决定战争胜负的基本因素,作为将帅,就应根据双方不同的实际情况,来确定指导战争的原则和具体战术的运用。《孙子兵法》强调"知己知彼,百战不殆",从认识客观实际中的发展规律,来谋取战争的胜利。《孙子兵法》中"奇正相生"的辩证法思想。

首先,它看到了战争与其他事物之间的普遍联系,提出要从总体上、从正反方面观察问题。这就是通常所说的两点论。"兵法:一曰度,二曰量,三曰数,四曰称,五曰胜;地生度,度生量,量生数,数生称,称生胜。"

其次,它分析了战争中的矛盾运动及其转化,强调根据具体情况灵活机动地运用战术。《孙子兵法》提出了把握战争运动的一系列矛盾对立的范畴,如敌我、主客、众寡、强弱、攻守、进退、胜败、奇正、虚实、安动、敢怯、治乱、佚劳等,并认为这些矛盾不仅相互依存,而且在一定条件下可以相互转化。

最后,它在承认客观物质条件的基础上,特别重视发挥将帅的指挥作用,即发挥人的主观能动性。

在对军队的具体管理上,《孙子兵法》中提出"令之以文,齐之以武"的伦理原则。

(二) 孔子

孔子,名丘,字仲尼。他的祖先是殷人后代的宋国贵族,后来在鲁国陬邑定居。孔子是儒家思想的创立者,又是中国伦理思想史上第一位具有较完整思想体系的伦理学家。在孔子的伦理思想体系中,"仁"和"礼"是两个最为重要的概念。"仁"是孔子思想的核心,"仁者爱人""孝悌也者,其为仁之本与"。孔子主张天赋道德,君子理应为仁者,再加以"克己复礼为仁",这样就形成以"仁"为心理基础。孔子认为:"仁者,爱人",又说"克己复礼为仁",人应当"志于道,据于德,依于仁,游于艺"。孔子的"礼"是一种以社会尊卑贵贱秩序为内容的伦理规范,他思想中的管理目标就是要使社会以"礼"为行为节度,社会既有严格的尊卑、亲疏的宗法等级关系,又具有相互和谐、温情脉脉的人道关系。人,无论是君王,还是百姓,都要符合这个伦理规范。根据"礼"的思想,孔子主张维持严格的等级制度,认为这样就能稳定统治秩序,维护统治者的地位。"君君、臣臣、父父、子子。""不在其位,不谋其政。""名不正则言不顺,言不顺则事不成,事不成则礼乐不兴,礼乐不兴则刑罚不中,刑罚不中则民无所措手足"。第一,当政的人即管理者必须行为端正,以身作则。"其身正,不令而行,其身不正,虽令不从。"第二,作为管理者,亦即"君子",应该"子罕言利,与(遵从)命与仁"。孔子主张"重义轻利",所以是"君子喻于义,小人喻于利"。孔子常说:"君子有三畏:畏天命,畏大人,畏圣人之言。"第三,作为管理者,要认真办事,守信用,节约开支,爱护部下。"奢则不孙,俭则固。与其不孙也,宁固。"孔子主张统治者要"爱人""使民以时"。

(三) 墨子

从管理伦理学角度分析,墨子提出了一些独到的思想,这主要表现在对人际关系准则的看法上以及他的义利观上。言行立仪,验之三表。尚力求强,适者生存。爱与利兼行、兼与别并用,主张依"天志"而行事,求取天下的"尚同"。墨子的义利观主张既贵义又尚利,主张"义"以"利"为内容、目的和标准,而所尚的"利"主要是指天下之利、他人之利,认为利人、利天下是仁者从事的最高目的,可以达到义利的统一。

（四）韩非子

韩非，韩国人，战国末期法家和新兴地主阶级激进派的思想代表。韩非提出"法、术、势结合"的法治理论、"道理相应""缘道理以从事""人性本恶"等理论。"人性本恶"可以作为管理的起点。儒家主张"德治""仁政"，在伦理思想上就体现为重视人际的道德关系，肯定人有道德是人区别于动物的本质特征，而且儒家往往夸大道德的政治作用。法家则与此相反，提倡"法治"，如韩非就把法与德绝对地对立起来，只认法，不认德，否定道德的作用，甚至否定道德的存在。韩非认为："万物各异理，而道尽稽万物之理"。"道者，万物之所然也，万理之所稽也。""(道)无常操，是以死生气禀焉，万智斟酌焉，万事废兴焉。天得之以高，地得之以藏，维斗（北斗）得之以成其威，日月得之以恒其光，五常（指五行）得之以常其位，列星得之以端其行，四时得之以御其变气。……凡道之情，不制不形，柔弱随时，与理相应。"韩非从人性恶的观点出发，认为："人主之患在于信人，信人则制于人""恃势而不恃信"。韩非提出要依法来进行管理，而不能凭管理者的主观意志来随心所欲地进行；要利用人们趋利避害的天性实行赏罚制度。

（五）老子

老聃，姓李名耳，楚国苦县（今河南鹿邑）人，曾做过周守藏史，是东周王朝掌管图书的史官。他"著书言道德之意"，即今流传的《老子》一书，分上、下两篇，共八十一章，是用韵文写的哲学诗。《老子》，汉以后被称为《道德经》。是先秦道家的代表作。"道之为物，惟恍惟惚；惚兮恍兮，其中有象；恍兮惚兮，其中有物。窈兮冥兮，其中有精，其精甚真，其中有信。自今及古，其名不去，以阅众甫。"《老子》的管理伦理思想最主要的就是"无为"学说，反对世俗道德规范对人们行为的约束，企图在现实的社会关系之外寻求一种符合人的"素朴"本性的道德境界。"无为"是老子的政治思想，也是老子道德观的中心观念和基本立足点。

（六）孟子

孟轲，战国时邹人（今山东邹县），相传鲁国孟孙氏的后裔，曾受业于子思的学生，对孔丘十分景仰。晚年他和学生一起，"序《诗》《书》，述仲尼之意，作《孟子》七篇"。孟子一生的政治活动和学术思想对孔学发展起了极为重要的作用，被后世封建统治者尊封为"亚圣"。性善论在孟子伦理思想中，占有极为重要的地位。老子认为人性不是生来就有"善"或"不善"的区别。他说："性犹湍水也，决诸东方则东流，决诸西方则西流。人性之无分于善不善也，犹水之无分于东西也。"老子以水为喻，说明人性没有先验的善与不善的区分。孟轲也是用水性来比喻人性的，他说："人性之善也，犹水之就下也。人无有不善，水无有不下。"孟轲认为，人性之所以是善的，是因为人生来就具有"善端"。孟轲把这种"善端"分为四类，即所谓"恻隐之心"（或不忍之心）"羞恶之心""恭敬之心"（或"辞让之心"）"是非之心"，其中"恻隐之心"是最根本的。孟轲把这四种"善心"说成是仁、义、礼、智等道德观念的萌芽。"恻隐之心，仁之端也；羞恶之心，义之端也；辞让之心，礼之端也；是非之心，智之端也；人之有是四端也，犹其有四体也。"总之，"四心"是"四德"的萌芽。"四心"发展扩充起来就形成"四德"。孟轲主张管理者应利用思想"王""霸"之术。他认为"以力服人"是"霸道"，"以德服人"是"王道"。孟轲提出"制民之产"的经济方案和"民贵君轻""保民而王"的政治理论。他鼓吹"仁政"和"德治",以达到"以佚道使民,虽劳不怨"的目的。孟子第一次在中国历史上明确提出了"民为贵,社稷次之,君为轻"的著名论断。

(七) 董仲舒

董仲舒是西汉的重要思想家,他是融合百家、定儒学于一尊而使封建统治与伦理思想臻于成熟形态的代表人物。在管理伦理上,董仲舒的思想主要表现在对义利、善恶的看法,建立"三纲五常"的道德原则及其规范,以教为本、以德治国的伦理思想上。"义"和"利"的关系问题,是我国伦理思想史上的重要问题,儒家的重"义"轻"利"思想一直为许多统治者和思想家所倡导、所尊崇。董仲舒认为义和利是上天赋予人的两方面的属性,两者对人的作用不同,重要性也不同。他认为义的作用大于利。他认为,凡是合乎封建道德原则及其规范的行为,就是善。反之,凡是违背封建道德的行为,就是恶行。把"三纲"和"五常"相结合并纳入封建伦理思想的体系,这是董仲舒伦理思想中的最重要的方面。所谓"三纲",是指"君为臣纲,父为子纲,夫为妇纲"。所谓"五常",就是"仁、义、礼、智、信"。"三纲五常"构成了封建社会的伦理纲常,并定为"天意",和于"五行",而它正是由董仲舒首先编织成的。在董仲舒的思想中,五行是有意志的"天"用以主理五方、四时的辅助力量。他说"木居东方而主春气,火居南方而主夏气,金居西方而主秋气,水居北方而主冬气"。五行中的木、火、金、水各居东南西北一方,各主春夏秋冬一时气;至于土则被安排居中央,被说成是"天之中央",且"其德茂美",可以兼管四时而为"五行之主"。如他所说:"天意难见也,其道难理。是阴阳出入,实虚之处,所以观天之志,辨五行本末、顺逆、大小、广狭,所以观天道也。"董仲舒把"三纲"伦理化,变成了封建道德的基本原则。韩非要求的是人们必须这样做,表示对人们行为的一种禁止,是法律的强制;而董仲舒所要求人们的是应该这样做,表示为对人们的一种道德约束。"三纲"原则具体体现在人们的行为中,就是对君要忠,对父要孝,对夫要顺。董仲舒提出以教为本,以德治国。所谓"教"即"教化",在董仲舒看来,一是指对人民进行有目的的外部思想灌输,二是指对人民实行思想统治。"理学"兴起之后,"义利"之辨这一中国伦理思想史上的基本问题,也成为宋代伦理思想斗争核心。在处理这两者关系上,以程氏两兄弟(程颢(公元 1032—1085 年)字伯淳,后人称为明道先生,曾历任县主簿、县令、太子中允、监察御史、镇宁军判官等职。程颐(公元 1033—1107 年)字正叔,后人称为伊川先生,曾任汝州团练推官、京西国子监教授、崇敬殿说书等职。他们的学派被称为"洛学")和朱熹为代表的程朱理学家继承了汉儒董仲舒"正义不谋利"的观点,更明确地把义与利对立起来。同时,他们又进一步提出"天理人欲"之辨,从而把"义利"之辨发展为"义利理欲"之辨,主张"明天理,灭人欲",在对人的行为管理上,遏制人的正常欲望,无视人的自然本性,以此来为巩固封建统治服务。

(八) 朱熹

朱熹,字元晦,晚年自称晦上庵,南宋徽州婺源(今江西婺源)人,出身于"以儒名家"的"著姓"。曾拜李侗为师继承程颢、程颐的"伊洛之学"。对经学、史学、文学等文化典籍进行过广泛研究,著述很多。主要著作有《晦庵先生朱文公文集》《朱子语类》《四书集注》《太极图说解》《西铭解》《通书解》等。朱熹是我国封建社会后期一位博学的、思想影响最为深远的思想家。因他生于福建,他所建立的学派被称为"闽学"。朱熹以儒家传统的政治伦理思想为支柱,发展了二程的唯心主义理学,用"理一分殊"的"等级差别"观反对农民的均平思想,鼓吹"三纲之要,五常之本"是"人伦天理之至,无所逃于天地之间",为巩固封建统治提供新的理论依据,从维护与巩固社会管理秩序出发,朱熹研究了知行关系问题,认为"论先后,知为先。论轻重,行为重"。

(九) 黄宗羲

明末清初著名的思想家黄宗羲提出了以利天下人之利为"公利"的价值观。在黄宗羲看来,人皆有各自的利益欲求,但是,能满足天下人之利益的就是"公利",反之则为"公害",反对以一己之私利损害天下人之"公利"。在统治者与被统治者的关系上,黄宗羲认为,人君的产生,正是为天下万民兴"公利",除"公害",因此为君之人就应当是"以千万倍之勤劳而己又不享其利"的道德典范。他用"主""客"的概念概括了君与民的关系:"古者以天下为主、君为客,凡君之所毕世而经营者,为天下也。"

(十) 王夫之

王夫之讨论了礼乐与衣食,即道德生活与物质生活的关系。他的基本观点是:礼乐居本、衣食居末,并据此对《管子》中所说"仓廪实而知礼节,衣食足而知荣辱"的观点提出了批评,认为《管子》之说颠倒了"礼乐"与"衣食"的本末关系。如果以为等到人们物质生活都富裕之后才会有道德的话,那么在此之前为了财物之利,就会无所不为,这就等于取消了道德。他认为,不是先有物质生活资料的丰裕而后才会有道德水准的提高,而是对人民来说,应以道德的提倡去促进衣食、财用之增长。

三、西方管理伦理思想简要考察

赫拉克利特(约公元前540—前480年)是西方最早的唯物主义哲学伊奥尼亚学派中的最著名的哲学家,是古希腊早期朴素唯物主义与自发辩证法相结合的杰出代表。列宁称他是辩证法的奠基人之一。它的主要管理思想有:宇宙万物的变化是按比例、有秩序地进行的,是有尺度的;宇宙万物的运动、变化都普遍遵守共同的尺度——"逻各斯";社会的幸福、善恶都是相互比较而言的;人应该分而治之,不同的人要用不同的激励措施;他鄙视大多数人,崇尚贤人,突出少数英雄。

德谟克里特(约公元前460—前370年)是古希腊杰出的唯物主义哲学家,原子论哲学的创始人之一。德谟克里特的著作和思想在古代影响颇大。他知识渊博,著作宏富,著名的著作有《世界大系统》《世界小系统》《论自然》《论人性》《论心》等,在他的著作中涉及哲学、逻辑学、伦理学、物理学、天文学、宇宙学、数学、生物学、医学、教育学、修辞学、艺术、军事、技术和社会生活等各方面的问题。德谟克里特的主要管理思想是崇尚奴隶制国家的管理思想,主张奴隶主国家的利益高于一切。德谟克里特的伦理观点:灵魂的愉快就是幸福;反对追求物质财富;人不应放弃幸福生活,但又要自觉地过有道德的生活,必须有智慧和理性。

苏格拉底(公元前469—前399年)是古希腊哲学家,柏拉图哲学路线的创始者,也是西方公认的道德哲学的创始人和教育家。它的主要思想有:美德的定义——"美德就是知识"。苏格拉底提出求知方法的三个环节,即:人性本善,善归根结底会给人带来好处,而恶则归根结底会给人带来坏处;道德依赖于知识,知识不仅是德行的必要条件,而且是它的充分条件;知道道德义务是什么,人们就会有相应的道德行为。为了寻求普遍的道德原则,苏格拉底提出了他的求知方法。这种方法,也称辩证法,即揭露矛盾,攻破对方。

西方哲学史上,辩证法一词就是从这里开始的。实际上这是辨析,即在谈论中,揭露对立意见的矛盾,进而引出一般原则的方法。这种方法有四个步骤:讽刺;接生术;归纳法;结论。

柏拉图(公元前427—前347年)是著名哲学家苏格拉底的学生,古希腊唯心主义哲学的著名代表,他在西欧哲学史上留下了深刻的影响。在西方古代哲学家中,柏拉图是第一个留有大量著作的哲学家。他把哲学称作"统治的艺术"。其主要思想有:人的理念是最完善的;分级治国,各得其所。柏拉图认为,要实现正义的国家,最重要的条件是由"哲学王"担任统治者,如果统治者不是"哲学王",他至少也须学习哲学。

亚里士多德(公元前384—前322年)是古希腊最渊博的学者,著名的哲学家、思想家。他认为世间有三种灵魂:植物灵魂;动物灵魂;理性灵魂。植物只有植物灵魂,动物兼有植物和动物两种灵魂,人则兼有植物、动物、理性三种灵魂,但主要由感觉和理性构成。他认为,离开感觉,没有人能够理解任何东西,感觉是认识的基础。感觉需要向理性发展。理性有两个特点:一是以自身为对象,自满自足,不依赖任何别的东西;二是绝对的"善",善是事物中的秩序,即目的性,也是在事物之外秩序的安排者,秩序依赖于安排者,事物的善依赖于绝对的善。人生的目的是追求幸福,幸福的实现就是至善。幸福不能离开情欲的快乐,但不能归结为情欲的快乐。这种快乐要有节制,过度和不足是恶行的特性,而适中则是美德的特性。最好的美德是实行两极之间的中庸之道,最高的幸福是理性的沉思。这是一种理性的幸福主义伦理观。人是社会的动物,人只有在社会中才能达到幸福的目的,过有德性的生活。社会由三个等级构成:富有阶级、贫民阶级、中等阶级。国家作为社会组织的最高形式,既不能极端专制,也不能绝对民主,而应实行公民平等的城邦政体,由中等阶级出面主持。奴隶制是天经地义的,民主、平等不适用于奴隶。理智的德性,是由于训练而产生和增长的,所以必须要有时间和经验;而道德的德性则是习惯的结果。德性的形成必须建立在人们自由的基础上。亚里士多德肯定人的行为是有自由的,人们可以自由地选择自己的行为并对自己的行为负相应的道德责任。只有知识与愿望、理性与意志的结合,才能产生真正意义上的道德或不道德的行为。

伊壁鸠鲁(公元前341—前270年)是希腊时期著名的哲学家,原子论哲学的继承和发展者,古代的无神论者,快乐主义伦理学的代表人物。他把哲学分为三个部分:准则学、物理学和伦理学。他认为"幸福生活是我们天生的最高的善,我们的一切取舍都从快乐出发,我们最终目的乃是得到快乐,而以感触为标准来判断一切的善",幸福和快乐就是善,是人生的目的和伦理的目标。伊壁鸠鲁说:"我们所谓快乐,是指身体的无痛苦和灵魂的无纷扰。"所谓快乐,只是一种无痛苦状态,既不求"锦衣纨绔",也不贪"饫甘餍食",而只要不受冻馁之苦,便"知足常乐"了。他认为善之所以值得提倡,是因为善是达到快乐的途径;恶之所以不可行,不是因为恶本身不好,而是因为恶不能达到快乐而会导致痛苦。这样,他便只是从利己和功利原则出发来对待道德问题。曾写道:"公正没有独立的存在,而是由相互约定而来,在任何地点,任何时间,只要有一个防范彼此伤害的相互约定,公正就成立了。"他认为,法律、国家等是人们为了"避免彼此伤害"而"相互约定"建立起来的,这是社会契约论的最早萌芽。

亚当·斯密(公元1723—1790年)是英国工场手工业开始向机器大工业过渡时期的经

济学家,是古典政治经济学体系的建立者,也是市场伦理的代表人物。亚当·斯密的主要著作:《道德情操论》《国富论》。《国富论》是亚当·斯密的主要代表作,所涉及的问题有社会劳动分工、劳动工资、商品价格、货币的起源和使用、土地租赁、证券交易、国家征税原则、国家预算体制、国家主权原则、国家防卫措施、国家行政管理、大学教育制度、欧洲教会史、欧洲国家常规武器的起源和发展、中世纪教育史、欧洲经济发展史和欧洲国家殖民政策的批评等。《国富论》是"一部所有欧洲文明的批评史",他认为,人的行为都受自身利益的支配,追求财富仅是一种表现,这种个人致富的欲望对社会福利有益,因为一个社会只有放手让每个人富裕起来,它本身的繁荣才有保证;现代工业的发展以严格的劳动分工和增加资本积累为先决条件。《国富论》最重要的部分是第四篇《关于政治经济诸体系》。亚当·斯密通过对工商业体制和农业体制的分析,推出"自由贸易"的主张,形成他闻名遐迩的资本主义国家关于工业、农业和商业的"自由放任原则"。他反对政府干预经济活动,强调"看不见的手"的作用,但他同时也明确地指出,政府的职能在于:(1)保护国家,使其不受其他国家的侵犯;(2)维持公正与秩序;(3)建设并维持一定的公共土木事业及一定的公共设施。

意大利的政治学家马基雅维利(公元 1469—1527 年)以其名著《君主论》(也译作《霸术》)在管理伦理思想发展史上占有重要地位。五个多世纪以来,"马基雅维利主义"对世人来说,已成了乖戾无情、阴险残暴的同义词,尼科洛·马基雅维利本人也成了政治权术的化身。主要著作:《关于提图斯·李维前十卷的对话》(简译《对话》)、《君主论》(又译《霸术》)、《战争的艺术》和《佛罗伦萨史》的写作。马基雅维利的"权术"主要内容有:(1)君王(管理者)应该以自己的榜样来鼓舞他的人民(被管理者)从事伟大的事业,特别是当他的国家受到敌人攻击时,他应该努力振奋人民的精神,时时同他们打成一片,以自己的博爱和仁慈为他们树立榜样,但始终要维持尊严,作为一个好的管理者,君王应该奖赏那种有益于城市和国家的人,应该保证他的公民不会不公平地被剥夺自己的物品,以此来鼓励公民从事自己的职业和使命。(2)政治是社会的大事,而道德只是个人的事情,社会高于个人,政治也高于道德。作为君主,为了统治和驾驭臣民的需要,不要让一般的道德规范束缚住自己的手脚,只要形势需要,可以抛弃道德去追求胜利的结果(为了目的可以不择手段)。(3)提倡统治者实行一种强权政治,崇尚统治和权力。马基雅维利从"目的总是证明手段正确"的原则出发,认为一位君主为了达到统治的目的,就应当完全摈弃道德,运用权术,采取软硬兼施、背信弃义的手段,高压和怀柔双管齐下。"有两种办法,即法律的和暴力的,前者体现人性,后者体现兽性。由于第一种办法常常行不通,就必须采取第二种办法。""君主应该学会同时扮演狮子和狐狸两种角色,因为狮子不能防止自己落入陷阱,而狐狸不能抵御豺狼,因此,一个君主必须是一只狐狸,以便认出陷阱,同时又必须是一头狮子,以便使豺狼感到恐惧。"

泰勒(公元 1856—1915 年)被称为"西方管理学之父"。在他的"科学管理"理论中,用科学的方法、科学的手段乃至科学的机器,来实施企业管理;提出重视提高劳动生产率、对工人的生产过程进行"时间动作分析"、使工人掌握标准化的生产方法及实行"有差别计件工资制"等管理措施。管理中给予工人以合理的定额。尽量采用科学的方法对工人的操作程序、劳动工具、劳动时间和休息时间的搭配,以及机器的安排和作业环境的布置等各项生产过程要素进行分析,以优化工人的劳动过程,从管理者的角度来提高工人的劳动效率。在"科学管理"理论中,并没有把企业管理的两种对象——人和物,加以明显的区分,过于强调人的经济性,把企业员工视为纯粹的"经济人",把经济手段视为调动人的积极性的唯一手段。

亨利·法约尔(公元1841—1925年)是西方古典管理理论在法国的最杰出代表。他提出的一般管理理论对西方管理理论的发展具有重大影响。法约尔在管理学上的贡献，是提出了管理的五个要素、六项职能及十四条原则。五个要素是指法约尔认为管理活动的五方面内容，即计划、组织、指挥、协调、控制。六项职能是指技术职能、经营职能、财务职能、安全职能、会计职能和管理职能。在具体的管理活动中，法约尔提出应遵循十四条原则：分工；权力与责任；纪律；统一命令；统一领导；个体利益服从整体利益；报酬；集权；等级；秩序；公平；人员稳定；主动性；集体精神。把管理人员的正式权力和个人权力相区别；强调个别利益服从整体利益；提出公平和公道的概念。

乔治·埃尔顿·梅奥(公元1880—1949年)是原籍澳大利亚的美国行为科学家。他通过和一些管理学家所进行的"霍桑试验"，以及他个人在行为科学方面所作的研究，所提出的以下观点，在伦理方面对人们具有启示作用：员工是"社会人"；要提高员工的满足度；工人主要是从社会的角度被激励和控制的。对社会和个人来讲，重要的是人与人之间的合作，而不是人们在无组织的人群中互相竞争。工厂中的工人不是单纯追求金钱收入的，还有社会方面、心理方面的需求，这就是追求人与人之间的友情、安全感、归属感和受人尊重等等。企业领导能力的体现在于提高员工的满足度，从而提高员工的士气，最终提高劳动生产率。

梅奥等人认为，金钱或经济刺激对促进工人劳动生产率的提高只起第二位的作用，起第一位作用的是员工的满足度，而这个满足度在很大程度上是由员工的社会地位决定的。工人劳动效率的增进和士气的提高，最主要是因为工人所处的社会性因素，以及人与人之间的关系改善了，而不是由于物质条件或物质环境的改善。作为企业的领导人或者管理者，当然要考虑工人的物质报酬、福利待遇，但必须将主要的精力放在改善工人的社会性条件方面。

亚伯拉罕·马斯洛是美国当代一位很有影响的心理学家。他提出了著名的"需要层次理论"，把人的需要按其重要性和发生的先后分为五个层次：第一层，生理上的需要，包括维持生活和繁衍后代所必需的各种物质需要；第二层：安全感方面的需要，如生活保障、生病或年老有所依靠等；第三层，感情和归属方面的需要；第四层，社会地位和受人尊敬的需要；第五层，自我实现的需要。

在1957年11月的美国《管理评论》杂志上，美国行为科学家道格拉斯·麦克雷戈发表了《企业的人性方面》一文，提出了有名的"X理论—Y理论"，以后又在他的其他著作中作了进一步发挥。麦克雷戈把传统的管理学观点称为"X理论"，因为这些理论都有一个共同的出发点，即认为一般人的本性是懒惰的，他总是尽可能地少工作，并且缺乏进取心，不愿意承担责任，情愿受人领导，对组织的领导漠不关心。因此，企业管理者要对职工进行积极和严格的管理，不使他们有空子可钻。如果管理者不进行这种积极和严格的管理，员工们便会对企业组织的需要采取消极甚至对抗的态度。麦克雷戈指出，企业中的员工之所以会在日常行为中产生种种不正常的现象，表现出那种消极、敌对和拒绝承担责任的态度，正是由于他们被剥夺了社会需要和自我实现的需要而产生的病态行为，绝非本性所决定。因而，迫切需要一种新的、建立在对人的特性和人的行为动机更为恰当的认识基础上的新理论，这就是他所提出的Y理论。Y理论认为，人们并非天生就厌恶工作，也并非天生就会对组织的要求采取消极或抵制态度。Y理论充分肯定作为企业生产经营主体的人，认为员工的本性是好的，积极面占据主导地位，他们在内心里是愿意和管理者合作的，也乐于为企业努力工作。Y理论所主张的管理行为和X理论截然不同，主张管理者要安排好生产作业的条件和方法，在注重满足员工物质需要的同时,重视全面满足员工的精神需求,使人们的智慧和潜能充分发挥出来。基于X理论的管理行为,认为对员工管理得越严厉、越仔细,则对企业发展越有利;而且X理论认为,这样的管理方式和手段并没有什么不道德之处,而如果不这样管理的话,则可能导致企业失败。基于Y理论的管理行为,则认为应以教育和引导为主,多发扬和开掘员工行为中的闪光之处,并强调从管理者方面来寻找原因,从新的角度来审视管理者与被管理者的关系。

四、现代管理伦理的发展

现代管理伦理的研究进展大致表现为以下五个方面。

(一) 管理伦理的重要性得到普遍重视

普遍意识到管理伦理的重要作用、地位和意义,注意管理的价值转向和意义的寻求。由于现代社会是高度组织化的社会,管理早已超越企业范围而具有广泛的社会意义,因此现代管理不应停留在传统的组织技术方面,而应着重研究反映现代人性的人文价值,批判传统管理学中的实证主义哲学观,建构组织系统的价值模式和考察现代人的行为价值逻辑,管理应力图"寻求使管理获得一种价值行动的意义",以使现代管理规范化(注:这里的"规范"一词,不是指传统管理所规定的团体或组织的规章制度,而是指管理组织所应遵循的社会伦理规范。在西方学术界,"规范"一词是与"实证"相对应的概念。"规范化"同"伦理化"的意义相近)、伦理化和哲学化;贝尔认为,管理学家努力追求的东西,"既是一种'人性',一种'道德哲学',一种'精神科学',又是一种'严谨的科学'"[①]。

(二) 管理伦理研究范围越来越广泛

研究的主要问题基本上分属于三个层面:一是微观层面,主要探讨企业中单个人之间,即雇主和雇员、管理者或被管理者、同事、投资者、供应商和消费者这些单个人之间的伦理关系问题;二是中观层面,主要研究各种管理组织之间,即各种经济性组织如公司、厂家、贸易联盟、消费者组织、行业学会、工会等组织之间的伦理关系问题;三是宏观层面,主要研究社会或制度层次包括经济制度和经济条件的形态如经济秩序、经济政策、金融政策、社会政策、国际商务活动以及国际商务关系等方面的伦理问题和伦理责任。在这三个层面上,单个的人和管理组织都被认为是道德行为者,被假定有或多或少的决策自由度,这种自由中自然包含相应的道德责任和义务,其中尤其强调组织行为的伦理指向和伦理影响所具有的意义。

(三) 管理伦理的研究特色愈来愈明显

在研究具体管理行为的伦理问题时,不同区域形成不同的特色和认识。一般而言,美国人更接近于强调决策和行为的自由,以及相应的责任,而有一种忽视限制的倾向;德国人十分注重对管理伦理基本问题的探讨,如公司伦理的合理概念、公司战略的伦理取向、企业伦理可靠的哲学基础等;日本人则十分注重企业行为伦理的民族性和实用性,把符合日本传统

[①] 〔美〕丹尼尔·贝尔等编,陈彪如等译:《经济理论的危机》,上海译文出版社,1985年版,第29页。

的伦理价值观念如忠诚、仁义等融进企业的经营管理活动中,使企业内部员工之间,以及企业与外部之间形成较为融洽的关系。

(四) 注入管理伦理新观念

通过对管理与伦理的整合研究,形成了一系列新的管理理念,给管理思想带来了深刻变革。劳伦斯·米勒认为,有八种基本价值观能为具有竞争力的新企业文化打下基础,这八种基本价值观是目标原则、共识原则、一体原则、卓越原则、成效原则、实证原则、亲密原则、正直原则[①];肯尼斯·布兰查德认为目的(purpose)、自豪(pride)、耐心(patience)、专一(persistence)、洞察力(perspective)是管理的"道德力量5Ps",也是个人成功的要素[②]。从管理方式上看,已形成一系列管理与伦理结合的管理方式,如:从追求利润最大化到通过合乎法律和伦理的方式,提供具有国际竞争力、能增进社会福利的产品和服务;从以所有者为中心到注重利益相关者;从手段人到目的人;从遵守法律到法律和道德并重;从注重目标、战略、结构、制度到强调企业价值观;从他律到自律;从对立到兼得;从玩弄技巧到注重管理道德修养等[③]。管理方式已经发展到了一个新的阶段。

(五) 管理伦理的可操作性更强

非常注重管理伦理的可操作性,把伦理融合到日常管理之中。主要表现在:(1) 制定企业伦理守则,到20世纪90年代中期,《幸福》(Fortune)杂志排名前500家的企业中90%以上有成文的伦理守则,用来规范员工的行为[④];(2) 设置专门机构,美国约有3/5,欧洲约有一半的大企业设有专门的企业伦理机构,负责企业有关的伦理工作;(3) 设置伦理主管,美国制造业和服务业前1 000家企业中,20%聘有伦理主管,主要任务是训练员工遵守正确的行为准则,并处员工对可能发生的不正当经营行为提出的质疑[⑤];(4) 伦理培训,至20世纪90年代中期,有30%至40%的美国企业进行了某种形式的伦理培训[⑥]。

第二节 主要管理环节的伦理问题

一、现场管理中的伦理问题分析

从伦理角度分析,企业现场管理通常分为明确管理方式和含蓄管理方式。明确管理方式的主要优点表现为明确的管理方式权限清楚,能够保证具体办事人员按照主管人员的意愿去把事情办好,事情的结果也可以预料。对一个组织的运作来说,这样显得比较有条不紊。弊端在于,如果是经常这样进行管理的话,那些下级就可能会不高兴,会产生压抑感。

---

① 〔美〕劳伦斯·米勒著,尉誊蛟译:《美国企业精神——未来企业经营的八大原则》,中国友谊出版公司,1985年版,第6—9页。
② 乔·皮尔斯、约翰·纽斯特朗:《管理宝典》,东北财经大学出版社,1998年版,第193—195页。
③ 周祖城:"管理与伦理结合:管理思想的深刻变革",《南开学报》,1999年第3期。
④ John H. Jackson, Business and Society Today. Pacific Grove: West Publishing Co. 1997, 126.
⑤ 一泓:"伦理主管——美国企业管理新趋势",《中外管理》,1994年第4期。
⑥ L. A. Berger. Train All Employees to Solve Ethical Dilemmas. Life-Health Insurance Edition, March, 1995, 70.

含蓄管理方式的主要优点表现为让具体办事人员在执行过程中有较大的自主权,根据上级的原则性指示,把自己的智力因素渗入到实际工作过程中去。办事的效果可能会和上级主管所预期的有些差距,因为在具体执行过程中融入了办事人员自己的想法。但是,那些办事人员却始终情绪比较高涨,因为他们感到自己没有被忽视,自己的许多见解、主张,可以通过执行过程来得以实现,自己的价值得到了充分的体现。

现代管理伦理学中非常强调企业内部应该具有一种平等气氛。在企业中如果人们以片面的方式相处,各自扮演一种角色而不是把对方当作一个完整的人来看待,那么这种抽掉人性的关系是易于变为权力主义的,优越感和自卑感就会流行于这种狭隘地划分职责和员工相互之间拘谨的关系之中。如果企业具有一种平等的气氛,推行较为含蓄的管理方式,让员工在可能的范围内具有一定自主权来处理生产过程中所遇到的问题,而不必事事请示、样样汇报,使他们感觉受到上级或同事的信任与尊重,让他们有实现自己想法的余地和可能,这更有利于他们承担起道德责任。

尊重员工的自主性。人生价值的实现,是在社会所提供条件的基础上,使内在价值转化为外在的社会价值的过程。在一定的条件下,个人通过自身的实践,将内在的德性和能力发挥出来,尽到自己的责任,做出社会贡献,就是实现自我的价值。

管理当中必须坚持"以人为本"的原则。不同管理模式对人的态度不同。

传统模式的特征:(1)对绝大多数人来说,天生地对工作是厌恶的;(2)工人对做什么要比对他们工作的报酬较少关心;(3)几乎没有多少人要求或能够处理那些需要创造力、自我指导或自我控制的工作。传统模式下的政策:(1)主管人员的基本任务是严格监督并控制其下属;(2)必须把工作任务分解成简单、反复、容易学会的操作;(3)必须建立详细的日常工作程序并坚定而公平地执行这些规定。传统模式的效果:(1)如果工资合理,老板公平,则人们能够容忍工作;(2)如任务足够简单,而且对职工的控制十分严密时,他们的生产可以达到标准。

人际关系模式的特征:(1)人们要感到自己有用和重要;(2)人们要求有归属,同时要求承认是个独立的人;(3)上述两项要求,在激励人们去工作方面比金钱更为重要。人际关系模式政策:(1)主管人员的基本任务是促使每个工人都觉得自己有用和重要;(2)应保持使下属人员经常熟悉情况,并且听取他们对计划的不同意见;(3)主管人员应容许其下属人员在日常工作中运用某种程度的自我指导和自我控制。人际关系模式效果:(1)与下层人员分享信息,并在日常工作的决策中让他们参加,这将满足他们基本的归属感和工作自豪感的需要;(2)满足上面这些需要便可提高士气并减少对正式权力的抵制——使下属人员愿意合作。

人力资源模式的特征:(1)工作并不是天生可厌恶的,人们要求对自己参与拟订的目标作出贡献;(2)绝大多数人能够运用更多的创造力、责任、自我指导和自我控制超过了他们现在所任工作的要求。人力资源模式政策:(1)主管人员的基本任务是设法利用"未开发"的人力资源;(2)必须创造出一种环境使在其中工作的每一个成员,都能竭尽全力作出最大贡献;(3)必须在重大事情上鼓励职工充分参与,并不断扩大下属人员的自我指导和自我控制。人力资源模式效果:(1)扩大下属人员的影响、自我指导和自我控制,将直接带来经营效率的提高;(2)下属人员对工作满意的程度将作为他们的一种"副产品"而增加,也就是促使他们充分发挥其才智,为企业多作贡献。

单一作业方式的特征:(1)工作地点专业化程度高;(2)工艺过程是封闭的;(3)每道

工序的工作地点数量同各道工序的加工时间比例相一致。单一性作业方式的优点：（1）整个生产过程平行连续，协调均衡；（2）有利于机器设备和人力的充分利用；（3）最大限度地缩短生产周期；（4）能采用专用设备、工具，有利于提高劳动生产率。

多元化作业方式可以使员工的工作丰富多彩，其特征为：（1）扩大工作内容；（2）班组长轮换制；（3）把生产线变成工作站；（4）组织业余活动小组；（5）工作流程再造。

重视作业环境的改善：（1）企业是员工的第二家庭。企业劳动作业环境的优化，不仅仅是一个具体的管理技术或管理方法的问题，而是一个管理伦理的问题。对企业的领导人或者管理者方面来说，是不是具备这样的意识、能够设身处地地从员工的角度来考虑，从最有利于员工的身心健康出发，改善现场的劳动环境，以使员工在日复一日的工作中能够保持愉快的心情和良好的态度，这是辨别和判断每一个管理者是否具有良好的管理伦理的一个重要标准，也是现代优秀管理者所必备的一个基本素质。（2）优化企业的作业环境。比如，色彩的调节，根据心理学研究，不同色彩会使人产生不同的联想，不同的感受，所以我们可以根据生产条件和工作环境的需要，利用色彩和光照来改善作业环境，包括厂房用色、机器设备用色、标志用色。又如，音乐调节是指工作场所创造一种良好的音乐环境，以此来减轻疲劳和调节情绪的措施。

组织文化是指一些假设、观念和价值观的普通集合，包括组织目标和组织风气。组织文化的重要功能：它使组织成员产生一种同一感；它促使组织成员效忠于大于自我的事物（组织）；它有助于组织的交际体系的稳定性；它为行为提供了理论基础和方向。

二、人力资源管理中的伦理问题分析

（一）人力资源管理模式的变化

现在的人力资源管理部门已从单一的职能部门转变为决策与职能相结合的部门，这主要表现在：企业人力资源管理部门的主管除参加经济、计划、财务等委员会外，还参与制定企业的发展战略；一般事务（如招聘、培训、人员安排、提职晋级等）主要由事业部门经理人员负责，人力资源管理部门只提供各项专业服务；人力资源管理部门为业务部门经理提供有关人力资源方面的咨询服务，同时为员工提供咨询和服务。常见人力资源管理模式大致有人本主义型、决策型、事务型等。

（二）人力资源管理操作层面上的变化

这种变化表现在：政策将集中制定、分散执行；劳动报酬管理将主要实行民主化模式；特别重视信息的沟通等。

（三）学习型组织

学习型组织运用的是双环学习（double-loop learning），当发现错误时，改正方法包括组织目标、政策和常规程序的修改。双环学习向组织中根深蒂固的观念和规范提出挑战，提出了截然不同的问题解决办法，有利于实现变革的巨大飞跃。学习型组织（learning organization）是美国麻省理工学院教授彼得·圣吉（Peter Senge）在其所作《第五项修炼——学习型组织的艺术与实务》中首倡，该书被喻为"21世纪和管理圣经"。现在学习型组织已经作为一种全新概念与重大趋势在西方管理界引起强烈反响并被付诸实践,也深刻地影响当今政府和各类教育组织。可以说,学习型组织理论集中地反映了现代管理伦理思想和发展趋势。

知识经济迅速崛起,对企业提出了严峻挑战,现代人工作价值取向的转变,终身教育、可持续发展战略等当代社会主流理念对组织群体的积极渗透,为组织学习提供理论上支持。学习型组织的内涵通常包括:(1)学习型组织基础——团结、协调及和谐。组织学习普遍存在"学习智障",个体自我保护心理必然造成团体成员间相互猜忌,这种所谓的"办公室政治"导致高智商个体,组织群体反而效率低下。从这个意义上说,领导者间的团结,组织上下协调以及群体环境的民主、和谐是建构学习型组织的基础。(2)学习型组织核心——在组织内部建立完善的"自学习机制"。组织成员在工作中学习,在学习中工作,学习成为工作新的形式。(3)学习型组织精神——学习、思考和创新。学习是指团体学习、全员学习;思考是指系统、非线性的思考;创新是指观念、制度、方法及管理等多方面的更新。(4)学习型组织的关键特征——系统思考。只有站在系统的角度认识系统,认识系统的环境,才能避免陷入系统动力的旋涡里去。(5)组织学习的基础——团队学习。团队是现代组织中学习的基本单位。许多组织不乏就对组织现状、前景的热烈辩论,但团队学习依靠的是深度会谈,而不是辩论。深度会谈是一个团队的所有成员摊出心中的假设,而进入真正一起思考的能力。深度会谈的目的是一起思考,得出比个人思考更正确、更好的结论;而辩论是每个人都试图用自己的观点说服别人同意的过程。

一般认为,学习型组织有以下六个要素:(1)拥有终身学习的理念和机制,重在形成终生学习的习惯;(2)拥有多元回馈和开放的学习系统,重在开创多种学习途径,运用多种方法引进知识;(3)形成学习共享与互动的组织氛围,重在组织文化;(4)具有实现共同愿望的不断增长的学习能力;(5)工作学习化使成员活化生命的意义,更易激发人的潜能,提升人的价值;(6)学习工作化使组织不断创新发展,重在提升应变能力。

通常认为学习型组织具有如下九大特点。

1. 组织成员拥有一个共同的愿景

组织的共同愿景,来源于员工个人的愿景而又高于个人的愿景。它是组织中所有员工愿景的景象,是他们的共同理想。它能使不同个性的人凝聚在一起,朝着组织共同的目标前进。

2. 组织由多个创造性个体组成

企业的工作有两类,一类是反映性的,一类是创造性的。反映就是上级来检查了下级反映一下,出了事故反映一下,反映有什么作用?最多能维持现状,绝大多数人、绝大部分精力都用于反映,而没有用于创造。企业的发展是创造性的工作。没有创造,企业就会被淘汰。

3. 善于不断学习

这是学习型组织的本质特征。所谓"善于不断学习",通常有三点含义:一是强调"终身学习",即组织中的成员均应养成终身学习的习惯,这样才能形成组织良好的学习气氛,促使其成员在工作中不断学习;二是强调"全员学习",即企业组织的决策层、管理层、操作层都要全心投入学习,尤其是经营管理决策层,他们是决定企业发展方向和命运的重要阶层,因而更需要学习;三是强调"全过程学习",即学习必须贯彻于组织系统运行的整个过程之中。作为第四种含义就是强调"团队学习",即不但重视个人学习和个人智力的开发,更强调组织成员的合作学习和群体智力(组织智力)的开发。在学习型组织中,团队是最基本的学习单位,团队本身应理解为彼此需要他人配合的一群人。组织的所有目标都是直接或间接地通过团队的努力来达到的。学习型组织通过保持学习的能力,及时铲除发展道路上的障碍,不断突破组织成长的极限,从而保持持续发展的态度。约翰·瑞丁则提出了一种被称为"第四种模型"的学习型组织理论,他认为任何企业的运行都包括准备、计划、推行三个阶段,而学习型企业不应该是先学习然后进行准备、计划、推行,不要把学习和工作分割开,应强调边学习边准备、边学习边计划、边学习边推行。

4. 兼学别样

组织中的成员不仅要掌握本岗位上的工作技能,而且要学习和了解其他岗位的工作能力。只有这样,工作才能顾全大局、相互协作、高效,做到组织精简。

5. 扁平式结构

传统的企业组织结构是金字塔式的垂直组织结构,上下级之间是决策输送和信息反馈的逆转传递,上情下达或下情上达都同样要经过中间的层层结构传递,这导致了诸如信息损耗大、传递成本高、传递速度慢等不良后果。另外,企业内部的不同职能部门,往往形成部门职员之间沟通与合作的障碍。这种严格定位、分级负责的模式在传统经济发展阶段由于行业发展的可预测性较强而比较有效。但面对变化多端的现代化市场行情则变得反应迟缓,缺乏灵活机动性。西方经济学者把传统企业组织模式的失效归因于传统企业组织里一贯的"边界",认为传统企业之所以存在边界,其原因在于按照需要把员工、业务流程及生产进行区分,使各要素各有专攻、各具特色,但是经济发展的现实是经济信息化和全球化根本改变了企业生存的内外环境,要求企业从内部到外部建立合作、协调、高效的机制,改变大规模生产观念为灵活生产,变分工和等级为合作,调动职工积极性,协调外部经营环境,这就是对企业边界改革的呼唤。学习型组织结构是扁平的,即从最上面的决策层到最下面的操作层,中间相隔层次极少。它尽最大可能将决策权向组织结构的下层移动,让最下层单位拥有充分的自主权,并对产生的结果负责。例如:美国通用电气公司目前的管理层次已由9层减少为4层,只有这样的体制,才能保证上下级的不断沟通,下层才能直接体会到上层的决策思想和智慧光辉,上层也能亲自了解到下层的动态,吸取第一线的营养。只有这样,企业内部才能形成互相理解、互相学习、整体互动思考、协调合作的群体,才能产生巨大的、持久的创造力。

6. 无边界行为

无边界行为是通用电气公司第八任总裁韦尔奇提出的。韦尔奇反对通用旧有的"不是土生土长的"(nih)观念,提倡员工之间、部门之间、地域之间广泛地相互学习,汲取新思想,他说"你从越多的人中获取智慧,那么你得到的智慧就越多,水准被提升得越高"。这种"无边界"的推广,使得通用公司将注意力集中在发现更好的方法和思想上,促使公司发展不断升级。"无边界"成为通向学习型文化和自我实现的关键一步。为了真正达到"无边界"的理想状态,韦尔奇坚决执行:减少管理层次的决定,加强公司硬件建设;大力提倡全球化思维;创立"听证会"制度。"听证会"制度不仅使普通员工参与公司的管理,而且成为领导者和员工相互沟通、学习的场所,大大提高了工作效率。无边界行为是企业组织结构的创新。无边界原理认为,企业组织就像生物有机体一样,存在各种膈膜使之具有外形或界定。虽然生物体的这些膈膜有足够的结构强度,但是并不妨碍食物、血液、氧气、化学物质畅通无阻地穿过。得益于这一现象的启发,企业各部门、上下级之间虽然存在边界"膈膜",但信息、资源、构想及能量也应该能够快捷便利地穿过企业的"膈膜",像似没有边界一样。虽然企业各部分的职能和界定仍旧存在,仍旧有权高任重的领导,有特殊职能技术的员工,有承上启下的中层管理者,但组织作为一个整体的功能,却可能已远远超过各个组成部分的功能。可以看出,无边界原理其实是以有边界为基础,并非对所有边界的否定,其目标在于讨论让各种边界更易于渗透扩散,更利于各项工作在组织中顺利开展和完成。

7. 自主管理

按照学习型组织理论,现在的企业管理方式有两类,一类是权力型的,一类是学习型的。权力型的基本管理模式是等级式的,一级级管下来,问题要一级级上报。这种方法的一个致命弱点就是任何问题都是权力大的人在做主,虽然大多是正确的,但不可否认也有下级正确的时候,有许多工作在基层的员工有好的想法和经验,要充分发挥员工的管理积极性,实行"自主管理"。自主管理是使组织成员能边工作边学习,使工作和学习紧密结合的方法。通过自主管理,可由组织成员自己发现工作中的问题,自己选择伙伴组成团队,自己选定改革进取的目标,自己进行现状调查,自己分析原因,自己制定对策,自己组织实施,自己检查效果,自己评定总结。团队成员在"自主管理"的过程中,能形成共同愿景,能以开放求实的心态互相切磋,不断学习新知识,不断进行创新,从而增加组织快速应变、创造未来的能量。日本企业几乎都实行自主管理,不定期地召开会议,气氛很活跃,领导们都坐在后面以示支持。一个聪明的领导不仅要让员工的手动起来,还要让他们的脑动起来,给他们以自主管理的机会,肯定他们的工作成果,让他们体会到人生价值,这样他们就乐于奉献,领导也就成功了,企业也就成功了。当然,实行自主管理,必须拥有高素质的员工。

8. 员工家庭与事业平衡

学习型组织努力使员工丰富的家庭生活与充实的工作生活相得益彰。学习型组织对员工承诺支持每位员工充分的自我发展,而员工也以承诺对组织的发展尽心作为回报。这样,个人与组织的界限将变得模糊,工作与家庭之间的界限也将逐渐消失,两者之间的冲突也必将大为减少,从而提高员工家庭生活的质量(满意的家庭关系、良好的子女教育和健全的天伦之乐),达到家庭与事业之间的平衡。

9. 领导者的新角色

在学习型组织中,领导者是设计师、仆人和教师。领导者的设计工作是一个对组织要素进行整合的过程,他不只是设计组织的结构和组织政策、策略,更重要的是设计组织发展的基本理念;领导者的仆人角色表现在他对实现愿景的使命感,他自觉地接受愿景的召唤;领导者作为教师的首要任务是界定真实情况,协助人们对真实情况进行正确、深刻的把握,提高他们对组织系统的了解能力,促进每个人的学习。

学习型组织有着它不同凡响的作用和意义。它的真谛在于:学习一方面是为了保证企业的生存,使企业组织具备不断改进的能力,提高企业组织的竞争力;另一方面学习更是为了实现个人与工作的真正融合,使人们在工作中活出生命的意义。

三、营销中的伦理问题分析

营销应以为广大消费者提供货真价实的优质产品和优质服务为根本宗旨,加强营销伦理管理。针对营销伦理管理,人们提出显要义务理论、相称理论、社会公正理论等。

(一)显要义务理论(The Prima Facie Duty Framework)

所谓显要义务,是在一定时间、一定环境中人们自认为合适的行为。其核心要义为:诚实、感恩、公正、行善、自我完善、不作恶。

(二)相称理论(The Proportionality Framework)

它要求判断一项行为或一项决定是否道德,应从目的、手段和后果三个方面加以综合评价。评价的原则:

(1)假定所用的手段和想达到的目的均无可指责,但如果行为人预见到该项行为将产生不好的副作用,则行为人应当有足够的理由来听任副作用的发生,否则,行为就是不道德的。

(2)无论是作为手段还是作为目的,旨在对他人造成"大恶"(major evil)是不道德的。

(3)允许或放任一种"大恶",或给人造成重大损害,而且提不出相称理由,这是不道德的。

(4)希望、允许或放任一种对他人的"小恶"或小害发生,且提不出相称的理由,同样也是不道德的。

(三)社会公正理论(The Social Justice Framework)

社会公正理论的伦理意义主要在于:

(1)自由原则强调每一社会成员都有权决定自己的命运,有权享受与其他社会成员一样的平等待遇。

(2)差异性原则要求企业不能以损害别人的利益换取自身利益,尤其是不能恃强凌弱,对弱者进行剥夺。

(3)社会公正理论再一次从道德公正角度肯定了树立企业经营的正确观念,将在整个市场体系中处于弱者状态的消费者的权利纳入企业经营决策中的迫切性与重要性。

(四)广告中的伦理问题

按照我国《广告法》的要求:"广告应当真实、合法,符合社会主义精神文明建设的要求。广告不得含有虚假的内容,不得欺骗和误导消费者。进行虚假广告宣传的,除立即停止广告发布外,还要以等额广告费用在相应范围内公开更正清除影响,并处广告费用一倍以上五倍以下的罚款;对负有责任的广告经营者、广告发布者没收广告费用,并处广告费用一倍以上五倍以下的罚款。""构成犯罪的,依法追究刑事责任。消费者的合法权益因虚假广告受到损害时,由广告主依法承担民事责任;广告经营者、广告发布者明知或者应知广告虚假仍设计制作发布的,应当依法承担连带责任。广告经营者、广告发布者不能提供广告主的真实名称、地址的,应当承担全部民事责任。"

第三编　会计职业道德

第六章
企业会计职业道德及其规范

第一节 会计人员行为与职责定位

一、会计人员行为的分析

（一）会计行为分析的假设

对会计人员的行为进行分析，理论界提出以下三种基本研究假设。

1. 有限理性社会人假设

会计人员作为一种社会人和经济人，不仅仅是为了追求个人经济利益，其行为不仅仅只与经济有关，还应追求社会地位、名誉、尊重和亲情等。会计职业活动是会计人员所从事的最基本的社会活动，会计人员的价值、会计人员的自由发展都要通过其从事的职业活动来实现。"有限理性"是指会计人员在信息不完备或者不对称的约束下，通过自己的理性进行选择时，总能使效用达到最大化。

2. 交易成本为正假设

委托代理关系的出现，使社会的交易成本大大降低，但委托者为了了解所委托的财务资产的安全，就需要有一个中介来报道管理层的业绩，这就产生了会计职业。会计职业的产生，在一定条件下可以降低交易成本，但由于会计行为产生的会计信息的不完备或不对称性，决定了信息成本的存在，而信息成本是交易成本的一部分，所以交易成本总是大于零的。

3. 机会主义假设

在信息不对称或不完备的条件下，作为具有最大化动机的社会人，会计人员总是力图以最有效的行为方式实现其利益，在利益的驱动下，当合约等制度约束有隙可乘时，往往会不择手段达到其个人目的，从而存在机会主义动机。

（二）会计人员的地位和角色

1. 会计人员在企业中的地位

根据"委托代理理论"，在复杂的企业委托代理关系网中，会计人员处于特殊的位置——委托人和代理人之间的第三者。会计人员作为企业委托者和代理者的中介，是受托者的代表,代表受托者向委托者反映受托责任的履行情况。会计人员的位置正如片野一良教授所说:"一定的经济主体赋予其财产保管和运用所有财产的权限,并要求他们负起管好、用好这些财产的责任,从而产生了一系列的会计事实。簿记和会计作为财产的管理计算制度,其使命在于:记录和计算这些会计事实,把记录和计算的结果同当时的财产实况进行核对,并对其全部过程做出详细说明,以解除财产管理人受托管理财产的任务。"

在这种中介关系中,会计人员首先受托于企业的管理人——管理当局。会计人员直接受雇于管理当局,为管理当局服务——记录、计量、报告企业的经营过程和结果,反映企业目标的完成情况。企业管理当局的行为会对会计人员的行为产生直接影响,他们采取一定的形式——指令、条例、暗示等可以指挥、控制,甚至可以操纵会计行为,使会计人员按他们的意图进行会计选择。

在这种中介关系中,会计人员间接地受托于企业外部委托者(资源的提供者、社会公众)。会计人员有责任向企业外部的有关委托人提供财务报表等会计信息,如实反映受托责任的完成情况,提供与决策相关的信息,尽可能地协调企业管理当局与企业外部委托人的利益冲突。会计提供这种会计信息的行为,是企业行为的一个组成部分。会计是企业与外部联系的通道,是外界了解企业的一个重要窗口。

2. 会计人员的角色

作为企业的中介,会计人员的地位决定了会计人员在企业中的角色是:依据各种会计法规的规定,以公正、客观的态度,选择委托人和代理人以及个人利益均可接受的会计政策与程序方法,对企业的经济活动进行确认、计量、记录和报告,提供对有关方面决策有用的经济信息。会计人员的地位决定了会计人员在履行其职能时,一方面必须客观公正地向委托人反映代理责任的履行情况,并传递给有关方面;另一方面又要向企业管理当局提供信息,为企业内部经营决策服务,成为企业的决策支持系统。

(三) 市场经济对会计人员行为的影响

1. 会计人员职业行为的目标发生变化

在以国有企业为主体的经济体制下,会计人员行为的目标主要是为经管责任服务,委托人主要是以国家为代表,企业的委托人和代理人——经营者之间的关系是比较固定的。会计人员的服务功能主要是报告过去的经营业绩,解除相关人员的受托管理责任,在这种经济体制形式下社会鼓励会计人员在企业利益和国家利益发生冲突时要维护国家利益。

在社会主义市场经济体制下,会计人员行为的目标由单一的经管责任向多重的经管、决策责任转变,委托人由单一的、明确的范围向多重的、不明确的范围转变,那些现在或潜在的投资者,更需要了解对未来经营决策有用的会计信息,同时由于在市场经济下,受托方有了一定的资源处置权,因此受托方就具有一定的自主处理会计信息的权利,这样就容易导致对会计信息理解的冲突增加,会计人员职业行为的风险就随之增加。

2. 会计人员的行为结果——会计信息的经济后果更加突出

在以国有企业为主体的经济体制下,会计信息主要用于经管责任,企业的决策绝大部分依赖于上级主管部门的计划,很少依赖于企业会计信息,而且会计信息的使用范围主要局限在明确的委托人和受托人之间,这样会计信息带来的经济后果是相当有限的。

在社会主义市场经济体制下,特别是随着上市公司与证券市场的兴起,导致产权形式的多样化,委托人和受托人之间的关系变得极为不确定。双方的关系是建立还是解除,在很大程度上要依赖于会计信息及披露所反映的内容,从而使得会计信息的经济后果变得非常突出。

由此可以看出:经济越发展,管理越重要,会计越重要。会计信息越来越为广大投资者、债权人、企业管理当局等会计信息使用者所重视,成为政府部门进行宏观决策的重要依据。在这种经济转轨时期,有关利益各方会尽力对会计人员施加影响,以达到有利于自己的行为,由于存在着机会主义,在"利益驱动"下,在外界压力下,会计人员的职业行为失范,导致会计造假、会计信息失真的危害也日趋加剧。会计信息失真导致了信息成本的加大,而信息成本是交易成本的组成部分,所以会计信息失真最终导致交易成本的增加。

财政部会计信息质量抽查公告显示:会计法制观念淡薄,违法干预会计工作,授意、指使、强令篡改会计数据,假造凭证、账表进行假审计、假评估,账外设账,转移国家资产,偷逃税收、粉饰业绩;会计人员执法环境差,会计监督严重弱化,单位会计基础工作和内部控制制度薄弱;违法违纪手段隐蔽,作假技术不断发展;会计工作中有法不依,违法不究的现象比较严重。于是近几年来,会计人员的职业道德被人们所质疑。但是,会计人员又是有限理性社会人,其行为不仅仅只与经济有关,他还应追求社会地位、名誉、尊重和亲情等。因此,要重塑会计人员的形象,必须通过一定的途径对会计人员的职业行为进行规范。

二、CFO 职业责任与角色定位

CFO 是受董事会委派的董事级高级财务管理人员,是企业财务的最高管理者,是企业财务资源调配的第一负责人。在大型公司里,由 CFO 负责的财务工作被分割成两块:一部分由资金主管负责,一部分由会计长负责。会计长的首要责任是会计核算,资金主管的职责是作出有关财务管理的决策。在一家小型的公司里,会计长与资金主管可能重叠成一个职位,从而使两者的职权混在一起,因此资金主管与会计长的职责划分并不是十分严格。在以价值管理为核心的现代企业管理中,作为企业中层管理人员的财务经理(资金主管、会计长)很难参与企业的经营决策,而企业当中财务工作的重要性越来越突出,所以现代法人治理结构中设置了 CFO,可以从财务角度参与企业决策,在企业的财务战略、财务控制、投资融资管理、业绩管理、成本计划与预算和税务处理等企业的价值链活动中都承担关键性角色。

CFO 制度是在企业所有权和经营权相分离,以及现代企业法人治理结构下,由企业所有者在企业内部建立的,以保障股东价值最大化和企业价值最大化为目标,以专业人员、机构、制度和措施为依托而组成的财务与会计监督管理机制的总称。CFO 直接受聘于董事会,代表董事会对企业管理层实施外部的财务监控,以规范和约束经营管理层的行为,最大限度地保障出资者的权益。其工作主要对董事会负责,进而对股东大会负责。与企业财务经理(或称财务主管、财务负责人、会计长)相比,CFO 的监管工作具有较强的独立性和有效性。企业财务经理受聘于 CEO(首席执行官)并对其负责,会自觉或不自觉地考虑经营者的利益而非股东的利益,虽然也具有会计监督的职能,但只是一种"内部人"的监控,工作的独立性和有效性较差。在公司治理结构中实施 CFO 制度的安排是解决代理问题,克服"内部人控制"现象的重要途径。我国《会计法》规定:"总会计师的任职资格、任免程序、职责权限由国务院规定。"与《会计法》相配套的、由财政部颁布实施的《总会计师条例》规定,总会计师作为单位财务会计的主要负责人,全面负责本单位的财务会计管理和经济核算,参与本单位的重大经营决策活动,是单位负责人的参谋和助手。根据《总会计师条例》的规定,总会计师的职责:一是由总会计师负责组织的工作。具体包括组织编制和执行预算、财务收支计划、信贷计划,拟订资金筹措和使用规划,有效地使用资金;建立、健全经济核算制度,强化成本管理,分析生产经营活动,提高经济效益;负责本单位财务会计机构的设置和会计人员的配备,组织对会计人员进行业务培训和考核;支持会计人员依法行使职权等。二是总会计师协助、参与的工作。主要包括:协助单位负责人对本单位的生产经营和业务管理等问题做出决策;参与新产品开发、技术改造、项目研究、商品(劳务)价格和工资、奖金方案的制订;参与重大经济合同和经济协议的研究、审查等。

公司的 CFO 由 CEO 提名,董事会聘任,对董事会负责。CFO 的职责是全盘管理公司的财务和会计事务。从企业控制和激励体系看,CFO 的主要职责是:(1) 提出财务会计机构设置方案,经公司管理层审议后,由董事会决定;(2) 提出财务会计的基本制度草案,经公司管理层审议后,由董事会决定;(3) 提出财务会计的具体规章制度,报董事会审议;(4) 组织实施经董事会、股东会批准的重大财务方案;(5) 监督日常的财务和会计运行。从企业管理的内容体系来看,CFO 的职责包括以下五个方面:(1) 资金筹集;(2) 资金投放;(3) 收入分配;(4) 综合财务管理;(5) 组织会计核算,提供会计信息。对于股权较为分散的公众公司,CFO 的一项重要职责,就是将公司的经营情况和财务结算报告给投资人,让投资人了解公司的实际运作情况。因此,CFO 也是公司与投资人之间得以进行沟通的一个"传话筒"。实际上,美国公司 CFO 的权限,要比我国国内的总会计师大得多。公司的财务部门、会计部门均由 CFO 领导。除了负责公司与投资人的公共关系,CFO 还要保证公司在发展过程中拥有足够的资金,且公司的资金都最有效地得到了利用。此外,公司自身的投资事务和复杂的法律事务,也都由 CFO 统筹管理。作为企业经营管理人员的 CFO,管理和控制企业所有的会计、财务和审计职能,并直接向董事会报告。作为执行董事的 CFO,还肩负着领导整个企业财务战略的重任。现代市场的竞争不仅是在人才、技术、营销等方面展开的竞争,而且在财务运作层面上的竞争也日趋激烈,CFO 正成为以财务运筹为核心的战略管理者。随着美国《萨班斯-奥克斯莱法案》(《2002 公众公司会计改革和投资者保护法案》,英文简称 Sarbanes - Oxley Act)的公布,我们发现美国的 CFO 权利和责任有了空前的提高。《萨班斯-奥克斯莱法案》第 404 章要求 SEC(证券交易委员会)出台相关规定,所有除投资公司以外的企业在其年报中都必须包括:(1) 管理层建立和维护适当内部控制结构和财务报告程序的责任报告;(2) 管理层就公司内部控制结构和财务报告程序的有效性在该财政年度终了出具的评价。法案要求管理层的内部控制年报必须包括:(1) 建立维护适当公司财务报告内部控制制度的管理层责任公告或声明;(2) 管理层用以评价内部控制制度的框架的解释公告或声明;(3) 管理层就内部控制制度有效性在该财政年度终了出具的评价;(4) 说明公司审计师已就(3)中提到的管理层评价出具了证明报告。这就要求现在公司的 CEO 和 CFO 们不仅要签字担保所在公司财务报告的真实性,还要保证公司拥有完善的内部控制系统,能够及时发现并阻止公司欺诈及其他不当行为。若因不当行为而被要求重编会计报表,则公司 CEO 与 CFO 应偿还 12 个月内从公司收到的所有奖金、红利或其他奖金性或权益性酬金以及通过买卖该公司证券而实现的收益。有更严重违规情节者,还将受严厉的刑事处罚。由此看出,公司的 CFO 与 CEO 不仅在所披露信息的准确性、可靠性和完整性承担了同样的会计责任,在建立健全企业内部控制制度方面也承担了同样的管理责任。这表明:CFO 不仅要承担企业的财务筹划和会计核算的技术风险,还要承担企业的管理风险。同时,对 CFO 的个人能力与管理素养也将提出了更高的要求。杰克·韦尔奇(Jack Welch)说"在我的事业中扮演关键角色的两个人",一是 CFO,Dennis Dammerman;二是负责财务分析的副总裁 Bob Nelson。韦尔奇是这样称赞其 CFO 的:他改革了财务管理制度。过去财务系统所处理的事情中近 90% 都是单纯的财务记录,只有 10% 是管理,现在则能做到近一半的内容是放在管理和领导上面。美国的 CFO 认为,他们在设计和实施公司战略方面发挥着极其重要的作用;由于成本已经降低至最低,他们的压力主要集中于为公司寻求进一步的发展良机及其相应的财务问题上。欧洲的 CFO 认为,控制成本乃为首要任务,所以这些国家的 CFO 看上去更像是在扮演主计长(Controller)的角色。发展中国家,特别在东南亚诸国,公司追求营业收入增长的本能,使得 CFO 忙于基础性工作,多数扮演的是一个专业理财幕僚的角色。跨国公司 CFO 将其注意力点由交易的过程和控制,转向提供决策支持和更深入地参与制定全球战略。普华会计公司(Price Waterhouse)的一项主题为"CFO 2000 年展望"的调查显示,全球前 300 家跨国公司的 CFO 均充分肯定了这一变革趋势;其中 34% 的被调查者认为,在过去的三年里提供决策支持已成为他们的首要任务,74% 的人认为在未来的三年里提供决策支持将成为其工作中首选的任务。CFO 应该参与公司战略的设计,并力促公司发展战略与投资者的期望相一致。CFO 始终以追求和实现所有者财富最大化为己任或最高理财目标,并将这一目标始终与公司战略和日常经营管理活动有机地整合在一起。CFO 应该把自己视为企业家队伍中的一个重要成员。CFO 能为公司战略带来产生重大影响的新的财务理念,能够创建一个足以使公司实现战略目标和获得持续发展能力的财务支持系统。20 世纪 90 年代,财务总监的职责范围逐步扩大,根据毕马威会计公司 KPMG 的一项调查,财务总监大约要花 40% 的时间帮助总经理或其他高级管理人员处理管理问题;有 2/3 的财务总监认为他们对公司决策的影响力越来越大。鉴于跨国公司战略目标之转移,财务总监们正在以新的姿态,全力以赴做好这样三项工作:一是设计合理的方案使股东财富最大化;二是树立全球化的管理概念,创建世界级的财务支持系统;三是提出新的财务理念,更积极、更主动、更深入地参与决策过程和战略管理。H&S 公司(从事高级管理人员职业规划)对"财富 1 000 强"中的 170 位 CEO 访谈,CEO 认为,合格的 CFO 需要具备系统思维能力、战略规划能力、领导能力、创造力、沟通能力、人力资源开发能力、合作精神、知识结构(如公司治理、公司理财、资本预算、风险管理、会计程序等)。世界级的 CFO 意味的是决策支持。CEO 和 CFO 是"决策搭档"。

西方一些国家的企业,在公司管理当局的就职仪式上往往要求 CEO(首席执行官)与 CFO(首席财务官)同时宣誓,这既表明他们在企业中的地位应当是平等的,是战略合作伙伴的关系;也是由于他们共同承担着为企业创造经济价值和防范经营风险的责任。企业中的 CFO(首席财务官)的工作重点主要在于财务管理、风险管理和参与企业的战略制定等技术要求更高的事务,而不是会计核算、会计监督这些低技术含量的工作。由于 CFO 所从事工作的复杂性和重要性,CFO 也就具有了企业中崇高的地位。CEO 与 CFO 之间的关系如何定位,对于 CFO 作用的发挥及企业的发展都有很大的影响。在对我国 33 家上市公司 CEO

的调查显示：有57.6%的CEO认为CFO是CEO的下级、参谋或助手；33.3%的CEO认为是上下级兼合作伙伴，上下级关系体现在日常管理中，而涉及重大决策、与董事会或股东的沟通时，CFO则成为CEO的合作伙伴。上下级关系占主导地位的原因在于公司治理结构的规范：《公司法》第51条规定，经理对董事会负责，可提请聘任或解聘公司财务负责人。有一名被访者认为，CEO与CFO之间既有上下级又有监督与被监督的关系，CFO实际上是由大股东推荐，对CEO起着监督作用。只有一名CEO表示与CFO是平等合作关系，这种"合作关系"并非典型的商业合作关系，而是CEO负责业务，CFO负责财务，两者互不交叉，同时向董事会负责①。在美国，许多公司的CEO与CFO是一种战略合作关系。美国咨询机构Heidrick & Struggles针对美国财富1 000强的CEO进行了一项问卷调查(17%的人对此进行了反馈)，调查显示，91%的反馈者认为CFO是他们的战略经营伙伴，并有1/3的人考虑将CFO作为他们的继承人。《财富》杂志在一篇题为《超级财务总监》的封面文章中指出：一种新的岗位——首席财务官正在使公司财务管理的传统地位发生革命性的变化；这些CFO正在参与公司经营的全过程，包括制定公司的发展战略，领导公司进行自身变革，并以一种真正的伙伴关系同首席执行官一起进行决策。

三、会计行为的规范手段

为保证会计信息的客观、公正，除了通过制定相关的会计制度、准则对会计人员进行硬性的规范以外，还需要通过道德规范对会计人员行为进行软性的约束。作为对会计行为进行规范的两种主要手段——道德约束与法律规范之间存在着如下的关系。

（一）会计职业道德约束和会计法律规范各具优势

"会计法律规范"是国家立法机关为了规范会计行为而制定或认可的各种法律、法令、条例、制度的总称。它在立法、执法、守法的各个环节上都体现出国家的强大约束力和强制力，要求会计人员"只准做什么或不准做什么"，具有鲜明的强制力，具有很强的他律性。但是，"会计法律规范"在调整的范围上有一定的限制性，它调整的只是某一方面的会计行为，会计人员的行为只有在法律条款规定的范围内并有触犯法律规范的事实时才能受到法律的约束。"会计法律规范"的效力属于外部压力，是以"准"与"不准"来衡量的，这种力量作用于人，只能使人处于被动的地位。

会计职业道德具有内在控制力，可以约束会计人员的内在心理。会计职业道德具有更高的目标，要求会计人员"应当做什么或者不应当做什么"，主要存在于人们的社会意识和社会舆论中，是一种无形的约束力量，具有自律性。会计职业道德所作用的范围广泛，几乎涉及会计领域中的一切行为，即使对于那些尚未触犯法律的行为，甚至尚未变成言论、行动的动机、打算和思想等，都会受到道德的约束。会计职业道德属于一种内在动力，是以"该"与"不该"来衡量的。这种力量可以感染人、熏陶人，从而使人发自内心，产生自觉，道德的力量是积极的、深刻的和建设性的。它常常使人感到在褒贬之中"人言可畏"，这就迫使会计人员通过理智的思考过程，并在"自律"的基础上"改弦易辙""迷途知返"，因此法律解决不了的矛盾，却能通过道德的力量而得到化解。

---

① 邓传洲、吴建友："CEO眼中的CFO——对33位CEO的实地调研"，《财务与会计》，2003年第8期。

（二）会计职业道德约束和会计法律规范是相互促进的

一方面会计职业道德是会计法律规范的基础，是会计法律规范的重要补充和辅助力量。会计法律规范的制定和实施必须在具备一定的会计职业道德的基础上进行，会计人员的道德素质和会计领域的道德环境是会计法律规范实施的前提条件。同时，在现实经济生活中存在着许多不良的会计行为，不可能完全用会计法规来约束。对于不良的会计行为须用会计职业道德来加以衡量与评价，通过正确的会计道德气氛和会计道德舆论去引导。会计道德能够弥补会计法律规范的不足，能够起到第二道防线的作用。在这种"精神上的法规""道德的法庭"面前，会计人员的一切行为都会受到评论，这种"灵魂深处的革命"是法律规范所不能及的。

另一方面，会计法律规范是会计职业道德的有力保证。会计职业道德往往没有明确而系统的表达方式，而且其调整的对象多为会计人员的内心世界和思想观念，因而很难形成一套有效的激励与约束机制。会计法律规范以其明确性、制度性和严肃性弥补了会计职业道德的不足，即通过立法活动使一部分最基本、最重要的会计职业道德标准制度化、明确化，再通过司法活动使这部分明确了的会计职业道德标准取得国家强制力的支持，以强制形式来推进会计职业道德建设。

第二节 企业会计职业道德概念及其历史演变

一、企业会计职业道德的定义和内容

（一）企业会计职业道德的定义

会计职业道德（accounting professional ethics）是在会计职业活动中应遵循的、体现会计职业特征的、调整会计职业关系的职业行为准则和规范，是由社会的生产关系决定的。会计职业道德是一般社会公德在会计工作中的具体体现，引导、制约会计行为，调整会计人员与社会、会计人员与不同利益集团以及会计人员之间关系的社会规范。它贯穿于会计工作的所有领域和整个过程，体现了社会要求与个性发展的统一，着眼于人际关系的调整，以是否合乎情理、善与恶为评价标准，并以社会评价（荣誉）和个人评价（良心）为主要制约手段，是一种通过将外在的要求转化为内在的精神上的动力来起作用的非强制性规范。

会计职业道德从本质上来说首先是从属于一定阶级的道德。会计职业道德属于"上层建筑"，所以它就不能脱离一定的经济基础，必然要体现特定"生产关系"的性质和要求，会计职业道德总是与特定的时代、特定阶级相联系，因此会计职业道德是一种特殊的社会意识形态，是一定社会经济关系的反映，具有历史特点、时代特点和阶级特点。认识到会计职业道德的这一特点对于我们构建我国现阶段的会计职业道德至关重要，我国的会计职业道德建设不仅需要继承我国的光荣传统，还要体现我国的"社会主义特色"。

其次，会计职业道德从本质上来说带有强烈的经济色彩。这一本质是由会计这一专业

领域的特定性质决定的。回顾会计的发展史,我们可以知道会计是一门应用性学科,是伴随着生产力的产生和发展而产生和发展的。我国现阶段处于市场经济阶段,会计主要是为了加强经营管理和提高经济效益而服务的。在市场经济的运行中,会计政策、程序和方法的选择,会计法规制度的设计和实施,各国具有共同的客观经济规律,任何社会制度都不能容忍虚假的会计信息,人类社会普遍要求会计人员在执业过程中必须实事求是、客观公正。

再次,会计职业道德在本质上体现一定的职业特性。会计职业道德的这一本质是由与会计职业工作、职业生活相联系的"职业理想""职业责任""职业纪律"和"职业技能"等职业特征决定的。随着会计工作的发展变化,会计职业道德的内容也必将随着会计职业特征的变化而不断得到发展。会计在当今的社会经济活动中的地位作用不断提高,它既是经济管理的支柱,宏观调控的基础,经营管理的中枢,又是经济信息的主要源泉。因此,会计职业道德要体现会计的自身特点,作为会计人员要不厌烦于终日和数字打交道的单调平凡工作,爱岗敬业,精益求精,这正是把会计工作的职业特点体现在会计职业道德的信念、感情和意志之中。1939年美国著名的会计学家迈克·尼尔提出了真实性概念,并对真实性进行了解释,指出真实性是会计的生命,是会计存在的价值所在,从而使真实性作为会计的一个信条,成为社会公认的道德规范。在1941年,美国会计学家斯科特对会计职业道德进行了研究,在其编著的《会计原则的基础》一书中,他第一个将公正引入了会计道德范畴,并提出了三个关于公正的著名标准:会计程序对一切利害关系必须公正对待;财务报告应该做真实和正当的呈报;会计数据应是公正的、无偏见的和不偏不倚的,而不是为特定的方面服务的,使"公正"成为会计职业道德的一个重要组成部分。对会计职业道德的内容进行比较全面研究的是阿姆德,他于1992年在《会计的道德》一书中,提出了会计职业道德的五个条例:公允、道德责任、诚实、社会责任和真实。这些学术研究对西方国家和国际会计组织制定会计职业道德的内容起到了很大的作用,其中一些公认的条目也为我国制定会计职业道德规范和注册会计师职业道德守则提供了有价值的参考。

近几年来,会计行业的职业道德问题成为社会关注的焦点,对会计职业道德含义的界定多局限于单纯的道德定义,随着我国现代企业制度的建立,会计人员在企业中的地位和作用发生了变化,因此会计人员的职业道德要求也必然有所改变。良好的会计职业道德应具有三种经济功能:第一,能够有效地淡化机会主义行为;第二,能够节约财务信息的费用;第三,能减少强制执行法律的费用以及实施其他制度的费用。

企业会计职业道德是会计职业道德的一个分支,是对企业会计活动引起的道德现象以及由此归纳出来的道德理论的总称,是企业会计人员在从事会计工作、履行会计行为时所应遵守的道德标准。企业会计职业道德和企业会计的行为密切相关,具有自己的本质和特点,同时也兼有职业道德的一般特征。

企业会计职业道德是从职业道德中分离出来的企业范围内的特殊的会计职业道德要求。企业会计职业道德相对于道德而言,是一种实际运用的企业财务人员的道德规范。企业会计职业道德作为一种道德认识是指企业财务人员在长期的职业活动中逐步形成和总结出来的,调整企业财务人员与社会之间、财务人员个人之间、个人与企业之间关系的企业会计职业行为和规范的总和,是会计人员在履行职业责任的活动中所必须遵循的道德准则。

企业会计人员的职业道德是会计人员在从事本职工作履行职责过程中,在思想和行动方面必须遵循的道德规范和行为规范。其职业道德可以归纳为：如实反映；精确核算；讲究生财、聚财、用财之道；努力提高经济效益；坚持原则，严格监督，做好预则、决策、控制工作。

（二）企业会计职业道德的构成要素

会计职业道德的内容就是对会计人员有关职业道德方面的要求。根据我国的现实情况，可把它归纳为六个基本要素，包括会计职业理想、会计工作态度、会计职业责任、会计职业技能、会计工作纪律和会计工作作风。

1. 会计职业理想

会计人员的择业目标，或维持生计，或发展个性，或承担社会义务，或兼而有之。会计职业理想是会计职业道德的灵魂。会计人员必须热爱本职工作，安心本职工作才能充分发挥个人的积极性，才能达到社会要求与个性发展的内在统一这一境界。一般而言，个人选择职业要考虑三个因素：维持生活、发展个性和承担社会义务。就现阶段而言，人们之所以选择会计职业，维持生计在很大程度上具有决定性的影响。从发展的观点来看，只有后两个因素起到重要作用，才能做到个性全面发展与社会利益要求相协调。许多会计界人士为了发展会计事业而呕心沥血，终身奔波；许多实务工作者不顾打击报复，不受金钱利诱，坚持会计原则。其根本原因就是他们把会计事业视作自己的生命，把发展会计事业，搞好会计工作作为自己的崇高理想，这种境界光靠物质利益是不可能达到的。

2. 会计工作态度

工作态度是会计人员正确履行职责义务的基础，也是圆满完成会计工作的前提条件。会计工作的职业特征要求会计人员在从事会计活动时，既认真负责，精益求精，又积极主动，富有创造性。这是会计人员履行职责义务的基础。会计人员在从事会计活动时，不仅要做到认真负责、精益求精、严谨仔细、一丝不苟，而且还应该积极主动、开动脑筋、发挥才智、富有创造性。这是由会计工作的特点所决定的。会计的本质是价值管理活动，它的工作包括处理信息和运用信息，发挥自己的业务专长和充分掌握价值运动信息这两条优势，为提高企业的经济效益和管理水平做出贡献。

3. 会计职业责任

会计职业是现阶段会计职业道德规范的核心，也是评价会计行为的主要标准。所谓会计职责是指会计工作者承担的相应义务。职责是与职权相联系的。职权可以通过职务授权，即担任某一职务后自然掌握了必要的权力和特定授权，即由授权人单独规定具体的工作和相应的权力两种方式来取得。所以，职责的内容应该与职权相并列。我国财政部颁发的《会计人员岗位责任制》主要体现了职务授权方面的要求。对于每一个会计工作者而言，应把职业责任变成自觉履行的道德义务，变成自己的内在要求，否则他会把职责看作一种负担。

4. 会计职业技能

职业技能是圆满完成会计工作的技术条件，它包括两个方面：一是完成专业工作所必要的知识;二是完成专业工作所需要的工作能力和经验。前者可以通过书本学习而获得,而后者主要靠实践锻炼来提高。与会计职业责任相似,在不同条件岗位上对技能的具体要求也不相同,但任何一个会计管理人员必须通晓整个会计业务流程,熟悉各种规定和制度,才有可能保证会计机构的运转。这就要求会计管理人员:首先,应该制订业务技能的标准,并与岗位责任制、专业职称、行政职务相挂钩;其次,应该建立考核制度与试用期制度,检查专业技能与工作要求的吻合程度,及时撤换不合格的人员;再次,是会计工作人员有义务进行持续的在职专业学习,使专业技能维持在一定水平之上,并适应环境改变的要求。

5. 会计工作纪律

保密性、廉正性(正直、诚实、廉洁)与超然性(保持足够的或一定的独立性)是维护和贯彻会计职业道德的保证,也是评价会计行为的一种标准。会计工作纪律当然应包括自觉遵守和执行有关法规、政策,严格遵循会计技术规范的程序与要求。此外,会计工作纪律还应包括:(1)保密性,即会计人员不能把在执行职务时所获得的应当保密的信息为自己所用或泄露给第二者,以求牟取私利;(2)廉正性,即会计人员在履行职务时要做到正直、诚实和廉洁;(3)道德自律,即始终如一地使自己的行为保持良好的信誉,不应有任何损害职业信誉的行为。

6. 会计工作作风

工作作风是在长期实践中形成的习惯力量,是职业道德在会计工作中连续贯彻的体现。在工作中严谨仔细,一丝不苟,勤俭理财,严格按会计规范办事,自觉抵制不良因素的侵袭等,均是良好的会计工作作风。建立和保持良好的工作作风有利于会计人员的道德自律,自觉抵制非道德因素的侵袭。工作作风往往能体现出会计人员擅长精打细算,持家理财,同时还习惯于查条文、翻文件,严格按制度办事的职业特性。但是,不能把所有的职业特性均看作是值得发扬的优良传统,尤其是在现行会计教育体系和工作环境的影响下,大多数会计人员习惯于按传统方法来算账,至于算出来的结果是否有用,管理上还需要哪些信息,如何改革核算方法使其同时满足不同方面对会计信息的要求等,大多数会计人员尚未形成这方面的思维习惯,这是需要很长时间来逐步改变的。

(三)会计人员职业道德的内容

会计人员职业道德的基本内容至少应该包括以下五个方面。

1. 以诚信为本,保持客观性、公正性

如实反映、正确核算、讲求诚信是决定会计工作成败和质量好坏的根本标准,会计人员应当以"诚信为本,保持客观性、公正性"。这一要求既是我国传统的会计文化对会计职业道德的基本要求,也是国外会计团体对会计人员最起码的职业道德要求。这一原则是由会计职业责任决定的,会计人员担任某项职务或从事某项工作后就应承担(或被赋予)了相应义务。会计人员在企业中所处的特殊地位决定了会计人员在处理会计业务时应当以诚信为本,保持客观、公正性。

所谓"客观性"就是要求会计人员在从事业务处理时,应当如实记录、反映经济业务,准确地提供会计资料。会计人员的工作结果必须真实地反映客观实际,做到真实、正确、可靠。所谓"公正性"就是要求会计人员在处理各种关系时力求做到不偏不倚、公道正派。

客观、公正是会计职业道德的核心内容,这是会计人员职业道德规范的灵魂。会计工作的首要职能就是对各项经济活动进行客观公正的记录与反映,其本质特征体现为"真实性",离开了实际发生的客观经济事项去进行会计处理只能是造假账。公正的本质则体现为合理性,对一些特殊会计事项的处理必须坚持公正合理的原则,这不仅是职业道德规范的要求,也是会计人员个人品德的体现,会计工作实践中经常出现的若干矛盾和问题,大多与此相关。因此,作为掌握一定财权的"内当家",会计人员必须正确行使自己的职权,必须强化自身品德修养和职业道德修养。

"以诚信为本,保持客观、公正性"要求会计人员必须做到:

(1) 对会计记录必须以经济业务发生的真实原始凭证为依据,做到手续完备、内容真实、账目清楚,无任何凭证不得记账。

(2) 充分披露那些可合理地预见的、会影响报表使用人理解报告的相关信息。

(3) 避免各种利益冲突,禁止从事可能会侵害会计人员道德的会计活动。

(4) 会计人员不得弄虚作假,制造假账,牟取私利;也不得为了集团或地方利益,虚增成本,虚减收入,偷税漏税,损害公众整体利益。

2. 以操守为重,敬业爱岗

这是会计人员的工作态度。注重职业操守要求会计人员对自己所从事的职业有一个正确的认识和态度,会计工作的职业特征要求会计人员在从事会计活动时,要热爱本职工作,珍惜自己的职业声誉,既认真负责,精益求精,又积极主动,富有创造性。这是会计人员履行职责义务的基础。

在"以操守为重,敬业爱岗"方面,要求会计人员做到:

(1) 会计人员应充分认识本职工作在整个经济和社会事业发展过程中的地位和作用,从而珍惜自己的工作岗位,热爱本职工作,做到干一行爱一行,兢兢业业,一丝不苟。

(2) 要求会计人员在工作中自觉主动地履行岗位职责,以积极向上的健康心态做好工作,牢固树立全心全意为人民服务的思想,正确处理责权利三者关系。

(3) 要求会计人员具有强烈的事业心、责任感和高度负责的精神,杜绝玩忽职守、失职、渎职,更不得搞"账外账"甚至做假账,偶尔发生失误,必须迅速查清原因,拿出对策,杜绝类似错误再度发生。

(4) 要求会计人员不安于现状,应尽力完善自己职责范围内企业的各项规章制度,努力提高企业的管理控制水平。

(5) 会计人员要根据发展变化了的新形势及时调整服务类型,保证服务重点,统筹兼顾,科学运作,努力提高服务水平、服务质量和服务效率。

3. 坚持准则,厉行节约

坚持准则要求单位内部的会计人员在进行核算和监督时,以会计准则为行动指南,严谨仔细,一丝不苟,勤俭理财,严格按会计规范办事,自觉抵制不良因素的侵袭等等,这是会计工作作风的基本要求。会计工作作风是会计人员在长期工作实践中形成的习惯力量,是职业道德在会计工作中连续贯彻的体现。

在"坚持准则、厉行节约"方面,要求会计人员做到:

(1) 会计人员必须坚持准则,严格按照会计法律、法规、规章、基本会计准则、具体会计准则和统一的会计制度规定的程序和要求进行会计工作,保证所提供的会计信息合法、真实、准确、及时、完整。

(2) 会计人员要以主人公的态度精打细算,监督人力、物力、财力的使用和财经管理制度的执行,从各方面、各环节杜绝浪费,尽可能压缩不必要的开支,降低和控制成本,加速资金周转,节约资金使用。

(3) 会计人员要在理财过程中经济、合理地利用社会财富为人民群众谋福利,合理地进行消费,处理好生产与消费、长远利益与眼前利益、公众利益与企业、职工利益的关系。

4. 勤勉好学,具备专业胜任能力

由于会计工作的特殊性和重要性,从事会计工作的人员必须精通业务、胜任工作。专业胜任能力属于会计职业技能,它包括完成会计工作所必要的知识以及所需要的工作能力与经验,是会计人员圆满完成会计工作的技术条件。

市场经济的发展,会计职能不断扩展,会计工作日益复杂。不断涌现的经济事项的复杂性需要会计人员进行各种判断,而会计职业判断的准确性对会计信息的真实性会产生重大的影响,这就要求会计人员不仅具备相应的专业水平,而且应该不断适应经济发展的需要,进行后续教育,刻苦钻研,精益求精。

要满足"勤勉好学,具备专业胜任能力"的要求,会计人员需要做到:

(1) 不同层次的会计人员应达到相应的专业技术标准的要求,从事会计工作的人员要具备必需的知识、技能和经验来胜任所从事的职位;

(2) 会计人员应熟悉相关的法律、法规和技术规范;

(3) 会计人员应通过持续地发展自己的技能来保持适当水平的职业能力。

5. 保密守信

会计人员应当保守本单位的国家秘密和商业秘密,除法律规定和单位负责人同意外,不能私自向外界提供或者泄露本单位的会计信息。保密守信属于会计工作纪律。保密性、廉正性(正直、诚实、廉洁)既是维护和贯彻会计职业道德的保证,也是评价会计行为的一种标准。

在"保密守信"方面,要求会计人员做到:

(1) 除非法律要求,会计人员必须对本单位以会计资料为主的相关会计信息和商业秘密严格保密,不得外传。

(2) 禁止会计人员为个人或通过第三方获取不道德的或违法的利益而使用或可能使用工作中获取的秘密消息。

(3) 会计人员要尽最大的努力,围绕单位经济运行的总体目标,在对外交往和商品交易的过程中切实做到诚实可信,履行承诺。

二、企业会计职业道德的起源和发展

会计人员职业道德的产生来源于会计职业的产生。会计最初是简单的计算记录,在远古时代,由于第二次社会大分工,会计逐渐形成一种专门的工作,即计算与记录的行为由专门的人员从事,但这种专门的会计工作,由于没有与数学、统计和财政相分离,所以还算不上是会计职业的出现。随着社会分工的日益明确和生产力的逐渐发展,在国家机构中设置了专门的会计机构,配备了专业的会计官员,会计官员不再兼管统计工作,从会计独立性的职能来说,在这种意义下才产生了会计职业。但是,在会计职业产生的初期,由于经济关系还不紧密,会计也不发达,会计活动中所涉及的各方利益尚不复杂,成型的会计职业道德还不存在,当时人们对会计行为的要求比较简单,会计职业道德处于萌芽阶段。随着社会生产力的进一步发展,会计职业实践活动进一步丰富和深化,人们对会计职业活动的客观要求也逐渐增加,促进了会计职业道德的不断发展和完善。

(一) 古代会计职业道德

我国有着悠久漫长的历史和光辉灿烂的文化,在会计发展进程中,形成了许多优秀的会计职业道德内容。

1. 真实反映

《说文解字》认为"计,会也,算也,从言,从中",又认为"直言曰言",就是要求真实无隐之意。这表明,古代"会计"一词的本意有不弄虚作假的道德要求。历史上有些掌管财计、钱财的官员也确实身体力行。据《三国志·吕范志》记载,吕范典财计,孙权年轻时"私从有求,范必关白,不敢专许",后来孙权继位掌权,"以范忠诚,厚见信任"。

2. 正确记录

《说文解字》认为"计"字从"十",而"十"乃"数之具也"。会计的含义有正确计算的要求。《孟子·万章下》载:"孔子尝为委吏矣,曰'会计当然而已矣'。""当"就是要求会计记录计算一定要正确无误。《秦律》中"计毋相谬",即要求记录正确,应该做到账实相符、账证相符、账卡相符、账账相符。

3. 廉洁奉公

唐代理财家刘晏把廉洁奉公作为使用会计人员必备的条件。《资治通鉴》称其"至于勾检簿书,出纳钱谷,必委之士类,吏惟书符牒,不得轻出一言"。他本人以身作则,廉洁奉公,死后家产仅"杂书两本,朱麦数石而已"。会计管理财物,必须廉洁奉公,史书上留下了不少这方面美德的事例。《汉书·黄霸传》载,黄霸领郡钱谷计,"簿书正,以廉称"。《宋史·沈伦传》载,沈伦在太祖幕府为从事,"掌留使财贸,以廉闻"。

4. 坚持制度

《管子》多次讲"明法",就是要求按规章制度、法令条文办事,这也是会计职业道德的最基本要求。《辽史》载,大公鼎为长春州钱帛都提点,"车架合春水,公主列为假货,公鼎曰:'岂可缀官用,徇人情。'"拒之。颇闻怨置语,曰:"此吾职,不敢废也。"《明史·周经传》载,周经掌户部,"内官传旨索太仓银计三万两为灯费,持不与"。这种不惧流言蜚语,对口含圣旨的内侍、皇室公主乃至帝王本人都敢按章办事,刚直不阿,实为可贵。

（二）近代会计职业道德

潘序伦先生先后在美国取得哈佛大学企业管理硕士学位和哥伦比亚大学政治学博士学位，于1942年毅然回到祖国的怀抱。他于1927年1月设立潘序伦会计师事务所，次年更名为立信会计师事务所，开始了我国会计教育的大胆探索。他对我国会计人员的职业道德做出了不可磨灭的贡献，其"立信"会计精神体现了对会计人员的道德要求。"立信"是指"信以立志，信以守身，信以处世，信以待人，毋忘立信，当必有成"。潘序伦先生认为"立信"是做人的重要准则，同时也是会计的职业道德。没有信用也就没有会计。1933年潘序伦先生为《立信会计季刊》所作的《中国之会计师职业》中，论述会计师的职业道德为："夫学识经验及才能，在会计师固无一项可缺，然根本上究不若道德之重要性。因社会环境千变万化，存在可以代人舞弊，存在可以为己舞弊。然会计师之为职业，实为工商企业保障信用而设，苟有不道德行为，而自丧其信用，则此项职业即失去根本存在之理由，违背国家社会期望之愿意，可不慎哉。"并把会计职业道德归纳为：公正、诚信、廉洁、勤奋。在中华民国时期，对会计人员职业道德也有一些相应的要求，如在《国民政府检发会计法训令》规定："会计人员有违法，或失职情事时，经所在机关长官函达主管机关长官，应即依法处理之。""会计人员非根据合法之原始凭证，不得造具记账凭证，非根据合法之记账凭证不得记账。"

1932年《江西省第一次苏维埃大会——财政与经济问题的决议案》规定：理财工作必须"严禁一切浪费"。这充分体现了中国共产党对会计人员职业道德的最初要求。在革命战争年代，中国共产党面对经济困难，提出了艰苦奋斗、勤俭节约的理财方针。

1944年前后，中直机关成立了会计研究组，对会计核算深入研究，使当时的会计核算方法有了较大的进步，初步形成了与会计科目、会计凭证、会计账簿、会计报表相配套的完整会计体系，并相继健全了保管、出纳、会计、审计等制度。

当时革命根据地的会计工作有着严格的会计制度和严明的财务纪律，具体规定如下：把收钱、管钱、支配的各个机关分开；把各级收入、开支划给各系统管理，使各项收支有章可循；确定会计科目，规定各项目的名称和范围，使之一目了然，彼此相符；规定预算规划，无预算者不给钱；统一簿记、单据，确定计价方法，账目要有凭证，账簿的格式或大小一致；规定交接制度，防治交接管中间的舞弊和损失。总之，革命根据地的会计职业道德造就了一大批遵纪守法、又红又专的会计人员，有力地支援了革命战争，加速了中国人民的解放事业。

（三）现代会计职业道德

中华人民共和国成立以后很长一段时间内，对会计职业道德没有引起足够的重视，只是在某些财务会计行政规章制度中偶见部分对会计人员职业行为的要求。1963年国务院颁布的《会计人员职权试行条例》规定："会计人员必须加强政治观点、生产观点和群众观点，努力学习国家的政策、法令、制度，积极钻研本行业务，不断提高政治思想水平和业务水平。""会计人员隐瞒真相、弄虚作假、谎报数字、篡改账目、分散资金、贪污盗窃、营私舞弊的，应分别情况，给予行政纪律处分或依法惩处。"1984年财政部颁布的《会计人员工作规则》中的其他一些相关规定，都体现了国家对会计职业道德的要求以及会计职业道德的相关内容，但没有明确为职业道德，也没有明确提出会计职业道德的具体条款和遵守会计职业道德的要求。

对会计职业道德在理论上的研究更是薄弱。直到1985年国家颁布了第一部《中华人民共和国会计法》后,在财政部会计事务管理司的建议下,《财务与会计》杂志于1986年增辟了"会计职业道德"专栏,对会计职业道德的研究才引起会计职业界的重视。在这一举动的推动下,许多会计人员对会计职业道德的内容展开了讨论,提出了许多具有前瞻性的条款,如宋光东在《浅谈会计职业道德标准》中把会计职业道德概括为:"实事求是,正确核算。廉洁奉公,不谋私利。不畏权势,坚持原则。关心基层,团结同行。"这些讨论对我国会计职业道德的建设起到了巨大的推动作用,1996年财政部在颁发的《会计基础工作规范》中的第二章第二节明确提出了会计职业道德具体条款,从而在会计制度中使会计职业道德的表现形式单独成文,并在1999年把对会计职业道德遵守的要求写进了《中华人民共和国会计法》中。1996年6月财政部颁布《会计基础工作规范》具体规定的会计职业道德内容主要有:(1)会计人员在工作中应当遵守职业道德,树立良好的职业品质,严谨的工作作风,严守工作纪律,努力提高工作效率和工作质量;(2)会计人员应当热爱本职工作,努力钻研业务,使自己的知识技能适应所从事工作的要求;(3)会计人员应当熟悉财经法律、法规、规章和国家统一会计制度,并借会计工作进行广泛宣传;(4)会计人员应按照会计法律、法规和国家统一会计制度规定的程序和要求进行会计工作,保证所提供的会计信息合法、真实、准确、及时、完整;(5)会计人员办理会计事务应当实事求是、客观公正;(6)会计人员应当熟悉本单位的生产经营和业务管理情况,运用掌握的会计信息和会计方法,为改善单位内部管理、提高经济效益服务;(7)会计人员应当保守本单位的商业秘密;(8)财政部门、业务部门和各单位应当定期检查会计人员遵守职业道德的情况,并作为会计人员晋升、晋级、聘任专业职务、表彰奖励的重要考核依据。对这一时期会计职业道德,有人概括为:"如实反映,正确核算。严格监督,坚持原则。廉洁奉公,忠于职守。"有人则把会计职业道德概括为:"实事求是,正确核算。廉洁奉公,不谋私利。不畏权势,坚持原则。关心基层,团结同志。"有的人认为,会计职业道德应是:"实事求是,遵纪守法,廉洁奉公,精心理财,优质服务。"还有人概括了会计职业道德七字经:"管家理财出众心,履行职责公私明。处事待人要公平,秉公办事无私情。财经制度维护好,不分上下与亲疏。管钱管物要谨慎。精打细算时牢记,勤俭节约常履行。精通业务晓信息,资料可靠数据真。参与决策脑清醒,心明眼亮熟实情。"

三、会计职业道德监管模式的演进

通过简要历史发展回顾可以看出,作为一种意识形态范畴,现代会计人员职业道德监管模式的形成与发展大致经历了以下三个阶段。

(一)会计人员职业道德的他律阶段

所谓"会计人员职业道德的他律阶段"是指以会计职业义务和会计职业责任为核心,重在社会对个人的"防范",理论对欲望的"束缚"的阶段。在会计人员的职业生涯中,会计职业义务是一种普遍存在的道德关系和道德要求,每一个会计人员作为社会经济生活中的一部分,都负有对企业、对用户、对群众、对国家的义务,即会计人员负有一定的会计职业道德责任。当会计职业义务与会计职业责任感相融合而自愿履行时,客观的会计职业义务就具有了道德意义,自愿转化为会计职业道德义务。

会计人员职业道德的他律时期,是会计职业道德形成的不可逾越的阶段,尤其在我国当前的会计职业道德建设过程中,是必须要经历的一个重要阶段。

我国的传统文化和社会经济结构决定了我国的传统会计职业道德是以"良心主导"为主要模式,长期以来会计人员以"良心"作为道德修养的最基本标准,"受人之托,忠人之事"是会计人员职业道德的生动表现,会计人员在企业中的地位决定了会计人员首先受雇于企业的管理层,这种"良心主导"的道德模式就成为会计人员同企业领导和大股东共同进行会计违规操作的原因之一。往往出现物质利益诱导在先,"道德"驱使在后的"道德"反"法规"的怪现象。造成这种怪现象的原因是因为在很多情况下,仅仅靠"良心"来约束会计人员的会计行为,往往显得无能为力,在物质利益的诱导面前,支配会计行为的主要因素往往是欲望,而不是道德。所以,这种"良心主导"的会计职业道德模式需要上升为"基于规范"的会计职业道德模式,这一阶段就是会计职业道德的他律阶段。将某些会计职业道德的内容通过一定的制度规范来加以明确,将基本的会计职业道德规范化,并通过一定的形式固定下来,这是会计工作的性质决定的,关系到国家及各方面的利益。因此,在会计人员职业道德的建设上,首先要经过他律阶段——通过制度规范来对会计行为约束的阶段,既鼓励会计人员积极向上,但也要通过法律和法规来提示一些不想遵守或想违反会计职业道德的人员,使之在其会计行为的选择上更加理性和道德。

(二)会计人员职业道德建设的自律阶段

从道德的发展来说,他律阶段的会计职业道德毕竟是低级的、不完善的道德,会计职业道德还要上升为自律阶段。所谓"会计人员职业道德的自律阶段"是指以会计职业良心为核心,会计工作职责转变为会计人员内心首先感与首先行为准则的阶段。在会计职业道德的他律阶段,会计人员在履行一定的职业义务的过程中,也需要把应负的职业责任变为内心的道德感和行为准则,从而自觉地调整自己的行为,这就是会计职业道德的自律阶段——以会计良心为核心的阶段。因为会计职业良心是会计人员对会计职业责任的自觉意识,是认识、情感、意志和信念在会计人员意志中的统一,所以会计职业良心在会计人员的道德生活中,不仅能够使会计人员表现出强烈的道德责任感,而且能够使会计人员依据一定的会计职业道德原则和规范自觉地选择和决定会计行为,成为会计人员发自内心的巨大的精神动力,从而在会计人员的行为过程和行为整体中起着主导的作用。所以,会计职业良心既体现了会计人员意识中的一种强烈的职业责任感,又反映了会计人员在意识中依据一定的职业道德准则进行自我评价的能力。但是,以会计职业良心为核心的自律的会计职业道德的形成、发展和完善,不能忽视以会计职业义务为核心的他律的会计职业道德的发展和完善。

(三)会计人员职业道德的自律性与他律性高度统一

达到会计人员职业道德的自律性与他律性高度统一,才可以说进入到会计职业道德价值目标形成阶段。会计职业良心与会计职业责任在职业目标的统帅下融为一体,即会计职业道德的他律性与自律性高度统一后,外在导向的会计价值目标表现为会计职业行为守则,加强会计职业道德行为教育,能使会计人员增进会计职业修养,这是形成良好的会计职业行为风尚和改善会计职业行为,并卓有成效地保证其他会计规范顺利地贯彻实施的重要条件。那么,在现阶段会计人员职业道德的价值目标如何定位呢?这是一个关系到会计人员职业道德建设的核心问题。根据我国社会主义的特色以及进行市场经济建设的特定条件,社会价值与自我价值相统一是会计人员职业道德的基本价值取向。在社会主义市场经济条件下，会计人员以社会价值为中心，强调会计职业为广大公众及社会服务，以社会整体利益最大化和最优化作为会计职业的目标是社会制度的一种内在要求，同时在商品经济社会，会计人员作为一般职业者追求自我价值的实现也是无可厚非的理性选择。当前，新旧道德历史嬗变期出现的会计工作秩序混乱，作为有限理性社会人，会计人员既承担造成会计信息失真和弄虚作假的法律责任，又受到良心的自我谴责，负有道德责任。因此，在这一历史阶段只强调会计职业道德的社会价值，而忽视自我价值和自我利益是不正确的，也是不现实的；反之，过于强调自我价值和个人功利主义，也不符合社会主义市场经济的基本要求。将社会价值与自我价值相统一作为当今会计职业道德的基本价值取向，这是合理而现实的选择，只有在这一价值取向的指引下，才能构建正确的社会主义特色的会计职业道德。

四、企业会计职业道德的特征

(一) 会计职业道德的特征

会计职业道德是在长期的会计实践中逐渐自发形成的，具有较强的继承性、延续性和社会性，是会计行为的公德，被社会广泛认同和接受。具体归纳起来，可以有以下的九点特征。

1. 鲜明的政治性和原则性

经济越发展会计越重要，特别是在市场经济条件下，会计工作更为重要。这已成为人们的共识。政治性和原则性是会计职业道德的典型特征。会计工作与国家政治和经济活动紧密相关。在我国社会主义市场经济条件下的会计工作既具有明确的经济目的，又有明确的政治目标。由于会计工作是一项政策性很强的工作，这种政策性决定了会计工作的原则性。基于这一点，要求会计人员在从业活动中一定要有很强的政策观念，应严格按国家财经方针、政策办事，做到清正廉洁，大公无私，否则不仅害了自己，还会给国家、集体造成损失。

2. 科学性和时代性

会计工作是随社会生产发展而产生的，不同历史背景下有不同道德标准。会计工作应按社会经济发展的客观规律，采用科学的组织方法、管理方法来对社会经济活动进行科学管理。只有这样才能发挥其社会职能，会计工作的科学性要求会计人员必须努力学习新知识，钻研业务，掌握现代科学的财务管理知识和方法，并且具有严谨工作作风。所有这些都使会计职业道德蕴含科学性的要素。同时，在我国社会主义市场经济条件下的会计工作还应与时代脉搏相结合，要勇于创新，与时俱进。其体现在会计人员所维护的不仅仅是企业和国家的利益，还涉及其他多方利益，这就要求会计人员学会按照政策的要求具体、灵活地客观、公平、公正地处理利害关系各方的利益。

3. 广泛的社会性

会计职业道德是人们对会计职业行为的客观要求。因为会计是通过一系列的确认、计量、记录和报告程序，能为政府部门、投资者、债权人以及其他方面提供有关符合质量要求的会计信息,是有关各方据以进行经济决策和宏观调控的重要依据,所以会计职业道德的优劣将影响国家和社会公共利益。例如:在深圳证券交易所上市的银广夏,其会计造假丑闻就是一个典型例子,由于该公司的股票在其会计造假丑闻败露后大幅下跌,使广大股民遭受了巨大损失,严重干扰了社会经济的正常秩序,可见会计职业道德必将受到全社会关注,具有广泛的社会性。

会计人员不仅工作在会计领域,更生活在社会大环境中,其职业道德不可避免地受到社会各种因素的影响。其消极方面的影响和干扰,主要来自法律的不健全,制度的不完善和与会计人员相关的其他人员的职业道德。1996年于增彪教授发表在《会计研究》上的"略探会计职业道德"一文中写道:一家会计公司曾对美国经济、教育和政府等多个部门1 000名著名人物进行了调查,结果显示:在美国,会计人员职业道德水准之高,仅次于神职人员。美国的会计人员职业道德水平就真的比中国会计人员的道德水平高吗?当然不是。原因就在于美国有一套完整的会计职业道德规范体系和相对规范的外部环境。然而,在我国由于对违背职业道德的处罚较轻,导致遵守职业道德标准的个体和团体得不到社会的褒扬,违背道德标准的个体和团体也得不到社会的谴责,相反这类个体和团体还因为不按现有的道德标准和法律标准而牟取了巨额的利润,对此我们可以借用以下的矩阵进行分析。

假设存在着X和Y两个会计人员,其分别在道德行为下和不道德行为下进行会计工作,当缺乏道德约束时,由于前述原因,不道德的会计行为收益比较大,假设为10,而道德的行为由于不道德会计行为的冲击,其收益会比不讲道德的会计行为小,假设为8,其博弈矩阵如表6-1所示。

表6-1 道德行为博弈矩阵

X会计 \ Y会计	讲道德	不讲道德
讲道德	Ⅰ(8,8)	Ⅱ(8,10)
不讲道德	Ⅲ(10,8)	Ⅳ(10,10)

在矩阵中,不讲道德的选择对双方都是优势战略,只要给定对方的战略选择,不讲道德的行为总能提供给不讲道德者比讲道德者更多的报酬。因此,在没有道德约束的环境里,他们无异都会选择不讲道德战略,其报酬结果即矩形Ⅳ。因此,在没有道德约束的前提下,会计人员往往会从个体出发,选择不讲道德。于是,好人吃亏、恶人潇洒的示范效应像瘟疫一样蔓延,最终导致出现整个会计行业的道德危机。

4. 规范性和约束性

常言道"无规矩不成方圆",会计工作也是这样。由于会计工作处于经济活动中极为重要的地位,会计人员是会计工作的具体操作者,在进行理财活动中,其自身素质和形象非常重要,必须要有一定的规范性和约束性,明确会计人员应该怎样做的界限,以便于实际操作。同时,也便于受到有关规定约束,使会计人员的职业道德得到进一步规范。

5. 职业性

会计职业道德与会计职业紧密联系,具有会计职业的特点,是"职业理想""职业责任"

"职业纪律""职业技能"等职业特征的具体表现。

6. 从属性

会计职业道德从属于社会道德，具有一般社会道德的特点，即自我命令的性质，靠自己内心信念来指挥自己的行动，同时又靠社会舆论、习惯维护。社会道德中的共性也会体现在会计人员职业道德之中，会计人员职业道德必然具有社会道德的某些特点。比如，会计人员职业道德同样具有社会道德的"自我衡量""自我批判"和"自我命令"的特点，即依靠自己内心的"信念""良心"所产生的自觉去指挥自己的行动。由于会计人员职业道德还从属于职业道德的性质，所以一切职业道德具有的共同特征，如"忠于职守""提供最佳的服务，让自己的服务对象满意，让社会公认"等也必然会在会计人员职业道德中得到体现。

7. 继承性

社会分工的产生所创造的职业本身就具有一些区别于其他职业的基本特征，在职业的发展中这些基本调整具有历史的延续性，呈现相对稳定的状态。会计人员职业道德固然是在特定经济基础上建立起来的上层建筑，具有社会性、阶级性；但是，不同社会发展阶段的会计有着几乎相似的会计服务对象和会计职业道德调整对象，所以不同社会制度对会计职业规范和准则都有一些共同的要求，它们不会因为社会经济关系的变更而变更，其中的精华是可以（也应当）被吸收、继承下来的。例如，"廉洁奉公"在春秋时代的孔子就具有这种思想；秦朝正式把它作为财计官员的修身准则；唐代著名理财家刘晏把它作为选拔财计官员的必备条件；明代更加得到推崇，给它赋予了法律的权威。只有承认"历史继承性"，从历史文化中去吸收营养，才可能建立起完善的会计人员职业道德。

8. 利益驱动性

会计职业关系的中心是利益关系，所以会计人员职业道德是调整会计活动中利益关系的手段。我国处于市场经济条件下，会计活动中所涉及的各种经济关系日益复杂，这些经济关系的根本是经济利益关系，而会计人员又有自身的利益，其自身利益取决于其所任职的经济主体的利益，在现阶段的经济转轨时期，个人的自身利益、经济主体的利益与国家利益和社会公共利益的矛盾会更加突出，会计人员职业道德允许个人合理、合法地获得自身利益，但对不合理不合法地获取违法利益、损害国家和社会公共利益的行为要进行反对。会计人员职业道德可以与国家其他的各种措施相配合，来调整经济生活中的这些利益冲突，兼顾各方面的利益，维持正常的经济关系。

9. 广泛的社会渗透性

会计职业的服务对象决定了会计对社会具有广泛的影响：从纵向来看，会计人员职业道德随着会计行为贯穿于人类社会的始终，渗透到人类社会的各个发展阶段；从横向来看，会计人员职业道德渗透到同一历史时期的各个国家和地区，会计人员职业道德还会渗透到各个工商企业、行政单位、事业团体以及每一个独立核算单位，对这些单位的会计工作产生重大影响。

（二）会计职业道德的重要性

1. 有利于会计领域反腐倡廉，纠正行业不正之风

社会主义市场经济建设的全面开展，一方面给会计领域所进行的反腐败斗争提出了新的严峻挑战，另一方面又给会计领域创造廉洁风尚带来新的课题。市场经济在发挥巨大效应的同时，也有巨大的负效应。市场经济的竞争原则会刺激一些人的投机心理和不正当竞争行为；市场经济的等价交换原则会自觉不自觉地渗透到人际关系之中，诱发新形势下的权钱交易和以权谋私；市场经济中适度投机行为的合法性导致某些人的投机诈骗行为；市场经济的价值取向在讲效益、讲盈利、激励人们的时候，也很容易使人滋生极端利己主义思想和个人自私行为。当前我国经济体制正处于转轨变型时期，某些方面不平衡，甚至不衔接。在微观开放搞活和宏观转变调控方式、国有企业和非国有企业、农村和城市、内地和沿海、国内经济体制和涉外经济体制、中央和地方、政府与企业之间都存在着明显的差异和失调。这一切导致了经济秩序的矛盾和混乱，也给各种消极腐败现象的滋生蔓延以可乘之机，再加上政策法规的严重滞后，各种制度的管理松散弱化，使近些年来的腐败消极现象呈现着蔓延发展之势。

滋生消极腐败现象的原因众多。之所以能呈现蔓延发展趋势是由于源源不断的公款支持，而这些公款大多是经会计人员之手流入腐败分子囊中，故而从客观上助长了消极腐败现象。当然，公款流失的主要责任人是单位负责人，但与我们会计人员屈从压力、不坚持原则、迎合领导心意，不能说不无关系。只有用会计职业道德规范来武装会计人员的头脑，使他们能用会计职业道德来规范、指导自己的行为，逐渐形成会计道德责任心和荣誉感，正确地使用自己的会计权利，忠实地履行自己的会计义务，才能使会计人员自觉地维护财经会计制度，遵守财经会计纪律。

2. 有利于提高会计信息质量

会计作为一种具有管理功能的信息系统，其固有的职能和中心内容是通过会计报告的形式提供信息，会计职业道德建设与会计信息披露有着密切的联系。会计职业道德水平的提高最终要通过会计信息披露才能表现出来，并且为会计信息利益相关者所使用。会计信息披露是会计诚信最直接的对外表现形式，人们评价会计诚信与否的主要标准是看会计信息披露出来的会计信息质量的好坏，近些年人们之所以十分关注会计诚信缺失的问题，就是因为会计信息披露出来的会计信息不能真实地反映经济现实。

五、企业会计职业道德的作用

企业会计职业道德的作用在实际工作中具体表现在以下三个方面。

第一，调节作用。在会计工作中形成的会计人员之间、会计人员与企业其他人员之间、会计人员与企业和国家之间的关系和矛盾，除了依靠法律手段外，还必须依靠会计职业道德的调节作用予以协调解决。

第二，导向作用。通过社会舆论来引导会计人员选择有利于消除各种矛盾、调整相互关系的道德行为，避免相互之间的矛盾，改善会计工作中的各种关系，促使会计人员协调一致。

第三，推动作用。良好的会计职业道德规范对提高社会道德水准有着推动作用。

第三节　企业会计职业道德的规范

一、我国会计职业道德规范框架内容

按照《中华人民共和国会计法》(2017年第二次修订)规定结合我国《会计基础工作规范》(财会字〔2019〕98号)的相关规定及相关理论研究成果,提出以下会计人员应遵循的主要职业道德规范。

(一) 一般原则

企业、事业、国家机关等单位会计人员应当遵守职业道德,提高业务素质;应当对会计职业和会计利害关系人负有忠诚义务,热爱会计工作,忠实履行会计职责与义务;应当恪守客观、公正、公允原则;应当保持应有的职业谨慎和专业胜任能力,开拓创新、与时俱进;应当对在办理会计事项、处理会计业务过程中获知的信息保密。

(二) 具体规则

企业、事业、国家机关等单位会计人员应当忠诚于会计职业和会计利害关系人,自觉维护会计职业整体利益和利害关系者各方的经济利益,爱岗敬业、诚实守信。

1. 爱岗敬业

会计人员应当热爱本职工作,努力钻研业务,使自己的知识和技能适应所从事工作的要求。爱岗敬业是每一种职业最基本的道德规范,是对各行各业的职业人员最起码的道德要求。不热爱本职岗位,工作上不兢兢业业,敷衍了事,不可能出色完成本职工作,其他道德规范也就成为空谈。对会计行业来讲,爱岗敬业就是要求会计人员充分认识会计工作在社会经济生活中的重要作用,充分认识到自己作为会计人员所肩负的重要责任和使命,树立崇高的职业荣誉感和职业责任感,在工作中兢兢业业、尽职尽责、出色完成本职工作。具体来说,爱岗敬业要求会计人员做到如下五个方面。

(1) 必须知岗、懂岗,并有崇高的职业荣誉感。会计人员必须对会计职业的性质、地位和工作内容具有正确的理解,认识到会计作为一种经济管理工作,是社会经济生活中不可或缺的重要组成部分,进而树立崇高的职业荣誉感,以自己身为一名会计人员为荣。

(2) 必须合理设置会计岗位、分配会计人员,明确规定各会计岗位的责任,使岗位责任落实到个人,做到会计人员各司其职、各尽其责。单位主管会计人员必须根据本单位的实际需要,合理设置会计工作岗位、分配会计人员,使每一项具体会计工作都有确定的专人负责,并安排好职责分工,使不相容的会计职务得以有效分离。各级会计人员必须清楚自己的岗位职责,明确自己分管的工作内容,并且积极配合其他会计人员的工作。在合理设置会计岗位的同时,还应实施有效的内部会计控制,使各岗位会计人员的工作都能置于有效的监督和控制之中,避免差错和舞弊事项的发生。

(3) 必须忠于职守,尽职尽责。会计人员必须认真进行会计核算,为本单位的利益相关

人提供相关、可靠的会计信息；维护单位合法的经济利益，抵制一切不当开支，保护单位资产的安全完整；搞好单位的理财工作，实现资金的有效运作；熟悉单位的生产经营和业务管理情况，利用所掌握的会计信息积极参与单位的经济决策，为改善单位内部管理、提高经济效益服务。忠于职守还要求会计人员树立国家和社会公众利益高于一切的观念，不得以牺牲国家利益和社会公众利益为代价为本单位谋取利益。

（4）必须严肃认真，一丝不苟，提高工作效率和质量。会计人员必须勤奋、主动、及时地处理各项会计业务，做到手续合法完备、数字真实准确、信息披露完整及时并易于被信息使用者理解。

（5）必须刻苦钻研业务，不断更新会计专业理论知识，跟上会计科学发展的趋势，同时需要广泛吸收从事本职工作所必需的相关学科知识，充实自己的知识体系。各单位应加强会计人员的业务学习和职业道德教育，不断提高会计人员的业务素质。

2．诚实守信

会计人员在会计工作中应当遵守职业道德，树立良好的职业品质、严谨的工作作风，严守工作纪律，努力提高工作效率和工作质量。市场经济首先是信用经济，没有信用，市场就会陷于混乱，无法健康发展。因此，诚信是市场经济条件下道德规范的基本准则。作为会计人员，诚实守信要求其在工作过程中做到实事求是、表里如一、信守承诺、讲求信用。具体来说，诚实守信要求会计人员做到如下六个方面。

（1）必须以实际发生的经济业务事项为依据，在取得合法原始凭证的基础上，严格按照会计准则、制度的要求进行会计核算，在会计核算全过程中始终做到手续完备、内容真实、账目清楚、数字准确；不得伪造、变造会计凭证、账簿及其他相关会计资料，不得出具虚假财务报告。

（2）不得私设会计账簿对单位会计事项进行账外核算，不得保留账外资金。

（3）注重职业信誉，不得迎合或屈从于上级主管人员的意愿从事不当或虚假的会计业务，必要时主动退出有违职业道德的业务。

（4）在接受有关监督检查部门依法实施的监督检查或委托会计师事务所进行审计时，必须如实提供会计凭证、会计账簿、财务会计报告和其他会计资料以及有关情况，不得提供虚假资料或进行虚假陈述以误导其判断；不得以任何方式要求会计师事务所及注册会计师对本单位提出不当的审计意见。

（5）保守单位机密，对在执业过程中知悉的单位商业机密，除非有法律或职业准则的要求，在未经适当授权的情况下，不得私自对外提供或泄露，不得利用所知悉的商业机密为自己或他人谋取不当利益。

（6）不得对自己的专业知识、职业能力、职业经验及所能胜任的工作等进行不切实际的描述。

3．客观公正

会计人员办理会计事务应当实事求是、客观公正。会计的目标是为决策者提供有助于经济决策的信息，而这种信息必须具备客观性和公正性才能取信于信息使用者。因此，客观公正是会计人员执业过程中必须遵循的基本道德规范和行为准则。客观是指会计人员在处理会计业务中应当实事求是，如实反映企业的财务状况和经营成果，不掺杂个人主观意愿在内,也不为他人的意见所左右;公正是指会计人员在处理会计业务中应当公平、正直,不偏不倚对待有关利益各方,超脱于利益冲突。具体来说,客观公正要求会计人员做到如下六个方面。

(1) 保持实质上和形式上的独立性。实质独立要求会计人员在进行会计业务处理时,必须独立作出职业判断,保持客观无偏的精神态度和意志;形式独立要求会计人员在执业过程中,应在利益相关者面前呈现一种超然独立的身份,主动回避各种可能会使利益相关者对会计人员的客观公正性产生怀疑的情况。

(2) 应当避免那些可能产生偏见或易受到他人影响,从而损害客观性的关系。

(3) 在进行具体会计业务处理时,必须基于客观的立场,以实际发生的事实为依据,如实反映经济业务的真实面貌,不得向不同的利益相关者提供编制依据不同的财务报告。

(4) 在作出职业判断时,必须免受个人感情、偏见、成见或推测的影响,免受外界因素的引导、控制和约束;在有多种会计处理方法可供选择时,必须选取最能够反映客观实际的方法,不得为实现某一特定目的而有意识地选择某种方法,也不得为实现某一特定目的而任意改变会计方法或会计估计,除非有理由确信会计方法或会计估计的变更将有助于提高会计信息的准确性,并且这种变更应在会计报表附注中进行揭示。

(5) 在进行具体会计业务处理和作出职业判断时,应当不偏不倚对待有关利益各方,不得以牺牲一方利益为代价使另一方受益。

(6) 会计人员有义务确保其下属工作人员在工作中保持客观公正性。

4. 忠诚及道德冲突解决

企业、事业及国家机关会计人员及会计机构在办理会计事项、处理会计业务的过程中经常会面对各种利益冲突,应当本着忠诚和客观公正的原则正确妥善解决这些冲突。解决这些冲突应当做到廉洁自律、坚守法规、坚持准则、操守为重、不做假账。会计人员应当熟悉财经法律、法规、规章和国家统一会计制度,并结合会计工作进行广泛宣传。

5. 廉洁自律

廉洁自律是会计职业道德的内在要求,也是会计人员最基本的行为准则。会计职业是一项直接涉及钱、财、物,也直接关系着国家、社会、单位、投资者、债权人等各方利益的特殊职业。能否做到廉洁自律,是会计人员正常开展会计工作的重要前提,也是会计人员取信于社会、维护会计职业信誉的根本。廉洁自律要求会计人员做到洁身自重,清正廉明,秉公办事,自觉抵制来自各方面的利益诱惑。具体来说,廉洁自律要求会计人员做到如下五个方面。

(1) 树立正确的人生观、价值观和道德观,自觉抵制享乐主义、拜金主义等错误思想的干扰,奠定廉洁自律的思想基础。

(2) 明确维护单位财产的安全完整是会计人员的神圣职责,不得以任何方式侵吞、浪费所管辖的单位财产;明确所掌握的财权既是会计职业权力的体现,也是会计人员应承担的一种职业责任,权力越大,责任越大,不得以任何方式将职业权力用于谋取私利。

(3) 不得从事各种可能不利于会计人员以道德方式履行其职责的行为。

(4) 避免介入各种现实的或潜在的利益冲突,并通知有关利益各方有可能产生利益冲突的情况。

(5) 不得收受或提供可能对会计工作的正当性产生不利影响的礼品或招待。

6. 坚守法规

会计人员应当按照会计法规、规章和国家统一会计制度规定的程序和要求进行会计工作，保证所提供的会计信息合法、真实、准确、及时、完整。这里的"法规"是一个广义的概念，其内容包括：(1) 会计法律及会计行政法规；(2) 会计准则和国家统一会计制度；(3) 其他涉及会计工作的财经法律制度；(4) 单位内部制定的会计工作规范等。法规是会计人员开展会计工作、处理会计业务事项的标准，也是衡量会计人员工作业绩的参照物。坚守法规要求会计人员在工作中坚持按照会计法律、法规、会计准则和会计制度的要求开展会计工作、办理会计事务，具体要求会计人员做到如下七个方面。

(1) 熟悉和掌握有关会计法律法规、会计准则及制度以及单位内部会计工作规范，正确领会其内容，并能熟练地加以运用。

(2) 以身作则，自觉遵守会计法律、法规和职业准则，严格依照《会计法》的规定进行会计核算，实行会计监督，坚持法律面前人人平等，以法律维护有关利益各方的正当权益。

(3) 明确法律赋予会计人员的职责和权力，坚决抵制各种违反会计法律、会计准则的行为，对不合规的经济业务应拒绝办理或按照职权予以纠正。

(4) 对具体经济业务事项的会计核算应严格对照相关会计准则和会计制度的规定进行，并运用职业判断确保会计准则和会计制度得以恰当运用。

(5) 应建立适当的质量控制程序，以确保会计工作符合会计法律、法规及会计准则、会计制度的要求。

(6) 在制定单位的内部会计工作规范时，不得与现行会计法规、制度等相抵触。

(7) 坚持准则。

① 会计人员必须熟知会计准则和会计制度，正确领会其内容和运用方法，并在准则和制度适用的业务领域内，坚持按照准则和制度的要求进行会计处理。在具体应用会计准则和会计制度时，会计人员应确保其运用得当，不得滥用，不得利用准则许可范围内的职业判断进行盈余操纵。

② 对于现行会计准则和会计制度无法涉及的新业务领域，会计人员应当能够运用所掌握的会计专业知识及职业经验，在进行适当职业判断的基础上予以客观公正地处理。

③ 如果会计人员认为出于客观环境因素的限制，某些经济业务事项如果严格按照会计准则和会计制度进行处理，反而会导致会计信息令人产生误解，则应当仔细评价在限制因素条件下，相关准则或制度对会计信息公允性的影响，在此基础上选择恰当的会计处理方法，并将此事项在会计报表附注中予以充分揭示，以确保会计信息的公允性。

7. 专业胜任能力与职业技能

企业、事业、国家机关等单位会计人员及会计机构应当保持与其职业要求相适应的专业胜任能力和职业技能，应包括会计业务及事项的处理、参与管理、提高服务等方面的能力和技术水平。

(1) 专业胜任能力。

会计是一门专业性很强的经济管理工作。会计人员要胜任自己的工作，必须具备专业胜任能力，并且随着会计环境的变化，会计业务内容、会计法规和职业准则以及会计技术手段的发展，会计人员应不断提高自身的专业知识和技能，使之一直保持在一定水平之上，以确保能为利益相关人提供高质量的专业服务。具体来说，专业胜任能力包括以下七个方面。

① 专门学识。

会计人员应具备与所承担工作相称的会计、财务等相关专业知识以及与会计相关的经济、法律知识。

会计人员应通过接受正规的专业教育，经过相关课程的培训并通过相应的考试来获得必要的专门学识。

不同性质、不同层次的会计岗位需要会计人员具备不同内容、不同级别的专门学识，各单位的会计机构应明确本单位不同会计岗位对会计人员专门学识的要求。

② 职业经验。

不同单位的会计事项因单位经营业务的特点不同而各具特色，同时会计事项的处理也需要会计人员运用大量的职业判断，从而要求会计人员必须具备一定的职业经验以确保能胜任单位的会计工作。

职业经验要求会计人员掌握单位所属行业的会计业务处理经验，熟悉单位业务经营活动的流程和特点以及生产经营活动的基本状况。

会计人员应通过接受专家培训，以及在有经验的会计主管人员的指导、监督和检查下获得从事本岗位会计工作所必需的职业经验。

会计人员应在工作中不断积累职业经验，以适应不断变化的会计环境。

会计人员晋升时，应具备与拟升任职位相称的职业经验。

③ 职业判断能力。

会计业务处理过程中经常需要会计人员做出职业判断，如会计原则及具体会计处理方法的选择、会计事项的估计、重要性的判断，等等。会计信息能否做到客观公允，很大程度上取决于会计人员的职业判断是否恰当，因此会计人员必须具有较强的职业判断能力。

职业判断能力要求会计人员能够依据会计事项所处的客观环境对其作出正确的处理：在选择会计原则和会计处理方法时，应力求选择适合本企业具体情况的原则和方法，以使会计信息能公允地反映单位的经营情况；在进行会计估计时，应力求使估计值能体现不确定性事项的客观实际；在进行重要性判断时，应力求使重要事项的确认标准及其披露能保证会计信息的充分性和可理解性。

④ 专业分析能力。

会计人员不仅应具有提供会计信息的能力，而且应具备解释、分析和评价会计信息的专业能力，以协助单位管理当局的决策。

专业分析能力要求会计人员能够利用会计信息，将单位的经济活动进行整理、归纳和分析，在此基础上对单位的财务状况和经营成果作出客观评价并形成报告，供单位管理当局参考。

⑤ 专业表达能力。

会计人员应当具备一定的专业表达能力，确保所提供的各类财务与非财务信息能够清楚地反映单位财务状况、经营成果的真实情况，并便于被会计信息使用者所理解。

专业表达能力还要求会计人员具备一定的语言表达和文字表达能力，能够以口头或书面形式提出会计报表说明、财务分析报告、有关经济活动的合理化建议报告等。

⑥ 专业胜任能力的自我评价。

一般来说，会计信息使用者需要依赖会计人员的工作，但却很难对会计人员的工作质量做出评价,这一矛盾对外部信息使用者来说尤为突出。这种矛盾决定了一旦会计人员承担了某项会计工作,会计信息使用者就有权期望会计人员是合格、胜任的专业人士,能够保证其工作质量。因此,会计人员必须对自己的专业胜任能力做出客观评价,不得承担自己无法胜任的工作,误导会计信息使用者对其会计工作质量的判断。

如果会计人员在缺乏足够的培训或工作经验的情况下,被单位管理当局要求承担某些重要的工作,会计人员必须坦诚自己在拥有的专业学识和职业经验方面的不足,不得误导单位管理当局,除非经过适当的培训以获得从事工作所必需的专业知识,或者可以寻求到有关专家的帮助,否则会计人员应拒绝承担上述工作。

⑦ 专业胜任能力的保持。

会计职业是一门不断发展变化的职业,会计知识也始终处于不断更新之中。会计人员要保持自身的专业胜任能力,必须不断了解会计职业的发展,不断学习新的会计知识,树立终身教育的信念。

保持专业胜任能力首先要求会计人员依照有关法规的规定接受定期的后续教育。除接受强制性的后续教育外,会计人员在平时也应当对会计职业的最新进展予以足够的关注,及时更新专业知识。会计人员在平时的学习中应对政府和行业协会发布的职业准则,以及其他有关法律、法规制度予以特别的关注。

(2) 职业技能。

会计是一门专业性和技术性很强的学科,会计人员不仅要求具备良好的道德品质,更要具备必要的专门学识和职业经验,才能胜任自己的工作。没有娴熟的会计专业技能,道德品行再好的会计人员也无法胜任自己的会计工作。因此,娴熟的专业技能是会计职业道德的保证。具体来说,职业技能要求会计人员做到:

① 在接受必要的普通教育基础上,接受与专业相关的学科的教育、培训和考试,以具备满足会计工作需要的专门学识。

② 应具有一定时间的职业经历,以积累足够的职业经验胜任所承担的岗位。

③ 必须依法取得会计从业资格证书,未取得会计从业资格证书不得担任会计岗位工作,担任会计主管人员还必须具备相应的专业技术职务资格。

④ 不断学习新知识,包括政府和行业协会发布的会计准则、会计制度以及其他与会计工作相关的法律、法规和规章,积极接受后续教育,跟上会计职业的发展趋势。

⑤ 在承接会计工作时应对自己的专业胜任能力进行客观评价,不得承接或宣称能够承接自己本不具备胜任能力的工作。

8. 强化服务

会计人员应当熟悉本单位的生产经营和业务情况,运用掌握的会计信息和会计方法,为改善单位内部管理、提高经济效益服务。会计本质上是一项经济管理。会计人员不能只是消极地记账、算账和报账,而应当利用所掌握的会计信息积极主动参与单位生产经营管理,当好管理当局的参谋。会计人员应及时、经常地向单位管理当局反映企业经营活动的情况和存在的问题,提出改善经营管理的合理化建议,为管理当局的管理和决策出谋划策。具体来说,参与管理要求会计人员做到如下四个方面。

(1) 熟悉单位的生产经营活动和业务流程的特点,掌握单位的生产经营能力、市场竞争能力以及资源状况等基本经营情况,为参与管理奠定基础。

(2) 以财务报告数据为基础,定期对单位的财务状况、经营成果及现金流动情况进行综合财务分析,并将分析结果和评价意见及建议及时书面报告给单位管理当局。

(3) 积极参与企业经营管理的全过程,为经营预测、经营决策、预算制定、预算控制、业绩评价等各阶段管理活动提供相应的数据支持,并提出改善经营管理的合理化建议,供单位管理当局参考。

(4) 会计是一项具有较强服务性的职业,为利益相关人提供高质量的专业服务,是会计职业取信于社会,赢得社会信赖与尊重的基础。强化服务就是要求会计人员具有端正文明的服务态度、积极主动的服务意识和出色的服务质量,具体要求会计人员做到:

① 必须把竭诚为利益相关者提供高质量的专业服务作为自己的工作目标和职业宗旨。

② 强化服务意识,端正服务态度,在工作中做到礼貌待人、语言文明、态度谦恭。

③ 与其他会计人员及单位内部其他部门之间保持良好的协作关系,积极支持和配合其他会计人员及单位内部其他部门的工作。

(三) 对利益相关者的责任

1. 竭诚为利益相关者服务

会计人员应当对各方利益相关者承担责任。会计人员应当在遵守法规、专业技术规范和职业道德规范,在公平对待有关利益各方的基础上,尽最大努力为本单位提供专业服务,从职业上关心本单位的最大利益。

会计人员既要对单位的利益负责,也要对自己的职业负责。在二者发生冲突时,会计人员应优先支持单位符合法律和道德标准的目标,忠实于所在单位的利益,但单位不能要求会计人员从事以下有违法律及道德规范的行为:(1)违反法律、法规的行为;(2)违反会计准则、会计职业道德规范及其他相关专业技术规范的行为;(3)向依法实施的监督检查有关监督检查部门和进行审计工作的会计师事务所说谎或进行误导性的陈述;(4)提供虚假财务信息。

2. 公平对待各方利益相关者

会计人员在工作中应当平等对待单位的各方利益关系者,协调好单位内部管理层与被管理者之间、单位与外部利益相关者之间的关系,努力做到不偏不倚,达到各方利益相关人的满意。

3. 保守商业机密

会计人员应当保守本单位的商业秘密。除法律规定和单位领导人同意外,不能私自向外界提供或泄露单位的会计信息。会计人员因其职业的特殊性,在工作中可以掌握单位大量的商业资料,其中有些属于商业机密。商业机密的不当泄露,会给单位造成经济损失,也会使会计职业信誉受损。因此,会计人员对在工作中知悉的单位商业机密负有保密义务。

会计人员应始终遵守保密原则,除非具有法定或专业的披露责任,或者得到正式的信息披露授权。即使会计人员离职,这种保密责任也应当延续。

会计人员应当采取必要的手段使单位管理当局相信自己不会在未经授权的情况下披露单位的商业机密,如签署保密承诺书等。

会计人员应仅在自己的职权和业务范围内了解单位的财务及经营信息，不得以工作名义了解不属于自己职权和业务范围内的信息。

会计人员不得将工作中获取的商业机密用于与执行会计业务无关的私人目的或为第三者提供方便。

会计人员在工作场合以外的任何地点和场所，均不得谈论单位的业务状况、财务计划等可能泄露商业机密的情况。

会计人员有义务确保其下属工作人员，以及协助其工作或为其提供咨询或建议的人员也遵循保密原则。

会计人员应当识别保密原则的例外情况。这些例外情况可能包括：(1) 经单位管理当局授权披露属于机密性质的信息，在这种情况下会计人员应尽量取得正式的、书面形式的授权文件，并谨慎考虑机密信息的披露对所有利益相关者利益的影响。(2) 法律规定会计人员有责任披露的情况。例如：为诉讼案件准备文件或举证，在这种情况下会计人员不得以保密为由拒绝出庭作证；向有关司法部门披露所发现的违法行为，等等。(3) 职业准则允许披露或职业责任要求披露的情况。例如：为遵守会计准则等专业技术规范及职业道德规范的要求而进行披露；为在法律诉讼中保护会计人员的职业利益而披露；接受会计监管机构或会计职业团体的同业检查、质量检查以及其他合法的调查和询问等，在这种情况下会计人员不得以保密为由逃避监管和检查。

会计人员在决定披露机密信息时，应当考虑以下情况：(1) 是否已尽可能地了解并证实了所要披露信息的全部事实；(2) 应合理确定机密信息的传递对象是否是恰当的接受者；(3) 考虑机密信息的披露是否会引起法律责任。在考虑上述情况时，会计人员应考虑是否需要向法律顾问或有关职业组织进行咨询。

(四) 其他责任

1. 应有的职业谨慎

职业谨慎要求会计人员在工作中必须保持较强的职业敏感性，具备足够的专业胜任能力、一丝不苟的职业责任感，以及应有的认真、慎重的工作态度。

职业谨慎要求会计人员在承接某项工作之前首先应评价自己的知识、经验和职业判断能力是否可胜任所要承担的工作。如果不具备胜任工作的能力，应寻求专家的帮助，或拒绝接受工作。

职业谨慎要求会计人员在工作中，严格遵守会计法律法规、会计准则、其他会计职业技术规范，以及会计职业道德规范，并对会计工作进行妥善的监督和复核。

应有的职业谨慎并非要求会计人员在工作中做到绝对真实与正确，允许存在无意的判断失误和正常的观点分歧，但不允许会计人员在工作中有重大判断失误或蓄意欺诈行为。

2. 业务上的监督与复核

单位会计机构应建立必要的质量控制程序，实现对会计业务处理过程的监督和对业务处理结果的复核。

主管会计人员应对下属会计人员的工作进行必要的监督和复核，主要内容包括：会计工作是否遵守了会计法律法规和会计准则、会计制度；职业判断是否恰当、合理；会计记录是否正确无误,等等。

3. 建立适当的内部会计控制制度

单位会计机构应结合单位内部管理和会计业务的需要,建立健全内部会计控制制度,以规范会计行为,保证会计信息质量;保护单位资产的安全、完整;确保国家有关法律法规和单位内部规章制度的贯彻执行。

内部会计控制应涵盖单位内部所有的会计人员,以及涉及会计工作的各项经济业务及相关岗位,保证涉及会计工作的机构、岗位的合理设置及其职责权限的合理划分,坚持不相容职务相互分离,确保不同机构和岗位之间权责分明、相互制约、相互监督。

4. 维护职业形象

会计人员应积极维护职业形象和职业信誉,不得从事或支持各种可能有损于会计职业形象或信誉的行为。

会计人员不得以不正当手段获取工作机会。例如:使用有损于职业形象的方式,贬低同行的工作,或对自己的业务能力及职业经验进行夸大性的描述,等等。

5. 不得利用职务之便谋取不当利益

会计人员在工作中,不得利用所拥有的职权或借助工作的便利为自己或他人谋取不当利益,禁止以拒绝或拖延办理正当业务相要挟,索取不正当利益。

6. 支持同行及单位内部其他部门的工作

会计人员在工作中应积极、主动地配合其他会计人员的工作,尊重他人在会计问题上形成并保持自己职业判断的需要,并以专业方式解决职业判断上的意见分歧,这一点对会计主管人员来说尤其重要。

会计人员应与单位内部其他部门之间保持良好的协作关系,及时处理有关内部各部门的会计事项,保证各部门经济业务的正常顺利进行。

7. 道德问题仲裁

会计主管人员应促使本单位制定单位内部会计职业道德规范,以及解决道德问题的有关政策。

在应用职业道德规范时,会计人员会面临如何确认不道德行为,以及怎样解决违反道德规范的问题。会计人员在遇到严重的职业道德问题时,应首先遵循本单位制定的解决该问题的政策。对于单位政策无法解决的道德问题,会计人员应考虑以下解决措施。

(1) 请直接上级审议这一道德问题。如果直接上级无法解决这一问题,则可以在通知直接上级的情况下,求助于更高一级的管理层;如果直接上级可能牵涉这一道德问题,则应当将此问题提交给更高一级管理层。

当直接上级是单位的最高管理层(如总经理)时,则应当将此问题提交给董事会或类似权力机构审议解决。

(2) 向会计职业团体或独立顾问寻求咨询和建议,了解可能的解决措施。

(3) 如果经过单位内部各级审议之后,某些重大道德问题如舞弊行为等依然存在,则会计人员只能选择辞职,并向单位的适当代表提交有关问题的信息备忘录。

二、会计行为的法律责任

会计人员法律责任是指会计人员在执行业务工作时,违反法律、法规时所应承担的法律责任。我国《会计法》(2017年修订)和《刑法》(2017年修订)列举了违法行为应当承担的法律责任的有行政责任和刑事责任。

《会计法》规定的行政责任:(1)责令限期改正;(2)通报;(3)没收违法所得、罚款;(4)行政处分(降级、调离工作岗位、撤职、开除);(5)五年内不得从事会计工作。

构成犯罪的依法追究刑事责任。我国《刑法》中与会计违法行为有关的刑事责任条款:(1)虚报注册资本罪、虚假出资罪、抽逃出资罪,欺诈发行股票、债券罪;(2)违规披露、不披露经济信息罪;(3)妨害清算罪、隐匿、故意销毁会计凭证、会计账簿、财务会计报告罪;(4)徇私舞弊造成亏损、破产罪;(5)用账外客户资金非法拆借、发放贷款罪;(6)贷款诈骗罪;(7)偷税罪;(8)虚开增值税专用发票、用于骗取出口退税、抵扣税款发票罪;(9)中介组织人员提供虚假证明文件罪、中介组织人员出具证明文件重大失实罪;(10)打击报复会计人员罪;(11)职务侵占罪;(12)公司、企业或者其他单位的工作人员挪用资金罪;(13)挪用公款罪;(14)滥用职权罪。

三、企业会计职业道德的教育

21世纪是世界经济从工业经济向知识经济转变的时代,也是高科技大发展和经济管理大提高的时代。知识经济作为一种新的经济形态,它是以知识的生产和人的智力的充分发挥为支撑,以信息化网络化为基础,通过持续、全面的创新,最合理有效地利用资源,促进科技、经济、社会的和谐统一,实现可持续发展。会计在经济、社会运行中扮演着愈来愈重要的角色,同时也对会计人员的素质提出了更高的要求。

(一)加强会计人员文化素质教育

首先,会计人员必须具有过硬的专业知识和理论知识。会计人员要认真学习理论和专业知识,紧跟时代前进的步伐,及时更新知识。同时,要将学习与实际工作相结合,不断提高职业判断能力和解决实际问题的能力。第二,要加大高层次会计人员的培养教育。我国各级各类教育机构要结合经济发展要求,及时调整办学思路,设置科学合理的课程,加大高层次会计人员的培养数量,从数量结构和知识层次方面提高我国会计人员的整体知识素质。第三,会计人员必须要有熟练操作计算机的技能。现代社会已步入了信息时代,电算化已成为企业财务信息系统运作最基本的形式。大量的跨国公司的出现、更新的金融衍生工具的产生,使从未有过的经济业务剧增,信息的处理程序和计算量庞杂,如果不借助计算机,势必影响信息传播的及时性。会计人员只有将计算机网络知识与会计知识相结合,才能满足高质量的会计信息的要求。第四,尽可能掌握一门外语。随着我国改革开放的逐步深入,世界经济一体化进程的加快,会计人员同国外同行打交道的机会也越来越多,客观上要求他们能熟练地掌握和运用一门外语。另外,在数字化信息时代里,要了解掌握国外会计领域的新知识、新趋势,更好地同国际接轨,不懂外语,显然是行不通的。

（二）加强教育培训，提高会计人员的业务素质

1. 注重会计人员在职培训

一名合格的会计人员不仅要有丰富的实践经验，而且还要有一定的政策理论水平，面对新形势、新情况和新问题，会计人员只有通过专业知识学习和在职的短期业务培训来刻苦钻研业务，了解和掌握国家财经法规及审计、税务、统计、电算化经营管理等方面的基本知识，逐步提高自身的业务素质。

2. 鼓励会计人员自学

未来经济发展趋势要求会计从业人员必须在知识结构、业务水平、综合能力（包括职业判断能力）等方面得到进一步提高，其有效的途径是通过后续教育。目前，会计人员进行自学的形式很多，有夜大、函授、自考、远程、电大开放教育等。会计人员可根据自身的情况，选择自学的形式，所在单位应鼓励会计人员自学。同时，广泛开展业务研究和学术交流，通过不断学习，丰富业务知识，以达到知识技能的更新和补充，提高创新能力和专业技术水平，完善知识结构，变被动的核算职能为具有创新意识的能动管理，去更好地履行职责，成为工作上的"业务通"。

3. 加强会计人员的继续教育工作

会计人员继续教育是会计管理工作的主要组成部分，是会计队伍建设的主要内容。在知识经济时代，由于知识更新加速，学习不再是人生某一阶段受一次教育就一劳永逸的事情。只有终身学习才能适应知识经济时代对会计人员的素质要求。这就要求继续教育工作做到经常化、制度化。各单位主管部门应按照财政部《会计人员继续教育暂行规定》的有关内容，每年安排会计人员分层次、分期、分批地培训学习，切实帮助他们提高素质、积累经验、更新知识。会计人员应积极参加培训，不能以各种原因放弃培训。

4. 实行岗位轮换制度

会计人员较长时间内从事某一具体的岗位工作，有其连续性和熟练性等特点，但这样做不利于会计人员全面熟悉和掌握各个岗位的业务。应定期对内部岗位分工进行轮换，使会计人员在各个不同的业务岗位上都得到实践的机会，促进互相交流，提高会计人员的业务水平。

（三）加强会计人员思想和职业道德教育

长期以来，由于受西方腐朽思想的影响，拜金主义、享乐主义日益抬头，它侵蚀着会计人员队伍，因此要在思想上筑起一道坚固的防线，来加强会计队伍建设。职业道德教育是职业道德建设的重要一环，应贯穿于会计人员整个职业生涯的始终。因此，各级财政部门及有关单位应把职业道德教育作为一项长期的任务，有组织、有计划地进行。通过各种手段使会计人员树立正确的职业道德观，遵循会计职业道德规范，自觉提高道德修养，抵制不良风气的侵蚀。同时，还应制定相应的检查考核具体办法，对不道德的人员，不允许其参加相应的专业技术考试，对于有严重违法乱纪的会计人员，除应负相应的责任外，还要吊销其已取得的资格证书，以后不得从事会计工作，把会计职业道德水平的高低、好坏作为达标升级的一个重要考核内容。

(四)加强会计人员法制教育,增强法制观念

各单位必须采取强有力的措施,组织会计人员认真学习国家财经方针、政策及《会计法》等相关法律法规和制度,深刻领会、全面掌握有关知识。会计人员要以财经纪律和有关法律法规严格要求自己的职业行为,知法守法,廉洁自律,不提供虚假的、不真实、不合法或记录不准确的信息;要坚持原则,敢于同违法行为做斗争,保护国家、单位的合法权益不受损害;要增强法制观念,加强防范意识,避免工作失误,远离经济犯罪。

四、国际企业会计职业道德规范简介

(一)美国企业会计职业道德规范

美国会计是在继承英国会计传统基础上发展起来的,它的一个重要特征就是民间会计组织在会计职业道德建设方面起着重要的作用。当然,不可否认,这些民间会计组织之所以能顺利地开展工作,与政府的支持是分不开的。在安然事件发生后美国注册会计师行业存在的道德问题引起了美国各界的空前关注,为了加强对注册会计师行业的监管,促进注册会计师职业道德的建设,重建投资者的信心,美国国会于2002年7月25日通过了《公众公司会计改革和投资者保护2002年度法案》(简称"萨班斯法案")。该法案对公众公司会计信息披露管理体制进行了改革,设立了在证券交易委员会(SEC)监管下独立于会计职业组织之外的"公众公司会计监察委员会"(PCACB),重新定义了会计职业道德规范的标准,加强了对会计行业管理。

美国的民间会计组织及职业团体如财务经理协会(FASB)、美国注册会计师协会(AICPA)等具体承担了会计职业道德建设的任务,他们是会计职业道德建设的主力军如美国注册会计师协会制定的《注册会计师职业行为规则》、财务经理协会制定的《财务经理道德规则》、美国内部审计师协会(IIA)制定的《内部审计师道德规范》等,对美国的会计职业道德建设产生了重大的影响。

美国的会计职业道德规范长期以来主要由 SEC 授权各民间会计组织制定的,但在安然事件后为加强对会计行业的监管,萨班斯法案对职业道德规范进行了定义,认为会计职业道德规范是指有助于推广下列行为的标准:诚实和符合职业道德的行为,包括有职业道德地处理个人和专业之间的利益冲突;定期报告中要充分清晰地披露所有信息;遵守政府的规章及守则。这就为会计职业道德规范体系的建立提供了指导性标准。

至于各职业团体制定的道德规范主要有美国注册会计师协会制定的《注册会计师职业行为规则》、财务经理协会制定的《财务经理德规则》、管理会计师协会(IMA)制定的《管理会计师道德行为标准》和内部审计师协会制定的《内部审计师道德规范》等。比如,在《财务经理道德规则》中会计职业道德规范的内容主要有真诚正直、客观提供充分并相关的信息、遵守法规、尽力履行责任、资料保密、不断提高专业技能、避免失信等七项内容。

(二)英国企业会计职业道德规范

英国会计的主要特点是强调"真实与公允"对会计职业道德方面的规定主要来源于两个方面:一是来自公司法中关于公司会计的规范和要求;一是来源于会计职业团体制定

的会计职业道德规范的有关文件。英国的会计职业团体开展了会计职业道德规范方面的建设，1976年成立了"会计职业团体协商咨询委员会(CCAB)"，它是"特许注册会计师协会(ACCA)""特许管理会计师协会(CIMA)""英格兰特许注册会计师协会(ICAS)"等六个会计职业团体的联合委员会，其下设"CCAB职业道德联络委员会"专门负责协调各职业团体的职业道德规范的建设，在CCAB的指导下各个会计职业团体纷纷制定本行业的职业道德规范共同构建成一个完整的会计职业道德规范体系。

英国会计职业道德规范体系的内容除了在英国《公司法》中作了原则性的规定外，各行业的道德规范主要是由各个会计职业团体制定、颁布的。其主要作用是用来约束同业会员的行为，净化执业环境。英国的会计职业团体较多，各个团体制定的职业道德规范的侧重点有所不同。

(三) 国际会计师联合会企业会计职业道德的规范

国际会计师联合会发布的职业会计师道德守则中对职业会计师进行了规范，这里所说的职业会计师分为执行公共业务的职业会计师和受雇的会计师，本处主要介绍适用于所有职业会计师的和受雇的职业会计师的职业道德规范。

1. 适用于所有职业会计师的职业道德规范

这里的"所有"是指执行公共业务的职业会计师和受雇的会计师。

(1) 公正性和客观性。

公正性不仅仅指诚实，还有公平交易和真实的意思。客观性原则要求所有会计师公平、诚实并超脱于利益冲突。

职业会计师在许多领域提供专业服务，在不同情况下均应表现出客观性。执行公共业务的会计师承接鉴证业务，并提供税务及其他管理业务咨询。其他职业会计师则在工业、商业、公共或教育部门中作为下属职员从事编制会计报表、内部审计或财务管理等工作。他们还为希望进入这一行业的人提供教育和培训。无论提供何种服务、担任何种职务，职业会计师都应当维护其专业服务的公正性，并在判断中保持客观。

在确定哪些情况和业务尤其需要遵循客观性的职业道德规范时，应当充分考虑以下五个因素。

① 职业会计师可能被施加压力。这些压力可能损害他们的客观性。

② 列举和描述各种可能存在压力的情况是不现实的。在制定准则以识别实质上或形式上可能影响职业会计师客观性的关系时，应体现合理性。

③ 应避免那些导致偏见或受到他人影响、从而损害客观性的关系。

④ 职业会计师有义务确保参与专业服务的人员遵守客观性原则。

⑤ 职业会计师既不得接受、也不得提供可被合理认为对其职业判断或对其业务交往对象产生重大不当影响的礼品或款待。各国对超乎寻常的礼品和款待的认定不同，但职业会计师应尽量避免使自己专业声誉受损的情况。

(2) 道德冲突的解决。

职业会计师经常会面对利益冲突的情况。这种冲突可能以各种方式产生，从相对轻微的两难境地到舞弊和其他类似非法行为的极端情况。试图为可能产生利益冲突的情况列出一个完整的查询表是不可能的。对于可能产生利益冲突的因素,职业会计师应始终十分清楚并保持警觉。应当指出,职业会计师和其他利益主体之间坦诚的意见分歧本身并不是道德问题,但相关各方面应对各种情况下的实施和环境进行调查。

不过应当承认,当职业会计师的责任与各种各样的内部或外部需求发生冲突时,可能会涉及一些特殊因素。因此:

① 可能存在来自专横的监事、经理、董事或合伙人的压力,或存在可能对职业会计师产生压力的家庭或个人关系。其实,任何消极地影响、损害或危及职业会计师客观行为的关系或利益都应当被阻止。

② 职业会计师可能被要求做出违背技术和专业准则的行为。

③ 在对忠诚进行权衡时,如在职业会计师的上级和其需要遵循的职业行为准则之间权衡时,可能会出现问题。

④ 当有利于雇主或客户的误导性信息被公布,而公布的结果有利于或无利于职业会计师时,可能会产生冲突。

在运用职业道德守则识别不道德行为或解决道德冲突时,职业会计师可能遇到问题。当面对重大道德问题时,职业会计师应遵循所在组织的已有政策,来寻求解决道德冲突的办法。如果这些政策仍不能解决道德冲突,应考虑以下做法:

① 请直接上级审议这一冲突问题。如果直接上级不能解决问题,而职业会计师决定求助于更高一级的管理层,则应将这一决定通知直接上级。如果直接上级看来已卷入这一冲突问题,职业会计师应将问题提交给更高一级的管理层。当直接上级是首席执行官时,更高一级的审议层可能是执行委员会、董事会、非执行董事、受托人、合伙人管理委员会或股东。

② 私下向独立顾问或是当地职业会计师团体寻求咨询和建议,以了解可能的措施。

③ 如果在经过内部所有各级审议之后道德冲突仍然存在,那么对于一些重大问题,职业会计师可能没有其他选择,作为最后手段他只能诉诸辞职,并向该组织的适当代表提交一份信息备忘录。

而且,一些国家的地方法律、规章或专业准则可能要求将某些严重问题向诸如执法或监督机构等外部机构报告。

较高职位的职业会计师应努力促使其所在组织制定解决利益冲突的政策。

会员组织有义务确保其面临道德冲突的会员以得到值得信任的咨询和建议。

(3) 专业胜任能力。

职业会计师不能宣称自己拥有本不具备的专业知识或经验。专业胜任能力可以分为两个独立的极端。

① 专业胜任能力的获取。获取专业胜任能力首先需要高水平的普通教育,继而需要进行与专业相关学科的专门教育、培训和考试,且无论是否有明确规定,一般都要求有一段时间的工作经验,这应是培养职业会计师的一般模式。

② 专业胜任能力的保持。保持专业胜任能力需要不断了解会计职业的发展,包括国家和国际在会计、审计方面发布的有关规定,以及其他相关规程和法规要求;为保证专业服务符合适当的国家和国际规定,职业会计师应引入质量控制程序。

(4) 保密。

职业会计师有义务对其在专业服务过程中获得的有关客户或雇主事务的信息予以保

密。这一保密责任甚至在职业会计师与客户或雇主的关系终止后仍然继续。职业会计师应始终遵守保密原则,除非获得专门的信息披露授权,或具有法定或专业的披露责任。职业会计师有义务确保在其控制下的员工,以及提供建议和帮助的人员也遵守保密原则。保密不仅仅涉及信息披露,还要求职业会计师不能出于个人或第三方的利益使用或被合理认为使用了在职业过程中获得的信息。职业会计师可以接触到很多有关客户或雇主事务的不欲向公众披露的秘密信息。因此,职业会计师应使客户或雇主相信自己,不会向其他人员作未经授权的披露。但是,这不适用于为免除职业会计师的责任而根据职业准则要求对此类信息进行的披露。

制定有关保密的专业准则,就保密责任的性质和范围提供指南,并就允许或要求披露在提供专业服务过程中所获信息的情况指南,是符合公众和职业利益的。但当认识到,信息保密属于成文法或习惯法规的内容,因此具体的道德要求取决于各成员组织所在国家的法律。以下列举了在决定保密信息可否披露过程中应当考虑的因素:

① 获得授权的情况。当客户或雇主授权披露时,应考虑所有各方的利益。

② 法律要求披露的情况。法律要求职业会计师披露秘密信息的情况。例如:为法律诉讼过程准备文件和提供证据;向适当的公共管理机构披露所发生的违法行为。

③ 有职业责任或全力进行披露的情况。为了遵守技术准则和道德要求,这种披露不与其相矛盾;为了在法律诉讼过程中保护职业会计师的职业利益;接受成员组织或职业组织的质量复核;答复成员组织或监管机构的询问或调查。

当职业会计师披露秘密信息时应当考虑:

① 是否已尽可能地了解和证实了所有相关事实;如果还存在未经证实的事实或意见,在决定披露时应运用职业判断。

② 以何种方式进行沟通,沟通对象是谁;尤其是职业会计师应确定沟通对象是适当的接受者,并有责任采取适当行动。

③ 职业会计师是否会因信息披露而招致法律责任,其后果会是什么。

在所有这些情况下,职业会计师应考虑是否要向法律顾问和有关的职业组织进行咨询。

(5) 税务服务。

提供专业税务服务的职业会计师有责任提出有利于客户或雇主的最佳方案,但前提是职业会计师具备专业胜任的能力,没有以任何方式损害客观性和公正性,并且从职业会计师的角度看遵守了法律。如果最优方案能够得到合理的支持,客户或雇主的疑问就可以得到有效的解决。

职业会计师不得向客户或雇主保证所编制纳税申报表和提供的税务建议无可挑剔。相反,职业会计师应保证客户或雇主知悉税务建议和服务的固有局限,以便他们不会将发表意见误解为事实认定。

执行或协助纳税申报表编制工作的职业会计师应报告客户或雇主,对申报表内容负主要责任的是客户或雇主。职业会计师应采取必要措施保证申报表已根据所获得信息进行了正确编制。向客户或雇主提供有重大影响的税务建议或意见,应以信函或文件备忘录的形式予以记录。如果有理由相信存在以下问题,职业会计师不应参与申报表的编制或沟通:

① 存在错误陈述或误导性陈述;

② 包含有不严谨的陈述或信息,或无法确知其正确与否的陈述或信息;

③ 遗漏或含糊表述了有关信息,而这种遗漏或含糊表述会误导税务机关。

如果估计的运用能够被普遍接受,在无法获得准确的数据时,则职业会计师可以在编制纳税申报表时进行估计。如果运用了估计,估计的数据应当以适当的方式表述,以免这些数据的准确程度被高估。职业会计师也应确保在各种情况下所估计的数据是合理的。

编制纳税申报表时,职业会计师通常依据的是客户或雇主提供的信息,其前提是这些信息看起来是合理的。虽然不要求对支持这些信息的文件和其他证据进行检查或复核,但在适当情况下职业会计师应鼓励客户或雇主提供这些支持性的证据。此外,职业会计师应尽可能地利用客户以前年度的申报表,当得到的信息看似不正确或不完整时,应当进行合理的查询,可尽量参考经营业务的账簿和记录。

如果职业会计师了解到以前年度的纳税申报表中存在重大错误或遗漏,或了解到客户或雇主没有提交所要求的纳税申报表,则职业会计师有责任:

① 立即将错误或遗漏通知客户或雇主,并建议向纳税机关披露。在正常情况下,职业会计师没有义务、也不得在未经允许的情况下向税务机关报告。

② 如果客户或雇主不更正错误,职业会计师应当:告知客户或雇主,在关于该申报表或提交给管理机关的其他相关信息方面,将不再为其提供代理服务;考虑与客户或雇主继续保持任何业务关系是否符合职业责任的要求。

③ 如果职业会计师认为仍可与客户或雇主保持业务关系,则应采取一切可能的措施确保在以后的纳税申报表中不再出现同样的错误。

④ 一些国家的职业守则或法律规定可能要求职业会计师必须通知税务机关,即他们不再与该申报表或其他相关信息有任何联系,也不再代表客户或雇主工作。在这种情况下,职业会计师应在通知税务机关之前将这一情况告知客户或雇主,且未经客户或雇主同意,不得向税务机关提供更多的信息,除非法律要求。

(6) 跨国活动。

在跨国职业中考虑职业道德规范的运用时会遇到很多问题。无论职业会计师只是某一国家的职业会员,或同时也是业务执行地国家的职业会员,他处理任何问题的态度都不受到影响。在某个国家取得资格的职业会计师可能居住在另一个国家或临时到另一国家提供专业服务。无论怎样,职业会计师提供专业服务是都应遵循有关的技术准则和道德要求。当职业会计师在母国以外的国家执业,并且两国的职业道德要求在具体问题上有差异时,应遵循以下要求:

① 如果执业的国家的职业道德要求不如国际会计师联合会的职业道德守则严格,则适用国际会计师联合会的职业道德守则;

② 如果执业的国家的职业道德要求比国际会计师联合会的职业道德守则严格,则适用职业地的职业道德守则要求。

③ 如果母国的职业道德要求对在母国以外职业是强制适用的,并且比以上两款列示的职业道德要求都严格,那么适用母国的职业道德要求。

(7) 宣传。

在推销自己及自己的工作时,职业会计师应:不使用有损职业形象的方式;不对自己能够提供的服务、拥有的能力和具备的经验进行夸大性陈述;不贬低其他会计师的工作。

2. 适用于受雇的职业会计师的职业道德规范

"受雇的职业会计师"是指在工业、商业、公共或教育部门中工作的职业会计师。

(1) 忠诚的冲突。

受雇的职业会计师既要对他们的职业又要对他们的雇主负有忠诚的义务,有时这两方面会发生冲突。雇员通常会优先支持其所在组织的合法的、符合道德标准的目标,以及为实现这些目标而制定的规则和程序。但是不能要求雇员:

① 违反法律;

② 违反职业规则和准则;

③ 向雇主的审计人员说谎或者对审计人员进行误导(包括通过保持沉默进行误导);

④ 在严重歪曲事实的声明上签名或者与这种声明有关联。

在如何正确判断会计或道德问题上出现观点分歧。通常应在原所在组织内部解决,首先应与雇员的直接上级商讨解决,如果在重大道德问题上仍存在不一致,则应与更高一级的管理当局或非执行董事商讨解决。

如果受雇的职业会计师不能解决涉及雇主与职业要求之间冲突的任何重大问题,在尝试其他所有可能措施之后,受雇会计师除了考虑辞职外可能别无选择。受雇会计师应向雇主说明辞职的理由,但保密的职责通常阻止其与其他人交流这些问题(除非法律或职业要求这样做)。

(2) 对同行的支持。

执业会计师,特别是有权管理他人的职业会计师,应充分重视他人在会计问题上形成并保持自己专业判断的需要,且以职业方式解决意见分歧。

(3) 专业胜任能力。

在工业、商业、公共或教育部门工作的职业会计师,可能会在缺乏足够的特定培训或工作经验的情况下,被要求承担某些重要的工作。承担这样的工作,职业会计师不应在其具备的专业知识水平或者经验方面误导雇主,适当时应当寻求专家的建议和帮助。

(4) 信息的表述。

职业会计师应完整、诚实、专业地表述财务信息,使其能够被理解。使财务信息和非财务信息能够清楚地反映经济业务、资产或负债的真实情况,并及时、适当地进行分类和记录。职业会计师应当恪尽职守。

第七章
注册会计师职业道德及其规范

第一节 注册会计师职业道德概念及特征

一、注册会计师职业道德概念

注册会计师职业道德,是指注册会计师职业品德、职业纪律、专业胜任能力及职业责任等的总称。注册会计师的职业性质决定了其对社会公众应承担的责任。注册会计师行业之所以在现代社会中产生和发展,是因为注册会计师能够以独立的立场对企业管理当局所编制的财务报表进行审计,并提出客观、公正的审计意见,作为企业会计信息外部利益相关者进行决策的依据。如前所述,外部利益相关者包括企业现有和潜在的投资人、债权人,以及政府有关部门等所有与企业有关并关心企业的人士,泛指为社会公众,社会公众在很大程度上依赖企业管理层编制的财务报表和注册会计师发表的审计意见,并以此作为决策的基础。注册会计师尽管接受被审计单位的委托并向其收取费用,但从本质上讲,服务的对象是社会公众,这就决定了注册会计师从诞生的那一天起就承担了对社会公众的责任。为使注册会计师切实担负起神圣的职责,为社会公众提供高质量的、可信赖的专业服务,在社会公众中树立良好的职业形象和职业信誉,就必须大力加强对注册会计师的职业道德教育,强化道德意识,提高道德水准。注册会计师的道德水平高低是关系到整个行业能否生存和发展的大事,尤其在我国,注册会计师事业恢复与重建的历史还不长,社会主义市场经济体制还在不断完善与发展过程中,注册会计师尚未普遍树立起强烈的风险意识、责任意识和道德意识。在推进社会主义市场经济建设中,强调注册会计师的职业道德,更有其深刻的现实意义和深远的历史意义。

在以完善的现代企业制度和发达的资本市场为基础的现代市场经济环境中,社会公众及公众利益之间普遍存在的基本联系就是受托经济责任关系,受托经济责任关系则是公众利益的最终着落点。可以说,以股份公司为代表的现代企业制度的兴起,以证券市场为代表的资本市场的发展,把受托经济责任的发展推向了一个新的高峰。毫不夸张地说,现代经济社会就是建立在受托经济责任网络之上。在这种普遍存在的受托经济责任关系的建立、运行、解除等一系列过程中,会计发挥着举足轻重的作用。会计信息是委托人、受托人等社会公众进行受托经济责任关系运作决策的依据,影响着有关各方的经济利益。因此,会计信息的质量也就备受社会公众的关注。但是,企业委托人由于时间或空间上的限制,无法亲自完成对会计信息质量的重认定工作;或责任履行过程及报告说明内容过于复杂(complexity),使委托人没有能力自行鉴定报告的真实性和报告所反映的行为过程的合规性;或是,出于经济或其他方面的考虑,委托人不愿承担这项工作;另外,委托人和受托人还存在着利益冲突由于存在这些原因,就自然产生了对独立审计服务的需求。

对于一个社会职业而言,其存在的合理性在于它的行为应当符合社会公众的期望。与此相适应,一套职业的行为标准实际上渊源于公众对其义务道德的合理预期,而不是任何出于减少风险或者保护其自身利益的行业考虑。同时,应当注意到,由于行业的特点以及社会作用的差异,每一社会职业的道德是有所区别的。值得关注的是这样一些职业,它们或者提供具有公共性的产品或服务,或者其行为本身就具有不容忽视的公共影响。它们所承担的义务道德虽然也可以与社会常识相容,但其层次往往较其他职业高。注册会计师行业就当属其列。注册会计师是社会公众的普遍信任所派生出来的公共代理性质的职业。它使公众可以利用注册会计师的技能和知识来参与经济活动,从而使他们从事经济决策活动的能力得到了极大的加强。毫无疑问,注册会计师职业也是基于经济活动的复杂性和社会分工的必要而产生,它可弥补社会公众精力、知识的不足,拓展其活动空间,提高其办事效率,并且极大地降低其交易成本。

作为一种社会公共职业,注册会计师与信息使用人的利益高度相关。公众投资人进行投资决策的重要依据之一来源于经过注册会计师审计、查验后才披露的财务信息。因此,我们不难理解公众对于注册会计师职业的社会期望较高的现象。可以说,注册会计师的工作性质以及职业意义自然决定了其职业义务道德的较高水准,它并不是直接渊源于社会期望的压力。

社会需要有超然独立的专业人员以客观、公正的态度来监督企业受托人,来间接地控制、保证和提高会计信息质量。由此也就引发了一批会计师脱离企业会计领域,形成注册会计师职业服务的供给,从而也就开拓了一个崭新的公共会计领域,构建和发展了一个关于注册会计师职业服务的市场。该市场中买卖的是注册会计师职业服务这一"无形商品",需求者是包括投资者、债权人、企业及金融团体、企业职工、政府等在内的社会公众,供给者是注册会计师。注册会计师职业服务的需求者与供给者在进行市场交易时,也需就该项交易签订合约,对服务商品的品种、质量、交易金额、完成日期等条款加以约定。然而,注册会计师职业服务作为一个无形商品,其质量如同会计信息的质量一样是难以观察的,需求者(社会公众)同样面临着与供给者间关于服务商品质量的信息分布严重不对称状态,处于信息劣势地位。那么,如何在交易合约中对服务商品的质量做出妥当的约定呢?实践证明,直接明确量化的约定是无法达成的,只能通过对该种无形商品的生产提供程序加以约定,从而间接地实现对其质量的控制、保证与提高。因此,对注册会计师职业服务的生产、提供程序的约定就构成了该种商品交易合约的一个重要组成部分,或可视之为一份子合约。这一约定主要包括两部分内容:其一是关于该商品生产提供程序的技术方面的约定;其二是关于该商品生产提供过程中供给者(注册会计师)与相关利益当事人交互行为方面的约定。在某种意义上,可以认为,注册会计师职业服务商品的质量就是这两者的函数。其中,前者作为专业技术是逐渐累积和发展的,后者是前者发挥作用的前提和基础,因为注册会计师在提供服务的过程中,存在着主观判断(即所谓职业判断)。后一方面的约定就是注册会计师职业道德准则,它与前者共同构成了注册会计师的职业行为规范。因此,注册会计师职业道德准则在性质上是一份注册会计师职业服务市场中的关于注册会计师职业服务质量的合约。其内容是对注册会计师与相关利益当事人交互行为方面的约定,明确界定注册会计师的行为空间。经过注册会计师职业服务市场的长期发展,这些职业道德准则逐渐得到公认和标准化,从而得以从各单位的交易合约中独立出来,由注册会计师职业团体发布,对全体注册会计师均具有约束力,成为一份公共合约。在现代市场经济环境中,注册会计师职业道德准则这一注册会计师职业服务市场中的合约独立为一份公共合约,虽然从表面上看只是注册会计师职业界自身共同达成的,但其实是注册会计师职业界作为职业服务的供给者与其需求者(社会公众)共同签署的一份公共合约,有了这份公共合约,就减少了社会公众用于收集获得和处理有关注册会计师执业质量信息方面的时间和精力,使社会公众可以从容取得质量较高的信息,进行决策。社会公众参与签署的方式除了直接提出要求之外,更强有力的则是通过有关针对注册会计师职业服务质量的法律诉讼程序和要求政府加强注册会计师职业管制等来参与。后两种社会公众的参与方式其实更具效力,对注册会计师职业道德准则的发展(包括其约束内容的演进和约束力度的强化)更具建设性。正是由于社会公众参与度的日益广泛和强化,才极大地推进了注册会计师职业道德准则的发展。可以说,注册会计师职业界关于职业道德准则的每一步行动都是对社会公众参与的回应,是注册会计师职业道德准则这一合约的重签,这是一种典型的合作型社会博弈方式[①]。

二、注册会计师职业道德的特征

(一) 注册会计师职业特征

注册会计师职业作为专门的行业,也有其自身的特殊性。

1. 审计的服务对象

注册会计师审计的服务对象有别于医生对病人、售货员对顾客那种一对一的社会职业关系。从表面上看,注册会计师的服务对象是客户(即委托人或被审计单位),在接受审计工作到审计工作结束的过程中,注册会计师只与被审计单位存在审计与被审计关系。但是,考虑审计服务所产生的结果(即审计报告),不难发现,审计服务的结果不仅仅只对被审计单位产生影响,它还对成千上万使用被审计单位审计报告的团体或个人产生影响。因此,注册会计师提供的服务主要是面对社会公众的,它的受益人并不仅仅是委托人,而实际上是包括现实的和潜在的相关利益机构、团体和个人,即社会公众,是一种"一对多"的服务,存在较大的不确定性。这与其他职业所提供的"一对一"、对象确定的服务是有明显区别的。事实上,有可能注册会计师与客户都满意的服务结果,却损害了众多使用审计报告的团体或个人的利益。而且,对后者所产生的影响往往要远大于对前者的影响,因为这对后者所产生的影响是无形的、不可计量的。

2. 现代审计技术的复杂性

现代审计技术的发展,不仅提高了审计对象的难度,也促进了审计技术的深化。因此,任何一个非职业审计人员,不通过系统的、较长时间的培训,根本无法理解和判断注册会计师是否恪尽应有的职守。

[①] 陈汉文:《注册会计师职业行为准则》,中国金融出版社,1999年版。

3. 现代审计的风险性

注册会计师提供鉴证服务是现代审计的主要业务内容,这种鉴证服务业务存在一定的风险。所谓鉴证业务风险是指在鉴证对象信息存在重大错报的情况下,注册会计师提出不恰当结论的可能性。在直接报告业务中,鉴证对象信息仅体现在注册会计师的结论中,鉴证业务风险包括注册会计师不恰当地提出鉴证对象在所有重大方面遵守标准的结论的可能性。鉴证业务风险通常体现为重大错报风险和检查风险。重大错报风险是指鉴证对象信息在鉴证前存在重大错报的可能性。检查风险是指某一鉴证对象信息存在错报,该错报单独或连同其他错报是重大的,但注册会计师未能发现这种错报的可能性。

4. 审计服务的结果为社会直接引用

对比会计师事务所和律师事务所所提供的服务,可以发现,两者之间虽有相似之处,即同为中介机构、同为公众服务。但是,注册会计师所提供的审计服务与律师所提供的辩护服务,其服务的结果对社会所产生的影响却大不相同。律师的最终答辩还需要法院来作出判决,即其服务的结果还需要通过法官的评判才能对社会产生影响,而注册会计师的服务结果(即审计报告)一经产生就可以直接为社会所引用。因此,"社会公众是唯一的委托人"也就成为注册会计师职业道德的精髓。

5. 注册会计师与财务报表使用者之间的关系

注册会计师与财务报表使用者之间的关系不同于大多数其他职业人员与其服务使用者之间的关系。例如,律师一般由客户聘用和支付报酬,其主要职责是担当客户的辩护人。注册会计师(会计师事务所)则由公司聘用和支付报酬,但审计的主要受益人却是财务报表使用者。通常,注册会计师并不认识报表使用者,与他们没有直接联系,但是与客户却有频繁的接触和持续的交往。报表使用者认为注册会计师具有相应的技能,并能公正、不偏不倚的工作是非常关键的。如果使用者认为会计师事务所并没有提供有价值的服务(降低信息风险),那么会计师事务所的审计报告和其他鉴证报告的价值就会降低,对审计的需求也会因此而减少。因此,社会上存在着促使注册会计师按较高职业水准执业的动因。

(二)注册会计师职业道德特征

注册会计师职业的特殊性决定了注册会计师职业道德内涵的特殊性,由于注册会计师提供的是面对社会公众的、公开的、风险不确定的服务,因此注册会计师职业业务的特殊性决定了注册会计师职业道德的特征。

1. 自律性和强制性

一般来说,职业道德主要是依靠人的内心的能动性去实现的。独立审计是依照独立审计准则进行的经济监督、鉴证活动,它要求注册会计师必须保持独立的地位,坚持客观、公正的态度,实事求是地对待被审计单位存在的问题,以应有的职业谨慎态度执行审计业务,发表审计意见。由于独立审计职业道德主要靠注册会计师的内心信念、社会舆论等支持,因而它对于注册会计师而言,没有强制性的约束力,而是要求其按照道德观念自觉地履行自己应尽的职责和义务。但是,当国家认为某一种职业道德规范应当被从事这一职业的人们强制性地遵循时,可以以国家认可的方式,赋予某些职业道德规范以法律效力,成为国家认可的、由国家强制力保证实施的法律规范。例如,我国的《注册会计师法》就对注册会计师的职业道德作出了要求。

2. 专业性和适用性

注册会计师作为市场经济的"经济警察"和"看门人",在维护市场经济秩序正常运行方面发挥着举足轻重的作用。注册会计师以其专业知识为基础,通过采取特定的方法、执行特定的程序来鉴证企业的财务报告,并监督企业的经营活动。注册会计师行业以自己的专业服务与整个社会发生联系,因而注册会计师职业道德是对其专业服务的规范,并通过这种规范来调节其和社会以及本职业内部之间的关系。因此,注册会计师的职业道德是与其执业活动密切相关的,其职业道德的要求符合自己的职业特点。同时,注册会计师职业道德只能对本行业适用,只能在本职业范围内产生作用,并以注册会计师职业界的从业人员为特定的规范对象。

3. 实践性和灵活性

注册会计师职业道德是注册会计师行业在长期的实践活动中形成的,它来源于实践,并通过职业道德的遵守,促进和指导注册会计师职业的实践活动。注册会计师职业道德必须实现向注册会计师职业行为的实际转化,从意识形态进入人们的心理活动与现实活动。注册会计师职业道德如果不能指导注册会计师的道德实践活动,不能表现为注册会计师的具体行为,其自身也就失去了存在的意义。职业道德在形式上是十分灵活的,它不像法律条文那么刻板。有的职业道德通过正规的程序加以制定和颁布,有的则只需要简单的口号即可传播或心领神会。这种形式上的灵活性是因为考虑到职业的具体条件和人们的接受能力而决定的。职业道德的灵活多样性,使其易于理解和掌握,从而有助于人们接受并形成良好的道德习惯。

4. 继承性和稳定性

注册会计师职业道德是从业者在长期的职业实践活动中产生的,并被行业内广大从业者所认可和接受,久而久之便会形成一种共同的职业心理品质和职业道德观念,并一以贯之地存在于该行业中。另外,不同时代的注册会计师职业,由于其具有一致相同的职业职责和活动规律,因而在许多方面有着相同的职业道德要求,进而形成了注册会计师较为稳定的职业习惯和职业心理。因此,注册会计师职业道德具有较强的稳定性和连续性。

三、注册会计师职业道德的作用

在独立审计活动中,有关的审计法规是最基本的和强制执行的行为规范。正所谓没有规矩,不成方圆,如果没有了法规的制约,注册会计师的审计活动将陷入混乱。但是,仅有强制性的法规还不能圆满地完成独立审计活动,还要有职业道德的维系。人们常说,法律和道德是保证社会之车前进的双轮,相辅相成,缺一不可。因此,注册会计师职业道德有着其独到的、法规所不可替代的作用。

(一) 昭示行业道德水准，提高行业社会公信力

美国注册会计师协会在解释其制订注册会计师职业道德准则的原因时说："通常，那些依赖注册会计师的人士感到难以评价审计人员的服务质量。然而，他们有权要求这些审计人员合格、正直。跨进会计职业界的男女人士，即被认为承担了坚持会计原则，积累专业知识和改进工作方法、遵守职业道德和技术标准的义务。"世界著名审计学家罗伯特·蒙哥马利在谈到审计职业道德的作用时说："这些规范确定了公众根据自己的权力，对这些专业人员的行为的要求，从而增强了公众对专业服务质量的信心。"显然，只有社会公众的接受和认可，独立审计工作才能得以开展，而公众接受和认可的前提是对注册会计师的信任。注册会计师职业道德即是向公众表明的注册会计师的专业品质，制订注册会计师职业道德规范则是希望能以此博得社会公众的广泛信任与支持，进而更好地开展执业活动，为社会各界服务。

(二) 树立精神信条和专业原则

审计法规为注册会计师的执业活动提供了一个法律准绳，明确了何种行为是违法的，是要受到法律制裁的。为了行业的发展，注册会计师不能仅仅做到不犯法、不犯错，他们更需要知道自己该怎么做，如何能做得更好。然而，这些问题却是审计法规所回答不了的。因此，正如社会生活、家庭生活中需要有社会公德、家庭道德的指导与支撑一样，注册会计师的执业活动也需要有职业道德来作为其精神、道义上的指导与支撑，使他们能够以明确的信念处理和协调各种关系，更好地完成独立审计工作。否则，注册会计师在面对纷繁混乱的现实时，便会失去理念，迷失方向，茫然不知所措。

(三) 审计法规的必要的补充

注册会计师在执业过程中，为了保证执业质量，必须对其行为进行规范。其中，有些可以通过法律规范的形式作出，有些则不能。对于那些不能通过法律形式进行规范，但又有必要作出规定的事项，就只能通过职业道德规范来加以要求。例如，审计法规能够限定审计人员必须做什么和不能做什么，却不能说明注册会计师应该以怎样的精神状态和风貌去工作。注册会计师的精神状态和风貌只能由注册会计师职业道德提出。另外，像处理好与同行的关系，以及注册会计师应该具有的专业胜任能力等要求，也应当在职业道德规范中申明。可以说，审计法规是对注册会计师的最低要求，而职业道德准则是对注册会计师升华了的要求。

四、注册会计师职业道德的重要性

1. 对注册会计师个人的重要性
(1) 社会地位。

注册会计师通常被称为专业人士，在社会经济活动中占据着一定的社会地位，因为会计师给人一种独立、可靠及专业的形象；而职业道德是保证独立、可靠及专业的基本因素，从而稳固其社会地位。社会地位的重要不是因为专业人士需要夸耀自己，而是由于得到公众的支持和信任，从而维持其专业的可信性，因为会计师除了负起整理资料、鉴证服务的责任外，还代表着整体会计师的社会形象，向社会宣告会计信息资料的公信力。

(2) 个人发展。

道德对个人发展的方向起着决定性的作用。正确的道德观念对个人发展有着正面的影响；不正确的道德观念对个人发展有着负面的影响。个人发展当中包括事业、家庭、朋友、学业、灵性等范畴，没有正确的道德观念，必定事事碰壁。

2. 行业的重要性

(1) 行业形象的影响。

行业的发展有赖于高的经济效益，而高的经济效益源于高的员工素质。员工的素质主要包含知识、能力、责任心三个方面，其中责任心是最重要的。职业道德水平高的从业员其责任心是极强的。因此，职业道德能促进本行的发展，损害其他注册会计师的声誉就是损害自己的声誉。个别注册会计师为了招揽业务，不惜诋毁同行，甚至将行业内部的情况向客户示意，其后果是损害了自己的声誉，更败坏了同行的声誉。

(2) 存亡的根源。

在建立良好的声誉方面，行业的声誉和个人的声誉同样重要。注册会计师身为行业协会的会员，以协会会员的身份从业，因此行业声誉和个人声誉休戚相关，个人一些不名誉的做法和行为，更会影响到行业的声誉。因此，注册会计师有责任尽最大努力维护自己和行业的良好声誉。回顾历史，会计师行业的出现是随着商业社会的形成而产生，在商业社会的初期，公众经商以信誉、互信为主；在那时，根本没有独立会计师存在的必要。渐渐地，由于商业社会的复杂化及投资与管理分家，加上一些以不良手法经营的商人，形成互不信赖，从而公众要求一些独立、公正、原则清晰的人士来分辨是非，并对企业的状况做出评估，慢慢地，会计师行业也逐步形成。直到今天，不但企业本身，政府、投资者、经济分析员、学者、债权人等，都要求会计师做到独立及公正。会计师要做到独立及公正，不能因小失大，贪图眼前短暂利益而破坏整个行业的长远利益。

3. 对社会的重要性

(1) 财务及审计报告的可靠性。

一份没有可靠性的审计报告对社会来说是毫无意义的。除了技巧、时间等等因素影响审计报告的可靠性外，职业道德操守对审计报告的可靠性也起着决定性的影响。由于审计师对企业账目的处理往往是把守着最后的一道防线，审计师的决定往往是最后也是最终的决定。所以，一个没有职业道德操守的审计师所做出的决定往往使审计报告失去可靠性。

(2) 对税收的影响。

很多地方的政府都依赖企业的审计报告来做出对该企业的税收评估，即审计报告的准确性对政府的收入有着重大的影响。一个缺乏职业道德的会计师往往为了讨好客户或缩短其工作量，对客户的收入有意或无意间漏报或隐藏；又或对其费用支出的真实性没有足够的验证，导致客户的应缴税款大大减少。在香港，法例规定所有有限公司所呈报的年终财务报表，必须连同审计师的审核报告一并呈交有关税务机关评核。所以，有关审计师的道德对政府的收入有着直接的影响。

(3) 对投资的影响。

就企业内部管理而言，管理层在做出开源节流或营运的决定时，很多时候都依赖财务报表及内部报告来做出分析,以决定投资方向。企业外部的投资者和证券分析员一般都依赖有关公司的年报来对该投资对象了解而做出投资决定,而审计报告正是年报中的一个重要组成部分。如果因道德问题而影响报告之可靠性,其所作之决定也必对公司有坏的影响。广而言之,如果某地的审计师的职业道德受到怀疑,其所作公司的审计报告的准确也难以令人信服;而一些国际投资者和基金则主要靠审计报告来分析该公司的前景和潜质。因此,很难吸引一些国际投资者投入该金融市场。

(4) 对促进提高全社会道德水平的影响。

职业道德是整个社会道德的主要内容之一。职业道德一方面涉及每个从业者如何对待职业,如何对待工作,同时也是一个从业人员的生活态度、价值观念的表现;是一个人的道德意识、道德行为发展的成熟阶段,具有较强的稳定性和连续性。另一方面,职业道德也是一个职业集体,甚至一个行业全体人员的行为表现,如果每个行业、每个职业集体都具备优良的道德,对整个社会道德水平的提高肯定会发挥重要作用。职业道德的基本职能是调节职能,它一方面可以调节从业人员的行为,促进职业内部人员的团结与合作,另一方面职业道德又可以调节从业人员和服务对象之间的关系。

第二节 注册会计师职业道德历史发展简况

一、西方主要国家注册会计师职业道德的历史沿革

1. 萌芽阶段

意大利是现代复式簿记的发源地,世界上最早的会计团体就诞生在那里,1581年创立的威尼斯会计师协会。随后,意大利各城市相继成立了类似的协会。不过,这些早期的会计师协会几乎对后来英国和美国会计职业的发展没有影响,它们主要只是作为古老的会计团体而被人们感兴趣。现代意义上的注册会计师职业的故乡在英国。1853年,苏格兰爱丁堡创立了第一个注册会计师的专业团体——爱丁堡会计师协会。该协会的成立,标志着注册会计师职业的诞生。注册会计师职业从诞生之日起,为了纯洁注册会计师的队伍,树立其优秀而高尚的社会形象,并维护其尊严,人们就一直在进行着不懈的斗争。

18世纪下半叶,英国的资本主义经济得到了迅速发展,生产的社会化程度大大提高,企业的所有权与经营权开始分离。企业主希望有外部的会计师来检查他们所雇用的管理人员是否存在贪污、盗窃和其他舞弊行为,于是英国出现了第一批以查账为职业的公共会计师。到了19世纪初,英国的公共会计师已处在早期发展阶段。在当时,由于会计师们几乎不受法律和职业规范的约束,报酬又丰厚,于是在这支队伍中一度出现了泥沙俱下、鱼龙混杂的局面,许多既无经验、专业水平又低的不称职者自称会计师纷纷涌入公共会计师行列,致使会计师声名狼藉,这一职业的形象也遭到严重的损害。当时,一些公众不分青红皂白地咒骂公共会计师"是一些无能的、贪婪的,时时刻刻都在弄虚作假的家伙"。原永道国际会计公司的创始人之一厄尼斯特·库博也说:"我们的社会地位不那么令人羡慕。"在这种情况之下,为了避免不能为公众提供高质量的服务,进而无法担起保护公众利益的责任,以至于出现

"货物无人问津的情况",纯洁公共会计师队伍,组成职业团体,并力求使其社会地位合法化,对注册会计师的资格以及注册会计师与相关利益当事人(社会公众)之间的交互行为进行规范,便成了职业界的理想选择。

1853年经过英国国会批准,英国女王颁发了第一份特许会计师证书给爱丁堡会计师公会。自此,特许会计师这一专门名称问世,公共会计师的法定地位也得以确立。此后,又有利物浦等四大会计师公会建立,并最终于1880年实现了联合,成立了英国会计师协会,该协会成为全国的法定性组织。继英国之后,美国于1886年12月23日创办了第一个追求全国影响的职业会计团体——美国公共会计师协会,协会组织承担着的主要任务是规范早期会计职业界的执业行为并强调职业自律。在当时,由于经济发展水平较低,对注册会计师职业服务的需求量不大,接受注册会计师服务的公众人数不多,保护公众利益的要求尚不十分强烈,因此各协会主要通过对注册会计师个人的道德观念来规范注册会计师的行为以保护公众的利益。

在采取组织建设举措之后的几十年间,随着有关会计、审计配套法规问题的解决,公共会计师职业又有了发展,然而,在公共会计师的专业素质与职业道德素质方面又产生了问题,一部分不合格者通过各种方式挤进这支队伍,起初危及审计质量,随后便危及整个职业形象。为了解决这一问题,在会计师协会的反复研究与进行局部实践之后,于19世纪末产生了公共会计师的考试制度。此举一方面通过考试报名条件的限制,防止了专业素质低下者进入注册会计师这一职业队伍,另一方面又通过专业科目考试,将一部分优秀者陆续吸收进来。此后,注册会计师协会又相继建立了注册会计师职业后续教育制度。

2. 发展阶段

尽管在19世纪末英、美会计界已经认识到注册会计师的职业道德对职业发展的重要性,然而,人们却在较长的一个时期内把工作的重点放在注册会计师的执业水平及专业胜任能力的提高方面。对于职业道德,美国只是在一些规则中对有关不得接受回扣,不得从事本职业以外的工作等事项做出了比较零散的规定,这些规定不仅缺乏权威性,而且在地方主义的干预之下又使其流于形式。直到20世纪初,在美国,从事注册会计师业务的人数剧增,一些不合格者也自称为会计师招揽业务。为争抢业务,发布虚假广告的现象随处可见。为了维护职业形象,保护整个职业界的服务质量,使公众利益免受侵害,早期的从业者们感到,通过道德观念来约束注册会计师的行为已经显得力不从心,有必要在职业界建立一个正式的机构,专门研究和制订职业的道德标准。经过美国人蒙哥马利和英国人迪克西在美国公共会计师协会的大量工作,1906年,美国在公共会计师协会内部建立了道德委员会,它标志着注册会计师职业界对职业道德从一般道德概念的理解、内心的体悟、训诫性言辞,转而踏上了制度化、规范化建设的轨道,具有重要意义。

美国会计师协会成立之后,就被全体会员赋予了宣传和实施职业道德准则的权利。协会以此为契机授权职业道德委员会考察和评价会员遵守职业行为标准的情况。1917年美国会计师协会颁布了《职业道德准则》,但是由于当时社会经济发展的程度未对注册会计师职业服务提出高要求,保护公众利益尚未引起政府、公众自身及注册会计师的高度重视,所以该准则所产生的实际效果极为有限,规范性极低,并未能从根本上解决问题。

经历了1929年的股票市场大崩溃,罗斯福总统实施新政以后,注册会计师行业越来越受到人们的重视,公众对注册会计师服务质量的要求也日渐提高。在这种情况下,美国注册会计师协会对职业道德准则进行了一系列重大修正,增加了有关内容。1956年,美国注册会计师协会重新检查了以前发布的职业道德准则,将注意力放在诸如税务业务和管理咨询服务等传统鉴证业务以外的、以前未曾特别强调的道德问题上,并将这些规则以单一职业道德规范的形式正式发表。

3. 成熟阶段

进入20世纪60年代,注册会计师的执业环境发生了一系列巨大的变化。随着资本市场的国际化,大型跨国公司、强大的有组织的证券交易所、机构投资者等的出现,促使保护消费者利益的呼声一浪高过一浪。随着社会期望的提高,注册会计师职业界成为公众的视野焦点。1967年5月15日的《福布斯》(Forbes)指出,注册会计师职业界"正在被迫走出他们十分秘密的世界,进入公众注意的中心"。一项调查也表明,一般公众、银行家和投资者把注册会计师的任务描绘得相当广泛。在这种情况下,公众要求注册会计师提供高质量服务以保护其利益的需求十分强烈,这直接促使了职业界逐步充实、完善有关注册会计师职业道德准则的内容,并使其权威性得到确立,使注册会计师成为社会信赖的专业人士。

1973年美国注册会计师协会全面修订颁布了《职业道德准则》。该准则提出了完整缜密的规范体系,提高了规则的权威性,并且第一次明确提出了注册会计师应努力达到的道德目标,向公众表达了提供高质量服务的承诺。由于该准则的颁布实施,取得了应有的效果,较好地规范了注册会计师的职业行为,基本满足了公众的利益保护需求,使得美国在整个20世纪70年代控告注册会计师的诉讼案大幅度下降。此外,该准则的发布也具有深远的国际影响,此后许多国家的注册会计师职业界纷纷效尤,制订与其类似、又适合自己国家的道德准则。

20世纪80年代以后,注册会计师的执业环境飞速变换,社会公众作为注册会计师职业服务市场的需求者,对注册会计师提供更高质量的服务以保护其利益的要求比以往更高。据估计,1981—1985年,美国17家大型会计师事务所用于打官司的费用已达2亿美元,同期的保险费用增加了约100%,最大的20家大型会计师事务所每年支付的失职保险费在3 500万—5 000万美元。随着针对注册会计师的诉讼案件不断爆发,注册会计师保持公众信心的能力受到了怀疑,成为公众舆论抨击的焦点,信誉受到了严重的挫伤。在这种情况下,美国于1983年专门设置了职业行为准则委员会(即安德森委员会),负责调查经济、社会、法律等方面的环境,并对现行的道德准则进行评估。根据该委员会的调查结果,美国注册会计师协会于1988年全面修正了《职业道德准则》,将其更名为《职业行为准则》,并于1992年对其内容进行了必要的扩充。此后,注册会计师职业道德建设进入了一个崭新阶段。

从上面的分析中可以看出,在独立审计走过的各个发展阶段,独立审计所面临的环境不同,社会对于注册会计师职业道德的要求,在形式上和内容上都有所不同。在职业道德的萌芽阶段,主要是通过道德观念来约束注册会计师,以此就能满足当时社会公众对于注册会计师的要求。后来随着经济的发展,社会公众对于注册会计师的要求提高,注册会计师职业道德发展环境变得复杂,这时仅仅依靠道德观念的约束已经力不从心,还要借助职业道德规范使这个行业走上正轨。随后,伴随着注册会计师执业环境的进一步复杂,注册会计师面临的诱惑、考验越来越多,社会公众对于注册会计师工作成果的利用程度越来越高,职业道德规范得到了进一步的补充和完善。由此看来,职业道德观念和职业道德规范是密切联系、共同作用的,只是在不同的历史阶段、不同的经济环境中,侧重不同。因此,我们可以得出这样的结论,注册会计师职业道德及其规范是随着独立审计活动的发展而发展,并且与社会公众对于审计服务质量的要求密切相关的。

二、我国注册会计师职业道德的发展简况

(一)我国注册会计师的职业道德发展历程

自从1981年上海成立第一家会计师事务所,标志我国重新恢复了注册会计师制度之后,经过近30年的发展,我国注册会计师行业取得了巨大成就。1993年《注册会计师法》和《企业会计准则》生效,1995年第一批《独立审计准则》公布,以及1996年中国注册会计师协会和中国注册审计师协会合并,1997年合并后的中国注册会计师协会加入亚太地区会计师联合会和国际会计师联合会,均表明中国会计职业界不仅在数量上和规模上有了质的跃进,而且正在步入规范化的良性发展轨道。但是,也应该看到,在中国注册会计师职业迅猛发展的过程中,出现了不少亟待解决的问题,如注册会计师的独立性问题、胜任能力问题、职业道德问题,其中最重要的就是道德标准紊乱、价值取向扭曲、道德环境劣化、道德建设滞后,以及与之相关的道德规范失灵等。要保证我国注册会计师行业的长期稳定健康发展,要有效应对加入WTO带来的巨大挑战,必须做到会计市场的物质文明建设和精神文明建设并重,法律规范和道德规范并重,"依法治市"和"以德治市"并重,必须重构和重建与社会主义的基本特征相吻合,与《公民道德建设实施纲要》的基本要求相匹配的会计市场道德体系。我国注册会计师行业基本规范途径是道德规范,主要规范手段是道德力量,而不仅仅是法律规范和法律力量。但是,由于道德规范未能成为会计职业全体参与者的自觉行为和一致行为,我国会计职业界出现了一些既违反法律规范,又违背道德标准的败德非法行为。

(二)我国注册会计师行业职业道德建设的过程

1. 1981年至1991年——注册会计师职业道德问题未列入议事日程

1980年12月31日财政部发布了关于重建和恢复注册会计师制度的文件,直接的动因是适应对外开放的需要。重建的基础是植根于计划经济体制土壤之中。典型表现是:国家法律规定事务所的性质是"经国家批准的事业单位",事务所的工作人员是"吃皇粮"的"国家工作人员";事务所的服务对象是"外商投资企业"(税法规定,外商投资企业的财务会计报告需经中国注册的会计师审计并出具报告方为有效),其基本功能是为外商报税服务。但是,大多数税务机关对注册会计师的审计报告并不"认账",外商投资企业的财务会计报告有没有附送注册会计师的审计报告,与其纳税关系并不密切。日积月累,注册会计师行业在起步的十年,其作用是"效应递减"。十年徘徊,无所作为。中国注册会计师行业倒也十分平静,所涉及的三个方面,即外资企业、税务当局、会计师事务所,并没有关于职业道德的话题。事务所养活了一批离退休人员,政府税务部门对外商投资企业多了一种"可有可无的监督",市场只是在涉外企业中把注册会计师作为一种"摆设"。十年时间,注册会计师行业可谓生活在"世外桃源"之中,客户几乎没有就审计业务同注册会计师发生法律纠纷,行业主管部门也从未因注册会计师工作过失对他们进行任何处罚。"凭良心做人,凭本事吃饭",是注册会计

师为人、执业的通俗说法！可以说，这一阶段我国对注册会计师职业道德的问题基本上是没有认识或认识很浅的。

2. 1991年至1995年——职业道德问题开始启动

此期间中国的经济体制改革以建立市场经济为目标进入了一个真正实施的阶段，证券市场开始建立，资本市场开始启动，国有企业大规模重组，所有制结构发生重大变化。1992年末第一批9家上市公司"登场"，股份制改造"两个规范意见"及12个配套文件相继出台，接着第二批、第三批上市公司进入资本市场，并且从国内走向国际，A股、B股、H股、N股，……中国注册会计师行业面临新的转折，资本市场把中国注册会计师真正地推向市场、推向社会、推向国际。注册会计师行业的服务对象、服务范围、服务要求、服务方式、服务队伍等，都发生了深刻变化，以市场经济为导向与建立在计划经济体制上的注册会计师行业旧体系发生了激烈的矛盾，旧体制已经完全不能适应新的变化了的形势。改革注册会计师行业体制，势在必行！1993年10月31日第八届全国人大常委会第四次会议通过颁发《中华人民共和国注册会计师法》对注册会计师任职资格包括考试、注册、业务范围和规则等作出规范，对会计师事务所合伙设立及其监管作出相应规定。

此期间发生的"老三大"案件，即1992年到1994年连续爆发了"三大案件"——深圳原野、长城机电、海南新华，严重地损害了注册会计师的社会形象，但同时客观上也起到了预想不到的积极作用，即推动了中国第一部《注册会计师法》的诞生；推动了行业游戏规则的制定，结束了中国自1918年创建注册会计师制度以来没有审计准则的历史；启动两会联合，建立了全国统一的会计市场，等等。注册会计师行业的宏观体制改革已经启动。在微观上，会计师事务所的体制改革也在渐进式地推进。财政部在1993年发出了第一份要求会计师事务所要脱钩改制的文件，法律的准备、观念的准备、组织的准备、队伍的准备，等等，都在积极地酝酿之中。

这期间，我国注册会计师行业对职业道德有了一定认识，并开始重视注册会计师的道德标准建设和职业道德教育。1992年9月30日，中国注册会计师协会发布了《中国注册会计师职业道德守则》(试行)，目的在于促使注册会计师恪守独立、公正、客观、廉洁的原则，通过为社会公众服务的过程，为自身及整个会计师职业，在公众中树立起良好的职业形象，促使我国注册会计师事业和经济的发展。该守则共计7章40条，就守则的目的、基本要求、业务能力和技术条件，对委托单位的责任、业务承接等做了规定。

这些守则，基本上符合审计学原理上的要求，在极大程度上弥补了我国注册会计师在审计学知识方面的不足，对我国注册会计师工作的规范化有较大作用。

3. 1995年至2000年——深刻认识职业道德问题

这五年，中国注册会计师行业处于急风暴雨式的变革之中，风险审计成为导向，注册会计师成为会计师事务所的投资主体和承担风险的主体，职业道德成为社会十分关注、涉及行业生存的重大问题。

这个阶段出现了许多的失误或过错，其中重要的教训之一，就是没有加强诚信建设和法制建设，使改革后有的会计师事务所像一匹"脱缰的野马"，行业管理对它失去了驾驭的能力。此期间的重要标志，首先是深圳市《注册会计师条例》的发布、实施和在全市实现全行业改制成功；深圳注册会计师协会成为全国第一家真正向行业自律组织迈进的行业协会。紧接着是全国最大、最好、肩负重任的执行证券期货相关业务会计师事务所的体制改革在1998年年底全部完成，至1999年年底，全行业实现了以注册会计师为投资主体的全方位改革，国有资产从这个领域全部退出。在全国各行业中，第一个率先实现了全行业私有化，注册会计师行业经历了"脱胎换骨"的改造。

这一阶段，我国的注册会计师行业对职业道德有了非常深刻的认识，一个重要的举动则是，1996年12月26日，经财政部批准，中国注册会计师协会印发了《中国注册会计师职业道德基本准则》（以下简称为"职业道德基本准则"）。

4. 2000年以来——成熟期

2002年6月25日，为解决注册会计师职业中违反职业道德的现象，发布了《中国注册会计师职业道德规范指导意见》（以下简称"指导意见"），于2002年7月1日起施行，标志着我国注册会计师职业道德规范建设进入成熟的建设期，对于遏制在注册会计师审计工作中所存在的不少有违职业道德的现象，如会计师事务所竞相压价、不顾质量恶性竞争，为争揽业务不计后果接下家，面对干预和压力不能保持应有的独立性和谨慎原则而违心出具不实审计报告等等，将具有积极的重要作用。这次发布的《中国注册会计师职业道德规范指导意见》从内容上看可以分为两个层次：一是基本原则；二是具体要求。基本原则包括注册会计师履行社会责任，恪守独立、客观、公正的原则，保持应有的职业谨慎，保持和提高专业胜任能力，遵守审计准则等职业规范，履行对客户的责任以及对同行的责任等。具体要求包括独立性、专业胜任能力、保密、收费与佣金、与执行鉴证业务不相容的工作、接任前任注册会计师的审计业务，以及广告、业务招揽和宣传等。2020年1月8日，中国注册会计师协会印发《中国注册会计师职业道德守则（征求意见稿）》和《中国注册会计师协会非执业会员职业道德守则（征求意见稿）》。《中国注册会计师职业道德守则》具体包括《中国注册会计师职业道德守则第1号——职业道德基本原则》《中国注册会计师职业道德守则第2号——职业道德概念框架》《中国注册会计师职业道德守则第3号——提供专业服务的具体要求》《中国注册会计师职业道德第4号——审计和审阅业务对独立性的要求》和《中国注册会计师职业道德守则第5号——其他鉴证业务对独立性的要求》。

第三节 注册会计师职业道德的基本内容

一、我国注册会计师职业道德规范的基本内容

我国注册会计师职业道德规范对于注册会计师职业道德要求涉及职业品行、专业胜任能力、职业纪律以及职业责任等方面的内容，其主要内容可从以下十三点分析。

（一）诚信

诚信是注册会计师及其行业存在和发展的基石，在职业道德基本原则中居于首要地位。（详见本书第九章）

注册会计师遵循诚信原则要求做到不得与下列有问题的信息发生关联：(1) 含有严重虚假或误导性的陈述；(2) 含有缺乏充分根据的陈述或信息；(3) 存在遗漏或含糊其词的信息，而这种遗漏或含糊其词可能会产生误导。

(二) 独立性

独立性是注册会计师执行鉴证业务的灵魂，是专门针对注册会计师从事审计、审阅、其他鉴证业务而提出的职业道德基本原则。较早给出独立性权威解释的是美国注册会计师协会。美国注册会计师协会在1947年发布的《审计暂行标准》(The Tentative Statement of Auditing Standards)中指出："独立性的含义相当于完全诚实、公正无私、无偏见、客观认识事实、不偏袒。"传统观点认为，注册会计师的独立性包括两个方面——实质上的独立和形式上的独立。美国注册会计师协会在职业行为守则中要求："在公共业务领域中的会员(执业注册会计师)，在提供审计和其他鉴证业务时应当保持实质上与形式上的独立。"国际会计师联合会职业道德守则也要求执行公共业务的职业会计师(执业注册会计师)保持实质上的独立和形式上的独立。根据国内外有关文献，中注协给出的独立性的定义为："独立性，是指实质上的独立和形式上的独立。实质上的独立，是指注册会计师在发表意见时其专业判断不受影响，公正执业，保持客观和专业怀疑；形式上的独立，是指会计师事务所或鉴证小组避免出现这样重大的情形，使得拥有充分相关信息的理性第三方推断其公正性、客观性或专业怀疑受到损害。"独立性是注册会计师职业，特别是注册会计师审计工作最重要的特征。在实践中，人们已经深刻认识到，如果审计人员缺乏独立性，那么审计意见就毫无价值。所以，对于注册会计师来说，独立性是影响其生存和发展的基本的重大问题。注册会计师的独立性要求注册会计师在执行业务时，应当独立于他所服务的对象，它包括两方面的内容：第一，注册会计师必须在事实上独立于委托人，即与委托人之间不存在重大财务、经济利益关系和亲属关系，不承担委托人任何实质上和名义上职务等。第二，注册会计师必须形式上独立于委托人，不与委托人建立在局外人看来可能损害其形式上独立的关系。对于任何有可能损害或削弱其独立性的情形，注册会计师就应当拒绝接受委托或申请回避。正如著名学者卡门·布朗所言，任何第三者(指财务报表的使用者)如果感到审计人员有可能缺乏独立性，审计人员的独立性就被大大削弱了。因此，审计人员有责任不仅保持实质上的独立，还应避免任何有损其形式上的独立的现象。在我国按照《职业道德守则》的要求，注册会计师与委托单位存在利害关系时应回避：其一，曾在委托单位任职，离职后未满两年的；其二，持有委托单位股票、债券或委托单位有其他经济利益的；其三，与委托单位的负责人和主管人员、董事或委托事项的当事人有近亲关系的；其四，担任委托单位常年会计顾问或代为办理会计事项；其五，其他为保持独立性而应回避的事项。如果会计师事务所与委托单位存在除业务收费之外的其他经济利益关系也应实行回避原则。

从近年来我国国内证券市场发生的一系列重大案件看，注册会计师的独立性问题备受关注。例如，会计师事务所和注册会计师对鉴证业务采取或有收费的方式，为审计客户编制会计报表，受到有关单位或个人不恰当的干预等。注册会计师为何要在鉴证业务中保持独立性呢？这是因为，注册会计师要以自身的信誉向社会公众表明，被审计单位的会计报表是真实与公允的。在市场经济条件下，投资者主要依赖会计报表判断投资风险，在投资机会中作出选择。如果注册会计师与客户之间不能保持独立，存在经济利益、关联关系，或屈从外界压力,就很难取信于社会公众。因此,注册会计师执行鉴证业务时应当保持实质上和形式上的独立,不得因任何利害关系影响其客观、公正的立场。可能损害独立性的因素包括经济利益、自我评价、关联关系和外界压力等。会计师事务所和注册会计师应当采取必要的措施以消除损害独立性因素的影响或将其降至可接受水平。当采取的措施不足以消除或将其降至可接受水平时,会计师事务所应当拒绝承接业务,或解除业务约定。

(三) 客观公正

客观公正是与独立性具有密切联系的一个概念。没有独立性,就很难保证注册会计师发表意见的客观公正。所以,独立性是保证客观公正的前提条件,而客观公正则是独立性的目的,即离开了客观公正,独立性也就失去了意义。客观公正除了与独立性具有密切的联系外,还有其自己的含义。客观是指注册会计师发表意见应具有可靠的依据,这些依据既可以是外部的,也可以是内部的;既可以是客户提供的,也可以是注册会计师自己在工作中形成的。公正是指注册会计师在发表意见时必须保持不偏不倚的态度,不受各种人为因素的影响和干扰,完全根据自己的判断来发表意见和做出决断。可见,如果一个意见或决断是在独立、客观和公正的基础上做出的,那么它的可靠程度就可以大大提高。所以,客观公正像独立性一样已成为注册会计师职业道德的基本要求。我国的《职业道德守则》在基本原则中明确的规定:注册会计师应当遵循客观公正原则,公正处事,实事求是,不得由于偏见、利益冲突或他人的不当影响而损害自己的职业判断。

(四) 洁身自好

洁身自好要求注册会计师不得利用自己的身份、地位和在执业中所掌握的委托单位的资料和情况为自己及所在的会计师事务所谋取私利,不得向委托单位和有关人士索贿受贿,不得以任何方式接受委托单位馈赠的贵重礼品及其他方式提供的好处,也不得向委托单位提出超越工作正常需要之外的个人要求。注册会计师如果不能做到洁身自好,就不可能保持应有的独立性,也就不可能对被审计单位的会计报表发表客观公正的审计意见。

(五) 严守秘密

保密是对注册会计师职业道德的基本要求,是注册会计师对客户应负的重要责任。我国的《注册会计师法》规定"注册会计师对在执行业务中知悉的商业秘密,负有保密义务。"《职业道德基本原则》规定:"注册会计师应当对职业活动中获知的涉密信息保密,不得未经客户授权或法律法规允许,向会计师事务所以外的第三方披露其所获知的信息,不得利用所获知的涉密信息为自己或第三方谋取利益。"因此,严守机密要求注册会计师(包括已脱离会计师事务所的原注册会计师)对于执业过程中得到的资料和情况,应当严格保守机密,除非得到委托单位的书面许可或者法律和职业责任要求公布者外,不得将任何资料和情况提供或泄露给第三者,也不能将其用于私人目的:注册会计师的工作性质决定了他们在执行业务过程中必然会接触到委托人最机密的财务资料,如企业合并、资金状况、预期股票分割等,对于这些资料如果加以泄露或不正当的利用,势必给委托人带来损失。因此,职业道德要求注册会计师对委托人的资料要绝对保守秘密。当然,严守机密不能成为注册会计师拒绝按专业要求揭示有关信息的借口,也不能成为其拒绝出庭作证或拒绝注册会计师协会和其他机关对其进行调查的借口。注册会计师能否与客户维持正常的关系,有赖于双方能否自愿而又充分进行沟通和交流,不掩盖任何重要的事实和情况。只有这样,注册会计师才能有效地完成工作。如果注册会计师受到客户的严重限制,不能充分了解情况,就无法发表审计意见。另一方面,注册会计师与客户的沟通,必须建立在为客户的信息保密基础上。因此,注册会计师在签订业务约定书时,应当书面承诺对在执行业务过程中获知的客户信息保密。这里所说的客户信息,通常是指商业秘密。一旦商业秘密被泄露或被利用,往往给客户造成损失。因此,许多国家规定,在公众领域执业的注册会计师,不能在没有取得客户同意的情况下,泄露任何客户的秘密信息。但是,也有例外。由于注册会计师承担着维护社会公众的重任,如果客户存在违法行为,面临着法规强制注册会计师披露客户信息的要求。例如,美国在1995年对其证券法案的修正案中,要求注册会计师如果发现客户的违法行为或可能存在的违法行为,应当:(1)告知适当的管理层,并向董事会或其审计委员会报告;(2)如果管理层或董事会不采取适当行动加以改正,而因此影响审计报告的质量,注册会计师应立即如实告知董事会;(3)董事会应在得知情况的一个工作日内,报告证券交易管理委员会,并向注册会计师提供向证券交易管理委员会报告的复印件;(4)如果注册会计师在一个工作日内没有拿到董事会向证券交易管理委员会报告的复印件,就必须解除业务或直接向证券交易管理委员会报告;(5)解除业务的注册会计师仍有必要向证券交易管理委员会递交一份给董事会报告的复印件。近年来,绝大多数注册会计师都能遵守保密原则,但也有少数注册会计师没有注意到这个问题。例如,利用获知的客户信息买卖客户的股票;与客户发生意见分歧时,诉诸媒体等。针对存在的问题,注册会计师应当对执业过程中获知的客户信息保密,这一责任不因业务约定的终止而终止;在以下情况下,注册会计师可以披露客户的有关信息:(1)取得客户的授权;(2)根据法规要求,为法律诉讼准备文件或提供证据,以及向监管机构报告发现的违反法规行为;(3)接受同业复核以及注册会计师协会和监管机构依法进行的质量检查。但是,注册会计师应当考虑是否了解和证实了所有相关信息、信息披露的方式和对象、可能承担的法律责任和后果。

(六)提高专业胜任能力

注册会计师应当遵循专业胜任能力和勤勉尽责原则,要求注册会计师应当获取并保持应有的专业知识和技能,确保为客户提供具有专业水准的服务。注册会计师的一个显著特征是承担对于社会公众的责任。一般来讲,很难对一位注册会计师的服务质量做出准确的评价,但人们有理由期望注册会计师不仅是一位在人格上高尚清廉,而且在业务上也是合格胜任的高级专门人才。公众的这种高期望、注册会计师审计本身的高技能,以及由于社会经济环境的不断变化而带来的会计准则和审计实务的变化,要求注册会计师要有坚实的会计、审计、法律等的知识基础,因此业务能力要求是注册会计师职业道德的另一项重要内容。注册会计师技术规范是对注册会计师的工作程序和工作方法方面应当遵守的技术标准所做的基本规定。注册会计师执行各类业务或在业务的各个环节所应实施的程序和方法,都已在有关的专业标准中予以明确,职业道德准则在强调注册会计师应当严格遵循这些专业标准要求的同时,对一些重要问题做了专门的规定:其一是不得对未来事项可实现程度做出保证;其二不得代行委托单位管理决策的职能。而且,注册会计师应能迅速适应不断变化的社会经济环境,不断进行知识更新,不断探索新的业务,始终保持合格胜任的专业技术能力:

不仅要求自己在业务上精益求精,而且也应要求其助理人员努力学习,不断进取,并安排其接受必要的后续教育和业务培训的计划。

(七) 勤勉尽责

我国注册会计师《职业道德基本原则》要求注册会计师应当勤勉尽责,遵守职业准则的要求并保持应有的职业怀疑,认真、全面、及时地完成任务。关注并识别对遵循职业道德基本原则产生不利影响的因素,评价不利影响的严重程度,必要时采取防范措施并消除不利影响或将其降低至可接受的水平。可能对职业道德基本原则产生不利影响的因素包括自身利益、自我评价、过度评价、密切关系和外在压力。注册会计师事业是一个责任重大的行业,同时又是具有极大风险的一个职业,这就要求注册会计师在执业过程中必须小心谨慎、高度负责。谨慎负责至少包括如下五层含义:第一,注册会计师承办任何业务,均应保持应有的职业谨慎态度,不得接受其不能胜任的业务委托;第二,注册会计师执行任何业务,均应妥当规划,保持高度的责任感,并对业务助理人员的工作进行必要的指导、监督和检查;第三,不得对未来事项的可实现程度做出任何保证;第四,在委托单位变更委托注册会计师事务所时,后任注册会计师在接受委托之前,应与前任注册会计师取得联系,相互了解和介绍变更的情况和原因;第五,注册会计师在签发审计报告时,应该建立在获得充分、适当的审计证据的基础上,行文措辞要小心谨慎,并对所出具的审计报告负责。

(八) 信誉至上

注册会计师事业的成功与否,在很大程度上取决于公众的信任程度。对于注册会计师来说,如果其能力、行为及其最终的审计报告不能得到公众的认可,甚至故意出具虚假报告欺骗公众,就必然会失去公众的信赖;而失去公众的信赖,注册会计师就会失去其存在的价值,其工作也就变得毫无意义。公众的信赖,只能由注册会计师自己去争取:信誉至上包括的含义很广,各注册会计师及会计师事务所应该牢牢树立"以质量求信誉,以信誉求发展"的宗旨,竭诚为社会公众服务,相互尊重、精诚协作,共同维护和增进注册会计师的良好职业形象和职业信誉。2016年11月2日中国注册会计师协会制定了《会计师事务所品牌建设指南》,指出"事务所品牌是其内部管理、专业品质、服务能力、视觉标志、客户评价等因素共同作用而形成的整体形象,蕴含事务所的职业精神和责任承诺"。对事务所品牌愿景、品牌战略、品牌定位、设计、传播、维护、危机管理以及监控与评价等作出指导性意见和规范。

(九) 公平竞争

公平竞争是市场经济条件下任何职业发展所必需的条件,竞争是促进发展的动力,没有竞争就很难有发展,但不公平的竞争则不但不会有效地促进发展,还会阻碍发展。注册会计师行业客观上是一个竞争激烈的行业,能否争取到较多的客户,关系到一家事务所的生存。但是,注册会计师行业本质上又不是一个唯利是图的行业,而是一个需要同业之间相互尊重、团结合作的行业,同业之间能否保持一定的良好关系,能否做到公平竞争,关系到整个职业界在社会公众中的形象和信誉。公平竞争,要求一个注册会计师及事务所不得诋毁同行,或以无原则地降低审计收费,或向他人支付佣金,或刊登内容夸大、虚伪、足以引起公众误解的广告等不正当手段争夺其他事务所的客户；要求会计师事务所不得雇用正在其他会计师事务所执业的注册会计师，同时要求注册会计师不得以个人名义同时在两家或两家以上会计师事务所执业；禁止会计师事务所搞地区封锁、行业垄断，通过任何方式或以任何理由对到本地区、本行业执业的注册会计师进行阻挠和排斥。

（十）收费与佣金

会计师事务所的收费应当公平地反映为客户提供的专业服务的价值。但是，收费问题与业务竞争相互联系，因此许多国家禁止低价收费。在市场经济条件下，通过各种竞争形式，可以使顾客得到价格最低、质量最好的商品和服务。也就是说，竞争机制激励产品生产者或服务提供者向这一目标努力，使所有人得到好处。然而，在注册会计师行业，过度的竞争——特别是低价格的竞争，往往削弱注册会计师的独立性，降低其服务的质量。因为，时间和预算的压力往往导致注册会计师的服务质量达不到标准。工业、商业等领域通过竞争，可以向消费者展示产品、服务的质量和价格，以使顾客作出理性的评价和判断。在注册会计师行业，由于注册会计师提供服务的高度专业性，消费者无法作出类似的评价和判断——至少不能同等程度上作出类似评价或判断。因此，注册会计师的竞争与其他商业竞争是不同的，低廉的收费很可能对应的是低质量的服务。或有收费在鉴证业务中危害较大，如果会计师事务所的收费与否或多少以鉴证工作结果或实现特定目的为条件，注册会计师为了获得收费或多收费，往往会发表不恰当的意见。此外，佣金也是影响注册会计师服务质量的一个重要因素。如果会计师事务所和注册会计师为了招揽业务而向推荐方支付佣金，势必变相降低收费。近年来，会计师事务所低价竞争和支付佣金情况时有发生。针对这些问题，《职业道德守则》要求，会计师事务所应当主要考虑专业服务所需知识和技能、所需专业人员水平和经验、提供服务所需时间以及承担的责任等因素确定收费。如果收费报价明显低于前任注册会计师或其他会计师事务所的相应报价，会计师事务所应当确保在提供专业服务时，工作质量不会受到损害，并保持应有的职业谨慎，遵守执业准则和质量控制程序；同时，除法规允许外，会计师事务所也不得以或有收费方式提供鉴证业务，收费与否或多少不得以鉴证工作结果或实现特定目的为条件；会计师事务所和注册会计师不得为招揽客户而向推荐方支付佣金，也不得因向第三方推荐客户而收取佣金。

（十一）与执行鉴证业务不相容的工作

如果注册会计师正在或将要提供的服务，与其提供鉴证服务所需要的独立性发生冲突，就产生了不相容的工作。例如，注册会计师向审计客户提供评估服务、内部审计服务、IT系统服务、法律服务、编制会计报表、管理咨询等服务，产生自我评价威胁，可能影响其独立性。注册会计师在承接上述服务时，应当谨慎行事，通过采取防范措施将影响降到最低，否则就不应接受此类业务。近年来，我国不允许会计师事务所为同一家上市公司提供资产评估和审计服务，提供其他服务尚未受到限制。但是，会计师事务所为上市公司代编会计报表、会计师事务所的高级管理人员或员工担任上市公司的独立董事时有发生，严重影响了会计师事务所和注册会计师的独立性，急需规范。因此，注册会计师不得从事有损于或可能有损于其独立性、客观性、公正性或职业声誉的业务、职业或活动。会计师事务所不得为上市公司同时提供编制会计报表和审计服务；同时，会计师事务所的高级管理人员或员工不得担任鉴证客户的董事(包括独立董事)、经理以及其他关键管理职务。

(十二)接任前任注册会计师的审计业务

会计师事务所的更换,涉及前后任注册会计师。前任注册会计师,是指已经与客户解除审计业务约定的会计师事务所。后任注册会计师,是指已经接受客户的审计委托或正在提供审计服务的会计师事务所。前后任注册会计师的关系,仅限于审计业务,因为审计业务提供的保证程度较高,且是一项连续业务;而其他鉴证业务如盈利预测审核,会计报表审阅等业务提供的保证程度较低,且是非连续业务,不包括在内。客户经常更换会计师事务所,暗示着注册会计师可能与客户在重大会计、审计问题上存在分歧,客户不认可注册会计师的立场。在一些情况下,如果注册会计师拒绝出具客户希望得到的意见,客户就可能通过更换会计师事务所实现其目的,这种情况构成了购买审计意见。此外,客户可能与会计师事务所在收费上存在争议,而声称对注册会计师提供的服务不满意,或注册会计师缺乏专业胜任能力等。为了弄清上市公司更换会计师事务所的原因,美国证券交易管理委员会要求,上市公司更换注册会计师时,必须向委员会提交报告,说明上市公司和注册会计师之间是否存在重要意见不一致的情况及具体内容。注册会计师也应当及时客观地以书面形式说明上市公司的陈述是否属实。中国证监会早在1996年便发布了有关通知,要求上市公司解聘或者不再续聘会计师事务所应当由股东大会作出决定,并在有关报刊上予以披露,必要时说明更换原因,并报中国证监会和中国注册会计师协会备案;上市公司解聘或者不再续聘会计师事务所,应当事先通知会计师事务所,会计师事务所有权向股东大会陈述意见。由此可见,证券监管机构对上市公司更换会计师事务所做出规范,旨在抑制上市公司潜在的购买审计意见行为。近年来,我国一些上市公司存在着频繁变更会计师事务所的现象,甚至在一次年度会计报表审计过程中,接连变更会计师事务所。上市公司频繁更换会计师事务所的行为,对注册会计师行业产生了一定的影响。例如,有些后任注册会计师为了承揽业务,迎合上市公司对审计意见的要求,蓄意侵害前任注册会计师的合法权益;有些前任注册会计师不配合后任注册会计师的工作,拒绝答复后任注册会计师的询问;有些后任注册会计师对涉及前任注册会计师的审计问题,不与前任注册会计师沟通,在不完全了解事实的情况下,轻率发表审计意见,导致同行关系的紧张。为了解决上述问题,后任注册会计师在接任前任注册会计师的审计业务时不得蓄意侵害前任注册会计师的合法权益;在接受审计业务委托前,后任注册会计师应当向前任注册会计师询问审计客户变更会计师事务所的原因,并关注前任注册会计师与审计客户之间在重大会计、审计等问题上可能存在的意见分歧。如果后任注册会计师发现前任注册会计师所审计的对象存在重大错报,应当提请审计客户告知前任注册会计师,并要求审计客户安排三方会谈,以便采取措施进行妥善处理。

(十三)广告、业务招揽和宣传

广告是指为招揽业务,会计师事务所将其服务和技能等方面的信息向社会公众进行传播;业务招揽,是指会计师事务所和注册会计师与非客户接触以争取业务;宣传是指会计师事务所和注册会计师向社会公众告知有关事实,其目的不是抬高自己。在许多国家,尚不允许会计师事务所通过刊登广告招揽业务。在一些国家开始允许会计师事务所刊登广告,在超级球赛、印刷品中做广告宣传已不少见。根据《中华人民共和国注册会计师法》和《中国注册会计师职业道德守则》,我国会计师事务所和注册会计师不得对其能力进行广告宣传以招揽业务。会计师事务所和注册会计师不宜刊登广告,主要有三条理由:(1)注册会计师的服务质量及能力无法由广告内容加以评估;(2)广告可能损害专业服务的精神;(3)广告可能导致同行之间的不正当竞争。近年来,有些会计师事务所在媒体上刊登不恰当的广告,有些会计师事务所和注册会计师采用不正当的手段争揽业务,或进行抬高自己的宣传,引起同行的不满。针对上述情况,《职业道德守则》要求,注册会计师应当维护职业声誉,在向社会公众传递信息时,应当客观、真实、得体;注册会计师不得夸大宣传提供的服务、拥有的资质或获得的经验,暗示有能力影响有关主管部门、监管机构或类似机构,作出其他欺骗性的或可能导致误解的声明,不得对其能力进行广告宣传以招揽业务,但可以利用媒体刊登设立、合并、分立、解散、迁址、名称变更、招聘员工等信息,以及注册会计师协会为会员所作的同意宣传不在此限;会计师事务所和注册会计师不得采用强迫、欺诈、利诱或骚扰等方式招揽业务等。

二、注册会计师职业道德准则的国际比较

(一)国际会计师联合会职业会计师道德守则

国际会计师联合会(IFAC)的职业道德委员会于1988年拟订了《职业会计师道德守则》,同年7月经国际会计师总理事会批准后发布。国际会计师联合会的《职业会计师道德准则》主要由四部分构成。第一,目标部分指出会计职业应该达到的最高境界是什么,包括按职业化的最高标准工作、取得最高水准的绩效、满足公众利益要求等。第二,基本原则是指为了达到职业目标,职业会计师必须遵循的原则,诸如正直、客观、保密等。第三,准则部分是指职业会计师在各种典型情形中运用基本原则的详细指南,它是目标和基本原则的具体化,是职业会计师道德准则体系的主体内容。第四,对个别重要准则所作的详细说明。

为了达到会计职业的目标,职业会计师必须遵守大量的必备条件或基本原则。这些基本原则是:

(1)公正性。职业会计师在执行职业服务时必须坦率、诚实。

(2)客观性。职业会计师必须公正,不能容许偏见或他人的影响超越客观性。

(3)专业胜任能力和应有的关注。职业会计师同意提供职业服务即意味着他有执行该职业服务所需的能力水准,他将会足够谨慎和勤勉地运用职业会计师的知识、技能和经验。因此,职业会计师不应提供他们无力执行的服务,除非取得的建议和帮助能保证这项服务能令人满意地得到执行。职业会计师必须以应有的关注、胜任能力及勤勉来提供职业服务,他有义务保持一定水平的专业知识和技能,从而保证客户或雇主因建立于当今业务、立法和技术发展基础上的职业服务而受益。

(4)保密性。职业会计师在提供职业服务过程中,必须对所得信息严加保密,未经适当或特别授权,不得使用或披露这些信息,除非法律或职业权力或职责要求披露。职业会计师的行为方式必须和该职业的良好声誉相一致,并不得做出任何有损职业声誉的行为。要求国际会计师联合会各会员团体在发展道德要求时,考虑职业会计师对客户、第三方、会计职业的其他成员、职员、雇主和一般大众的责任。

(5)技术标准。职业会计师必须按相关的技术、专业标准提供职业服务。职业会计师执业时有义务以其谨慎与技能执行客户或雇主的指示,若这些指示同正直、客观、独立性是

相一致的话。

公开执业的职业会计师在执行报告任务时,不仅仅要遵守以上所列的基本原则,还必须在形式上和实质上避免卷入任何可能被认为和正直、客观、独立性不相容的利益关系,无论其实际效果如何。

(二) 美国注册会计师协会职业道德规范

美国注册会计师协会在2002年对其有关独立性的规定做出了重新修订,主要要求每一会计师事务所建立一套独立性守则并确保有效地执行,表明美国注册会计师近来对独立性的重视。然而,独立性则是维系职业道德的一个重要部分。另外,美国注册会计师协会最近也对会计行业的前景和方向做出全面的评估,其中包括会计准则、核数准则、道德小组和环球质量保证四个范畴。

该道德小组的目标为:积极参与和发展一套高质量和适用的国际道德准则和解释。在有需要时,主动转变现有的道德准则和解释以便保持一套高质量和适用的国际标准。当然,还包括支持和协助美国注册会计师协会会员在世界各地的工作,通过教育和公众关系信息来增加其会员对各地准则的认识。

在环球质量保证的方向下,其目标为建立一套系统,方便和正确地协调美国与国际之间在质量控制的标准。同时,加强同行间互相监察的和谐性及正面性。同样,通过教育和公众关系信息来增加其会员对世界各地有关质量控制标准的认识,并把同行间互相监察的制度扩展至世界性。

在美国,比较完备的CPA职业道德规范始于1986年的《安德森报告》。该报告根据20世纪70年代以后CPA所面临的更富有竞争、更富有商业色彩的环境,在重整职业道德的口号下,提出一个职业道德规范的框架,它包括四个层次,即概念、行为准则、解释、道德裁决。这四个层次将各项职业道德原则从抽象概念依次具体化为可操作的规范。1986年的框架又经职业道德委员会修订并于1988年正式实施,修订的框架为三个层次,即职业行为原则、执业与行为的规则、规则的解释,其功能依然是将抽象的概念演化为可操作的具体规范。1992年美国注册会计师协会(AICPA)修订的《职业行为规范》由四个部分构成。

(1) 原则。这是美国注册会计师协会职业道德部通过的原则性文件。该文件提出注册会计师应该怎么做,以便超过可以接受的最低水准,共有五个基本概念。它们代表着注册会计师行为的理想标准不具有强制性。

(2) 行为规则。它确定可以接受的职业行为的最低水准。目前,共有15条规则,每条规则都是强制执行的。只有当美国注册会计师协会会员以2/3以上的票数通过后,才能修改有关规则。

(3) 解释。它规定行为规则的范围和适用性,由职业道德部向各州注册会计师公会和各州会计事务委员会通报征求意见之后,加以采纳和颁布。目前大约有30条行为规则解释。尽管行为规则解释不是强制性的道德标准,但要求注册会计师必须说明任何背离该行为规则解释的理由。

(4) 道德裁决。它说明行为规则和行为规则解释在具体情况和案件中的应用,也是对规则和解释说明应用到某种实际情况的总结。道德裁决是由美国注册会计师协会职业道德部发布的。同行为规则解释一样,它也不具有强制性,但要求注册会计师说明任何背离的理由。

美国注册会计师协会在其1992年的《职业行为准则》中，提出了六项原则如下。

(1) 责任。作为专业人员身份恪尽其责任时，不论何种作业，会员应灵活地运用专业和道德判断。

(2) 公众利益。会员应当接受为公众利益服务、为赢得公众信赖、为展示信守专业技术而行动的义务。

(3) 正直。会员必须以最高度的正直感完成所有专业任务。

(4) 客观和超然独立。会员在执行专业任务时应保持客观的立场，而且不受利害冲突的影响。在公开执业中提供审计和其他鉴证服务时应保持实质和形式上的超然独立。

(5) 应有关注。会员应遵从专业技术和道德准则，继续不断地力求改善提供服务的能力和品质，并应竭尽全力完成专业任务职责。

(6) 服务范围和性质。在开业的情况下，会员执业时应遵从职业行为法规确定服务范围与性质原则。

(三) 澳大利亚注册会计师公会职业道德规范

澳大利亚注册会计师公会（ASCPA）是会计职业组织的后起之秀，其颁布的审计准则具世界先进水平。该《职业行为准则》主要由六部分组成，包括导言、适用于全体会员的职业行为道德原则、适用于全体会员的事项、主要适用于提供公共会计服务的会员的事项、会员手册中其他部分包含的公告和规定，以及有关职业行为具体方面的公告和规定、职业公告。

其中，职业行为道德原则包括公众利益、公正、客观和独立、胜任能力和应有关注、对会计和审计的遵守、对公会颁布的其他准则和指南的遵守、保密、职业和公会形象。主要适用于提供公共会计服务包括职业收费、咨询服务收费和佣金在信托公司拥有基金和保管客户的资金、职业姓名和签字、广告和宣传、客户变动、续约、不相容业务、关注信件和询问、文具和标识。其他有关职业行为具体方面的公告适用于注册会计师的有业务约定书（非审计业务）、审计业务约定书、质量控制报告、质量控制政策和程序、破产准则公告等。

(四) 中国香港会计师公会职业道德规范

中国香港会计师公会在1991年2月13日通过一项有关会计师自律议案，即执业检查制度。制度规定会计师公会可委派检查员，实地查证执业会计师于某一核数事项中，所采行的内部质素控制以及查账程序是否适当，及依照认可审计准则，完成所需的记录工作。

除以上执业检查制度外，中国香港会计师的专业道德操守主要借鉴于英国的规定，多年来以公告来做定期的检讨，如最近放宽有关广告的规定等。不过，由于过往的道德操守主要针对单一审计工作而立，而现在一般会计师会做出多方面的服务，审计则只是其中的一部分。有鉴于此，中国香港会计师公会属下的专业道德小组开始对道德操守做出宏观及全面的检讨。

中国香港会计师公会的《职业道德指南》由三部分构成：

(1) 基本原则。主要针对会员所负的责任，提出职业行为方面的基本忠告。诸如正直、客观等。

(2) 说明。对具体的职业行为所作的简要阐述。

(3) 指南。对会员职业行为的详细指南，是说明的具体化，构成职业道德指南的主体。

中国香港会计师公会在《职业道德指南》中，提出了四项基本原则：在接受委派或进行工作时，香港会计师公会会员应当始终对任何与委派或工作有关的、可能对他的正直性和客观性产生不利影响的因素引起重视。会员应以其作为会员所应有的技术和职业上的标准来对待职业工作。并且不应接受或继续其本身无法胜任的专业工作，除非能够得到指点和帮助，使其任务能得以完成。会员在执业过程中，应谦恭、尊敬地对待所有与工作有关系的人。会员应遵循公会的道德指南，对本指南不曾规定的情况，会员所采用的方法也应与本行业和公会的良好信誉相符合。

第八章 商务伦理风险与会计职业道德①

第一节 商务伦理风险与会计职业道德冲突概述

一、概念

对于企业界人士和职业会计师来说,他们难免要在许多竞争企业或商务活动和重叠领域中合力工作。利益冲突问题几乎不可避免,因此应将重点放在加强对相关道德两难困境问题的了解,以及如何管理或排除其影响等方面,以维护牵涉其间的企业界人士和职业会计师的长远声誉和信用。

利益冲突是指处在这样一种情况下,即个人由于受到非其所应有的其他利益的驱使,而使其客观性被削弱。这里存在不同种类的利益冲突,如真实的、潜在的或想象的。真实的利益冲突存在于为不正当利益所驱使而采取的行动中;潜在的利益冲突存在于当某一方有机会受到不应属于他的利益的驱使之时;想象的利益冲突完全是某人的想象,它在现实中并未真实存在,只是因为错觉或一些不易被察觉的保证措施的存在。不幸的是,想象的利益冲突的后果和真实的利益冲突一样令人不快,因为在避免利益冲突的过程中,为了消除误会,难免导致时间耗费和信誉损失。因此,对想象的利益冲突也应像对待真实或潜在利益冲突一样予以关注。

职业会计师必须理解企业所面临的利益冲突,以及由于社会公众对职业会计师角色的期望而引起的其他的更复杂的冲突。职业会计师在提供专业服务时应按照行为规范的要求为社会公众利益服务。他们的专业服务是基于以下标准提供的:完整性、客观性、应尽关注、在职业标准方面的专业胜任能力。职业标准又包括行为标准、公认会计原则和公认审计准则等。对正直性和客观性的遵守是最基本的,而正直性和客观性指的是职业会计师在提供会计、审计和相关服务方面保持独立判断的能力。因此,利益冲突指的是这样一种影响、利益或关系,即它们能够导致职业会计师的职业判断偏离职业要求标准。

应该指出的是,利益冲突可能发生在客户与审计人员之间,或由于社会公众利益引起,或由于与其他客户的利益引起。无论何时,如果职业会计师的独立判断受到影响,将会损害到客户和社会公众的权益,在这种情况发生的可能性很大时,应该采取措施控制这种可能性或尽量避免这种情况的发生。

---

① 本章部分内容参考了莱昂纳多·布鲁克斯著,刘霄仑、叶陈刚主译:《商务伦理与会计职业道德》,中信出版社,2004年版。

二、商务伦理风险与会计职业道德冲突的由来

(一) 道德敏感度增强

在 20 世纪 80 年代和 90 年代，社会公众对于公平和无歧视待遇方面的敏感程度显著增强。一些社会团体为这种社会意识的提高作出贡献，它们对雇佣平等的要求导致了法律、规则和合同中的相应条款的修订，以及企业的积极改进计划。同工同酬计划已经开始实施，以重新调整男女员工工资之间的差距。消费者权益保护法已经加强。所有这些环境的变化，都是在公众要求更多公平性及更少歧视的压力下，通过立法形式所实现的。

(二) 财务丑闻的频繁发生

"蓝田股份""银广夏""安然事件"等一系列财务失败案例的出现，使公众感到吃惊、沮丧并深受其害。其结果就是社会公众对企业的财务真实性的不信任。期望差距这一术语被用来描述社会公众认为可从经审计财务报表中获得的信息与其实际所获得的信息之间的差别。

从更为广泛的范围来看，连续的财务不当行为导致了对企业报告和企业治理的信任危机。信任缺失已经从会计监管及财务管理领域蔓延到企业的其他行为领域，并且形成信任差距。

(三) 经济和竞争压力加大

在 20 世纪 90 年代初，世界经济增长速度曾一度放慢，这使得许多企业及其成员不得不通过收缩企业规模等措施来解决"成长停滞"的问题。到了 20 世纪 90 年代，全球化竞争、创新、改进、高成本技术等不断增长的压力减少了边际利润。缺乏成长性及边际利润的降低导致了企业规模的收缩，以保持整体盈利水平和资本市场吸引力。无论是出于维护工作职位的目的，还是出于保持计件工资收入水平的考虑，抑或是为了确保企业的生存，一些员工通过诉诸法律以求解决不道德行为问题。这些问题包括对交易记录和其他记录的虚构、对环境的污染，或者对工人的剥削，其结果就是导致有关环境方面或者财务不当行为方面案例的形成。

全球市场的发展导致产品的生产地和来源地遍及全世界。随之而来的企业重组被视作是提高生产力和降低生产成本的捷径，而这又导致了国内员工的低聘用率。因此，在任员工维持工作的压力并没有随着产品生产的增加而减轻。同时，在更大的竞争压力下，较大的生产规模也并不必然导致利润的增加，因此企业也面临着好景不再的压力。结果就是，企业不能像以往那样依赖利润的回报去补偿不道德行为所带来的风险损失。这表明，为了将风险降低到原有水平，企业必须建立新的道德行为治理机制。

尽管企业的道德环境已经改变，但是观察家和高级管理人员认识到：除股东之外，还有更多的人在企业或企业行为中享有利益。虽然这部分人对企业并不拥有法定要求权，但是他们有能力对企业施加有利或者不利影响。更有甚者，随着时间流逝，这些相关利益方中的一些人的要求权就能够通过法令或者规则而变得合法。显然，这种对企业具有影响力，或者在企业具有相关利益的人的利益应该在企业的计划和决策中得以反映。为了便于分析，这些人被称为利益相关者，他们的利益也被称为利益相关者权利。利益相关者的群体包括员工、客户、供应商、债权人、债务人、所在社区、政府、环境保护主义者，当然还有股东。

对于经常处于股东直接利益和社会公众间接利益的冲突之间的管理当局和职业会计师来说，必须意识到社会公众对企业和其他类似组织的期望。这种意识必须与传统价值观相联系，并结合到道德决策制定和道德行为框架之中，否则组织、管理当局、职业会计师以及这个职业的信誉就会受到损害。

三、商务伦理风险与会计职业道德冲突的理论分析

如前所述，经济学的基本假设就是理性人假设。该假设认为，现实生活中的人都是理性的，经济人在一切经济活动中的行为都是合乎理性的，都以利己为动机，力图以最小的代价去追逐和获得自身最大的利益。

理性经济人假设在企业中的体现在一定程度上看来就是利润最大化假设。为实现其最大化的利润以及在实现最大化利润的过程中，伦理将是一个约束力不强的外部约束，特别是对尚处于经济转轨期、制度改革滞后、市场发育不完善、信息生成成本和监督成本过高的我国来讲，企业的决策又大多是在剔除伦理因素以后进行的。因此，将很难进行对企业不伦理行为的控制，也将难以避免伦理风险的产生。

委托代理关系及信息不对称是伦理风险产生的关键，在企业或商务活动寿命期内的各个阶段都存在着委托代理关系，这种关系的存在使得企业或商务活动的投资者、管理者、员工、监管者与最终使用者的目标与利益不一致，从而导致有些利益主体为了自身的利益可能会侵害其他利益主体的利益。如果信息是对称的，委托人能够及时察觉，那么这种情况就完全可以避免。因此，委托代理关系及信息不对称是伦理风险产生的关键。

（一）不完全竞争市场分析

不完全竞争市场的体制弊端为伦理风险的产生提供了便利。不完全竞争市场是一种比较常见的市场结构。在不完全竞争市场下，供方可能会采取种种手段（如产量领导、价格领导、联合定产、联合定价、串谋等）来谋求个体或行业利益的最大化。不完全竞争市场会导致竞争的不公平性。竞争的作用在于它能产生诸如代理人努力程度等信息。然而，在不公平的竞争下，信息会被扭曲，而且竞争越不公平，信息被扭曲的程度越大，这会导致业已存在的信息不对称问题更加严重，从而使伦理风险的产生更加隐蔽，因而项目的代理人做出不伦理行为的胆子就越大，伦理风险产生的可能性也就越大。不完全竞争市场带来的一个直接问题是，由于竞争的不公平性而导致对市场主体的约束与激励均不足。我们知道，竞争是有效激励的源泉，激励可以引导人的行为朝着预期的方向进行，而约束其实是一种负激励，可以降低人的败德行为的动机，限制人的不合乎预期的行为。但是，在不完全竞争的市场条件下，对有关利益主体的约束与激励通过不完善的市场结构后其作用均有所减弱。缺少了约束和激励，有关利益主体便很可能做出不伦理行为。

（二）制度安排分析

正式与非正式制度安排对伦理风险的产生未能很好地发挥抑制作用。制度经济学认为，制度是约束人们行为及其相互关系的一套规则，包括正式制度安排和非正式制度安排，只有在两者相容的情况下，它们的作用才能更好地发挥。正式制度安排包括法律、法规、政策等；非正式制度安排主要指符合社会伦理道德的行为规范。然而，目前我国的法律、法规

不健全,对代理人的监督和激励体系效率低下,法律的保障功能尚未真正完全得到体现。同时,界定项目的伦理风险及各参与主体的利益、权限、责任的制度性规则也不健全,从而使各参与主体(尤其是项目中标后的承建者)与其他主体之间的竞争基本停留在"零和博弈"阶段,而不是互惠互补的"价值创造式(帕累托改进式)博弈"的层次。我国目前还存在执法不力、执法犯法的现象。

(三) 公司治理或商务活动规则以及组织文化分析

公司治理或商务活动规则本身组织结构不合理与组织文化建设滞后是伦理风险产生的温床。公司治理或商务活动规则本身的组织结构问题实际上属于公司治理或商务活动规则企业的内部治理结构问题。这个问题解决不好,将会造成企业内部有关部门利益的不一致及权责不对等,加剧有关主体在公司治理或商务活动规则利益上的争夺,以及对组织预警防范系统和传导机制的破坏。有关主体在公司治理或商务活动规则利益上的争夺会导致伦理的约束作用降低,组织预警防范系统和传导机制的破坏将会使组织的内部控制系统形同虚设。组织的价值观作为一种"软约束",不仅对个人行为方式、行为后果有着巨大的影响,而且对组织的行为方式、行为后果有着巨大的影响。良好的工作态度和工作方法则是从主观上及处理问题的程序上保证人们行为的合理性。然而,目前我国的企业文化建设总的来说相当滞后,这也是伦理风险产生的原因之一。

(四) 企业或商务活动中所有权的不完整性分析

企业或商务活动中所有权的不完整性是伦理风险产生的重要原因。在我国经济转轨时期,大量内生系统性风险的产生与积累源于国有产权的不完整性与同质性。由于所有者缺位,在企业或商务活动中的利益由于制度的原因很可能被人瓜分,而由此带来的风险却没有明确的承担者,这最终将损害与项目密切相关的特定群体(社会大众)的利益。由于所有权的不明晰而导致的所有者缺位,使企业或商务活动的风险没有实际的个人承担者,而真正承担风险的公众对企业或商务活动又没有知情权,难以对企业或商务活动的施加实质性影响。对于特大型国有或国有控股企业而言,尽管主管政府机构事实上充当了企业的所有者,但这只是一定程度上虚位所有者,再加上政府机构的力不从心,伦理风险的产生就更容易了。

(五) 逆向选择理论分析[①]

关于逆向选择的模型,最先是由著名经济学家阿克洛夫(Akerlof)于1970年对旧车市场的描述而建立起来的。在旧车市场中,由于在买者和卖者之间存在着关于汽车质量的信息不对称:卖者知道汽车的真实质量而买者却不完全知道。但是,买者知道整个市场中汽车的平均质量,因而它只愿意根据平均质量支付价格。这样一来,由于得不到足够的成本补偿,质量高于平均值的卖主就会退出市场,只有质量低的卖主进入市场。结果是,市场上出售的旧车的平均质量进一步下降,而买主愿意支付的价格也进一步下降,这样更多的卖主将要退出市场。依此类推,在极端的情况下,市场就不可能存在,这样交易的帕累托改进就无法实现。但是,这只

[①] 张俊民、李远鹏:"从逆向选择谈虚假会计信息对资本市场的危害及治理",《中国会计理论与实务前沿》(第一卷),科学技术文献出版社,2001年版。

是极端的例子,在一般情况下由于存在着信息不对称,质量差的产品就会将质量好的产品驱逐出市场:市场上只有质量差的产品成交,质量好的产品无法成交。人们称这种现象为逆向选择(adverse selection)。如果仔细观察一下我们的周围,逆向选择也同样存在着,例如伪劣产品将优质产品驱逐出市场,等等。其实,在资本市场中对于会计信息也存在同样的问题:质量差的会计信息将会改变人们对于会计信息质量的估计,从而降低高质量股票的价格。我们知道,对于股票而言,较低的价格意味着较高的筹资成本,这就等于提高了提供高质量会计信息企业的资金成本,使它们很难再通过资本市场来筹集资金。这样虚假的会计信息就将高质量的会计信息驱逐出了市场。下面通过一个简单的数学模型来描述这样一个事实。

假定1:市场上的投资者都是风险中性的。风险中性意味着人们对于拥有相同数学期望的收益评价是相同的,举例来说,有两个投资方案,第一个投资方案是未来能100%的产生100元的收益;第二个投资方案是未来有50%的可能产生200元的收益,而50%的可能收益为零。风险中性意味人们对这两个方案的评价是一致的。要说明的是,风险中性假定纯粹是为了说明的方便,假定人们是风险规避者或是风险偏好者也能得出相同的结论。

假定2:为了说明的方便,假定市场中有高收益股票(H)和低收益股票(L)两类股票,它们的真实价格应分别为H和L。其中高收益股票在市场中的份额为θ,那么低收益股票在市场中的份额就为$(1-\theta)$。投资者不能直接分辨出哪一个是高收益的企业,它们只能从企业提供的会计信息进行判断。企业提供的会计信息也有两种:提供表明收益高的信息HE(High Earnings)或者表明低收益的信息LE(Low Earnings)。拥有高收益的公司不可能提供低收益的信息,而拥有低收益的公司者有可能提供虚假的会计信息以便使它们看上去能像一个高收益的公司,假定这一概率为α。用概率论的语言,将上述的假定描述如下:

① $P(H)=\theta$

② $P(L)=1-\theta$

③ $P(HE/H)=1$

④ $P(HE/L)=\alpha$

⑤ $P(LE/L)=1-\alpha$

等式①和等式②表明市场中高收益公司和低收益公司占的份额。等式③、④、⑤这三个条件概率则表明了各种类型的公司提供高收益信息或低收益信息的可能性是多大,例如等式④表明低收益公司有α的可能性提供虚假会计信息,把自己伪装成高收益企业以误导投资者。

现在,有一个投资者想要投资于高收益的公司,但他(她)无法识别哪一个是高收益的公司,只能通过会计信息来识别。对于前面的信息该投资者也都知道,也就是说,他知道有比例为α的低收益公司冒充高收益公司,但他无法识别是哪一家。所以,他只能通过平均收益的概率来评价股票。这意味着,对于提供高收益报表的公司,该投资者认为只有P(H/HE)的可能性是真正的高收益公司,其余的则是提供的虚假会计报表。根据贝叶斯公式表述如下:

⑥ $P(H/HE)=\dfrac{P(H \times HE)}{P(HE)}=\dfrac{P(H \times HE)}{P(H \times HE)+P(L \times HE)}$

由上面的公式③和公式①可以得到:$P(H \times HE)=P(H)=\theta$;

由上面的公式②和公式④可以得到:$P(L \times HE)=\alpha \times (1-\theta)$。

再将这两个式子代入等式⑥,则可以得到:$P(H/HE)=\theta/[\theta+\alpha\times(1-\theta)]$。也就是说,投资者认为在所有提供高收益报告的公司中只有概率为$\theta/[\theta+\alpha\times(1-\theta)]$的公司是真正的高收益公司,其余的则是提供虚假会计信息的公司。但是,投资者无法确切区分哪一个公司提供的信息是真实的,哪一个公司提供的信息是虚假的。所以,他对提供高收益报告的公司只能以平均的数学期望值作为股票定价的依据。也就是说,对于投资者而言,提供高收益报告的公司股票价格应该为

⑦ $P_{HE}=H\times\theta/[\theta+\alpha\times(1-\theta)]+L\times\{1-\theta/[\theta+\alpha\times(1-\theta)]\}$

对等式⑦进行化简,则会得到等式⑧ $P_{HE}=[H\times\theta+\alpha\times(1-\theta)\times L]/[\theta+\alpha\times(1-\theta)]$
为了得到股票价格和α之间的关系,假定等式⑧中除了α之外的其他量都为常数,并对等式⑧求关于α的导数,也就是求P_{HE}对α的偏导。这就会得到等式⑨ $d(P_{HE})/d(\alpha)=[\theta\times(1-\theta)\times(L-H)]/[\theta+\alpha*(1-\theta)]^2$。这意味着股票价格$P_{HE}$对于$\alpha$的一阶导数是小于0的,说明随着$\alpha$的增大,$P_{HE}$将逐步降低。为了进一步得到股票价格$P_{HE}$和$\alpha$之间的关系,再对等式⑧求关于$\alpha$的二阶导数。

就会得到等式⑩ $d_2(P_{HE})/d(\alpha^2)=\{2\theta\times(1-\theta)^2\times(H-L)\times[\theta+\alpha\times(1-\theta)]\}/[\theta+\alpha\times(1-\theta)]^4$

很明显,等式⑩是大于0的。这意味着随着α的增大,股票价格P_{HE}的下降速度越来越快。如果将股票价格P_{HE}和α放到二维空间中去,就会得到图8.1。

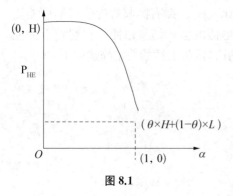

图 8.1

从图8.1中可以看出,随着会计信息失真程度(α)的加大,拥有高收益公司的股票价格将下降,并且下降的速度越来越快。α的取值可以是属于[0,1]上的任何一个数额。当α取0时,意味着市场中没有虚假的会计信息,所有的股票都被正确地定价:提供高收益股票的价格为H;提供低收益股票的价格为L。当α取1时,意味着所有低收益的公司都提供虚假信息,这时资本市场中的股票价格只有一个,就是$[\theta\times H+(1-\theta)\times L]$,也就是高收益股票和低收益股票真实价格的加权平均值。随着会计信息质量的恶化,也就是α从0到1逐步加大时,本来业绩良好的股票价格就会越来越低于它真实的价位,而且这种偏离的速度是越来越快的。对于业绩优良的企业而言,股票价格降低意味着融资成本的加大,使这些企业很难通过股票市场来筹集资金;而对于提供虚假信息的企业而言,它们的股票价格是被高估的,从而这些公司的资金成本就会降低。这一方面扰乱了资本市场的秩序,扭曲了资本市场资源配置的功能,另一方面也造成了极大的不公正:诚实的公司受到惩罚而撒谎的公司则得到了好处。由于激励机制的扭曲,这反过来也会迫使那些原本诚实的公司也提供虚假的会计信息,这样整个资本市场的秩序就可能陷入了一个恶性循环中。

四、商务伦理风险与会计职业道德冲突形成因素分析

1984年,巴里·普斯纳(Barry Z. Posner)和华伦·舒密特(Warren H. Schmidt)对1 400

名经理人员进行了三次调查,要求对六个因素进行排序。这三项研究的调查结果如表8-1所示。

表 8-1　影响不道德行为的因素

因　　素	1984年(N=1 443)	1977年(N=1 227)	1961年(N=1 531)
上司的行为	2.17(1)	2.15(1)	1.9(1)
同事的行为	3.30(2)	3.37(4)	3.1(3)
本行业的伦理惯例	3.57(3)	3.34(3)	2.6(2)
社会的道德风气	3.79(4)	4.22(5)	—
正式组织的政策	3.84(5)	3.27(2)	3.3(4)
个人的经济状况	4.09(6)	4.46(6)	4.1(5)

由表8-1可见,形成商务伦理风险与会计职业道德冲突的因素既有社会环境的、行业的、企业或组织的,又有参与活动的个人的原因。

(一) 企业使命的变化

自20世纪80年代以来,企业使命由单纯追求利润向理解企业与社会的相互依赖性转化的倾向日趋明显。企业和社会是一种相互依赖的关系,企业的长期健康运行也在影响着社会的长期健康发展;反之亦然。

利润实现应限制在社会法律和道德范围内,如果企业在一个毫无限制的环境中运行,将必然导致混乱。一个最低限度的必要的规则框架的存在,有利于市场有效、低成本的运作,并且有利于保护所有的市场参与者。加强管制是对可耻行为,或者不断增强的社会道德需求的一种反应。避免政府管制强化的方法,就是对道德进行更有效的治理,以及加强自我行为的关注。

企业在未来的成功与否将有赖于企业对利润和社会目标的权衡程度。如果不能将道德的和经济的目标有机地结合在一起并对其进行权衡,股东利益就总是优于其他利益相关者利益,企业和社会之间的紧张程度就会持续上升。

另外,经济和竞争的压力一直持续影响着企业的道德观,进而影响着职业会计师的道德观。这些压力的存在,使得以下一些重要趋势得以出现:(1) 扩大了企业董事的法律责任;(2) 管理当局需要就内部控制的充分性向股东做出声明。

甚至,在企业的运作层面也发生了显著的变化,包括:(1) 员工授权及电子数据的使用;(2) 管理当局对实时的非财务绩效指标更加重视。

在这些趋势和变化的影响下,企业开始考虑如何使它们的活动更具有道德性,并确保不发生道德问题。

(二) 会计职业的道德环境

无论他们是从事审计业务还是鉴证业务,是从事管理活动还是咨询活动,抑或是作为企业董事,从历史的角度看,职业会计师一直被视作是确定组织受托责任的仲裁人及制定科学决策的专家。自从我们观察到企业受托责任由面向股东到面向利益相关者的"显著改变"

后,理解这种变化及其对职业会计师职能的影响就成为会计师的义不容辞的责任。如果他们不这样做,也许能够找到一些次要标准,但是由道德缺陷所引起的法律和非法律后果就可能非常严重了。

如果会计师被认为是没有遵守道德行为标准,那么报表使用者想要获取的信息与他们实际获取的信息之间的期望差距就可能会扩大。要求在修订职业行为规则时应确认新的道德行为水平。一些职业规则也为此做了相应的修订,但是要想恰当地运用这些规则来保护职业会计师、会计职业及社会公众的利益,就需要对修订的理由和涉及的基本原则进行深入理解。

对于作为企业员工的职业会计师来说,正确评价企业道德环境中的这种显著变化,对于帮助他们深刻理解其职业准则是非常必要的。同时,尽管社会公众期望职业会计师能够尊重那些用于保护社会公众基本权利的职业价值观,如客观、正直和保密,但是作为企业员工的职业会计师也必须同时尊重管理当局的指导,并满足当前股东的需求。如何在这两者之间进行抉择是一件非常困难的事情。在未来,逃脱社会公众调查及监督的可能性极小,而忽略或者掩盖问题的做法也将具有更大的危险性。职业会计师必须保证他们的道德价值观是最新的,并表明他们将按照这些道德的价值观行动,从而最充分的发挥他们的作用。事务所将向多元化方向拓展,从业人员可能会包括律师和工程师等专业人士。为了提供更广泛的鉴证和其他业务,职业会计师必须特别注意其自身价值观与其他职业规则间的矛盾与冲突。

(三) 利益优先权的艰难选择

由于职业会计师的主要任务就是向社会提供重要的受托服务,因此这些服务的成果中经常会包含对各方利益优先权的抉择。优先考虑一方的利益必然是以牺牲其他各方利益为代价的。这些利益方包括向你支付工资或费用的人、现有的股东或组织的所有者、潜在的未来股东或所有者,以及其他利益相关者,如雇员、政府或贷款提供者。

一名职业会计师之所以被授予为社会提供受托服务的权利,是因为他(或她)已经承诺保持受托关系中内在的信任。职业会计师不仅必须具备专业能力,还必须以充满勇气、诚实、正直、应尽关注、胜任能力、保密性和避免错误表达的态度来运用这些专业能力,以使那些依赖其专业能力的各利益相关者能够相信其利益已得到了适当的关注。

但是历史证明,这些价值观、特征和原则本身不足以保证在选择会计处理方法或审计方法时具有可预见性,以及达到最佳实务的结果。因此,为了缩小可以接受的会计处理方法或审计实务的选择范围,职业会计师被期望应遵循公认会计原则(GAAP)和公认审计准则(GAAS)。之所以确立这些一般公认原则和准则,就在于使得依据它们而做出的选择对于大多数财务报表和审计结果的使用者而言是公允的。这意味着,已审计财务报表从包括现有股东、未来股东、贷款人、管理部门和政府等在内的所有角度来看都是公允表达的。如果已审计财务报表存在着有利于一类使用者群体而不利于其他使用者群体的偏见,对于受托关系而言,最根本的信任将会被打破,牵涉在内的职业会计师将辜负公众对其的信任,而且还会导致同业人员的名誉扫地,最终影响整个职业的声誉和可信性。

审计师受股东和所有者的委派,作为他们的代理人来检查一个组织的活动,并就财务系统的完善性和年报的合理性进行报告。这样做是为了保护股东或所有者的利益免受包括管理层不道德行为在内的各种问题的影响。现实的和潜在的股东和债权人,以及政府和其他人都要使用和依赖经审计的财务报表。这种依赖对于经济整体的有效运行是至关重要的。对那种为使当前收益最大化而牺牲未来收益的会计处理或披露方式的选择，将会打破与社会公众之间受托关系所必需的信任，并会导致虚假陈述的指控，以及审计师和职业界整体声誉丧失的后果。因此，一个审计师对社会公众的忠诚程度不能低于对现有股东或所有者的忠诚程度，当然更不能只对组织的管理层忠诚。

对于组织或审计事务所雇用的会计师来说，他们是没有对股东或社会公众的法定或契约义务的。但是，在履行其对雇主的职责的过程中，职业会计师被期望按照诚实、正直、客观和应尽关注的价值观标准行事。这些价值观标准禁止职业会计师与虚假陈述发生关联，因此雇主的不当行为会导致职业会计师考虑他对其他利益相关者的责任，包括那些可能由于其行为而遭受不利影响的群体，以及他的同事的声誉会因为工作上的合作关系而蒙受耻辱。从这一点来看，作为雇员的职业会计师的主要责任是为保护最终使用者——社会公众的利益，确保工作的准确性和可靠性。因此，职业行为规范要求职业会计师远离误导信息和虚假陈述。

有时，客户或雇主存在这样的错误认识，即职业会计师与其存在明示或暗示的合同关系，因此他们必须只为客户或雇主的利益工作。不容忽视的是，合同只是规范专业人士对其所在行业的道德准则承担责任的约束之一，因此期望职业会计师绝对地忠诚于客户或雇主，而非其所在的职业以及社会公众是很不合理的。另一方面，客户或雇主期望职业会计师将客户或雇主的利益置于职业会计师自身利益之上却是合理的。因为，如果不这样做的话，将会对履行受托责任所必需的信任造成损害，而且由于担心客户或雇主的利益会与职业会计师个人利益发生冲突而被破坏、损害或被过早泄露，有关的商务秘密将不会让职业会计师知晓，这将导致职业会计师不能有效地工作或处理敏感问题。其结果是，审计工作的范围将可能受到限制，审计师、职业界和社会公众的利益最终也受到损害。为了避免客户或雇主丧失对职业会计师的信任，多数行为规范都要求职业会计师不得泄露其在工作过程中所获知的秘密，除非法庭或被职业惩戒程序要求这样做。

总之，为了使受托关系中固有的信任得以保持，面临艰难抉择的职业会计师应该做出如下利益优先权选择：首先是社会公众，其次是职业界，再次是客户和雇主，最后才是单个职业从业人员。只有在不论从法律上还是从道德上都不影响社会公众和职业利益的情况下，将客户或雇主利益置于首位的处理措施才是有效的。

（四）社会对会计职业的期望

一名职业会计师，不论是从事审计工作还是管理工作，也不论是作为雇员还是顾问，社会公众都期望其具有会计师和专业人士的双重身份。这就意味着一名职业会计师被期望具有与会计相关的技术专长，并且在诸如管理控制、税务或信息系统等相关领域具有超越一般理解程度的技术专长。另外，他（或她）还被期望遵守前述的一般职业职责和价值观念，并遵守他（或她）所隶属的职业团体制定的具体标准。有些时候，对这些期望规范的违背将会导致社会公众丧失对整个职业可靠性的信任。例如，当一个人或一个职业将自身的利益置于其客户或社会公众之上的话，会不可避免地导致信任丧失，从而触发社会公众对该职业全部事务的质询。通过此类质询所提出的批评和建议对于会计师职业修正其行为大有帮助。

表 8-2　会计师职业的特征、职责、权利和价值观

特　　征
为社会提供重要的受托责任服务
需要更广泛的知识和技能
培训和技能在很大程度上是智力性的
通过会员制组织的自我管理予以监督
对政府的权威机构负有责任
对于受托关系至关重要的职责
对于客户和其他利益相关者的持续关注
发展和保持所要求的知识和技能
保持受托人关系中固有的信任
展示有责任感的价值观的行为
保持令人满意的个人声望
保持作为一个职业的可信声誉
在多数司法权中准许的权利
坚持按既定的职业标准提供重要的受托服务
制定职业的入门标准并考核候选者
基于行为规范的自我管理和纪律惩戒
参与会计与审计实务的发展
进入一些或全部与会计审计发展相关的领域
履行职责和保持权利所必需的价值观
诚实
正直
建立在独立判断基础之上的客观性
保持应尽关注职责的意愿
胜任能力
保密性
承诺将社会公众、客户、职业、雇主或事务所的需要置于从业人员自身利益之上

(五) 道德价值观重于会计审计技术

许多会计师以及大部分的非会计师都认为,掌握会计和(或)审计技术是从事会计师职业的必要条件。但是,几乎没有一件财务丑闻是由于技术运用上的方法错误所导致的——大多数都是由于运用技术方面的判断错误或披露不当所导致的。在这里,有些判断错误是出于问题的复杂性而导致错误解释所造成的,而另外一些则是由于违背诸如诚实、正直、客

观、应尽关注、保密性和将他人利益置于自身利益之上的承诺等道德价值观所造成的。

有关将过多的信任置于技术可行性方面而非适当地履行道德价值观或判断的实例举不胜举。比如,一个从概念上讲很完美的会计处理如果带有一定的偏见或只是草率进行处理的话,那它将会丧失其实用性。拒绝对破产前应收而未收回的账款或贷款进行适当披露通常并非专业胜任能力方面的问题,而是出于错误地忠诚于管理部门、客户或者是自己,而不是忠诚于可能投资于银行或储蓄与信贷公司的社会公众所导致的。

应该指出,有时信息披露问题是十分复杂的,或者需要进行非常困难的权衡,以至于对该问题不予披露的决定似乎是在做出决策时合理的处理方式。比如,会计师经常会面临对于公司较差的财务业绩做出何时披露和披露到何种程度的决策。如果给予充分时间的话,公司是有可能、有能力解决这种问题的,然而过早地披露这些问题则很有可能引发破产诉讼。

尤其是在充满不确定性的情况下,会计师必须十分谨慎,以使其决策不会因没有恰当遵循道德价值观而受到影响。至少,道德价值观必须被视为与技术胜任能力同等重要,两者都应是必不可少的条件。但是,天平的砝码往往会倾向于道德价值观。当一个专业人士发现一个超出他(或她)现有胜任能力的问题时,正是道德价值观将迫使该职业从业人员认识并披露这一事实。如果没有道德价值观,受托人关系中所必需的信任将无法得到支持,给予会计职业的权利也将受到限制——这些都有可能减少一个独立职业可以带给社会的效用。

其他职业的人员可能也会在做事情的过程中发生一些错误,但那是由于技术上存在多种可能性,而不是考虑到那样做的道德后果的原因。这一现象也经常出现在会计实务中,比如,如果现行的会计标准并不禁止某种实务处理,则人们通常假设这种实务处理方式是被允许的。但是,有很多例子说明这种实务处理方式,比如合并权益法或者将经重新协商的已过期抵押贷款披露为流动负债,当被发现不能公正和客观地保护社会公众利益——换言之,当不符合基本的道德原则时,被予以冲回、限制或更正。结果,即使技术上的可行性可以决定一些会计师的短期决策,但是从长远来看,对道德的考虑仍然是占主导地位的。

第二节　商务伦理风险与会计职业道德冲突种类及内容

一、企业中常见的商务伦理风险及利益冲突

大多数常见的利益冲突是由各种不同情况引起的。这些情况取决于商务人员的性格、知识、需要和存在的机会,常见利益冲突列示在表8-3中。

(一) 欺骗

欺骗(deception)是通过误导来操纵他人或某个公司。欺骗是指"欺骗性的行为;以虚假的语言或行动蓄意误导……明知故犯地做虚假的关于现在或过去的报道或描述"。这种不诚实行为是违反商业伦理的最常见形式。

表 8-3　企业中常见的利益冲突

满足个人私利
贿赂——对决策者或其家属或代理人行贿
礼物——看起来无关痛痒的或较小的物品——食品、饮料、门票
免费旅游
纪念品
特别优惠——在货物上的非常优惠的市场折扣
特别优待——奉承，社会关系
与关键性人物的家属、亲戚拉关系
胁　迫
胁迫、勒索
欺诈——不适当地获取资金或财产
在费用账目上欺骗
伪造文件
盗窃现金、资产或资源
窜改结果以获取奖金、奖赏或晋升
误　解
对委托人利益的责任——混淆的信号或激励程序
接受相互冲突的行为——总之，"大家正在做的"或"老板正在做的"
"光滑斜坡"的情况，即开始小恩小惠导致后来的较大数额的压力
对某些真实和想象的不良行为的报复

（二）贿赂

贿赂（bribery）是通过购买影响力而操纵别人。贿赂被定义为"提供、给予、接受或要求有价值之物，以达到影响官员履行公共或法律职责时所做行为的目的"。有价值之物可以是现金或其他资产，也可以是交易完成后的回扣。

（三）胁迫

胁迫（coercion）是指用暴力或威胁控制他人。它的定义是"用武力、武器或威吓进行强制、限制、威胁……可以是实际的、直接的或明确的，诸如用武力强迫他人做违背其意愿的事；也可以是暗示的、合法的或推定的，诸如一方受另一方压力的制约去做依其本意不会做的事"。强制力常常是一方威胁要使用其对不利一方的控制权。

（四）勒索

勒索（extortion）是一种特殊形式的胁迫。

维拉斯奎兹将勒索定义为：如果一个雇员向公司外部的人索取报酬作为他（她）代表公司交易时提供给对方好处的条件，那么他（她）就进行了商业勒索。勒索还包括一些行贿收买后不同种类的威胁。蓄意威胁往往用于保证公司在某一市场内继续经营，躲避威胁性的竞争或防止其他种类的危害降临在公司身上。

（五）偷窃

偷窃（theft）就是拿走不属于自己的东西。约瑟夫·诺兰（Joseph Nolan）和杰奎琳·诺兰-黑利（Jacqueline Nolan-Haley）把它定义为"盗窃的行为"，即在未经主人同意的情况下取得其财产。

（六）不公平歧视

不公平歧视（unfair discrimination）的定义是"不平等待遇；或因种族、年龄、性别、国籍或信仰等而拒绝给予某人通常的权利……或在受优待者和不受优待者之间难以找到合理的区别的情况下不能平等地对待所有人"。我们这里指的是"不公平"的歧视，以与基于大多数人公认的相关标准的"区别对待"相区分。人们是按其资格被雇佣的，报酬的多少是他们对组织的相对贡献。不公平歧视是指根据不恰当的标准区别对待一个人或一部分人。关键的问题是使用的标准是否与工作或职责的要求相对应。

二、职业会计师的利益冲突

（一）职业会计师的受托关系

当职业会计师或其事务所服务于客户时，客户有权在一定范围内信赖职业会计师或其相关群体的专业技能，并且要求职业会计师尽其最大努力提供服务。这种信赖关系就构成了受托关系。客户有权要求职业会计师诚实地按客观性标准提供业务，但这取决于会计职业行为准则和相关准则的许可范围。例如，客户有权要求职业会计师就所了解到的公司机密信息保密，不得泄露，除非出于法庭和行业纪律检查的需要。到目前为止，职业会计师一般不是政府的受托人，因此不会要求向政府报告客户的不良行为。保密性的规定是基于实际需要而制定的。如果没有这一规定，客户就不会将完全的资料提供给职业会计师，从而不能进行彻底的审查，而客户将会向其他的服务质量更差的、缺乏道德的人士寻求关于灰色区域问题的咨询服务。同样，职业会计师也必须克制自己，不向存在竞争性业务的客户提供咨询服务。

然而，应该指出的是，客户无权要求职业会计师对其无条件地服从，主要原因是因为这种职业有约定和准则来限制职业会计师的行为。当前实务中通常包括准备一份审计业务约定书，通过该函来界定业务的各条款，并交由客户确定此合约的限定性条款。因此，即使没有审计业务约定书，当客户聘请职业会计师完成特定任务、或为特定领域提供咨询时，他也无权要求职业会计师提供超出当前约定业务范围之外的其他服务。这种额外要求可另行协商，并由双方取得一致。然而，并不能保证一定会达成这种一致。

同样，客户也不能要求职业会计师无条件地为客户的最大利益服务。例如，职业会计师行为准则或规范禁止职业会计师卷入错报或违法行为中。禁止职业会计师为了客户的利益而篡改财务报告,财务报告应该依据公认会计原则按照各国的实际情况进行编制。要强调的是,制定职业会计师行为准则/规范和公认会计原则的目的,就是为了保护社会公众利益和会计职业的公众声誉,而非为了满足职业会计师当前客户的要求。

总之,对受托关系的适当期望反映了对客户权利和职业会计师权利的权衡,而且它也受到会计职业行为标准、公认会计原则、公认审计准则、当地法律、相关各方的约定,以及职业会计师是否能充分保守以前客户的秘密和权利等因素的限制。

(二) 职业会计师利益冲突的类型

对一般企业而言,存在两种利益冲突:真实的和潜在的。真实的利益冲突是指已经影响到对某一问题的职业判断,而潜在的利益冲突指的是可能会影响到将来的职业判断。有关后者的一个例子是:(事务所的)一个大客户的业务收入占到该事务所全部审计业务收入的绝大部分,可能多年来这并未给审计工作造成多大障碍。但是,当需要对大客户利润进行负向调整,且审计人员坚持调整意见时,大客户的管理层就可能会以更换审计师作为要挟。显然,最好去避免潜在的利益冲突,因此这并不成为一个问题。事务所有时可通过兼并以避免大客户的控制。

职业会计师的声誉,取决于职业会计师的独立、正直和客观性,它需要很长时间去形成,但却可能很快丧失掉。事实上,由于对受托关系的公正判断的重要性,一种被感觉的利益冲突可能同一种真实的利益冲突一样,会使职业声誉很快丧失。这种感觉到的利益冲突,可能是真实的、潜在的甚或是想象的。职业会计师则需要一再避免出现这种情况:形式上表现出存在利益冲突的迹象。如果审计目标是提高报表的可信度,那么对审计人员独立性的要求也是关键的。这就是为什么大的审计师事务所要求它们的成员——即使是那些与特定客户无关的办公室人员——不要从事其客户的股票交易,也禁止工作人员的直系亲属进行该种股票交易的原因。

利益冲突可依据对利益相关者利益的影响分成四类:

(1) 职业会计师个人利益与其他利益相关者利益之间的冲突;
(2) 职业会计师和某些利益相关者利益与其他利益相关者利益之间的冲突;
(3) 受优待的客户利益与其他客户利益之间的冲突;
(4) 受优待的一个或更多利益相关者的利益与其他利益相关者利益之间冲突。

(三) 对提供的专业服务产生影响的利益冲突

在职业会计师提供业务时,不管是作为审计师还是作为管理会计师,其个人利益都是非常强大的驱动力,它将会在一定程度上降低职业会计师的服务质量,从而会对客户、公众以及其他利益相关者颇为不利。审计人员所受到的诱惑正在增加,因为审计人员的"牟利"倾向会左右他的职业立场,利润或个人收益的驱动会压倒其受托关系中应该保持职业信誉的价值观,导致其应有的信誉出现问题,必须的信赖关系被打破。这是因为所要求提供的专业服务的更多方面并非为了保护或促进审计人员的利益,而是为了其他利益相关者的利益,这些利益是应先于职业会计师的个人利益进行考虑。

对利益的追求可能导致职业会计师提供的服务低于职业标准规定的水准。这可以归结于不断上升的审计成本的压力或为增加利润的努力,使得职业会计师提供低于标准水平的服务。这可以表现为使用初级的或未受过良好培训的人员,或者高级审计人员甚至更高级的人员不对执行具体审计业务的人员进行充分的督导。这会导致审计业务人员承受超时工作的压力,或鼓励具体审计业务人员长时间工作却不为额外工作向客户收费。在这些例子中,导致过度疲劳的因素不仅对业务人员不公平,而且会导致审计查错能力的下降。低水平的服务明显地影响客户和社会公众的利益,这种工作状况反映了审计业务人员陷入一个非常现实的道德问题之中,即如何处理这些问题:他们应该抱怨吗?如果是的话,应该向谁抱怨并应获取多少补偿?

提供服务的质量还可以受到其他因素的影响。例如,职业会计师可能被迫向客户降低收费水平,以便赢得新业务或留住老客户。但在此之后,低收费的现实可能反映了这样一种两难困境:不得不完成紧张的费用预算,而这样做又可能导致所提供的服务质量低于标准水平,或者员工隐瞒或忽视实际工作时间超过规定时间的压力。偶尔降低收费可被视为是合理的,这是基于预期审计业务未来价格将会上升,以及通过审计业务可获得额外的边际收益率高的税务或咨询业务的考虑。然而,这种希望并非总是能够纳入审计工作计划之中,因此预算偶尔会定得太紧,而且预期的高边际的收益来源不一定能马上实现。理解这些需花费很长时间,这也是许多会计职业团体禁止固定收费的主要原因。当发生意外时,在一个打了折扣的固定收费的情况下,在业务上额外花费时间无异于从审计人员的口袋里掏钱——一个显而易见的利益冲突。基于业务人员执业水平的小时收费率将允许对服务质量的要求纳入总费用预算之中,即使发生意外,也不会使服务质量受到影响。

个人利益也可能导致与其他利益相关者的利益冲突。例如,审计人员在提供管理咨询业务或鉴证业务方面具有优越的条件,因为审计人员对客户的业务和人事安排都有相当透彻的了解。另一个方面,如果审计人员接受委托为客户设计了内部控制制度,那么在随后的审计中,即使内部控制存在缺陷,审计人员也是不愿承认的。就是来自同一事务所的其他非业务人员也不愿指出这一点。不幸的是,有缺陷的内部控制制度如同一枚定时炸弹,而其巨大风险则是由客户和社会公众承担的。

如何处理这种涉及冲突性业务的情况?拒绝提供这种业务当然是一种选择,但可能导致客户发生不必要的成本开支,并使得职业会计师失去收入来源。会计职业在当前所确立的地位依赖于专业人士的正直品质,即当职业会计师或其助手提供利益冲突性服务时,他们必须能够进行自我审视。无论这种依赖是否名副其实,我们仍然要指出,这些服务的未来取决于相关专业人士的价值观、品格力量和道德意识。

过度放纵的个人利益将导致职业会计师承担较高的信誉风险,因为这可能违背受托关系的要求,而将客户利益、雇主利益或公共利益置于个人利益之后考虑。例如,对客户进行投资的情况,出于个人利益的考虑,会导致职业会计师操纵会计披露和会计原则的选择,不向股东披露客户的真实状况。幸运的是,这种投资多年来一直被大多数会计职业准则所禁止。类似地,对审计质量毫不在乎的情况也很难避免。由于在业务收费方面的竞争日趋激烈,对职业会计师而言,考虑长期信誉损失的可能性和更高的责任保险费是明智的。

职业会计师及其客户在交易中各自或共同代表一个或一个以上的客户的情况是可能的,也是存在很大风险的。即使职业会计师非常了解整个情形,比如当审计客户正要被出售,而买者和卖者都是职业会计师的好朋友时,可能会发生这样的情况:即很难为满足一方的最大利益而不损害另一方的利益。之后,如果买方或卖方明白过来,可能会怀疑自己少获得了利益,从而引发诉讼。因此,即使是不止一个作为交易方的客户希望职业会计师能代表其利益从事业务,也应该告诫他们应选择相对独立的代表。即使客户一再坚持,职业会计师也应只代表一个客户并为之服务。无论何时,当不止一个客户进行交易时,职业会计师应该能够显示出已经采取充分的措施避免给人以同时代表所有参与方的最大利益的印象。

对于处于管理层的会计人员来说,同时为两个或更多的客户服务同样是有风险的。多年来,为两个或更多客户服务被证明是困难的,这会产生真实的、潜在的和想象的利益冲突,哪怕同时服务的客户并非相互竞争者。一旦客户是相互竞争对象,这样做就是愚蠢的。而当处于管理层的会计人员对一个竞争者进行投资时,则这种道德问题的另一种情况就会出现。必须关注这种情形以确保相互冲突的利益不会影响到职业会计师的判断或为客户提供的服务质量。盲目追求个人利益可能导致职业会计师的毁灭。在涉及将公众利益、客户、职业和事务所的利益置于职业会计师个人私利之前时,需要为此做出权衡。

《中国注册会计师职业道德守则第3号——提供专业服务的具体要求(征求意见稿)》第二章列举的可能产生利益冲突的情形有:

(1) 向拟收购某一审计客户的客户提供交易咨询服务,而会计师事务所已在审计过程中获知了可能与该交易相关的涉密信息;

(2) 同时为两家客户提供建议,而这两家客户是收购同一家公司的竞争对手,并且注册会计师的建议可能涉及双方相互竞争的立场;

(3) 在同一项交易中同时向买卖双方提供服务;

(4) 同时为两方提供某项资产的估值服务,而这两方针对该资产处于对立状态;

(5) 针对同一事件同时代表两个客户,而这两个客户正处于法律纠纷中(如正处在解散合伙关系的过程中);

(6) 针对某项许可证协议,就应收的特许权使用费为许可证授予方出具鉴证报告,并同时向被许可方就应付金额提供建议;

(7) 建议客户投资一家企业,而注册会计师的配偶在该企业拥有经济利益;

(8) 就客户的竞争地位为其提供战略建议,但同时与该客户的主要竞争对手开设合营企业或享有类似权益;

(9) 为客户收购某企业提供建议,而会计师事务所同时也有意收购该企业;

(10) 建议客户买入一项产品或服务,但同时与该产品或服务的潜在卖方订立佣金协议。

(四) 涉及不恰当利用影响的利益冲突

职业会计师牟取私利的要求可能会导致对其外部影响的不恰当利用,从而使其独立判断能力受到影响。例如,被某个公司雇用的职业会计师能够很轻易地将其朋友安排在这家公司工作。然而,如果这样做的话,职业会计师为之回报的可能是屈从于管理层的压力而不去披露应予披露的事项、推迟披露或只做最简略的披露。在这一过程中,对社会公众、股东、其他管理人员和审计人员都可能产生误导作用。

审计人员也可能因为不恰当地利用其影响于不知不觉中陷入被动境地。有时,审计人员在购买产品或获得劳务时,希望能从客户那里获得超出一般公众所能获得的较大价格折扣(客户也会鼓励他们这样做)。这样做的风险在于,职业会计师为了管理层的利益而忽略公众利益,因为正是管理层掌管着对自己的优惠特权。

(五)因使用或滥用信息(保密性)导致的利益冲突

与使用或滥用信息相关的利益冲突,是指职业会计师因滥用信息而可能给有关客户或公司的其他利益相关者的利益造成损害。例如,专业人士在别人有权使用某一信息之前使用该信息的话,将被视为不公平和不道德的。任何应对公司内部信息保密的人,都属于公司内部人士。由于审计师或内部会计人员也部属于内部人士,他们直接使用或间接利用内部信息就会构成内部人交易。为了保证股市基本的公平,以便让公众和其他非内部人士以平等机会进入股市,监管机构要求:作为管理层的内部人员必须等到财务信息已向公众公布之时方可进行股票交易,而且他们必须公开披露自己的交易情况以便让公众知道。"被操纵的游戏"不可能维护社会公众和通过股市进行筹资的公司的长远利益。内部人交易规则也应适用于内部人士的家庭成员,并且扩大到那些虽不是家庭成员但有可能影响内部人士的人。

对审计人员而言,情形稍有不同:审计人员被禁止持有客户的股票或金融证券,因为这会引起真实的或潜在的利益冲突。对此,大多数会计师事务所从两个方面来进行限制:首先,这一限制适用于审计人员的家庭成员以及那些有能力影响审计人员的人;其次,这一限制也适用于事务所的任何客户,即使该客户的业务是由另外一个完全独立的、个人不可能与其发生日常业务联系的分部提供的(对国际会计师事务所而言,其分部甚至可能在另一个国家)。对内部人交易禁止和察觉的关注程度体现了大多数事务所在展望未来时对其自身的警惕程度。

术语"保密性"被用来描述保守客户的或雇主的独有的机密信息。这种信息一旦泄露给公众或竞争者,将会损害客户利益,并且与受托关系下的对职业会计师的信赖预期背道而驰。对审计人员来说,客户是否愿意与审计人员讨论其所存在的难题,全都有赖于这种值得信赖和保密的预期。而且,这些难题是与审计密切相关的,也与审计人员如何就客户的报表及附注发表意见密切相关。因此,为客户保密对于正确行使审计职能,以及在对各种可能性进行充分讨论的基础上提供最好的建议来说,起到了关键的作用。

然而,对保密性也存在一定的限制。在一些行业,对保密性的限制包括在审计职业行为准则中,或直接列示在职业规范框架中。以工程师为例,当他相信某种结构或装置可能对使用者有害时,他们必须向相关的政府官员报告,比如由于违反建筑法规而可能引起的建筑物倒塌。在英国,来自贩毒和恐怖主义的洗钱活动也必须予以报告。由此看来,审计人员的社会责任越来越强调应进行报告而非保持沉默。

在客户利益、管理层利益、社会公众利益、监管者利益、会计行业利益,以及管理层承诺之间的抉择,有可能成为职业会计师在将来要面对的难题。有一个很难给出答案的问题,即会计人员严格遵守保密性原则而不去揭发雇主的违法乱纪行为,如果他的雇主不能被说服而改正其行为的话,那么职业会计师将出于职业准则的压力而被迫辞职。因为根据职业行为规范的规定,除非出于法庭和行业惩戒听证的需要,职业会计师应为客户或雇主保密。同时,为了避免与不当披露有牵连,职业会计师应要求解除业务约定或辞职。如果职业会计师辞职并保持沉默,那么除了当事人和保持沉默的职业会计师以外,利益相关者对违法乱纪行为不可能知晓。如何去保护社会公众、股东或会计行业自身的利益呢?引进"保密性援助"概念,保密性援助是指可以向相关会计职业机构的人员进行咨询。或许通过咨询,可以找到一个更好的方法来判断哪些需要保密、什么时候可以披露、如何披露、怎样保护职业会计师和社会公众利益。然而,对于审计人员来讲,情况有所不同。当审计人员被解雇或被替代时,后任审计人员有权向前任审计人员询问导致解除约定或被辞退的原因。在一定权限内,审计人员有权在股东大会上向股东申诉或通过邮件方式陈述自己的观点。

《中国注册会计师职业道德守则第3号——提供专业服务的具体要求(征求意见稿)》第二章指出,当注册会计师寻求客户同意以提供下列服务时,可能违反保密原则:

(1) 为某一客户恶意收购会计师事务所的另一客户提供与交易相关的服务;

(2) 会计师事务所对某一涉嫌舞弊的客户进行法务调查,同时会计师事务所因为向可能参与该舞弊的另一家客户提供服务而获取了涉密信息。

(六) 利益诱惑冲突

《中国注册会计师职业道德守则第3号——提供专业服务的具体要求(征求意见稿)》第六章利益诱惑(包括礼品和款待)指出利益诱惑可能采取多种形式,例如:(1) 礼品;(2) 款待;(3) 娱乐活动;(4) 政治性或慈善性捐助;(5) 表示友谊或忠诚;(6) 工作岗位或其他商业机会;(7) 特殊待遇、权利或优先权。

法律法规可能禁止在特定情况下提供或接受利益诱惑,如有关反腐败和反贿赂的法律法规。注册会计师应当了解并遵守相关法律法规的规定。然而,即使法律法规未予禁止,在某些情况下,注册会计师提供或接受利益诱惑仍有可能对职业道德基本原则产生不利影响。

意图不当影响行为的利益诱惑。注册会计师不得提供或授意他人提供任何意图不当影响接受方或其他人员行为的利益诱惑,也不得有任何理性且掌握充分信息的第三方可能会视为提供这种利益诱惑的行为。注册会计师不得接受或授意他人接受任何意图不当影响接受方或其他人员行为的利益诱惑,无论这种利益诱惑是注册会计师认为存在不当影响意图的利益诱惑,还是理性且掌握充分信息的第三方可能会视为存在不当影响意图的利益诱惑。注册会计师提供或接受,或者授意他人提供或接受意图不当影响接受方或其他人员行为的利益诱惑,可能违反诚信原则。

即使注册会计师得出结论认为某项利益诱惑无不当影响行为的意图,提供或接受此类利益诱惑仍可能对职业道德基本原则产生不利影响。以下是一些不利影响的示例:(1) 注册会计师在向客户提供公司理财服务的同时,受到客户潜在收购方的款待,可能因自身利益产生不利影响;(2) 注册会计师经常邀请现有客户或潜在客户观看体育赛事,可能因密切关系产生不利影响;(3) 注册会计师受到客户的款待,而该款待一旦被公开,其性质可能被认为是不适当的,这种情况可能因外在压力产生不利影响。

注册会计师应当对主要近亲属或其他近亲属可能对职业道德基本原则产生不利影响的情况保持警惕。例如:注册会计师的主要近亲属或其他近亲属向现有客户或潜在客户提供利益诱惑;现有客户或潜在客户向注册会计师的主要近亲属或其他近亲属提供利益诱惑。如果注册会计师知悉其主要近亲属或其他近亲属提供或接受某项利益诱惑,并得出结论认为该利益诱惑可能存在不当影响注册会计师或客户行为的意图,或者理性且掌握充分信息的第三方可能会认为存在此类意图,则注册会计师应当建议该近亲属拒绝提供或接受此类利益诱惑。

（七）国际会计师联合会关于道德冲突表述

注册会计师道德冲突的主要来源于对其独立性的威胁，国际会计师联合会关于道德冲突表述主要有以下五个方面。

（1）自身利益威胁。会计师事务所或审计鉴证小组成员能够受益于鉴证客户的经济利益，客户经济利益与自身直接或间接的经济利益的冲突。

（2）自我复核威胁。担任自我复核的成员以前是鉴证客户的董事或经理，或是所处职位能够对鉴证业务的对象产生直接重大影响的员工。

（3）倡导威胁。会计师事务所或鉴证小组成员将鉴证客户的地位或意见抬高到或被认为抬高到一定程度，使客观性可能受损或可能被认为受损。如果事务所或鉴证小组的成员将自己的判断屈从于客户的判断，也会出现倡导威胁。

（4）亲密关系威胁。会计师事务所或鉴证小组成员由于与鉴证客户或其董事、经理、员工存在密切关系，使会计师事务所或鉴证小组成员与客户的利益过于一致。

（5）胁迫威胁。

会计师事务所或鉴证小组成员由于受到来自鉴证客户董事、经理或员工的实际威胁，或由于感受到这种威胁而无法客观行事或运用职业谨慎。

（八）内部审计风险与道德冲突

内部审计道德冲突的主要来源于对其独立性或客观性风险因素，常见的道德冲突主要有以下九个方面：自我检查，如咨询性服务的威胁、重复审计等；社会压力；经济利益；私人关系；业务或企业管理程序的熟悉程度；文化、种族、性别歧视；认知偏差、欺诈；专横的监事、经理、董事或合伙人的压力；误解、报复等；以上各因素的组合，以及部门层次的威胁等。

第三节　商务伦理风险与会计职业道德冲突解决

当包括在行为规范中的原则或特定准则并不能直接解决职业会计师所面临的问题时，决策者应该接受一般道德原则的指导，以形成防护性的道德决策。

一、关于会计信息逆向选择的治理

由于在会计信息的供给者和需求者之间存在着信息不对称，资本市场上就会存在着逆向选择：真正高收益的股票价格就会被低估，并且随着会计信息质量的恶化，这种低估以加速度进行。股票价格的降低则会加大这些本来拥有高收益公司的筹资成本，从而影响到他们的发展。这就说明，随着会计信息质量的恶化，本来拥有高收益的公司将受到严重的冲击。这反过来，也会促使这些本来收益高的公司提供虚假的会计信息以表明其更高的收益，从而形成了一个恶性循环，最终造成整个资本市场秩序混乱不堪。对于我国而言，一个时期以来，会计信息失真的程度是比较严重的，影响我国资本市场的发展和国有企业的改革，所以治理会计信息失真一直是我们迫切要解决的重要课题之一。由于对会计信息失真的治理牵扯到社会经济管理的方方面面,不是仅仅哪个领域进行改革就能产生立竿见影的效果的。逆向选择存在的基本根源是信息不对称。解决信息不对称的基本措施主要有实施监管强制、强化信号传递、激励合同安排等。实施监管强制就是指在坚持"法制、监管、自律、规范"的基本方针的基础上,实施必要的强制监管,对会计资料不真实、不完整,会计信息虚假的企业,实施必要的强制措施,加大市场监管力度,"法律要保护投资者就应该对财务公开负责者的工作差错和舞弊行为严加惩罚";当然,实施强制监管除了强化政府的资本市场及会计监管力度外,当前还应大大强化企业投资者会计强制监管力度,完善企业内部会计控制制度。强化信号传递就是拥有更多信息的一方,想办法将其信息传递给另一方,或者,需求信息的一方想办法诱使信息拥有者将信息传递出来,企业在披露其会计信息的同时,要对其会计信息质量做出保证承诺(即"售后服务承诺"),这些承诺应包括近三年或近五年以来的审计意见书结论、会计师事务所执业及资信状况、金融产品"售后"责任担保承诺等。激励合同安排是指通过某种披露高质量会计信息而做出的激励安排,从而诱导企业如实披露其会计信息,实现激励相容的一种制度,因此也许实施分行业信息披露制度是一种较好的激励合同安排,按行业披露信息既有利于信息使用者及时做出准确科学的比较和判断,又可以激励信息披露者,特别是在媒体披露企业会计信息的同时披露其所属行业平均水平更具激励效果。除此之外,建立健全信用机制也是一种重要方法和措施,信息披露者必须讲求信用,信用是企业向资本市场融资并取得长久发展的根本基础之一,信用是为商者的立身之本,正如西方著名的社会学家福山所言"信用就是生命",这是目前应引起我国会计信息监管者及披露者足够重视的一个重要方面。

二、利益相关者冲突分析

关于企业受托责任的传统观念最近在两个方面发生了变化。首先,关于所有股东都仅追求短期利润最大化的假设看起来是对企业目标的狭隘理解;其次,许多非股东群体,如员工、消费者或客户、供应商、债权人、环境保护主义者、当地公众和政府,他们都与决策的结果或与企业本身存在利益或利害关系,都会受到企业决策的影响。现代企业在企业决策中对股东和非股东群体均负有责任,后两者共同构成了企业的利益相关群体,而企业应对他们负责。如果企业失去了特定利益相关群体,也即企业的基本利益相关群体成员的支持,它就不可能发挥其全部潜力,甚至还可能会破产。

关于全体股东仅对短期利润感兴趣的假设正在发生改变,因为现代企业发现他们的股东正由新的个人和机构投资者构成,他们更关心企业的长期发展,以及企业如何通过道德的方式进行运作。后者可称为道德投资者,他们对投资有两个方面的要求:首先要求被投资的企业能获得超过最低必要报酬率的利润;其次是要求以一种符合道德的方式来获取利润。基于共同基金和退休基金在股东中的比例,以及相关机构投资者的加入,公司董事和主管已经发现如果他们无视这一群体意愿的话将会置自己于危险境地。道德投资者已建立了正式和非正式的信息网络,通过这个网络他们能够了解企业的有关活动,决定如何选择代理人,以及如何就他们对一些特定领域问题的考虑,如环境保护、管理者的过高薪酬等向企业的董事会施加影响。

如果某一行为意味着会破坏环境或损害其他利益相关者的利益,道德投资者和许多别的投资者,以及利益相关群体均不愿意从当年利润中获取任何一点点利润作为报酬。他们相信企业的管理应该建立在一个更广泛的基础上,而非仅仅追求短期利润。通常,在一年或更长时期的利润最大化目标要求,是与大多数利益相关群体及其利益保持一致的。如果在制定决策时没有充分考虑到利益相关群体的利益,就会为此付出沉重而令人不安的代价——不利的公共关系。不管特定的利益群体是不是股东,他们都有能力通过媒体使企业承担相应的责任,这种能力在不断地加强。富有远见的公司董事和主管会充分地征求并考虑他们的要求,而不是触犯他们。企业发现,在过去的实践中他们要对股东承担法律责任,但现在他们还需要对利益相关者承担越来越多的法律责任。

(一) 利益相关者的基本利益冲突

考虑到利益相关者及其群体的复杂性,为了将分析和决策的范围集中于道德领域,我们最好能首先确定他们的共同利益。决策者可以将利益相关者利益与以下三个共同或基本利益结合起来:他们的利益可以通过决策的结果得到更好的维护;决策应该形成对权利与责任的公平分配;决策不应损害任何利益相关者(包括决策者在内)的权利。

从某种意义上讲,决策者在面临现实问题时将不得不调和这些基本利益,而且需要对三个基本原则的决策影响进行分析。例如,以下情形是可能的,即一项特定决策可能会产生总体的利益,但如何将决策所产生的责任分摊给一个或更多的利益相关群体是一个令人头疼的问题,甚至会被认为是不公平的;或者,一种决策可能导致总体净盈利,并且是公平的,但可能会损害某个利益相关者的权利,因而可能会被视为是不合理的。例如,决定不去回收有轻微瑕疵的产品可能会在成本控制上有效,但如果使用者因此而遭受严重损失,则这一决策就不能被视为是正确的。因此,如果决策不能提供净收益,并存在不公平性或损害利益相关者利益的话,则该决策将被视为是不道德的(见表8-4)。仅仅以某一原则为标准来检验特定决策是缺乏长远目光的,并且通常会导致错误的决断。

表 8-4 利益相关者的基本利益

福利:特定决策将导致收益超过成本
公平:权利、义务的分配应该是公平的
权利:特定决策不应该损害利益相关者及决策者的权利
这三种利益同时被满足时该决策方可称为是道德的

(二) 对可量化冲突影响的计量

利润是股东利益的根本,对企业的生存和健康发展至关重要。然而,实际上利润只是一个短期指标,并且在确定利润时忽略了很多重要的影响因素。

1. 未包括在利润中的企业或商务活动:可直接计量的

企业在确定利润的过程中,并没有将决策或活动所造成的影响全部考虑在内。例如,当一个企业造成环境污染时,清理成本通常由个人、企业或处于下游或顺风地区的地方政府来承担,这种影响称为外部化,这一影响通常能够直接计量,即用他人发生的清理成本来确定。

为了对决策影响有一个全面的理解,交易的利润或损失应该用决策产生的外部化进行调整。通常,长期忽略外部成本的企业将会发现,当考虑到罚款、清理成本和名誉损失时,他们就已经低估了决策所产生的真实成本。

2. 未包括在利润中的企业或商务活动：不可直接计量的

其他外部化因素存在于以下情形中：成本被包括在企业利润确定过程中，但收益却为企业之外的人所享有。企业捐赠或奖学金就是这种外部成本的例子。对这些收益进行估计并将其纳入对特定决策的总体评估之中是一个颇具吸引力的想法，但问题是这些利益很难被直接计量。另外，一些有负面影响的成本，像个人由于环境污染而影响身体健康的成本也不能被直接计量，但它们应该包括在对特定决策的总体评估中。

尽管不可能直接计量这些外部成本，但可以通过替代物或"镜像"来间接计量这些影响。在奖学金的例子中，利益的替代物可能是接受者在收益上的增加部分。失去健康的价值可以通过减少的收入加上医疗费用，再加上工作场所减少的生产力来衡量，而后者是通过对临时员工的人工成本来计量的。

这些估计的准确性有赖于"镜像"计量的相近程度。然而，得出的数字可能会低估特定决策所造成的影响。上面的例子中，并未计量由于奖学金所提供的教育机会而获取的才智及知识的增长，也没有计量由于失去健康而遭受的痛苦。尽管如此，相比以前仅仅计量由特定决策所造成的小部分影响而言，运用大致准确的替代物的计量方法则更为有效。

3. 将未来影响纳入现时决策

将决策的未来影响纳入现时决策分析之中的技术并不困难，有些类似于对资本预算进行的分析。未来价值将以反映未来预期利率的折现率进行折现。运用资本预算分析中的净现值法，特定行为所带来的收益和成本可以评价如下：

$$特定行为的净现值 = 收益净现值 - 成本净现值$$

其中，收入包括收益和正的外部化、成本包括成本加上负的外部化。

通常，强调短期利润的企业管理者会反对将外部化纳入决策分析之中。但是，我们在此想要强调的并不是要抛弃短期利润的衡量标准，而是还应考虑外部化的影响，因为外部化在未来有可能影响企业盈利。例如，治疗成本可能转化为在未来将要支付的罚款或清理费用。而且，通过捐赠得到的利益将会巩固社会地位，并使企业在将来发挥更大潜力。成本—效益分析使得决策者可以将未来收入和成本纳入当前对特定决策的分析之中，从而使当前分析更加充分。

4. 处理不确定性的结果

现在已经形成了一套完善的技术体系将不确定性纳入特定决策的分析中。例如，分析可以基于最恰当的估计进行，或基于三种可能性（最乐观的估计、最悲观的估计和最可能的估计），或者基于计算机模拟形成的期望值。所有这些均属期望值范畴，它们是特定估计值与其发生概率的综合反映，用公式表示如下：

$$特定结果期望值 = 对结果估计值 \times 结果发生的可能性$$

期望值公式的优点在于能在成本—效益分析框架基础上考虑与结果相关的风险。这种

新的方法又被称为风险—效益分析。它可应用于有风险的结果中,而有风险的结果在下列框架中相当普遍:

风险调整或净收益的期望值＝预期的未来收入现值－预期的未来成本现值

5. 界定利益相关者并区分其利益

对利润的计量,再加上将外部化折现为现值以及将结果的风险因素进行计量,使得其在评估特定决策时比单纯的利润指标更加有效。然而,利益相关者影响分析的有效性将取决于对所有利益相关者及其利益的确认,同时还取决于对不同主体外部影响重要性的充分理解。

有时,简明地将收入和成本进行合并计算,并不能充分地反映利益相关者及其相关外部影响的重要性,如当利益相关者承受外部影响的能力很低时;如果利益相关者很贫穷,不可能负担得起医疗费用,或者他们的储蓄低致使其家庭成员——或许其小孩将会受苦;在另一方面,给予贫穷学生的奖学金可能会为该学生和他人提供收益,该收益对学生的影响远大于将此收益提供给某一富人所产生的影响。在这些情形中,成本-效益分析或风险-效益分析中包括的估计值能够被计量,或者产生的净现值可根据利益相关者施加的外部影响进行划分。利益相关者及其外部影响的划分基于他们对外部影响的承受能力。这种划分也被应用于不可计量的外部影响的分析。

上面所讨论特定决策影响的计量方法,概括如表 8-5 所示。

表 8-5 对特定决策的可量化影响的计算方法

A. 只考虑利润和损失
B. 考虑外部化(例如,成本-效益分析法)
C. 考虑结果发生的概率(例如,风险-效益分析法)
D. 对利益相关者的划分
最优决策通常来自最全面的方法

(三) 对特定决策中不可量化影响的计量

1. 利益相关者之间的公平

对公平待遇的期望是每个人或每个群体都希望获得的权利。在这里,单独地对其进行讨论是因为它对道德决策相当重要。对公平待遇的关心很明显地反映在被社会关注的问题中,如对妇女在就业、晋升和薪酬方面存在歧视问题的关注。因此,除非决策对所有利益相关者都是公平的,否则该决策就不能被视为是道德的。

公平并不是一个绝对概念,这一点可以通过对由决策所引起的收入与相对公平的负担分配来予以证明。例如,一个决策是为了提高税收,而让高收入者承担更重的税负。就高收入者的纳税能力而言,这种决策是公平的。要准确地判断公平与否需要有理智和洞察力。

2. 利益相关者的权利

只有当决策不会损害到受其影响的利益相关者的权利以及决策者本身的权利时,这一决策才可被视为是道德的(如表 8-6)。

表 8-6 利益相关者的权利

生命
健康与安全
公平待遇
道德意识
尊严和隐私
言论自由

(四) 综合的决策方法

1. 道德决策五问法

五问法通过表 8-7 中的五个问题对特定决策进行检查和提出质疑。

表 8-7 道德决策的五问法

对特定决策涉及的五个问题	
决策是否……	检查利益相关者利益
1. 可获利？	股东的——通常是短期的
2. 合法？	绝大多数的社会成员——可依法强制行使的权利
3. 公平？	所有人的公平
4. 正确？	所有人的其他权利
5. 将促进可持续性发展？	特定权利
问题 5 是一个可选择的问题，它能使决策过程集中在所涉及的与组织或决策相关的特定问题上。	

当问及所有这些问题时，特定决策将会受到检验。如果问完五个问题后，存在一个（或更多）的负面答案，则决策者应该试图修改特定行为以消除或抵消负面答案。如果修正过程是顺利的，则这一决策是道德的；否则，这一决策因其不道德而应该被放弃。即使在问完五个问题后无负面回答，决策者也应以这五个问题为指导继续努力改善特定行为。

对这些问题的提问顺序并不重要，但前面四个问题必须被问到，以确保决策者不会忽视决策影响到的重要方面。一些道德问题经五问法的检验并不敏感。例如，第一个问题集中在利润上，无论是否依据利益相关者承受决策影响的能力对其进行划分，相对于成本-效益分析和风险-效益分析，利润仍是一个相对简便的计量工具。然而，即使这样，五问法框架仍是非常有用的方法，即在没有很多外部化影响且决策过程设计者特别要引起对某些特定问题的关注时，有利于对问题进行有条理的思考。

2. 道德标准法

对利益相关者影响分析的道德标准法直接建立在利益相关者三个基本原则基础之上。这一方法关注的重点可能比五问法更普遍，将决策者引向更广泛的基于净收益的分析，而不是仅将获利性作为特定决策的首要考虑因素。因此，它提供的框架比五问法框架更符合对公司有重要外部影响的决策考虑。

这三个标准构成了道德标准法,在表 8-8 中列示,每个标准所引发的问题以及应运用于每个决策的问题均被提供出来。

表 8-8 制定道德决策的道德标准法

道 德 标 准	特 定 决 策 问 题
功利主义者:整个社会净收益最大化	行为是否使社会收益最大化并使社会损失最小化?
个人权利:尊重和保护	行为是否与每个人的权利一致?
公平:收益和负担的公平分配	行为是否导致收益和负担的公平分配?
这三个道德标准都必须得到具体运用,单独运用某一标准都是不充分的。	

对于是否满足功利主义原则可通过一个问题来检验,这个问题集中在成本-效益分析或风险-效益分析而不仅仅集中在利润上。此外,对特定决策是如何尊重个人权利的检验是着眼于决策对每个利益相关者权利的影响,以及施加影响的决策过程。例如,是否采用欺骗或操纵手段,以及某种形式的强权政策诸如采取高压控制?是否存在其他的使受到影响的个人不能获得相关信息的限制?是否限制他们自由选择或变更选择的权利?如果答案是肯定的,那么利益相关者的权利并未受到尊重。

集中在分配方面的公正或公平问题也可采用同样方式按五问法进行处理。

3. 帕斯汀法

在马克·帕斯汀(1986)的《管理的难题:获取道德优势》一书中,他提出关于道德分析的方法,其中包括检验道德的四个关键方面,如表 8-9 所示。

表 8-9 对利益相关者影响分析的帕斯汀法

关 键 方 面	检 查 目 的
基础规范道德	阐明组织或个人规范或价值观
终极道德	决定对所有相关者的最大净收益
规范道德	决定个人或组织应依据道德原则考虑的行为界限
社会契约道德	决定如何调整界限以消除担忧或冲突

帕斯汀使用了基础规范道德概念,以阐述这样一个观念,即个人和组织均有管理他们行为或他们希望采取的行为的基础规范或基本价值观。如果一种决策冒犯了这些价值观,则可能会发生抵制或报复行为。不幸的是,由于雇员没有很好地理解雇主或所在组织的基础规范道德,这可能会导致他们被解雇。为了理解处于主导地位的基础规范的重要性,以便正确评价组织对建议的承诺,并为了保护决策者本人,帕斯汀建议对过去的决策或行为进行检查。他称这种方法为对决策的逆向设计,因为可以试着将过去的决策进行分解,以便了解他们如何进行决策,以及为什么这样决策。帕斯汀还认为个人表达他们价值观时通常是谨慎的,而逆向设计法通过过去的行为提供了解他们道德价值观的途径。

帕斯汀使用规范道德这一概念来说明在将正确的道德原则应用于道德困境时所展现出

来的规范的价值。在这个例子中，正确的道德原则包括对个人权利的尊重和保护，以及引申出的原则，诸如作为黄金律的"以你所希望别人对待你的方式来对待别人"。基于尊重个人权利而建立的道德规则是有利的，特别是当对某种问题的阐述特别困难时，或当高级主管希望消除他们就特定情况下应该做什么的问题上的分歧时。例如，帕斯汀建议，高级主管为帮助员工而制定的规范能够对员工的行为进行划分，明确规定哪些是必须履行的，哪些是禁止的或哪些是允许的。类似地，可以划定绝对无条件的规范（例如，不允许有例外）或表面的规范（在特定情形下允许有例外），或使高级主管就此进行协商。这样，规范道德就反映了帕斯汀评价法对特定决策中所涉及的个人权利的影响。

帕斯汀将公平概念纳入他的社会契约道德框架中。在这里，他认为将特定决策的制定纳入到虚拟的契约中是有益的。因为这样可以使得决策者与受影响的利益相关者进行换位思考，结果是决策者可以知道这对于契约各方的影响是否足够公平。如果决策者发现他并不愿意作为契约的对方来签订契约，则应该改变契约条件（或边界）以保证利益的公平。角色置换技巧被证明是非常有用的，在现实的契约中，这种方法在预测特定决策是如何影响契约或者预测改变契约的条款是否将受到抵制等方面是有用的。

（五）对上述方法的综合应用与评价

有时，在前边描述的方法中没有一种方法特别适用于你所面临的某个具体的道德问题。例如，在对某个问题采用五问法时，可能这个问题还存在重要的长期影响或外部化，而需要首先应用成本-效益分析法来分析其盈利性问题，成本-效益分析法可以被取代或加入到已有的方法中。类似地，如果在处理公司内部环境的决策中需要基础规范道德概念，也可与除帕斯汀法以外的方法结合。然而，在发展和综合使用这些方法时，应注意确保各方的利益公平并用一种综合分析法去评价对个人权利的影响。否则，最后所做出的决策可能是不完善的。

1. 公地问题

术语"公地问题"指的是非故意或故意地对公有资产或资源的过度使用。这一概念最早源于早期的英国农民在公有或村民共有的土地上过度放牧，术语"公地"用来指这种牧场。

因为大家都有权使用牧场，从而不可能禁止牧民过度放牧，过度放牧也就不可能停止。只有当大多数村民同意分割公地时，过度放牧才能停止。有时，在他们达不成一致时，可以引进外部管理者来解决这一问题。尽管这些问题看起来比较过时，然而公地问题在现代社会仍然存在。例如，污染即意味着对环境（一种公共资源）的滥用。类似地，如果公司每一个人都想占有公司资金，加大费用预算或更多使用公司内部的服务部门，其结果都类似于过度放牧。

从中应吸取的教训是：未意识到公地问题的决策者通常不会对资产或资源的有效使用给予充分的评价，从而导致其做出错误的决策。意识到这个问题的决策者就可纠正和改善决策。如果主管能勇敢面对资产或资源的过度使用，他将会更好地运用那些早期曾经采用过的方法。

2. 发展一种更为道德的行为

运用诸如五问法、道德标准法、帕斯汀法或公地问题等框架的一个好处在于，这些方法能够对决策的非道德方面进行确认和修正，从而使得决策的总体影响能为人所接受。例如，如果某一决策预计对特定利益相关群体是不公平的,或许可以通过对这一利益相关群体进行补偿,或者通过减轻甚至消除引起这种伤害的语句、图像或特定行为的方法,来改变这一决策。在运用每种利益相关者影响分析法后,应该特意寻求一种双赢的结局。

3. 公共道德决策的陷阱

经验表明,不明智的决策者容易反复陷入以下八个误区中。

(1) 一味强调短期利润,局限于对股东的影响。通常,特定决策(对于非股东的利益相关者)最重要的影响是那些将要表现或首先降临在非股东利益相关者身上的影响。仅仅当这些群体做出相应反应之后,股东才会承担由于错误行为所带来的成本。要纠正这种缺乏远见的行为,必须确保有充分的时间进行分析、并在成本-效益的基础上考虑外部化的影响,哪怕是由非股东群体最早感受到这种影响。

(2) 仅仅强调合法性。许多管理者仅关心行为是否合法。他们认为,如果行为是合法的,则它就是道德的。然而,很多人发现他们公司受到消费者的联合抵制或发生雇员怠工、为堵塞漏洞增加管理规章,以及支付罚款的情况。而事实是法律和制度常常滞后于社会的需要,有时需要在新的法规颁布之前采取行动,以应对新问题的发生。合法的特定行为并不能保证其也是符合道德的。

(3) 对公平的限制。有时决策者只想对他们偏爱的群体公平,然而他们无力控制公众意志,并且最终往往会为他们的这种忽视付出代价。对所有利益相关者一律公平是确保道德决策正确的唯一出路。

(4) 对权利的限制。偏见并不受公平原则的约束,决策者应该对所有利益相关者所有权利的影响进行讨论。在制定决策时,决策者也应该考虑他们自己的价值观。通常,管理者强迫下属从事不当行为并不能真正实现股东利益的最大化。

(5) 利益冲突。基于歧视的偏见并不是错误评价特定行为的唯一原因。相互冲突的利益会影响明确的判断。决策者个人利益与公司的最大利益的冲突或决策者所偏袒的利益群体与公司的最大利益的冲突,均是导致错误评价与决策的原因。

(6) 利益相关者的相互作用。通常,决策者无法预料他们对某一群体的行为将会引起另一群体怎样的反应。

(7) 不能确认所有利益相关群体。在评价对每个利益相关者影响之前,确定所有利益相关群体及其利益是不言而喻的。然而,这一被视为理所当然的步骤结果往往被忽略了。改善这一问题的有效方法是去推测特定决策可能发生的后果,并且试图评价媒体如何反应。这种方法通常能帮助确认那些容易受到影响的利益相关群体。

(8) 忽略对福利、公平或权利的考虑。如前所述,如果忽略这三个方面中的任一方面,就不可能做出综合的道德决策。然而,决策者屡次简化他们的分析评价过程,最终自食其果。

4. 进行道德决策步骤总结

前面讨论的方法和问题可以单独或结合运用,以便形成解决道德决策的良策。经验证明,完成下列步骤有助于对特定决策进行评价:

(1) 确定所有利益相关群体及其利益;

(2) 对利益相关者及其利益进行分类,确定最重要的并在分析中对他们做更多的权衡;

（3）评价特定决策对每个利益相关群体的福利、公平待遇以及其他权利的影响。

运用综合的决策分析框架以确保分析不致陷入前述的一般误区当中。

利益相关者影响分析提供了一个形成决策的正式方法，以满足组织及其成员的需要。权衡是很困难的，并且要得益于技术上的进步。重要的应将所有这些方法结合起来应用，只有这样，才能进行综合的分析并做出道德的决策。根据所面临的决策的性质以及受影响的利益相关者的范围，可以采用以下方法中的一种进行分析，即五问法、道德标准法或帕斯汀法，并考虑可能存在的公地问题。

职业会计师在制定与会计、审计和其他实务相关的决策时，可以运用利益相关者影响分析。职业会计师也应该乐于采用这些方法对企业问题进行分析，以便为雇主或客户服务。然而，很多以纯财务信息为导向的主管和会计，竭力避免陷入类似利益相关者分析之类的主观分析之中。他们应该切记，世界正在发生变化，利益相关者应更加重视非财务信息。他们也应该谨防过于重视财务分析。

第四编 会计师事务所诚信监管及其评价

第九章
会计师事务所诚信监管概述

第一节 会计师事务所诚信监管概念及研究状况

一、问题的提出

注册会计师职业道德的核心问题是注册会计师职业诚信,即正直、客观、公正、诚实。会计师事务所是注册会计师服务于资本市场与社会的场所,会计师事务所诚信状况也是注册会计师职业道德状况的整体反映与写照。注册会计师职业道德监管有赖于对会计师事务所诚信的监管。因此,本章及以后各章以会计师事务所诚信监管特别是诚信监管评价问题为主线来探讨注册会计师职业道德监管理论与实践问题,包括注册会计师及其事务所诚信监管模式、内容、评价等相关理论与实务。

会计师事务所是资本市场中介服务业中的重要组成部分。服务品质的监管与评价是服务业中相当重要的研究课题,而会计师事务所诚信又是其服务品质的内核。会计标准和会计行为是影响乃至决定一个国家在国际贸易中是否具备市场经济地位的重要因素,会计信息资料是否可信在一定程度上取决于注册会计师的声誉与执业水平。

诺贝尔经济学奖获得者肯尼恩·阿罗教授认为:"没有任何东西比诚信更具有重大的实用价值,诚信是社会系统的重要润滑剂。"①注册会计师及会计师事务所是社会公众利益和资本市场秩序的守护神,但是会计师事务所审计质量无从直观界定,缺乏可操作性的衡量标准,审计市场具有"二手车"市场的特征。会计师事务所诚信是审计质量的内核,更具有无从直观界定的本质特征,因此会计师事务所诚信监管不仅是一种制度,而且是一种信号显示机制,是衡量会计师事务所审计质量的基本指标。对事务所而言,诚信是其安身立命之本。诚信作为一种制度,有助于产生交易双方的信任,约束交易双方的机会主义与败德行为,从而减少市场的交易费用,诚信虽然是个体投资,最终却形成了行业乃至整个社会资本,会计师事务所诚信溢价对于注册会计师行业和资本市场的社会价值是巨大无价的,因此对会计师事务所诚信的保护既是理性社会实施监管的基本出发点,又是社会及其管理者的必要支出。分析探讨会计师事务所诚信监管产生与发展的历史渊源,从理论上研究会计师事务所诚信的本质特征、监管方式、监管内容、监管评价等问题,构建会计师事务所诚信监管理论体系,对进一步建立健全会计师事务所诚信监管机制理论与方法,理顺政府监管与行业自律监管关系,强化会计师事务所诚信保护,深化会计师事务所诚信监管理论研究,提升注册会计师

---

① 〔美〕弗朗西斯·福山著,彭志华译:《信任:社会美德与创造经济繁荣》,海南出版社,2001年版。

和会计师事务所诚信监管公信力等具有重要的理论与实践意义。

二、会计师事务所诚信

随着现代股份公司的形成与发展,特别是公众公司及资本市场的发展,企业业主越来越具有公众性质,业主对管理当局及会计忠实度的判断也越来越困难,专门提供诚信和会计信息质量判断的公共会计师出现了,在制度安排上也越来越需要强化制度监管,从而形成以下制度安排,即:政府及有关资本市场管理者(作为社会公众利益的代表者)享有一般通用会计规则制定权;企业受托人(企业经营管理者及会计)享有剩余会计规则制定权;注册会计师对企业受托人遵循会计准则及资本市场规则和对剩余会计规则制定权的合理使用行使监督权,以维护市场秩序和社会公众利益。社会公众出于对自身利益保护需要而对公司治理结构和资本市场及企业会计的信任依赖,在一定程度上转化为对注册会计师及其事务所的诚信信赖,这就天然地形成注册会计师及会计师事务所诚信及其监管要求。

会计师事务所审计服务的主要功能是提高企业管理当局、企业会计及其所提供财务会计信息的诚信度和公信力,其最终产品所体现的就是诚信。由注册会计师组成的会计师事务所是社会中介机构,其职业性质决定了会计师事务所承担的是对社会公众的责任。注册会计师对社会公众的重任也是这一行业在市场经济条件下赖以存在的基础,该基础就是注册会计师能够站在独立的立场,对被审计单位的财务报告遵守会计准则和审计准则的真实情况及其公允性进行审计,并提出客观、公正的审计意见,企业内、外部的财务报告使用者,依据企业提供的并经注册会计师鉴证的会计信息进行各种经济决策。企业外部的财务报告使用者可以视为社会公众,因为其包括了所有外部的企业利益相关者和潜在的利益相关者,即投资者、债权人、潜在的投资者和债权人、政府的各类管理部门、独立董事、监事会、工会、财务分析人员、供应商、顾客等。社会公众与企业经营者的利益存在一定的矛盾,而且社会公众不直接参与企业的日常经营管理,二者的信息是不对称的。所以,社会公众难以准确判断企业财务报告的可靠性和相关性,直接根据未经审计的财务报告进行经济决策存在一定的风险,委托会计师事务所的注册会计师承担对企业财务报告的公允性发表审计意见的责任就可以降低这种风险。可见,注册会计师行业是一个责任重大的行业,从其产生的那一天起就肩负着维护社会公众利益的重大历史使命。人们称注册会计师是"不吃皇粮的经济警察"、"市场经济的卫士",体现了注册会计师的独立审计活动具有准司法性质特征。

会计师事务所诚信是一个包括注册会计师诚信、会计师事务所诚信和注册会计师行业诚信等内容集合体,注册会计师诚信是基础,会计师事务所诚信是主体,注册会计师行业诚信是保障。注册会计师职业道德的内容与要求是多方面的,但最基本的是以诚信为本,取信于社会。

注册会计师(CPA),美国称为执业会计师,英国称为特许会计师,日本称为公认会计士,在我国称为注册会计师。所谓注册会计师是依法取得注册会计师证书并接受委托从事审计和会计咨询、会计服务业务的职业人员[①]。在美国,注册会计师通常被认为是"符合一系列要求,有能力为社会公众提供专业会计服务并因此被国家授予执业证书的个人"。注册会计师必须具备四个素质:"服务责任心、正直、客观和能力。""服务责任心"是对他人、社会或是对

---

① 《中华人民共和国注册会计师法》,1993年10月31日第八届全国人民代表大会常务委员会第四次会议通过。

目标、信条和观念等而言的,应当是具有特定专业技术知识和能力,并视客户、委托人利益高于自身利益,这是注册会计师对客户、对自己职业的一种承诺;"正直"意味着真实地表达个人的观点和意见,不虚伪,也不受他人的影响和操纵;"客观"是一种思维状态,它要求从利益冲突中独立出来,根据事实和能力进行分析、判断;"能力"是指注册会计师掌握知识和技术,既经济又有效地完成客户委托的业务[①]。国际会计师联合会在其发布的《职业会计师道德手册》规定了适用于所有职业会计师、适用于执行公共业务的职业会计师及适用于受雇的职业会计师的道德守则,适用于所有职业会计师的道德要求包括公正性和客观性、道德冲突的解决、专业胜任能力、保密、税务服务、跨国活动和宣传等内容。在表述"公正性和客观性"中指出"公正不仅仅指诚实,还有公平交易和真实的含义。客观性原则要求所有职业会计师公平、诚实并超脱于利益冲突"。适用于执行公共业务的职业会计师的道德守则包括鉴证业务的独立性、专业胜任能力,以及与利用非会计师有关的责任、收费和佣金、与公共会计师业务不相容的活动、客户的资金、与其他执行公共业务的职业会计师的关系、广告与招揽。其中,在鉴证业务独立性中提出:"实质上的独立性。这种心态能使意见不受有损于职业判断的因素任何影响,使人能公正行事,保持客观和职业谨慎。""形式上的独立性。避免出现重大的事实和情况,致使拥有充分相关信息(包括所有的防范措施)的理性第三方合理推定事务所或鉴证小组成员的公正性、客观性或职业谨慎受到损害。"[②]中国注册会计师协会于1996年12月发布《中国注册会计师职业道德基本准则》,其中规定:"注册会计师应当恪守独立、客观、公正的原则。""注册会计师在执行审计或其他鉴证业务,应当保持形式上和实质上的独立。""注册会计师执行业务时,应当实事求是,不为他人所左右,也不得因个人好恶影响分析、判断的客观性。""注册会计师执行业务时,应当正直、诚实、不偏不倚地对待有关利益各方。""注册会计师应当在维护社会公众利益的前提下,竭诚为客户服务。""注册会计师应当按照业务约定履行对客户的责任。""注册会计师应当维护职业形象,在向社会公众传递信息时,应当客观、真实、得体。"[③]

基于以上分析,可以从以下六个方面界定会计师事务所诚信。

第一,会计师事务所诚信由会计诚信演变、分解而来,如果从会计诚信的广义含义来看,注册会计师诚信和会计师事务所诚信是会计诚信内部分裂而形成,因此界定会计诚信性质是回答会计师事务所诚信的基础。"观念总结就是生产过程的经济活动事实和现象,在人们思想意识中的总括反映,也就是应用观念上的货币(货币形式)来反映生产过程中的一切经济活动,计算它的经济效果;同时,还要总结生产过程的经验教训,分析其中存在的问题,提出合理化建议,供领导作为决策的参考。"[④]会计人员在进行"观念总结"活动过程中的信念和态度决定着会计信息资料的内在质量,"过程的控制"就是通过核算过程及其所提供会计信息资料等对经济活动过程及其结果进行指挥、协调、分析、检查、督促等的监督管理,控制的效率问题、控制是否尽心尽力以及是否已经尽到应尽之责,在一定程度上也取决于会计人员的信念和态度。在观念总结和控制过程中秉承客观、正直、诚实、公允、不偏不倚的信念和态

---

① 〔美〕鲁宾逊著,耿建新等译:《注册会计师机遇责任和服务范围》,世界图书出版公司,2001年版。
② 国际会计师联合会编,中国注册会计师协会组织翻译:《职业会计道德守则》,中国财政经济出版社,2003年版。
③ 中国注册会计师协会:《中国注册会计师职业道德基本准则》,1996年12月26日发布;《中国注册会计师职业道德规范指导意见》,2002年6月25日发布;《中国注册会计师独立审计准则》,经济科学出版社,2003年版。
④ 候文铿:《〈资本论〉选读》,《马克思会计学说研究》,中国财政经济出版社,2002年版。

度就是会计诚信,也就是注册会计师诚信和会计师事务所诚信。

第二,注册会计师(涵盖所有职业会计师)诚信的主要内容应包括"服务责任心、正直、客观和能力"等各方面的信念和态度,这些内容是注册会计师对社会、对客户、对自己职业的一种职业承诺。

第三,会计师事务所诚信除具有一般会计诚信特征外,还具有自身的特殊性,这种特殊性主要是由执行公共业务的注册会计师诚信的特殊性所决定,执行公共业务的职业会计师与其他职业会计师的特殊性内容按照职业道德标准来看主要的特殊承诺有"鉴证业务的独立性、专业胜任能力,以及与利用非会计师有关的责任、收费和佣金、与公共会计师业务不相容的活动、客户的资金、与其他执行公共业务的职业会计师的关系、广告与招揽"。这些是执行公共业务的职业会计师对社会、对客户、对自己职业的一种特殊的职业承诺,其中核心内容是"鉴证业务的独立性"承诺。

第四,会计师事务所作为以提供鉴证业务为主的服务性企业,会计师事务所诚信还具有一般服务性经济组织诚信特征与内容,限于篇幅对此内容本文不作展开论述。

第五,会计师事务所是公司治理(包括外部治理与内部治理)框架中一项必要装置,分析委托人与受托人之间诚信义务有助于界定会计师事务所诚信性质。黎来芳在分析论述诚信义务时指出:"诚信义务来源于诚实信用的道德要求,原指信托法中受托人对委托人承担的注意义务和忠实义务。注意义务是指受托人在处理受托事务时,应尽如同一个谨慎的人处于同等地位与情形下对其所经营的事项给予的注意一样的谨慎义务。忠实义务是指受托人不得从事有损于委托人利益的义务。在公司法中,诚信义务通常指公司的董事及高管人员应对公司承担的注意义务和忠实义务。股东除了履行出资义务外,不承担包括诚信在内的其他义务。但随着控制性股东攫取私人收益、侵害中小股东等利益相关者事件的频繁发生,诚信义务逐渐扩展到控制性股东。由于控制性股东取得了对公司的控制权,因而就具有侵害中小股东等利益相关者的可能性。根据权利与义务对等的原则,控制性股东在享有控制权的同时,应当对中小股东等利益相关者负责。因此,控制性股东的诚信义务是指控制性股东在处于控制地位或行使控制权时,对公司其他利益相关者应承担的注意义务和忠实义务。"①会计师事务所接受公司董事和高管人员委托通过审计并出具审计报告来解脱受托人受托责任的过程中,同样承担着诚信注意义务和忠实义务。

第六,利益相关者理论说明会计师事务所诚信是对谁的诚信问题,公众公司的建立决定了会计师事务所诚信是对社会公众所承诺的诚信义务,而不能仅仅是公司董事及高管人员。

三、会计师事务所诚信监管

所谓监管就是指监视管理的含义。"监管"(regulation)一词的词义,指的是规章、管理、控制、调节、校准等,一般是指政府的经济干预行为。监管主体可以是政府权威部门,也可能是一些私人贸易或其他联合体,还可能是一些松散的行业组织。在经济学中,监管一词也被翻译成"管制",也是指政府对市场经济运行过程中的调节和控制②。本书在监管与管制的词义上不作严格区分,并认为监管包括管制的含义,监管主体也不仅仅限于政府,主要取决于

---

① 黎来芳:"商务伦理、诚信义务与不道德控制",《会计研究》,2005年第11期。
② 薛祖云:《会计信息市场政府监管研究》,中国财政经济出版社,2005年版。

监管的对象与内容。监管是监督管理的简称,即通过检查、督促、控制等工作过程和手段,对监管客体进行监督和管理。会计监管是指对会计的监督和管理。

在我国,提出会计监督理论观点始于新中国建立之后,将马克思在《资本论》中"过程的控制"概括为"监督"。20世纪80年代初,提出会计是一种管理活动理论,实际上已经形成会计监督管理思想。直接将"会计监管"作为一个相对独立的会计学术概念提出,特别是系统开展会计监管理论研究始于20世纪90年代后期,至此不过仅仅10余年时间,但是,由于我国社会主义市场经济,特别是资本市场发展日益完善,会计监管重要性、迫切性日益突显,使得对于会计监管理论研究的速度发展之快,科研成果取得之多,却是非常惊人的。关于会计监管的含义有不同观点。一种观点认为:"会计管制是指政府或会计职业团体对会计工作的干预,以确保会计工作能够合理、有序地进行。这种干预往往以一般规则或法规的形式出现。""会计管制不同于会计监控。""在会计监控中,会计是监控的主体,是指通过会计工作去监控单位的经济活动。""在会计管制中,会计是管制的客体,是指政府或会计职业团体对会计工作的管理和控制。通常人们把会计监控和会计管制统称为会计监管,实际上它包括了内部和外部两个方面;内部的会计监管指的是会计对组织内部经济活动的监控,外部的会计监管指的是政府或社会对组织内部会计工作的管制。"①另一种观点认为:"会计监管可粗略地分为会计信息披露监管和会计职业监管。其中,会计信息披露监管是解决其生产不足或过剩的重要措施。监管对象是企业,监管的基本手段是法规、会计准则及其相关解释等,会计信息披露监管相对来说技术性比较突出。"并且,提出一个以政府为主导的独立监管模式的初步框架。② 徐经长认为:"就证券市场而言,会计监管是指以校正和改善证券市场中的会计信息披露问题为目的,政府机构和中介组织依照有关的法律和规章,通过法律、经济、行政等手段,对各类市场主体的会计行为所进行的干预、管制和引导。"③秦中艮等将我国会计界对会计监管提出的观点概括为三种④:(1)干预论。认为会计监管是指政府或会计职业团体对会计工作的干预,以确保会计工作能够合理、有序地进行。这种观点强调会计监管是对会计工作的干预。(2)公正论。认为会计监管不仅是对会计工作的一种干预,更是一种对会计工作质量的保证。只要存在委托代理关系,会计监管必然成为委托方监管代理方尽职尽责的主要途径和形式。这种会计监管的主要手段,就是对单位公开的会计信息实行审查并发表鉴定意见,具有"公正会计"的特征。(3)博弈论。认为会计监管更主要的是为了弥补市场竞争的先天性缺陷——个体利益膨胀导致整体利益无法实现最优,而建立的一种让利益各方进行有效博弈的制度。从会计信息市场监管目标角度来看,又有危机观、公共利益观、利益主体观、公平观、计价信息观、会计契约观等。显然,这些观点在提出会计监管概念时,主要在证券市场范畴内,依据市场失灵需要政府干预和监管的理论以及会计信息产品的外部性特征等,来分析会计市场或会计信息市场失灵也需要会计监管原理,进而提出会计监管概念。应该说,这是有效分析问题的一种思路或理论,有其科学性和合理性,但是如果从会计本质或基本特征的角度来分析研究会计监管的本质含义,则应是更为全面的。会计的

---

① 阎达五、支晓强:"论会计管制",《会计监管专题(2002)》,中国财政经济出版社,2003年版。
② 黄世中、杜兴强、张胜芳:"市场、政府与会计监管",《会计监管专题(2002)》,中国财政经济出版社,2003年版。
③ 徐经长:《证券市场会计监管研究》,中国人民大学出版社,2002年版。
④ 秦中艮等:"未来几年我国会计理论研究的基本走向及会计监管问题的理论思考",《财务与会计导刊》,2003年第3期。

本质特征之一是运用货币计量作为工具来计量管理经济活动的，离开货币计量，资金运动与实物运动及人类劳动活动、财权与物权、所有权与经营权等是无法分离的，也不会产生现代企业制度和现代资本市场，社会资源配置及社会经济效率无法提高，资金或资本运动决定于实物资产运动和人类劳动活动，同时又引导着实物资产运动和人类劳动活动，因此运用货币计量可以核算并反映实物资产运动和人类劳动活动及其结果，随着资本运动的发展，以及实物资产运动和人类劳动活动固有的差别性特征，使得通过资本的计量可以监控实物资产运动和人类劳动活动的状况及其结果，进而实现人们对社会生产活动的协调及其监督管理，使用会计监管概念较一般使用会计概念或会计管理概念更能够表达会计的本质特征和含义。同时，使用会计监管更能突出会计核算及会计监督的管理性质。另一方面，货币计量是整个经济活动的一个有效的游戏工具，游戏工具的设计及其使用需要有相应的游戏规则，人们是否能够合理公平有效地运用游戏规则，以及对违反游戏规则者进行必要处罚抑或执法者是否公正公平严格执法等都需要监督管理，提出会计监管概念的初衷仅在于此。

关于会计监管对象与范围，仅就证券市场监管范畴来研究会计监管问题，徐经长认为会计监管的对象主要指证券市场的参与者，一是上市公司，二是会计师事务所[①]。阎达五、支晓强认为，内部会计监管对象是组织内部经济活动，外部会计监管对象是组织内部会计工作[②]。黄世忠等认为，政府会计监管的对象内容应是市场失灵的部分，民间会计监管机构的对象内容应是日常会计监管事项[③]。陈汉文等认为，证券市场会计监管方面应予重点研究的三个问题是会计信息披露、资产重组会计和舞弊审计[④]。笔者根据1999年修订《会计法》中所确定"三位一体"的会计监督管理体系曾提出："会计监管对象及其内容主要分为以下五个层次。一是企业单位的会计机构和会计人员监管对象是企业单位的经济业务事项及是否实际发生。二是单位负责人会计监管的对象是会计工作和会计资料及其真实性、完整性。三是注册会计师监管对象及其内容是被审计单位如实提供的会计凭证、会计账簿、财务会计报告和其他会计资料以及有关情况。四是财政部门会计监管对象，包括：（1）企业单位会计凭证、账簿、财务会计报告和其他会计资料是否真实、完整；（2）会计人员是否具备从业资格；（3）会计师事务所出具的审计报告；（4）财政部门对会计资料的监管实质包括或主要是对单位负责人的监管，因为单位负责人是会计资料是否真实、完整的主要负责人。五是财政、审计、税务、人民银行、证券监管、保险监管等部门的会计监管对象是有关单位的会计资料。"[⑤]会计监管对象内容应在会计监管循环之框架中来研究[⑥]，会计监管作为一种监管权力资源配置，任何一种权力都不应失去监督，监管者应成为另一监管者的被监管者，监管者之间应形成一种相互制衡机制，会计监管对象内容应包括经济活动（指会计对象内容）、会计活动、会计工作、会计资料及会计信息、会计人员、会计监管者本身等，以注册会计师行业协会会计监管为例，行业协会的监管对象是会计师事务所和执业会计师及其从业人员等，而行业协会又是国家有关会计监管部门、法律监管部门及广大执业会计师及其广大从业人员的监

---

① 徐经长：《证券市场会计监管研究》，中国人民大学出版社，2002年版。
② 阎达五、支晓强："论会计管制"，《会计监管专题（2002）》，中国财政经济出版社，2003年版。
③ 黄世中、杜兴强、张胜芳："市场、政府与会计监管"，《会计监管专题（2002）》，中国财政经济出版社，2003年版。
④ 陈汉文：《证券市场与会计监管》，中国财政经济出版社，2001年版。
⑤ 张俊民："企业会计监管重构"，《商业会计》，2000年第9期。
⑥ 张俊民：《会计监管》，立信会计出版社，2000年版。

督对象。

关于会计监管主体。冯淑萍在论述我国采取一系列措施加强对会计工作监管时认为,我国《会计法》早已规定单位负责人对本单位会计工作和会计资料的真实性、完整性负责,政府实施会计监管的部门有财政、审计、税务、证券监管、人民银行、保险监管等六部门以及行业自律组织等[①]。阎达五、支晓强认为:在会计监控中,会计是监控的主体;在会计管制中,政府或会计职业团体是主体[②]。徐经长认为:证券市场会计监管主体应从政府机构和非政府机构两个方面来界定,具体包括财政部、证监会、人民银行、税务局、审计局、工商局等;国家立法机关和司法机关等;个人主体的个人股东乃至社会公众等;其中财政部、证监会和会计师事务所可称为核心主体,其余为外围主体[③]。王海民认为:对市场主体的会计监管主要通过法律委托会计中介机构承担,政府部门的主要职责是对会计中介机构的再监督;财政部门的主要任务是负责统一制定会计标准和监管规则,并侧重于对国有单位的会计监管;其他有关部门依法承担对有关单位的会计监管,如人民银行负责对商业银行的会计监管,证券监管部门负责对上市公司和证券公司的会计监管,保险监管部门负责对保险公司的会计监管[④]。这些论述为进一步研究会计监管主体问题提供并指明了基本思路和理论框架。如前所述,会计监管作为一种监管权力资源配置,不能仅限于传统会计监管或证券市场范畴理论思维,应从全社会的角度来考虑。按照这一思路来分析,媒体在西方国家被称为"第四权力",不但社会的三大支柱权力——立法、行政、司法都受它的牵制,而且它对大众也有强大的影响力。它在一定程度上决定了大众对事物的态度,引导他们的消费需求与意识,甚至能够改变他们的价值观念与生活方式。媒体作为舆论公器,具有公权机关的某些特质,而且它还有着一个诸多公权机关所没有的权力——监督报道权及信号传递权。既然是权力,就拥有与生俱来的监管作用以及同时所具有的扩张本性。因此,英国阿克顿勋爵那句"权力导致腐败,绝对的权力导致绝对的腐败"广为流传。当然,媒体所拥有的并不是对社会公共事务直接进行管理的"硬权力",但因其本身的稀缺性和对社会的影响力,仍然可能使其手中的"软权力"吸引社会"购买"。一旦在媒体中形成一个奇特的"权力卖场",那么腐败就应运而生。孟德斯鸠说过:"一切有权力的人都容易滥用权力,这是万古不易的一条经验。要防止滥用权力,就必须以权力约束权力。"事实上,会计监管已经具有某种社会性特征,离开媒体,会计的公开、公正、公平是难以实现的,会计监管如果缺乏媒体监督以及对相关媒体的再监督,会计监管的"阳光"恐怕也难以洁白无瑕,因此媒体应是会计监管的主体之一。在研究会计监管主体的过程中还不能忽视会计理论研究界的监管作用,理论研究不仅仅具有指导实践的作用,会计理论研究从监管角度展开,它具有"利益独立"、最讲"良心"等突出特点,因为监管最终是要以人为本,以国民为本的,如何监管、监管的经济效益、人文效益的评价等都需要"良心"评判,即理论评判。刘姝威与蓝田股份事件就很能说明舆论与理论在会计监管中作用。总之,按照会计监管循环理论,会计监管主体应包括立法、行政、司法、行业组织、媒体和社会公众,具体应包括会计立法主体、会计司法主体、行政主体、企业利益主体、社会中介

[①] 冯淑萍:"关于中国会计国际协调问题的思考",《会计监管专题(2002)》,中国财政经济出版社,2003年版。
[②] 阎达五、支晓强:"论会计管制",《会计监管专题(2002)》,中国财政经济出版社,2003年版。
[③] 徐经长:《证券市场会计监管研究》,中国人民大学出版社,2000年版。
[④] 王海民:"对政府会计监管问题的几点看法",《会计研究》,2001年第12期。

机构、媒体和社会公众及理论界等①。

会计师事务所诚信监管是指指导、督促、协调、监视、服务会计师事务所履行其对社会公众所作的诚信义务的一种管理活动。会计师事务所诚信是事务所安身立命的基石,是审计市场秩序的基础,是会计信息质量的基本保障,也是经济资源配置效率及资本市场秩序的基本保证。在审计服务市场上,会计师事务所是市场的竞争主体,尽管诚信存在客观一致的原则与标准,也具有严格遵守诚信原则主客观动机,但是诚信是一种诚实客观、公正、公允、公平、谨慎等的意识、态度、观念和行为,由于文化、市场竞争等诸多因素的影响,在实际具体工作中,每一家事务所对诚信的理解几乎都存在差异:会计师事务所诚信作为会计师事务所行为准则每一家事务所是否都能够遵守,遵守的严格程度如何;同一事务所每时每刻是否都能够遵守前后一贯的诚信准则;遵守执行诚信准则的效率、效果如何,有否评价的标准等都可能存在差异,解决这些问题都需要监管。会计师事务所诚信监管不同于企业单位会计诚信监管的突出内容在于:会计师事务所是以提供审计鉴证等多项特殊服务的法人经济组织,作为市场竞争主体有其特殊的权利与义务,保持足够的独立性以及维护社会公众利益等是其诚信监管的主体内容。就其监管方式而言,应以间接监管为主,直接监管为辅;以行业自律监管为主,行政监管为辅等。

"经济学有实证经济学与规范经济学之分。实证经济学研究'是或不是'的问题,规范经济学研究'应该或不应该'的问题。既然涉及了'应该不应该',那么规范经济学本身就不可避免地带有伦理分析的性质。"②会计师事务所诚信监管实质是研究注册会计师及会计师事务所行为中"应该不应该"问题的,因此会计师事务所诚信监管从其性质而言应属于经济伦理学范畴。当然,会计师事务所诚信监管还必然研究会计师事务所诚信活动中的组织、控制、指挥、协调、监督等管理问题,因此会计师事务所诚信监管又属于经济管理学的一个分支。

中国注册会计师协会于2002年11月26日发布的《注册会计师、注册资产评估师行业诚信建设纲要》提出:"行业诚信建设的指导思想是:以'三个代表'重要思想为指导,以职业道德建设为核心,充分借鉴国际有益的经验与做法,建立与社会主义市场经济相适应的行业自律运行机制和有效的行业协会监督与服务机制,切实维护公众利益。""行业诚信建设的目标是:全面提升注册会计师和注册资产评估师的职业道德水平和专业胜任能力,提高注册会计师和资产评估师执业的独立性,塑造独立、客观、公正的职业形象,把行业建设成为社会公众信得过的专业服务行业,为我国社会主义市场经济有序发展提供优质服务。"③不难看出,就目前及今后一个相当长的时期,我国会计师事务所诚信监管核心内容是注册会计师职业道德监管;在具体做法上应充分借鉴国际有益的经验与做法,并不断促使建立与社会主义市场经济相适应的行业自律运行机制和有效的行业协会监督与服务机制;诚信监管的目标是维护公众利益,为我国社会主义市场经济有序发展提供优质服务。为实现这一目标应全面提升注册会计师和注册资产评估师的职业道德水平和专业胜任能力,提高注册会计师和资产评估师执业的独立性,塑造独立、客观、公正的职业形象,把行业建设成为社会公众信得

---

① 韩传模、张俊民等:《财务与会计监管热点问题书评》,经济科学出版社,2004年版。
② 厉以宁:《经济学的伦理问题》,生活·读书·新知三联书店,1995年版。
③ 中国注册会计师协会:《注册会计师、资产评估师行业诚信建设纲要》,中国财政经济出版社,2002年版。

过的专业服务行业。

从行为理论角度分析,注册会计师及会计师事务所诚信监管属于注册会计师职业道德监管、注册会计师职业行为及注册会计师职业法律监管范畴。陈汉文在论述注册会计职业行为准则时指出:"注册会计师职业道德是一般道德行为观念在注册会计师职业中的具体运用或特殊表现,是适用于注册会计师整个行业的、具有注册会计师角色特征的道德规范。既然是一种道德规范,它就是由注册会计师行业内部的舆论、习俗、一般的社会影响和注册会计师的内心信念所保证的。注册会计师职业行为与此不同,保证其遵守的是职业组织内部的纪律措施,如劝告、警告、开除等。同时,二者又具有一致性的一面,职业道德原则是决定职业行为准则面貌和内容的最接近的基础,职业行为准则是职业道德的具体化和制度化。"[①]当企业经营失败时,经注册会计师审计过的财务会计报表有可能不存在重大错报、漏报,也可能存在重大的错报、漏报而注册会计师未能发现。对于前者,不应是注册会计师的职业承诺,不承担任何诚信法律责任;但对于后者,企业经审计的财务报表有重大的错报、漏报而注册会计师没有发现,其原因有审计失败和审计风险两种情况,如果属于注册会计师没有遵守一般审计准则、没有尽到应有的职业谨慎,造成审计失败,注册会计师应承担相应法律责任;但是对于注册会计师确实遵守了审计准则,却未发现会计报表的重大错报和漏报,这要根据合格的注册会计师在相同条件下做到的谨慎程度来比较,只要在现行技术水平下做到足够的职业谨慎就能够避免,注册会计师就应承担不诚信的法律责任;反之,按照现行技术水平即使完全做到足够的职业精神也难以避免,注册会计师就不应承担相应的法律责任[②]。可见,对注册会计师职业谨慎程度的评价及相应法律责任的界定是注册会计师诚信监管的重要内容和方法。

四、会计师事务所诚信监管现状及其研究状况

(一) 会计师事务所发展及其诚信监管现状

在1995年以前,我国审计师事务所的数量和规模都远远超过了会计师事务所。截至1995年年底,我国共有会计师事务所有2519家,审计师事务所3828家,合计6347家,1996年两所合计增加到6696家。1997年4月,国务院从发展社会主义市场经济的需要出发,提出要"扎实工作,整顿会计师行业"要求。为此,财政部对注册会计师行业开展清理整顿提出了具体要求。中国注册会计师协会(以下称"中注协")决定,从1997年8月到1998年年底,在全国范围内开展注册会计师行业清理整顿工作。通过整顿,共撤销事务所360家,注销220家,对1181家事务所分别给予警告、暂停执业、吊销执业许可证等处罚,对735家事务所限期整改,有342家事务所需待进一步查实处理,受到上述几项处理的会计师事务所共有2800家,占全国事务所总数的42.6%。在1996年和1997年两年当中基本上没有新成立事务所,事务所总数略有下降。在这次清理整顿中,还撤销分支机构1474家,占全国所有分支机构的48%;清理超龄(年满70岁)的注册会计师789人、兼职2856人、挂名人员1165人,吊销了跨所执业人员61人,处罚违规违纪的352人,还有6146人有待核实处理。上述几项共占全国注册会计师总数的21.8%。这些措施极大地改善了企业及会计师事务所的工作环

---

① 陈汉文:《注册会计师职业行为准则研究》,中国金融出版社,1999年版。
② 相关论述参见李若山、周勤业:《注册会计师法律责任理论与实务》,中国时代经济出版社,2002年版。

境,提高会计信息诚信质量。但是,1999 年年底,财政部抽查 100 家国有企业会计报表,有 81 家虚列资产 37.61 亿元,89 家虚列利润 27.47 亿元。2000 年度的会计信息质量检验结果:被抽查的 159 家企业中,资产不实的 147 户,虚增资产 18.48 亿元,虚减资产 24.75 亿元;利润不实的 157 户,虚增利润 14.72 亿元,虚减利润 19.43 亿元,利润总额失真度 33.4%[①]。2001 年 12 月 25 日,审计署公布了对 16 家具有上市公司年度会计报表审计资格的会计师事务所实施质量检查的结果,在被抽查的 32 份审计报告中,有 14 家会计师事务所出具了 23 份严重失实的审计报告,涉及 41 名注册会计师,造假金额达 70 多亿元人民币。从这几次检查来看,会计信息失真的范围达到了 70%—90%,平均而言,也达到了 85%。据财政部会计信息质量检查公告第八号公告,2002 年专员办对部分企业 2001 年度的会计信息质量进行了检查。此次共检查了保险、烟草等行业 192 户企业以及相关的 91 个会计师事务所,共查出这些企业资产不实 115 亿元,所有者权益不实达 24.2 亿元,利润不实达 24.2 亿元。其中,资产不实 5%以上的企业有 103 户,占总户数的 53.6%;利润严重失真,虚盈实亏企业 19 户,原报表反映盈利 1.35 亿元,实际亏损 1.72 亿元。虚亏实盈企业 8 户,原报表反映亏损 1.62 亿元,实际盈利 4.13 亿元;有 22 户企业存在账外设账问题。2003 年,财政部组织开展了对部分企业 2002 年度会计信息质量的检查工作。共查出 152 户企业资产不实 85.88 亿元,所有者权益不实 41.38 亿元,利润不实 28.72 亿元。其中,资产不实比例 5%以上的企业有 23 户,占被检查企业户数的 15.31%;利润不实比例 10%以上的企业有 82 户,占被检查企业户数的 53.95%;利润严重不实、虚盈实亏企业 5 户,其报表反映盈利 3 551 万元,实际亏损 1.5 亿元;虚亏实盈企业有 6 户,其报表反映亏损 1.4 亿元,实际盈利 4 亿元;有 16 户企业违规设置账外账[②]。2004 年全行业共检查事务所 824 家,占所有事务所的 18%;参加行业检查的检查人员 760 人;共投入检查费用 718 万元;采取行业惩戒手段处理事务所 268 家,占被检查事务所的 33%,处理注册会计师 280 人,占被查事务所注册会计师总数的 3.44%。2005 年行业执业质量检查涉及 1 400 多家会计师事务所,中注协共对 103 家事务所和 138 名注册会计师分别给予社会公开谴责和行业通报批评。此外,将 73 家不符合设立条件的事务所移交有关部门,建议予以撤销。其中,浙江注协对 26 家被检查事务所中的 24 家事务所、60 名注册会计师给予行业惩戒。河南注协对存在一定执业质量问题的 24 家事务所按规定程序给予了行业惩戒,占当年被查事务所的 36%。福建注协对 10 家存在问题的事务所进行了处理,占被检查事务所的 31.2%。这些事实说明,加强会计及会计师事务所监管,提升会计信息社会诚信,从根本上解决会计及会计师事务所诚信问题需要深入的理论研究和长期的实践改革。

根据《中华人民共和国注册会计师法》(以下称《注册会计师法》)的规定,注册会计师协会是由注册会计师组成的社会团体并依法取得社会团体法人资格。我国采取的是行业自律和政府干预相结合的双重监管模式。突出了政府在注册会计师行业监管作用及相互制约的牵制作用,但是在实际运行过程中,有时会存在政府各部门及注册会计师协会对注册会计师行业多头监管,重复检查甚至多头处罚。中国注册会计师协会、财政部、审计署、证监会等政府部门都有一定的对注册会计师行业进行监管的权利,然而政府多个监管部门的"齐抓共

---

① 杨雄胜:"会计诚信问题的理性思考",《会计研究》,2002 年第 3 期。
② 中华人民共和国财政部:《中华人民共和国财政部会计信息质量检查公告(第九号)》,2004 年 1 月 18 日。

管"与行业协会发挥职能之间有如何协调的问题。由于涉及各个监管部门监管权限的安排和各自利益的分配，各监管机构之间如何形成一个强有力的拳头；由于协调不及时、沟通不充分，有时各部门所制定并颁布的监管规章制度内容有重复甚至个别地方有冲突，因此如何减少社会资源的浪费，提高监管效率就成为难以解决的问题。2004年7月颁布施行的《中华人民共和国行政许可法》第13条规定，凡是通过市场机制能够解决的问题，可以由市场机制去解决；通过市场机制难以解决，但通过规范、公正的中介机构自律能够解决的问题，应通过中介机构自律去解决；即使是市场机制、中介机构自律解决不了需要政府加以管理的问题，也要首先考虑通过事后监督去解决。按照这一要求精神，重新界定政府与注册会计师行业监管职能与权限，适时推进我国注册会计师行业监管模式的改革，建立完善既保证政府监管适度、到位，又能充分发挥注册会计师行业自律监管作用的监管体系，是亟待需要研究的理论与实践课题。

（二）会计师事务所诚信监管理论研究现状

《中共中央关于完善社会主义市场经济体制的决定》中指出，"建立健全社会信用体系，形成以道德为支撑、产权为基础、法律为保障的社会信用制度，是建设现代化市场体系的必要条件，也是规范市场经济秩序的治本之策。增强全社会的信用意识，政府、企事业单位和个人都要把诚实守信作为基本行业准则。按照完善法规、特许经营、商业运作、专业服务的方向，加快信用监督和失信惩戒制度，逐步开放信用服务市场"。这表明，会计职业道德与会计诚信建设是社会主义市场经济健康发展的根本要求。

在我国，会计工作政府主管机构贯彻《中华人民共和国会计法》（以下称《会计法》）、实施会计监管将诚信原则始终放在非常突出的位置。为了使诚信要求深入人心，家喻户晓，财政部会计司组织了会计诚信知识大赛；财政部、人事部在高级会计师资格考试与考评中增加了职业道德的内容，并编辑了《会计职业道德》后续教育教材；各地财政部门探索建立企业信用评价体系，有的省为企业建立诚信档案；中国注册会计师协会先后发布了《中国注册会计师职业道德基本准则》《中国注册会计师职业道德规范指导意见》《注册会计师、注册资产评估师行业诚信建设实施纲要》。经过各有关部门和地方的持续努力，会计诚信建设取得了相当的成效。但是，应当看到，有些上市公司、会计师事务所造假丑闻时有发生，在企业财务检查中发现许多企业存在财务会计违规违法问题。这说明会计诚信建设工作还任重道远。迟海滨（2005）指出：今后一段时间加强会计诚信建设可以从以下三个问题上进行探索。一是建立和完善企业内部权力制约机制，增加造假难度和风险。二是建立外部制约机制。法律规定上市公司的会计报告必须由注册会计师事务所进行审计鉴证。由于会计师事务所审计鉴证的质量缺乏有效的监督，这个外部制约机制有时失灵，有待进一步完善。可考虑试行对经过会计师事务所审计鉴证的企业由政府有关机构（财政、税务、审计）按一定比例抽查，抽查没有发现审计鉴证有违法行为的，进行表彰；对抽查发现同被审计企业合谋造假的会计师事务所，严格依法进行惩戒；发现审计质量不高，对重大造假行为没有审计出来的事务所，要严格依法进行处理，有上述情况的事务所，均记入诚信档案，每年公布一次，以促进会计师事务所认真履行对社会承担的诚信鉴证的职责。三是建立风险大于谋取非法利益的制约机制。《会计法》禁止造假的规定有27条，不能说不严密，但还是禁止不住，分析其原因，可能与谋取非法利益同可能发生的风险不相适应有关。一是造假败露的概率不是很高，而且造假败露的损失不是很大。两项权衡起来,有的人就会有造假的欲望。要探索建立起造假风险大于谋取非法利益的机制,加上外部制约机制的加大,使造假暴露的概率高,风险大,会对造假行为起到有力的威慑作用[①]。

中注协在《注册会计师、注册资产评估师行业诚信建设纲要》中指出:"行业诚信建设的目标是:全面提升注册会计师和注册资产评估师的职业道德水平和专业胜任能力,提高注册会计师和注册资产评估师执业的独立性,塑造独立、客观、公正的职业形象,把行业建设成为社会公众信得过的专业服务行业,为我国社会主义市场经济有序发展提供优质服务。"冯淑萍认为:"独立、客观、公正是注册会计师执业诚信的重要内涵,离开这一点,诚信就无从谈起,注册会计师行业就失去了生存和发展的基础和空间。""注册会计师的诚信建设就要从自重自律,努力提高自身职业道德素质和专业胜任能力做起。"[②]陈毓圭认为:"行业诚信的一个重要体现就是遵循职业道德。目前,注册会计师执业失败暴露出的竞相压价、不顾质量恶性竞争,为保收益不计后果接下家,面对干扰和压力不能保持应有的独立性和谨慎原则而违心出具不实审计报告等问题,都需要通过加强职业道德约束加以解决和规范。"[③]任兴洲认为除履行社会公正职能外,"会计师事务所还是自负盈亏的市场主体,注册会计师除了提供独立审计等服务之外,也是具有趋利目的和动机的个人。在这种情况下,一旦两者出现矛盾,某些注册会计师及其事务所就有可能放弃肩负的社会责任和诚信的道德操守";"在我国合伙制事务所仍为数较少,且规模相当小;大多数是有限责任制事务所,这种组织形式在承担风险方面的责任相对较低,对于提高会计师执业质量,维护行业的道德操守,以及在内部管理和自我控制和约束方面存在不少问题"。[④]葛家澍教授在分析美国财务丑闻问题时指出:"诚信危机实际上是其文化危机和道德危机的表现。而文化与道德的污点,则是在资本主义自由经济下,狂热追求企业利润与个人利益最大化的必然反映。"[⑤]黄世忠在分析美国世界通信财务舞弊案例中安达信既为其提供审计服务又提供咨询服务,并且世界通信是安达信杰克逊分所最有价值的单一客户后,指出"独立性和执业谨慎的缺失是导致重大审计失败的根源";在分析安然财务舞弊案例后,指出"既不能迷信美国的公司治理模式,也不可神话独立董事";在分析施乐财务舞弊案例中毕马威对施乐长达40年审计历史后,指出"强制实行定期轮换,有利于避免注册会计师'日久生情'"[⑥]。裘宗舜、韩洪灵的研究认为,审计独立性风险是研究审计独立性问题的核心,并提出对审计独立性风险的一个分析框架,内容包括环境前因(直接诱因如直接投资、相机收费、财务依赖等;间接诱因如人际关系、自我复核),减缓因素(如公司治理结构、事务所政策等);后果分析(如审计客户、审计执业整体、监管者等)。[⑦]从上述正反两个方面的论述与分析,可以看出会计师事务所诚信内涵及其影响因素主要包括会计师事务所执业环境、会计师事务所文化、注册会计师职业道德以及会计师事务所诚信监管制度与措施等方面。

这些内容和观点基本上得到相关实证会计研究结论的支持,如瓦茨(Ross L. Watts)和

---

① 迟海滨:"认真贯彻《会计法》,促进会计事业健康发展",《会计研究》,2005年第5期。
② 冯淑萍:"行业诚信建设,贵在从我做起",《行业诚信建设笔谈》,中国财政经济出版社,2002年版。
③ 陈毓圭:"诚信是行业发展的基石",《行业诚信建设笔谈》,中国财政经济出版社,2002年版。
④ 任兴洲:"注册会计师的道德操守规范与信用形象重塑",《行业诚信建设笔谈》,中国财政经济出版社,2002年版。
⑤ 葛家澍:"美国安然事件的经济背景分析",《上市公司财务舞弊案例剖析丛书》,中国财政经济出版社,2003年版。
⑥ 黄世忠:《会计数字游戏:美国十大财务舞弊案例剖析》,中国财政经济出版社,2003年版。
⑦ 裘宗舜、韩洪灵:"审计独立性之风险:一个分析框架",《会计研究》,2003年第6期。

齐默尔曼(Jerold L.Zimmerman)在其所著《实证会计理论》中对实证会计研究相关成果作如下总结:(1)有效市场假说理论认为,如果会计盈余与股票价格或其变化保持实证式的相关性,尽管不是依据同一种盈利概念计算而来的,会计盈余也会成为股票价值或其变化的有用指数。在无法觉察市场价值时,会计盈余便可用于估计其价值。依据资本资产计价模型研究认为,如果会计数据能传递企业预期未来现金及其风险的信息,它们就能够传递企业价值的信息。[1] (2)用契约理论解释审计实务认为,审计师发现某一特定违约行为的概率取决于审计师的职业能力和在审计方面投入的人力和物力,审计师对已经发现的违约行为进行报告或披露的概率取决审计师相对于客户的独立性;管理人员迫使更换审计师将使审计师丧失"准租金"来源,"准租金"通常是采用"压低报价"的做法而形成的,如果审计师为了报告违约行为而宁愿遭受损失,则证券市场相信审计师具有独立性;信誉给予审计师保持独立性的动机,审计师信誉是独立性的附加约束力。执业审计师协会是一种既能减少单个审计师树立执业信誉的代价又能为投资者提供有关审计师独立性和执业能力信息的机制;如果审计师是以有限责任成立事务所,可用来约束他们行为的资源便会减少,市场也就相应地降低对审计师独立性的评估概率,相反地,无限责任的合伙形式为审计师的独立性提供了更大的约束力。合伙制的另一贡献是合伙人之间的相互监督。这种相互监督增强了执业能力,降低了某一个审计师屈服于企业经理压力的概率。创立牌号的规模效益促进了大型审计事务所的成立,它拥有两大优势:一是大型事务所有较强的担保能力;二是相互监督。此外,关于管制对审计产生影响的实证研究,结论是管制影响了审计的性质,扩大了审计业务[2]。夏冬林[3]、刘明辉等[4]对我国审计市场集中度、审计质量、审计独立性的研究,说明会计师事务所审计质量与审计市场集中度之间存在一种倒U型函数关系,并且证明当一个会计师事务所市场份额达到7.4%时,其审计质量达到最高。吴联生、王亚平通过建立两阶段动态博弈模型求解发现,会计规则执行者的违规程度与惩罚力度、执行者的贴现因子以及政府的监管概率成反比,而政府的会计监管力度与惩罚力度、执行者的贴现因子的平方以及政府的监管成本成反比,说明政府会计监管应提高其时效性[5]。张俊民、牛建军研究发现,会计政策选择行为主要受资产负债率、公司规模、公司治理结构以及会计监管机构的监管政策影响,研究结论证实了政治成本假设,但是债务契约对会计政策选择的影响正好与国外相背,公司治理结构和监管政策是影响预亏公司减值准备会计政策选择的重要因素,进一步说明会计准则的变化、准备金的提取在一定程度上增加审计风险,注册会计师应提高执业谨慎,否则审计失败将不可避免[6]。按照美国经济学家海曼·明斯基的"金融不稳定性假说"解释金融机构之所以会产生周期性金融危机,主要有两个方面的理由:一是代际遗忘,即今天的贷款者忘记了过去痛苦的经历;二是竞争压力的存在,由于贷款人迫于竞争的压力而作出许多不谨慎的贷款决策,否则在激烈的市场竞争中将失去应有的市场份额,很难生存下去[7]。同样,会计师事务所诚信危机也具有同样的原因。"1985年通过并在1993年和1999年修订的我国《会计法》,在

---

[1] 瓦茨、齐默尔曼著,陈少华等译:《实证会计理论》,东北财经大学出版社,1999年版。
[2] 同上。
[3] 夏冬林:"我国审计市场的竞争状况分析",《会计研究》,2003年第3期。
[4] 刘明辉等:"我国审计市场集中度与审计质量关系的实证分析",《会计研究》,2003年第7期。
[5] 吴联生、王亚平:"有效会计监管的均衡模型",《经济研究》,2003年第6期。
[6] 张俊民、牛建军:"预亏公司减值准备会计政策选择实证研究",《贵州工业大学学报》,2004年六卷增刊。
[7] 骆玉鼎:"海曼·明斯基的金融不稳定性假说",《云南财贸学院学报》,1998年第5期。

很大程度上确立了会计信息博弈的规则和底线。任何违反规则、突破底线的博弈，都将承担严重的法律后果。从这个意义上说，《会计法》的颁布实施，就是为了扭转造假成本与造假效益失衡的格局，从根本上抑制会计信息失真这一社会痼疾。"①

在审计收费一定情况下，事务所要取得尽可能多的利润，就必须尽可能降低审计成本，所以审计价格竞争必然会引发审计成本竞争。对于我国审计需求方来说，尚不存在对高质量审计的自愿需求，且上市公司在审计交易中掌握的主动权而使审计收费成为管理当局购买审计意见的一个筹码，因为企业要的是价格最低、"麻烦"最少的注册会计师服务。据中国注册会计师协会秘书处1997年4月对全国31省、自治区、直辖市的注册会计师进行的调查表明，68.3%的人反映，为拉客户、求收入而不顾质量、信誉的竞相压价竞争，已严重影响行业的执业秩序。国家会计学院诚信教育教材开发组于2001年就事务所内部管理方面进行的一项调查也表明，事务所合伙人的主要精力是用于"公关"拉客户，事务所承接业务的重要手段之一是搞好关系，给回扣、好处（占56.25%），而不是靠专业能力，靠信誉。原立华事务所主任向媒体同业竞争时曾透露，现有的事务所为了抢客户甚至许诺先免费服务多少年，企业上市后再开始付费。现实结果表明，我国的确存在很多事务所为了自下而上为了发展而开展低价竞争情况，随之而来的便是成本竞争，最终以牺牲审计质量为代价。如果行业的价值不能在注册会计师的报酬上得到体现，这个行业就没有其他更值钱的东西了。通过对事务所经营者和注册会计师个人价值的严重低估，国内的注册会计师行业创造了罕见的低成本，从而导致罕见的低收费。在同一项目的收费上，上市公司支付给国内和国外会计师事务所的报酬存在相当大的差异，特别是当公司聘请的是知名的国际事务所时。例如，中国石化2002年度支付给境内外审计的费用分别为300万元和5 200万元，相差十几倍。审计收费过低反过来限制了事务所自我积累和发展的空间，使注册会计师行业难以吸引到优秀人才，大量的年轻人考取注册会计师资格后不从事注册会计师工作，只是将其作为对自己会计专业知识和技能的证明。对于不与之合作的事务所，公司老总们的看法就是："我给你钱，就要听我的话，不听话就炒鱿鱼。"这一类因购买审计意见不成而变更事务所的例子在资本市场上并不鲜见。实证研究证明，被出具非标准无保留意见审计报告的上市公司变更事务所比未出具过的更容易变更事务所：1996年为20%对1.75%，1997年为12.5%对3.94%；1998年为11.76%对4.14%；1999年为19.08%对3.84%。②

综上所述的初步结论如下。

第一，会计师事务所是行业诚信的载体，会计师事务所诚信蕴含于其各种内部管理及执业行为之中，因此会计师事务所诚信具有可观察性、可描述性和可监管性之特征。

第二，会计师事务所审计造假常常是与被审计单位的"合谋行为"，会计师事务所诚信与被审计单位会计诚信是一个问题的两个层面。

第三，会计师事务所的诚信缺失常常会引发社会对整个注册会计师行业乃至资本市场的信任危机，动摇资本市场正常的资源配置秩序，进而影响会计师事务所乃至资本市场的正常发展，降低会计市场和资本市场的效率，因此会计师事务所诚信及其监管不单纯是注册会计师或会计师事务所个体的问题，既需要审计市场参与者个体认真对待，更需要行业组织和

---

① 黄世忠："扭转造假成本与效益失衡的重要砝码"，《会计研究》，2005年第5期。
② 耿建新、杨鹤："我国上市公司变更会计师事务所情况的分析"，《会计研究》，2001年第4期。

政府加强对会计师事务所诚信的管理与监督,为行业及政府对会计师事务所诚信强化监管提供理论与实践依据。

第四,倘若没有《会计法》等法律的威慑力,会计秩序一定混乱不堪,但是实践证明,加大会计失信行为的法律处罚,也并非一定就可以从根本上杜绝会计造假行为的发生,事实上从国内外的实践看,也确实没有完全杜绝会计失信行为的发生。仅靠加大法律处罚来从根本上提升会计诚信是值得研究的。

(三) 理论文献综述

1. 注册会计师行业监管及会计监管模式问题

注册会计师行业监管是指监管主体(主要是指政府和职业组织)依照法律法规或者行规对注册会计师职业进行管理和监督的活动的总称。科学、合理的注册会计师行业监管,有利于发展注册会计师事业,能使注册会计师独立、客观、公正地执行注册会计师业务,不断提高业务素质和业务水平[①]。对注册会计师行业的监管包括宏观和微观两个层面。宏观层面的监管通常是指政府对于注册会计师及会计师事务所的法定地位(权利)与法律责任,法律会给予原则性规定。对注册会计师行业微观层面的监管主要包括四个方面:一是关于市场中职业服务供给主体资格的限制,即对注册会计师及会计师事务所执业资格的限制;二是关于市场中职业服务供给主体行为的约束,这包括对供给行为的技术标准(即执业技术,如执业程序与方法)、供给主体与需求方及其他利益关系人的交互行为规则方面(即职业道德,如独立、客观与公正要求)的约束;三就是对注册会计师及会计师事务所是否遵循了前两方面的约束进行监督与惩戒,即对其执业质量进行监督与惩戒;四是对注册会计师职业服务市场价格机制的干预[②]。

在中国审计市场的需求与供给中无不留下政府过度干预的痕迹与烙印。政府干预或弱化审计市场中审计需求者高质量审计的自主需求,或造就审计市场不公平的竞争环境而影响审计质量。我国对会计信息的审计需求,主要是由政府创造的,而非市场的内在要求。其次,政府行为对我国证券市场的影响,使投资者把关注的重点放在政策信息上而不是经过审计的会计信息上。证券市场上政府行为的一个最重要的输入变量就是政策。投资者从与监管者的政策博弈的经历中知道,要想在中国的证券市场上获利,必须对政策进行分析研究[③]。审计供给方面的干预主要表现在行政权力对市场准入的干预,包括对进入会计市场资格的审批和对会计市场开展不同业务资格的审批,以及对执业过程的干预。

美国在安然事件后颁布实施《萨班斯法案》,标志着美国注册会计师行业监管模式由自律为主走向以他律为主[④],同时也再一次引发了人们对注册会计师监管模式的讨论。谢德仁将注册会计师职业监管模式分为自我管制、政府管制和独立管制三种,并从12个方面对各种管制模式的利弊作了理论的比较分析(如表9-1所示),认为"仅从逻辑上选择,独立管制模式无疑是最优的"。

---

① 侯文铿等:《会计辞海》(第三版),辽宁出版社,2001年。
② 谢德仁:"注册会计师行业管制模式的国际比较",《审计研究》,2001年版。
③ 谢德仁:"注册会计师行业管制模式:理论分析",载张为国等:《后安然时代》,中国财政经济出版社,2003年版。
④ 李若山、周勤业、方军雄:《注册会计师:经济警察吗?》,中国财政经济出版社,2003年版。

表 9-1　注册会计师行业管制模式比较表①

特点(优缺点) \ 程度	高	中	低
1. 与市场自由主义理念相协调	自我管制	独立管制	政府管制
2. 与政府干预主义理念相协调	政府管制	独立管制	自我管制
3. 形式上的独立性	独立管制	政府管制	自我管制
4. 实质上的独立性与公众利益保护	独立管制	政府管制	自我管制
5. 权威性与约束力	政府管制	独立管制	自我管制
6. 管制涵盖面	自我管制	独立管制	政府管制
7. 与被管制者间的信息不对称	政府管制	独立管制	自我管制
8. 反应灵活性	自我管制	独立管制	政府管制
9. 职业组织的官僚化	政府管制	自我管制	独立管制
10. 不当管制发生概率	政府管制	独立管制	自我管制
11. 在诸种行业管制模式中的竞争强势	政府管制	独立管制	自我管制
12. 管制状态下无序竞争的解决难度	政府管制	独立管制	自我管制

薛祖云分析评价了行业自律为主的模式和政府监管为主的模式优缺点,认为以德日为代表的大陆法系国家,自然形成了以政府监管为主的注册会计师行业监管模式;英美等海洋法系国家长期以来崇尚自由经济主义,采用以行业自律为主的注册会计师行业监管模式。近年来,层出不穷的公司舞弊和审计失败迫使英美两国都把目光投向了独立监管模式,并认为"我国注册会计师行业监管应借鉴德日模式,政府部门监管应成为注册会计师行业监管的主导力量"。②

归纳起来,目前主要有政府主导型监管模式、行业自律型模式、独立型监管模式和混合型监管模式。

第一,政府主导型监管模式。该模式主要依靠政府部门对会计活动进行监管,会计职业团体的上级主管通常是政府的部门,民间职业团体中一般设有政府代表以贯彻国家的意志,有的会计职业团体甚至是一个官方的组织,完全独立于政府部门的会计职业团体一般不发挥监管作用,通常仅仅是对其成员提供专业咨询和指导。政府监管模式凭借政府的强势地位,不但维护了会计监管的权威性和强制性,也更加有力地维护会计市场程序减少出现过度竞争的混乱局面。一般具有如下优点:(1)能公正、公平、高效、严格地发挥会计监管作用,并能协调全国资本市场,防止出现过度投机而造成的混乱局面;(2)具有统一的法律法规,促使各种资本市场行为有法可依,提高了资本市场会计监管的权威性;(3)有利于确立会计规则的权威性,人们对会计规则的认同感和服从效应;(4)监管者处于相对超脱的地位,更加注重维护广大中小投资者的合法权益。但是,其局限性显而易见:一方面,由于它缺乏相对可以比照的对象,所以很容易对监管的具体作用失去正确的评价,尤其在封闭的经济环境

---

① 谢德仁:"注册会计师行业管制模式:理论分析",载张为国等:《后安然时代》,中国财政经济出版社,2003年版。
② 薛祖云:《会计信息市场政府监管研究》,中国财政经济出版社,2005年版。

下,这种现象更为严重;另一方面,在这种监管体制下,由于监管权力过于集中,又没有强有力的约束机制来遏制寻租行为的发生,最终会带来整个社会效率的损失。此外,由于政府处于社会结构的最上层,各种法规的制定者和监管者脱离市场,与会计行业存在着信息不对称,从而使得会计监管政策可能脱离实际,难以及时地处理行业中存在的问题,造成会计监管效率下降,这也使得政府会计监管的直接成本较高。同时,一旦在诚信危机发生时,为了平息社会舆论压力,政府往往会对会计行业采取更严格的监管措施,可能会导致会计行业的萎缩。

第二,行业自律型监管模式。该模式对会计行业的监管主要是依靠民间职业团体进行的,政府部门基本上不参与行业监管,注重发挥市场参与者的自我管理作用。行业自律模式在民间审计制度历史悠久,会计职业机构完备的国家得到广泛的应用,加拿大、澳大利亚、2002年之前的美国采用的就是这种监管模式。在该种模式下,由于会计监管者更加贴近市场,对市场一线的违法行为能作出迅速有效的反应,因此行业自律型监管模式能够及时地解决行业中存在的问题,具有较强的灵活性、效率性和预防性。它一般具有如下优点:(1)通过市场参与者的自我管理和自我约束,可以增强市场的创新和竞争意识,有利于促进市场经济的活跃;(2)允许市场参与者参与制定市场会计监管的规则,可以促使市场会计监管更加切合实际,制定的会计监管规则具有更大的灵活性,有利于提高会计监管效率;(3)由自律机构代替政府部门的若干微观监管行为,将会直接减少政府监管的执法成本,并通过更富有效率的自律管理间接减少监管的守法成本,改善会计市场监管失灵。但是,这种监管模式也具有很明显的局限性,主要表现为:一方面,自律型监管往往会把会计监管的重点放在会计市场的健康运行和企业利益的保护上,而对会计信息需求者提供的保障往往不够充分;另一方面,缺乏统一的专门立法做后盾,散见于多部法规中的条款常有漏洞可被利用,对违法行为的约束缺乏强有力的法律效力,即监管手段较软弱,监管的权威性和力度不够;此外,由于缺少专门的权威管理机构,难以协调全国会计市场的发展,容易出现自律组织间的不良竞争,引起会计市场分割,甚至造成混乱局面。美国安然事件表明,在当今这样一个极其复杂的多方博弈的市场经济中,仅仅依靠某一个行业自律性组织来进行会计监管都是不现实的、无效的。行业自律只有与相当程度的政府与社会监管等有机结合才能实现会计监管的目标。

第三,独立型监管模式。又称为中间型监管模式,该模式由独立于政府和会计职业团体的机构依照一定的授权对会计行业进行监管。与完全的政府主导型监管模式和行业自律型监管模式相比,采取政府与行业自律适度统一的中间型监管模式,作为行业自律与政府直接监管之间的第三条道路,无疑能提高审计的独立性以及会计监管的透明度。目前采用这种模式的代表是美国。该监管机构中会计行业之外的成员应占多数,政府部门不直接进行监管,但可通过对独立监管机构的管制间接发挥作用。它主要具有如下优点:(1)既有利于维护政府的权威性,也保证了会计市场运行的效率和公平目标;(2)在实行监管时更注重于从整体利益出发,视野更为开阔,特别是保护企业利益及会计市场中其他弱势群体利益方面尤为明显;(3)在一定程度上也避免了完全集中监管下的"市场失灵"问题。

第四,混合型模式。自我监管为主、政府参与模式;政府监管为主、自我监管为辅模式;独立监管为主、政府监管和自我监管为辅模式等三种模式。

2. 注册会计师的执业能力和独立性

注册会计师的审计服务如果完全不能发现并报告当事人的违约行为的话,其服务是没有价值的。Watts 和 Zimmerman(1982)认为,对注册会计师服务的需求取决于人们对报告违约概率的估计。企业支付给注册会计师的服务费则取决于这种概率的水平。概率越高,契约越有效,代理成本越低,新发行的股票价格也就越高。

注册会计师报告违约行为的概率(以发生违约行为为前提)取决于:注册会计师发现某一特定违约行为的概率,和注册会计师对已经发现的违约行为进行报告或披露的概率。第一个概率(发现违约行为)取决于注册会计师的职业能力和在审计方面投入的人力和物力。第二个概率(报告违约行为)取决于注册会计师相对于客户的独立性。

我国目前注册会计师行业拥有与发达国家相当的规模,但是职业能力和独立性却相去甚远。

李树华(2000)提出四个假设:(1) 在 1994 年以后,注册会计师出具"非标准无保留意见"的比例会显著上升;(2) 大事务所出具"非标准无保留意见"的比例会显著高于小事务所,这种现象在 1994 会计年度后表现得更为明显;(3) 在 1994 年会计年度后,大事务所的市场份额会有所下降,而小事务所的市场份额会有所上升;(4) "十大"市场份额的下降主要是在 IPO 市场,其整个市场份额的下降主要发生于 1996 年会计年度。研究结果表明:首批独立审计准则的颁布实施,以及对违反独立审计准则的行为加以严厉处罚能有效地提高注册会计师的独立性;大事务所比小事务所独立性更高,故大事务所的市场份额会有所下降,尤其是 IPO 市场上大事务所市场份额下降更为显著①。

DeFond、Wong 和 Shuhua Li(2000)研究了我国注册会计师独立性的提高对审计市场集中度的影响。他们在文章中提出两个假设:(1) 1994 年以后会计师事务所出具非标准审计报告团的频率将增加,即第一批独立审计准则的实施将增加注册会计师的独立性;(2) 实行了新的独立审计准则以后,规模较大的会计师事务所的市场份额将减少,同时伴随着我国审计市场集中度的下降。他们以 1993—1996 年我国证券市场的数据进行实证研究。研究发现,在 1994 年以后,注册会计师出具非标准审计意见的频率由 1%增加到 9%;这一结果显然支持"新准则的施行将提高注册会计师独立性"的假设。同时,他们也发现,在新准则实行后规模较大的会计师事务所失去了一定的市场份额,其原因可归于 IPO 市场上份额的减少,这个结果也支持第二个假设。最后得到如下结论:在实行新独立审计准则后,我国的证券审计市场存在着上市公司对高质量审计的规避。

考虑到注册会计师独立性的不易观察性,以上两篇文章都是以注册会计师出具非标准审计意见审计报告的频率作为衡量其独立性的替代指标。这显然会低估审计独立性。比如共有 $X\%$ 的公司应该得被出具非标准审计意见,而实际被出具非标准审计意见的公司占全部公司的 $Y\%$,则独立性应为 Y/X,而不是 $Y\%$,显然(Y/X)要大于 $Y\%$。如果在这几年之中 X 变化不大的话,$Y\%$ 能成为一个比较好的衡量独立性的指标,但是如果 X 在各年之间变化较大的话,$Y\%$ 是不能够很好地衡量独立性的②。

吴溪(2001)研究了 1997—1999 年我国证券审计市场集中度的变化和审计师独立性的变化,同样得出类似的结论:随着我国证券审计市场监管子约束的加强,我国审计市场集中度在 1997—1999 年呈下降趋势③。

---

① 李树华:《审计独立性的提高与审计市场的背离》,上海三联书店,2000 年版。
② 张俊民、韩传模等:《会计师事务所诚信评价》,经济科学出版社,2005 年版。
③ 李树华:《审计独立性的提高与审计市场的背离》,上海三联书店,2000 年版。

刘明辉等(2003)对我国审计市场集中度和审计质量的关系进行了实证研究。但是,研究的思路和以上文章正好相反,研究了审计市场集中度对审计质量的影响,而且该文把审计质量从职业能力和独立性两个方面来综合考虑。该文通过对 1998—2000 年(1998 年是我国会计师事务所完成脱钩改制的时间节点)上海证券交易所和深圳证券交易所所有 A 股上市公司年度审计报告资料进行研究,研究发现我国会计师事务所审计质量与审计市场集中度之间存在一种倒 U 型关系,并且平均来说当一个会计师事务所市场份额(指客户数)达到 7.4%时,其审计质量达到最高;研究期间平均来说审计市场的最佳事务所数量约为 14 家;审计质量与事务所客户资产规模正相关,但不显著,中外合作事务所审计质量并不比国内事务所高[①]。

孙铮、王跃堂(2000),中国证券监督委员会首席会计办公室(2001),李爽、吴溪(2001)均发现注册会计师在为上市公司出具审计报告时存在变通审计意见的行为,主要表现为在缺乏足够理由的情况下,用严重程度较轻的意见类型或意见表述方式代替较重的类型或表述方式,同时避重就轻,或表达模糊[②]。

由于我国正处于经济转型时期,相关法律法规仍不完善,企业的经营活动缺乏规范,投机心理和短期行为较为普遍,许多企业存在粉饰财务状况和经营成果的意图与行为;一些企业的经营管理者更是缺乏起码的诚信,甚至贿赂审计人员以达到欺骗投资者、债权人以及利益相关者的目的,最终使注册会计师及其事务所审计失败。二是作为委托方的企业,主要是为了满足政府管理机构的要求而提供审计报告,审计报告质量的高低对他们的利益没有实际意义,因此提供高质量审计报告的事务所反而因收费原因导致自身市场份额的下降,从而影响事务所的发展。三是政府职能转换的滞后。我国政府经济管理职能和行政监督职能的重叠决定了其对市场行使经济调控职能时,不可避免地存在行政干预,特别是由于政府的政绩主要体现在地方经济的发展上,因此政府部门热衷于策划企业扩大规模,为了获取各种优惠政策暗示或默许企业提供虚假的会计信息;同时,政府部门拥有对注册会计师行业的监督管理权和审计服务的选择权,从而迫使部分注册会计师出具虚假的审计报告[③]。

3. 注册会计师诚信的现状调查研究

Leung 和 Cooper(1995)调查了澳大利亚 1 500 名会计师,调查结果表明会计师们最关心的三个诚信问题分别是:利益冲突 51.9%,受客户压力而操纵会计科目 50.1%,税收规避 46.8%。

Fischer 和 Rosenzweig(1995)研究发现,会计学专业学生和 MBA 学生比实务从业人员更为关心操纵交易的后果,而实务从业人员比会计学专业学生和 MBA 学生更为关心滥用会计原则的不良后果。Merchant 和 Rockness(1994)也发现了相似的结论:会计师对滥用会计原则的批评要比操纵交易的批评多很多。Fischer 和 Rosenzweig 针对这种现象提出两个可能的解释:(1)会计师在看待诚信问题上采用了一种原则导向的方法,而不考虑会计数据对使用者的影响;(2)会计师认为滥用会计原则是自己专业领域的事情,需要自己的伦理判断,而操纵交易是管理者的事情,不适合用专业伦理来作出判断。

阿曼特、布莱克和奥里沃(Amat, Blake and Oliveras)通过对西班牙和英国的调查研究

[①] 刘明辉、李黎、张羽:"我国审计市场集中度与审计质量关系的实证分析",《会计研究》,2003 年第 7 期。
[②] 吴溪:"我国证券审计市场的集中度与注册会计师的独立性",《中国注册会计师》,2003 年第 9 期。
[③] 陈玲萍:"注册会计师的执业环境与审计风险的规避",《财会月刊》,2006 年第 3 期。

发现,65.5%的西班牙审计师和64.3%的英国审计师认为"创造性会计"(美国文献中称为"盈余管理"或"盈余操纵")是一个非常严重的问题;但是38%的西班牙审计师和91%的英国审计师认为"创造性会计"不可能解决。

St. Pierre和Anderson(1984)通过分析大量针对注册会计师的诉讼发现,对于注册会计师而言,审计程序层次的问题不十分突出,更主要的问题在于如何解释并运用会计和审计准则。该研究还发现大量诉讼涉及了不充分的信息披露,包括应收账款、抵押、期后事项以及表外负债等情况[①]。

李爽、吴溪(2002)通过对中国证券会处罚公告的研究发现,融资环节(主要发行上市过程)发生虚假会计信息和虚假证明的比重较高,并高于定期报告及其审计(主要是年度审计)过程中的违反法规行为。对于上市公司的问题多集中于虚增利润、虚构交易、虚构重要原始凭证、隐瞒重大违法行为(披露不充分)等,而注册会计师对于这些问题均未能做到勤勉尽责,未能在审计报告中恰当地发表审计意见,报告有关事实。在37例处罚公告中主要针对的是注册会计师未能发现会计报表中的重大错报、漏报;明确针对注册会计师在审计程序上的缺陷而做出的处罚安全很少见,大部分都属于注册会计师未能勤勉尽责的性质[②]。

国家会计学院《会计诚信教育》课题组自2002年1月中旬开始至4月底,赴上海、武汉、沈阳、大连、北京等地召开了总会计师座谈会。期间,向参加五地座谈会的总会计师们发出了调查问卷。同时,通过中国总会计师协会向23个地区的总会计师协会分会发出了问卷,共收回216份,代表了216家企业总会计师对所提问题的回答。问卷调查结果表明:(1)总会计师选择会计人员时最看重的品质是诚信可靠(49.85%)和专业胜任(38.95%);(2)具有较高的职业道德水准的会计人员必须实事求是地记账和算账(47.39%)和遵守国家有关规定(35.95%);(3)60.17%的总会计师认为会计报告基本没有水分,14.49%的总会计师认为会计报告没有水分;(4)上市公司严重虚假会计报告的主要原因是公司治理不到位(45.48%)和相关法规不配套(28.09%),而会计人员职业道德问题仅占(9.03%);(5)有时难免违心地出具带有虚假水分的会计报告的主要原因是证券市场规定不合理(57.21%)和当地政府的要求(23.25%);(6)国有企业改制上市采取包装剥离、模拟的会计数据真实的仅占0.85%,而不真实的占47.48%;(7)挽救会计行业"信誉危机"的主要措施在于加快相关法规的建设(40.67%),改善执业环境(29.67%),严惩造假者(17.41%)和进行诚信教育(12.25%);(8)目前假账成为经济生活中的"毒瘤"主要原因是企业当头的要业绩(44.54%),政府当局的要政绩(33.61%);(9)认为目前上市公司的财务会计报告大部分不可信的人占69.85%,而认为可信的只占2.51%[③]。

4. 会计师事务所的组织形式、规模和收费对独立性的影响研究

外资进入中国催生了新中国改革开放后的注册会计师制度。1980年12月23日,财政部颁发了《关于成立会计顾问处的暂行规定》,正式允许在中国恢复注册会计师制度,成立会

[①] 张俊民、韩传模等:《会计师事务所诚信评价》,经济科学出版社,2005年版。
[②] 李爽、吴溪:"审计失败与证券审计市场监管——基于中国证监会处罚公告的思考",《会计研究》,2002年第2期。
[③] 国家会计学院《会计诚信教育》课题组:"'不做假账'与会计诚信的现实思考——216家企业总会计师问卷调查报告",《会计研究》,2003年第1期。

计师事务所,接受委托对中外合资企业提供各类会计服务。到1992年年底,全国已有会计师事务所1 422家。与此同时,1983年9月成立的审计署也在批准成立审计事务所,到1992年底全国有审计事务所2 812家。1988年6月国务院颁布的《企业法人登记管理条例》规定,企业向工商部门提出公司设立登记的申请前,必须要取得主管部门或审批机关的批准。这就是所谓的"挂靠"制度。

自1992年起,围绕注册会计师的执业先后发生了多起市场危机,如深圳原野案、长城机电案、海南中水国际等,俗称"老三案"。1993年10月,全国人大常委会讨论通过了《注册会计师法》,要求会计师事务所必须是合伙制或有限责任制,必须独立执业,对已设立的事务所作出限期脱钩和清理整顿的规定。但是,由于审计市场分割为会计师事务所、审计事务所两类,此次清理整顿有始无终。

从1993—1996年,这两类事务所从数量和从业人数上又取得了很大的发展。截至1996年年底,两类事务所全国合计有6 696家,从业人数超过5万人。但是,随之而来的又是1997年证券市场的系列危机事件,如琼民源案、四川红光案、东方锅炉案等,俗称"新三案"。

中注协1997年4月主持召开了全行业的调查研究,调查结果表明,54.7%的回复者反映他们受到了政府部门的行政干预,其形式主要是指定审计单位和对事务所出具的审计报告类型进行直接干预;96.8%的回复者均表示事务所的挂靠体制必须改革,而其中还有将近一半的人认为事务所的挂靠体制改革必须尽快进行。

1996年,财政部停止审批单位发起设立事务所,鼓励申办合伙所,并积极研究探索事务所脱钩改制工作。1998年7月,财政部颁发了《有限责任会计师事务所审批办法》,把"有限责任事务所"界定为由注册会计师出资发起设立,比照《会计法》的有关规定,事务所以其全部资产承担赔偿责任,注册会计师以其出资额为限承担赔偿责任的有限责任事务所。继深圳市的会计师事务所于1997年完成了脱钩改制工作后,国内103家具有证券期货相关业务资格的会计师事务所也已于1998年完成了脱钩改制工作,这不仅表明了会计师事务所的产权组织形式已经发生了彻底改变,同时也意味着注册会计师必须独立地承担起社会赋予的法律与经济责任。1999年起,全国所有会计师事务所要逐步完成脱钩改制工作。但是,由于我国注册会计师面临的执业环境极为严峻,会计市场还非常混乱,行业竞争中的不正当行为屡禁不止,致使注册会计师的信誉下降,引起了理论和实务界广泛讨论的"诚信危机"。

刘峰、林斌指出,政府部门对会计师事务所脱钩改制的时机选择与我国证券市场爆发的危机有关,真正改善会计师事务所执业行为的必要条件来自两个方面:一是市场对高质量会计服务的需求;二是会计师事务所的法律风险[①]。王跃堂等论证了脱钩改制能够增强注册会计师的执业风险意识,对注册会计师执业行为具有积极作用。[②]

在中国证监会于2001年12月24日发布的《公开发行证券的公司信息披露规范问答第6号——支付会计师事务所报酬及其披露》出台以前,我国证券审计市场在收费制度上始终没有公开,而在执业过程中,不少事务所存在着低价揽客的恶性竞争行为,审计质量难以保护。Simon和Francis(1988)的经验研究发现了系统性降低审计收费行为的存在,并论证了降低审计收费对注册会计师独立性将造成不利影响。

---

① 刘峰、林斌:"会计师事务所脱钩改制与政府选择:一种解释",《会计研究》,2000年第2期。
② 王跃堂、陈世敏:"脱钩改制对审计独立性影响的实证研究",《审计研究》,2001年第3期。

5. 注册会计师诚信的研究

王立彦等在《会计师职业道德与责任：理论、规范及案例》[①]一书中,通过问卷调查的方式对大学会计职业道德教育问题进行了有益的探索。该书通过 325 份(回收 302 份,93%)问卷对某高校管理学院一至四年级本科生、研究生及工商管理硕士研究生(MBA)的职业道德进行了研究。该问卷调查发现：没有工作经验的学生较之有工作经验的学生、低年级的本科生较之高年级本科生,在大多数问题上显示出偏重于他人的利益。也就是说,接受教育时间和专业知识的增长以及工作经历的积累,并没有导致职业道德观念的增强。或者可以说,大学专业教育在学生形成良好的职业道德意识或认知方面,并未尽到应尽的责任。作者进而指出,职业活动决定着职业道德,由于我国处于转型经济当中,会计职业活动变动很大,这必然导致相应的职业道德也要变动很多,故出现类似的结论也在情理之中。

由韩传模主持的财政部 1999 重点会计科研课题《会计人员职业道德与自律机制研究》一书,通过对 1 200 名会计人员发放问卷,调查了会计人员的职业道德现状。共收回问卷 1 166 份,被调查人员均具有初级专业技术任职资格,所在单位的性质和类型有国有企业、多种所有制企业、行政事业单位,有一般会计人员,也有科、处长以上职务的会计人员;年龄结构上,老、中、青各占 1/3。调查结果发现,当会计人员在工作中,本着依法办事、客观公正精神,坚持原则处理会计事务时,同单位负责人的意见产生分歧时,61.27% 的会计人员选择按单位负责人的意见办理。当前发生的会计信息虚假问题,88.8% 的会计人员是没有主观故意的,其中 50.34% 的会计人员是被迫操作。

6. 注册会计师审计质量评价

DeAngelo L.E.[②]指出,会计师事务所规模是审计质量的一个有效的替代物,因为它代表会计师事务所拥有客户准租金的大小。Zoe-Vonna Palmrose 把诉讼作为区分会计师事务所质量的一个标准,并假定审计质量与诉讼存在反向关系[③]。如果会计师被起诉次数相对较少就可将其视为高质量审计服务提供者。Defond Mark L.提出品牌声誉(name-brand reputation)和独立性(independence)可以作为评价会计师事务所审计质量的标准[④]。Defond Mark L.同时还提出可以用行业专长(用某一事务所拥有的某行业的客户数量占该行业客户总数的比例来计量)来评价事务所的可信度,其理由是：具有行业专长的事务所在发现该行业财务报表的违规行为方面具有更强的鉴证能力,相应地,其审计质量也较高。事务所愿意报告客户存在违规行为的最强烈信号是预期的会计师独立性。其理由是对某一客户的收费占事务所营业收入总额的比例越高,事务所就越不愿披露该客户的违规行为。因此,Defond Mark L.还将独立性作为衡量审计质量的一个指标。国内学者王英姿在实证研究基础上提出对会计师事务所总体审计质量评价,需要综合考虑的九个因素：事务所合伙人或主任会计师的经营理念;事务所拥有的客户质量和稳定性;事务所规模;事务所从业人员的质量;事务所是否为国际会计公司的成员所(或合作所);事务所拥有的行业专长水平;事务所质量控制制度

---

① 王立彦、崔瑾、徐惠玲：《会计师职业道德与责任：理论、规范及案例》,北京大学出版社,2001 年版。
② DeAngelo L.E.:"Audit Size and Audit Quality", *Journal of Accounting and Economics*, March 1981.
③ Zoe-Vonna Palmrose:"An Analysis of Auditor Litigation and Audit Service Quality", *The Accounting Review*, January 1988,55—73.
④ Defond, Mark L.:"The Association Between Changes in Client Firm Agency Cost and Auditor Switching", *Auditing: A Journal of Practice and Theory*, Spring,1992,23.

本身的完善程度和执行情况;事务所的业务培训和信息沟通情况;负面因素,如被行业监管部门(证监会、中注协等)处罚或通报批评的次数、被客户投诉或起诉的次数等,并在此基础上提出的事务所审计质量评价的量化指标有:事务所基本情况(包括事务所合伙人或主任会计师的经营理念;事务所拥有的客户质量、国际会计公司的成员所或合作所)、事务所规模(包括年度业务收入、从业人员数量、净资产)、从业人员质量(包括注册会计师数量、学历层次、从业时间、晋升制度和薪酬制度、从业人员流动比例)、行业专长水平、事务所内部质量管理(包括质量控制制度完善程度、工作底稿、三级复核执行情况、审计风险控制机制、业务培训与信息沟通)和负面因素(包括出现审计失误、事务所被追究行政责任和执业会计师被追究刑事责任)等六大指标①。

第二节 会计师事务所诚信监管的制度背景考察

注册会计师及会计师事务所诚信是一种具有专业特征的诚信,只有具备会计、审计专业技能、具有一定专业实践经验的专业人士和专业组织才能理解、掌握、建立这种诚信观念、意识和态度。尽管在注册会计师及会计师事务所监管历史发展过程中,很难发现系统的、专门的诚信监管历史轨迹,但是从注册会计师及事务所行业监管发展历史中却不难挖掘发现诚信监管印迹,甚至可以挖掘发现整个注册会计师及事务所行业监管始终是围绕诚信这一中心问题而展开的。为此,分别以注册会计师行业监管、注册会计师考试与注册登记制度、注册会计师法律责任等三个方面为切入点,来考察各国会计师事务所诚信监管历史发展进程。

一、美国会计师事务所诚信监管历史考察

美国被世界公认为是注册会计师制度最健全和完善的国家。在19世纪末,由于英国资本大量进入美国,使得英国的注册会计师到美国审查英国投资的企业的账目,促进了美国的注册会计师制度的产生。美国的注册会计师监管制度可以说是与注册会计师同时产生的,美国早在1886年就成立了美国公共会计师协会(美国注册会计师协会的前身),这标志着美国注册会计师行业自律制度的建立。1896年,纽约州通过了美国第一部关于会计执业监管的成文法——《对公共会计师执业的监管》,与此同时,美国第一个会计职业团体——美国公共会计师协会在纽约州获得法律认可。美国注册会计师协会(AICPA)对会计师事务所和注册会计师的监管主要包括四个方面:(1)制定独立审计准则、规则等技术规范和职业行为规范;(2)组织每年的注册会计师统一考试和评阅试卷;(3)进行注册会计师的后续教育;(4)检查、督促独立审计准则、规则等技术规范和职业行为规范的实施。为此,AICPA采取了三项主要措施:(1)取消会计师事务所的会员资格制度。AICPA创立了一个以会计师事务所为会员的机构,即会计师事务所部,并在该部下面分设了证券交易委员会业务处和非公开公司业务处,凡符合条件加入这两个处的会计师事务所都必须遵守该处的审计质量控制准则和其他管理规定,否则会计师事务所部就有权取消其会员资格。(2)同

---

① 王英姿:《注册会计师审计质量评价与控制研究》,上海财经大学出版社,2002年版。

业复核制度。由一家会计师事务所对另一家会计师事务所的审计质量进行调查和评价。任何注册会计师和会计师事务所都必须定期接受同业互查。会计师事务所部下属的两个业务处均设有同业复核委员会，委员会颁布同业复核的实施与报告准则，并对检查出有问题的注册会计师和会计师事务所提请有关部门进行惩戒。(3) 道德行为的自律管理。注册会计师必须遵守 AICPA 的职业行为守则，对于违规者，AICPA 有权根据违规的具体情况和程度，进行警告、暂停执业和开除会员资格等处罚，并在 AICPA 的专业刊物上进行公告。

美国系统的注册会计师行业自律制度完善的标志应当是 1977 年公众监督委员会（The Public Oversight Board，POB）的建立。20 世纪 70 年代，美国发生了一系列重大审计失败案，引发了美国国会提出了两种注册会计师行业的监管模式，一是成立一个专门的政府机构负责注册会计师的监管，二是建立注册会计师自律监管制度。AICPA 为避免政府全面介入注册会计师的监管，争取了行业自律监管模式。为此，AICPA 建立了较系统的自律监管机制，尤其是成立了公众监督委员会。该委员会由 5 名会计专业以外的著名人士组成，他们有权参加证券交易委员会业务处的所有活动和会议，有责任向 SEC 和公众提供关于该处监管效果的报告。一般认为，POB 的成立是美国注册会计师自律监管制度发展的一个里程碑。POB 成立后，直到安然事件发生之前的 25 年里，美国注册会计师行业度过了一段相对平静的岁月。但是，安然事件的突然爆发，暴露了以 POB 为代表的自律监管制度的严重缺陷。现有监管模式存在的五个主要问题是：(1) POB 的经费来源是通过 AICPA 从所监管的会计师事务所筹集，因是，此 POB 并不能实质上独立于注册会计师行业；(2) 现有的监管制度并不能做到及时有效；(3) 同业互查制度并不能有效发挥作用；(4) 近几年来，美国注册会计师行业与 SEC 的关系过于紧张，AICPA 利用其影响削弱了 SEC 对注册会计师行业的监督作用；(5) AICPA 和五大会计师事务所对 POB 的支持不够[①]。

由于美国安然事件的爆发对美国现有的会计准则、注册会计师制度和会计监管制度造成的严重冲击，以及安然事件对美国经济带来的巨大损失，安然事件发生后，美国积极迅速地行动起来，提出并采取了一系列重要的方案和措施。2002 年 7 月 30 日，美国总统布什签署了国会参众两院通过的《2002 萨班斯-奥克斯利法案》，使其正式成为法律。该法案的出台，是美国 20 世纪 30 年代以来美国政府制定的范围最广、措施最严厉的公司责任的法律。该法案中有关注册会计师监管的主要内容有：(1) 建立了一个独立的注册会计师监督机构——公众公司会计监管委员会。鉴于以 POB 为代表的自律监管制度的严重缺陷，法案规定建立一个独立于美国注册会计师协会的公众公司会计监管委员会（Public Company Accounting Oversight Board，PCAOB）负责对注册会计师行业的监管。法案规定 PCAOB 接受美国 SEC 的监督，其成员由 5 人组成，他们必须是致力于服务公众利益、享有崇高声誉和政治品格的专业人士，其中最多只允许 2 名委员拥有注册会计师资格，但离开注册会计师行业已满 5 年，以避免利害冲突。尽管 PCAOB 不是政府机构，但享有广泛的"准行政权力"。PCAOB 有权强制要求执行上市公司审计的会计师事务所在委员会注册登记，包括：国外会计师事务所；负责制定或审查批准独立审计准则及相关的规范；有权调查、处罚、制裁违反该法案、相关证券法律法规和专业标准的个人和会计师事务所；定期对会计师事务所的审计质量进行检查等。PCAOB 所需经费来自上市公司和会计师事务所缴纳的会计支持费。

---

① 启云："安然事件后美国注册会计师行业监管立法的最新动向"，《中国注册会计师》，2002 年第 7 期。

PCAOB的成立是美国注册会计师行业监管模式的历史性改革,意味着美国注册会计师行业监管模式从原来的行业自律监管为主模式转向了政府监督的独立监管为主的模式。(2) 进一步强调了注册会计师的独立性。鉴于安然事件中安达信会计公司所暴露出来的注册会计师独立性的缺陷,法案加强了对注册会计师独立性的专门要求。例如,列出了9项被禁止的非审计服务,禁止执行上市公司审计的会计师事务所为客户提供列入清单的非审计服务,未明确列入禁止范围的非审计服务也要获得公司审计委员会的批准;主审合伙人或复核合伙人,不能长期为同一客户提供审计服务,必须5年轮换;注册会计师有责任向公司审计委员会报告工作;公司高管人员一年内曾受雇于会计师事务所,那么该事务所不能为该公司提供法定审计服务。

美国注册会计师考试制度始于1896年。1896年12月15—16日,纽约考试委员会举行了首次注册会计师资格考试。1917年美国会计师协会考试委员会开始实施"统一"的注册会计师考试制度。考试制度几经发展变化,其主要内容包括:(1) 报考条件。各州的规定不尽相同,一般要求有大学本科学位,考试前一般不必有实际工作经历,但很多州规定了考试者必须取得最少的会计学学分。(2) 考试组织。由各州在政府领导下分别进行,但有注册会计师协会统一命题。每年统一考试举行两次,分别在5月和11月,考试采用笔试形式,每次考试时间为2天半,每年大约只有10%的应试者能够一次通过全部科目。(3) 考试内容。1993年以前,美国注册会计师考试科目为4科:工商企业会计和报告;税务、监管、政府和非营利机构会计和报告;审计;商法和商业责任。1994年起,考试科目增加至5科,每科具体内容也有一定变化,包括财务会计与报告(企业遵循的一般公认会计原则)、会计与报告(非营利、政府、管理和税务会计)、审计、商法、职业责任(包括职业道德)。

美国注册会计师注册登记制度。美国没有统一的注册会计师法,各州均有各自的注册会计师法规,各州的注册会计师注册登记制度不完全一致。比如,对申请注册者的实践经验的要求就不完全一致,加利福尼亚州规定:通过考试并具有学士学位和类似经验的证据,方可授予职业会计师证书;会计学学士要有一年的实践经验,没有学士学位的申请者,必须有四年的实践经验。其他州一般规定,申请者须有一年或二年的实践经验。为了保持职业会计师专家水平在执业期间必须进行独立审计资格复查,复查的内容包括工作量复查、工作质量复查以及复考等。这种制度安排使得执业会计师必须不断学习,保持专家水准,以便为社会提供优质服务,同时执业会计师还必须对其所审计事项及所提供的审计报告负法律责任,因此这使得执业会计师绝不敢掉以轻心。

二、英国会计师事务所诚信监管的历史考察

英国是注册会计师职业的发源地,19世纪中期到20世纪初,英国首创注册会计师制度并保持世界领先地位。1720年6月英国国会为了制止各类"泡沫公司"的膨胀通过了《泡沫公司取缔法》,英国南海公司财务舞弊案的发生,第一次让公众经历了股票泡沫破灭的惨痛,说明建立在所有权与经营权相分离基础上的股份有限公司,极有可能在公司发生财务危机时,管理者会千方百计地欺骗投资者,而欺骗的手段主要是利用投资者与管理者的唯一信息通道——会计信息资料,进行弄虚作假。因此,聘请了解、熟悉会计语言的专家,站在客观、公正、公允的立场,对表达所有者与经营者利益的财务报告,进行独立的检查,通过提高会计信息资料的可靠性,以协调、平衡所有者与经营者之间的经济利益责任关系,维持市场经济

秩序,就至关重要。1844年英国议会颁布第一部《联合公司法》(Joint Stock Company Act,亦称《股份公司法》),鼓励采用股份公司的组织形式,规定公司董事必须提供详尽的会计记录,由股东大会选出审计师对账目进行独立审计。英国第一个会计师组织创立于1853年的爱丁堡会计师协会。1854年10月,经英国女王批准授予皇家特许证,允许其会员号称"特许会计师",标志着注册会计师行业已成为现代社会经济中不可缺少的重要一环。1862年英国修改联合公司法,将由股东担任审计师改为股东大会聘任具有会计专长的会计师,对公司账目进行详细审核并出具查账报告。1879年公司法要求银行应接受特许会计师的独立审计。在1890年前后一个时期,欧美各国还处在一个极端放任自由的经济制度阶段,工业革命带来资本主义经济迅速上升与发展,注册会计师也在几乎没有任何压力的环境下迅速发展,审计成为一项热门而又赚钱的行当,大批人士改行成为注册会计师,使得审计队伍鱼目混珠,良莠不齐,人们几乎不受约束地在新闻报纸上刊登"检查和整理各种复杂的,引起争议的和被弄糊涂了的账目""设置账簿和结算账目,秘密地检查可疑账目"等内容广告,这使得注册会计师的声誉每况愈下。1900年公司法将特许会计师的审计范围扩大到全部股份有限公司,表明强制审计制度的建立。然而,强制审计制度的建立并不意味着会计职业权威的建立。20世纪30年代后,会计职业将在人口普查领域发展起来的抽样技术应用于审计过程中,不仅提高了审计服务的效率,同时也明显提高了审计作为一门专业知识的科学成分[1]。1948年英国再度修订《公司法》,正式赋予会计职业对审计的垄断权。查特菲尔德认为:"19世纪工商业的急速发展是会计职业出现的必要条件,但不是充分条件。""既幸运又不幸运的是,当时经济的动乱成为充分满足这一要求的原因。英国的会计职业是'通过破产诞生,有疏忽和舞弊哺育,与清算共同成长,然后通过审计而确立的。'"[2]

英国注册会计师行业监管模式的发展,可以归为三个发展阶段:(1)20世纪90年代之前实行行业自律为主、政府监管为辅的混合监管模式。英国的六个会计职业团体对行业的监管主要通过各协会下设质量检查部和执业操守部负责执行。作为政府监管的英国贸工部负责管理特许会计师行业,贸工部通过制定标准或办法指导、监督会计职业团体的工作。(2)20世纪90年代至美国安然事件试行独立监管模式。美国安然事件爆发之前,英国也曾发生了一系列财务丑闻,由此引发了对财务报告制度和注册会计师监管制度的重大改革。1998年11月,贸工部公布了咨询文件《会计职业独立监管框架》。2001年在贸工部咨询文件的基础上,会计职业团体发起成立了独立性质的机构——会计基金会,会计基金会下设复核委员会、审计实务委员会、道德准则委员会和调查与惩戒委员会,具体担任不同的监管职责。(3)美国安然事件之后,强化独立监管。美国安然事件发生后,英国政府、会计职业界及有关方面都进行了深刻的反思和检讨,多个政府部门和会计监管机构,对现存的会计职业监管和财务报告制度进行分析研究,贸工部专门就改进会计基金会的工作提出了两点意见:一是财务报告理事会取代会计基金会的功能,主要负责制定会计审计准则,强化或者监控、监管主要的会计职业团体;二是独立的审计监管和复核职能必须进一步加强[3]。

在英国各种会计职业组织的成立需要申请皇家许可证,因此英国称特许会计师(CA—

---

[1] M.Power,"From Common Sense to Expertise:Reflections on the Prehistory of Audit Sampling",*Accounting,Organization and Society*,Vol.17,No.1,37-62.
[2] 〔美〕迈克尔·查特菲尔德著,文硕等译:《会计思想史》,中国商业出版社,1989年版。
[3] 胡波:"英国注册会计师行业管制沿革",《中国注册会计师》,2004年第2期。

Chartered Accountant)。要取得特许会计师资格,申请人必须在会计师事务所工作并通过专业考试。专业考试由英国特许公认会计师公会(ACCA)组织,申请人在完成大学水平的学业后,将与某会计师事务所签订一份为期3年的培训合同。对所受大学教育的专业不作限制,可以是除会计或商科以外的任一其他专业,只要通过 ACCA 的专业考试即可。专业考试共有14门课程,分为基础、证书和专业三个阶段,A—F六个单元。所有14门课程必须在10年内完成。

三、日本会计师事务所监管历史考察

日本的公认会计士(CPA)制度发轫于1926年,1949年建立了公认会计士制度。1948年政府颁布了证券和交易法、公认会计士法,连同较早的商法,这三部法律对于公认会计士监管制度有着深远的影响。在商法、证券和交易法中明确规定了公认会计士法定审计的适用范围；公认会计士的行政责任、民事责任和刑事责任。公认会计士法是规范行业的主要法律,并经过多次修订。日本对公认会计士的政府监管主要是大藏省和金融厅。2001年之前,大藏省直接监管公认会计士行业。当时,大藏省设立企业会计审议会负责制定审计准则。日本公认会计士协会(JICPA)是日本唯一的全国性职业会计师组织,其宗旨是：根据公认会计士的使用和职责,为维护职业声誉,提高审计服务和其他相关业务的质量,对会员进行指导、联络和监督,负责有关公认会计士、见习会计士的注册登记事宜等。JICPA 于1966年12月颁布了公认会计士《行为规则》,对公认会计士在业务执行、审计意见发表以及与其他公认会计士关系协调等方面制定了明确的规则。2002年7月,中央各省厅进行大规模的机构改革,监管公认会计士行业的职能并入金融厅。金融厅监管内容包括：(1)批准审计法人(会计师事务所)设立；(2)检查审计法人年度业务报告和个别审计业务综述；(3)监管"CPA 考试和检查委员会"；(4)对审计法人和公认会计士的惩戒措施。日本公认会计士的行业自律是通过日本公认会计士协会(JICPA)来实施的。JICPA 于1949年成立,根据日本公认会计士法规定,JICPA 的自律职能主要有：(1)对其成员进行质量控制；(2)会员的职业后续教育；(3)开拓成员的业务空间,与其他职业组织进行合作和协调。美国安然公司舞弊事件发生后,日本金融厅对公认会计士审计制度的各方面进行了细致集中的审议后,日本政府总结经验教训制定《公认会计士法的部分修正法律案》,于2003年6月6日发布,从2004年4月1日开始实施。修订内容主要包括：强化公认会计士的独立性；充实、强化了对公认会计士的监管制度；确认公认会计士协会的监管权。按照修订后的公认会计士法,日本公认会计士监管仍以政府监管为主导,行业自律为重要组成的格局。但是,政府在一些方面放松了管制,赋予行业协会更多的自律权[①]。

在日本,要取得公认会计士资格,需要经过三次国家考试,第一次为基础考试,包括国语、数学、论文等内容,具备大学学历者可免试；第二次为专业考试,包括簿记、财务报表理论、成本计算、审计理论、经营学、经济学、商学等；第三次仍为专业考试,主要为专业应用能力考试,包括财务审计、财务分析及有关税收方面的实务等内容,还有口试。在参加三次考试期间还需经过一年的实际业务补习期及两年业务助理期。日本的公认会计士考试层次分明,更加严格。

---

① 刘明辉、胡波、樊子君："日本的公认会计士行业监管制度",《中国注册会计师》,2004年第5期。

四、荷兰和意大利会计师事务所监管情况的简要考察

荷兰和意大利的注册会计师行业的管理都实行行业自我管理为主的模式。按照荷兰注册会计师法的规定,荷兰注册会计师协会是具有公共性质的组织,与私人性质的美国注册会计师协会不同。荷兰注册会计师协会负责荷兰注册会计师行业的日常管理工作,主要负责:(1)注册会计师的注册管理;(2)注册会计师的培训;(3)执行惩戒委员会对注册会计师的违法违规作出的纪律处罚决定,并公布执行结果;(4)依法制定注册会计师行业管理规章制度;(5)制定注册会计师执业准则和职业道德;(6)向会员提供服务;(7)向政府机构指派会员代表;(8)维护注册会计师的共同利益。对注册会计师行业进行监督的政府部门主要是经济事务部,其他部门如财政部、司法部也会在某些方面对行业进行监督。政府部门对行业的监督指导包括:(1)协会制定的行业规章制度需经经济事务部部长批准;(2)协会定期向经济事务部部长提交年度经济活动的报告;(3)在协会外部设立行业惩戒委员会负责对违法违规的注册会计师进行处罚;(4)在协会外部设立注册会计师管理委员会和考试委员会。

意大利是现代簿记的发祥地,也是第一个职业会计师协会的诞生地。最早的会计团体是1581年创立的威尼斯会计师协会。会员申请者首先应从市长那里获取资格证书。然后,要求他在会计师事务所从事实务补习6年,通常,年龄为18—24岁,24岁是加入协会的最低年龄。另外,还要有由45名主考人组成的考试委员会进行面试,通过2/3的主考委员认可,才会获得加入会计师协会的证书。到1669年,该协会成为一个相当权威的机构,如果不是该协会的会员,就不得从事与公众事务和法律有关的会计业务[①]。意大利注册会计师协会也是具有公共管理性质的组织,意大利注册会计师协会对行业管理的主要职能与荷兰基本相同。意大利对注册会计师行业进行监督的政府部门主要是司法部,其监督职能包括:(1)协会全国理事会设在司法部;(2)协会理事会选举结果、重要事项决定等要报备司法部;(3)协会规章制度须经司法部批准;(4)由政府部门发布行业执业准则;(5)注册会计师要从事审业务须到司法部注册。

五、我国会计师事务所诚信监管的历史演进与现状

我国的注册会计师制度产生于20世纪初叶的北洋政府时期。当时欧、美一些国家和日本实行会计师制度,并服务于在中国的外国人经营的企业,后来中国企业的一些事务需要会计师仲裁时,租界当局指定外国会计师办理,但权益无从保障。为此,国人呼吁建立我国自己的注册会计师制度。北洋政府农商部在1918年颁布了第一部会计师法规《会计师暂行章程》,并向谢霖颁发第一号会计师证书,他成为我国第一位会计师。中华人民共和国成立后,实行计划经济体制取消了注册会计师制度。

20世纪80年代改革开放以后,我国为满足外商投资企业验资和审计业务的需要,财政部于1980年12月发布了《关于成立会计顾问处的暂行规定》,标志着我国开始恢复中断30年之久的注册会计师制度。我国现行注册会计师制度经过20多年的建设和发展,注册会计师事业已经步入了法制化和规范化的轨道。1993年10月,八届全国人大常委会第四次会议

---

① 〔美〕迈克尔·查特菲尔德著,文硕等译:《会计思想史》,中国商业出版社,1989年版。

审议通过了《中华人民共和国注册会计师法》。回顾从1980年以来我国注册会计师行业监管制度可归纳为三个发展阶段。

（1）政府监管时期。在注册会计师协会成立之前的一段时期，主要由各级财政部门直接行使注册会计师行业的监管职能和权限。

（2）半政府半自律监管时期。1988年注册会计师协会成立之后的一段时期，注册会计师行业监管由政府财政部门直接管理转变为政府财政部门通过注册会计师协会实行间接管理，行业协会作为财政部门的事业单位和对外作为社会团体行使部分行政职能和部分自律管理权限。

（3）自律监管为主时期。1994年注册会计师法开始实施之后，两会（注册会计师协会与注册审计师协会）合并，两所（会计师事务所与审计事务所）统一名称（会计师事务所），两师（注册会计师与注册审计师）统一名称（注册会计师）。这样，注册会计师协会作为一个独立的行业监管机构，统一对注册会计师行业进行监管。

2002年11月11日财政部印发了《关于终止委托中国注册会计师协会行使的行政管理职能的通知》，把委托中国注册会计师协会行使的部分行政管理职能收归财政部有关职能部门行使。对此的反映有两种看法：一种认为，政府收回了对注册会计师的监督检查职能，行业自律监管职能减弱了；另一种认为，这种协会职能的划转，说明政府只是加强了对行业的行政监管职能，并未否定协会的监管职能，行业协会仍然保留有自律监督检查职能，并强调了行业协会实施自律监管的重要。从1980年以来我国政府对注册会计师行业诚信监管，主要是通过《注册会计师法》进行法律规范，以及对行业协会的监督、管理和指导。行业诚信自律监管主要是通过注册会计师协会制定发布的有关规章进行约束。例如，1996年的《中国注册会计师职业道德基本准则》；2002年的《中国注册会计师职业道德规范指导意见》；2002年的《注册会计师注册资产评估师行业诚信建设纲要》；2006年财政部发布中国注册会计师协会拟定的《中国注册会计鉴证业务基本准则》等22项准则，自2007年1月1日起施行。

第十章
会计师事务所诚信监管基本特征理论分析

第一节 会计师事务所诚信的排他性特征

一、会计师事务所诚信的排他性特征诠释

所谓排他性是指一事物不容许另一事物与自己在统一范围内并存的性质。会计信息具有独特的产权特性,因为会计信息既可能是一种"私人物品",又可能是一种"公共物品"。所谓的私人物品或公共物品是针对这种物品消费上的排他性而言。私人物品的消费是排他的,也即谁付费谁使用,经济学上称这种物品具有"硬"的产权特征;而公共物品相对而言具有"软"的产权特征,它一旦生产出来就不能排除他人对它的使用,也即不管是否支付了价款,社会上的每个人都可以获得由此带来的利益。对于非上市公司,会计信息的产权特征表现为它是一种私人物品,具有消费上的"排他性";对于上市公司,会计信息的公开披露表现为它是一种公共物品,任何人不用付费就可以获得使用权[①]。会计师事务所诚信的排他性是指在注册会计师职业行为及会计师事务所营业活动中就其诚信范围内所具有的不容许的非诚信事项的性质特征,其实质是与注册会计师执业诚信精神不相容意识及行为。事务所诚信的排他性还表现为事务所接受特定客户委托提供的审计服务产品,在向社会公开披露之前具有"私有产品"性质,这种"私有"性质具有排他性特征(这一内容的分析详见本章第二节)。研究会计师事务所诚信的排他性有利于通过界定会计师事务所诚信外延概念范畴来进一步把握其内在实质性特征。只有严格界定会计师事务所诚信排他性特征,才能针对影响、干扰会计师事务所诚信的不同事项的性质特征采取相应监管措施,以保持会计师事务所诚信的顺利实现。可见,研究会计师事务所诚信排他性是探讨会计师事务所诚信监管的基本理论基础和基本理论前提条件。

排他性是要付出成本的,即存在排他成本。在排他主体看来,只有排他成本低于排他可能的收益时,排他性才是必要的。同时,只有特定主体具备对财产权益独占和保护的能力或条件时,排他性才具有可能性[②]。取得信任要做出足以使人信任的承诺,取得长久的信任不仅需要做出足够的承诺,而且要足够的兑现承诺。独立的注册会计师对鉴证公司财务信息的可信性方面承担着重大的社会责任,被社会公众普遍认为是降低信息风险的最经济和有效的方式。这是注册会计师行业得以存在和发展的信任根基所在,也是会计师事务所和注册会计师之所以贯彻"以质量创声誉,凭声誉求发展"的经营理念的根本原因;反之,如果会计师事务所和注册会计师不勤勉尽责,放松质量控制,导致审计失败,使投资者及社会公众

[①] 薛祖云:《会计信息市场政府监管研究》,中国财政经济出版社,2005年版。
[②] 黄少安:《产权经济学导论》,经济科学出版社,2004年版。

误用不可信的虚假会计信息而招致投资及其他经济损失,则不仅要追究经营者管理当局的责任,也要追究作为鉴证中介的会计师事务所和注册会计师的责任[①]。会计师事务所诚信的内核是其审计质量,审计失败是会计师事务所对公众的最大威胁,因此导致审计失败的审计质量是会计师事务所诚信的最主要的排他性特征。

质量有狭义和广义两种含义:狭义的质量是产品质量;广义质量除产品质量外还包括工作质量[②]。工作质量和产品质量是密不可分的,产品质量取决于与产品生产加工过程有关的各方面的工作质量,只有工作质量达到既定的质量标准,产品质量才能够有足够的保证。常勋、黄京菁认为,在会计师事务所审计业务活动中,审计质量也包含两个方面的含义:一是审计产品质量,即审计报告质量;二是审计工作质量,即审计工作过程质量。对于审计服务的提供者(注册会计师)而言,审计质量更多的是指审计工作质量,其运用的评价标准就是行业规则。我国注册会计师质量控制准则也支持这种理解,认为所谓质量控制就是指会计师事务所为了保证审计工作质量符合审计准则而制定和运用的一系列控制政策和程序。换言之,只要注册会计师(审计人员)的工作符合审计准则的要求,即可称其工作是高质量的。对审计服务的消费者来说,审计质量更多的是指审计产品质量,即审计报告的质量。所以,审计产品质量是一个最终的概念,它综合反映审计工作质量。从外部信息使用者的目的性看,审计产品质量比审计工作质量更为重要,但从提供审计服务的质量控制的角度来看,要保证审计产品的质量,就必须控制审计工作质量[③]。冯均科在分析比较有关审计质量的各种观点基础上,提出审计质量是指依据专业性的和社会性的标准所确定的审计工作以及其产品(报告)的优劣程度,并指出专业性的标准主要是指独立审计准则;社会性的标准主要指社会公众尤其是审计报告使用者对审计报告提出的一般要求;审计工作指审计执业以及相应的管理工作;审计产品主要是指审计报告,广义上也可以将产生于审计执业过程的文档(如审计工作底稿等)列入;优劣程度是一个价值判断的主观结果。同时,还进一步分析审计质量主要特征,认为:(1)审计质量具有隐蔽性特征,审计质量的优劣很难通过审计产品(报告)的外表观察与识别,也不能在用户使用过程中及时评判,审计失误缺乏应有的发现机制,这可能促使了一些审计质量缺陷被长期潜藏下来。基于审计质量的隐蔽性,部分注册会计师可能存在侥幸心理,追求"效益"、忽略"质量"的现象难以避免。(2)主观性,亦称为模糊性特征,一般产品质量评价具有刚性标准,但对审计产品质量评价是一件很难的事情,注册会计师认为严格遵守了审计准则,勤勉地工作,审计报告不会存在质量问题,但审计报告的使用者认为只要经审计的财务报告被用于决策过程,并因其存在某些误导引起决策失误和相关经济损失,就表明审计报告质量存在缺陷;审计产品一旦出现问题,审计责任与会计责任的划分难有绝对的、法律的标准,多属于主观的判断;由于审计质量评价所固有的主观性,审计产品如果达到形式上的完美,内容上的瑕疵常被审计具体方法与程序上的灵活性所掩盖[④]。郝振平通过简单二分法将审计质量分为财务报告质量和审计质量两类[⑤]。

由于审计工作的"高智能性"特征所决定,审计产品属于一种智力产品,有时审计产品质

[①] 常勋、黄京菁:《会计师事务所质量控制》,东北财经大学出版社,2004年版。
[②] 中国质量管理协会:《全面质量管理基本知识》,科学普及出版社,1987年版。
[③] 常勋、黄京菁:《会计师事务所质量控制》,东北财经大学出版社,2004年版。
[④] 冯均科:《注册会计师审计质量控制理论研究》,中国财政经济出版社,2002年版。
[⑤] 郝振平、钱苹:"公司治理结构中的审计独立性",《审计研究》,2001年第6期。

量低劣也不一定是由会计师事务所及注册会计师诚信缺失而形成的，尽管会计师在执行审计业务过程中勤勉尽责、诚心诚意、谨慎踏实地工作，也可能因其现有智力、审计标准规则、审计技术水平、事务所对审计业务人力物力投入、审计业务规模等非主观因素也可能导致审计失败。因此，注册会计师智力、专业胜任能力、审计标准、审计技术、事务所工作安排等都可能成为会计师事务所诚信的排他性特征。这显然可以分为三类性质的会计师事务所诚信的排他性特征：一类是"诚心诚意""勤勉尽责""忠诚"地办"坏事"，这是指从诚信的角度看，在诚信不存在问题的情况下造成的审计失败，可以认为是一种"非主观意识失败"；二类是由于审计准则、程序规范、技术规范的科学性、先进性不够等原因造成的审计失败，这应属于"制度诚信质量问题"而非事务所及注册会计师主观诚信问题；第三类可能由会计师事务所在承接审计服务业务后工作安排不当而造成的审计失败，应属于事务所未尽"勤勉尽责"之责问题。

二、会计师事务所诚信排他力的一般分析

会计师事务所诚信排他力实际是对审计质量模糊性特征的进一步延伸性解释，也就是试图通过对会计师事务所审计质量模糊性的进一步分析，来考察会计师事务所诚信排他力性质。许多业内人士在研究审计质量及注册会计师法律责任时多会涉及"期望差距"问题。所谓期望差距是指同样一个事实或结果，对于不同的人常常传递不同的信息，进而造成期望的差距。就审计质量而言，期望差距主要来自注册会计师和会计信息资料使用者之间的期望差距，大致可归纳为以下七种情形[①]。

（1）会计信息使用者误将会计师事务所签发的无保留意见视为被审计公司财务健全的保证。事实上，只要注册会计师能收集到充分而适当的证据，证明被审计财务报告确能恰当表达，即可签发无保留意见的审计报告。

（2）会计信息使用者认为会计师事务所签发的无保留意见，代表被审计公司管理当局的经营、投资及理财等管理决策正确无误；但是在注册会计师看来，被审计公司管理当局才对财务报告负主要责任，注册会计师仅对审计报告负责，注册会计师绝不可能取代管理当局的决策地位。

（3）会计信息使用者认为注册会计师查账审计工作，是根据被审计公司的凭证、账册、报表等资料逐笔查核。事实上，受限于审计时间及审计成本，注册会计师不得不采取抽样方式审计。

（4）会计信息使用者认为经注册会计师审计后，被审计公司的错误、舞弊、违法事项等全部都可以被发现；但注册会计师认为，审计的目的主要是查核被审计公司的财务报告是否依据一般公认会计原则编制，而不侦查被审计公司是否舞弊违法。注册会计师仅依据专业上应有的注意，抱着专业的怀疑态度，期望发现有重大影响的事项。

（5）会计信息使用者认为，经注册会计师审计签证的被审计公司财务报告是绝对正确的，注册会计师的审计意见也是对正确的担保；但是注册会计师认为他们的意见并非是对绝对正确的担保，他们承担审计风险，出具的审计意见仅是意见而已，并非保证。他们允许财务报告内存在有不致影响财务报告的不重大错误、遗漏，而且亦允许被审计公司财务报告应采用不同的一般会计原则、程序、方法、估计而显示不同的结果。

---

① 周志诚：《注册会计师法律责任》，上海财经大学出版社，2001年版。

(6) 会计信息使用者认为,增加注册会计师的法律责任可以增加注册会计师的压力,从而可以获得更为有用的信息;但是注册会计师认为增加注册会计师的法律责任,不代表会计信息使用者可以获得更有用的信息,有时甚至反而可能使注册会计师减少一些有用信息的披露。

(7) 据美国、英国、澳大利亚、中国台湾地区的相关实证研究显示,一般投资人、债权人及其他报表使用者多认为注册会计师应对查核重大舞弊案件及对财务报告的允当性表达提供绝对保证,如表10-1所示。

表10-1 期望差距表

国家或地区	学 者	重要的研究结果
英 国	Humphrey, Turley and Moizer (1992)	86%的财务报表使用者认为会计师应查核重大舞弊事件(仅43%的会计师同意该观点)
	Innes, Brown and Hatherly (1993)	81%的财务报表使用者认为会计师查核工作应确保B/S足以表示公司价值(仅29%的审计人员同意该观点)
美 国	Arther Andersen Co	66%的投资大众认为查核舞弊是审计工作的主要功能
澳大利亚	Monroe and Woodliff(1994)	对于审计人员的预防及侦查舞弊责任,公众与审计人员存在认知差异
中国台湾地区	高晶萍(1995)	超过40%的银行授信人员与法学界人士认为,审计工作应对财务报表的允当表达提供绝对保证

资料来源:吕佳惠:《审计人员对舞弊风险因素认知之研究》,台湾大学会计研究所硕士论文,1998年,第8页。转引自周志诚:《注册会计师法律责任》,上海财经大学出版社,2001年版,第17—18页。

李若山教授在研究相关内容时曾给出美国爱泼斯坦(Epstein)与乔治(Geiger)在1995年对全美股东进行的一次广泛调查,调查结果如表10-2所示。

表10-2 美国股东对注册会计师保证发现错弊情形调查表

注册会计师保证情形	对错误的发现	对舞弊的发现
社会公众认为注册会计师不能提供任何保证	1.67%	2.51%
社会公众认为注册会计师能够提供合理保证	51.05%	26.36%
社会公众认为注册会计师能够提供绝对保证	47.28%	71.13%

资料来源:李若山:"我国注册会计师验资诉讼案的社会成本及抗诉对策",中国会计教授会第三次会论文,1997年7月,第3页。转引自周志诚:《注册会计师法律责任》,上海财经大学出版社,2001年版,第18页。

尽管人们对"期望差距"并未取得理论上的一致性看法,会计师事务所诚信排他力的准确判断是有限的并且是很难掌握的问题。但是,从这些研究中我们已经可以看出,被审计单位的差错、舞弊并非绝对是会计师事务所诚信的排他力所能企及的,而是仅限于被审计公司的财务报告是否依据一般公认会计原则编制、审计准则以及职业道德标准而已,过高地估计会计师事务所诚信的排他力只能使会计信息使用者陷入误区。

会计师事务所是依法设立并承办注册会计师业务的营利性经济组织,事务所只能是有限责任或合伙事务所。事务所向社会公众提供审计精神产品,是与社会公众的投资利益相联系的,不具有公益性。所提供的鉴证服务提高了会计信息资料的可靠性和可信性,从而提高了会计信息使用者决策的正确性,实现社会资源的有效配置,维护市场经济秩序。但是,注册会计师所提供的审计意见,只具有公证力,而不具有强制执行权,其对市场秩序的维护是通过投资者等会计信息资料使用者的决策而表现出来的,而不是注册会计师行为的直接后果。会计师事务所营利性机构性质使得会计师事务所诚信的排他力受到更大的限制,因为事务所不能直接获得公共资源的经济资助,得从客户那里获得生存与发展的收入。从客户那里获得收入进一步又使得注册会计师独立性产生问题。注册会计师独立性不足是会计师事务所诚信的排他力限制的重要因素。

三、会计师事务所诚信排他力的博弈分析[①]

张维迎认为:"为了实现合作的潜在利益和有效地解决合作中的冲突,理性人发明了各种各样的制度规范他们的行为。"[②]制度不是设计的结果,而是动态的过程,是不同人群互动和博弈的过程,制度同时是一个试错过程,制度变迁就是人们在试错过程中形成的自然演进的结果[③]。博弈理论认为,制度是一种历史的和现实的长期重复博弈的结果,是"有限理性和具有反思能力的个体所构成的社会的长期经验的产物"(Kreps,1990),即制度博弈均衡论把制度起源问题影响了从历史继承下来的社会结构[④]。影响会计师事务所诚信排他力的深层原因还在于制度的缺陷,主要表现在三个方面。第一,产权制度安排中的委托人虚位。会计师事务所诚信原则的产生,源于社会经济生活中无处、无时不存在的契约关系。现代审计制度扮演着削弱减轻委托方信息劣势的角色,完整的会计信息和审计服务可以有效地满足委托方试图监管受托方的基本控制需要。当委托方现实地存在并对会计产生足够的决定性影响以及保持足够的注册会计师独立性时,会计师事务所诚信原则的实现就不会出现问题。但是,一旦委托人的控制权变得远离企业或者根本找不到明确确定的代表时,会计师事务所诚信找不到真正的"买主",那么会计师事务所诚信就缺失其应有的原动力和必要的压力,会计造假、会计师事务所诚信缺失行为存在泛滥的产权制度环境。第二,会计制度创新滞后于经济及财务创新形成制度真空。对于虚假会计信息,人们在认识上有偏差。对于注册会计师或者企业单位会计人员来说,只要在会计记录和审计业务过程中没有违反会计与审计准则及相关法规制度,就认为不存在虚假。但是,会计与审计报告使用者常常不是看过程,而是看会计和审计本身反映的信息和结果是否一致。所以,对待真账与假账、诚信与非诚信的认识上存在很大的分歧。美国安然事件的发生,仅从会计与审计上看,主要是在业务创新、工具创新、组织创新情况下所产生的新问题。在我国,世纪星源1.6亿元的债务重组事项,也存在找不到账务处理的制度依据的情况。因此,当会计与审计制度建设落后于现实经济发展时,旧的会计制度就不能恰当地反映客观经济活动过程及其结果。制度建设滞后所产生的制度真空,为会计师事务所诚信缺失提供了制度环境空间。第三,"道德自由空间"与

[①] 本文博弈分析模型使用了刘端的部分研究结果,使用时根据本文需要有改动,运用及改动部分的不当之处由本人负责,与原作者无关。参见刘端:《会计政策的博弈论研究》,西南财经大学出版社,2005年版。
[②] 张维迎:《博弈论与信息经济学》,上海三联书店、上海人民出版社,1996年版。
[③] 〔英〕哈耶克著,冯克利译:《经济、科学与政治》,江苏人民出版社,2000年版。
[④] 〔日〕青木昌彦著,周黎安译:《比较制度分析》,上海远东出版社,2001年版。

"超规范"的存在是难以逾越的客观规律与现实。"道德自由空间"与"超规范"将永远是一个难以逾越的客观现实问题,国家或行业统一会计制度与审计规范规定得过细、过死,会严重损害会计信息的"相关性"。但是,统一会计制度与审计规范赋予企业会计处理及注册会计师审计职业判断一定"自主权",又是会计与审计职业的固有本质特征之一,会计信息的"真实性"、审计诚信要求又得不到保障。这样会计与审计的"道德自由空间"与"超规范"严重对立起来。人们甚至认为,存在会计与审计的"道德自由空间"时,会计与审计除了无可奈何地提供难以完全真实、公允的信息外,常常别无选择,除非他不从事会计与审计职业。

从历史的发展规律来看,制度缺陷并不能够从根本上彻底弥合,它是一个日趋完善的过程,而人们又不可能等到制度彻底完善之后才"开始"新的经济活动。事实上,在那些市场经济十分发达的国家,在法制健全的社会也并非人人讲诚信,个个讲道德。会计与注册会计师诚信监管并非仅仅因制度的缺陷而为之,而是因诚信的缺失治理与尽善尽美最高境界的追求而必须。不因不法不道德利益丧失诚信理念从善如流,尽职尽责谨慎履职,才是我们诚信行为的正确选择。因此,从注册会计师职业精神的角度看,客观制度缺陷导致会计师事务所诚信的缺失仅仅是一种表面现象,其本质则是诚信缺失造假者的不合法不合理的利益驱使。会计信息、注册会计师诚信是社会经济利益分配、财富转移的基础,具有协调利益分配的功能,也正是这种功能驱使着人们去遵守或违反会计与审计法规制度。因此,不法利益驱动是导致会计造假、注册会计师诚信缺失的根源。

运用经济博弈理论原理,分析会计信息失真、注册会计师诚信原因,描述诚信监管理论是近年来常用的理论方法之一,下面对此做一些简单的理论分析。

考察甲、乙两家会计师事务所之间诚信行为的博弈过程。

基本研究假定:

① 两家事务所的性质相同,实力相当;
② 事务所受不法利益所驱动;
③ 事务所只有两种审计诚信①行为选择,即会计诚信和会计造假;
④ 一家事务所不知道其他事务所的诚信行为选择;
⑤ 事务所选择特定诚信行为的收益是可以估计的;
⑥ 事务所诚信行为不受政府监管或政府监管不能杜绝诚信缺失。

假定说明:假定①使分析建立在一个可以比较的基础上;假定②使本部分讨论的利益驱动限制在不法利益驱动的范畴;假定③、④、⑤表明在事务所之间的诚信行为博弈中,参与人"同时选择行动",并对其他参与人的特征、战略空间及支付函数有准确的认识,从而使本部分讨论的诚信行为博弈限制在完全信息静态博弈方式中;假定⑥使讨论暂不考虑违规成本,从而分析在没有政府监管的条件下,事务所之间诚信行为的最终博弈结果。

针对甲、乙两家事务所,给定其序号 i 分别为 1 和 2,即 $i=1,2$。根据假设③,其中任一参与者 i 的审计行为,要么选择会计诚信,要么选择会计造假。因此,事务所 i 的战略空间 S_i 可以描述为 $S_i=$(会计诚信,会计造假)。根据假设④,某一特定事务所 i 的诚信行为选择并不影响其他事务所的诚信行为,且根据假定⑤、⑥,可以做出下列收益估计:

两家事务所都选择会计诚信,则两家事务所都不会获得非直接性的预期利益,不妨假定

---

① 由于审计诚信在许多情况下以会计诚信为基础,这里将审计诚信统称为会计诚信。

两家事务所收益均为 W。如果两家事务所都选择会计造假,则两个事务所都会获得非直接性的预期利益,假定其所获收益均为 V,当一家事务所选择会计诚信而另一家事务所选择会计造假时,则造假事务所将获得超过诚信事务所的非法收益,还可能因此而直接或间接地影响(如在资本市场上对审计产品购买者决策的误导等)诚信事务所的收益,不妨假定造假事务所收益为 Q,诚信事务所预期收益为 P,显然,$Q>V>W>P$。那么,事务所诚信行为博弈的双边量支付矩阵如图 10-1 所示。

		乙事务所(2)	
		诚信	造假
甲事务所(1)	诚 信	W, W	P, Q
	造 假	Q, P	V, V

图 10-1 事务所间诚信行为博弈

即,$U_{ij}=u_{ij}(s_i \mid s_j)$,其中,$i=1、2$;$j=1、2$。当 $i=1$ 时,甲事务所的支付函数 $u_1(s_i \mid s)=\{(W, P), (Q, V)\}$;当 $i=2$ 时,由于两家事务所支付矩阵的对称性,乙事务所的支付函数 $u_2=(s_i \mid s)=\{(W, P), (Q, V)\}$。

这样,在完全信息的情况下,事务所诚信行为的静态博弈可以描述为

$$G=\{S_1, S_2, u_1, u_2\}$$

假定 (S_1^*, S_2^*) 是该博弈的一个纳什均衡,则它们必须是下述最大化问题的解:

$$s_i^* \in \arg\max u_i(s_1, s_{-1}^*), i=1, 2$$
$$s_1 \in S_i$$

由于 $\arg\max u_1(s_1, s_2^*)=\arg\max\{(W, P), (Q, V)\}$
$$=\{(Q, V)\}=\{V\}=\{会计造假\}$$

上述最大化问题求解过程可以描述为:给定乙事务所行为是诚信,甲事务所选择会计造假的收益 Q 大于选择会计诚信的收益 W,因此甲事务所有动力选择会计造假;给定乙事务所会计行为是造假,甲事务所选择会计造假的收益 V 大于选择会计诚信的收益 P,因此甲事务所仍有动力选择会计造假。

同样的分析有:

$$\arg\max u_1(s_1^*, s_2)=\arg\max\{(W, P), (Q, V)\}=\{(Q, V)\},$$
$$=\{V\}=\{会计造假\}$$

因此,(s_1^*, s_2) 是该博弈的纳什均衡。

分析表明:无论乙事务所选择何种会计行为,甲事务所选择会计造假的期望净收益都高于选择会计诚信的期望净收益;同样,无论甲事务所选择何种会计行为,乙事务所选择会计造假的期望净收益都高于选择会计诚信的期望净收益。这一结论解释了会计诚信危机根源于事务所受不法利益的驱动,在没有政府监管或行业监管或两者监管不力的假定下,无论制度多么完善,只要有不法经济利益的驱动,都有可能产生会计诚信危机,因此,不法利益驱

动是导致会计诚信危机的本质,会计师事务所诚信的排他力受不法利益的限制。由于在研究过程中假设"事务所诚信行为不受政府监管或政府监管不能杜绝诚信缺失",因此政府监管及其监管效率也是会计师事务所诚信排他力的重要影响因素。

利用同样的原理,可以分析会计师事务所与被审计单位管理当局之间的审计博弈,考察注册会计师事务所相对于被审计单位管理当局(这里泛指控股股东及公司管理当局)的诚信排他力状况。

为了研究会计师事务所与被审计单位管理当局之间的博弈,特做出如下的假定:会计师事务所为"经济人",它考虑的问题仅为审计收费与是否遭到处罚;会计师事务所的审计收费为 f;会计师事务所与被审计单位"合谋"和"不合谋"的概率分别为 $x,1-x$;被审计单位管理当局作假和不作假的概率分别为 $y,1-y$;被审计单位管理当局作假的效用为 r;被审计单位管理当局的作假并与会计师事务所"合谋"时,可得到增加的效用为 Δr,会计师事务所可得到的额外收益为 Δf;被审计单位管理当局和会计师事务所合谋行为一旦被发现,给被审计单位管理当局带来的损失为 l,给会计师事务所带来的损失为 c(损失=发现处罚的可能性×处罚金额,即期望值);被审计单位管理当局希望造假,而会计师事务所不愿意"合谋"时,被审计单位管理当局给予会计师事务所的惩罚为 P,则会计师事务所与被审计单位管理当局之间监管博弈模型可构造如图 10-2 所示。

		被审计单位管理当局	
		作假(y)	不作假($1-y$)
会计师事务所	合谋(x)	$f+\Delta f-c, r-\Delta r-l$	r, r
	不合谋($1-x$)	$f-p, r$	f, r

图 10-2 会计师事务所与被审计单位管理当局之间的监管博弈

根据以上战略表达式,会计师事务所选择"合谋""不合谋"的预期效用 U_1、U_2 分别为

$$U_1 = (f+\Delta f-c)y + f(1-y)$$

$$U_2 = (f-p)y + f(1-y)$$

会计师事务所选择合谋、不合谋行为无差别点的概率 x 为

$$xU_1 = (1-x)U_2$$

$$x[(f+\Delta f-c)y + f(1-y)]$$

$$= (1-x)[(f-p)y + f(1-y)]$$

$$\Rightarrow x = \frac{f-py}{f-py+f+\Delta fy-cy}$$

① 将上式看成是 x 关于 f 的函数,将上式变形为

$$x = f(f) = \frac{1}{2} \times \frac{2f-2py}{2f-py-cy+\Delta fy}$$

$$= \frac{1}{2} \times \left[1 + \frac{c-p-\Delta f}{2f-py-cy+\Delta fy} \times y\right]$$

从上式可以看出：当 $cy-py-\Delta fy>0$ 时，即 $c>p+\Delta f$ 时，x 是关于 f 的减函数；当 $cy-py-\Delta fy<0$ 时，即 $c<p+\Delta f$ 时，x 是关于 f 的增函数。

其政策含义是：当给会计师事务所的处罚金额 c 大于被审计单位管理当局给予的惩罚 p 与会计师事务所的额外收益 Δf 之和时，审计收费 f 的提高将使会计师事务所选择合谋的概率 x 降低；当给会计师事务所处罚金额 c 小于被审计单位管理当局给予的惩罚 p 与会计师事务所的额外收益 Δf 之和时，审计收费 f 的降低将使会计师事务所选择合谋的概率 x 降低。

② 将上式看成是 x 关于 p 的函数，将上式变形为

$$x=f(p)=1+\frac{cy-f-\Delta fy}{2f-py-cy+\Delta fy}$$

从上式可看出：当 $cy-f-\Delta fy>0$ 时，即 $cy>f+\Delta fy$ 时，x 是关于 p 的增函数；当 $cy-f-\Delta fy<0$ 时，即 $cy<f+\Delta fy$ 时，x 是关于 p 的减函数。

从以上分析可看出，要提高 x，使会计师事务所选择"合谋"的概率降低，需要加大对会计师事务所"合谋"行为的处罚力度。加强对会计师事务所审计诚信行为的监管，要在发现合谋时给予足够的处罚。同时，从上式也可以看出，当被审计单位管理当局需要"合谋"而会计师事务所不予"合谋"时，被审计单位管理当局给予会计师事务所的惩罚 p 也会影响到 x，当 p 大时，x 就小，p 小时，x 就大。

同样，被审计单位管理当局选择造假、不造假的预期效用 V_1、V_2 分别为

$$V_1=(r+\Delta r-1)x+r(1-r)$$

$$V_2=r$$

被审计单位管理当局选择造假、不造假行为无差别点时的概率 y 为

$$yV_1=(1-y)V_2$$

$$y[(r+\Delta r-1)x+r(1-x)]=(1-y)r \Rightarrow y$$

$$=\frac{r}{2r+\Delta rx-x}$$

可以看出，要提高无差别点的 y 值，使被审计单位管理当局造假的可能性降低，必须加大对被审计单位管理当局的处罚力度。加强对被审计单位管理当局管理及会计诚信行为的监管，要在发现财务舞弊和虚假会计行为时，应该给予足够的处罚。

运用博弈理论还可以分析注册会计师及事务所诚信习惯对会计师事务所诚信排他力的影响。所谓习惯是指逐渐养成而不易改变的行为。尽管许多良好的诚信习惯是规范的沉淀，但是，与规范相比，习惯对会计师事务所诚信行为的作用更具体、更直观。在日常审计业务及工作中，潜移默化的固定思维与行为方式习惯常常对诚信价值观和行为起着决定性作用。习惯对人的行为的影响远大于可以得到的价值。习惯通常分为偏好变异习惯和均衡筛选习惯两类。

所谓偏好变异习惯是指改变人们的偏好习惯。这种习惯受环境的影响很大，随着时间的推移变成人们偏好的一部分。行为主义者认为，人的行为在很大程度上受榜样的作用以

及正负强化的影响。如果某种注册会计师诚信行为及时得到行业或政府或社会的嘉奖的正强化,那么这种诚信行为就可能变为一种固定的行为方式。相反,某种不诚信行为如果能够及时受到责罚与谴责的负强化,那么这种行为方式将被放弃。可见,事务所诚信排他力有赖于具有正强化习惯的形成。

所谓均衡筛选习惯是指协调人们在众多的纳什均衡中选择某个特定的纳什均衡的习惯。策略和行动的选择完全是当事人的自身利益所在,习惯不改变博弈本身,但改变博弈的均衡结果。如果审计市场是选择诚信的,A、B两家事务所竞争抢占市场,每个事务所都有两个选择,先诚信的事务所先得到市场,两家事务所共有四种组合。如果两家事务所同时都讲求诚信并争执不下,审计市场可能被第三家事务所抢占;若其中一家事务所先讲求诚信,这家事务所先得到市场;如果两家事务所都不讲诚信都不能得到市场。但是,由于文化差异影响,如果一家事务所在市场上长期以来获得的环境认同度高于另外一家,那么这家事务所将获得占领市场的机会就优先另外一家。

四、会计师事务所诚信排他性特征具体内容的分析

会计舞弊是指有目的的欺骗或故意谎报重大财务事实的不诚实行为。说谎是故意告诉一件不真实的事;欺骗是获得超过他人的某种不公平或不公正的好处。舞弊的动机是有意识的;舞弊的手段是欺骗性的;舞弊的目的是获取一定的利益;舞弊的性质是违法或违规的。舞弊是与会计师事务所诚信不相容的意识与行为,它与非故意、非主观因素的审计差错存在性质的差别。差错是危害会计师事务所诚信的重要因素,但是舞弊却是诚信绝不可相容的事项,二者的性质差别体现在行为主体的行为意识上。差错同会计原则、审计准则相悖,提供错误的数据,进行不正确的会计估计与判断,如果不能及时纠正会造成会计信息资料的扭曲失真,美国 AICPA 的 SAS No.82 中,将错误定义为:在财务报告中对金额及应披露内容的无意识的误述或忽略。将舞弊定义为:有意识地对财务报告金额及应披露内容的误述或忽略。显然,差错的行为主体不具备错误行为的主观意愿,而是由于客观原因造成了错误的行为及结果,如业务技术的复杂性、个人专业素质的欠缺、个人的粗心大意等。差错与舞弊的具体差别还表现为:(1) 行为手段不同:舞弊的手段是欺骗性的,具体包括篡改、伪装、伪造、粉饰等;差错则不存在行为主体的主动采用的手段达到不当特定目的。(2) 行为目的不同:舞弊的行为人是为了实现舞弊的结果,以获得自身的某种利益而策划、制造舞弊行为的;差错的行为人则并无主观获得个人利益的目的。(3) 行为后果不同:尽管舞弊与差错在行为结果上有时是相同或相近的,都会导致会计信息失真,但差错是无意识的具有容易被发现并被更正,且多不会造成重大的严重损失,而舞弊则不同,它不仅会给公司投资者等利害关系人造成重大损失,社会经济秩序紊乱,而且还会使公司及事务所造成违法违规事件从而遭受法律的惩罚。

会计师事务所舞弊可分为合谋舞弊和非合谋舞弊两种。合谋舞弊是指事务所与被审计单位的通同舞弊,大多是在被审计单位已经存在舞弊或舞弊动机的情况下,游说事务所或许以某种利益而胁迫事务所舞弊。就被审计单位而言,其常见舞弊有雇员舞弊、管理舞弊、资产私占、舞弊性财务报告等。非合谋舞弊是指事务所及其注册会计师在明知被审计单位存在舞弊或差错或在审计程序、方法等方面处于某种私利而编造不实审计报告的行为。引发舞弊的风险因素主要有动机、机会、忠诚性的缺乏等。常见舞弊动机可分为四类:第一是精

神病动机,通常会导致"惯性犯罪",这种舞弊常常没有固定的目的,仅仅为了舞弊而舞弊;第二是利己性动机,这种舞弊常常是为了追求个人更显赫的地位及威信或事务所声誉等而舞弊;第三是思想性动机,这种动机多是为惩罚同个人或事务所有过冲突的人员或单位,主要为了满足报复心理需要;第四是经济动机,这种动机是最常见的,为了获得经济利益。所谓机会是指客观环境中存在的通过一定的手段、方法去实施某种行为的可能性。机会为违背信任、秘密解决问题提供了途径与方便,常成为注册会计师及事务所为达到某种不当目的而实施舞弊的动机;忠诚性缺乏是动机和机会导向舞弊的一种意识和能力,忠诚性是自始至终都能够按照最高职业道德标准来实施审计活动的一种能力,如果注册会计师忠诚性缺乏就会给舞弊找到各种借口来说服自己,从而陷入舞弊泥沼而不能自拔。国外有一种解释舞弊风险因素的理论称为"GONE"理论,"G"表示"Greed",即贪婪;"O"表示"Opportunity",即机会;"N"表示"Need",即需要;"E"表示"Exposure",即暴露。其中,"暴露"有两层含义:一是舞弊行为被发现、揭露的可能性;二是对舞弊者惩罚的性质及程度。美国研究舞弊的会计学家、美国会计师委员会主席史蒂文·阿伯雷齐特(W. Steve Albrecht,1995)提出"舞弊三角"理论,认为舞弊动机有压力、机会和自我合理化三个因素。其中,压力分为四类,包括财务压力、恶习、与工作有关的压力、其余;机会包括控制措施的缺乏、无法评价工作质量绩效、缺乏惩罚措施、信息不对称、无能力觉察舞弊行为、无审计轨迹等六项;自我合理化是指为舞弊寻找借口,包括"这是企业欠我的""我仅仅是借用以后会还的""没人会从我的行为上受到损害""我应该获得更多的回报""我这是为了一个良好的愿望""牺牲我自身的诚实比牺牲别人眼中的我的名誉所受到的损失要小一些"等六个方面。还有一种称为"冰山"的理论,这一理论认为如果把舞弊看作一座冰山的话,露在海平面上的只是冰山的一角,更庞大的更危险的部分舞弊藏在海平面以下。露在海平面上的是舞弊的结构部分,如效率衡量措施、等级制度、财务资源、组织目标、技术状况等组织内部管理方面的,这些是客观的、每个人都能够看到的;藏在海平面以下是舞弊的行为方面的,如态度、感情、价值观念、鼓励、满意度等,包含的内容是更主观化、个性化的,如果刻意掩饰,那么就很难被观察到。①

在所有者、经营者和注册会计师"三角形"责任关系中,注册会计师很难把握好三者的平衡关系,在吃吃喝喝中,与客户或被审计单位日久生情,或在拉拉抢抢业务过程中,拉大与信息使用者的关系而移情别恋。2000年11月,美国独立审计准则委员会发布一份注册会计师独立性概念框架的征求意见稿草案(ED),其中列出五类可能损害注册会计师独立性的潜在威胁:(1) 自我利益威胁(self-interest threats),指"来自注册会计师工作是涉及其个人利益的威胁"。自我利益包括注册会计师的情感、金钱或其他个人利益。如当注册会计师拥有被审计单位的股票或与其关系(包括注册会计师的配偶与被审计单位关系)较好时,会有意识或潜意识地在审计工作中偏向自我利益。(2) 自我检查威胁(self-review threats),指"来自注册会计师检查自己工作或事务所其他人完成的工作时的威胁"。(3) 倾向威胁(advocacy threats),指"来自注册会计师或事务所的其他人在倾向支持或反对某被审计单位的状况或观点而不是作为被审计单位财务信息的公正鉴证人时的威胁"。(4) 熟悉威胁(familiarity or trust threats),指"来自注册会计师与被审计单位的密切关系所影响时的威胁",如注册会计师与被审计单位有着密切的或长期的个人或职业关系时,可能不加怀疑地就接受客户声

---

① 陈汉文、李树华等:《证券市场与会计监管》,中国财政经济出版社,2001年版。

明书和观点。(5) 胆怯威胁(intimidation threats),指"来自注册会计师或被审计单位或其他相关群体公开强制时的威胁",如当注册会计师或事务所不同意被审计单位对其会计原则的运用时被威胁解约①。美国"安然事件"后,人们开始怀疑非审计服务、审计合伙人和复合合伙人缺乏轮换、注册会计师违规成本过低、注册会计师流动、被审计单位公司治理及内部控制缺陷等都可能是威胁注册会计师独立性的重要因素。正如美国证券监督委员会主席皮特所说"更大原因是我们公司法人信息披露的质量问题以及财务报告透明性和不可分解性问题"②。

第二节 会计师事务所诚信监管的经济学简要分析③

一、商品属性分析

马克思的经济学说是从商品的分析着手的,商品具有使用价值和价值。使用价值是使用者在消费商品时所感受到的满足程度,一种商品对使用者是否具有效用,取决于使用者是否有消费这种商品的需求欲望,以及这种商品是否具有满足使用者的需求欲望的能力。价值是指生产某一种商品所花费的社会必要劳动时间,即生产该商品的代价。会计师事务所所提供审计服务也具有使用价值和价值,也是一种"商品",尽管审计服务成为商品是在会计师事务所成为独立法人之后才具有的性质,并非一开始就具有这一性质,但是这并不影响人们对现代市场经济条件下对审计服务性质的界定。审计产品的使用价值就是其诚信,因为会计师事务所所提供的审计产品与企业提供的会计信息产品在使用价值上是有区别的,企业会计信息是企业利害关系者所使用的信息产品"实体",而会计师事务所审计产品所提供的仅仅是企业会计信息产品的诚信度,即会计信息诚信度质量鉴证"标签",尽管在其向使用者提供时与企业会计信息"捆绑"发布,但其性质是有差别的。事实上,由于信息不对称性,事务所要完全充分准确判断企业所提供给事务所进行审计的会计资料本身的内在质量也存在相当的困难与风险,审计诚信质量有时并不能完全表示或取代企业会计诚信质量。会计师事务所诚信产品的价值则是会计师事务所生成"审计诚信产品"时所花费的社会必要劳动。

审计诚信商品性质的现实意义在于:"审计诚信产品"的交换关系,应当体现出作为审计第三关系人的事务所与作为审计第一关系人的最终委托人即会计信息和"审计诚信产品"的主要使用者(以企业投资者为主的社会公众)之间的交换关系,但现实中却表现为作为审计第二关系人的被审计单位与会计师事务所之间的交换关系。这种交换关系的错位,导致了"审计诚信产品"的购买者与使用者的分离和失衡,这就充分解释了为什么在我国资本市场上存在对高质量审计服务需求不足的现象,许多诚信缺失的会计师事务所和注册会计师是在按购买者(管理当局)的要求来设计"审计诚信产品"的效用,而不能满足会计信息真正使

---

① 李若山等:《注册会计师:经济警察吗?》,中国财政经济出版社,2003年版。
② 陈汉文、李树华等:《证券市场与会计监管》,中国财政经济出版社,2001年版。
③ 本部分内容在韩传模和张俊民的研究基础上修改补充。参见韩传模、张俊民:"会计事务所诚信经济分析论纲",《会计研究》,2004年第10期。

用者的需求,这就使"审计诚信产品"的使用价值大打折扣甚至荡然无存,缺少甚至没有使用价值的商品还有何意义。"审计诚信产品"交换关系的错位不仅漠视了会计师事务所独立法人资格及市场关系参与者身份,而且影响事务所的审计独立性,进而还会造成消费者对会计信息诚信质量缺陷损害的法律诉讼障碍。

二、"经济人"假设分析

"经济人"假设是一种虽不完美但却富有分析成果的模式,它有助于解释人类的各种行为和他们所建立的各种制度的运行,理解人们所拥护的价值观,甚至理解人们帮助别人的方式的社会准则(G.S.Beacker,1974;North,1991)。经济学家休谟指出:"必须把每个成员都设想为无赖之徒,并设想他的一切作为都是为了谋求私利,别无其他目标。我们必须利用这种个人利害来控制他,并使他与公益合作,尽管他本来贪得无厌,野心很大。"①这种"经济人"假设并非意味着人真的都是无赖,而是基于制度设计时的一种必要考虑和假设,也即意味着要保持一种以个人利益为特征的社会秩序,主要取决于社会成员是否接受一套共同的道德戒律。会计师事务所作为一个在国家工商行政管理部门注册的中介服务性经济组织,注册会计师作为以会计师执业为谋生手段的自由职业人,都是有自身特定经济利益的"经济人",尽管社会对其有高尚的社会责任和道德要求,我们也从来不会对其能够做一个道德高尚的职业人有任何的怀疑,但是"经济人"假设仍然是法治的"性恶论"的立法基点。会计师事务所"经济人"假设对于研究会计师事务所诚信监管的提示意义还在于以下六个方面。

第一,事务所作为经济人有其自身"天然"的经济利益,也面临生存和盈利的问题,其行为模式主要取决于该行为所能产生的经济后果。事务所是自身利益的最佳衡量者,随着我国会计师事务所的数量迅速增长和国际会计师事务所的进入,会计市场的竞争越发激烈,我国会计市场无序的利益之争动摇着注册会计师行业的诚信基础,立法正是严格界定和保障其最佳经济利益的最高形式的手段和方式,注册会计师法关于会计师事务所利益支配权和排他性的规则,表达的正是事务所作为权利主体排斥他人干涉、独立自主地行使权利的意图,这提示立法者在研究相关法制建设时,不仅要从整个资本市场及会计市场秩序的角度出发,而且需要站在维护事务所合理经济利益的立场。

第二,事务所作为"经济人"其行为是具有理性的,在追求经济利益的"游戏"中是有约束的,要遵守社会的"游戏规则"。这种约束既有市场的"无形之手",又有伦理道德和法律的约束。

第三,会计师事务所是自身效用(主要是事务所对社会经济秩序中的诚信效用)和利益最大化追求者,这是整个注册会计师事业得以持续发展的基本原动力,需要以法律制度的形式加以认可和保护,只有以法律的形式明确了每一家事务所的自身效用和合理利益追求的权益,事务所的发展才可能建立良性秩序化,如中国注册会计师协会对事务所按收入排名来衡量事务所业绩及其优劣、保护行业合法利益等措施的实施,都在事实上承认并接纳了这一前提条件。

第四,事务所作为经济人在追求自身经济利益最大化的过程中时常产生机会主义行为导致缺乏诚信自治力,需要建立"一套共同的道德戒律",这一"道德戒律"保证事务所自身利

---

① 〔英〕休谟著,关文运译:《人性论》,商务印书馆,1983年版。

益最大化不与"他人"利益最大化发生利益冲突,或者实现"双赢",或者在自身利益最大化而削弱"他人"利益最大化但却能够保证社会整体利益最大化,从法律制度安排的角度来看,必须通过激励制度安排(惩恶扬善)以"交换"其诚信良心和诚信行为,这样才能有效解决事务所的有限理性与制度弥补的关系,从而促使事务所树立"君子爱财,取之有道"的道德经营理念。

第五,经济人假设与会计师事务所诚信并不矛盾,如果在讲诚信的状态下所获得的收益与诚信缺失状态下所获得的收益相同的情况下,事务所自然选择诚信而不选择诚信缺失,因为诚信缺失不但受到自身执业良心的谴责而且面临被发现而支付较大成本的风险。近期国际、国内出现的一系列会计丑闻,使人们清醒地认识到,以诚信为核心的事务所声誉比业绩更重要,诚信是一种无形资产,坚持诚信为本可能暂时会失去某个客户,而诚信缺失有可能失去一批甚至全部客户。所以,诚信状态下其收益最大。

第六,事务所权益法律制度缺乏,就会导致事务所经营者的机会主义行为盛行,就会导致权益不明确,使得一部分人拥有恶性自由的同时而损害大多数经济人的权益,这是事务所权益不明确条件下市场经济运转不正常的信号,最终导致事务所诚信建立困难。在实践中,一家事务所的某一会计师的个人失信行为,常常引发市场对这家事务所的诚信危机;安达信、中天勤等少数事务所的诚信缺失,却引发了整个资本市场乃至社会对整个会计诚信的怀疑和动摇,重塑会计诚信将会付出巨大代价。

三、产权经济学理论分析

产权是指包含财产占有、支配和利用有关的权利的总和,按照产权经济学理论分析,可对事务所包括的下述产权理论进行解析。

(一) 资产拥有理论

事务所资产为私人拥有,具有排他性特征,这一特征保证拥有者的资产及使用资产带来的收益不被他人占有,而非排他性意味着没有人关心事务所资产,也就没有人真正关心事务所信誉,事务所诚信建立自然也就没有人真正关心。事务所产权是其谋求长期生存之动力,追求长期生存才有诚信可言。如果因为强调事务所的社会功能而保留国家行政管理部门对事务所的隶属关系或者形式上独立而事实上不独立,那么也就在实质上否定了事务所的私人拥有性质,或者政府等市场秩序监管者"越俎代庖"而在某种程度上否定了事务所产权,也就在一定程度上削弱了具有排他性的私有财产权的效率比排他性较弱的共有财产权的效率高的经济法则。如果事务所没有独立的产权也就没有能力承担相应的责任和义务。事务所提供的审计产品作为会计信息的重要组成部分,在事务所与客户签订审计合约到审计报告提供给企业法人之前其产权归事务所所有,在审计报告提供给企业法人之后交易完成,其所有权归购买方所有,即企业法人所有,企业法人再向其委托人(企业投资者)及社会公布,在向社会披露后审计产品与整个会计信息一体才具有某种公共产品所有权特征,这时审计产品才具有非排他性特征。这种审计产品产权分析说明:第一,从产权的角度分析,认为在企业会计信息披露之前审计服务产品就具有公共产品性质,常常会使审计产品产权性质错位,因此笼统认为审计产品具有公共产品性质的认识是不完全正确或不十分准确的;第二,包括审计报告在内的已披露会计信息质量的第一责任人应是企业(因为企业将会计信息向社会披露)而非会计师事务所,当因审计报告等会计信息质量问题而面临法律诉讼时,企业应是第一法律责任应诉人。

(二) 剩余利润占有理论

事务所剩余利润的占有是事务所追求社会及经济效益的基本激励动机。剩余利润占有份额越多,事务所讲求诚信、提高效益的动机越强,事务所激励机制就越好。事务所无论采用合伙制或有限责任合伙制或有限责任公司制,其私有产权性质是具有法律地位的,其剩余利润的占有的产权不能明确是缺乏基本激励动机的。把注册会计师和事务所放在同一个利益层面上,将促使注册会计师更注重事务所的长远利益,讲求审计诚信。

(三) 私有化理论

事务所资产及其审计产品都具有私有化性质,审计产品生产通常是事务所依据受托合约而安排的,在审计产品交易合约未完成之前,事务所对审计产品拥有合约规定的私有权,至于审计产品交易完成后,购买者(企业法人)是公开披露还是仅限于内部使用严格讲是购买者的事情,取决于企业与其委托人或与政府监管部门的合约约定。私有化理论还提示人们,审计产品从生产一开始就是事务所依据企业委托合约而进行的,私有化程度并不像一般商品那样,商品生产者具有完全的控制权,审计产品的购买者(错位的直接购买者——企业法人)拥有较多的生产操纵权。因为,注册会计师在执行审计合约的过程中不可能脱离委托人的积极配合与支持,事务所审计是在企业管理当局所提供会计资料的基础上进行的,而会计资料的内在质量及诚信含量,常常要基于委托人的申辩而做出判断,审计者在这个过程中极易被误导,被审计者执业判断申辩也极易诱导审计者的执业思辨。

四、福利经济学理论分析

福利经济学的主要研究目标是资源的"最优"或"最适合"配置问题,要求在资源配置上兼顾效率与公平,实现"帕累托最优",即资源的配置已经达到这样的状态:任何的重新配置都不可能使一个人的处境变好,而不使另一个人的处境因此变坏。会计师事务所诚信是市场经济中一种稀缺资源,实现会计师事务所诚信监管的"帕累托最优",应是注册会计师法的立法基本目标之一,实现这一目标就必须兼顾效率与公平。从长远看,公平与效率是一致的,公平促进有效竞争,有效竞争促进诚信和效率,效率反过来能够最终促使人们讲究和保持长久诚信,有效率的公平才是真正的公平。但是,公平与效率是一种辩证统一的关系,公平与效率有时又是有矛盾的,特别是在社会主义市场经济建立初期,会计师事务所诚信处在建立期的特殊阶段,如果处理不当,效率高了,可能公平就少了;反之,公平实现多了,效率可能又降低了。由此不难看出,既不能因讲究效率而忽视公平,也不能一味追求公平而降低效率,必须既讲究效率又要实现公平。那么,公平与效率作为会计师事务所诚信监管的两个对立统一的基本政策目标应如何排位呢?何者排第一位、何者排第二位,或者何者居于优先地位,通常的选择是在尽可能实现效率与公平的均衡的前提下,做到"效率优先,兼顾公平"。注册会计师法应实现这样一种诚信权利设置:每家事务所通过法律设置的诚信及其他相关权利,都能充分实现自己的收益;每一项诚信通过法律设置的权利,都能够发挥自身的最大效用。因此,《注册会计师法》应将会计师事务所诚信作为一种事务所资源加以界定,并能够提供这一资源效率的最大激励与公平的最强保证。对诚信者给以法律肯定和褒奖,而对失信者给以法律处罚,诚信资源的效率性和公平性就自然得以释放。会计师事务所诚信只有得到法律的保护和认可,诚信才具有必要的排他性特征,诚信才能够给事务所乃至整个审计行业带来确认的收益,诚信所具有的内在激励功能才能得以彰显,讲究诚信的行业之风才能得以弘扬。

五、外部性理论分析

外部性指当事人的行为给他人施加了额外的成本或收益。具体地说,当事人利用自己的财产获取收益,当一部分利用的成本被他人承担,或产生的一部分收益被他人无偿获得,就出现外部性问题。会计师事务所诚信的外部性特征表现在：某一家会计师事务所的诚信缺失常常会引发社会对整个注册会计师行业乃至资本市场的信任危机,动摇资本市场正常的资源配置秩序,进而影响会计师事务所乃至资本市场的正常发展,降低会计市场和资本市场的效率,因此一家会计师事务所的诚信缺失成本实际上是有同行业会计师事务所均摊的,这是一种有害的外部性,即"诚信公害";反之,一家或多家会计师事务所都讲求诚信则会促进整个行业的诚信信誉的建立,由此带来的收益也为同行业会计师事务所均摊,这是一种有利的外部性,即"诚信公益"。事务所的外部性特征具体表现又可分为以下四种情况：利己利人,利己损人,亏己利人,亏己损人。前两种行为由于私人收益大于私人成本,从事务所个体而言是有效率的;后两种行为由于私人收益小于私人成本,因而是无效率的;而从行业整体而言,利己利人是有效率的,亏己损人是无效率或低效率的,对于利己损人和亏己利人则要做具体分析,综合权衡"利"大与"损"小以及"利"大与"亏"小的行业整体社会声誉及利益。按照科斯的观点,外部性根源于产权界定不清,因而成为交易的障碍,因此消除会计师事务所诚信的外部性有效措施就是要对诚信的产权界定清晰并能够有效实施保护。可见,实践上单纯或过分强调注册会计师及会计师事务所的社会功能及社会效益,而忽视或回避注册会计师及会计师事务所营利性,对于注册会计师及会计师事务所诚信建设是不利的,也是与法律保护财产基本权利的基本准则不相符的。

六、公共选择理论分析

如前所述,会计师事务所诚信的外部性是财产关系不明确的结果,只有明确审计产品生产者当事人同其活动环境的财产关系,以及由此相连的权利义务关系,才能使外部性内部化。但是,仅仅承认会计师事务所诚信的内部性,即事务所诚信的"个人占有性"还不够,还必须使得公众对这种权利予以法定的认可。公共选择理论的奠基人之一曼瑟尔·奥尔森指出"从一条狗可以享有一块骨头的意义上讲,个人也能拥有一些东西;然而,没有政府就没有财产权"[①]。从经济基础的层面看,事务所对其诚信产品的占有,只是一种事实的占有。就我国目前现状看,事务所及注册会计师诚信仅仅体现在行业的职业道德规范中,即"行规"中,它仅能够得到行业内部关系人的相互认可与尊重,如果行业外部关系人损害或侵害或胁迫事务所诚信玷污这种"行规",事务所及其行业组织的抗辩与维权则是乏力的,甚至是无效的,只有得到法律及政府的认可和保护之后,事实占有才能变成法定财产权,因此注册会计

---

① 〔美〕曼瑟·奥尔森著,陈郁译：《集体行动的逻辑》,上海人民出版社,1995年版。

师法应将事务所诚信及其监管应纳入法律规范范畴,从而形成公众对事务所诚信产权的认可,审计产品的公共性得以明确和界定。公众对事务所诚信产品权利的法律上的相互认可,才能形成审计服务关系人赖以生存的法定会计秩序。同时,对事务所诚信实施公力救济,使得事务所及其行业组织对其诚信的抗辩与维权有法可依,还可以获得公力救济比私力救济所具有的规模经济优势,所以将事务所诚信产权作为公共选择即国家注册会计师法的立法内容,坚持事务所诚信法定原则是有效率的制度选择。"诚信为本"是事务所及注册会计师行业乃至整个社会的共识,但是如果仅仅停留在文化层面上,而不获得法律保障,实施过程中"无法可依",其公信力保障力度是不足的。

七、价格理论分析

价格是商品的交换价值的货币表现。价格和稀缺紧密相关,商品的稀缺性越大,商品的交易价格就越高;价格和效用也紧密相关,商品的效用越大,商品的交易价格也就越高。在市场机制下,供给与需求的变化决定着价格的变化;反之,价格的变动也会引起供给与需求的相应变化。从会计师事务所审计服务供给与需求关系来看:如果供给与需求平衡,市场上存在相对稳定价格水平;如果供给总量过大或供给结构不合理,会使得审计产品价格偏低;如果供给不足,则价格升高。这是一种自由竞争的审计市场条件下的状况,而事实上,在不存在或很少有自愿信息披露的审计市场中,审计市场的需求规模是法定的,也就是说,审计市场需求是有法律强制规定的,而供给是自由自愿的,如果政府或行业协会不限制审计市场资源供给的话,审计市场供给时常大于审计市场需求,其结果必然是:一方面作为审计市场的供给者的会计师事务所降低审计服务价格,保持市场竞争平衡;另一方面降低审计成本,保持基本的或低水平的会计师事务所资本投资利润。而事务所降低审计成本的结果必然是或主要是降低注册会计师人力资源成本,市场上高水平的注册会计师"没活干",为事务所工作的是大量的低水平会计师及见习人员甚或临时工,会计师事务所审计产品质量低劣在所难免,会计师事务所诚信降低。那么,审计市场供给是否会自愿减少呢?我们说一般不会或者很难,注册会计师是一种专业性的智力资源,获得审计资格是要花费较大成本的,而一旦退出再要回来又是很难的,因此审计资源一旦投入并形成市场供给能力是很难自愿退出的,退出的成本太高。在这种情况下,"压价竞争""接下家"几乎成为求生存的唯一选择,审计市场上"劣币驱逐良币"现象难以杜绝。

价格理论对研究会计师事务所诚信监管有八个方面的意义。第一,事务所审计服务提供的诚信产品的财产权越是依法明确界定,其财产权利的价格越真实。商品交换是商品上的权利的交换,价格也就是商品所有权的交换价格,价格能否准确反映商品的真实价值,在于对商品的所有权界定是否清晰。第二,任何一个市场主体的经营行为,"无论垄断者还是竞争者,最大化选择都是以他的边际收益等于边际成本为准"。[①] 第三,审计服务需求是法律强制的,供给是自由自愿的,特别是需求的法律强制性尽管规定了一定的质量标准,但主要是形式上的而不是内在诚信质量方面的,使得审计市场需求与供给脱节。第四,需求的法律强制性只规定了需求的总量,而没有规定相应需求的价格。事实上,需求总量也就决定了供给总量,而在规定需求总量的同时并未规定供给总量;需求总量的总价值也就决定了供给的

---

① 〔美〕保罗·萨缪尔森等著,胡代光译:《经济学》(第14版),北京经济学院出版社,1997年版。

总价值,而规定需求总量的同时并未规定价格,出现了需求总价值与供给总价格之间的矛盾。第五,解决需求总价值与供给总价格之间矛盾问题,政府没有介入,而是交给了审计市场自己去解决,作为提供审计服务供给主体的事务所为维持诚信质量而自动减少审计供给总量。在审计服务供给总量不能减少的情况下,在尽可能降低审计诚信质量进而降低成本的同时开拓非审计服务市场供给,以弥补审计服务成本。第六,非审计服务市场的开拓虽然在一定程度上解决了事务所"边际收益"问题,但是却并未解决或提高审计服务诚信质量,甚至危及审计的独立性问题,使得审计诚信质量反而降低。第七,当审计独立性削弱,审计诚信缺失,造成经济危机,资本市场紊乱时,政府监管介入强制事务所审计业务与非审计业务分拆,那么,问题似乎又回到了它的起点,陷入不良循环之中。可见,会计师事务所诚信监管不能止步于审计业务与非审计业务分拆之点。

第三节 会计师事务所诚信监管的上层建筑地位分析

一、会计师事务所诚信监管上层建筑地位的性质分析

道德的本质与道德的根源是紧密联系的,恩格斯指出:"一切以往的道德论归根到底都是当时的社会经济状态的产物。""从他们进行生产和交换的经济关系中,获得自己的伦理观念。"[①]道德是建立在一定经济基础之上的社会意识形态,它属于上层建筑范畴,并对经济基础起反作用。上层建筑是建立在一定经济基础之上、并与之相适应的政治、法律等制度和社会意识形态的总体。"每一时代的社会经济结构形成现实基础,每一历史时期有法律设施和政治设施以及宗教的、哲学的和其他的观点所构成的全部上层建筑,归根到底都是应由这个基础来说明的。"[②]上层建筑是由经济基础决定的,并随着经济基础的变革或早或迟地发生变革,其中的社会意识形态具有相对独立性。"经济人的活动完全取决于其追逐财富的欲望。"会计师事务所作为一个特定的"经济人",其诚信动机、行为活动也不例外,也取决于其追逐财富的欲望。因此,在一定层面上而言,会计师事务所诚信监管就是关于事务所追逐财富欲望及行为的组织、控制、指挥、协调、监督等的管理问题,这必然涉及事务所与其利益相关者之间的经济利益关系问题。如果将诚信作为伦理范畴来分析,会计师事务所诚信本质上是一种经济利益关系,会计师事务所诚信监管是一种对经济利益关系进行组织、控制、指挥、协调与监督的管理。不难看出,会计师事务所诚信监管具有上层建筑地位,它也由一定的经济基础所决定,并为特定的经济基础服务。

二、会计师事务所诚信监管上层建筑地位分析的主要意义

会计师事务所诚信监管上层建筑性质分析主要启示有三个方面。第一,会计师事务所诚信及其监管是由一定的经济基础所决定的,改善会计师事务所诚信及其监管,提升会计师事务所诚信质量,根本的问题在于经济基础的发展,当前我国会计师事务所诚信及其监管存

---

① 恩格斯:"反杜林论",《马克思恩格斯选集》(第3卷),第434—435页。
② 《马克思恩格斯选集》(第3卷),第66页。

在一定的问题,是由于我国尚处在社会主义市场经济转轨的特定历史时期所决定的,有些问题会随着我国社会经济的发展而得到顺利解决,急于求成,脱离我国现实经济基础的任何想法与要求都是不现实的。事务所及注册会计师诚信及其监管存在一定的问题是经济体制改革与历史发展过程中的问题,单纯指责行业管理或怀疑甚至否定注册会计师及事务所的诚信本质与功能都是不正确的。第二,经济基础是生产关系的总和,发展经济基础就是要不断改革发展生产关系,因此改善会计师事务所诚信及其监管状况,首先要从不断改善生产关系入手。只有合理处理经济利益关系,完善经济组织中涉及注册会计师及事务所的各种经济利益关系制度安排,才是根本解决会计师事务所诚信及其监管的关键。第三,生产力与生产关系、经济基础与上层建筑构成社会经济权责结构。社会经济结构是指社会经济制度①。社会经济权责结构决定会计的目标,会计师事务所诚信作为会计的目标之一,它也是由特定的经济权责结构所决定的,建立合理的、改善不当的社会经济权责结构,改革完善与社会主义市场经济相适应的社会经济制度才是从根本上提升会计师事务所诚信及其监管的基本出路。

第四节　会计师事务所诚信监管的自发性与自觉性

一、会计师事务所诚信监管的自发性与自觉性诠释

所谓自发性是指由自己产生,不受外力影响的,不自觉的行为及活动。所谓自觉性是指自己感觉到,有所认识而觉悟的行为及活动。随着生产力和生产关系的矛盾由量变到质变的发展,人们由自发的活动转变为自觉的活动,只有通过人们的自觉活动才能实现量变到质变的发展。在不同历史时期,人们的自觉性程度是不一样的,从而影响了不同历史时期变革发展的质量与效率。会计师事务所诚信监管的自发性表现为注册会计师诚信是注册会计师行业的内在本质特征,既是注册会计师个人又是整个行业产生与发展之根本,注册会计师个人及事务所维护诚信,实施诚信监管是自己产生的内在必然要求。葛家澍在分析美国注册会计师监管历史时总结指出:"原本在资本市场中自发形成或有意安排的一些中介机构如会计师事务所、资产评估所、经济(证券)分析师等都具有自我约束和相互监督与制衡的功能。"②会计师事务所诚信监管的自觉性表现为随着注册会计师行业的发展,人们认识到注册会计师及事务所诚信监管的必要性并基本掌握了实施监管的基本方法后,仅停留在自发状态难以实现职业诚信要求时,诚信监管便成为一种自觉自愿的行业监管行为。注册会计师诚信及其监管与其他任何事物的产生与发展历程一样,都经历了一个由自发性向自觉性发展的过程。1853年,苏格兰的职业会计师亚历山大·韦尔·罗伯逊在与同行商量之后,向14位职业会计师发出邀请函,有8位有识之士接到邀请函后在指定日期参加了会议,会上决定成立爱丁堡会计师协会③。查特菲尔德在考察美国注册会计师行为标准时指出:"自我制

---

① 于光远:《经济大辞典》,上海辞书出版社,1992年版。
② 葛家澍:"美国安然事件的经济背景分析",《上市公司财务舞弊案剖析丛书》,中国财政经济出版社,2003年版。
③ 李若山等:《注册会计师:经济警察吗?》,中国财政经济出版社,2003年版。

约是鉴定所有的职业团体的特征之一。""根据会计原则确定技术标准,以缩小实务上的差别的尝试,如果事先不对行为标准取得一致的意见,几乎就会失败。会计职业内权限的分工,意味着存在不同的会计道德的来源。这些来源是:美国会计师协会、各州的注册会计师协会会计委员会和后来的证券交易委员会。有的会计师受其中的一个约束,有的同时受几个的约束,有的则不受任何一个的约束。人们经常抱怨的是,领有执照和属于会计团体的会计师自己将自己推向不利的竞争地位。但是,这些规则都很相似,所以只将美国会计师协会作为代表即可。""最早的行为规则强调职业的统一性和已建立的会计职业的团体意识的创造。"[①]

审计方式具有客观实在性,注册会计师是不能自由地选择审计方式的,每一代注册会计师一开始都只能在既有的审计方式中进行审计活动。而且,注册会计师在改进审计技术、审计手段、审计程序时,往往只着眼于获得某种直接的、可以感觉到的利益,即着眼于直接的经济效果,而没有考虑到可能引起长远的社会后果。账项导向审计模式是最初的审计方法模式,其着眼点是查错防弊,从被审计期间会计事项的相关会计原始凭证记录入手,追查到记账凭证、账簿、会计报表等会计文件的形成,验算其记账金额,核对账证、账账、账表,如果它们之间能够勾稽相符,就证明财务报表反映的情况是真实的。这种以详查法为主导的审计方式,尽管在其后期判断抽样已经代替了详细审查,但这是抽样的样本规模还比较大的、有限度的抽样技术,且抽样完全建立在审计人员自己的经验主观判断之上。随着企业生产经营的大型化发展,审计成本越来越大,同时这一审计模式只能发现会计系统内部的差错与舞弊,而无法揭示系统外部的错误及舞弊,更不能揭示经济业务本身存在的问题。许多的审计失败案例表明,问题不是出在会计的记录过程本身是否出现差错与舞弊,而是进入会计系统的原始单证与经济业务本身是否相符合。鉴于这种现实的需要,注册会计师开始将审计重点扩大到被审计单位的经济活动,寻找既能降低成本又能提高审计效果的新的审计模式。在20世纪40年代,制度导向审计模式开始成为注册会计师审计的主要方法,在这一审计模式下,审计的第一层次对象是被审计单位的内部控制制度,在相应内部控制制度下的财务报表及其相应其他会计资料为第二层次对象内容,即根据发现内部控制制度的薄弱环节,找出问题发生的根源,然后针对这些环节扩大审计范围,以大数定律和正态分布为基础的统计抽样逐渐取代了单纯判断性和任意性的抽样,这不仅可以发现财务报表及其相关会计资料的差错与舞弊,而且还可以发现与某些内部控制相关的会计信息的系统错误,从而节约了审计成本,提高审计效率。进入20世纪后半期,随着社会生产方式的改变,特别是资本市场的高度发展,财务创新层出不穷,企业规模及国际化程度空前加大,电子信息技术的普及,市场风险与管理风险防不胜防,内部控制制度存在的固有局限性不断显露,注册会计师法律责任不断强化,制度导向审计模式的不足逐渐暴露出来,一种以风险防范为基础的风险导向审计模式逐渐兴起。风险导向审计立足于对审计风险进行系统分析与评价,并以此作为出发点,制定审计策略,设计与企业状况相适应的多样化的审计计划,将风险识别、控制与防范贯穿于整个审计过程,拓宽了审计视角,将客户置于一个行业、法律、企业经营管理、资金、生产技术以及企业经营哲学等环境中,从各个方面研究环境对审计的影响,将指导思想建立在"合理的职业怀疑假设"基础之上,不只依赖对被审计单位管理当局所设计和执行的内部控制制度

[①] 〔美〕迈克尔·查特菲尔德著,文硕等译:《会计思想史》,中国商业出版社,1989年版。

的检查、测试与评价,还要实事求是地对公司管理层始终保持一种合理的职业警觉,既保留了制度导向审计的优点,又丰富并发展了风险审计理论与实践①。

随着审计方式的发展与变革,注册会计师行为标准及执业质量控制标准也在不断发展、演变。美国注册会计师协会1889年的章程规定:禁止会员评分审计报酬,禁止本协会会员以外的人打着他们的招牌从事会计业务。"1917年以前,讨论热烈的道德问题是会计师应不应做广告的问题。尔后,尤其是1933年以后,审计人员的独立性又成为争论的热点。最初的独立性的'心理状态'的学说,只是意味着:委托人和会计师之间的关系应该是会计师的调查结果只受事实的影响。后来的'外观'概念则反映了通过强调利害关系(而不是强调行为),使会计工作作为一门职业,已愈来愈成熟了。对于那些信赖已审财务报表的人来说,公正会计师所表示的意见的价值,不仅依会计记录的检查而定,尤其依他们的独立性和诚实性而定。"②对注册会计师及事务所独立性的讨论一直到"安然事件"和美国《萨班斯法案》颁布实施也没有停止过。国际职业会计师联合会的成立及其专业技术标准和职业行为准则的颁布,特别是2003年国际会计师联合会教育委员会颁布国际教育准则1—6号,进一步说明了注册会计师诚信监管的自觉性的程度和深化。

从上述注册会计师自发组织起来维护职业本身权益、规范自身行为,到有组织有目的的自觉适应社会环境的变化,开展专业技术及行业诚信道德监管,揭示了注册会计师诚信监管走过了由自发性到自觉性的发展过程。

二、会计师事务所诚信监管自发性与自觉性分析的意义

研究会计师事务所诚信监管自发性与自觉性特征的理论与实践意义在于六个方面。第一,诚信监管是注册会计师本质特征的内在要求,是自发的,而不是他人强加的,自发性特征揭示了注册会计师诚信监管的内因是注册会计师、事务所及其行业自身。第二,尽管自发性具有内因性质,但是自发性具有一定的盲目性、滞后性和局限性,自发性监管效率低下,仅停留在自发监管阶段是违背客观规律的。第三,注册会计师诚信监管的自觉性是其自发性的必然结果,是注册会计师及事务所所处社会经济环境及审计方式发展变化的必然要求,它是由社会经济权责结构所决定的,是不以人的意志为转移的,它要求任何一个想成为注册会计师并加入会计师事务所工作的人,都必须自觉自愿地接受注册会计师诚信教育和诚信监管,违背诚信原则与要求的行为都必须接受诚信监管惩戒与处罚。第四,注册会计师及事务所诚信监管自觉性表现为行业技术标准、行为规则以及相关的法律规范等几种形式,随着社会经济及审计技术的发展诚信监管内容在深度上不断具体和细化,在范围上越来越宽泛。第五,尽管现代注册会计师诚信监管以自觉性为主要性质特征,但是诚信监管的自发性仍然是基础,即注册会计师诚信意志塑造以及培养其内在诚信诉求是诚信监管的基本内容与方法,只有激发注册会计师及其整个行业诚信监管的内在需求,自发性诚信监管才会有动力,也才能得以顺利实施。第六,会计师事务所诚信监管自发性与自觉性理论分析,预示着会计师事务所诚信监管应采取以行业自律为主的监管模式。

---

① 常勋、黄京菁:《会计师事务所质量控制》,东北财经大学出版社,2004年版。
② 〔美〕迈克尔·查特菲尔德著,文硕等译:《会计思想史》,中国商业出版社1989年版。

第十一章
会计师事务所诚信权力保护

第一节 权力的内涵与分类

一、权力的内涵与特征

权力是人类社会普遍存在的一种文化现象,凡是有组织的地方就有权力存在。对于权力本质的认识,主要有两种不同的观点。一种观点认为,权力是行动者之间的一种关系,在这种关系中一些行动者可以指挥、控制或影响其他行动者。权力是这种"影响的一种特殊形态,能给拒绝服从的人带来严重损失"[①]。另一种观点认为,权力本身不是一种关系,而是一种强制力量或可能性。德国社会学家马克斯·韦伯认为"权力是一种社会关系中的某一行动则能处在某个尽管有反抗也要贯彻他自己的意志的地位上的概率",美国社会学家彼得·布劳也认为权力"是个人或群体将其意志强加于其他人的能力"[②]。

权力的主要特征是相对性、强制性、目的性、扩张性。所谓相对性是指权力是人与人之间的相互作用和影响,它存在于人与人的交往活动中,离开人的意志,权力便不可能存在。所谓强制性是指权力是一种特殊的影响力,使他人的意志服从于权力主体的意志。所谓目的性是指权力源于主体的内在需要,权力主体总是通过权力的行使,将自己的支配意志转化为支配行为而施加于权力客体,以实现和维持权力主体自身利益,满足特定的主体需要。所谓扩张性是指权力如果不能得到有效的控制,权力的作用就容易被夸大甚至被滥用。既然是权力,就拥有与生俱来的扩张本性。

论述"权力"不能不说"权利",权利与权力都是历史发展过程中产生的,最初权利和权力是交织在一起的,无所谓权利与权力之分;权力与权利是在相对应的条件下存在的,失去其中一方,另一方也就失去了意义;权利产生权力,权力是由权利决定的,利益的占有、分配、出资形成权力,权利是对权力的限制,但又需要得到权力的保护;在社会的监管历史发展过程中,人们认识到如果权力与利益不作适当的分割,权力往往形成对利益的独占性和垄断性,因此权力与权利在某些领域开始分离,权利成为权力的目的与手段。形成权力需要权利的认同,保护权利的权力才是合法的权力,侵犯权利的权力是非法的权力,权力与权利是一种矛盾的对立统一关系。

本文引入权力理论研究的目的,一是基于理论分析的需要,二是实践上存在权力资源配置及其效率的问题需要探讨,叶伟强分析认为"中国会计执业是一种权力,它事实上没有承担相应义务,因为没有有效的力量能够切实迫使它履行义务。我们既没有看到受害的投资

[①] 〔美〕罗伯特·达尔著,王沪宁等译:《现代政治分析》,上海译文出版社,1987年版。
[②] 〔美〕彼得·布劳著,李国武译:《社会生活中的交换与权力》,华夏出版社,1988年版。

人的有效追溯力量,更看不到来自行业内部的制约力量。中国会计的执业资格在很大程度上是行政权力决定的,立业的基础是权力而不是诚信,质量的竞争也就变成了权力的竞争"。①

二、权力分类

根据权力主体的不同,可以将权力分为个人权力、群体权力及公共权力等。根据权力性质的不同,可以将权力分为政治权力、经济权力及社会权力等。其中,政治权力是权力在政治领域的特殊表现,是一切权力中最重要的权力,是人类对社会进行权威性治理的权力。政治权力的表现形式是具有"政治性质"的公共权力。马克思最终将政治权力——公共权力归结为三个组成部分,即立法权、行政权和司法权②。国家权力的主要功能有:一是维护社会秩序,维护经济上占统治地位的阶级的利益,同时,"市民社会的一切要求(不管当时是哪一个阶级统治着)也一定要通过国家的意志,才能以法律形式取得普遍效力"③;二是以国家的名义和法律的形式,对社会资源进行强制性分配(包括政治资源、经济资源、文化资源等);三是作为上层建筑的国家权力对经济具有巨大的反作用。

媒体被称为除立法、行政、司法三大权力之外的"第四权力",不但社会的三大支柱权力——立法、行政、司法都受它的牵制,而且它对大众也有强大的影响力。它在一定程度上决定了大众对事物的态度,引导他们的消费需求与意识,甚至能够改变他们的价值观念与生活方式。媒体作为舆论公器,具有公权机关的某些特质,而且它还有着一个诸多公权机关所没有的权力——监督报道权。

本书为研究的方便,这里将权力作了简单的划分,即将个人权力、群体权力统称为"私力",它以个体或局部利益为基本目的和出发点;将政治权力,即国家权力,以及社会中非国家、非盈利的那一部分社会权力,包括社会舆论监督权力统称为"公力",它以公共利益为基本目的和出发点。这里个人权力是指注册会计师及参与社会独立审计工作的个人以及会计师事务所个体在事务所诚信监管中的权力;群体权力特指注册会计师行业自律组织在事务所诚信监管中的权力,它相对于注册会计师及会计师事务所而言,具有社会"公力"特征,而相对于政治权力及资本市场的全部参与者而言,又具有"私力"的特征,本书为论述方便,这里将注册会计师群体权力界定为"私力"。

三、权力保护

会计师事务所权力保护有两层含义:一是指对权力的保护,这里特指对注册会计师及其会计师事务所以及注册会计师行业组织所拥有权力及其权力行使权的保护;二是利用权力保护注册会计师及其会计师事务所以及注册会计师行业组织特定利益的保护。所谓注册会计师诚信私力保护是指注册会计师诚信权力主体利用自身力量对其现有注册会计师诚信权益进行的保护,如提高审计质量、承揽审计业务的权力、对违规注册会计师的惩戒等。所谓公力保护是指注册会计师通过国家公共权力机关对其诚信权益进行保护,如请求政府有关部门对注册会计师独立行使审计权的保护、请求法院通过诉讼程序对诚信权益的保护等。

---

① 叶伟强:"谁来约束会计师",载张为国等:《后安然时代》,中国财政经济出版社,2003年版。
② 刘剑华:《中外监督体系比较研究》,中国方正出版社,2005年版。
③ 《马克思恩格斯选集》(第四卷),人民出版社,1963年版。

权力保护是监管的基本方式与内容之一。在会计师事务所诚信监管中,权力界定不清容易造成监管责任不明;监管主体各方应有的权力不能合理主张,会极大地挫伤其监管的主动性和积极性;权力保护不力难以获得预想的效果。权力保护的深层次意义还在于,可以对权力资源进行合理配置,形成"以权力制约权力"的良性社会制约秩序。在会计市场机制中,对会计师事务所诚信整个监管权力而言,会计师事务所诚信监管的"私力"保护是基础,"公力"保护是保障。

第二节　会计师事务所诚信公力保护

一、会计师事务所诚信公力保护的优势

如前所述,社会特别是政府对注册会计师寄予了厚望,无论在《注册会计师法》还是在其他有关国家法规制度中,都直接或间接规定注册会计师能够有效地发挥维护社会公共利益和投资者的合法权益,维护社会主义市场经济秩序的作用,强调注册会计师是"不拿国家工资的经济警察",人们期待注册会计师能够独立、客观、公正地对企业财务报表的公允性发表意见,以供利益相关者做出正确决策。经济警察的含义显然包括"维护正义和秩序",在相关审计报告中不受自身利益或他人利益影响地表达专业意见。为此,"职业谨慎或怀疑态度、明察秋毫"就成为对注册会计师的要求,注册会计师应是经济正义的化身,使得注册会计师诚信具有公共物品、公益物品的特征。正因为如此,政府制定众多的法律、规章制度,采取了许许多多的措施,来保护注册会计师及事务所的权益,公力保护成为注册会计师诚信监管的主要特征。在注册会计师产生与发展的历史进程中,在注册会计师诚信权的界定、保障和救济制度建立之前,人们对注册会计师诚信的维护只能依靠自己之力。当人们发现"掠夺"比"生产"或购买注册会计师诚信更有利可图时,机会主义心理会促使其付诸行动,来增加个人收益。因此,对注册会计师诚信带来收益的私力保护,可以看作侵害者与保护者之间的博弈,不过这种博弈更多借助于"独揽权"的"暴力"进行,"暴力寻租"获得超过"正常生产创收"的地位。但是,依靠掠夺获取收益的人越多,从事生产性活动的人越少,将会导致社会生产力的下降,注册会计师诚信成为阻碍生产力发展的重要因素,"南海泡沫事件"等会计舞弊、财务欺诈乃至经济危机爆发在所难免,使得社会经济整体福利水平下降,私力保护不可避免地转化为公力保护。公共权力机构政治上拥有社会赋予的强制力,经济上拥有规模效应与专业化优势,法律上能够提供统一、稳定的规则,它可以支付庞大的制度化的保护成本。这样由国家界定和保护注册会计师诚信权益,不仅可以使受到公共权力机构保护的诚信权益具有合法性和权威性,减少交易过程中所付出的成本,使资本市场及一切产权交易活动更容易、更顺利地进行,而且可以产生诚信权益界定和保护的规模效益,降低交易费用。

公力保护的优势之一,在于提供了对侵害注册会计师诚信权益行为的后果的预期,以及对注册会计师诚信权益保护行为的保证,使复杂和不确定性的注册会计师诚信保护具有可预期的秩序性和稳定性,节约大量的保护成本,并使私力保护的外部性内在化。同时,公共权威可以阻止私人的"暴力"及不正当竞争手段的使用,建立和谐的注册会计师合作的行业

关系。正像康芒斯所说:"统治权是从私人交易中抽出的暴力制裁,专门集中在一种官员组织手里,受运行法则和习惯设定的指导。"①公共权威的建立,使暴力的使用被限制在制度化的范围内,而较为公正的非暴力的权力分配机制得到极大的加强。

公力保护的优势之二,在于公力保护可以提供私力保护所不及的效力。注册会计师诚信是一种无形资产,审计产品的存在与利害关系者的关联度极高,几乎无法单独存在,又由于它具有可复制性,单凭事实占有无法实现其排他性特征和要求,私力保护作用具有极大的局限性,而且私力保护的成本也是巨大的,因此只有通过公力的形式赋予主体法律上的控制权与受保护的权利。另外,注册会计师诚信是建立在被审计单位经济及财务诚信基础之上的,就注册会计师而言,对被审单位的诚信监管只能依靠公权力。

二、会计师事务所诚信公力保护的历史证据②

第一次世界大战后,美国哈丁(Harding)总统恢复奉行"自由放任"政策,否定政府参与的观念(Previts and Merino,1979),采取了所谓恢复"正常状态"的政策,开创了工商业的"黄金时代"。鼓励经济的自由放任主义,否定了政府的积极干预。美国另一位总统柯立德(Coolidge)则认为,全体公民均有宪法赋予的积累财富的权利,并认为工商企业是促进(美国)精神进步的最主要因素。这位总统的话很好地表达了当时的情况:"既然政府对工商业保持一种'自由放任'繁荣态度,那么就不需要什么法人的会计责任和任何外部控制和干预了。"第一次世界大战的胜利改变了美国公众对工商界的态度,而过度信任工商界的创造力和机智。正常状态的恢复,助长了经济上自由主义思潮的抬头,原本形成的、有限的政府和职业界参与的观念遭到了否定。在 20 世纪 20 年代,由于当时社会舆论认为工商业已经改革完毕,不需要任何外部管制了,因此会计师的作用由原来对第三者利益的保护逐渐转化为对工商业利益的保护。这在一定程度上阻碍了会计界的发展和进一步壮大。过去为监督工商界而建立的、保护公众利益而鼓励审计工作的管制机构的影响力骤降。其间,1911 年,美国公证会计师协会会长爱德华·萨芬(Suffern)提醒其会员,作为独立会计师,他们有责任监督包括政府在内的所有当事人公平地分配公司利润。但是,斯图亚特·查斯(Stuart Chase)认为会计师的立场不足以保护公众利益。在第一次世界大战前,美国联邦储备委员会曾对制定会计审计准则的最初尝试起了积极的作用。可是,自从 1918 年"编制资产负债表的认可方法"颁布到此后十余年、一直到经济危机爆发,该委员会几乎都未制定过任何财务报告准则。

20 世纪 20 年代,无论是政界、金融界还是公司管理当局对会计信息的需求发生了根本性的转变。对工商业采取"家长般"怀柔政策的政府根本无须会计师来监督工商界。政府假定工商界是诚实的,认为会计师应该同他们密切合作,并认为会计师的主要责任是保证企业投资获得"合理报酬"。

在这一时期,会计职业界在政府的极端漠视中生存,当时会计职业界的流行信念就是"每个企业在提供财务报告时都应应用自己的会计原则,并且竭力为其辩解"、"企业管理当局具有支配、指示会计人员的'天然'权力"。可以说,在此种思潮下会计职业界缺乏权威与权力处理公司的各种弊端、制止管理当局的恣意行为,甚至政府也无力扭转投机浪潮下的企

---

① 〔美〕康芒斯著,于树生译:《制度经济学》,商务印书馆,1997 年版。
② 葛家澍:"美国安然实践的经济背景分析",《上市公司财务舞弊案剖析丛书》,中国财政经济出版社,2003 年版;杜兴强:"公司治理眼睛与会计信息披露监管",《财经研究》,2004 年第 9 期。

业财务报告的扭曲行为。在政府的权威管制机构没有能力或更多的是不愿意控制整个经济的投机行为下,再加上对保护投资者利益的冷漠以及对个人权利的过度放任,就不难理解为什么会计职业界在控制企业财务报告和会计信息披露中的无能为力了。当时,会计学家梅(May)曾拒绝和里普利(Ripley)讨论企业财务报告和会计信息披露的质量问题。梅明确指出,"既然财务报告是企业管理当局的表述书,会计人员就没有权力规定'何谓正确的处理方法'",并且鼓吹谁也无权迫使企业管理当局采取其不愿使用的会计原则。葛家澍总结指出:"原本在资本市场中自发形成或有意安排的一些中介机构如会计师事务所、资产评估所、经济(证券)分析师等都具有自我约束和相互监督与制衡的功能,而它们在法律法规和准则的框架内,在SEC的监督下,共同促进资本市场的公开、公平和平等的运转。可是,放松了管制之后相互监督和自我约束的机制就被削弱了。由于利益的驱动,它们有的不但不相互制约,反而相互妥协,甚至与企业相互勾结。""利益的驱动成为参与资本市场所有方面(也包括监管市场的政府)和所有人的原动力。如果是这样,怎会有真正的'道德'和'良心'出现于这一社会?'诚信'这一文化观念有可能在这种土壤上滋生成长吗?所以,当前在美国,诚信危机实际上是其文化危机和道德危机的表现。"

这一历史事实说明,削弱会计与注册会计师对企业的监管,否定注册会计师保护社会公众利益及维护资本市场秩序的作用,放松政府会计监管,是导致会计诚信缺失以及经济危机的重要基础性原因。2001年美国安然事件的爆发,再一次暴露了放松政府会计监管所产生的不良经济后果,这恐怕不仅仅是一次偶然的历史巧合。

三、会计师事务所诚信公力保护的条件与边界

一般讲,会计师事务所作为营利组织,如果能够(特别是能够持续)获取合理的利润,表明其诚信度高;反之,则诚信度低。保证会计师事务所获得合理合法的收益是会计师事务所诚信公力保护核心内容之一。事务所在法律保护下经营,其成立或关闭以及服务价格和成本要充分反映市场供求关系而不应受政府不当的干预。所以,会计师事务所诚信公力保护的条件与边界应是审计的社会公共利益与事务所及行业个体或局部利益的平衡点。由于政府公力监管的高成本性所决定,政府保护与监管的基本原则应是市场的一种补充,即使市场方式能够解决的问题政府监管也能解决的话,应首先由市场去解决,政府公力不能替代市场。政府监管可以抑制"市场失灵",但是,"政府管制并不总是有效率的,也可能存在过度监管或监管不力,即政府失灵问题"。[①]"政府虽然打着'公众利益的保护神'的旗帜,但它也是一个独立利益主体,是管制的供给者,故也要防止政府为自己的利益滥用权力,把独立管制悄悄变成了政府管制。"[②]

(一) 竞争矛盾

对于一般企业来说,随着产量的增加,大部分产品的生产成本下降后上升。但是,对于自然垄断行业,单一企业的平均成本会持续下降,在有关范围内一直不上升。这意味着,生产越多,平均成本越低。所以,如果把审计产品的全部生产交给一家垄断性会计师事务所来

[①] 薛祖云:《会计信息市场政府监管研究》,中国财政经济出版社,2005年版。
[②] 谢德仁:"注册会计师行业管制模式:理论分析",载张为国等:《后安然时代》,中国财政经济出版社,2003年版。

生产,对全社会来说审计总成本最小。因此,从全社会的利益出发,为避免竞争导致资源浪费,政府公力应出面,对市场的进入进行监管,只需要一家事务所从事审计产品的生产。这种"规模经济性"特征是对自然垄断进行公力监管的原因之一。在这里,公权力在于决定究竟应由谁来垄断生产,以及对垄断生产的效率与质量进行监管。

(二)定价矛盾

根据微观经济学的基本原理,只有价格等于边际成本时社会的总福利才最大。由于自然垄断事务所的边际成本低于平均成本,如果按照边际成本定价,事务所的总收益必然小于总成本,从而导致亏损而无法持续经营。但是,如果任由事务所自由定价,虽然可以避免亏损,却会出现垄断者以牺牲消费者的利益为代价换取其垄断利润。这种定价矛盾须由政府公力出面对价格进行必要的监管。这里监管的公权力在于决定垄断价格究竟应该为多少。

(三)弱自然垄断与强自然垄断

审计市场上的会计师事务所通常不会只有一家。弱自然垄断是指,在价格等于边际成本和平均成本的情况下,盈亏相抵;或平均成本上升,边际成本大于平均成本,事务所盈利,边际成本定价矛盾不存在,但是,如果有新的事务所进入市场并且只要把价格稍微降低,即可占领整个市场,取得利润,从而产生了事务所的"承受力"问题。将实行进入者的利润为负、原垄断者的利润为非负的价格成为有承受力的价格;反之,成为无承受力的价格。强自然垄断是指平均成本处于下降阶段,边际成本小于平均成本,事务所亏损。政府公力保护的界定如表11-1所示。

表11-1 公力对自然垄断保护范围的界定

垄断类型	进入有障碍	进入无障碍	
		有承受力	无承受力
强自然垄断	监管:使价格高于边际成本以消除事务所亏损,同时避免垄断价格	不监管:借助潜在竞争者进入的威胁,迫使垄断者制定盈亏相抵价格	监管:(1)使价格高于边际成本以消除亏损,同时避免垄断价格;(2)不允许潜在竞争者进入市场
弱自然垄断	监管:使价格等于边际成本,允许事务所盈利	不监管:借助潜在竞争者进入市场的威胁,迫使垄断者制定边际成本价格	监管:(1)使价格等于边际成本,允许事务所盈利;(2)不允许潜在竞争者进入市场

资料来源:刘小兵:《政府管制的经济分析》,上海财经大学出版社,2004年版,根据相关内容整理编制。

从表11-1可以将公力对自然垄断的保护分为以下四种情况:

第一,当自然垄断事务所为强自然垄断并且市场进入有障碍时,需要监管。采取的监管措施为价格管制而无须进入管制。因为,在强自然垄断情况下,垄断事务所成本下降,边际成本低于平均成本,如果没有价格管制,垄断事务所将制定高于边际成本的垄断价格,审计服务供给量无法达到最大化以满足社会需求,社会福利将受到损害。价格管制的界限是制定一个介于垄断价格和边际成本价格之间的价格,即兼顾垄断事务所利益与社会福利。在这种情况下,自然垄断定价存在一种两难困境。

第二，当自然垄断事务所为强自然垄断、市场进入无障碍并且事务所无承受力时，需要监管。采用的监管策略包括价格管制和进入管制。价格管制的边界在于使价格介于边际成本和垄断价格之间，即消除事务所亏损又尽量保证社会福利不受损害；进入管制的目标在于保证垄断事务所不被挤出市场以致形成过度竞争局面而造成资源浪费。在这种情况下，自然垄断定价仍然存在一种两难困境。

第三，当自然垄断事务所为弱自然垄断并且市场进入有障碍时，需要监管。采取的监管措施为价格管制而无须进入管制。价格管制的边界在于使事务所服务价格等于边际成本，达到社会福利最大化目的，同时垄断事务所也能够盈利。在这种情况下，自然垄断定价的两难困境不复存在。

第四，当自然垄断事务所为弱自然垄断、市场进入无障碍并且事务所无承受力时，需要监管。采用的监管策略包括价格管制和进入管制。价格管制的边界在于迫使事务所制定边际成本价格，达到社会福利最大化，同时垄断事务所也能够盈利；进入管制的目标在于保证现存垄断事务所不被挤出市场以致形成过度竞争局面而造成资源浪费，应适时增加或减少新事务所的设立审批，放宽或缩小审计市场准入政策。在这种情况下，自然垄断定价的两难困境也不存在。

(四) 外部性

自然垄断为政府公力保护与救济提供了价格管制与市场进入管制的理由，外部性则为政府公力保护与救济提供了通过价格系统以外的充足理由。在外部性存在的情况下，会计师事务所诚信公力保护的条件与边界又是怎样的呢？

当外部性存在时(比如一家事务所不诚信而又得不到应有的惩罚，其不诚信成本就低于其收益，但却危及整个注册会计师行业的诚信信誉)，外部性释放者的私人成本小于其行为的所有成本(社会成本)，或者私人收益小于其行为的所有收益(社会收益)，从而导致其行为的过量或不足，导致这一现象产生的根本原因是因为产权不明晰致使行为者不必为其行为承担责任或享有权利。此时，市场机制自动配置资源的功能失效，需要市场和政府两种力量或机制来校正外部性释放者的行为。市场力量校正外部性主要表现在两个方面。其一，如果不存在交易成本，只要产权可以确定，则不管产权是确定给哪一方，个体间的讨价还价中可以导致资源配置的帕累托有效，产权归属界定不清会影响个体间的收入分配。这一结论就是科斯定理的一种表述形式。其二，一种可能的办法就是采取一体化方式通过兼并、联合等手段把外部性释放者与外部性承受者联合起来，可以有效地解决外部性导致的效率损失问题。此外，如果外部性问题是由注册会计师个人所造成的，还可以通过"社会惯例和良心效应"来解决。政府力量(即公力)校正外部性的主要理由表现在两个方面：其一，产权不明需要政府公力解决，产权界定本身必然是一种政府行为；其二，科斯定理中无交易成本的含义不仅包括没有财务会计意义上的费用，还包括没有交易障碍的含义，在实际的市场交易中又存在信息不对称和不充分、交易的不确定性以及"搭便车"等问题，使得除少数场合外还是存在交易成本和交易障碍的，完全依靠市场的力量完成科斯交易是不具有普遍的适用性的。

解决会计师事务所诚信行为中的负外部性行为，政府公力通常可以采取的主要有四项措施。第一，标准管制。比如可以提高注册会计师注册标准，抬高准入标准，以避免事务所雇用低水平会计师而降低审计服务质量，加大违规者的处罚力度等。第二，收费管制。比如实施强制性审计质量风险保险制度等。第三，费用补贴制度。比如政府出资实施高质量注册会计师人才培养战略制度等。第四，收入分配效应。比如提高收费率，即政府对不诚信事务所的处罚成本可以强制性规定由被审计单位负担一部分，因为通常被审计单位的不诚信行为会加大审计成本。对于会计师事务所诚信行为的正外部性行为，政府公力首先应解决的是确定审计产品的最佳供给规模、范围及审计服务规模；其次，应确定审计产品诚信标准，保证向社会提供的优质审计产品质量；最后，如何公平有效地弥补审计产品诚信成本；等等。具体措施可以有加大对诚信行为的表彰与宣传，开展会计师事务所及注册会计师诚信评价（包括制定评价标准、评价实施办法、奖惩等），确定注册会计师行业审计范围与规模，将政府审计的部分业务委托给诚信度高的事务所等等。

（五）信息不充分

信息不充分是指无论是生产者还是消费者都无法完全掌握所有使资源配置达到帕累托最优所需的信息，其结果是整个社会无法做到物尽其用和人尽其才。从注册会计师方面而言，信息不充分的信息失灵是指提供审计服务过程中无法充分地了解审计市场需求量和需求种类，以及以最低成本提供审计服务产品的最佳投入规模、专业技术水平和组织管理等信息，其结果要么生产不足，要么生产过剩，只能"边学边干"。就消费者而言，信息不充分的信息失灵是指消费者无法拥有充分的信息以决定在对多家事务所提供的审计产品和价格中选择哪种为好，其结果是导致消费者无法达到福利最大化，也难以实现现有效资源配置。对于因信息不充分的市场缺陷，政府公力监管的理由一般不是很充分，因为对于审计产品提供者与消费者而言信息不充分是对等的，政府所能做的通常也只能在市场准入总规模上做适当的控制。

（六）信息不对称

削弱事务所与被审计单位信息不对称程度是提高事务所诚信的基本前提条件和重要措施。由于信息不对称，消费者及社会对事务所诚信的判断产生困难，为解决这种"信任危机"，首先可以由市场自身来解决。作为审计产品供应方的事务所应采用各种方法以取得消费者的信任，如提升诚信度、进行质量担保、审计风险保险等。对于消费者而言，可以采取追求信誉度高的事务所、辞退质量低劣的事务所等方法保护自身利益。但是，对于事务所而言，在审计内容上的信息始终处于信息劣势一方，另外对于机会主义行为、道德风险的解决，通常仅靠事务所的知识与能力及市场自身是难以根本解决的，因此需要政府公力帮助解决信息传递、信息甄别和经济激励等问题，具体包括诸如信息搜寻、公司治理、市场监管等措施。对于消费者而言，需要政府对事务所资质、从业资格、广告宣传等的管制。

（七）权力"授受关系"

监督总是与一定的权力关系联系在一起的，离开权力关系是谈不到监督的，不理顺权力关系就很难形成强有力的监督机制。监督，归根到底，就是委托人对受托人的监察、督促和处置。这是严格意义上的监督。通常在相对广泛意义上所说的"监督"，实际上是这种监督的引申与转义。只有权力委托者对权力受托者的监督，或以此为基础的监督，才能是强有力的、有权威的监督。所以，监督的实质就在于委托权对受托权的制约和控制。事务所承担社会责任，这就事实上形成事务所的权力来源于社会的委托。政府是社会责任的主要受托人。

政府在履行其受托责任时,将维护资本市场秩序的一部分社会责任又转授给注册会计师。因此,注册会计师社会责任的直接委托人应是政府。注册会计师审计监督存在许多问题,其根源就在于:权力的委托和受托关系长期以来在实际上被弄得模糊以至颠倒了。如果权力的"授""受"关系是模糊的以至颠倒的,那么监督的效果就存在问题。注册会计师履行审计鉴证业务之社会责任,其委托人应该是政府,但由于在历史发展过程中,在公众公司最初的产权关系下,却是由公司所有者行使这一委托权的。随着公众公司的发展,产权所有者"模糊",资本市场秩序的维护责任逐渐由政府承担,但是注册会计师审计鉴证责任的委托权仍然沿袭由公司微观权力集团行使,正因为如此,许多学者提出应由政府直接掌握并行使注册会计师审计鉴证业务委托权的观点,这是有一定道理的。但是,政府是一种公权力,如果出现政府"权力寻租"、"政府失灵"等行为,谁来监督?这势必会加大社会监督成本。因此,由公司内部权力监督机构,即监事会或类似机构行使审计委托权,由政府行使严格监督委托权行使的监管权,是一种成本相对节约的现实选择。这一分析说明:一是政府公力对会计师事务所行使合法权益有"法定"保护权力,这对于公司管理当局而言并非"越权";二是公司委托事务所的权力是政府的一种"授权",而不是公司管理当局本源的"权力",接受政府的监管是"天经地义"的事情,必须严格执行政府的规章制度;三是一旦事务所受托权力受到公司管理当局的威胁,负主要责任的是政府,因此政府职责是建立健全并监管严格执行会计师事务所受托审计的相关规章制度,保护事务所正当合法权益;四是由于审计委托权力关系的"扭曲",政府一旦放松公司委托方的监管和对注册会计师的保护,注册会计师便处于十分不利的局面。

(八) 政府保护效力边界的博弈分析

人们普遍认为,会计监管要切实依靠行政力量。但是,在监管行为的认识上,却存在两种极端倾向:一些人认为,会计监管的根本在于加大违规成本,让造假者"吃不了兜着走",面对难以想象的重罚使造假者"闻风丧胆";另一些人则认为,会计监管的主要措施应该是提高查处概率,政府应花大力气进行有效的检查,只要查处力量到位,检查方法科学,效果应该是明显的。叶伟强认为:"为了维护同是职业的权益,保持高质量的审计业务是最基本的要求。共同的利益使得会计师行业加强协会的约束和相互之间的监督。在这个基本框架下,会计师事务所的执业约束主要由市场内部的这些利益相关方提供,相对而言,政府监管部门更多的是行使最后的监督权,而把最重要的制衡力量留给市场。"[①]

事实上,下面的分析将证明,不仅巨大的违规成本在查处率很低的条件下是无效的,而且很高的查处率在过低的违规成本下同样是无效的。政府只有"双管齐下",会计监管才是有效的。

我们考察作为市场监管者的政府和作为被监管者的企业之间的博弈,研究假定:
① 政府监管的唯一目标是打击造假,树立诚信;
② 企业受不法利益所驱动;
③ 企业只有两种行为选择,即会计诚信和会计造假;
④ 企业对政府的会计监管方式是可以预测的;

---
① 叶伟强:"谁来约束会计师",载张为国等:《后安然时代》,中国财政经济出版社,2003年版。

⑤ 企业会计行为选择带来的利益是可以估计的。

假定①使政府作为监管方与企业相分离,从而成为监管博弈的参与者;假定②使我们讨论的利益驱动限制在不法利益驱动的范畴;假定③、④、⑤规定在监管方与被监管方可能"同时选择行动",并对参与双方的特征、战略空间及支付函数有准确的认识,从而使会计监管博弈成为一种完全信息静态博弈。

在必须实行会计监管的前提下,政府的行为有两种可能,一是严厉打击被查处的会计造假企业,二是未追究到会计造假而导致监管不力;企业的行为同样有两种选择,一是不造假,二是违规造假。

总之,利益驱动与会计监管,是会计这枚硬币的两个侧面,不法的利益驱动导致诚信危机,使会计监管成为必然,而有效的会计监管又可以抑制不法利益的驱动,从而为树立会计诚信提供持续的支持。因此,会计监管的制度安排与抑制不法利益驱动紧密相关。

(九) 公力保护亟待解决的问题

当前会计师事务所诚信公力保护急待解决的主要问题之一是立法救济。我国的《注册会计师法》《证券法》《公司法》《刑法》《关于惩治违法公司法的犯罪的决定》以及《股票发行与交易管理暂行条例》等法律法规明确规定了注册会计师对出具虚假、误导性的审计、验资报告所应承担的法律责任。然而,各种法律、法规对注册会计师法律责任的解释之间存在一定的矛盾①。《证券法》和《注册会计师法》中,强调的是注册会计师的工作程序与应承担法律责任之间的因果关系;而《公司法》《刑法》《关于惩治违法公司法的犯罪的决定》以及《股票发行与交易管理暂行条例》则强调的是注册会计师的工作结果与应承担法律责任之间的联系。在现实司法过程中,《独立审计准则》根本不能起到保护注册会计师的作用。《独立审计准则》被许多法官视为纯粹的行业标准,不足以成为注册会计师的辩护依据,《独立审计准则》的法律效力存在障碍,并且对会计师事务所审计产品的外延范围的法律界定存在重要瑕疵。广义的会计信息产品包括公司披露的财务信息、非财务信息以及审计报告,即包括企业会计(及非会计)信息产品和审计信息产品,会计师事务所仅对也只能够对审计报告信息质量负责。但是,我们的现行法律中并没有对企业会计信息与审计信息的区分提供明确的法律界定依据,一旦出现财务舞弊与会计信息失真,无法明确区分企业责任与注册会计师审计责任,即使注册会计师审计上不存在问题,已经按照审计准则尽到应尽义务与要求,通常也需要与被审计单位共同承担法律责任,使得实践中大量存在司法诉求上的"深口袋"理论与行为,审计风险有不断无限增加与扩大的趋势。刘峰和周福源的研究发现,制度环境分析表明国际四大在我国的执业法律风险极低。国际四大与非国际四大的审计质量并不存在着显著的差异,但从会计盈余的稳健性角度来看,强烈的证据表明国际四大甚至比非国际四大更不稳健。研究结果支持法律风险决定审计质量假说②。因此,公力立法救济与保护必须尽快解决。

公力保护急待解决的问题之二是公力保护与私力保护之间关系问题。美国安然事件后,各国纷纷效仿美国成立公众公司会计监管委员会对注册会计师行业实施监管制度设计模式,注册会计师行业的监管权由行业自律组织转向行业外的独立权力机构,均强化了政府

---

① 刘振华:"法律、法规之间的矛盾应当理顺——注册会计师行业法律环境的若干问题",《广西会计》,2001年第5期。

② 刘峰、周福源:"国际四大意味着高审计质量吗?——基于会计稳健性角度的检验",《会计研究》,2007年第3期。

对注册会计师行业及会计师事务所的监管力度,实行在政府监管主导下的独立监管或以政府为主的注册会计师监管模式。我国也在一定程度上强化了政府对注册会计师行业的管理,收回了一些原来委托注册会计师协会监管的事项,但是监管过度与监管不足两者并存,多头监管,监管多保护扶植少,政府会计监管部门之间的不协调等导致政府会计监管效率下降,却是不争的事实[①]。因此,适当强化注册会计师行业监管职能与力度,发挥行业监管作用,协调或减少政府会计监管部门,增强对注册会计师行业的保护意识,增加对注册会计师行业的保护措施,加大对行业支持扶持措施等,是当前政府监管应着重解决的重要问题。

第三节 会计师事务所诚信私力保护

一、会计师事务所诚信私力保护的优势

私力保护在民法上也称为自力救济,它是指权益主体对其现有或行使的权益在受到非法损害或妨碍时,以其力量(民事行为)加以自我保护的民事行为。其含义包括下述三点:其一,权益主体自己对其权利被损害或妨碍的民事救济(即自救);其二,权益主体以其力量强制他人,捍卫被侵害的权利(即自卫);其三,权益主体以其行为和力量实现权利的救济(即自助)。这三层内容形成包括救济权,以及与此相关的请求权、诉权、撤销权、解除权等。私力保护体现了财产权利神圣、效益、身份平等等理念;就权利神圣而言,任何非法损害和妨碍财产权利的行为和事实都应排除;就效益而言,私力保护比公力保护更能减少诉讼与救济中的不经济现象;就身份平等而论,任何平等身份者无权非法侵害或妨碍他人的财产权利。会计师事务所诚信是事务所的"财产"与"权益",它受民法保护,民法上的自力救济原则也完全适用于会计师事务所诚信保护。由此可以分析私力保护的四大优势如下。

优势之一,预防性功能强。从整体上看,公力保护多属事后保护制度,对权益主体利益保障具有延迟性。尽管政府可以通过制定规则来预防权益主体的诚信利益不受损害或妨碍,但是公力保护多以侵权损害和妨碍的依然状态作为证据才能进行,这对事务所诚信生存利益而言,显然为时已晚;公力保护一般具有举证责任、程序繁杂、审理调查周期长等特点,难免带来公力保护延迟的损失或代价。私力保护相比而言,就具有预防设施、预防心理等方面的优势。

优势之二,私力保护的效益性。私力保护可以消除迟延性带来的消极影响,从而在一定程度上可以避免公力保护难以做到的公平与效率皆具的窘状,协调共同的利益与行动的障碍较少,节约保护费用,提高工作效率。亚太会计师联合会主席加拿大代表罗宾·哈丁(2004)指出:"我们进行行业自律为政府带来了很大的益处。实施行政管理、制定行为规范以及实施这些规范的费用并不便宜。我们为政府监管部门和纳税人节省了金钱。"[②]

优势之三,减少不完全信息障碍。尽管政府权威可以获取任何的市场信息,但是政府所获取的信息是自下而上逐级汇总、累计的结果,信息传递中的时滞、错误、虚瞒等弊端很难克服,信息的充分性和代表性常常难以保证。私力保护者则拥有信息上的优势,各私力保护者

---

① 杨洋、蒋亚朋:《上市公司会计监管问题研究》,东北大学出版社,2005年版。
② 罗宾·哈丁:"行业自律:一种加拿大模式",《中国注册会计师》,2004年第6期。

之间也容易沟通，共同的利益使他们交流的信息也比较容易做的充分、完全，基本不存在大的信息障碍。

优势之四，减少寻租成本。根据寻租理论，寻租行为的产生和政府的管制有着必然的联系。由于政府的管制，社会资源的配置链条上就出现了"公共领域"，公共领域里全部资源的价值就是"租"。公共利益是社会存在和发展的前提，在公共利益国家化的过程中，政府作为公共权力的拥有者和使用者，通过公共政策促进社会公益，并保护社会公众的利益。但是，公共政策并不必然服务于公共利益，甚至有背离公共利益的可能。政府也存在自身利益最大化的追求，在实现公共利益的过程中实现集团利益，产生寻租、造租行为。当"经济人"角色压倒公共"理性人"角色时，就会产生对自身利益的追求以牺牲社会利益为代价，导致角色错位，"寻租"行为大量存在。此外，审计市场的参与者通过游说等途径开展"寻租"活动也难以避免，对社会总福利造成损害。相比而言，私力保护由于"公共领域"的缩小，使得"寻租"行为减少，从而提高社会总福利的增加。

二、会计师事务所诚信私力保护的主要职责与内容

相对于公力保护，会计师事务所诚信私力保护应包括注册会计师行业保护与会计师事务所自身保护两大部分。美国利普升会计师事务所总经理劳伦斯·利普升（2004）指出："我们作为一个行业应该做的事情首先而且最重要的是，我们必须强化我们的行业。为此，我们必须在各级政府前代表我们的行业和成员；我们必须招聘国内最优秀最出色的个人进入会计行业；我们必须宣传我们的行业，提高我们自己；我们必须坚持质量控制，并对违反职业标准的人进行惩罚。如果我们要保持行业的独立性，那么就必须进行有意义的自律管理。我们作为一个行业，也必须为我们的会员提供服务，比如继续教育、技术援助等。"[1]

注册会计师执业组织是一个为注册会计师执业的整体利益，遵循注册会计师执业的整体一致，为全体会员提供服务的组织。它所提供的服务包括代表本行业与政府及社会其他行业进行沟通，为本行业创造一个良好的执业环境，维护本组织成员的利益，聚集全体职业的力量发展职业专业技术，为业内会计师事务所提供专业技术支持，依法组织执业资格审查，制定并实施专业技术规则和其他规则标准，促使本行业提高专业服务质量，监督会计师事务所和注册会计师的执业及职业道德行为，惩处违规者，奖励诚信守法者，维护本职业的社会地位和在公众中的诚信威信，使本行业的发展能够适应市场发展及社会进步的需要。基于当前行业诚信水平受到多种不利因素和环境的影响与制约，行业诚信建设需要采用综合性的、有针对性的政策措施，包括加强诚信教育、完善诚信法制建设、强化执业质量监管以及社会舆论监督等。把注册会计师诚信监管与建设融入严格管理之中，营造良好的专业诚信环境。

会计师事务所诚信保护应从完善事务所管理体制，强化内部管理与控制，提高事务所员工专业素质与职业道德素养，树立诚信为本理念、加大违规行为的处罚等多方面入手，特别是要突出维护会计师事务所的职业利益。会计师事务所职业利益主要包括：会计师事务所的从业人员的工资、奖金、荣誉等合法利益；会计师事务所出资人的合法利益；社会公众的利益等。

---

[1] 劳伦斯·利普升："注册会计师与会计行业的道德、诚信和社会责任"，《中国注册会计师》，2004年第6期。

通常认为,审计市场是事务所垄断的市场,事务所能够采取的私力保护措施是很多的,但事实上并非如此。在我国当前审计市场现实情况下,一方面是大量过剩的审计服务供给,另一方面是被挤占的相对有限的服务市场空间,注册会计师由过去的供给不足已经处于供过于求的状况,使得审计市场是一个典型的"买方市场"。审计买方市场的形成,直接导致注册会计师及其事务所在与雇主的谈判过程中处于绝对劣势。但是,会计师事务所与雇主之间签订审计服务契约时,一些雇主由于利益驱使在审计合约之外会附有许多长期形成的"潜规则"合约,而处于谈判弱势中的会计师事务所由于不具备要求雇主签订"潜规则"合同的资本,使得审计合约的双方最终对"潜规则"口头合约持默认态度,大量的口头协议成为审计市场上的第二规范,这种契约关系实际上是一种隐含契约。同时,契约双方在信息方面并非完全对称。另外,这些"潜规则"契约不受法律保护,迫使契约双方之间自我履约。可见,会计师事务所与雇主之间的审计服务契约关系是在不完全信息下的动态博弈,在契约执行过程中内含了机会主义、败德行为等潜在危机。根据博弈理论,在不完全信息下的动态博弈里,事务所虽然是契约关系的弱者,但可以通过选择退出达到均衡。然而,退出对于注册会计师及其事务所而言,它意味着重新搜寻雇主,在搜寻的过程中不仅要支付高额的费用,而且还会面临新雇主的"潜规则"要求,这些因素使得退出实际上是一个高成本高风险的选择。实际上,在买方垄断的审计市场上,事务所很少做出退出选择。这样退出机制的威胁作用无疑接近于零,事务所的权益受侵害的风险进一步加大。所以,在缺乏公力保护的情况下,会计师事务所诚信私力保护能够采取的措施与路径是极其有限的。

第十二章
会计师事务所诚信监管内容及评价①

第一节 会计师事务所诚信监管内容的理论分析

一、会计师事务所诚信监管内容的初步分类

会计师事务所诚信监管的内容在于促使诚信的形成的各种措施与方法及其相应制度安排,创造良好的内外部环境,最大程度实现诚信溢出效益。会计师事务所诚信监管内容与会计师事务所诚信监管评价内容是一个问题的两个方面,社会和监管者如何评价以及评价的内容引导并决定着会计师事务所诚信的监管内容,评价指标体系的构成要素内容决定着监管的措施、途径、方法及具体内容。刘峰和周福源认为,审计研究中一个难以解决的问题是审计质量的度量。由于审计投入和审计过程外界无法直接观察、审计产出(审计报告)标准化,导致审计质量难以直接度量。因此,一般都是通过一些可观察的审计产出(或行为)来设计替代指标,并据以对审计质量进行间接衡量。可观察的审计产出(或行为)包括会计师与管理层共同产出的财务报表数据——主要的盈余数据、会计师出具的审计意见、会计师与管理层共同协商的审计费用、上述这些直接的审计产出可能在资本市场引起的反应、会计师审计行为的法律或行政后果及会计师执业行为等②。英格兰和威尔士特许会计师协会专业标准总监萨利·亨克利认为:"投资者的信心主要来自审计师的信誉或品牌以及会计人员诚信度。作为一个行业组织,其成员的良好素质、专业技能和道德准则是支撑会计行业诚信的核心。行业组织满足公众期望,必须使其成员具备良好的执业行为。"③诺斯曾指出:"制度包括人类用来决定人们相互关系的任何形式的制约。"④如前所述,诚信作为决定人们相互关系的制约的一种特殊形式,诚信也是一种制度,是人们合作中必要的共同信息,进而从经济学角度分析可以把为形成这部分信息所必要的费用定义为制度成本。作为一种道德范畴,诚信的制度功能不仅取决于社会舆论的导向作用及其能力,还依赖于每个个体的诚信信念及其强弱。在经济社会中,诚信及其监管会带给人们道德满足和经济上的"实惠"与利益。在每个个人或个体的效用函数中,或多或少地包含着诚信:人们会因为自己具有并实施某种诚信信念而感到满意或感到快乐或因此而获得"好人缘"。作为一个理性的人,在做出可选择的行为时,需要为自己的抉择提供某种理由,这往往需要大量的知识和正确的推断。在能够

---

① 本部分内容使用了作者主持的国家自然科学基金项目"会计师事务所诚信监管评价指标体系及其联保责任制研究"(批准号70341035)部分研究结果,使用时除做了进一步的理论分析外还作了必要的修改与补充。
② 刘峰、周福源:"国际四大意味着高审计质量吗——基于会计稳健性角度的检验",《会计研究》,2007年第3期。
③ 萨利·亨克利:"会计行业自律",《中国注册会计师》,2004年第6期。
④ 〔美〕道格拉斯·诺斯著,厉以平译:《经济史上的结构和变革》,商务印书馆,1992年版。

有诚信道德信念作为行为指向基础时,就可以不论是否具备做出正确选择所必要的足够知识,也不必进行复杂的推断了,因此诚信信念就大大降低了人们行为决策的成本。显然,我们可以将诚信定义为:诚信作为行为规范,能够降低人们行为的决策成本,提高制度运行效率;诚信的行为规范,使一部分制度运行成本私人化,从而降低了公共的制度运行成本,提高了制度绩效;诚信是由社会舆论和个人(或个体)信念构成的行为规范的总和,是一种无形的公共物品,其社会功能可以通过一定的机制,降低社会制度的运行成本,提高制度绩效。因而,通过诚信的经济分析,诚信的性质标志就可以用制度整体运行效率来定义,诚信度也就可以从制度的整体效率的角度来评价,诚信监管的内容可以从提高事务所整体效率的措施与内容进行考察与分析,进而可以得出以下有关会计师事务所诚信监管内容体系的四个初步结论。

结论 1:当一家会计师事务所的文化及价值取向能够扩大同业及其与客户及其他利益相关者之间交往中自觉而主动的合作,从而降低制度成本或提高制度效率,就是"诚信"的。因此,构建诚信文化是诚信监管基本内容之一,同时也是评价考核会计师事务所诚信监管好坏的重要标志。

文化是现代哲学的最高层次,它是主体把握现实世界的一种思维方法。大文化在理论上有"三层结构"和"四层结构"之说。"三层结构"认为文化有三层结构或三个层面:一是表层结构或物质层面,指可以感知的物质成果、物质条件和生产手段等;二是中层结构或结合层面,指制度、法规、规范、约定俗成、文章典籍、理论体系等内容;三是深层结构或心理层面,指思维方式、活动方式、行为规范、价值取向、风俗习惯等内容。"四层结构"将文化分为物质结构、制度结构、意识结构和价值结构等四个层次。文化的本质和核心是价值观。每家会计师事务所都非常注重企业文化的建设,普华永道认为,在一个大型组织里,一个价值观框架要比一系列规则更能引导员工的行为方式和决策[①]。会计师事务所诚信是事务所文化的重要组成部分,同时事务所诚信又依赖于事务所文化积淀和塑造。建立在先进文化基础之上的诚信,不仅可以为事务所内部人员、部门以及同业之间提供良好的沟通"心灵""铸造诚信"之基础和环境,而且可以为事务所与客户的业务交易中提供文化及信任基础和条件,从而提高资本市场和会计市场运作的效率,降低整个会计师行业的市场交易成本。所以,事务所诚信文化与事务所诚信监管成正相关关系。

结论 2:在其他条件不变的情况下,由于会计师事务所职业道德及其自律状况的变化而使制度成本降低或制度效率上升,那么这种变化就是会计师事务所诚信度的提升;反之,则是诚信度下降。因此,建立健全注册会计师职业道德规范与要求,实施严格的自律机制,促使注册会计师职业道德规范与要求的全面实现,是会计师事务所诚信监管的重要内容之一,同时也是评价考核诚信监管效果高低的重要内容之一。

会计师事务所是一个极具行业特点和职业特色的经济组织,会计师事务所审计产品所提供的仅仅是企业会计信息产品的诚信度,即会计信息信度的质量鉴证"标签",任何不诚实、不道德行为都会危及其最终"产品"的内在质量。事务所"信度"又极具专业的职业判断特点,在很大程度上依赖于执业者在执业过程中的"内心感应"和执业"良心"诉求,离开高度的职业道德自律,心里的"诚实性"是难以观察的,也是难有根本保证的,仅仅具备一般性社会道德要求是无法满足会计师事务所提供高质量产品要求的,显然会计师事务所职业道德

---

① 刘士文等:《财经伦理学》,中国财政经济出版社,2002年版。

及其自律状况的投入与产出产品的价格结构有着直接的显著的正相关关系。这决定了事务所价值判断对降低制度成本、提高制度效率有着重大的作用。

结论3：在其他条件不变的情况下，由于会计师事务所执业质量状况的变化而使制度成本下降或制度效率上升，那么这种变化则表明事务所诚信度的上升或下降。保证会计师事务所执业质量的不断提高是事务所诚信监管的核心内容，会计师事务所执业质量是否能够达到标准与要求，也是评价事务所诚信监管效率的重要指标。

会计师事务所执业质量状况是事务所诚信产品的"物质""硬件"构成，离开会计师事务所执业质量就不存在事务所诚信，因此会计师事务所执业质量是事务所产品价格的基本构成要素。会计师事务所执业质量的核心是审计质量，所谓审计质量是指依据专业性的和社会性的标准所确定的审计工作以及其产品的优劣程度[1]。事务所执业质量决定事务所诚信产品价格，与交易成本成反比关系，而与制度效率成正比关系。

结论4：在其他条件不变的情况下，由于会计师事务所所处环境状况的变化而使制度成本下降或上升，制度效率上升或下降，因而，当事务所所处环境发生有利变化时，这种变化就使事务所诚信度上升，反之，则诚信度下降。努力创造良好的诚信环境，保护诚信者，惩戒、打击失信者，疏导诚信溢出通道是社会和监管者实施诚信监管的重要职责，监管者的任务就是要给诚信者提供一个良好的诚信环境和条件。

会计师事务所作为一种负有重要社会责任的经济组织，其诚信状况与其所处文化、经济、政治、法律等环境有着紧密的关系，事务所环境也是事务所产品价格的重要影响因素。当事务所所处各种环境条件适合或满足其诚信要求时，就可以节约交易成本，提高制度效率；反之，就会增加交易成本，降低制度效率。

从诚信所涉及经济利益关系的角度来看，会计师事务所诚信的基本内容特征有以下三个方面：

（1）体现有关各方的利益关系。按照企业理论分析[2]，会计师事务所作为一个特定经济组织也是一个多方利益相关者彼此之间所订立的一组合约的联结点。事务所的成立既意味着对其利益各方做出了利益（包括政治、社会或经济等多种利益）上的诸多承诺。这些利益相关者大致包括事务所法人及其他内部利益关系者（内部管理者、劳动者等）、事务所资源提供者（资本投资者、土地或其他资源提供者等）、顾客或消费者、同业组织、社区、政府及其他社会组织等。其合约表现为：在事务所外部，事务所经营者代表事务所监督管理执行消费者（审计等服务产品购买者）、资本和土地的投入者与其他各方之间的合约；在事务所内部，事务所经营者监督贯彻劳动者与其他各方之间的合约。这组合约实质是一种各利益主体间的契约性的法权关系所决定的经济或社会利益的期望，为了保证这种利益期望实现的诚实性，人们要求这组契约的约定或许诺的具体形式不仅仅是一般性的文化宣传文件或事务所行业特征所决定的"口头"承诺，还应有法律、规章制度、合同、经营管理决策、计划、预算等具有约束力的形式。

（2）政治、社会或经济利益的预期性。事务所诚信所体现的各种利益是预期的，即未来

---

[1] 冯均科：《注册会计师审计质量控制理论研究》，中国财政经济出版社，2002年版。
[2] 〔美〕詹森和麦克林："企业理论：经理行为、代理成本和所有权结构"；〔美〕法马："代理问题和企业理论"；载〔美〕路易斯·普特曼等编，孙经纬译：《企业的经济性质》，上海财经大学出版社，2000年版。转引自徐大建：《市场经济与企业伦理论纲》，上海财经大学出版社，2003年版。

某一时刻兑现的利益。预期性表明具有风险性的特征,也就是说,事务所无论以何种形式做出的诚信承诺,既具有必然性又具有一定的偶然性,需要做出相当的努力才能够实现,这就说明一家事务所在实现利益各方预期利益承诺诺言越多,其诚信度也就越高。

(3) 自觉兑现性。诚信本意就是自觉兑现其承诺,因此利益的自觉兑现就是诚信的一个基本特征,同时这也给"不能自觉"时的外部监管提供了具有必然性的理由。事务所作为市场经济中的"理性经济人",决定其行为的原动力是利益,当毁约不诚信的收益大于毁约不诚信交易成本时,就存在不诚信的动机及行为,对这种诚信的"机会主义"和"败德"行为,无论是事务所利益接受承诺的任何一方都有通过监管要求其"强制兑现"的要求。因此,加强事务所诚信监管也就成为其最终实现"自觉兑现"诚信程度的一个必要组成部分。由于不能"自觉兑现"会招致"强制兑现"进而加大"败德"成本,因此行业自律、事务所自身职业道德及执业质量监管也就成为事务所"自觉兑现"的必要构成部分。

综上所述,会计师事务所文化塑造、环境状况、职业道德监管和执业质量控制等因素决定着会计师事务所的诚信监管性质与内容,会计师事务所诚信监管状况是事务所文化、环境、职业道德和执业质量的函数值,这揭示了各种会计师事务所诚信监管内容在监管整体框架中的位置或地位。因此,会计师事务所的诚信监管的内容与相互关系及其评价值可做如下定义:

会计师事务所诚信监管总体框架内容应是综合因子 F_i 的加权平均值。用各公共因子的方差贡献率 K_i 作为 F_i 相应的权重,并据此得到事务所诚信状况的综合监管与评价内容体系,可用下式表示:

$$F = \sum_{i=1}^{m} F_i \times K_i$$

其中:F 代表事务所诚信状况综合评价值;F_i 代表事务所文化(W)、环境(H)、职业道德(D)和执业质量(Z)等四个方面的监管内容及评价值;$K_i = \dfrac{g_i^2}{\sum_{i=1}^{m} g_i^2}$,表示各主要综合因子提供的信息比率,是对应的因子 F_i 的权重,即在总体中的重要程度;$g_i^2 (i=1, 3, \cdots, m)$ 称为因子 F_i 对第 i 个变量的方差贡献。

以 zx 会计师事务所为例,经评估各项指标得分分别为:事务所文化(W)为 73.37 分、环境(H)为 84.53 分、职业道德(D)为 80.78 分、执业质量(Z)为 83.01 分,则该事务所诚信监管中得分为

$$73.37 \times 19.36\% + 84.53 \times 33.18\% + 80.78 \times 13.76\% + 83.01 \times 33.70\% = 81.34(分)$$

根据上述评价结果该事务所诚信监管状况可以评为良好。

二、社会调查的初步结果

"会计师事务所诚信监管评价指标体系及其联保责任制研究"课题组于 2004—2005 年印发调查问卷 800 份,其中预研调查问卷 100 份,正式调查问卷 700 份,发放到天津、北京、重庆、四川、贵州、河北、上海、河南、山东、广东、甘肃等,收回正式调查问卷 461 份,其中有效问卷 432 份,反馈率为 66%。受访者地区分布及其职业分布如表 12-1 所示。调查资料的综合统计结果如表 12-2 所示。

表 12-1 受访者分布统计表

序号	受访者地区分布	人数	比重(%)	受访者职业分布	人数	比重(%)
1	北 京	126	29.2	注册会计师	167	38.7
2	山 东	91	21.1	事务所投资人	31	7.2
3	重 庆	61	14.1	事务所合伙人	11	2.5
4	上 海	27	6.3	注会从业人员	87	20.1
5	河 北	26	6.0	企业管理者	5	1.2
6	天 津	24	5.6	企业会计管理者	3	0.7
7	深 圳	21	4.9	企业会计人员	45	10.4
8	广 东	14	3.2	政府监管者	1	0.2
9	山 西	14	3.2	注会行业协会管理者	7	1.6
10	四 川	11	2.5	理论工作者	29	6.7
11	甘 肃	11	2.5	其他及未注明身份者	87	20.1
12	贵 州	2	0.5			
13	河 南	2	0.5			
14	湖 北	1	0.2			
15	云 南	1	0.2			
	合 计	432	100	合 计	473*	100

* 注册会计师与事务所合伙人、投资人及企业会计人员等双重身份者约占 9.4%。
资料来源：作者根据"会计师事务所诚信监管评价指标体系及其联保责任制研究"课题组的调查资料整理。

表 12-2 会计师事务所诚信监管内容及重要程度调查结果统计表

一级内容项目	重要性程度(%)	二级内容项目	重要性程度(%)
W 事务所诚信监管文化	19.36	W_1 投资文化	22.59
		W_2 体制文化	11.60
		W_3 价值观文化	52.36
		W_4 职业道德文化	13.45
		合 计	100
H 事务所诚信监管环境	33.18	H_1 人文环境	45.85
		H_2 经济环境	28.06
		H_3 政治环境	12.47
		H_4 法律环境	8.26
		H_5 国际环境	5.36
		合 计	100

续表

一级内容项目	重要性程度(%)	二级内容项目	重要性程度(%)
D事务所诚信职业道德监管	13.76	D_1：职业道德监管制度	19.31
		D_2：职业道德监管目标	24.35
		D_3：职业道德内部监管机制	56.34
		合　计	100
Z事务所执业质量监管	33.70	Z_1：执业质量控制制度	22.50
		Z_2：执业质量监管机制运行	61.25
		Z_3：执业质量监管措施	16.16
总　　计	100	合　计	100

资料来源：张俊民、韩传模：《会计师事务所诚信评价》，经济科学出版社，2005年版。

从表12-1和表12-2统计资料可以看出，在四大类会计师事务所诚信监管内容中，受访者认为事务所执业质量监管是主要内容，重要性程度达到33.70%，其次事务所诚信监管环境，重要性程度达到33.18%，再其次是事务所诚信监管文化，重要性程度为19.36%，最后是事务所职业道德监管，重要性程度为13.76%。这说明，提高会计师事务所诚信，加强诚信监管，主要的内容是执业质量和环境，其次才是事务所监管文化和职业道德监管。在事务所执业质量内容中，主要又是事务所执业质量监管机制运行，重要性程度达到61.25%，其次是执业质量控制制度（重要性程度为22.50%）和执业质量监管措施（重要性程度为16.16%），可见提高事务所执业质量，改革完善审计执业质量监管运行机制，是事务所诚信监管的重要内容。在事务所诚信监管环境中，主要是人文环境，重要性程度达到45.85%，其次是经济环境，重要性程度为28.06%，再其次是法律环境（重要性程度为8.26%）和国际环境（重要性程度为5.36%），由此看出，加强诚信监管法制建设，加大法律处罚力度并未被调查者普遍认同，重点还是人文环境和经济环境，改善事务所诚信监管的人文环境和经济环境是监管的主要内容，尽管这一调查结果受到被调查者中政府等执法部门人员比重少的影响有一定的关系，但是仅靠加大处罚而保护扶持不足恐怕不是解决问题的根本途径和办法，那种一说到监管就是立法与处罚的观念似乎应该有所改变和缓和。在事务所诚信监管文化内容中，价值观文化被普遍认为是监管的重要内容，重要性程度达到52.36%，可见，注册会计师行业核心价值观的塑造、建立以及如何落实到具体的审计工作中，特别是事务所作为市场主体的经济价值观与其所承担的社会责任的社会价值观如何融合兼顾，是被普遍认为重要的监管内容；其次是投资文化，重要性程度为22.59%，说明事务所投资者的投资目的与事务所所承担的社会责任之间关系的协调，是事务所监管文化的重要问题；最后是职业道德文化和体制文化，也是不可忽视的监管内容。在事务所诚信职业道德监管内容中，事务所职业道德内部监管机制是重要的监管内容，重要性程度达到56.34%，说明建立健全事务所内部职业道德监管机制，强化事务所内部职业道德监管是事务所诚信职业道德管理的重要内容；其次是明确事务所内部职业道德监管目标，分解、落实事务所内部职业道德诚信监管责任也是非常重要的监管内容；最后是事务所内部职业道德诚信监管制度的建立与完善也是不容忽视的监管内容。

第二节　会计师事务所诚信监管的具体内容

如前文所述,会计师事务所诚信监管内容是由事务所诚信监管性质所确定的。会计师事务所诚信监管内容体系应包括事务所文化、事务所环境、事务所职业道德监管及事务所执业质量控制等四个方面,其各自的具体内容分析还需要细化,以便于实施具体的监管措施与方法。

一、会计师事务所文化

《辞海》中文化的定义是:"广义上来讲,指人类社会历史实践过程中所创造的物质财富与精神财富的总和;从狭义上来讲,指社会的意识形态,以及与之相适应的制度和组织机构。"梁漱溟认为:文化就是人生活所依靠之一切;文化之本意,应在经济、政治乃至相关之社会制度等;其二,国家政治、法律制度、宗教信仰、道德习惯、法庭警察、军队等;其三,一切教育设施,如文字图书、学术学校乃至其相类相关之事[①]。文化由物资设备、社会组织和人文精神等方面所构成[②]。可见,某一社会个体的文化特性既通过其所赖以存在的客观物质实体(如房屋设备、家具用具、文字资料等文化载体)为标志显现出来,又通过这一社会个体的组织机构、制度、宗教信仰、道德习惯、价值观等非物质实体为标志显现出来。会计师事务所作为具有特殊社会功能的经济组织既具有一般企业文化的"亚文化"性质,又具有一般企业等经济组织所不具备的特殊文化性质特征。这种特殊性主要体现在特殊的以职业诚信为核心内容的社会功能和文化理念中。会计师事务所企业文化的主要内容是"诚信为本、勤勉尽责、服务社会"[③]。公正、诚实、守信是会计师事务所文化的核心内容和本质社会功能,在我国可以说"公正""诚信"是注册会计师的"代名词"。我国最早成立的会计师事务所有 1921 年徐永祚创立的"正信会计师事务所";1930 年谢霖创立的"正则会计师事务所";1927 年潘序伦创立"潘序伦会计师事务所",次年易名为"立信会计师事务所";1936 年奚玉书创立"公信会计师事务所";到 1947 年止,仅上海就有立信、公信、大信、信诚、民信、国信、诚信、永信、正信、大公、立诚、公平等 82 家事务所[④]。在 2003 年中国注册会计协会所统计的会计师事务所全国前百家信息中可以看出,会计师事务所以"公""正""诚""信"命名的事务所有 23 家,约占前 100 家(去掉 4 家国外所)中的 24%[⑤]。"立信"是会计师事务所办事的训条,它是潘序伦先生取《论语》句"民无信不立"之意,并进而引申为"信以立志,信以守身,信以处世,信以待人,毋忘立信,当必有成"[⑥]。为保证会计师事务所这种文化理念的实现,长期以来形成了

[①] 梁漱溟:"中国文化的特征",载李中华:《中国文化概论》,中国文化书院,1987 年版。这里转引自陈正兴、周生春:《中国审计文化研究》,中国时代经济出版社,2004 年版。
[②] 陈正兴、周生春:《中国审计文化研究》,中国时代经济出版社,2004 年版。
[③] 冯淑萍:"行业诚信建设,贵在从我做起",《注册会计师、注册资产评估师、行业诚信建设纲要》,中国注册会计师协会发布,中国财政经济出版社,2002 年版。
[④] 王建中:《会计发展史》,东北财经大学出版社,2003 年版。赵友良:《中国近代会计审计史》,上海财经大学出版社,1996 年版。
[⑤] 中国注册会计师协会:"2003 年度会计师事务所全国前百家信息",《中国注册会计师》,2004 年第 1 期。
[⑥] 王建中:《会计发展史》,东北财经大学出版社,2003 年版。

会计师事务所具有特色的组织管理观念与方式。比如，为保证其诚信监管需要，会计师事务所的投资者不能分散化、社会化，应是热心于注册会计师事业的具有深厚审计文化底蕴的专业人士；在所有制体制上不能实行社会化程度极高的上市公司的形式；在公司治理上不便于实行高度的所有权与经营管理权的"两权分离"制结构；等等。从美国公司文化的角度看，股东的投机文化、经理的机会主义行为文化、偏离诚信的外部治理文化、以资本为核心的经营文化、公司成长中的扩张文化，是美国公司偏离诚信、出现财务舞弊行为的必然原因和结果①。胡奕明认为，合伙文化是事务所文化的核心，包含价值观、行为规范和经营理念等诸多方面②。因而，可以从会计师事务所投资文化、事务所管理文化、事务所价值观和事务所职业道德文化等四个方面来考察会计师事务所诚信监管的具体内容。

(一) 会计师事务所投资文化

会计师事务所资本投资者是事务所的业主，是事务所最终收益的获得者和最终风险的承担者。由于会计师事务所多采取合伙制或有限制的有限责任公司的企业组织形式，因而不仅投资者自身文化影响甚至决定着事务所诚信文化性质，而且其投资规模、投资方式以及投资者方位也直接或间接影响甚至决定着会计师事务所诚信监管的文化状况。事务所物资设备如房屋、办公设备、交通工具、文具器物等是事务所文化的最直接、最简单的形态。事务所物资设备中既包含了事务所及注册会计师事业不断发展的文化，同时也是事务所及注册会计师事业文化的外在体现。事务所物资设备所需资金又是由事务所资本投资者投入的，因此事务所物资设备在一定程度上承载着并传达着事务所投资者对注册会计师事业及事务所的文化底蕴及其精神诉求，同时事务所资本投资者对事务所投入的资本越多，事务所规模越大，其承担的诚信缺失成本及风险也就会越大，从而对事务所经营管理当局及其执业者执业质量及诚信及其监管要求自然也就越高。从另一角度看，事务所规模直接影响并在一定程度上决定着事务所的声誉，事务所规模大往往拥有较多的客户，失去某一客户对事务所的威胁影响较小，出现有悖于执业规范行为的概率就较低。从"深口袋"理论看，规模大的事务所有更深的"口袋"，通常更有动力发表准确的审计意见，不易为客户所购买。事务所投资文化不仅表现在事务所投资者的投资规模，而且还体现在投资方式及投资后投资者在事务所的方位上，以财务资本投资的投资者与单纯以智力或人力资本投资的投资者所形成的物质载体及其最终承担风险是有巨大差别的，后者仅仅承担执业声誉及再就业重新选择风险而不承担事务所破产的投资及资产损失风险；投资后投资者在事务所的方位上的不同决定了其对事务所物质及精神的要求以及所承担风险也就不同，比如事务所首席合伙人与一般合伙人或股东、事务所的稳定的投资者与不稳定的投资者、投资后对事务所业务的过问及精力投入情况的不同等都影响着事务所文化的内在质量。因此，事务所投资文化的监管与评价内容应包括事务所投资规模、投资方式和投资者方位等方面。

(二) 会计师事务所体制文化

会计师事务所体制既是事务所文化的基本内容，又是事务所文化的载体。会计师事务

---

① 薛有志、郝沭平：《美国公司文化：潘多拉的盒子》，中国财政经济出版社，2003年版。
② 胡奕明："关于国内事务所合伙人文化的调研分析"，《中国注册会计师》，2006年第2期。

所体制文化内容包括事务所物质及人力的组织结构形式及内部管理方式等。就会计师事务所所有制形式而言,合伙制和有限责任公司制其所蕴含以及承载的诚信文化内涵是有所差别的,二者所包含的法律责任内涵存在质的差异,合伙制的投资者对事务所诚信缺失损失及风险承担无限责任,而有限责任公司制的投资者对事务所诚信缺失损失及风险承担有限责任。诚如 Watts 和 Zimmerman 认为:"无限责任的合伙形式为审计师的独立性提供了更大的约束力[①]。"事务所营业场所是采用租赁方式获得,还是采用其他方式获得,其所标明的事务所文化形态及其对投资者及员工价值观念的塑造是有差别的,进而对事务所诚信文化产生不同的影响程度。事务所组织结构作为事务所管理体制的核心内容更是对事务所诚信及其监管有着重要的影响。成功的会计师事务所都有其特征明显的体制文化。普华永道(Price Waterhouse Coopers)[②]的主要业务最初发源于英国和美国,以后不断开拓国际市场成为一个庞大的国际公司,其对海外扩张分公司主要采取吸收当地会计公司成为其国际公司的会员为主要手段,然后将已经成熟的、在全世界应用的公司制度、业务程序及公司文化拷贝到当地的会计公司。普华永道的公司结构就像一个松散的世界网络,每个国家的分公司都是国际公司的会员公司,会员公司与国际公司之间通过签署协议来规定双方的义务和权利,而国际公司的管理人员由不同国家和地区的代表按一定程序选举产生,会员公司之间没有明显的有任何国家或地区人员控制的问题,国际公司与会员公司之间除协议规定的约束以外也没有完全的控制关系。国际公司不从事具体的业务,主要负责基础设施的建设、人事、会员公司之间的协调和其他公共项目的研究与共享工作。会员公司之间在国际公司的协调下,互派人员、协助培训以及通过各种其他方式进行交流,以保持业务上和风格上的一致性。在单项业务上,要求加强在全世界的联系性和一致性,形成业务子网络,以确保充分利用世界范围内的人力资源和单个业务在风格及质量上保持全球统一的标准。在服务品牌上,所有国家的会员公司以及所有业务都冠以普华永道的标识,以提高客户对普华永道这个品牌服务的认同,获得巨大品牌效益[③]。可见,会计师事务所体制文化的内容可以包括事务所所有制形式、营业场所、内部管理体制等方面。

(三) 会计师事务所价值观

会计师事务所价值观是会计师事务所文化的核心内容和基石,它是在长期的审计事业及事务所建设与发展中塑造锤炼形成的、被事务所利害关系各方及社会所广泛认可的、为实现事务所目标的对审计事业及会计师事务所社会价值的基本认识和观点。有了正确的向上的价值观,事务所才能引导自身走向卓越,承担起对社会的应有诚信责任,正确处理经济利益与社会诚信责任的关系。普华永道价值观的主要内容包括:追求卓越、创新、学习、灵活敏捷、团队协作、关系(建立同事之间及与客户的长期关系)、互相尊重、分享(指积极分享知识、经验、资源和机遇)、领导才能、勇气、想象力、正直。其中最核心价值观是:卓越、团队精神和领导能力。为确保公司价值观并非纸上谈兵,普华永道积极对员工灌输公司价值观,对

[①] 转引自李连俊:《审计服务定价与会计师事务所声誉研究》,上海财经大学博士学位论文,2004 年 6 月。
[②] 世界"四大"会计师事务所(其他三家为德勤、安永国际、毕马威国际)中规模(办事机构、员工人数等)最大会计师行。截至 2003 年 6 月 30 日,其年收入达 146.89 亿美元,业务分布 139 个国家,合伙人 7 879 人,员工人数为 122 820 人。资料来源:英格兰及威尔士特许会计师协会:《会计》(Accountancy),2004 年 6 月。
[③] 周年洋、王二龙、林明:《五大会计师行》,中国财政经济出版社,2003 年版。

于新员工价值观教育是培训的非常重要的内容,同时对公司价值观的理解及实施也是对于新合伙人进行选择的标准之一。在实际工作中,公司采取电子邮件、局域网、声音邮件、讨论会、在线培训、管理信息和内部调查等渠道及手段来不断强化、引导员工理解并实施价值观[①]。德勤职员由于共同的信念以及能运用到任何一个优秀团队的价值观而团结起来,形成一个庞大有序的有机整体。德勤文化的核心价值观是:帮助客户及员工达到卓越[②]。所以,监管与评价会计师事务所价值观可以从事务所总体价值观状况、事务所股东价值取向、事务所管理层及员工价值观等几方面着手。事务所总体价值观状况可从事务所价值观内容科学合理、是否适合本所具体特点、价值观教育及其灌输和价值观实施状况等方面内容;事务所股东价值取向可以从股东对事务所价值观认同度、股东投资事务所是出于对事务所事业的执着热爱和追求,还是仅仅为了获取丰厚投资报酬,对于事务所合伙人在确定事务所利润分配方式上是否考虑事务所的长期发展还是单纯追求货币分配等;就管理层价值观取向而言,要考察管理层获取报酬的方式和态度,在任职合同中是否将追求"卓越""社会服务"等作为任职期间的"天职",是否追求事务所的长期发展,是否有长期供职于事务所的决心等;就一般员工而言,工作是否有自豪感、在对事务所价值观有高度认同感的基础上是否有长期供职于本所的打算,是否有以主人公的姿态经常提出合理化的意见建议等。

(四)会计师事务所职业道德文化

会计师事务所职业道德文化是职业道德文化的一个分支。会计师事务所职业道德文化心理是事务所职业道德文化的典型特征。会计师事务所职业道德文化心理有事务所员工的个体职业道德文化心理和事务所整体职业道德文化心理所构成。所谓事务所员工的个体职业道德文化心理是指事务所投资者、管理者及广大员工对有注册会计师职业本质特征要求所决定的公众利益、公正性、客观性、专业胜任能力、保密、独立性等道德倾向性的比较稳定的个性心理特征的总和。所谓事务所整体职业道德文化心理是指事务所作为一个特定主体对注册会计师职业道德倾向性及正确处理职业道德关系的比较稳定的反映事务所整体心理活动及心理倾向特征的总和。因此,职业道德文化理念、职业道德良心检测和职业道德文化教育等成为会计师事务所职业道德文化的内容。具体而言,职业道德文化理念的内容应包括具有一定特色的职业道德文化理念、员工对事务所整体职业道德的认同度等;职业道德良心检测评价内容应包括职业诚信承诺、职业诚信宣扬等;职业道德文化教育的内容应包括职业道德文化教育活动状况、职业道德文化教育工作总结、职业道德文化研讨活动等。

二、会计师事务所环境

道德同社会物质生活条件之间是一种辩证关系,其中社会经济关系对道德起着决定作用[③]。这说明了道德与环境之间的关系。同样,会计师事务所诚信度高低,会计师事务所诚信监管状况好坏也与会计师事务所环境之间存在着辩证关系。会计师事务所诚信度高会得到环境的认可,各方面的关系是否融洽,是否有得到各方面关系者的赞许和认可的地位,成为观察会计师事务所诚信状况的标志。这说明会计师事务所诚信监管内容可以从其与环境

---

① 周年洋、王二龙、林明:《五大会计师行》,中国财政经济出版社,2003年版。
② 同上。
③ 罗国杰、马博宣、余进:《伦理学教程》,中国人民大学出版社,1986年版。

的关系中得出相应的结论。会计师事务所诚信监管环境可从其人文环境、经济环境、政治环境、法律环境以及国际环境五个方面考察。

(一) 会计师事务所人文环境

会计师事务所人文环境的诚信监管内容可以从会计师事务所与客户的沟通状况、同业沟通状况、社区沟通状况以及事务所内部员工人文素质和内部人员及部门之间职务冲突状况等方面来评价事务所的诚信及其监管状况。

1. 客户沟通

通过事务所与客户沟通状况反映出的事务所诚信及其监管状况,可以应用事务所客户回头率、客户推荐率、客户对事务所服务及诚信争议率、事务所履约率、事务所对客户的依赖程度以及客户分散度等内容评价。美国国会在《萨班斯法案》的听证期间,会计师事务所的强制轮换(指对一家会计师事务所可以审计某特定公司会计报表的任期作出限制)被认为是一项能够提高审计独立性和审计质量的改革措施,但是尚未包括法案之中。国会决定应当对会计师事务所强制轮换做进一步研究。其争论的焦点在于负责审计公司会计报表的会计师事务所的独立性及审计质量是否受到该事务所与客户的长期关系以及留住客户的愿望的不利影响[①]。这说明事务所与客户间的沟通情况对事务所诚信及执业质量确实存在一定相关性,另一方面也说明事务所与客户关系过于紧密、业务服务关系保持时间过长形成依赖,会产生"日久生情"而"通同作弊",但是,业务服务关系保持时间过短,不稳定容易产生"过分投机"心理与行为进而"铤而走险",因此,监管、评价内容选择上不能单纯考核事务所客户回头率、客户推荐率等指标,还应考核客户对事务所诚信争议率、事务所履约率、事务所对客户的依赖程度以及客户分散度等内容。

2. 同业沟通

会计师事务所之间"炒鱿鱼、接下家"以及同行诋毁、恶性压价等不正当竞争行为,不仅严重破坏了会计师事务所之间良性竞争的审计市场环境,而且严重削弱了事务所的独立性和诚信度、败坏了注册会计师行业形象,使得会计师事务所之间"同行是冤家",阻断了事务所之间的正常沟通,审计市场秩序混乱。中国注册会计师协会决定"对有关当事人或者执业机构进行谈话提醒,对其面临的审计风险及时做出警示和指导,并将有关执业机构或执业人员的不良记录计入诚信档案等"[②]。可见,会计师事务所同业沟通可以通过事务所"接下家"、降低收费、同行诋毁及其投诉、执业项目合作、同业联动活动及其资源共享等内容进行界定。

3. 社区沟通

社区沟通不仅可以督促事务所与其所处社区营造良好氛围环境,而且对其诚信执业形象塑造和"标榜"有重要的监督帮助作用,一个缺乏诚信的"人"不可能有良好的社区沟通环

[①] 美国审计总署著,中国注册会计师协会译:《关于会计师事务所强制轮换潜在影响的法定研究》,中国财政经济出版社,2004年版。

[②] 中国注册会计师协会:"中注协陈毓圭秘书长答记者问",《注册会计师、注册资产评估师、行业诚信建设纲要》,中国财政经济出版社,2002年版。

境。强化社区沟通是提升行业社会公信力的重要方面。因此,可以通过事务所照章纳税、提供就业、公益赞助、公益社区活动以及社区表彰等情况来界定事务所社区沟通状况。

4. 事务所员工人文素质

会计师事务所员工人文素质作为会计师事务所内部监督管理的人文环境的主要内容,其高低对会计师事务所诚信有着一定程度的影响。考察事务所员工人文素质可以通过员工中获得会计学专业本科或专科学历的比重、获得注册会计师职称的比率、从事注册会计师执业的年限长短等内容的研究获得。

5. 会计师事务所内部员工职务冲突

会计师事务所内部员工职务冲突状况是影响事务所诚信的内部环境之一。会计师事务所内部员工之间、员工与管理者之间职务素质、职务履行状况及其职务评价等,大致可以反映会计师事务所内部员工的职务冲突状况。

(二)会计师事务所经济环境

会计师事务所经济环境是影响事务所诚信的重要环境条件。会计师事务所的会计市场方位、客户性质和利益冲突等状况能够说明会计师事务所诚信的经济环境状况,也是经济环境监管的重要内容。截至2000年年底,我国具有证券从业资格的事务所共有78家,而上市公司仅有1 088家,平均每家事务所拥有上市公司客户数14家,其中前十大国内事务所客户数为356家,国内68家"非十大"所客户数为671家,平均每家事务所拥有不到10家上市公司客户。面临如此竞争激烈的市场环境,争取客源几乎成为事务所的首要任务,不顾诚信质量,通过关系、人情、地区封锁、行政干预、竞相压价等手段恶性竞争。雷光勇和王立彦认为,由于信息不对称和投资要素的参与度差异,各利益相关者之间存在着权力差异,从而形成了投资合作过程中的弱势利益相关者和强势利益相关者。为了监督与遏制强势利益相关者对弱势利益相关者利益的可能侵占行为,审计决定权应由弱势利益相关者拥有。有代表广大弱势参与者利益的政府通过制定法律强制进行审计,是有效解决弱势参与者的审计决定权形势的最佳选择方式[①]。David B.Farber 选取美国1982—2000年87家因财务报告舞弊被SEC处罚的公司为样本,采用配对方法,检验了财务报告系统可信性与治理机制质量的相关性。研究结果表明,舞弊公司债务比前一年的治理状况通常较差,董事会中外部董事的比例较少,审计委员会较少开会,审计委员会中的财务专家较少,公司很少雇用四大会计师事务所进行审计,董事长与总经理经常是同一人。研究还发现,舞弊公司被发现后采取行动改善公司治理,并在此后的三年里形成与控制公司类似的治理特征,如董事会中外部董事的数量和比例、董事长与总经理两职状况,但审计委员会的会议次数超出了控制公司;然而,即使舞弊公司改善了治理状况,机构投资者并未因此增加对公司的持股,这些公司的可信性仍然是一大问题。但是,采取行动改善治理会被投资者看好,市场将改善治理机制的质量作为一种恢复信任的手段[②]。这些研究都说明了环境对审计诚信的影响。

---

① 雷光勇、王立彦:"投资秩序与利益相关者审计",《审计研究》,2006年第1期。
② David B. Farber:"Restoring Trust after Fraud: Does Corporate Governance Matter?",*Accounting Review*,Vol. 80,April 2005,539-561,载《会计研究动态》,2006年第3期,蒋美华整理。

1. 会计师事务所市场方位

会计师事务所市场方位的确定除受内部自身条件影响外,更主要应根据相关法规政策、会计市场状况、客户需求情况和市场竞争等外在环境因素来确定。事务所审计业务量(主要指业务收入及拥有业务客户量,下同)占总业务量的比率、管理咨询业务量占总业务量的比率、资产评估业务量占总业务量的比率以及事务所在本地区的市场占有率等大致能够反映事务所的市场方位。20世纪70年代随着市场经济竞争程度的加剧,客户对会计师事务所提供管理咨询业务的要求愈演愈烈,管理咨询业务收入成为事务所收入的主要来源,针对这种经营环境的变化,会计师事务所开始实施多元化经营战略,将经营中心由审计业务逐步转移至高回报、低风险的咨询业务,以降低事务所的系统性经营风险,弥补在标准化审计程序和技术方面的投资支出。承揽业务尤其是咨询业务的能力成为评价合伙人业绩的首要标准,专业水平退居次要地位。大型会计师事务所的管理合伙人(managing partners)主要精力不再放在高风险、低回报和低成长的审计业务,而是投向于高回报、高成长、低风险的咨询业务。《华盛顿邮报》专栏记者大卫·希尔贞纳斯(David S. Hilzenrath)在抨击会计职业界"不务正业"时,列举了一些统计数据尖锐地指出注册会计师同时从事审计和咨询业务的潜在利害冲突:毕马威向摩托罗拉公司收取的审计费只有390万美元,但收取的咨询费却高达6 230万美元;同样,安永向美国第三大长途电信公司施普林特(Sprint)收取的审计费和咨询费分别为250万美元和6 380万美元;美国电报电话(AT&T)付给普华永道的审计费为790万美元,而咨询费则高达4 840万美元。在莱得艾德舞弊案中,毕马威收取的审计费与咨询费的比例约为1/4。在施乐公司发生舞弊的1997—2000年,毕马威向施乐公司收取的咨询费高达5 600万美元,比审计费多了3 000万美元,以至于在明知施乐公司有大量财务舞弊的情况下,仍然为其严重失实的财务报表签发无保留的审计意见①。由于会计师事务所的多种经营危及其独立性和诚信度,许多国家纷纷采取限制性措施,在经合组织(OECD)20个成员国中,有日本、丹麦、希腊、葡萄牙等对个别非审计服务品种做出了禁止性规定,法国、比利时和意大利三国全面禁止会计师为上市公司客户提供非审计服务。美国虽然没有全面禁止会计师为审计客户提供非审计服务,但列入禁止清单的服务范围涉及8个方面。在中国,会计师事务所目前的服务结构比较单一,主要为审计服务,咨询等非审计服务所占比重非常小(7%)。中国注册会计师协会在所发布的行业职业道德规范中,对非审计服务业做出了相应限制,会计师事务所不得同时为上市公司提供编制会计报表和审计服务②。又如,财政部、中国证监会在《关于印发〈注册会计师执行证券期货相关业务许可证管理规定〉的通知》(财协字[2000]56号)中第六条规定,会计师事务所申请证券许可证应当符合依法成立3年以上,内部质量控制制度和其他管理制度健全并有效执行,执业质量和职业道德良好,在以往3年执业活动中没有违法违规行为;具有20名以上符合条件的注册会计师,60周岁以内注册会计师不少于40人;上年度业务收入不低于800万元;有限责任会计师事务所的实收资本不低于200万元,合伙会计师事务所净资产不低于100万元。在中国人民银行和财政部联合制定的《会计师事务所从事金融相关审计业务暂行办法》(银发[2000]228号)中规定:从事政策性银行、国有独资商业银行、国有资产管理公司、股份制商业银行、外资银行以及中国人

---

① 黄世忠:《会计数字游戏:美国十大财务舞弊案例剖析》,中国财政经济出版社,2003年版。
② 李勇:"大力推进行业职业道德建设",《会计研究》,2003年增刊。

民银行总行直接监管的信托投资公司、企业集团财务公司、金融租赁公司金融相关业务的会计师事务所应具备的条件是：在我国境内依法成立3年以上，内部机构及管理制度健全；注册会计师不少于60人，上年度业务收入不低于1 500万元；至少有20名熟悉金融相关审计业务的注册会计师。这些表明会计师事务所市场方位的确定是由相关法律法规和事务所自身条件所决定的。

2. 客户性质

由于审计市场环境影响，会计师事务所的独立性一旦受到威胁，事务所就存在与客户企业共谋舞弊的"机会主义"动机和行为，因此会计师事务所服务的客户性质及其公司治理状况就是影响事务所诚信的重要环境因素。监管、评价被审计客户的性质主要可以通过服务客户中上市公司比重、私有企业比重、公司股权结构、客户经营及会计诚信档案、公司治理结构和客户会计基础工作状况等内容进行。一般而言，上市公司由于其诚信受到资本市场所制约，诚信度高于国有、私有等非上市公司；公司治理结构和股权结构合理的企业，其诚信度高于不合理的企业；客户经营及会计诚信档案优良、信誉卓著的企业，其诚信度高于一般企业；会计基础工作好的企业发生会计舞弊的情况就会少。王立彦、刘军霞研究认为：在"一股独大""关键人"控制的特定企业环境下，上市公司审计的实际委托人变成了公司管理层，即由上市公司管理层聘任外部审计师对自身的行为进行审计和监督，这必然使审计师的独立性受到削弱[1]。

3. 利益冲突

Arieh Goldman 和 Benzion Barlev 认为审计报告通常受到三个利益群体的关注：被审计单位的管理当局，被审计企业的股东和第三方或企业外部人员。管理当局知道企业真实会计信息，对审计报告所包含的信息并不感兴趣；但是，审计报告是股东和第三方评价企业财务状况和管理当局业绩的一个主要途径，因此管理当局高度重视审计报告所反映的企业情况[2]。这样，会计师事务所通常可能卷入三种利益冲突。一是事务所与企业之间的利益冲突。如果审计报告含有可能导致股价下跌的信息，常会使潜在投资者不投资于企业、债权人不授信于企业，致使管理当局和股东的共同利益受损，因此在审计买方市场的条件下，管理当局和股东为了其共同利益而达成默契进而向会计师事务所施加影响，以便向第三方提交对其有利的审计报告，这样事务所就与企业之间存在潜在的利益冲突。二是股东与管理当局之间的利益冲突。股东常依赖审计报告评价管理当局的业绩，做出投资决策，因此管理当局就会诱导或胁迫会计师事务所出具有利于管理当局的审计意见以便获得股东的信赖。但是，如果事务所偏离审计诚信和公允出具偏袒于管理当局的审计意见，就存在失去公众信任的风险，可见事务所在股东和管理当局中间存在利益冲突。三是会计师事务所自身利益与其职业准则之间的冲突。事务所坚持职业准则有时会使自身利益受损，反之，违背职业准则取悦于客户，自身受益。Robert J. Sack 认为，除上述三种利益冲突外，还有商业化与行业特

---

[1] 王立彦、刘军霞："欧美关于公司治理与会计信息质量的研究"，《中国会计理论与实务前沿》(第三卷)，江西高校出版社，2004年版。

[2] Arieh Goldman and Benzion Barlev: "The Auditor-Firm Conflict of Interests: Its Implications for Independence", *The Accounting Review*, October 1974, 707-718.

征、事务所内部责任划分等两种利益冲突①。商业化与行业特征之冲突表现在：会计师行业的存在与发展取决于公众对会计师在保护公众利益方面的信心，这种信心来源于公众对会计师技术胜任能力和职业责任感的认可。注册会计师行业的首要目标不应是追求自身经济收益，而是为公众服务，保护公众利益。这就要求会计师事务所和注册会计师必须在商业利益和公众利益之间做出必要的权衡，并在追逐商业利益与维护行业内在本质特性之间寻求一个恰当的平衡点。事务所内部责任划分上的利益冲突主要表现在：审计报告需要由两名具备相关业务资格的注册会计师签名盖章，其中，合伙会计师事务所应有一名对审计项目负最终复核责任的合伙人和一名负责该项目的注册会计师签名盖章；有限责任会计师事务所应有主任会计师或其授权的副主任会计师和一名负责该项目的注册会计师签名盖章。因此，出外勤审计的注册会计师并不一定具有最终签字盖章的权利条件，由此就产生了事务所内部会计师之间的责任划分上的利益冲突②。直接观察上述利益冲突状况是比较困难的，但是可以通过事务所客户变动率、事务所收费波动率、事务所客户中超过三年的客户比率及超过五年的客户比率、事务所业务地区封锁状况和"旋转门"（指负责审计客户的审计师辞职转入被审计客户任职）现象③等内容来监管与测评。2002年美国国会通过《萨班斯法案》，在该法案的国会听证期间，会计师事务所的强制轮换（指对一家会计师事务所可以审计某特定公司会计报表的任期做出限制）被认为是一项能够提高审计师独立性和审计质量的改革措施，但是目前尚未包括在法案当中。争论的焦点在于：对负责审计公司财务报表的会计师事务所的独立性是否受到该事务所与客户的长期关系以及留住客户的愿望的不利影响仍然存在疑问。因此，国会要求GAO（美国审计总署）对强制轮换进行继续研究。GAO研究认为：会计师事务所强制轮换可能并不是加强审计师独立性和提高审计质量的最有效途径④。因此，这里除选择事务所客户变动率、事务所客户中超过三年的客户比率及超过五年的客户比率等内容外，还选择事务所收费波动率、事务所业务地区封锁状况和"旋转门"现象等作为"利益冲突"的监管及评价内容。

（三）会计师事务所政治环境

"社会主义市场经济是立足于诚信的法治经济，信用是市场经济正常运行的基础。"⑤会计师事务所诚信直接或间接影响着国家宏观经济决策的正确性和资源配置的有效性，对维护正常的市场经济运行秩序具有重要作用。可见，会计师事务所诚信不仅仅是一个经济问题，而且是一个政治性问题。实践证明政府监管、行业自律监管是提升会计师事务所诚信的基本措施。政府及注册会计师行业自律监管力度及其效果是会计师事务所能否履行诚信承诺的基本标志和载体之一，其中监管效果主要有两个基本标志，一是事务所是否

---

① Robert J.Sack:"Commercialism in the profession: a threat to be managed", *Journal of Accountancy*, October 1985, 125-134.

② 相关详细论述参见王英姿：《注册会计师审计质量评价与控制研究》，上海财经大学出版社，2002年版。

③ 所谓"旋转门"现象是指负责审计客户的审计师辞职转入被审计客户任职的现象，多用来揭示说明无法寻找与客户或事务所内部责任划分中利益冲突平衡的一种表现。

④ 美国审计总署著，中国注册会计师协会译：《关于会计师事务所强制轮换潜在影响的法定研究》，中国财政经济出版社，2004年版。

⑤ 冯淑萍："行业诚信建设，贵在从我做起"，《注册会计师、注册资产评估师行业诚信建设纲要》，中国财政经济出版社，2002年版。

有连续被处罚的记录,二是沟通情况,所谓沟通是指事务所是否经常与监管部门保持必要的联系以便及时知晓监管部门的规章制度和监管措施,以及被处罚后及时了解被处罚的真正原因以便总结教训改正错误。因此,这里选取政府监管、行业自律监管以及事务所客户会计诚信记录等三项主要内容作为事务所诚信的管理与评价的指标。政府监管方面的内容主要确定了会计师事务所被各级政府相关监管部门处罚的记录以及事务所与政府监管部门的沟通情况,包括诚信警告、罚款、暂停执业、吊销执照等处罚记录;注册会计师行业自律监管方面的内容主要确定了会计师事务所被各级注册会计师协会及其诚信监管部门处罚的记录以及事务所与行业监管部门的沟通情况,包括提醒、警告、罚款等。由于我国各地区注册会计师行业自律监管现在还存在较大差异,行业地区会计师事务所诚信监管评价应是考虑的基本内容之一。注册会计师在执业过程中并不可能将所有失实不诚信事项都审计出来,因此会计师事务所客户会计诚信监管状况对事务所诚信状况有着直接或间接的影响作用,这里将政府监管及客户所属行业自律监管部门对客户的会计诚信监管状况也纳入了监管与评价内容,主要选取了客户的会计诚信档案资料作为监管与评价的基本内容。

(四) 会计师事务所法律环境

会计师事务所法律环境在两种意义上对会计师事务所诚信有着决定性影响:一是会计师事务所诚信产品是一种具有特殊执业特征的专业知识及职业道德产品,其内在质量具有为一般需求者难以观察的特征,如果没有法律规定的最低标准支持则难以获得消费者的诚信质量认可;二是作为审计产品供给者一方的会计师事务所如果离开法律所规定的统一标准,对其所提供的诚信产品是否能够达到或满足消费者的需求要求就缺乏统一标准,也会增加事务所提供服务时私自确定产品标准的"交易成本",同时还可以弥补行业标准的权威性、强制性特征之不足。那么,会计师事务所诚信产品的法律效率是否能够实现并最终内化于会计师的职业判断中而提高了事务所服务产品的内在质量:首先,在于事务所管理层及其员工对法定标准的认同度;其次,要看会计市场中是否存在"劣币驱逐良币现象",如果存在则市场交易的帕累托改进就无法实现,我国目前全国范围会计市场竞争不充分,因此观察某一地区范围相关法律执行监管状况应能够基本反映其法律效率,比如事务所对地区监管部门监管状况的评价以及对事务所经济发展公平性的评价等。法律环境所表现的会计师事务所诚信状况最终还要看事务所客户的评价。因此,会计师事务所法律环境的监管与评价内容至少应包括事务所法律认同度、地区评价和客户评价等三个方面。

(五) 会计师事务所国际环境

国际经济一体化必然促使会计师事务所的国际化。我国会计师事务所的国际化对于促进事务所诚信及其监管效率的提升其突出作用是两个方面。一是在国际化的过程中可以对国际经验去粗取精、去伪存真,实现事务所诚信监管历史的扬弃。二是在我国会计师事务所与企业的冲突中,一方面,企业不对会计师事务所提供的专业技能回报给予高度评价,而是更多的希望得到能够对企业利害关系者施加影响的审计报告;另一方面,注册会计师却对企业可以提供的回报高度重视,企业拥有签约强权。因此,参与会计市场的国际竞争,可以减轻事务所国内传统力量依赖①以及既成利益依赖惯性②,进而必定促使事务所在自身诚信监管上下工夫。

三、会计师事务所职业道德监管

在会计师事务所不同具体领域、不同具体层次的各种经营业务及管理活动中,只有注册会计师职业道德得以全面实现,会计师事务所诚信原则和诚信精神才能真正得以存在。因此,会计师事务所自身职业道德监管及其效率,成为会计师事务所诚信监管的基本内容。会计师事务所职业道德监管状况决定于职业道德监管制度健全程度、监管目标实现情况以及内部监管机制运行状况等因素。

(一)会计师事务所职业道德监管制度

会计师事务所职业道德监管制度的内容应包括会计师事务所职业道德监管制度文件是否完备、内容是否健全、监管制度文件内在质量是否科学合理、事务所员工认知度,如事务所员工对内部监管制度完备程度及其质量的认知情况等。

(二)会计师事务所职业道德监管目标

会计师事务所职业道德监管目标的内容可以包括:事务所职业道德诉讼,如道德应诉案件总数、道德诉讼案件中胜诉率等;事务所职业道德档案,如事务所职业道德缺失事项、员工职业道德失误等;事务所职业道德表扬,如事务所获得国家级职业道德表彰、地区级道德表彰情况等。

(三)会计师事务所职业道德内部监管机制

会计师事务所职业道德内部监管机制是保证注册会计师职业道德规范在事务所内部得以贯彻实施的基本保证。会计师事务所内部通常都设置独立的专业标准委员会,除监督保证事务所业务专业标准的贯彻执行外,主要负责监督管理职业操守的贯彻执行。1997年安达信客户Waste Management公司被迫重新申报收益,该公司在20世纪90年代公布的利润被抹去17亿美元,为有史以来最大一桩公司业绩重报案。负责审计该公司的审计师是罗伯特·阿尔格尔(Robert Allgyer),他因成功地将额外服务项目交叉推销给其审计客户而在公司内部以"呼风唤雨"而闻名,但他却认可了一些绝对有问题的账目,最终以被判2.2亿美元巨额赔偿得以了结。这是一个放松内部职业道德监管而使安达信逐步走上死亡的例证。安达信失败的真正根源在于近30年来的管理失误和丧失原则③。考察会计师事务所职业道德内部监管机制效率的基本内容应包括职业道德监管组织领导、奖惩状况、职业道德良心塑造、职业道德冲突等。事务所职业道德监管组织领导的具体内容应包括事务所职业道德监管机构设置、职业道德监管领导者素质评价、监管权责是否分明、职业道德监管领导机构及

---

① Donald R. Nichols and Kenneth H. Price:"The Auditor-Firm Conflict: An Analysis Using Concepts of Exchange Theory", *Accounting Review*, April 1976, 335—346.相关详细论述参见王英姿:《注册会计师审计质量评价与控制研究》,上海财经大学出版社,2002年版。
② 在我国,由于会计师事务所历史上的行政挂靠关系而形成的利益依赖至今仍然不可忽视。
③ 周年洋、王二龙、林明:《五大会计师行》,中国财政经济出版社,2003年版。

其人员的独立性等。职业道德内部监管奖惩状况的内容应包括反映职业道德奖惩状况的记录、事务所员工对相关奖惩实施的认同程度等。职业道德良心塑造的主要内容应包括定期的职业良心评估活动情况、职业良心沟通以及职业良心塑造活动机制建设等。职业道德监管中道德冲突的内容主要应包括事务所内部职业道德冲突的发现及其解决情况、职业道德冲突如审计合谋等现象的存在情况等。

四、会计师事务所执业质量监管

国际会计师联合会(IFAC)发布的《国际审计准则第220号——审计工作质量控制》将会计师事务所质量控制分为事务所和审计项目两个层面：事务所层面的质量控制政策包括职业要求、技术与胜任能力、工作委派、督导、咨询、接受与保留客户、监控；审计项目层面质量控制程序包括委派工作、指导、监督、复核。澳大利亚注册会计师协会(ASCPA)发布的第206号审计准则《审计工作质量控制》将会计师事务所质量控制政策也分为两个层面：事务所审计工作质量控制内容包括职业胜任能力、招聘、向业务分派人员、督导、指导和帮助、客户评价、行政和技术责任的分配；审计项目质量控制内容包括指导、监督和复核。美国注册会计师协会(AICPA)自1979年先后发布了《质量控制准则说明书第1—5号》(SQCS No.1，No.2，No.3，No.4，No.5)，其质量控制内容包括五个要素：独立、公正和客观，聘约的执行；人员管理；客户和聘约的接受与保持；监控[1]。常勋教授在论述审计质量控制的过程中改变仅偏重于技术层面，而从经营管理的角度全面展开[2]。中国注册会计师协会1996年发布《中国注册会计师质量控制基本准则》[3]，其中第六条规定会计师事务所应当合理制定以下两个层次的质量控制政策与程序：(1)会计师事务所审计工作的全面质量控制政策与程序；(2)各审计项目的质量控制程序。第十一条规定会计师事务所应当制定和运用以下七个方面的质量控制政策：(1)职业道德原则；(2)专业胜任能力；(3)工作委派；(4)督导；(5)咨询；(6)业务承接；(7)监控。张连起将会计师事务所质量控制总结概括为十要素：(1)独立性；(2)工作委派；(3)咨询；(4)督导；(5)员工招聘；(6)专业胜任能力；(7)职业后续教育；(8)考核与晋升；(9)业务承接；(10)检查[4]。王英姿认为，事务所审计质量评价的量化指标应包括：(1)事务所基本情况，包括合伙人或主任会计师经营理念、客户质量、国际会计公司成员所(或合作所)；(2)事务所规模，包括年度业务收入、从业人员数量、净资产；(3)从业人员质量，包括注册会计师数量、学历层次、从业时间、晋升制度和薪酬制度、从业人员流动比例；(4)行业专长水平，包括某行业客户主营业务收入占该行业主营业务收入总计比例或客户资产总额占该行业资产总计比例；(5)事务所内部质量管理，包括质量控制制度完善程度、工作底稿、三级复核执行情况、审计风险控制机制、业务培训与信息沟通；(6)负面因素，包括出现审计失误、事务所被追究行政责任、职业会计师被追究刑事责任[5]。综合以上各种规定或观点，从会计师事务所诚信监管角度出发，除考察事务所质量控制内容外，还应考察事务所贯彻落实质量控制准则的制度措施及其实施效果，因此会计师事

---

[1] 常勋、黄京菁：《会计师事务所质量控制》，东北财经大学出版社，2004年版。
[2] 陈毓圭："序"，《会计师事务所质量控制》，东北财经大学出版社，2004年版。
[3] 中国注册会计师协会：《中国注册会计师行业规范》，中国科学技术出版社，2001年版。
[4] 张连起：《会计师事务所质量控制》，上海财经大学出版社，2003年版。
[5] 王英姿：《注册会计师审计质量评价与控制研究》，上海财经大学出版社，2002年版。

务所执业质量监管的内容包括执业质量控制制度、职业质量控制内容和职业质量监管措施及其效果等。

(一) 会计师事务所执业质量控制制度

会计师事务所执业质量控制制度是事务所为保证中国注册会计师协会《质量控制基本准则》的贯彻实施而制定的相应规章制度,包括事务所质量控制制度文件、审计程序适当性、审计报告可靠性和审计档案完备性等。质量控制制度文件的内容应包括是否制定了质量控制制度文件、制度文件的完备性、以及是否能够保证中注协所制定准则内容的全面贯彻实施等;审计程序适当性应包括审计程序的完整性、审计程序的合理性等内容;审计报告可靠性应分析事务所已审计会计报表错弊事项率、已审计会计报表错弊金额率等内容;审计档案完整性应考察审计档案管理状况和审计档案完整性等内容。

(二) 会计师事务所质量监管内容

会计师事务所质量监管内容应包括独立性、公正性、谨慎性、专业胜任能力、工作委派、咨询、监督、人员聘任、职业后续教育、业务承接与专业发展、审计项目质量监管与评价等内容。

会计师事务所独立性、公正性和谨慎性等都是注册会计师职业道德的要求内容,其中独立性决定公正性和谨慎性,而公正性和谨慎性又是独立性的具体表现和必要补充,核心是独立性。有些评价内容已涵盖在职业道德监管内容中,这里只是就与事务所执业质量控制密切关联的相关问题进行分析。常勋、黄京菁认为,保障会计师事务所整体独立性的措施与对策主要有五个方面:(1) 事务所管理层应确立质量至上、诚信为本的立所根基。政府及行业组织对事务所独立性的监管具有事后性特点,往往在审计项目暴露出质量问题后实施监管处罚,因此员工特别是事务所高层管理者在承接审计委托时,从思想上真正确立质量至上、诚信为本的经营理念,是放弃威胁其独立性聘约的关键环节。(2) 事务所应建立能保障独立性的业绩考评与分配机制。安达信负责人则曾认为会计师不能只扮演审计人员角色,而应以合伙人带来多少新业务来衡量其业绩,安达信实行了"2X"战略,即在年度业绩考核时,要求合伙人除从他专业领域获得服务收入外,还应从其他领域带进2倍的收入。安然的主审会计师Duncan因为培养了安然这只金母鸡,而受到安达信内部英雄式的表扬,年酬在100万美元以上,这种业绩考评与分配机制是最终导致安达信丧失其应有的独立性的主要原因。(3) 事务所应建立恰当的业务承接制度。事务所识别与评价损害独立性的因素应主要体现在业务承接环节,如果不在源头上控制风险,一旦承接了具有风险的业务将会给事务所带来诚信损失。(4) 事务所应建立有效的独立性信息传递机制。事务所应将有关防范和处罚危害独立性的规章制度及措施信息及时传递给每一位员工。(5) 事务所可建立独立性声明制度。要求合伙人及审计人员对其承接的具体审计项目的独立性做出声明,以增强事务所人员之间对风险的了解程度[①]。总之而言,事务所独立性应考评事务所保持其独立性政策的完整性、保持独立性的程序的完整性、保持独立性原则的执行情况、事务所员工对独立性的认知状况、审计师变更情况等。监管与评价公正性应着重考核审计意见购买情况、事务所业务分离情况等。谨慎性内容应着重考核事务所及审计师在业务承揽及出具审计报告书

---

① 常勋、黄京菁:《会计师事务所质量控制》,东北财经大学出版社,2004年版。

意见时是否保持足够的谨慎态度等。以审计师变更和审计意见购买为例,李爽和吴溪(2002)的研究表明,审计意见与审计师变更之间的显著相关性在经验证据上支持了证券监管部门对审计师变更信息披露做出的规范与监管,且要求强化相关信息披露以防范审计意见购买行为、维护审计师的独立性[①]。中国注册会计师协会的研究表明,2003年与2002年相比,非标准审计报告占全部审计报告的比例递减幅度较大,达到37.87%,在一定程度上表明上市公司会计报表可靠程度提高;在变更会计师事务所的上市公司中,被出具标准审计报告的比例上升,非标准审计报告严重程度变轻,2002年、2003年上市公司被出具标准审计报告的比例分别为86.64%、91.71%,增加幅度为5.85%,而变更会计师事务所的分别为62.79%、79.07%,增加幅度为25.93%,非标准审计报告变为标准审计报告以及非标准审计报告严重程度变轻的比例合计为25.58%。在2003年披露年报的1 290家上市公司中,查阅1 186家上市公司披露的审计任期,审计任期最长的为16年,最短的为1年,平均审计任期为5.10年。而在被出具非标准审计报告的107家上市公司中,查阅了其中的88家的审计任期,审计任期最长的为12年,最短的为1年,平均审计任期为4.43年,较总体平均审计任期短了0.67年[②]。审计任期的缩短虽然不能认为一定会提高审计质量,可能存在审计意见被购买的现象,但是这毕竟在一定程度上可以克服由于审计任期过长而产生的"日久生情"问题。刘启亮以我国证券市场1998—2004年的5 609个上市公司作为样本,通过使用合成数据和追踪型模型及OLS模型加以研究,考察了事务所任期与审计质量之间的关系,研究结论表明,事务所任期与审计质量(即盈余管理空间)显著负相关,即随着事务所任期的延长,上市公司盈余管理的空间越来越大,审计质量越来越差;研究结论在一定程度上间接支持了我国监管局近年来出台的5年期强制轮换的规定[③]。

专业胜任能力应考核事务所全体专业人员是否达到并保持履行其职责所需要的专业胜任能力,不同审计客户其所需要的专业审计能力是有一定差别的,比如制造型企业的产品成本核算与石油开采型企业的产品成本核算就有差别,并不是每一位审计师都能够胜任各种类型企业的审计业务,同一审计项目中不同审计师角色也需要不同的专业胜任能力,如果项目主任审计师不能及时洞察和识别审计过程中的虚假会计信息,那么很可能造成审计失败,或者审计小组不能团结形成合力降低整体审计能力,也可能造成审计失败。因此,评价内容应包括专业人员的职业品质、职业知识、职业技能以及事务所专业胜任能力控制程序等。具体内容如审计人员学历职称结构、审计失败率、审计特定业务年限、发现虚假会计信息(或其他舞弊事项)率等。张仁寿采用"问卷调查"和"实验研究"的方式,借鉴透镜研究方法论,考察公司的特征变量和注册会计师的特征变革对注册会计师审计意见判断的影响。研究发现注册会计师的审计意见选择与注册会计师的年龄、学历、从业单位性质、从业单位的规模相关联,但与注册会计师的性别无关联[④]。

工作委派是指事务所应当将审计工作委派给具有相应专业胜任能力的人员,因此应考核事务所的工作委派程序的合理性以及委派效果,同时应考核员工对委派工作的认同度以

---

① 李爽、吴溪:《审计师变更研究》,中国财政经济出版社,2002年版。
② 中国注册会计师协会:《中国注册会计师行业发展研究资料》,经济科学出版社,2005年版。
③ 刘启亮:"事务所任期与审计质量——来自中国证券市场的经验证据",《审计研究》,2006年第4期。
④ 张仁寿:"注册会计师审计意见行为模式的透镜研究——基于广州市执业注册会计师问卷调查和实验研究的实证分析",《审计研究》,2006年第4期。

及来自客户的反映与评价等内容。

咨询是指事务所在必要时应当向有关专家咨询,可以考核事务所是否进行过专业咨询活动、有否聘请专家(如法律专家、工程技术专家、税务或管理专家等)、有否咨询程序文件以及咨询效果等内容。

督导是指事务所应当根据具体情况(如助理人员的专业胜任能力情况等)合理确定对有关工作的指导、监督和复核的工作。具体应考核监督审计过程情况、对重大会计审计问题及时处理情况、对不适当审计计划和程序的修改情况、督导人员解决专业判断分歧情况、督导人员复核记录档案建立健全情况、复核人员发现审计不当行为事项的情况等。

人员聘任是指事务所为保证职业质量必须招聘达到并保持以应有职业谨慎履行其职责所需技术水准和专业胜任能力的员工。人员聘任能否达到理想要求主要应考核事务所员工招聘政策与程序是否健全合理、招聘效果状况等内容。

职业后续教育是指事务所为保持和提高员工专业胜任能力与执业水平,掌握和运用相关新知识、新技能、新法规等的教育及研究活动。它是保证事务所执业质量的基本步骤和措施之一。重点应考核专业教育的内容与形式、专业教育的组织与实施以及专业教育的质量等内容。

业务承接与专业发展指事务所业务承接与专业发展的组织与安排等工作。业务承接与专业发展应当考虑事务所自身能力和独立性,以及被审计单位管理当局是否正直、诚实等因素。重点应考核事务所主营业务发展状况是否适当、业务承接及专业发展与自身业务能力是否匹配、客户管理当局诚信状况等内容。

审计项目质量监管与评价指对事务所审计项目的质量控制状况的管理与评价,包括审计项目履约率、审计项目质量控制政策、程序及其贯彻实施情况等内容。

(三) 会计师事务所执业质量监管措施及其效果

会计师事务所执业质量监管措施及其效果主要考核事务所贯彻执行国家相关部门有关审计质量监管法规、制度以及行政监管效果的具体情况。其具体包括:事务所执业质量法规执行情况,如事务所执业过程中违法记录比率等;执业质量行政控制情况,如违纪记录比率、行业组织或地区行政监管部门执业质量保证措施等;执业质量技术控制情况,如行业组织或地区行政监管部门采取技术支持情况、事务所审计差错记录备案等;审计质量其他控制情况,如行业组织或地区行政监管部门对事务所业务承接等所发现的不当行为等;事务所质量控制效果评价,如行业组织或地区行政监管部门对事务所执业质量考核评比情况及其结果、定期或不定期的职业质量检查及其结果等。

第三节 会计师事务所诚信监管评价指标与标准

一、会计师事务所诚信监管评价指标与标准概述

由于信息不对称、企业会计选择和会计师事务所执业判断的广泛存在,会计师事务所所提供审计产品的内在质量(即诚信度)具有难以观察的特征,使得会计师事务所诚信评价存

在障碍,诚信信号无法传递。但是,事务所、政府、行业自律组织及资本市场对会计师事务所诚信的监督管理状况,包括监管法规制度是否健全、监管措施是否有效、监管效果是否能够满足利害关系各方要求等是具有可观察性特征的,会计师事务所诚信监管评价具有可操作性。借助会计师事务所诚信监管评价进而达到对会计师事务所诚信状况的评价。因此,对会计师事务所诚信监管的评价其实质就是对会计师事务所诚信度的评价。

  评价指标(indicator of evaluation)是根据一定的评价目标确定的、能反映评价对象某方面本质特征的具体评价条目。指标是具体的、可测量的、行为化和操作化的目标,即指标规定的内容必须是看得见、摸得着的。也就是说,评价指标是评价内容的载体,是评价内容的外在表现。评价指标体系(system of indicators used evaluation)是系统化的、具有紧密联系的、反映评价对象整体的一群指标或具体指标的集合,是由不同级别的评价指标按照评价对象本身逻辑结构形成的有机整体。确立会计师事务所诚信监管评价指标体系,是评价会计师事务所诚信监管质量的一个核心和关键的环节。指标体系涵盖的是否全面、层次结构是否清晰合理,直接关系到评价品质的好坏。英格兰及威尔士特许会计师协会进行国际会计公司排名采用了事务所年度收入、分布国家、办事机构、成员所、合伙人、员工人数等指标[1]。中国注册会计师协会每年公布"会计师事务所全国前百家信息",排序原则借鉴国际通行做法,以"年业务收入"作为会计师事务所排名的主要依据,同时披露的其他信息指标有CPA人数、CPA总计排名、CPA年龄(分为小于30岁,30—50岁,大于50岁三类指标)、学历(分为博士、硕士、大学、大专和其他五类指标)[2]。虽然这些对会计公司的排名指标不完全与诚信监管评价指标相同,但是却为设计事务所诚信监管评价指标提供了重要的参考与启示。常勋、黄京菁认为,审计质量应包含两方面的含义:一是产品的质量,即审计报告的质量;二是工作质量,即审计工作过程的质量。"在审计服务交易中,迄今为止,审计服务供需双方仍然没有能就审计质量的评价标准达成一致。""对于审计服务的提供者(注册会计师)而言,审计质量更多的是指审计工作质量,其运用的评价标准就是行业规则。我国的注册会计师质量控制准则也支持了这种理解。""只要注册会计师(审计人员)的工作符合审计准则的要求,即可称其工作是高质量的。"对于审计服务的消费者来说,"最直观的评判标准,就是审计报告是否增加了会计信息的可信程度"[3]。张龙平提出,审计质量具体表现为审计人员的质量和审计过程的质量,最终体现为审计报告的质量(符合性和可靠性),其核心是审计工作在多大程度上增加了会计报表的可信性[4]。王英姿综合研究相关文献概括分析指出,有关学者或行业监管部门主要的评价标准有审计时间(指审计工作时间)、审计工作底稿质量、审计程序质量、审计报告质量,并认为对上市公司的审计报告进行质量评价的指标有:对于出具非标准审计意见的审计报告应以重要性原则为评价指标和标准,对于出具了标准无保留意见的审计报告的质量只能依靠事务所监管部门的业务抽查或同业互查等方式来进行质量评价;此外还有后续审计、事务所的总体质量水平和审计质量控制制度的完善程度。她还认为,事务所审计质量存在差异的原因主要包括审计冲突、事务所规模、客户规模与财务状况、职业

---

[1] 许岩编译自英格兰及威尔士会计师协会的《会计》杂志(*Accountancy*)2004年6月号,《中国注册会计师》,2004年第8期。
[2] 中国注册会计师协会:"中注协会计师协会发布2003年度会计师事务所全国前百家信息",《中国注册会计师》,2004第1期。
[3] 常勋、黄京菁:《会计师事务所质量控制》,东北财经大学出版社,2004年版。
[4] 张龙平:"试论我国审计质量控制标准的建设",《注册会计师通讯》,1994年第8期。

准则的明细程度与执行情况[①]。综合上述研究成果,结合会计师事务所诚信监管的内容及会计师事务所诚信监管的特点,本书有关会计师事务所诚信监管评价指标采用了"会计师事务所诚信监管评价指标体系及其联保责任制研究"课题组的研究成果。

会计师事务所诚信监管评价标准是确定各项事务所诚信监管评价指标程度的考核依据,也是将对会计师事务所诚信监管质量的量化依据。通过评价标准划分的不同层次,可以确定会计师事务所某一方面的诚信监管的完成水平;在此基础之上进行汇总之后,可对会计师事务所诚信监管进行最终的质量判断。会计师事务所诚信监管评价标准的设计与确立应满足评价会计师事务所诚信监管质量的需求,进而满足评价注册会计师行业诚信质量(即诚信度)的要求。

二、会计师事务所诚信监管评价指标与标准的内容

会计师事务所诚信监管评价指标按前述监管内容及指标体系设计共分为四级指标,第一级分为会计师事务所诚信监管文化(W)、会计师事务所诚信监管环境(H)、会计师事务所诚信职业道德监管(D)和会计师事务所执业质量监管(Z)指标四类。其中:会计师事务所诚信监管文化(W)又分为投资文化、体制文化、价值观、职业道德文化等四类二级指标;会计师事务所诚信监管环境(H)又分为人文环境、经济环境、法律环境和国际环境等四类二级指标;会计师事务所诚信职业道德监管(D)又分为职业道德监管制度、监管目标、内部监管机制等三类二级指标;会计师事务所执业质量监管(Z)指标又分为执业质量控制制度、执业质量监管机制运行、执业质量监管措施等三类二级指标。在二级指标基础上相应分设三级指标,三级指标下再分出四级指标。

由于评价指标体系构成内容的不同,对于评价标准的制定应相应选择不同的依据。一般而言,制定评价标准的依据主要来自三个方面:一是与会计师事务所诚信监管相关法规、制度的规定及行业标准;二是会计师事务所诚信监管相关的理论研究成果;三是会计师事务所诚信监管实践活动总结与归纳。

会计师事务所诚信监管评价标准具体内容按照整个指标体系中第四级评价指标确定,并将评价标准分为 A、B、C、D 四个等级,A 级为最高级标准,D 级为最低级标准。在各项指标标准中既有定量标准,又有定性标准。为了使整个评价过程更具可操作性,在评价标准确定时尽量满足定量化的要求,多采用定量化数值来描述,尽可能少用单纯的定性语言描述。会计师事务所诚信监管评价标准及其等级划分的具体设计情况如附表 1 所示。

三、会计师事务所诚信监管评价的初步试验

我们邀请注册会计师专业人士 36 人分别对其所在事务所诚信监管状况进行了自评,自评的事务所中 2004 年年收入在 1 000 万元及其以上的为 5 家,从业人员 100 人以上的为 5 家。按四级评价指标的自评结果统计分析如附表 2 所示。

(一)一级指标统计分析初步结论

按一级指标测算的统计结果如表 12-3 所示。由表 12-3 可以看出,各事务所自评综合平均得分为 82.75 分,说明我国事务所诚信状况为良好水平。首先是会计师事务所执业质

[①] 王英姿:《注册会计师审计质量评价与控制研究》,上海财经大学出版社,2002 年版。

量监管指标综合评分为 85.72 分,说明会计师事务所诚信监管状况最好的方面为职业质量监管;其次是会计师事务所诚信监管文化,平均得分为 82.17 分;再其次是会计师事务所诚信监管环境,平均得分为 81.18 分;较差的是事务所职业道德监管指标,平均得分为 80.08 分。四项指标相比较而言,加强会计师事务所职业道德监管,提高注册会计师执业道德水平仍然是我国加强事务所内部管理、行业及政府监管的重点工作。

表 12-3 一级指标统计分析表

一级指标	一级指标名称	平均得分	标准差	置信度(95.0%)
W	会计师事务所诚信监管文化指标	82.169 83	7.570 605	2.597 9
H	会计师事务所诚信监管环境指标	81.177 01	7.778 267	2.669 1
D	会计师事务所职业道德监管指标	80.082 82	8.543 609	2.931 7
Z	会计师事务所执业质量监管指标	85.723 89	7.588 704	2.680 9
总评	会计师事务所诚信监管评价指标	82.751 0	7.304 159	2.506 4

(二) 二级指标统计分析的初步结论

从表 12-4 二级指标统计分析平均结果来看,得分较高指标的有政治环境指标(得分为 89.93 分)、执业质量控制制度指标(得分为 87.93 分)、执业质量监管措施指标(得分为 86.94 分)、法律环境指标(得分为 85.45 分)、执业质量监管机制运行指标(得分为 84.72 分)、投资文化指标(得分为 84.10 分)等,说明我国会计师事务所诚信监管制度建设较完善,注册会计师执业质量监管效率较高;而得分较低的指标主要有国际环境(得分为 64.94 分)、内部监管机制(得分为 79.18 分)、经济环境(得分为 79.51 分)、监管目标(得分为 79.65 分)等指标,说明我国会计师事务所在国际竞争环境、经济环境、事务所内部监管机制等方面有待进一步大力改善,事务所诚信监管目标有待进一步凝练明确。

表 12-4 二级指标统计分析表

二级指标	二级指标名称	平均得分	标准差	置信度(95.0%)
W1	投资文化指标	84.099 3	7.613 0	2.612 4
W2	体制文化指标	82.527 3	9.347 1	3.207 5
W3	价值观文化指标	81.619 6	9.076 5	3.114 6
W4	职业道德文化指标	80.762 9	11.896 9	4.082 4
H1	人文环境指标	80.948 3	8.697 4	2.984 5
H2	经济环境指标	79.508 2	9.158 1	3.142 6
H3	政治环境指标	89.925 2	6.126 9	2.102 5
H4	法律环境指标	85.446 9	9.409 1	3.228 7
H5	国际环境指标	64.937 0	9.366 5	3.214 1
D1	职业道德监管制度评价指标	83.259 5	11.652 5	3.998 6

续表

二级指标	二级指标名称	平均得分	标准差	置信度(95.0%)
D2	监管目标指标	79.646 6	7.772 4	2.667 1
D3	内部监管机制指标	79.182 5	10.071 3	3.456 0
Z1	执业质量控制制度指标	87.930 9	8.287 4	2.843 8
Z2	执业质量监管机制运行指标	84.717 2	7.515 7	2.579 0
Z3	执业质量监管措施	86.944 1	8.590 4	2.947 8

(三) 三级指标统计分析的初步结论

三级指标中平均得分超过90分的有7个指标,并且标准差基本都在10以内,如表12-5所示。

表12-5 三级指标中超过90分的指标统计分析表

代码	三级指标	平均得分	标准差	置信度(95%)
W11	投资规模	95.888 9	5.863 2	2.011 9
W12	投资方式	94.916 7	6.175 1	2.118 9
H31	政府监管	94.918 9	4.344 0	1.490 6
H32	行业自律监管	94.406 5	4.639 6	1.592
D22	诚信档案	93.527 8	6.495 7	2.228 9
Z14	审计报告可靠性	91.627 4	6.394 3	2.194 2
Z31	质量法规控制	92.861 1	7.565 1	2.595 9
Z32	质量行政控制	90.472 2	10.296 9	3.533 4

由表12-5可以看出,投资规模、投资方式、政府监管、行业监管、诚信档案、审计报告可靠性、审计质量法规控制和审计质量行政控制等方面,监管效率明显,由此反映的事务所诚信度较高。

从表12-6中可以看出,这些指标大多评分在90分以下,且标准差大于10,说明这些指标在会计师事务所诚信监管方面存在一定差距,且在被评价事务所之间存在较大波动,监管措施存在一定差别,监管效率高低参差不齐。

表12-6 三级指标标准差超过10的指标统计分析表

代码	三级指标	平均得分	标准差	置信度(95%)
W21	所有制形式	80.750 0	14.191 9	4.869 9
W22	营业场所	88.111 1	13.924 0	4.778
W23	内部管理	81.227 2	10.458 0	3.588 6
W31	总体价值观评价	79.825 2	11.394 5	3.91

续表

代码	三级指标	平均得分	标准差	置信度(95%)
W32	出资者价值评价	83.111 1	10.852 0	3.723 8
W41	职业道德理念	80.956 5	11.649 8	3.997 6
W42	职业良心检测	83.583 3	11.275 3	3.869 1
W43	职业道德教育	77.333 3	20.248 5	6.948 2
H11	客户沟通	81.095 2	12.074 9	4.143 5
H12	同业沟通	82.101 4	11.332 9	3.888 8
H13	社区沟通	76.972 6	11.632 8	3.991 8
H21	市场方位占有率	83.568 4	10.992 8	3.772 2
H22	客户性质	73.545 0	13.740 5	4.715
H23	利益冲突	81.481 3	10.148 1	3.482 3
H33	客户诚信记录	80.490 7	14.225 8	4.881 6
H41	法规认同度	84.507 4	10.710 2	3.675 2
H51	国际竞争	70.201 9	12.055 0	4.136 6
H52	境外业务	53.805 6	13.428 5	4.607 9
D11	道德监管制度文件	85.996 8	11.731 3	4.025 5
D12	质量评价	80.472 2	14.754 4	5.063
D13	员工认知	80.611 1	11.626 8	3.989 7
D23	道德表扬	64.929 7	14.623 9	5.018 1
D31	组织领导	69.610 7	17.036 8	5.846 1
D32	奖惩状况	77.429 7	11.583 0	3.974 7
D33	良心塑造	82.888 9	11.384 1	3.906 4
Z11	制度文件	84.224 9	13.913 8	4.774 5
Z29	职业后续教育	81.328 1	10.663	13.659
Z210	专业发展	76.000 0	11.571 0	3.970 6
Z211	项目评价	83.954 5	13.527 9	4.642 1
Z32	质量行政控制	90.472 2	10.296 9	3.533 4
Z35	质量控制效率	82.001 9	10.492 5	3.600 4

(四)四级指标统计分析的初步结论

由表12-7可以看出,在四级指标中,有22个指标的平均得分在90分以上。这说明被评价的事务所在国内事务所在同业合作、事务所员工年龄结构、照章纳税、员工职业品质可靠性等方面受到普遍好评;在事务所违纪违法、被政府及法律处罚等方面的普遍很少有不良记录。

表 12-7　四级指标得分超过 90 分的指标数据统计分析表

指标代码	四级指标	平均得分	标准差	置信度(95%)
W111	事务所资本金投资规模	95.888 9	5.863 2	2.011 9
W121	合伙人出资方式	94.916 7	6.175 1	2.011 9
W313	事务所形象设计	92.277 8	5.900 1	2.024 6
W346	事务所员工的年龄结构状况	93.472 2	7.889 8	2.707 3
H125	事务所间执业项目合作	94.611 1	6.152 1	2.111 1
H132	事务所照章纳税情况	95.000 0	4.813 2	1.651 6
H211	事务所业务构成情况	90.277 8	9.060 3	3.109 1
H212	审计业务量占总业务的比例	91.361 1	6.721 2	2.306 4
H311	事务所被政府处罚记录	95.027 8	4.186 5	1.436 6
H312	在被政府处罚前后积极与政府沟通	94.805 6	4.629 7	1.588 6
H321	事务所被行业监管部门处罚记录	94.750 0	4.639 1	1.591 8
H322	事务所在诚信方面是否遭遇过被起诉情况	94.055 6	5.892 3	2.021 9
D211	事务所是否有过劣迹的记录	93.555 6	7.084 6	2.431
D221	事务所与客户间是否存在失德合谋行为	93.527 8	6.495 7	2.228 9
D341	事务所脱钩不彻底依靠某一行业行政部门	91.583 3	5.192 8	1.781 9
D345	事务所审计报告可靠性	90.527 8	6.685 3	2.294
Z121	事务所是否有相应档案管理制度	90.611 1	6.913 3	2.372 2
Z141	事务所审计档案保管完整状况	90.305 6	8.034 0	2.756 8
Z142	员工职业品质是否可靠	92.944 4	5.125 9	1.758 9
Z242	事务所执行业务中违法记录比率	91.111 1	6.899 2	2.367 4
Z311	事务所执行业务中违纪记录比率	92.861 1	7.565 1	2.595 9
Z321	在被行业监管部门处罚前后积极与监管部门沟通	90.472 2	10.296 9	3.533 4

由表 12-7 进一步分析发现,在这些指标中,会计师事务所诚信监管文化指标 4 项,占事务所指标总数的 13%;会计师事务所诚信监管环境指标 8 项,占事务所环境指标总数的 15%;会计师事务所诚信职业道德监管指标 4 项,占职业道德监管指标总数的 19%;会计师事务所诚信监管执业质量监管指标 6 项,占执业质量指标总数的 12%。

表 12-8 表明,在全部四级指标中标准差超过 15 以上的有 41 个指标,且平均得分并不高,基本在 60—70 分的范围内。在这些指标中,事务所文化指标 9 项,占事务所文化指标总数的 29%。其中属于投资者方位指标的有 5 项指标。环境指标 22 项,占事务所环境指标总数的 42%。其中 H111、H113、H114 属于客户沟通指标;H122、H123、H124、H126 属于同业沟通指标;H133、H134、H136、H136 属于社区沟通指标;H214、H215、H216 属于市场方位占有率指标;H221、H222、H225 属于客户性质指标;H231 和 H234 属于利益冲突指标。

职业道德监管指标7项,占职业道德监管指标总数的14%。D231、D232属于道德表扬指标,D311、D312、D313、D314属于组织领导指标。

表12-8 四级指标标准差超过15的指标数据统计分析表

代码	四级指标	平均得分	标准差	置信度(95%)
W131	非执业出资人的影响程度	76.7778	15.0704	2.0119
W132	出资人在事务所中扮演角色的影响程度	81.3611	16.0713	5.5148
W133	合伙人(或股东)稳定程度	78.8889	16.8387	5.7782
W134	新增投资比率	78.4167	18.2702	6.2694
W135	合伙人(股东)对事务所业务过问程度	83.9444	15.679	5.3802
W232	事务所工会组织	70.4444	16.6441	5.7114
W314	事务所员工参加党派组织	65.5278	20.6216	7.0763
W344	事务所员工参与事务所管理(即民主管理)状况	71.4444	19.0736	6.5451
W431	事务所员工是否经常参加专业学术活动	77.3333	20.2485	6.9481
H111	事务所与客户沟通状况	82.8333	15.4839	5.3133
H113	事务所新客户来源中老客户推荐比率	68.4722	19.7167	6.7658
H114	事务所与客户业务往来中发生(选择、收费、诉讼)争议比率	82.0556	18.5531	6.3665
H122	"接下家"的影响程度	80.6389	18.4784	6.3408
H123	降低收费	79.1667	17.2232	5.9101
H124	同业诋毁	87.0556	18.4616	6.3351
H126	事务所间联动活动、资源共享	66.6389	22.1825	7.6119
H131	事务所与社区沟通状况	64.4722	22.2953	7.6506
H133	事务所向社区提供就业机会情况	77.6111	18.5132	6.3528
H134	事务所提供公益赞助情况	82.9444	15.7638	5.4093
H135	事务所参加公益活动情况	68.8056	19.7819	6.7881
H136	事务所受到社区表彰情况	70.2778	19.2507	6.6058
H214	资产评估业务量占总业务量比例	74.1944	18.4749	6.3396
H215	税务代理业务量占总业务量比例	81.1389	21.2239	7.2829
H216	事务所市场占有率	76.9444	16.3519	5.61118
H221	事务所客户所属	76.6944	15.5489	5.33561
H222	审计客户中上市公司比重	49.9444	28.1049	9.6442
H225	事务所客户的会计诚信状况	81.5556	19.2274	6.5978
H231	事务所招揽客户中支付回扣或佣金提成	76.7778	20.9591	7.1921

续表

代码	四级指标	平均得分	标准差	置信度（95%）
H234	审计业务中连续时间超过三年的客户比率	78.583 3	15.621 2	5.360 4
H331	事务所被政府处罚记录	72.861 1	18.665 4	6.405 1
H511	事务所所在地区存在国际会计公司的影响程度	79.694 4	18.188 5	6.241 4
D212	在被起诉的案件中胜诉比率	78.750 0	16.388 3	5.623 6
D231	事务所是否受过国家级道德表彰	61.444 4	16.332 4	5.604 4
D232	事务所是否受过地区级道德表彰	68.583 3	18.668 7	6.406 1
D311	事务所是否设置了相应的道德监管机构	65.833 3	20.349 0	6.982 7
D312	事务所道德监管机构工作状况	67.111 1	19.631 0	6.736 3
D313	员工对道德监管领导评价	71.027 8	16.777 1	5.757
D314	事务所道德监管领导者独立性	74.166 7	17.155 3	5.886 8
Z113	相关质量控制制度文件实施程度	78.111 1	19.423 3	6.665 1
Z215	审计师变更情况	67.888 9	17.430 5	5.981 2
Z2112	事务所审计项目发生差错状况	80.361 1	22.747 6	7.805 8

在这 41 项四级指标中，标准差比较大的是 W314,W431,H126,H131,H215,H222,H231,D311,Z2112 等指标,这些指标标准差都超过了 20,说明被评价事务所在这些指标的诚信监管程度上存在较大差异。

其中,W314 是事务所员工参加党派组织。事务所员工加入党派组织,通常可以反映相应人员的信仰状况。自愿申请加入党派的人员一定程度上表现为有较强的责任及归属感,对工作一般认真负责,有助于事务所的稳定发展与建设。指标的离差程度达到 20.621 6,说明在这一内容上,还存在一定的诚信监管差异。

W431 是事务所员工是否经常参加专业学术活动指标,反映了事务所与员工对该项工作的重视程度。职业道德的教育不只是了解该项工作的存在,更主要的在于不断强化宣传和培训的力度,从而从事务所或员工的主观视角自觉加以贯彻实施。指标的标准差程度达到 20.248 5。在调查中,有 24 家事务所(66.7%)的评分在 80 分以上,12 家(23.3%)的评分都在 50 分以下,说明在事务所中有两种极端,一些事务所比较关注员工的学术活动,而一些所对此并不关心。我国《会计法》和《注册会计师法》都规定会计师应定期进行后期教育,专业学术活动就是教育的一个重要方面,通过这个指标数据的比较可以看到不同事务所之间差异。这不仅会影响事务所专业技术的提高和注册会计师知识的更新,也影响事务所的诚信监管。

H126 是事务所间联动活动、资源共享指标。事务所间联动活动的开展,不断推动事务所之间人力、信息、市场等资源的共享,有助于提高整个行业的职业水平,有助于打造行业诚信形象,提升行业社会信誉。在调查中,有 14 个(39%)自评人与至少 5 家事务所实现资源共享,22 个(61%)自评人有过甚至没有实现资源共享,其部分原因在于事务所的规模不大,或者客户都比较固定。

H131是对事务所社会形象及社区环境的评价,只是体现在事务所社区沟通情况与反响。事务所在社区相关活动中表现积极,有助于提升事务所的社会形象,为事务所业务的开展起到宣传和促进作用,保持良好的社区沟通状况会促使事务所加强其诚信建设。在调查中,有12个(33%)评价人参加社区活动,24个(67%)被调查人不参加社区活动。

　　H215是税务代理业务量占总业务量比例指标,事务所所承揽客户的税务代理业务虽然不像管理咨询业务那样影响其审计业务诚信度,但是税务代理业务的开展有时会增强事务所与客户的人文"感情"和经济利益"瓜葛"。在调查中,有26个(72%)评价人认为事务所该业务在5%以下,8个(22%)评价人认为事务所该业务在10%以上。

　　H222是审计客户中上市公司比重。审计上市公司是当前影响事务所诚信监管的重要因素,上市公司规模大,是事务所的审计业务大户,成为事务所所争夺的重要客户。目前我国资本市场效率偏低,资本市场不完善,这使得事务所诚信环境面临巨大挑战。

　　H231是事务所招揽客户中支付回扣或佣金提成。事务所在招揽客户业务的过程中,如果需要支付一定的回扣或佣金提成,说明事务所市场竞争激烈,招揽客户有一定的困难。在调查中,有12个(33%)评价人认为事务所该项支出占总业务总金额超过5%,20个(56%)评价人认为事务所该支出占总业务金额不超过1%。

　　D311是事务所是否设置相应道德监管部门。这是评价事务所职业道德监管工作及其诚信状况的重要标志。在调查中,有14个(39%)评价人认为事务所设置专门的机构,有固定的办公地点,专职负责人和工作人员;有16个(45%)评价人认为事务所未设置专门的机构。

　　Z2112是事务所审计项目完成质量状况指标。会计师事务所审计项目质量状况可以从四个方面考察:一是在审计计划阶段,要考察拟采取措施计划的可行性以及防范风险的预计状况;二是在审计实施阶段,所采取的各种措施是否得当,对可能的风险是否已经采取了措施,各种监管制度是否得到贯彻执行;三是在审计完成阶段,包括三级复核制度,重大事项请示报告制度,注册会计师执行;四是各层次责任人履行其职责情况的考察,包括合伙人或出资人,注册会计师及其相关人员工作状况的考察等。在调查中,29个(81%)评价人认为事务所审计质量合格率达到100%,6位(17%)评价人认为事务所近五年均审计质量合格率低于85%。

第四节　研究结论与局限性

一、研究的初步结论

　　结论1:会计师事务所诚信由会计诚信演变、分解而来。会计师事务所诚信是一个包括注册会计师诚信、会计师事务所诚信和注册会计师行业诚信等内容集合体,注册会计师诚信是基础,会计师事务所诚信是主体,注册会计师行业诚信是保障。注册会计师职业道德的内容与要求是多方面的,但最基本的是以诚信为本,取信于社会。

　　结论2:会计师事务所诚信监管是指指导、督促、协调、监视、服务会计师事务所履行其对社会公众所作的诚信义务的一种管理活动。会计师事务所诚信是事务所安身立命的基石,是审计市场秩序的基础,是会计信息质量的基本保障,也是经济资源配置效率及资本市场秩序的基本保证。

结论3：会计师事务所诚信的排他性是指在注册会计师职业行为及会计师事务所营业活动中就其诚信范围内所具有的不容许的非诚信事项的性质特征，其实质是与注册会计师执业诚信精神不相容意识及行为。事务所诚信的排他性还表现为事务所接受特定客户委托提供的审计服务产品，在向社会公开披露之前具有"私有产品"性质，这种"私有"性质具有排他性特征。

结论4：会计师事务所所提供的审计服务也具有使用价值和价值，也是一种"商品"，尽管审计服务成为商品是在会计师事务所成为独立法人之后才具有的性质，并非一开始就具有这一性质，但是这并不影响人们在现代市场经济条件下对审计服务性质的界定。审计产品的使用价值就是其诚信，因为会计师事务所所提供的审计产品与企业提供的会计信息产品在使用价值上是有区别的，企业会计信息是企业利害关系者所使用的信息产品"实体"，而会计师事务所审计产品所提供的仅仅是企业会计信息产品的诚信度，即会计信息诚信度质量鉴证"标签"，尽管在其向使用者提供时与企业会计信息"捆绑"发布，但其性质是有差别的。事实上，由于信息不对称性，事务所要充分完全准确判断企业所提供给事务所进行审计的会计资料本身的内在质量也存在相当的困难与风险，审计诚信质量有时并不能完全表示或取代企业会计诚信质量。会计师事务所诚信产品的价值则是会计师事务所生成"审计诚信产品"时所花费的社会必要劳动。会计师事务所审计产品在向社会公开披露之前是一种具有商品性质的产品，由被审计单位与其财务会计报告共同向社会披露之后才具有公共产品性质。注册会计师审计服务采用市场化运作模式是一种历史的制度安排，这可以发挥内部化之优势，以盈利求生存，靠竞争求发展，审计诚信成为事务所所提供"商品"的核心组成部分，会计师事务所诚信的"私有性"特征是这种市场化制度安排的必然结果。审计市场供求、市场规模、市场秩序、审计定价、市场监管等市场因素是决定其诚信度质量的重要力量，这就形成社会公众对诚信高质量要求的无限性与审计诚信供给的有限性的固有矛盾；注册会计师行业诚信监管作为行业范围内的公共产品和会计师事务所诚信的政府监管作为一种社会公共产品都时刻处在供给与需求之间的矛盾中，市场失灵与政府失灵相伴而存在，解决这些矛盾绝非一朝一夕之功。

结论5：权力保护是监管的基本方式与内容之一，包含注册会计师诚信私力保护和公力保护。所谓私力保护是指注册会计师诚信权力主体利用自身力量对其现有注册会计师诚信权益进行的保护，如提高审计质量、承揽审计业务的权力、对违规注册会计师的惩戒等。所谓公力保护是指注册会计师通过国家公共权力机关对其诚信权益进行保护，如请求政府有关部门对注册会计师独立行使审计权的保护、请求法院通过诉讼程序对诚信权益的保护等。会计师事务所诚信私力保护是基础，公力保护是保障。在会计师事务所诚信公力保护的过程中，需要把握好必要的界限，合理运用好保护手段。

结论6：会计师事务所诚信监管内容体系应包括事务所文化、事务所环境、事务所职业道德监管及事务所执业质量控制等四个方面。事务所文化应包括会计师事务所投资文化、事务所管理文化、事务所价值观和事务所职业道德文化等四个方面；会计师事务所诚信监管环境分别从人文环境、经济环境、政治环境、法律环境以及国际环境等方面进行了考察；会计师事务所职业道德监管状况决定于职业道德监管制度健全程度、监管目标实现情况以及内部监管机制运行状况等因素；会计师事务所执业质量监管的内容包括执业质量控制制度、职业质量控制内容和职业质量监管措施及其效果等。会计师事务所诚信监管评价不仅对于判断、评价、考核会计师事务所诚信监管状况具有积极的作用,而且也是更为重要的是为进行会计师事务所诚信监管提供了一个标准框架,对监管者及会计师事务所讲求诚信具有一定的方向性"信号传递"的"坐标"指导作用。

总之,在会计师事务所诚信监管评价使审计诚信具有可观察性特征之后,监管不再是也不能是"严打与处罚"的代名词,保护与培育也许是收益更大的理性选择。在一片喊打之声过后,会计师事务所诚信保护将成为注册会计师监管的理性出发点和归宿点。

二、研究的局限性

首先,对会计师事务所诚信监管历史考察不够严谨系统,致使对会计师事务所诚信监管规律的理论概括不够深入、全面。

其次,在运用经济学理论分析会计师事务所诚信及其监管性质过程中,对庞大的经济学理论体系学习掌握不够系统全面,致使分析界定会计师事务所诚信性质特征以及监管理论等方面显得不够深入准确,有待进一步作更深入系统的学习与研究。

再次,在对会计师事务所诚信排他力的研究、会计师事务所诚信监管权力保护等问题的研究上,许多问题仅提出了基本的理论框架与研究方向,有待进行深入研究。

最后,在研究过程中,虽然运用了文献回顾与分析方法及社会调查等实证研究方法,尚未进行系统的检验分析,有待进一步完善与提高。

附表 1
会计师事务所诚信监管四级指标评价标准一览表

评价指标及权数(%)	评价标准＼评价等级	A 级	B 级	C 级	D 级
W_{11}：投资规模(12.89)	W_{111}：事务所资本金投资规模(100)	大于或等于100万元	小于99万元，且大于或等于50万元	小于49万元，且大于或等于30万元	小于30万元
W_{12}：投资方式(13.41)	W_{121}：合伙人出资方式(100)	完全使用货币资金	货币资金出资额超过资本金的一半，其他出资形式为实物出资	货币资金出资额超过资本金的一半，其他出资形式包括土地使用权或其他产权出资	货币资金出资额低于资本金的一半
W_{13}：投资者方位(73.70)	W_{131}：非执业出资人的影响程度(17.07)	每年至少听取2次汇报并决策	每年至少听取1次汇报	近2年至少听取1次汇报	不听取汇报
	W_{132}：出资人在事务所中扮演角色的影响程度(21.99)	出资非合伙人人数≤合伙人人数的1/3	合伙人人数的1/3＜出资非合伙人人数≤合伙人人数的1/2	合伙人人数的1/2＜出资非合伙人人数≤合伙人人数的1倍	出资非合伙人人数无限制
	W_{133}：合伙人（或股东）稳定程度(22.73)	近5年无变动	近5年变动年均≤0.5人，每年≤1人	近5年变动年均≤1人，每年≤2人	近5年变动年均＞2人
	W_{134}：新增投资比率(16.76)	近3年年均增资≥5%	近5年年均增资≥5%	近5年年均增资≥4%	近5年年均增资＜4%
	W_{135}：合伙人（股东）对事务所业务过问程度(21.44)	定期参加合伙人团队的交流活动、对项目经理和高级经理进行督导以及对具体审计项目进行领导与管理。每月至少听取2次汇报	定期参加合伙人团队的交流活动、对项目经理和高级经理进行督导以及对具体审计项目进行领导与管理。每月至少听取1次汇报	不定期参加合伙人团队的交流活动、对项目经理和高级经理进行督导以及对具体审计项目进行领导与管理。每季度至少听取1次汇报	不参加合伙人团队的交流活动、对项目经理和高级经理进行督导以及对具体审计项目的领导与管理较为粗略。超过1季度听取1次汇报
W_{21}：所有制形式(28.23)	W_{211}：会计师事务所性质类型(100)	合伙制，合伙人为5人以上符合标准的注册会计师	合伙制，合伙人为2—5位符合标准的注册会计师	有限责任制，专职从业人员10人以上，注册会计师5人以上	有限责任制，专职从业人员10人，注册会计师5人
		个人独资	合伙制	有限责任制	股份有限公司

附表1　会计师事务所诚信监管四级指标评价标准一览表

续表

评价指标及权数(%)	评价标准 评价等级	A 级	B 级	C 级	D 级
W_{22}：营业场所(20.85)	W_{221}：事务所营业场所产权性质(100)	自有	租用(家居)	租用(写字楼)	租用(宾馆)
W_{23}：内部管理(50.82)	W_{231}：事务所持续经营时间(60.37)	≥5年	≥3年且<5年	≥1年且<3年	<1年
	W_{232}：事务所工会组织(39.63)	建立工会组织,有固定场所与经费支持,长期组织活动	建立工会组织,有固定场所,无经费支持,不定期组织活动	有工会组织,无固定场所与经费,不发挥实际作用	无工会组织
W_{31}：总体价值观评价(29.71)	W_{311}：事务所员工价值取向与本所价值取向一致性(23.41)	员工熟悉事务所在精神文化、制度文化以及物质文化等方面内容的具体规定,积极在工作中贯彻与宣传	员工了解事务所在精神文化、制度文化以及物质文化等方面内容的规定,在工作中予以贯彻与宣传	员工知道事务所在精神文化、制度文化以及物质文化等方面存在规定,在工作中贯彻与宣传工作不够	员工不清楚事务所在精神文化、制度文化以及物质文化等方面内容的规定,无法保证在工作中予以贯彻与宣传
	W_{312}：事务所的人文价值理念教育状况(21.68)	多种方式综合运用、各级领导定期与员工沟通	多种方式综合运用、各级领导不定期与员工沟通	运用某种单一方式、各级领导随机与员工沟通	多种方式未加以运用、各级领导几乎未与员工沟通
	W_{313}：事务所形象设计(19.85)	有事务所的所标、员工统一着装,统一名片格式,宣传材料适时更新,建立专门网页适时更新	有事务所的所标、员工不限统一着装,名片格式不限,宣传材料长期不变,有专门网页	无事务所的所标、员工统一着装,名片格式不限,有宣传材料,无网页	无事务所的所标、员工无统一着装,无名片,无宣传材料,无网页
	W_{314}：事务所员工参加党派组织(15.02)	中共党员与入党积极分子≥正式员工的50%	中共党员与入党积极分子≥正式员工的40%且<正式员工的50%	中共党员与入党积极分子≥正式员工的30%且<正式员工的40%	中共党员与入党积极分子<正式员工的30%
	W_{315}：事务所员工前程设计(20.04)	至少每月组织一次全所员工参加的大会,事先确定主题。员工每年至少有1次外出学习机会。明确个人发展目标	至少每季度组织一次全所员工参加的大会,事先确定主题。员工每2年至少有1次外出学习机会。个人发展目标基本明确	至少每半年组织一次全所员工参加的大会,事先确定主题。员工每3年至少有1次外出学习机会	长期不组织全体大会,员工无外出学习机会。

续表

评价指标及权数(%)	评价标准 \ 评价等级	A级	B级	C级	D级
W_{32}：出资者价值取向(6.11)	W_{321}：出资者或者合伙人投资收益分配方式(100)	① 协议规定扣除个人固定给付数额、扣除按出资额与固定回报率计算的补偿之后，按出资比例分配	① 协议规定扣除个人固定给付数额后，按出资比例分配	① 协议规定按出资比例分配	① 按合伙人人数平均分配
		② 按出资比例	② 基本按出资比例	② 未完全按出资比例	② 未按出资比例
W_{33}：管理层价值取向(13.42)	W_{331}：事务所高层管理者收益分配方式(47.66)	工资奖酬制	收入分成制	基本工资、固定奖金	基本工资制
	W_{332}：主任会计师对事务所文化建设的态度(52.34)	定期组织业务或知识培训，订阅图书、期刊在20种以上，经常组织主题报告会	定期组织业务或知识培训，订阅图书、期刊在10种以下，有时组织主题报告会	不组织业务或知识培训，订阅图书、期刊在5种以下	不组织业务或知识培训，不订阅图书、期刊
W_{34}：员工价值取向(50.76)	W_{341}：事务所员工薪酬满意程度(13.37)	基本工资、奖金、项目分成，非常满意	基本工资、项目分成，较满意	基本工资、奖金不确定，基本满意	基本工资，不满意
	W_{342}：事务所员工对工作自豪感程度(13.34)	员工主动向客户(包括其他事务所的客户)宣传本所的特点与业务范围平均2次/人，非常自豪	员工主动向客户(包括其他事务所的客户)宣传本所的特点与业务范围平均1次/人，较自豪	员工不主动向客户(包括其他事务所的客户)宣传本所的特点与业务范围，基本可以	员工拒绝对本所的特点与业务范围发表意见，无自豪感
	W_{343}：事务所的员工从业时间长短(12.02)	工作5年以上跳槽的员工≤5%	5%＜工作5年以上跳槽的员工≤10%	10%＜工作5年以上跳槽的员工≤20%	工作1年左右跳槽的员工＞20%
	W_{344}：事务所员工参与事务所管理(即民主管理)状况(12.19)	每周召开一次全体大会，建立主任信箱，积极采纳合理化建议	每月召开一次全体大会，建立主任信箱，能够采纳合理化建议	每季度召开一次全体大会，建立主任信箱，很少采纳合理化建议	每年召开一次全体大会，未建立主任信箱，从不听取合理化建议
	W_{345}：事务所员工离职率(11.86)	1%—5%	6%—10%	11%—15%	16%—20%

附表1 会计师事务所诚信监管四级指标评价标准一览表

续表

评价指标及权数(%)	评价标准\评价等级	A 级	B 级	C 级	D 级
W_{34}：员工价值取向(50.76)	W_{346}：事务所员工的年龄结构状况(10.87)	20—35岁≈33% 36—50岁≈33% 51岁以上≈33%	20—35岁≈25% 36—50岁≈25% 51岁以上≈50%	20—35岁≈10% 36—50岁≈15% 51岁以上≈75%	20—35岁≈5% 36—50岁≈10% 51岁以上≈85%
	W_{347}：事务所员工归属感(13.26)	员工自发组成团队进行研究或革新，不计报酬，归属感强	参加事务所组织的研究或革新活动，归属感较强	不经常参加事务所组织的研究或革新活动，有一定的归属感	不参加事务所组织的研究或革新活动，基本无归属感
	W_{348}：事务所员工福利待遇(13.09)	带薪休假、交通补助、免费午餐	交通补助、免费午餐	补助	以上都没有
W_{41}：职业道德理念(49.46)	W_{411}：事务所有特色的人文价值理念(50.18)	有明确、简洁的表述，并布置于事务所醒目的位置	有所表述，但不够简洁，有待进一步挖掘整理	有思路，但无具体的表述	未作明确表述的努力
	W_{412}：事务所员工对本所人文价值理念特色认知程度(49.82)	每位员工都能熟练记忆，并能准确地解释其含义	80%以上的员工都能熟练记忆，并能解释其含义	员工有个人的理解，但无统一的解释	员工无明确概念
W_{42}：职业良心检测(26.20)	W_{421}：事务所是否有相应的诚信承诺(100)	主动对外发布诚信的自律性书面约定，鼓励外界的监督	在客户或相关组织的要求下，签署书面的诚信承诺，能够接受外界监督	在客户或相关组织的要求下，做口头的诚信承诺，基本能够接受外界监督	无承诺
W_{43}：职业道德教育(24.34)	W_{431}：事务所员工是否经常参加专业学术活动(100)	组织专业及职业道德学术活动的出勤率平均≥90%	组织专业及职业道德学术活动的出勤率平均≥80%且<90%	组织专业学术活动的出勤率平均≥50%且<80%	组织专业学术活动的出勤率平均<50%
H_{11}：客户沟通(22.86)	H_{111}：事务所与客户沟通状况(21.35)	至少每半年安排一次正常会晤，事先确定主要议题，利用三个系统与客户保持正式联系	至少每年安排一次正常会晤，事先确定主要议题，利用三个系统与客户保持一定联系	与客户进行一次正常会晤的时期超过两年，三个系统建设有待进一步完善	与客户不进行一次正常会晤，未建设三个系统，只保持通讯联系
	H_{112}：事务所客户稳定率及平均维持期限(20.78)	除特殊原因(如新建事务所)，考核当年客户总数中的95%以上为上年客户，为客户提供连续服务的年限平均占服务总年限的85%以上	除特殊原因(如新建事务所)，考核当年客户总数中的80%—94%为上年客户，为客户提供连续服务的年限平均占服务总年限的70%—84%	除特殊原因(如新建事务所)，考核当年客户总数中的60%—79%为上年客户，为客户提供连续服务的年限平均占服务总年限的50%—69%	除特殊原因(如新建事务所)，考核当年客户总数中的59%以下为上年客户，为客户提供连续服务的年限平均占服务总年限的49%以下

续表

评价指标及权数(%)	评价标准 \ 评价等级	A 级	B 级	C 级	D 级
H$_{11}$：客户沟通(22.86)	H$_{113}$：事务所新客户来源中老客户推荐比率(19.27)	占本年新增客户总量的90%以上	占本年新增客户总量的70%—89%	占本年新增客户总量的50%—69%	占本年新增客户总量的50%以下
	H$_{114}$：事务所与客户业务往来中发生(选择、收费、诉讼)争议比率(19.07)	抽查样本中每位客户都无争议记录	平均抽查样本中有争议的客户比率在1%—10%	平均抽查样本中有争议的客户比率在11%—20%	平均抽查样本中有争议的客户比率在21%以上
	H$_{115}$：事务所与客户业务往来中履约比率(19.53)	100%	90%—99%	80%—89%	79%以下
H$_{12}$：同业沟通(23.83)	H$_{121}$：事务所与同业沟通方式(16.27)	事务所与同业在经济业务、协会活动中都有交流，并定期组织主管或员工之间的专项活动	事务所与同业在经济业务、协会活动中都有交流	事务所与同业只在协会活动中接触，无业务往来	事务所与同业无专门的往来
	H$_{122}$："接下家"的影响程度(16.82)	与上家事务所的接触正常，口头或书面的沟通记录在审计工作底稿之中，妥善保存	与上家事务所接触部分正常，口头或书面的沟通记录在审计工作底稿之中，妥善保存	与上家事务所接触部分正常，口头或书面的沟通记录保存不规范	无法与上家事务所正常接触
	H$_{123}$：降低收费(17.61)	事务所按执行费用、或有损失费用以及合理利润率三项内容计算单项工作收费价格，事先确定详细的计算步骤	事务所按执行费用、或有损失费用以及合理利润率三项内容计算每类工作收费价格，无事先确定的计算步骤	事务所按执行费用、或有损失费用以及合理利润率三项内容计算收费价格，无事先确定的计算步骤	事务所确定收费价格无特定标准，定价较为随意
	H$_{124}$：同行诋毁(17.32)	近5年无同行投诉或举报记录	近5年同行投诉或举报记录1件	1件＜近5年同行投诉或举报记录≤5件	近5年同行投诉或举报记录＞5件
	H$_{125}$：事务所间执业项目合作(16.12)	近5年年均合作项目＞2项	1项＜近5年年均合作项目≤2项	近5年年均合作项目≤1项	近5年无合作项目
	H$_{126}$：事务所间联动活动、资源共享(15.86)	与至少5家以上事务所通过联网等形式实现资源共享	与至少3家以上事务所通过联网等形式实现资源共享	与至少1家以上事务所通过联网等形式实现资源共享	未与其他事务所实现资源共享

续表

评价指标及权数(%)	评价等级 评价标准	A 级	B 级	C 级	D 级
H_{13}：社区沟通(19.25)	H_{131}：事务所与社区沟通状况(17.22)	建立信息员联系制度,组织专人参加社区活动	建立信息员联系制度,参加社区活动	无信息员联系制度,参加社区活动	不参加社区活动
	H_{132}：事务所照章纳税情况(19.51)	无偷漏纳税与罚款记录	5年内偷漏纳税与罚款记录在1次以内	5年内偷漏纳税与罚款记录在2次以内	5年内偷漏纳税与罚款记录在2次以上
	H_{133}：事务所向社区提供就业机会情况(15.75)	每年至少安排10个以上就业岗位(指后勤保卫等岗位)	每年至少安排6—9个就业岗位	每年至少安排1—5个就业岗位	每年不安排就业岗位
	H_{134}：事务所提供公益赞助情况(15.31)	每年至少提供一次赞助	每2年至少提供一次赞助	每3年至少提供一次赞助	近5年未提供赞助
	H_{135}：事务所参加公益活动情况(15.63)	派专人参加每一次的公益活动	派专人参加90%以上的公益活动	参加公益活动不足50%	不参加公益活动
	H_{136}：事务所受到社区表彰的情况(16.59)	近2年至少接受2次表彰	近2年至少接受1次表彰	近3年至少接受1次表彰	近5年未受到表彰
H_{14}：员工人文素质(17.24)	H_{141}：事务所员工的素质(27.58)	事务所具备审计上市公司业务的资格,同时拥有外资企业的客户	事务所具备审计上市公司业务的资格,无外资企业的客户	事务所除审计业务外,具备从事验资业务的资格,无外资企业的客户	事务所只从事企业的审计业务,无外资企业的客户
	H_{142}：注册会计师占员工比率(24.58)	≥80%	≥65%且<80%	≥50%且<65%	<50%
	H_{143}：员工中本、专科学历比率(22.73)	100%,其中本科至少占40%,硕士研究生及以上至少占20%	100%,其中本科至少占30%,硕士研究生及以上至少占10%	100%,其中本科至少占30%	100%,其中本科少于30%
	H_{144}：员工职务晋升机制(24.84)	近3年晋升比例≥员工总数的30%	员工总数的20%≤近3年晋升比例<员工总数的30%	员工总数的10%≤近3年晋升比例<员工总数的20%	近3年晋升比例<员工总数的10%
H_{15}：职务冲突(16.82)	H_{151}：事务所管理者与员工间职务冲突(24.6)	近3年劳动仲裁部门未接到事务所员工投诉	近3年劳动仲裁部门接到事务所员工投诉1件	1件<近3年劳动仲裁部门接到事务所员工投诉≤3件	近3年劳动仲裁部门接到事务所员工投诉>3件

续表

评价指标及权数(%)	评价标准＼评价等级	A 级	B 级	C 级	D 级
H_{15}：职务冲突(16.82)	H_{152}：事务所管理者对员工满意度(24.44)	非常满意	较满意	一般	不满意
	H_{153}：事务所员工对管理者评价满意度(25.51)	非常满意	较满意	一般	不满意
	H_{154}：事务所员工间关系融洽度(25.45)	十分融洽	较融洽	一般	不融洽
H_{21}：市场方位占有率(37.79)	H_{211}：事务所业务(审计、非审计)构成情况(16.97)	审计业务：非审计业务≥70∶30	65∶35＜审计业务：非审计业务≤70∶30	60∶40＜审计业务：非审计业务≤65∶35	审计业务：非审计业务＜60∶40
	H_{212}：审计业务量占总量的比例(17.26)	≥70%	≥65%且＜70%	≥60%且＜65%	＜60%
	H_{213}：管理咨询业务量占总量的比例(15.88)	≤5%	＞5%且≤7.5%	＞7.5%且≤10%	＞10%
	H_{214}：资产评估业务量占总量的比例(15.7)	≤5%	＞5%且≤7.5%	＞7.5%且≤10%	＞10%
	H_{215}：税务代理业量占总量的比例(15.3)	≤5%	＞5%且≤7.5%	＞7.5%且≤10%	＞10%
	H_{216}：事务所市场占有率(主要业务所在地业务占市场总额)(18.86)	≥10%	≥8%且＜10%	≥5%且＜8%	＜5%
H_{22}：客户性质(34.80)	H_{221}：事务所客户所属行业性质及其规模情况(19.74)	朝阳产业，企业进入上年度产业排行前5位	朝阳产业，企业进入上年度产业排行前10位	夕阳产业，企业进入上年度产业排行前10位	夕阳产业，企业上年度产业排行在前10位以外
	H_{222}：审计业务客户中上市公司比重(21.2)	≥10%	≥5%且＜10%	＜5%	无

附表1 会计师事务所诚信监管四级指标评价标准一览表

续表

评价指标及权数(%)	评价标准 \ 评价等级	A 级	B 级	C 级	D 级
H_{22}：客户性质(34.80)	H_{223}：审计客户股权结构状况(17.63)	国有股比重≥50%，或股权结构较分散	国有股或散股比重<50%，但国有股+法人股比重≥50%	20%≤国有股+法人股比重<50%	国有股+法人股比重<20%
	H_{224}：客户财务状况与盈利情况(19.03)	近年连续3年以上盈利，企业偿债比率连续3年以上≥产业平均水平	近3年连续盈利，企业偿债比率连续3年≥产业平均水平	近2年连续盈利，企业偿债比率连续2年≥产业平均水平	上年度亏损，企业偿债比率≤产业平均水平
	H_{225}：事务所客户的会计诚信状况(22.4)	取得前任会计师事务所因正常原因解除委托的说明性资料，历年审计报告中均为无保留意见的报告，近5年内无重大违规记录	取得前任会计师事务所因非正常原因解除委托的说明性资料，历年审计报告中至少有1次为非为无保留意见的报告，近5年内至少有1次重大违规记录	取得前任会计师事务所因非正常原因解除委托的说明性资料，历年审计报告中至少有2次为非为无保留意见的报告，近5年内至少有2次重大违规记录	无法了解前任会计师事务解除委托的原因，历年审计报告中至少有2次以上为非为无保留意见的报告，近5年内至少有2次以上重大违规记录
H_{23}：利益冲突(27.41)	H_{231}：事务所招揽客户中支付回扣或佣金提成(24.23)	平均每笔业务的支出占业务总金额的比重≤1%	1%<平均每笔业务的支出占业务总金额的比重≤3%	3%<平均每笔业务的支出占业务总金额的比重≤5%	平均每笔业务的支出占业务总金额的比重>5%
	H_{232}：事务所审计收费波动率(24.07)	近5年年均≤10%	近5年年均>10%且≤25%	近5年年均>25%且≤50%	近5年年均>50%
	H_{233}：审计业务中连续时间超过三年的客户比率(25.41)	≥60%	≥55%且<60%	≥50%且<55%	<50%
	H_{234}：审计业务中连续时间超过五年的客户比率(26.29)	≥50%	≥45%且<50%	≥40%且<45%	<45%
H_{31}：政府监管(33.33)	H_{311}：事务所被政府处罚记录(51.01)	无	近5年有1次记录	近5年有2次记录	近5年有3次以上记录
	H_{312}：在被政府处罚前后积极与政府沟通(48.99)	很少被处罚，一旦受到处罚非常积极与政府部门沟通，认真撰写整改报告	主动更正错误，在规定日期执行处罚决定并业已执行完毕	主动更正错误，超出规定日期执行处罚决定并业已执行完毕	在政府督促下更正错误，或目前尚有未执行完毕的处罚

续表

评价指标及权数(%)	评价标准 / 评价等级	A级	B级	C级	D级
H_{32}：行业自律监管 (33.24)	H_{321}：事务所被行业监管部门处罚记录 (50.53)	无	近5年有1次记录	近5年有2次记录	近5年有3次以上记录
	H_{322}：在被行业监管部门处罚的前后积极与监管部门沟通 (49.47)	很少被处罚，一旦受到处罚非常积极与政府部门沟通，认真撰写整改报告	主动更正错误，在规定日期执行处罚决定并业已执行完毕	主动更正错误，超出规定日期执行处罚决定并业已执行完毕	在行业监管部门督促下更正错误、或目前尚有未执行完毕的处罚
H_{33}：客户诚信记录 (33.34)	H_{331}：会计师事务所知名度（排行榜）(49.51)	近5年年均排名全国前10位；或者地区前3位	近5年年均排名全国前11—50位；或者地区前4—6位	近5年年均排名全国前50—100位；或者地区前7—10位	近5年年均未进入全国或者地区排行榜
	H_{332}：事务所同业声誉状况 (50.49)	主管部门未接到同业其他所的投诉，或问卷调查中90%（包括90%）以上的被调查者评价为优良	主管部门未接到同业其他所的投诉，或问卷调查中80%—90%（包括80%）的被调查者评价为优良	主管部门近5年至少接到1件同业其他所的投诉且经属实的，或问卷调查中60%—80%（包括60%）的被调查者评价为优良	主管部门近5年至少接到2件同业其他所的投诉且经属实的，或问卷调查中被调查者评价为优良的不足60%
H_{41}：法规认同度 (74.71)	H_{411}：现行诚信监管法律法规健全合理状况 (34.24)	被调查员工普遍认为非常合理	被调查员工普遍认为基本合理	被调查员工普遍认为一般	被调查员工普遍认为不合理，存在抵触情绪
	H_{412}：事务所管理层对现行法律法规认同度 (33.91)	很有效、严格执行	有一定效果、主要方面执行	效果一般、参考执行	效果不好，不执行
	H_{413}：事务所非管理层人员对现行法律法规认同度 (31.85)	很有效、严格执行	有一定效果、主要方面执行	效果一般、参考执行	效果不好，不执行
H_{42}：客户评价 (25.29)	H_{421}：客户对事务所诚信状况评价 (100)	评价非常高，且评分≥90分	评价较高，≥80分且<90分	评价一般，≥60分且<80分	评价较低，<60分

附表1　会计师事务所诚信监管四级指标评价标准一览表

续表

评价指标及权数(%)	评价标准 / 评价等级	A 级	B 级	C 级	D 级
H_{51}：国际竞争(67.86)	H_{511}：事务所所在地区存在国际会计公司的影响程度(50.83)	有多家国际4大及之外会计师事务所参与竞争或在当地建立分所	国际4大之外的多家外资会计师事务所在当地建立分所	仅有1家国际4大之外会计师事务所在当地建立分所	国际会计师事务所均不在当地建立分所
	H_{512}：事务所与本地区国际会计公司在业务上的冲突的影响程度(49.17)	业务冲突极为严重	业务冲突较严重，上年业务量较前年下降幅度≥30%	一般，30%<上年业务量较前年下降幅度≤10%	基本无冲突，上年业务量较前年下降幅度>10%
H_{52}：境外业务(32.11)	H_{521}：事务所在境外设立分支机构情况(100)	在亚洲以外其他国家设置分支机构	在亚洲其他国家设置分支机构	仅在港、澳、台地区设置分支机构	无境外分支机构
D_{11}：道德监管制度文件(49.83)	D_{111}：事务所是否有相应道德自律制度文件(50.67)	有书面、详细且特色突出的规定	有书面、简单的规定	有原则性的说明	无规定
	D_{112}：事务所的道德监管制度文件的完备程度(49.33)	建立有完备文件，有专门档案并由专人管理	建立专门档案员工兼职管理	说明记录在案	无档案文件
D_{12}：质量评价(25.38)	D_{121}：事务所道德监管制度文件质量及执行状况(100)	根据情况变化随时修订，保存员工执行情况以及企业汇总的资料	定期修订，保存员工执行情况以及企业汇总的资料	保存职工执行情况的简单记录	无相关管理文件
D_{13}：员工认知(24.79)	D_{131}：本所职工对本所道德监管制度文件认同感(100)	熟悉制度文件的内容、领会其内涵并严格执行	了解制度文件的内容和内涵并执行	对制度文件的内容和内涵一般了解	不了解制度文件的内容和内涵、不执行
D_{21}：道德诉讼（外）(40.61)	D_{211}：事务所在诚信方面是否遭遇过被起诉情况(50.78)	无	近5年年均≤1件，每年≤2件	近5年年均≤2件，每年≤3件	近5年年均>2件
	D_{212}：在被起诉的案件中胜诉比率(49.22)	100%	≥95%	≥85%且<95%	<85%

续表

评价指标及权数(%)	评价标准 / 评价等级	A 级	B 级	C 级	D 级
D_{22}：诚信档案(21.16)	D_{221}：事务所是否有过劣迹(不良)记录(100)	无	近5年年均≤0.5次,每年≤1次	近5年年均≤1次,每年≤2次	近5年年均>1次
D_{23}：道德表彰(38.23)	D_{231}：事务所是否受过国家级道德表彰(51.18)	近3年至少1次	近4年至少1次	近5年至少1次	无
	D_{232}：事务所是否受过地区级的道德表彰(48.82)	近4年至少2次	近5年至少2次	近5年至少1次	无
D_{31}：组织领导(32.57)	D_{311}：事务所是否设置了相应的道德监管机构(24.62)	设置专门的机构,有固定的办公地点和专职负责人和工作人员	设置专门的机构,有固定的办公地点和专职负责人,工作人员临时选派	设置专门的机构,无固定的办公地点和专职负责人和工作人员	未建立
	D_{312}：事务所道德监管机构工作状况(24.64)	经授权直接参与事务所经营范围的道德监管活动,可直接要求有关人员接受质询或协助调查	直接参与事务所经营范围的道德监管活动,要求有关人员接受质询或协助调查时需要经过审批	道德监管工作定期开展活动,或针对重大事项临时组织人员进行工作	道德监管工作随意性较大,人员变化大
	D_{313}：员工对道德监管领导者评价(24.16)	优,评价很高	良,评价较高	中,一般	差,评价较低
	D_{314}：事务所道德监管领导者独立性(26.57)	直接对事务所所长负责,独立性强	直接对事务所所长负责,独立性一般	人员不固定,独立性差	无独立性
D_{32}：奖惩状况(16.34)	D_{321}：事务所是否对员工诚信状况有相应奖惩机制(51.29)	建立明确的奖惩机制,要求每位员工掌握其主要内容的规定,严格执行相关的规定	建立明确的奖惩机制,要求每位员工掌握其主要内容的规定,基本执行相关的规定	无明确的奖惩机制,但要求每位员工自律	无明确的奖惩机制,每位员工发生诚信危机的概率较大
	D_{322}：事务所是否定期进行有关职业道德方面谈话等活动(48.71)	定期举行,至少每月1次	定期举行,至少每季度1次	年度内不定期举行	不举行

附表1 会计师事务所诚信监管四级指标评价标准一览表

续表

评价指标及权数(%)	评价标准＼评价等级	A 级	B 级	C 级	D 级
D_{33}：良心塑造(8.67)	D_{331}：事务所员工职业道德良心状况(100)	事务所员工整体的职业道德情况优秀,每位员工的道德档案中均无不良记录	事务所员工整体的职业道德情况良好,员工的道德档案中无不良记录的≥95%	事务所多数员工整体的职业道德情况良好,员工的道德档案中无不良记录的<95%,但≥85%	事务所员工的道德档案中无不良记录的<85%
D_{34}：道德冲突(42.42)	D_{341}：事务所与客户间是否存在失德合谋行为(21.26)	近5年无此现象发生	近5年此现象发生1件	近5年此现象发生2件	近5年此现象发生>2件
	D_{342}：事务所对员工与客户失德合谋行为是否有相应预防措施(20.96)	有具体规定,并严格执行	有具体规定,并较严格执行	有简单规定,并未严格执行	无具体规定
	D_{343}：旋转门(执业人员转到客户单位工作)的影响程度(17.77)	近5年无此现象发生	近5年有此现象发生,但终止与该客户的业务往来	有此现象发生,继续与该客户的业务往来	近5年每年均有此现象发生
	D_{344}：事务所业务上对个别客户依赖程度(19.77)	对单一客户的收费<当年营业额的10%,或3年以上固定客户的营业额<当年营业额的25%	当年营业额的10%≤对单一客户的收费<当年营业额的25%,或当年营业额的25%≤3年以上固定客户的营业额<当年营业额的50%	当年营业额的25%≤对单一客户的收费<当年营业额的50%,或当年营业额的50%≤3年以上固定客户的营业额<当年营业额的80%	对单一客户的收费≥当年营业额的50%,或3年以上固定客户的营业额≥当年营业额的80%
	D_{345}：事务所脱钩不彻底依靠某一行业行政部门(20.24)	无此现象	脱钩程度超过挂靠程度	挂靠程度超过脱钩程度	形式脱钩,实际依然挂靠
Z_{11}：制度文件(28.03)	Z_{111}：事务所是否有控制业务质量相关制度文件(33.83)	具备审计工作全面质量控制和项目质量控制的完备制度文件	具备审计工作全面质量控制和项目质量控制的部分制度文件	具备审计工作全面质量控制和项目质量控制的部分制度	不具备审计工作全面质量控制和项目质量控制的制度文件

续表

评价指标及权数(%)	评价标准	A 级	B 级	C 级	D 级
Z_{11}：制度文件 (28.03)	Z_{112}：相关质量控制制度文件完备性(32.62)	按照质量控制准则的要求制定两项质量控制的制度文件中的具体项目	按照质量控制准则的要求制定两项质量控制的制度文件中的75%以下具体项目	50%以下具体项目的制定符合质量控制准则对两项质量控制的要求制定	未制定
	Z_{113}：相关质量控制制度文件实施程度(33.55)	≥95%，非常完备严格	≥80%且<95%，较严格	<80%，一般	明显不严格或无法判断
Z_{12}：审计报告可靠性(28.29)	Z_{121}：事务所审计报告可靠性(34.49)	监管部门或委托单位无质疑、或对质疑检查后无问题	委托单位无质疑、或对质疑检查后无重大问题	对委托单位的质疑检查后发现重大问题	对委托单位的质疑检查后发现审计结论错误
	Z_{122}：已审计会计报表出现错弊事项率(32.97)	无	近5年年均≤1件，每年不超过1件	1件<近5年年均≤2件，每年不超过2件	近5年年均>2件
Z_{13}：审计程序适当性(26.84)	Z_{131}：事务所审计程序适当性(32.93)	审计程序非常适当，效率非常高	主要审计程序比较适应需要	审计程序基本适应需要，但需改进	审计程序基本不适应需要，需全面调整补充
	Z_{132}：审计程序完整性(33.62)	审计程序设计步骤齐全完整	审计主要步骤齐全完整	审计程序步骤粗略	审计程序步骤不规范
	Z_{133}：审计程序合理性(33.45)	审计程序非常合理，效率非常高	审计程序基本合理，效率较高	审计程序存在明显不合理之处	审计程序逻辑性混乱
Z_{14}：审计档案完整性(16.84)	Z_{141}：事务所是否有相应档案管理制度(49.91)	具备审计档案的保管与借阅方面的书面规定，同时指定专人管理，记录完整	具备审计档案的保管与借阅方面的书面规定，同时指定注册会计师兼职管理，记录较完整	具备审计档案的保管与借阅方面的书面规定，但无专人负责管理，无记录或不完整	缺乏审计档案的保管与借阅方面的书面规定，档案管理随机性强，无记录或不完整
	Z_{142}：事务所审计档案保管完整性状况(50.09)	永久性档案和当期档案分类保管，存放档案的设施性能良好，按规定销毁过期档案	永久性档案和当期档案分类保管，存放档案的设施性能不佳，按规定销毁过期档案	永久性档案和当期档案未分类保管，存放档案的设施性能不佳，档案有缺失现象	档案随机摆放，存放档案的设施性能老化，档案缺失现象严重
Z_{21}：独立性	Z_{211}：事务所是否建立健全独立性政策(16.27)	有指导性的文件且完备	有书面的原则性规定且基本完备	原则性规定，无文字记录	未建立

附表1　会计师事务所诚信监管四级指标评价标准一览表

续表

评价指标及权数(%)	评价标准	A级	B级	C级	D级
Z_{21}：独立性	Z_{212}：事务所是否建立健全基本独立性程序(16.64)	建立详细的步骤与说明	建立主要的步骤与说明	建立粗略的步骤，无说明	未建立
	Z_{213}：事务所在与客户业务往来中独立性保持状况(17.19)	每项业务影响独立性的因素和处理结果都详细记录，存档保存，记录显示事务所始终保持独立性	经常对业务抽样进行影响独立性因素的测试，与处理结果存档保存，记录显示事务所多数时候保持独立性	不定期对业务抽样进行影响独立性因素的测试，与处理结果存档保存，记录显示事务所基本保持独立性	无影响因素分析和处理结果的记录，无法判断执行情况
	Z_{214}：事务所员工对本所独立性政策和程序认知程度(16.58)	熟识相关的规定，深入领会其含义	了解相关的规定，领会其含义	对规定有大致的了解	不了解规定
	Z_{215}：审计师变更情况(15.4)	固定客户或项目的审计最高限于2次	固定客户或项目的审计最高限于3次	固定客户或项目的审计最高限于4次	无固定客户或项目的审计最高次数的限制
	Z_{216}：事务所保持独立性(17.92)	对于需拒绝或回避的业务有详细的规定，逐条列示	对于需拒绝或回避的业务有主要类型的规定	对于需拒绝或回避的业务有简要的描述	无具体规定
Z_{22}：公正性(10.20)	Z_{221}：事务所保持公正性的影响程度(33.94)	事务所的公正性得到全部客户的认同	事务所的公正性得到客户的认同度占90%以上	事务所的公正性得到客户的认同度占75%—90%	事务所的公正性得到客户的认同度低于75%
	Z_{222}：事务所坚持执业（审计与非审计）分离原则的影响程度(32.21)	事务所为同一客户提供的服务不存在交叉现象	事务所为同一客户提供的服务基本不存在交叉现象	事务所为同一客户提供的服务存在交叉现象	事务所为同一客户提供的服务交叉现象严重
	Z_{223}：事务所审计意见被购买现象的影响程度(33.85)	完全依据为客户提供专业服务的价值确定收费标准，全部业务价格在同业间具有可比性，不存在购买审计意见现象	主要依据为客户提供专业服务的价值确定收费标准，主要业务价格在同业间具有可比性，基本不存在购买审计意见现象	收费标准不够统一，有待进一步改进，有购买审计意见事项的发生	收费标准混乱，明显具有购买审计意见的条件和具体表现，且数量较多

续表

评价指标及权数(%)	评价标准	A 级	B 级	C 级	D 级
Z_{23}：谨慎性(3.45)	Z_{231}：事务所保持执业谨慎性的影响程度(100)	形式和实质上严格执行三级复核制度,并制定详细的注册会计师执业时的道德操守和技术手册	执行三级复核制度,并制定注册会计师执业时的道德操守或技术手册	执行三级复核制度,未将注册会计师执业时的道德操守或技术手册文字化	不严格执行三级复核制度,注册会计师执业时的指导性规则
Z_{24}：专业胜任能力(16.74)	Z_{241}：事务所承揽业务中专业胜任能力状况(20.25)	全部业务独立承揽并完成均按照专业胜任能力分级安排	独立承揽并完成业务按照专业胜任能力分级安排≥90%	50%≤独立承揽并完成业务按照专业胜任能力分级安排<90%	独立承揽并完成的业务按照专业胜任能力分级安排<50%
	Z_{242}：员工执业品质是否可靠(20.74)	近5年员工专业执业技术档案中无不良记录	近5年员工专业执业技术档案中人均不良记录≤0.25次/年	0.25次/年<近5年员工技术档案中人均不良记录≤0.5次/年	近5年员工技术档案中人均不良记录>0.5次/年
	Z_{243}：员工执业知识积累是否可靠(19.71)	全部员工参加并完成了执业知识培训或CPA后续教育	参加并完成了执业培训或CPA后续教育的员工≥90%	70%<参加并完成执业培训或CPA后续教育的员工≥90%	参加并完成了执业培训或CPA后续教育的员工<70%
	Z_{244}：员工执业技能状况是否可靠(19.72)	通过内部组织的业务考核并记录在案,无技能差错	一次通过或复试通过内部组织的业务考核,并记录在案	≤5%的员工未通过内部组织的业务考核,有明显技能差错	≥10%的员工未通过内部组织的业务考核,有严重技能差错
	Z_{245}：确认员工专业胜任能力程序是否可靠(19.59)	以制度形式加以规范,每位员工对程序内容充分了解,近5年内定期程序评价,根据实际适时调整	以制度的形式加以规范,多数员工对程序内容充分了解,近5年固定不变	无制度的形式规范,多数员工对程序内容基本了解	无制度形式加以规范,多数员工对程序内容不了解
Z_{25}：工作委派(5.99)	Z_{251}：事务所是否有相应工作委派程序(50.42)	建立工作两级委派程序、保存工作委派记录	建立工作两级委派程序、无工作委派记录	只建立一级委派程序	无委派程序
	Z_{252}：事务所执行工作委派程序效果(49.58)	建立完整的人力资源档案,根据具体业务组成工作小组,整合人力资源,效果特别明显	建立部分人力资源档案,根据具体业务组成工作小组,整合能力有一定限制,效果明显	无人力资源档案,根据具体业务临时组成工作小组,委派随意性强	无人力资源档案,实行部门分割,人员不互相流动,经常出现不当委派

续表

评价指标及权数(%)	评价标准 \ 评价等级	A 级	B 级	C 级	D 级
Z_{26}：咨询(5.91)	Z_{261}：事务所在执行咨询业务过程中是否有相应咨询程序(50.14)	建立固定的专家咨询业务程序，层次完整，有具体的文件规定	建立基本的专家咨询业务框架，层次完整，有文字说明	建立基本的专家咨询业务框架，层次完整，无书面文件	无固定的专家咨询业务程序
	Z_{262}：事务所执行咨询程序效果(49.86)	专家咨询效果明显，全部客户表示满意	咨询效果基本明显，大部分客户基本满意，部分质疑的内容予以解决	有咨询效果，客户基本满意，部分质疑的内容未能有效解决	基本无效果，大部分客户不满意
Z_{27}：监督(6.80)	Z_{271}：事务所是否建立健全相应业务质量督导程序(50.76)	建立固定的业务质量督导程序，层次完整，有具体的文件规定，根据业务性质选派督导人员	部分层次建立固定的业务质量督导程序，有具体的文件规定，指定固定的督导人员	无业务质量督导程序，但在实际业务中随机选派督导人员	无业务质量督导程序，实际业务中也未选派督导人员
	Z_{272}：事务所业务督导程序执行效果(49.24)	按规定选派督导人员，有完整的选派记录，督导人员的各项职责充分发挥，及时向外部专家咨询	按规定选派督导人员，无完整的选派记录，督导人员的各项职责基本发挥，偶尔咨询外部专家	临时选派督导人员，有选派记录，督导人员发挥职责，偶尔咨询外部专家	实际中未有督导活动发生，也未向外部专家咨询
Z_{28}：人员聘任(6.13)	Z_{281}：事务所在人员聘任过程中是否建立健全相应聘任程序(50.31)	有明确的专业聘任制度的规定，按固定程序聘用人才，人才定期轮岗	有明确的专业聘任制度的规定，按固定程序聘用人才，人才不定期轮岗	无明确的专业聘任制度的规定，按固定程序聘用人才，人才不定期轮岗	无明确的专业聘任制度的规定，聘用人才随意性强，不轮岗
	Z_{282}：事务所聘任程序执行效果(49.69)	员工表示满意，事务所主管接到投诉	大部分员工表示满意，个别投诉由事务所主管内部解决	部分员工表示满意，事务所主管未能内部解决个别投诉，员工向上级投诉，经确认反映情况属实	大部分员工不满意，员工直接向上级投诉，经确认反映情况属实
Z_{29}：职业后续教育(12.33)	Z_{291}：事务所是否建立健全相应职业后续教育政策(25.76)	建立相应政策，并有书面形式的具体计划	建立相应政策，并有书面形式的概括表述	建立相应政策，无书面形式的具体规定	未建立相应的政策
	Z_{292}：事务所执行其职业后续教育政策效果(25.59)	认真执行计划，有执行情况的完整书面总结	执行计划，有计划完成情况的说明	落实政策，但无实际完成情况的说明	后续教育随机进行，无执行效果说明

续表

评价指标及权数(%)	评价标准	评价等级 A 级	B 级	C 级	D 级
Z_{29}：职业后续教育(12.33)	Z_{293}：事务所职业后续教育形式满意度(23.98)	3年中每位注册会计师至少接受了2种以上形式的后续教育	3年中每位注册会计师至少接受了1种以上形式的后续教育	3年中每位注册会计师接受了1种形式的后续教育	无法保证每位注册会计师后续教育的实际进行
	Z_{294}：事务所职业后续教育质量满意度(24.67)	接受后续教育后，三分之一以上的注册会计师公开发表了个人的研究成果	接受后续教育后，三分之一以上的注册会计师公开发表了个人或合作的研究成果	接受后续教育后，存在公开发表研究成果的注册会计师	无公开发表研究成果的注册会计师
Z_{210}：专业发展(3.32)	Z_{2101}：事务所业务发展前景(100)	增长率≥50%	25%≤增长率<50%	10%≤增长率<25%	增长率<10%
Z_{211}：项目评价(9.89)	Z_{2111}：事务所审计项目履约率(32.3)	100%	近5年年均≥95%	近5年年均≥85%且<95%	近5年年均<85%
	Z_{2112}：事务所审计项目完成质量状况(34.23)	质量合格率100%	近5年年均≥95%	近5年年均≥85%且<95%	近5年年均<85%
	Z_{2113}：事务所审计项目发生差错状况(33.47)	无	近5年年均≤1件，每年不超过1件	1件<近5年年均≤2件，每年不超过2件	近5年年均>2件
Z_{31}：质量法规控制(12.9)	Z_{311}：事务所执行业务中违法记录比率(100)	无	近5年年均≤1件，每年不超过1件	1件<近5年年均≤2件，每年不超过2件	近5年年均>2件
Z_{32}：质量行政控制(12.59)	Z_{321}：事务所执行业务中违纪记录比率(100)	无	近5年年均≤1件，每年不超过1件	1件<近5年年均≤2件，每年不超过2件	近5年年均>2件
Z_{33}：质量技术控制(25.25)	Z_{331}：事务所审计记录差错率(48.5)	无	近5年年均≤1件，每年不超过1件	1件<近5年年均≤2件，每年不超过2件	近5年年均>2件
	Z_{332}：事务所出具审计报告质量状况(51.5)	合格率=100%	合格率≥95%	85%≤合格率<95%	合格率<85%，受到社会质疑

续表

评价指标及权数(%)	评价标准 \ 评价等级	A 级	B 级	C 级	D 级
Z_{34}：质量其他控制(25.17)	Z_{341}：事务所为降低风险是否建立健全相应业务承接政策和程序(50.25)	建立相应业务承接政策和规范的程序,在事务所宣传材料中有所体现,注册会计师和客户均掌握其内容与含义并严格执行	建立相应业务承接政策和规范的程序,注册会计师和客户均掌握其内容与含义并基本执行	建立相应业务承接政策和规范的程序,注册会计师和客户均掌握其内容与含义但执行不规范	未建立相应业务承接政策和规范的程序,注册会计师和客户的业务操作不规范
	Z_{342}：事务所执行业务承接政策和程序降低风险效果(49.75)	近5年无审计失败事件	近5年审计失败事件≤1件	1件＜近5年审计失败事件≤3件	近5年审计失败事件≥3件
Z_{35}：质量控制效率(24.09)	Z_{351}：事务所是否建立健全相应职务考核与晋升政策及程序(50.05)	有详细的级差规定以及各个级别晋升的标准、操作步骤	级别档次较大,有详细规定,晋升标准与操作步骤	有晋级的指导原则,无具体规定	无具体规定和参考依据
	Z_{352}：事务所员工对该考核与晋升政策和程序是否满意(49.95)	员工按级别,满足条件逐级晋升,对政策非常满意	员工了解晋级条件,但等级标准不易做到,有一些怨言	员工的晋升机会较少,无从把握,有不满情绪	多数员工长期得不到晋升机会,对工作环境很不满意

附表 2 四级指标评价数据统计分析表

四级指标	平均得分	标准差	置信度(95%)	四级指标	平均得分	标准差	置信度(95%)
W111	95.888 9	5.863 2	2.011 9	W412	77.583 3	14.511 3	4.979 5
W121	94.916 7	6.175 1	2.011 9	W421	83.583 3	11.275 3	3.869 1
W131	76.777 8	15.070 4	2.011 9	W431	77.333 3	20.248 5	6.948 2
W132	81.361 1	16.071 3	5.514 8	H111	82.833 3	15.483 9	5.313 3
W133	78.888 9	16.838 7	5.778 2	H112	86.333 3	11.328 4	3.887 3
W134	78.416 7	18.270 2	6.269 4	H113	68.472 2	19.716 7	6.765 8
W135	83.944 4	15.679 0	5.380 2	H114	82.055 6	18.553 1	6.366 5
W211	80.750 0	14.191 9	4.869 9	H115	85.138 9	9.375 4	3.217 1
W221	88.111 1	13.924 0	4.778	H121	84.194 4	9.620 1	3.301 1
W231	88.305 6	14.622 7	5.017 7	H122	80.638 9	18.478 4	6.340 8
W232	70.444 4	16.644 1	5.711 4	H123	79.166 7	17.223 2	5.910 1
W311	80.861 1	14.858 9	5.098 8	H124	87.055 6	18.461 6	6.335 1
W312	80.361 1	14.672 6	5.034 9	H125	94.611 1	6.152 1	2.111 1
W313	92.277 8	5.900 1	2.024 6	H126	66.638 9	22.182 5	7.611 9
W314	65.527 8	20.621 6	7.076 3	H131	64.472 2	22.295 3	7.650 6
W315	76.416 7	12.544 1	4.304 5	H132	95.000 0	4.813 2	1.651 6
W321	83.111 1	10.852 0	3.723 8	H133	77.611 1	18.513 1	6.352 8
W331	87.861 1	8.216 4	2.819 4	H134	82.944 4	15.763 8	5.409 3
W332	83.555 6	9.756 6	3.347 9	H135	68.805 6	19.781 9	6.788 1
W341	80.722 2	13.133 1	4.506 6	H136	70.277 8	19.250 7	6.605 8
W342	83.555 6	11.327 1	3.886 8	H141	80.916 7	10.486 4	3.598 4
W343	87.472 2	10.644 5	3.652 6	H142	74.333 3	10.939 2	3.753 8
W344	71.444 4	19.073 6	6.545 1	H143	78.333 3	10.317 2	3.540 3
W345	84.500 0	11.772 1	4.039 6	H144	81.500 0	13.392 6	4.595 6
W346	93.472 2	7.889 8	2.707 3	H151	88.916 7	12.152 7	4.170 2
W347	78.333 3	14.651 5	5.027 6	H152	83.083 3	9.117 7	3.128 7
W348	74.138 9	8.148 5	2.796 1	H153	85.666 7	7.129 7	2.446 5
W411	84.305 6	10.811 1	3.709 8	H154	85.638 9	7.345 3	2.520 5

续表

四级指标	平均得分	标准差	置信度(95%)	四级指标	平均得分	标准差	置信度(95%)
H211	90.277 8	9.060 3	3.109 1	D212	78.750 0	16.388 3	5.623 6
H212	91.361 1	6.721 2	2.306 4	D221	93.527 8	6.495 7	2.228 9
H213	87.416 7	10.374 6	3.56	D231	61.444 4	16.332 4	5.604 4
H214	74.194 4	18.474 9	6.339 6	D232	68.583 3	18.668 7	6.406 1
H215	81.138 9	21.223 9	7.282 9	D311	65.833 3	20.349 0	6.982 7
H216	76.944 4	16.351 9	5.611 18	D312	67.111 1	19.631 0	6.736 3
H221	76.694 4	15.548 9	5.335 61	D313	71.027 8	16.777 1	5.757
H222	49.944 4	28.104 9	9.644 2	D314	74.166 7	17.155 3	5.886 8
H223	84.611 1	13.381 7	4.591 9	D321	78.972 2	12.630 4	4.334 1
H224	76.888 9	10.373 0	3.559 4	D322	75.805 6	12.158 5	4.172 1
H225	81.555 6	19.227 4	6.597 8	D331	82.888 9	11.384 1	3.906 4
H231	76.777 8	20.959 1	7.192 1	D341	91.583 3	5.192 8	1.781 9
H232	86.194 4	9.188 8	3.153 1	D342	81.166 7	14.010 9	4.807 8
H233	84.500 0	13.969 2	4.793 5	D343	81.527 8	8.613 6	2.955 7
H234	78.583 3	15.621 2	5.360 4	D344	86.777 8	10.295 9	3.533
H311	95.027 8	4.186 5	1.436 6	D345	90.527 8	6.685 3	2.294
H312	94.805 6	4.629 7	1.588 6	Z111	87.638 9	13.091 9	4.492 4
H321	94.750 0	4.639 1	1.591 8	Z112	86.972 2	12.504 4	4.290 9
H322	94.055 6	5.892 3	2.021 9	Z113	78.111 1	19.423 3	6.665 1
H331	72.861 1	18.665 4	6.405 1	Z121	90.611 1	6.913 3	2.372 2
H332	87.972 2	12.372 7	4.245 6	Z122	87.638 9	10.499 1	3.602 7
H411	82.611 1	10.962 8	3.761 8	Z131	87.555 6	9.391 0	3.222 5
H412	85.333 3	11.900 0	4.083 5	Z132	89.083 3	7.443 8	2.554 3
H413	85.666 7	10.878 1	3.732 8	Z133	87.944 4	6.932 0	2.378 7
H421	88.222 2	9.594 9	3.292 4	Z211	84.277 8	12.276 0	4.212 5
H511	79.694 4	18.188 5	6.241 4	Z212	84.666 7	10.826 9	3.715 2
H512	60.388 9	11.463 2	3.933 5	Z213	82.638 9	11.834 9	4.061 1
H521	53.805 6	13.428 5	4.607 9	Z214	84.138 9	10.019 5	3.438 3
D111	87.805 6	11.625 7	3.989 3	Z215	67.888 9	17.430 5	5.981 2
D112	84.138 9	13.552 7	4.650 6	Z216	84.111 1	11.034 7	3.786 5
D121	80.472 2	14.754 4	5.063	Z221	88.861 1	7.424 3	2.547 6
D131	80.611 1	11.626 8	3.989 7	Z222	83.583 3	10.727 4	3.681 1
D211	93.555 6	7.084 6	2.431	Z223	86.805 6	9.663 3	3.315 9

续表

四级指标	平均得分	标准差	置信度（95%）	四级指标	平均得分	标准差	置信度（95%）
Z231	88.166 7	8.506 5	2.919	Z291	83.888 9	11.666 1	4.003 2
Z241	89.555 6	7.143 2	2.451 1	Z292	81.694 4	12.587 1	4.319 2
Z242	91.111 1	6.899 2	2.367 4	Z293	85.611 1	10.350 2	3.551 6
Z243	88.666 7	8.781 3	3.013 3	Z294	74.111 1	13.048 6	4.477 6
Z244	86.916 7	8.763 5	3.007 1	Z2101	76.000 0	11.571 0	3.970 6
Z245	84.527 8	10.657 5	3.657 1	Z2111	85.527 8	10.735 4	3.683 8
Z251	87.722 2	7.53	2.583 9	Z2112	80.361 1	22.747 6	7.805 8
Z252	88.777 8	7.561 3	2.594 6	Z2113	86.111 1	13.607 1	4.669 3
Z261	86.611 1	8.111 3	2.783 4	Z311	92.861 1	7.565 1	2.595 9
Z262	88.611 1	6.343 3	2.176 7	Z321	90.472 2	10.296 9	3.533 4
Z271	87.472 2	7.209 1	2.473 8	Z331	87.527 8	10.502 6	3.603 9
Z272	87.222 2	10.124 5	3.474 2	Z332	85.333 3	9.448 7	3.242 3
Z281	85.777 8	9.818 1	3.369	Z341	86.333 3	8.969 1	3.077 7
Z282	83.944 4	8.027 5	2.754 6	Z342	88.527 8	10.500 0	3.603

附表 3
三级指标评价数据统计分析表

三级指标	平均得分	标准差	置信度(95%)	三级指标	平均得分	标准差	置信度(95%)
Z141	90.305 6	8.034 0	2.756 8	H51	70.201 9	12.055 0	4.136 6
Z142	92.944 4	5.125 9	1.758 9	H52	53.805 6	13.428 5	4.607 9
W11	95.888 9	5.863 2	2.011 9	D11	85.996 8	11.731 3	4.025 5
W12	94.916 7	6.175 1	2.118 9	Z351	83.888 9	11.522 4	3.953 9
W13	80.069 0	9.571 6	3.284 5	Z352	80.111 1	10.754 3	3.690 3
W21	80.750 0	14.191 9	4.869 9	D12	80.472 2	14.754 4	5.063
W22	88.111 1	13.924 0	4.778	D13	80.611 1	11.626 8	3.989 7
W23	81.227 2	10.458 0	3.588 6	D21	86.268 3	8.761 2	3.006 4
W31	79.825 2	11.394 5	3.91	D22	93.527 8	6.495 7	2.228 9
W32	83.111 1	10.852 0	3.723 8	D23	64.929 7	14.623 9	5.018 1
W33	85.607 6	8.325 0	2.856 7	D31	69.610 7	17.036 8	5.846 1
W34	81.436 0	9.187 2	3.152 5	D32	77.429 7	11.583 0	3.974 7
W41	80.956 5	11.649 8	3.997 6	D33	82.888 9	11.384 1	3.906 4
W42	83.583 3	11.275 3	3.869 1	D34	86.449 4	6.502 0	2.231 1
W43	77.333 3	20.248 5	6.948 2	Z11	84.224 9	13.913 8	4.774 5
H11	81.095 2	12.074 9	4.143 5	Z12	89.147 9	7.831 6	2.687 4
H12	82.101 4	11.332 9	3.888 8	Z13	88.199 3	7.039 3	2.415 5
H13	76.972 6	11.632 8	3.991 8	Z14	91.627 4	6.394 3	2.194 2
H14	78.838 4	6.985 3	2.397	Z21	81.239 6	8.634 4	2.962 9
H15	85.827 7	7.393 2	2.536 9	Z22	86.465 3	8.502 3	2.917 5
H21	83.568 4	10.992 8	3.772 2	Z23	88.166 7	8.506 5	2.919
H22	73.545 0	13.740 5	4.715	Z24	88.206 6	7.145 4	2.451 9
H23	81.481 3	10.148 1	3.482 3	Z25	88.245 6	5.667 3	1.944 7
H31	94.918 9	4.344 0	1.490 6	Z26	87.608 3	6.762 5	2.320 5
H32	94.406 5	4.639 6	1.592	Z27	87.349 1	8.157 6	2.799 2
H33	80.490 7	14.225 8	4.881 6	Z28	84.866 8	7.923 9	2.719 1
H41	84.507 4	10.710 2	3.675 2	Z29	81.328 1	10.663 1	3.659
H42	88.222 2	9.594 9	3.292 4	Z210	76.000 0	11.571 0	3.970 6

续表

三级指标	平均得分	标准差	置信度(95%)	三级指标	平均得分	标准差	置信度(95%)
Z211	83.954 5	13.527 9	4.642 1	Z33	86.397 6	9.541 6	3.274 1
Z31	92.861 1	7.565 1	2.595 9	Z34	87.425 1	9.515 9	3.265 3
Z32	90.472 2	10.296 9	3.533 4	Z35	82.001 9	10.492 5	3.600 4

附 录

案例一 红光实业案

公司简介

公司全称	成都博讯数码技术股份有限公司
英文名称	CHENG DU BOOK DIGITAL CO.,LTD.
上市地点	上海证券交易所
股票代码	600083
股票名称	ST 博讯
公司地址	四川省成都市科华北路58号亚太广场五楼
经营范围	偏转线圈、金同漆包线、会聚磁组件等电子元器件的研究、开发、生产、销售;计算机软硬件研究、开发、销售,信息服务与计算机系统集成、通信设备与元器件生产;经营"三来一补"业务

案例介绍

成都博讯数码技术股份有限公司前身为红光实业,红光实业是成都红光实业股份有限公司的简称,1997年6月在上海证券交易所上市,代码为600083。其前身是国营红光电子管厂,始建于1958年,是在成都市工商行政管理局登记注册的全民所有制工业企业,该厂是我国"一五"期间156项重点工程项目之一,是我国最早建成的大型综合性电子束器件基地,也是我国第一只彩色显像管的诞生地。

经成都市体改委1992年162号文批准,1993年5月,由原国营红光电子管厂以其全部生产经营性净资产投入,联合四川省信托投资公司、中国银行四川省分行、交通银行成都分行作为发起人以定向募集方式设立红光实业公司。成都市科学技术委员会认定红光实业为高新技术企业(成科工字[1999]019号文),1995年12月被四川省人民政府、国家经济体制改革委员会(川府函[1995]517号文)列为全国现代企业制度试点企业。经中国证监会证监发字[1997]246号文和[1997]247号文批准,红光公司于1997年5月23日以每股6.05元的价格向社会公众发行7 000万股社会公众股,占发行后总股本的30.43%,实际筹得4.10亿元资金。

目前我国上市公司信息披露的方式与渠道中,上市公告书和招股说明书是主要部分。此外,相关渠道(从当时来看,主要是证券类报纸和电视、广播评论)的介绍与评论,也构成信息息来源的一部分,如公司能否取得上市资格、公司新股发行价格的确定等,主要取决于由上市公司提供、经相关中介机构认定的财务资料等信息,而这部分信息也构成了上市公告书和招股说明书的主体。因此,相关信息披露的介绍,主要基于红光实业上市前所公开披露的这两份文件。

在当时公司上市采取"总量控制,限报家数"的政策下,公司如果取得稀缺的额度,则财务资料将成为后期上市运作最为关键的因素。根据公司有利的财务资料,公司有可能顺利通过中国证监会的批准并取得较好的发行价格。红光实业披露的经成都市蜀都会计师事务所审计的上市前三年销售收入和利润总额情况如下(单位:万元):

项目/年份	主营业务收入	净利润	利润总额
1996 年	42 492	5 428	6 331
1995 年	95 676	7 860	11 685
1994 年	83 771	6 076	9 042

红光公司在1997年4月(股票公开发行前一个月),进行了一次1:0.4的缩股,将原来4亿股的总股数缩为1.6亿股。再按缩股后的股数对前三年净利润计算每股收益,倒算出1994—1996年的每股税后利润分别为0.380元、0.491元、0.339元;在此基础上确定了每股6.05元的发行价格。

除财务信息外,关于拟上市公司的一些描述性信息也颇受关注,特别是关于该公司发展前景的信息。理论上,中国证监会不能也不应当批准一个没有发展前景的公司上市,因此,如何将拟上市公司的前景描述得动听且诱人,是招股说明书和上市公告书的主要任务之一。从红光实业所提供的招股说明书和上市公告书中我们可以发现,该公司是一家前途光明的电子企业。同时,按照招股说明书的格式要求,红光公司还提供了经会计师事务所审核的盈利预测数字:"预计公司1997年度全年净利润7 055万元,每股税后利润(全面摊薄)0.306元/股,每股税后利润(加权平均)0.351 3/股。"由于上述信息包装,再配合当时整个股票市场的大势,红光实业(1983)的上市认购中签率不足2.8%,锁定认购资金133亿元。

红光实业1997年6月初股票上市发行,募集了4.1亿元资金;当年年报披露亏损1.98亿元、每股收益为-0.86元。当年上市、当年亏损,开中国股票市场之先河。为此,中国证监会进行了调查,并公布了调查结果。

一、编造虚假利润,骗取上市资格

红光公司在股票发行上市申报材料中称1996年度盈利5 000万元。经查实,红光公司通过虚构产品销售、虚增产品库存和违规账务处理等手段,虚报利润15 700万元,1996年实际亏损10 300万元。

二、少报亏损,欺骗投资者

红光公司上市后,在1997年8月公布的中期报告中,将亏损6 500万元虚报为净盈利1 674万元,虚构利润8 174万元;在1998年4月公布的1997年年度报告中,将实际亏损22 952万元(相当于募集资金的55.9%)披露为亏损198万元,少报亏损3 152万元。

三、隐瞒重大事项

红光公司在股票发行上市申报材料中,对其关键生产设备彩玻池炉废品率上升,不能维持正常生产的重大事实未作任何披露。显然,如果红光公司在事先如实披露其亏损和生产设备不能正常运行的事实,它将无法取得上市资格;即便取得了上市资格,上市募股也很难取得成功。

四、相关的法律诉讼与结果

红光因报告巨额亏损,导致股价大跌,资本市场投资者损失惨重。此后,上海股民姜女士向上海市浦东新区人民法院诉讼红光公司管理层;2000年年初,上海市民吴先生在成都再次起诉红光公司管理当局。但是,这两起诉讼都被以"起诉人的损失与被起诉人的违规行为无必然因果关系,该纠纷不属人民法院受理范围"为由,裁决不予受理。

在股民自发起诉不予受理的同时,2000年1月,成都市人民检察院指控以犯欺诈发行股票罪,向成都市中级人民法院提起公诉。2000年12月14日,成都市中级人民法院以欺诈发行股票罪,判处红光公司罚金人民币100万元;有关责任人员被分别判处3年以下有期徒刑。

案例评析

从红光公司上市过程来看,围绕会计信息,有这样几个相关的利益方:企业管理者和控股股东、股票市场的投资者(含机构投资者和个人投资者)、中介机构、地方政府、中国证监会。它们在公司上市过程中的作用及对信息质量的要求,也各有不同。总体而言,对真实会计信息的需求制度,并未确立。

一、上市公司管理当局和控股股东提供虚假信息的法律风险

2000年1月,成都市中级人民法院正式受理成都市人民检察院以欺诈发行股票罪对红光公司管理层的起诉。2000年12月14日,成都市中级人民法院以欺诈发行股票罪,判处红光公司罚金人民币100万元;有关责任人员被分别判处3年以下有期徒刑。这一判决向市场传递的信号是:上市公司管理层即使不存在个人犯罪行为,也要承担披露虚假会计信息的法律风险,当然,由政府监督所形成的法律风险,与由股东出面、要求公司管理层承担民事赔偿责任是两种不同的法律风险。其中,前者的刑事风险基于市场危机暴发、具有严重的社会后果,政府才出面干涉,它充其量只是一种威慑力量,构不成日常监督;后者则是一种日常监督力量,能有效监督公司管理层的舞弊现象。

二、各级政府和管理机构

理论上,政府只是经济规则的制订者和监督者,本身不参与市场运行。但是,我国数十年国有经营的经济模式,导致政府对具体的经济活动不能置身事外,总是存在亲历亲为的冲动。

分析表明:地方政府与中央政府之间存在争利博弈。这种分析也适用于企业,特别是国有企业的上市过程。我们知道,本地区经济发展程度是每一级政府所高度关注的,在中央政府统一确定上市额度的前提条件下,努力争取让本地或本部门更多的公司上市,是当地政府(横向)或中央部委(纵向)分内、义不容辞的责任。

各级政府致力发展经济,与虚假会计信息之间并不存在必然的联系。但是,我国国有企业大面积亏损的事实将二者有机联系起来。将一个亏损企业推向资本市场,不仅为困难企业筹集巨额资金,暂时缓解危机,而且也增加了当地经济的活力指数,上市公司的数量曾一度成为各地方政府经济发展程度的一个特征值。显然,没有虚假会计信息的帮助,任何一个亏损或陷入困境的国有企业,是无法直接通过事先设定的公司上市标准要求的。

红光实业上市过程中,当地政府的参与度非常高。这从红光实业的上市公告书和招股说明书的公开披露中也可得到证实。如成都市体制改革委员会(1992年162号文)、成都市科学技术委员会(成科工字[1994]019号文)、四川省人民政府(川府函[1995]517号文)等。如果说1992年改组为股份公司的函是一种必需的职务行为,那么认定高新技术企业则是锦上添花,而四川省人民政府推荐将红光实业列入全国百家现代企业制度试点企业,更体现当地政府对该企业的厚爱。红光实业被列入全国百家现代企业制度试点企业行列,使其在取得上市额度方面,具有较大的优势。

各级政府,特别是地方政府对上市公司,尤其是国有上市公司陷入程度之深,从红光实业事后寻求重组的过程,也可得到证实。比如,第一个方案是由长虹重组红光,尽管没有明确报道,但其中政府意向是很明确的;第二个方案是广东福地出面重组,从公开报道来看,成都市政府、市经委在其中的作用,非常直接。

政府鼓励或默认企业提供虚假会计信息,是否承担相应的法律责任?直到现在,我们仍然没有明确的法律条文。实际上,政府直接造假数字(如夸大统计数字)都不承担法律责任,更何况只是支持或默认下属企业造假会计信息。

三、中介机构

目前,国有企业改组上市过程中必须涉及的中介机构主要有资产评估事务所、会计师事务所、券商、律师。其中,资产评估事务所负责对拟上市公司的资产、负债等进行价值评定;会计师事务所对上市公司上市前三年的经营业绩和财务状况进行审计验证;券商将负责上市申请的全过程,包括上市前的辅导、上市相关材料的准备以及最后上市发行;律师主要负责对相关文件发表法律意见。

按照事后经中国证监会披露的资料看,中国证监会事后的处罚包括:没收上述中介机构在红光实业上市过程中的全部收入;对中兴信托罚款200万元(为业务收入的25%)、中兴企业托管50万元(业务收入的50%)、成都资产评估事务所20万元(业务收入的200%)、蜀都会计师事务所60万元(业务收入的200%)、四川省经济律师事务所20万元(业务收入的200%)、国方律师事务所60万元(业务收入的200%);吊销中兴信托股票承销和证券自营业务许可证,暂停蜀都会计师事务所从事证券业务3年,此外,所有直接参与红光实业上市的各经办人员都被吊销相应的资格证,禁入证券市场。

上述处罚是中国证监会开始对石油大明缩股事件查处以来,最严重的一次。其中,取消中兴信托的股票承销和证券自营业务及暂停蜀都会计师事务所从事证券业务3年,实际上等于取消了这两个机构高利润的证券中介业务资格。蜀都会计师事务所就此退出了上市公司发行与年度审计市场。在此之前,对会计师事务所最严重的处罚也就是涉及琼民源事件的中华会计师事务所,暂停证券业务6个月,可以说,在红光实业事件处理之前,中介机构对协助或认可公司上市过程中的各种虚假信息的行为,风险意识薄弱。

简言之,即便中介机构意识到风险的存在,但由于包括券商、会计师事务所、资产评估事务所等在内的中介机构,之前都是国有或挂靠某个政府部门,其行为在相当程度上受到当地政府意志的左右。会计师事务所,可以说是对会计信息质量风险感受最为直接的中介机构。以其为例,由于我国到目前为止对会计信息的审计需求,主要是由政府创造的,而非市场的内在要求,市场不会用价格差异来区别会计师事务所业务质量的高低;随着独立审计准则的发布,审计质量不断提高,一些执业标准较严的大会计师事务所,其市场份额下降,而执业标准相对较宽松的小会计师事务所,市场份额上升,这也表明:会计师事务所并没有形成一种拒绝虚假会计信息的机制。

目前我国不健全的法律制度,特别是没有严格的民事赔偿制度,也在相当程度上助长了中介机构的冒险意识。在美国,巨额潜在诉讼风险迫使会计师事务所行为稳健,已得到验证。巨额赔偿责任增加了会计师事务所的机会成本,提高了会计师事务所签发虚假会计信息的门槛要求。遗憾的是,我国目前尚未建立这种法律制度,红光实业事件之后,上海、成都两地的股民曾向当地法院起诉红光公司管理当局和中介机构,要求赔偿损失,但法院拒绝受理,这实际上保护了中介机构的造假收益,也证明我国法律在这方面的空白。

四、关于中国证监会

中国证监会在股票上市过程中承担了一个全能的角色,既负责新上市公司的资格审查,也负责日常上市管理,包括对事故的处理。

中国证监会对会计信息的需求,是相互矛盾的。作为中国资本市场的"监护人",它希望资本市场不出现任何危机和事故,特别是源于自身工作失误所导致的事故,而上市前的虚假会计信息所引发的资本市场危机,当然是其自身工作的失误。从这一角度看,中国证监会不希望企业借助虚假会计信息上市。

另一方面,中国证监会又是政府职能部门,它理应贯彻中央政府的主要方针、政策。比如,中国证券监督管理委员会"关于做好1999年股票发行工作的通知"(证监[1997]13号)要求:"为利用股票市场促进国有企业的改革和发展,1997年股票发行将重点支持关系国民经济命脉、具有经济规模、处于行业排头地位的国有大中型企业。各地、各部门在选择企业时,要优先推选符合发行上市条件的国家确定的1 000家重点国有企业、100家企业集团以及100家现代企业制度试点企业,特别要优先鼓励和支持优势国有企业通过发行股票收购兼并有发展前景但目前还亏损的企业,实现资产优化组合,增强企业实力。"

1997年6月上市的红光实业就是100家现代企业制度试点企业之一。由中国证监会政策研究室编写的《中国证券市场发展报告》(1999),第二章的标题是"发挥证券市场功能,支持国有企业改革发展",各节的标题依次是:充分利用证券市场融资渠道,增强国有企业的实力;推动国有企业重组,帮助国有企业解困;促进国有企业转换经营机制,建立现代企业制度;积极开拓国际资本市场,强化企业的国际竞争力;1999年继续支持国有企业改革发展的措施。其中,还特别提供了一个统计数字:截至1998年年底,国家确定的512家重点国有企业已有251家改制上市,占总数的49%;100户现代企业制度试点企业中已有47家改制上市,占总数的47%。

鉴于我国国有大中型企业1998年以前总体效益低下的事实,中国证监会在履行政府职能、扶持国有大中型企业的角色中,如果没有必要的约束和限制机制,那么它完全可以不关注会计信息是否造假,主要精力将集中在:如何更好地、更出色地履行中央政府宏观政策的需要。然而,中国资本市场上所流行的"包装上市""捆绑上市"等术语,也表明中国证监会的审查并没有起到过滤虚假信息的作用。公司上市前的过度包装,严重影响到上市后的效益。

五、制度的作用在于通过利益诱导个体的行为

当某个个体的行为不符合现有制度的规范时,法律应当能提供足够有效的强制力,如通过惩罚使得个体行为不经济。在我国,提供真实、有效的会计信息,是现行制度的规范性要求。这一要求通过《公司法》《会计法》《股票发行与交易管理暂行条例》、中国证监会的信息披露指南、财政部的各项会计准则与制度等加以体现。但是,相应的制度执行、监管与惩罚力度却不明确,惩罚对象也不具体。往往出现受益者、授意者不受罚,执行人员却"代人受过"的现象。在这样一个制度环境下,期望上市公司全面改进会计信息质量、提供真实且可靠的会计信息,是不现实的。

1999年年底颁布、2000年7月1日起执行的《中华人民共和国会计法》(第二次修订),将会计信息的责任主体界定为企业管理当局,这对改进会计信息质量具有重要的推动作用。但是,在我国目前现有的经济运行方式下,企业管理当局,特别是国有企业管理当局,受到来自各级政府的干预程度较大,但政府部门却不承担相应的责任,这样,责任主体不明现象仍然存在。

即便明确了责任主体,但现有法律制度对民事赔偿责任的限制,客观上起到"保护"责任主体"造假收益"的作用。这从中国证监会事后对中介机构的处罚,以及资本市场上红光实业的股东起诉红光公司而不被受理也可得到支持。其中,中国证监会本身是一个责任主体,但它不仅不需要承担责任,反而以一个超然的权威机构身份,处罚红光实业及相应的中介机构。对红光实业的经济处罚(罚款100万元),实际上是对红光实业股东的处罚,而股东,特别是流通股股东,是最终的受害者。他们不但投诉无门,还要代人受过——承担红光实业管理者的错误而导致的罚款。这样的一个制度安排,必然诱导更多的公司想方设法通过"包装"等手段上市。

当然,在上市公司信息披露过程中责任最直接的中介机构——会计师事务所,1999年起逐步被强制要求与原挂靠单位脱钩,并改制为合伙制的机构,这也大大加强会计师事务所自身的风险意识。同时,相关会计、审计准则的不断颁布,也为注册会计师完善执业行为、明确法律责任,提供依据。明显可以看出的是,2000年起,会计师事务所在上市公司会计信息提供过程中的不良作用的程度已经越来越低。

(资料来源:饶宏斌、曾艳:《公司上市案例评析》,中国方正出版社,2007年版。)

案例二 琼花事件考验保荐人制度

公司简介

公司全称	江苏琼花高科技股份有限公司
英文名称	JIANG SU QIONGHUA HIGH-TECH CO.,LTD.
上市地点	深圳证券交易所
股票代码	002002
股票名称	江苏琼花
公司地址	江苏省扬州市邗江区杭集镇曙光路
经营范围	Pvc片材、板材、PE薄膜、复合包装材料及其他新型包装材料、塑料彩印、塑料制品的研究、生产、销售,化工原料(危险品除外)的销售。经营本企业和本企业成员企业自产包装材料、化工产品(危险品除外)及相关技术的出口业务(国家限定公司经营或禁止出口的商品除外);经营本企业和本企业成员企业生产、科研所需的原辅材料、机械设备、仪器仪表、零配件及相关技术的进口业务(国家限定公司经营或禁止出口的商品除外);经营本企业进料加工和"三来一补"业务

案例介绍

江苏琼花公司董秘等一行人马和闽发证券的两位保荐人抵达中国证监会,接受中国证监会关于江苏琼花隐瞒问题投资、欺诈上市的相关调查。调查的目的很明确,"到底是江苏琼花刻意隐瞒,还是保荐人没有履行其职责"。

虽然江苏琼花已受到深交所的公开谴责,但身为江苏琼花上市的保荐人——闽发证券恐怕在此事件中也难脱干系。保荐人之一认为:"上市公司在委托理财的事情上刻意隐瞒,我们不知道这件事。如果公司存心隐瞒的话,我们没办法进行调查。"

从2004年年初起,我国正式开始实施保荐人制度,其重点是明确保荐机构和保荐代表人的责任并建立责任追究机制。《上市发行保荐制度暂行办法》规定:"若发行人出现公开发行募集文件等申请文件存在虚假记载、误导性陈述或者重大遗漏……证监会自确认之日起三个月内不再受理该保荐机构的推荐,将相关保荐代表人从名单中去除。"由此不难判断,江苏琼花未能如实披露理财信息,相关的保荐人有可能面临除名危险,保荐机构也可能被迫暂停营业。

对于闽发证券某保荐人的说辞,一位证券公司的投行人士表示,从理论上分析,如果闽发证券能够向证监会证明"发行人或其高管人员故意隐瞒重大事实,保荐机构和保荐代表人已履行勤勉尽责义务",其保荐机构和保荐人资格还可以保留。但是,从目前公开的情况分析,闽发证券保荐人确实存在失职的可能性。"江苏琼花的问题已经不仅仅是隐瞒问题投资那么简单。如果根据公司总经理的解释,公司接4 000万元的委托国债投资事宜从未上报过董事会,这说明其治理结构也很不完善。这不得不让人怀疑该公司保荐人的保荐能力。"

作为保荐人制度正式实施以来保荐人面临的首次重大考验,闽发证券如果想要在此次事件中完全置身事外,单单依据目前的证据,恐怕并不简单。

案例评析

中小企业板市场刚刚面世尚不足一月,就出现了投资者"无法承受之痛"。2004年7月12日,由于对"委托理财"瞒而不报,江苏琼花被深交所公开谴责,市场一片哗然。中国证监会随之对江苏琼花招股说明书涉嫌虚假记载和重大遗漏进行立案稽查,并自2004年7月9日起3个月内不受理其签字保荐代表人推荐的项目。中国证监会将根据稽查结果,依法严肃处理相关责任机构和个人。针对保荐制度,可以看出有五个方面值得关注。

一、保荐服务最根本的要求是诚信原则

由于未如实披露有关委托理财事实,江苏琼花上市短短两周就遭到深交所公开谴责。从众人瞩目的中小企业板块首批8家上市公司之一迅速零落蒙尘,琼花事件在暴露现有制度缺陷的同时,也对保荐机构和保荐代表人在今后的保荐工作中如何更好地履行保荐职责起到了警示和促进作用。

诚信是市场经济的生命和灵魂,江苏琼花暴露出的问题引起投资者对中小企业板上市公司的整体质量和诚信的怀疑,进而对以民营企业为主的中小企业板上市公司产生了不信任。这种怀疑和不信任将对中小企业板健康发展、民营企业的发展壮大、证券市场诚信制度建设造成不利影响。上市公司是证券市场的基石,上市公司质量不高和缺乏诚信意识必将对整个证券市场产生重大的破坏作用。

保荐服务最根本的要求是诚信原则。《保荐制度暂行办法》实施后,监管机构和投资者都将提高上市公司质量和诚信意识的希望寄托在保荐机构和保荐代表人身上。从"琼花事件"来看,无论是江苏琼花对委托理财事项刻意隐瞒保荐机构和保荐代表人,还是后者知情不报,保荐机构和保荐代表人都负有一定的责任。如果事实证明保荐代表人不能很好地履行自己的职责,甚至与发行人合谋欺骗投资者,那么保荐代表人的整体信誉将受到伤害。如何从制度上保证保荐机构、保荐代表人恪守诚实信用、勤勉尽责准则,尤其是防范因趋利动机而产生的道德风险,是对现有制度建设和推行的严峻考验。

与此要求相适应,保荐机构内部管理制度的目标或者说面临的挑战即是履行勤勉尽责、有效保证信息披露的及时、真实、准确和完整;在问题出现时,能提供证明自身免责的证据,理清保荐机构与发行人的各自责任。《保荐制度暂行办法》对保荐机构建立健全保荐工作的内部控制体系提出了一系列要求,包括尽职调查制度、内部核查制度、持续督导制度、持续培训制度、档案制度等,保荐机构应在此基础上建立切实有效的业务管理制度,形成严谨完整的工作规范,并及时对相关制度的执行情况进行检查评价。从江苏琼花事件中可以吸取的一个教训是,要注意从发行到上市这段特殊时期内的尽职调查,绝对不可为任何原因疏于调查和督导责任。

同时,在保荐工作中,虽然保荐代表人的利益与保荐机构的利益总体一致,但由于两者所掌握的信息不可能完全对称,实际工作中仍可能存在"寻租现象"。如何运用各种方法防范、激励保荐代表人选择对市场秩序与投资者最为有利的行为,并最大限度地限制其违规行为,控制保荐风险,是保荐机构面临的又一大问题。

部分保荐代表人经验、能力的不足也是导致保荐工作失败的一大风险因案。这次"江苏琼花"事件中,保荐代表人对上市公司治理结构缺陷、利用国债委托理财行为的失察,如果不是有意纵容的话,至少反映了保荐代表人欠缺相关专业知识和查证能力的问题。就投行现状而言,大部分投行人员确实因专业分工限制而存在着知识范围狭隘的缺点,对政策的掌握及其他金融工具的了解不深不透。因此,应通过业务培训等提高项目人员通过现场调查发现问题、分析问题的能力。保荐代表人和项目主办人应能对企业的内控制度和法人治理结构的有效性、企业实际控制人的人格和性格、企业的经营管理风格等作出基本判断,在此基础上进行违规风险预估,并提示可能违规的风险点。

倡导诚信理念、健全管理制度、提高执业水准,是我国保荐人制度共同努力的方向。
(以上是根据申银万国证券公司投资银行部总经理秦曦的评述整理而成。)

二、给保荐制一点时间,让其逐步成熟

证监会立案稽查江苏琼花,在此期间两名保荐代表人签字推荐的项目3个月内不予受理。然而,单单因琼花事件的发生,就怀疑保荐人制度的有效性,甚至全盘否定保荐人制度,未免有点反应过激。

保荐制取代推荐制是股市发展的必然。以前实行推荐制,作为中介方的主体是证券公司的法人代表,虽然对投行业务负有领导乃至法律的责任,由于并不直接参与具体业务,法人代表对上市公司的质量所负的责任是极其有限的。作为负责前期辅导和后期督促的投行人员,只要没有中饱私囊,处罚也不会落在他们身上。然而,保荐制就不一样了,它是对保荐机构和保荐人的双重责任追究机制,只要保荐机构还在,保荐人代表还是市场的从业人员,就难逃保荐制的约束和追究。所以,作为一项先进的制度,保荐制取代推荐制是一种进步。

琼花事件的产生并不能全部归责为保荐制。琼花事件性质严重、影响恶劣,它损害了保荐制的"名声",也同时有效地挑战了保荐制度。对保荐制这个新生事物,业内可说是寄托了很大的期望,想不到上市说明书墨迹未干就被立案调查,投资者在为江苏琼花的不诚信埋单时,对保荐人的"荐而不保"十分不满。保荐人制度确立之后,保荐人就是决定的因素。尽管保荐人都经过了资格考核,但人的道德品质是不可能在课堂上考出来的。琼花事件所要拷问的,不是保荐制的对抑或错,而是保荐人的不法行为。把保荐人和保荐制一棍子打死,无疑是不合理、不科学的态度。

琼花事件发生后,许多人怀疑保荐制。保荐制的承载量是有限度的,它不能解决证券市场所有的问题,特别是由上市公司股权分置所引起的"原罪"。不管实行什么样的中介制度,在上市公司质量普遍不高的情况下,要杜绝所有的违规行为是不现实的。保荐制所能做的,只能逐步提高上市公司的质量。想彻底清除上市公司的问题,仅仅依靠保荐制,是远远不够的。

三、制度尚待完善,四大问题尚需解决

保荐人制度是中国证监会深化发行制度改革的重大举措,它的推行被认为将对提高上市公司质量和促进证券市场健康发展产生重大影响。然而,琼花事件的暴露引发出了这一制度在具体推行中所需面对的一些问题。

问题之一: 保荐人制度是否华而不实?江苏琼花上市半个月即因违规被谴责、被立案稽查,这不由得令市场对原本被予以厚望的保荐人制度的真实功能提出了疑问。保荐制作为改革新股发行制度的一个重要步骤,旨在致力于培育、构筑强有力的中介屏障,从而形成政府监管、行业自律监管、公司内控二重监管体系,从源头上提高上市公司的内在质量,进而恢复和增强普通投资者的信心,进一步发挥证券市场优化资本资源配置的功能。考察各国创业板市场之所以能够在短短20年间迅速发展,其中一个重要原因在于保荐人制度充分发挥了风险防御和促进市场发展的作用。但是,我们同时也应该清醒地认识到:一项好的制度要达到预期的效果,必须依靠各方面、诸多人员的共同努力,否则如果仅依靠某一制度本身来改变所有的问题,标本兼治是不可能的。

问题之二: 保荐责任如何界定?保荐制的关键在于责任制,而核心问题在于保荐责任如何界定和落实。从目前已经公布证实的消息情况来看,作为发行人的江苏琼花和保荐机构闽发证券及相关保荐人自然难辞其咎。

另外,保荐责任在具体的落实过程中也是有一定难度的。比如,保荐制度要求保荐人的保荐责任期(包括发行上市全过程,以及上市后的一段时期)履行对发行人董事的尽职督导义务,其基本目标是确信发行人董事具备足够的经验、资格、能力和诚信,以履行上市规则中规定的上市公司董事义务,从而确信发行人董事和管理层能够管理好上市公司。对于这一条,落实起来实际难度就很大。因为董事基本上是由大股东说了算,如果董事出了问题而追究保荐人的责任,这对于保荐人而言,显然是不公平的。

问题之三: 保荐人如何保持独立性?新兴的保荐人将如何在竞争激烈的承销市场中独善其身?如何才能保证选拔出来的保荐人有良好的道德品格?在现行不尽完善的市场环境下如何能够保证保荐机构不会为了几千万元的商业利益而牺牲自己的独立性?所有这些问题都是江苏琼花事件对现行保荐人制度的又一大拷问。据统计,首次通过保荐人考试的大多是年轻人,其中多数人市场从业经验还不够丰富,实际工作中有可能被利益冲昏头脑。尤其是目前保荐人处于卖方市场,在权责利不匹配的情况下,很容易诱发个人寻租行为,其中

可能出现的问题不仅有法律问题，也涉及社会道德风险，这确实不免令人担心。

问题之四：保荐人考试制度能否保障其执业能力，现行保荐人资格只需通过一次能力考试即可认定。实际上，证券发行是一门需要丰富实战经验的工作，纯粹知识性的考试并不能够完全检测一名投行人员是否已经具备保荐人应有的眼光和能力。同时，保荐代表人的诚信至关重要，纯理论考试显然不能考察出保荐人的个人诚信素质。因此，目前的这种"一考定终身"无疑为保荐人今后的执业能力带来了一定的风险，执业效率由此也难以得到保障。

四、配套措施比制度重要

江苏琼花事件在保荐人制度刚刚正式运转一些问题就暴露出来，使得人们对保荐人制度产生了怀疑。海外成熟资本市场的实践表明，在中国推行保荐人制度确实有助于上市公司质量的升级换代。因此，江苏琼花事件得以发生，并非是保荐人制度会天然的南橘北枳，根本原因还在于没有对其进行充分的消化和吸收，从而导致了保荐人制度功效的失灵。

功效失灵的核心表现在于社会公众至今看不到与保荐人制度的切实配套措施。中国这种保荐人制度的制定却有缺乏配套措施的漏洞，如果江苏琼花遗漏披露委托理财事件发生在国外，即使是公司高管层的恶意为之，保荐人也是难逃干系的，除非其拿出高管层关于注册文件资料属实并无重大遗漏的书面陈述。能否拿出这个书面陈述，是美国及我国香港地区确定保荐人是否履行勤勉尽职义务的最低标准之一。然而，这样具有底线的标准如果没有统一的强制规定，保荐人和高管层很容易就会相互推诿。最终，在扯皮中不了了之。

如果连保荐人的尽职标准都没有去厘定，就更不能奢谈从制度层面赋予保荐人进行尽职调查、审慎核查的权利和手段了。尽管《证券发行上市保荐制度暂行办法》给保荐人罗列了很多掌握发行人信息的权利，但这些都是建立在发行人主动合作假设之上的。也就是说，如果发行人不主动和保荐人合作的话，赋予保荐人的权利根本是得不到落实的。

对于新生的保荐人制度来说，如果连最基本的监督标准都不能确立，推行新制度的效果就难以达到令人满意的水平。

制定制度却缺乏基本的配套措施，近年来可谓是屡见不鲜。仿效成熟市场的先进经验和做法，通过制度创新在国内推行，无疑是值得赞许的"洋为中用"。但是，西方股市成功运用的制度背后却有着相应的环境系统在支持，而制度本身只是外显的简单表象。因此，移植表象的制度只能是创新的第一步，构建复杂的配套措施才是最为重要的。

五、治理琼花事件的法制思考

琼花事件将对保荐制暂行办法的治理能力产生考验。从现在的情况看，江苏琼花的两位保荐人没能做到"诚实守信、勤勉尽责"。那么，应该给他们什么处分呢？《证券发行上市保荐制度暂行办法》第65条规定："发行人出现公开发行募集文件等申请文件存在虚假记载、误导性陈述或者重大遗漏，中国证监会自确认之日起三个月内不再受理保荐机构的推荐，将相关保荐代表人从名单中去除。"根据现在暴露出的事实，两位保荐人已符合这一条件，应该"从名单中去除"。进一步的追究还有保荐人和发行人是否合谋，就是说，保荐人为了达到获取高额的保荐费收入或达到其他目的，和发行人合谋作假上市。要证明是合谋，目前还缺少证据，还要等待证监会的立案调查结果。如果合谋落实，那第74条规定，"违反法律、行政法规，依法应予行政处罚的，依照有关规定进行处罚；情节严重涉嫌犯罪的，依法移送司法机关，追究其刑事责任"。由此看来，该暂行办法在一定程度上是能够治理目前出现的问题的。

（资料来源：饶宏斌、曾艳：《公司上市案例评析》，中国方正出版社，2007年版。）

案例三　潜规则搞垮法国大银行

案例介绍

据法国媒体 2008 年 1 月 31 日报道，法国巴黎银行已承认正在考虑收购法国兴业银行。24 日，兴业银行曝出该行历史上最大违规操作丑闻。交易员热罗姆·凯维埃尔在未经授权情况下大量购买欧洲股指期货，最终给银行造成 49 亿欧元（约合 71.4 亿美元）的损失。

一、扯出行业"潜规则"

根据银行管理层的说法，截至 2007 年年底，凯维埃尔预期市场会下跌，因此一直大手笔做空市场。从 2008 年开始，凯维埃尔突然豪赌市场会出现上涨。由于投入资金巨大，而且欧洲市场的颓势与预期一致，因此凯维埃尔管理的账户在 2007 年年底时还拥有"相当多盈利"，然而现在却出现巨额亏损。由于凯维埃尔使用隐蔽手段，管理层直至 2008 年 1 月 18 日晚上才发现这一重大问题。

一个交易员的违规操作能造成如此巨大损失，无论是普通民众还是经济学家都认为匪夷所思。一个有着 150 年历史和良好信誉的银行，其监督体系怎会如此无能？兴业银行的首席执行官丹尼尔·布东在接受采访时解释说："这好比一个超速行驶的司机，尽管路上有固定的雷达测速装置，还有临时的、可移动的雷达，通常他的超速行为肯定会被拍到，然而他居然有本事在路上换车，所以一直没有被拍到。"这一解释看似合理，但仍然无法令人信服。换车意味着"伪造交易"，这还是说明银行监管体系存在漏洞。

业内人士对此有两种猜测，都与行业的"潜规则"有关。第一，他的上级对此听之任之，只要能赚钱就行。第二，监管人员对前台交易员"敢怒不敢言"，失去监管功能。前台交易员是公司"赚大钱的人"，是公司的顶梁柱。有人甚至说，交易员做贼都不心虚。

二、顺便掩盖另一个损失

在目前举行的新闻发布会上，兴业银行的首席执行官布东"借机"宣布，美国次贷危机造成的资产损失高达 20.5 亿欧元。不少业内人员认为，这种"搭顺风车"的做法只有一个目的——用一个损失掩盖另一个损失。

事实上，兴业银行原计划在 1 月 20 日宣布次贷造成了负面影响，但眼见着坏消息要接二连三的出笼，布东想出了一个妙招——和盘托出，把与次贷相关的"小出血"和这场由交易员引发的"大出血"一起向媒体交代。这样他本人就能避免被单独清算在次贷中的失误，而且还能以"受害者"自居。

随后，一切都在布东的意料之中发展着。舆论热火朝天地追踪着交易员、点评着金融监管体系的漏洞，而次贷市场的败笔就成了"小事一桩、何足挂齿"。于是，布东 1 月 30 日在银行董事会上得到了所有董事的支持，被要求继续履行职责。

三、交易员算不上天才

当时 31 岁的凯维埃尔的证件照登上了各类媒体的封面。他的身世也成为人们的话题。不少报道把他描绘成一个"电脑天才""魔鬼交易员"。然而，实际的情况是凯维埃尔的成绩只是处于中上游而已。

2000 年，他进入了兴业银行，在后台监管交易的部门工作 5 年后他被调入前台成为交易员。在法国,80%的交易员都毕业于精英学院,只有20%的人像凯维埃尔一样毕业于普通大学,然后靠着多年的摸爬滚打爬到塔尖的位置。

事实上,凯维埃尔并没有什么天才,他只不过利用了在后台工作的经验。这些经验让他轻易地造假、删除和修改交易记录。当管理层察觉时,问题已经严重到要靠49亿欧元才能填平。

案例评析
一、道德缺失
兴业银行交易员及相关人员缺乏足够职业谨慎和操守是造成巨额损失的根本原因之一。
二、内部监控机制存在缺陷
兴业银行内部监控机制并未完全运转,多个环节存在漏洞,如对交易员盘面资金、对资金流动的跟踪、后台与前台完全隔离规则的遵守、信息系统安全及密码保护等都存在明显的漏洞。
三、对衍生品风险认识不足
凯维埃尔自2006年年末以来,就开始进行道琼斯欧洲50指数等衍生品进行交易,并掩盖其风险。对期货等衍生品风险认识不足是兴业银行失败的主要原因。
四、政府监管缺失也是重要原因
政府及行业监管部门放松管制是造成金融业风险加大的重要原因。
(摘自邓颖平:"潜规则搞垮法国大银行",《世界新闻报》,2008年2月5日。)

案例四 理性看待上市公司"高送转"现象
—— 成长性将影响大规模扩张股本后的市场表现

深交所投资者服务中心

案例介绍
上市公司2007年报披露工作已正式拉开帷幕,投资者在关注公司年度经营业绩的同时,也在高度关注公司年度利润分配方案,近期市场上流传着部分公司"高送转"的传闻,个别机构也筛选出"高送转"题材股,导致部分公司股价出现异动。不少中小投资者未认真加以分析,盲目跟风,跌入"高送转"的种种陷阱中。作为投资者尤其是中小投资者,究竟应如何看待上市公司"高送转"现象?

一、什么是"高送转"?
"高送转"一般是指高比例送红股或大比例以资本公积金转增股本,比如每10股送6股,或每10股转增8股,或每10股送5股转增5股。"高送转"的实质是股东权益的内部结构调整,对净资产收益率没有影响,对公司的盈利能力也并没有任何实质性影响。"高送转"后,公司股本总数虽然扩大了,但公司的股东权益并不会因此而增加。而且,在净利润不变的情况下,由于股本扩大,资本公积金转增股本与送红股将摊薄每股收益。

在公司"高送转"方案的实施日,公司股价将做除权处理,也就是说,尽管"高送转"方案使得投资者手中的股票数量增加了,但股价也将进行相应的调整,投资者持股比例不变,持有股票的总价值也未发生变化。

二、如何避免跌入"高送转"陷阱

由于投资者通常认为"高送转"向市场传递了公司未来业绩将保持高增长的积极信号，同时目前市场对"高送转"题材的追捧，也能对股价起到推波助澜的作用，投资者有望通过填权行情，从二级市场的股票增值中获利。因此，大多数投资者都将"高送转"看作重大利好消息，"高送转"也成为半年度报告和年度报告出台前的炒作题材。在董事会公告"高送转"预案前后，几乎每家公司的股价都出现了大幅上扬甚至翻了好几倍，部分公司凭借"高送转"题材站稳了百元台阶。

值得关注的是，近期部分公司在公布"高送转"预案后，公司股价表现不一，甚至大相径庭。有的在预案公告日几乎跌停，还有的在预案公告后数日连续大跌。究其原因，"高送转"公司股价走势与大盘波动、炒作"高送转"的风险不可小觑。在市场非理性炒作"高送转"题材的背景下，作为中小投资者，如何才能避免跌入"高送转"陷阱中？我们认为，中小投资者在面对出现的"高送转"传闻时，不宜盲目轻信，一切以上市公司正式公告为准，警惕不良分子利用或制造"高送转"传闻谋取利益。

三、理性看待"高送转"现象

部分上市公司选择"高送转"方案，一方面表明公司对业绩的持续增长充满信心，公司正处于快速成长期，有助于保持良好的市场形象，另一方面一些股价高、股票流动性较差的公司，也可以通过"高送转"降低股价，增强公司股票的流动性。要提醒投资者注意的是，公司如计划大规模扩张股本，除具备未分配利润或资本公积金充足的条件外，还必须具备一定的高成长性，否则将面临下一年度因净利润增长与股本扩大不同步而降低每股收益的风险。

上市公司究竟在多大程度上进行利润分配，才能代表合理的投资回报？这一问题要具体问题具体分析，但企图通过"高送转"吸引投资者，或采取"分光吃光"甚至"寅吃卯粮"的做法，很可能会阻碍公司未来的发展。作为投资者，只有树立价值投资理念，重点关注公司的盈利能力和成长性，才能有效避免跌入"高送转"种种陷阱中。

案例评析

"高送转"是将留存收益或资本公积转作股本的一项业务，这仅仅增加了流通股数而并没有增加公司的所有者权益总额，实质具有股票分割的性质和作用，在不能增加公司盈利能力的情况下，使每股收益降低，进而影响公司的市值和成长性，对于不明真相的中小投资者容易产生误导性，因而这是一个控股股东和管理当局应该正确认识的商务伦理问题。

（资料来源：摘自《今晚报》，2008年2月22日。）

案例五　十亿财务造假现形，海王继续疯狂造假

案例介绍

一、十亿财务造假现形

海王生物(000078)2006年4月25日披露，2005年度报亏7.41亿元。客观地讲，这不是

海王生物亏损的全部。实际上,由于重大会计差错,海王生物2003年度由盈利0.1亿元追溯调整为亏损2.20亿元,海王生物股东权益从年初的16.27亿元缩水到年末6.89亿元,即海王生物报出近10亿元的财务窟窿。令人不可思议的是2006年3月6日发布的2005年1—10月财务报告显示,海王生物前10个月亏损3.73亿元、股东权益12.76亿元。2005年报及2005年1—10月的财务报告,深圳两家会计师事务所分别出具了干净的审计意见,我们不禁要问:到底哪份财务报告是真实?股改前后一个月多,股东权益缩水近6亿元,这到底是怎么回事?是前任会计师事务所"良心发现",还是迫于舆论监管压力,2005年海王生物的年报显示海王生物变更了审计师,可是后任审计师竟然为巨亏的年报出具了干净意见,翻开历年的巨亏公司年报,审计师大都选择了无法表示意见,因为审计师确实无法认定巨亏是否真实、公允,更何况海王生物是个有屡屡造假前科的问题公司,即便是在2005年度仍报出了巨额的重大会计差错,包括备受非议的保健品换平面广告涉及的2.38亿元收入确认问题差错更正,海王生物上市以来一直有重大会计差错发生,只是会计差错内容越来越触目惊心,仅2005年度,重大会计差错累计影响期初未分配利润高达2.31亿元,以下是重大会计差错内容。

(1) 该公司2003年度销售给广告公司、报刊及其他媒体公司(上述公司统称"媒体公司")的产品共计实现销售收入238 646 954.69元,相关收益已全额计入2003年度。由于这些公司同时与该公司签订了以提供广告版面作为货款支付方式的协议,并约定在2004—2006年分期履行上述协议,相关收益应在广告版面提供时确认,而该公司对上述相关收益已在2003年度全额予以确认。因此,该公司将该收益确认事项视为重大会计差错更正,并采用追溯调整法,调整比较会计报表的期初数。由于此项差错的影响,该公司2003年利润总额减少175 459 438.02元,2003年末净资产减少175 459 438.02元;2004年利润总额增加53 440 647.67元,2004年末净资产减少122 018 790.35元。

(2) 该公司本年度发现与长春海王生物制药有限公司2001年度以前形成的其他应收款54 884 374.60元无法收回,亦未计提坏账准备,应在2003年计提100%的特别坏账准备,本年度该公司将该坏账准备作为重大会计差错调整,并采用追溯调整法,调整比较会计报表的期初数。由于此项差错的影响,该公司2003年利润总额减少54 884 374.60元,2003年末净资产减少54 884 374.60元。

(3) 该公司截至2004年12月31日,对南方证券股份有限公司的长期投资仅估计了30%的长期投资减值准备。南方证券股份有限公司因财务状况恶化、严重违规经营等原因,于2004年1月2日被中国证券监督管理委员会、深圳市人民政府、中国人民银行、公安部联合成立的行政接管领导小组全面接管,根据政府行政接管领导小组的清理情况以及媒体披露的其他信息,仅按30%计提长期投资减值准备是不充分的,应对该项长期股权投资计提100%的减值准备,即应补计长期投资减值准备54 034 884.75元,本年度该公司将该长期投资减值准备作为重大会计差错调整,并采用追溯调整法,调整比较会计报表的期初数。由于此项差错的影响,该公司2004年利润总额减少54 034 884.75元,2004年年末净资产减少54 034 884.75元。

二、"巨亏"原因不明

该公司年报称,造成公司2005年度巨亏的主要原因是规范清理市场退货1.38亿元、计提亚洲资源股票跌价准备1.27亿元、计提坏账准备1.24亿元、计提对智雄电子担保预计负债1.07亿元、摊销广告费0.99亿元、其他资产减值和损失0.88亿元及其他亏损0.57亿元。对此解释,我们认为有两点值得关注。

1. 掩盖财务造假事实

如清理市场退货1.38亿元,这个损失怎么来的,到底退了多少货?是正常的销售退回还是以前年度虚构收入的冲回?如果是虚构收入冲回,则应作为重大会计差错追溯调整,审计师如何核实退货损失,所退的货物现存在何处?计提坏账准备1.24亿元也是这样,是以前年度虚构收入形成的虚假资产还是货款确实无法收回?为什么这家公司老是有巨额的货款无法收回,内控哪里去了?其他资产减值和损失0.88亿元及其他亏损0.57亿元到底是什么?

2. 人为调节利润

据2005年报,海王生物2002年亏损0.35亿元、2003年亏损2.19亿元、2005年亏损7.42亿元,唯独2004年盈利0.22亿元,海王2004年真的盈利吗?前后年度巨额亏损,中间年度微利,这样的报表粉饰也太明显了吧,审计师竟敢对存在如此明显的利润调节现象发表干净审计意见,真是不可思议;更可怕的是,原来海王预亏5.8亿元,就是加上智雄电子担保预计负债,也不会超过7亿元,如今报出了近10亿元的亏损,审计师真会为海王留后路:不但为其掩盖了历年巨额财务造假事实,顺便留几个亿元利润等以后年度释放,因为海王生物在股改时有业绩承诺:若2006年净利润低于4 000万元、2007年净利润低于10 000万元或被出具非标准无保留意见审计报告,则提出股份追送议案。

三、巨额资金流向不明

如果仅仅是财务造假也就罢了。4年前我们怀疑海王生物巨额募集资金流向不明,2005年1—10月财务报告显示海王生物只剩下1.36亿元现金及6.48亿元受限资金,2005年报显示海王生物还有3.29亿元现金及7.87亿元受限资金。应充分关注海王生物通过银行承兑汇票形式融资为大股东及关联方提供资金的可能性,并对如下三个相关科目予以跟踪。

年报货币资金附注称:期末其他货币资金余额较期初余额增加77.79%,主要是增加了银行承兑汇票保证金及用于开具银行承兑汇票融资而质押的定期存款。期末其他货币资金用于开立银行承兑汇票保证金合计金额778 959 693.37元。

年报应付票据附注称:

(1) 期末应付票据余额较期初余额增加473 055 296.12元,增加83.31%,主要原因是该公司通过开具银行承兑汇票融资增加。

(2) 该公司为开具银行承兑汇票向银行交纳票据承兑保证金并由其他单位提供担保。其中:该公司为开具银行承兑汇票和商业承兑汇票785 691 133.37,合计交纳票据承兑保证金778 959 693.37元;本公司开具银行承兑汇票248 753 992.73元由深圳海王集团股份有限公司提供担保;该公司控股子公司山东海王为其控股子公司浙江海王医药有限公司开具银行承兑汇票6 413 823.00元提供担保。

年报附注十三、3称:该公司通过向深圳市腾飞投资发展有限公司开具银行承兑汇票的形式融资,期初应付票据融资款140 000 000.00元,2005年度开具银行承兑汇票融资180 000 000.00元,通过往来借款的形式向深圳市腾飞投资发展有限公司融资54 771 250.00元,该公司本年度已归还融资款284 771 250.00元,截至2005年12月31日有90 000 000.00元银行承兑汇票尚未到期;2005年度该公司控股子公司山东海王通过向诸城海王医药有限公司开具银行承兑汇票的形式融资 1 294 250 000.00 元,本年度山东海王已归还融资款 683 540 000.00 元,截至 2005 年 12 月 31 日有 610 710 000.00 元银行承兑汇票尚未到期。

四、证券监管机构应该行动了

海王生物一路造假过来,十四亿元的高价增发资金被海王生物拿来如此挥霍,小股民损失了多少?市场的公正、公开、公平原则失去了多少?我们的监管机关又做了多少?如果像海王生物这样的公司肆无忌惮的造假可以不受任何处罚的话,我们的这个市场难道真的有希望吗?如果连续为海王生物造假的中介机构可以金蝉脱壳的话,那德勤也可不必为科龙负责、德勤也不必为银广厦负责了。如果此种行为不被制止,那海王生物的新一轮财务"造假"可能又会堂而皇之地进行。

案例评析

本案例突出暴露了四个方面的商务伦理与会计职业道德及其监管问题:一是管理层高回报承诺盲目发股筹资,一旦无法取得业绩便铤而走险财务造假;二是会计人员不但不能发挥会计监督作用,还甘愿做造假操作者;三是外部审计独立性丧失,成为财务造假的"保护伞";四是相关监管流于形式。

案例六 PT 水仙退市案

公司简介

公司全称	上海水仙电器股份有限公司
英文名称	SHANGHAI NARCISSUS ELECTRIC APPLIANCES CO.LTD
上市地点	上海证券交易所
股票代码	400008
公司地址	上海市汶水路 19 号
主营业务	生产、销售各类洗衣机、干衣机、分马力电机、燃气具、厨房吸油机及配套设备

案例介绍

水仙曾是上海电器业的骄傲。早在 1992 年,前身为上海洗衣机总厂的水仙电器改制为股份有限公司,公司 A 股和 B 股分别在 1993 年和 1994 年挂牌上市,从证券市场分别募集到 1.57 亿元人民币和 2 504 万美元。进入 20 世纪 90 年代,水仙在家电行业日趋激烈的竞争中,开局良好,逐步扩大了市场优势,并有望成为中国洗衣机行业的领头羊。

然而,好景不长,1995 年水仙电器效益开始大幅滑坡,以后更是每况愈下,1997 年终于首度出现亏损,且亏损额高达 6 000 多万元。由于重大投资上的失误、新产品开发滞后导致产品单一等原因,此后该公司不但未能摆脱困境,而且亏损额逐年加大。到 1999 年出现 1.97 亿元的重大亏损时,水仙已是连续 3 年亏损且每股净资产低于面值。2000 年 PT 水仙虽然采取了压缩非生产性开支、分流人员、催讨应收款等一系列积极措施,但仍出现巨额亏损。

水仙电器公司2000年净利润为－4 570万元,每股收益－0.62元,调整后的每股净资产为－0.86元,净资产总额为－5 996万元,公司连续4年亏损,第一次被会计师事务所出具"拒绝表示意见"的审计报告。公司董事会称已于2001年4月17日向上海证券交易所提交了《关于申请延长暂停上市期限的报告》,并自2001年4月18日起暂停"特别转让"服务。

上海水仙惠而浦有限公司是1995年水仙电器与美国惠而浦公司合资建立的大型合营公司,该合资项目计划总投资7 500万美元,中方占45%的股权。这家合资公司也是水仙发行B股募集资金的主要投向,当时预期该公司可在三年内形成年产50万台新一代全自动、滚桶式洗衣机的生产能力,在给水仙带来良好经济效益的同时,也能为水仙在全自动洗衣机的技术开发方面引进一些先进的国际技术。惠而浦是世界上最早生产洗衣机的电器制造商,其技术力量相当雄厚,而水仙经过十几年的经营,也构筑了一个遍布全国的庞大销售网络。

一、投资失误是水仙衰败的祸根

事与愿违,水仙惠而浦在经营年度里连续亏损,1996年亏损了2 446万元,1997年亏损更是超过5 000万元。造成亏损的原因是惠而浦水仙内部出现了问题。当时,美方并没有利用水仙现成的销售网络推销自己的产品,而是"避长就短"试图建立自己的销售队伍和销售渠道,造成惠而浦水仙的经营成本大幅上升;事实上,惠而浦在合资以后与水仙之间的合作并不默契,合资公司成立后不久,从生产、管理到销售便全部是由美方掌管,作为合资一方的水仙并不能插手干预合资公司的内部事务。据有关知情人士透露,公司在与惠而浦合资时,美方人员发现中方派出的采购人员开出的采购清单价目与事实不符,而水仙方面对这种行为也没有采取切实有效的措施进行处理,从而直接造成合资双方的矛盾和不信任,也使惠而浦水仙的"天作之合"最终变得名存实亡。为了自保,水仙当即决定出让部分水仙惠而浦股权,但即使只留下20%的合资股权,在改用成本法进行核算后,水仙惠而浦1998年、1999年共亏损26 389万元,仍对水仙产生了负5 278万元的影响。

与惠而浦水仙类似,水仙的另一个合资项目——水仙能率也在2000年6月成为外方完全控股的公司,其合作方日本能率株式会社是日本著名的燃气具制造公司,热水器产品规格之多,技术之先进在日本国内也占领先地位。应当说,水仙当初选择外资合作对象时还是相当认真的,其选择的对象无论从国际知名度还是在专业技术上都堪称出类拔萃。2000年6月,为了有效制止公司在水仙能率上的投资亏损,水仙以730万美元的价格,将50%的水仙能率转让出去,并希望将这笔资金用于改善当时的困境。

二、现金管理不善

应收款和负债高居不下,周转资金极度匮乏。债务负担沉重,应收账款数额巨大是水仙最终崩溃的直接原因。PT水仙年报的主审会计师在查账过程中发现,来自销售部门的所谓1—2年、2—3年的应收账款其实根本无法收回。1999年公司对应收账款提取了1.2亿元的坏账准备金,但会计师依然认为这些准备金不足以抵消公司实际存在的坏账损失,因此在审计意见中提出"无法估计公司的坏账准备是否足够谨慎和充分"。会计师还表示,公司在1999年年底的营运资金为－18 367万元,银行借款35 721万元,其中无力偿还的逾期借款为14 836万元,因银行借款而质押货币资金1 278万元,这些原因综合起来足以对公司的持续经营能力产生重大影响,因此对水仙最近公告中扩大生产、开拓非洲市场等提法表示怀疑。

立信会计师事务所本次对PT水仙的年报发表了"拒绝表示意见"的审计报告。报告对公司提取的坏账准备金、存货跌价准备金是否足以弥补跌价损失表示怀疑,并指出公司负债中无力偿还的为27 356万元,被抵押和质押的资产达12 033万元。报告重申,会计师事务所无法确认该公司依据"持续经营原则"编制财务报表的合理性。

PT水仙2000年坏账准备高达1.91亿元,公司应收账款净额仅1.37亿元。从水仙的历年报表来看,1993年公司应收账款为8 099万元,而1995年水仙的应收账款就猛增到24 587万元,随后几年逐年上升,1997年应收账款高达39 848万元。与此同时,公司的产品销售却逐年下降,从1994年的每年120万台下降到43.01万台。此时的公司报表显示,其应收账款账龄90%以上是在一年以内。如果此时切实加大对销售部门的管理和清欠力度,水仙可能还有一线生机,公司有关部门似乎也意识到这一点,并对分布全国的销售部门进行全方位的调研,发现下属销售部门和人员存在克扣修理费、私设小金库等行为,且一些销售部门账目非常混乱。因为公司的处理力度不够,公司未能对这些行为进行及时清理整顿,水仙唯一的转机也成为遗憾。

三、资产重组

PT水仙没能抓住最后一根救命稻草。公司原先打算将2亿元债务剥离给大股东纳塞斯投资发展中心,但纳塞斯只是水仙B股上市时为明晰产权设立的一个"空壳",除了拥有水仙21.60%的股权外一无所有。按照股权转让协议,纳塞斯所拥有股权的18.57%将以500多万元的价格被转让给同步电子,而纳塞斯则只剩3.03%的水仙股权和2亿元银行债务。银行看来也不相信这样一个"壳"能比PT水仙有更好的偿债能力,最后未能就2亿元债务挂账停息达成协议,公司第一、二大股东与同步电子的股权转让协议被终止,此次重组也宣告彻底失败。

水仙要生存,唯一的出路在于资产重组,而重组的第一拦路虎就是近3亿元的银行债务(由于水仙属集体企业,有关政策无法享受)。根据2000年中报,水仙近4.05亿元的总资产中应收账款和存货相加高达2.36亿元,再加上无法盈利的1.2亿元股权投资,现在水仙能用于生产的资产实在是少得可怜。接手水仙实际是接手一大笔应收账款和存货,这个买卖要做成显然难度极大。另外,上市公司"壳"的价值大幅缩水,也使水仙失去了重组最重的筹码。

四、退市悲剧

2001年4月10日,沪深证券交易所向PT水仙、PT双鹿、PT农商社、PT网点、PT红光和PT中浩的6家PT公司发出《特别警示》。同年5月4日,PT水仙成为中国证券市场第一家退市的上市公司,此举标志着退市机制开始被引入市场,对炒作亏损股的投机风气是一个不小的警示。

案例评析

退市是证券市场健康发展的重要保证。长期以来,退市机制不完善,上市公司能上不能下是困扰我国证券市场健康发展的一个痼疾。由于以往上市机制中存在的行政垄断现象,上市配额成为一种稀缺性的壳资源。安排上市公司退市就意味着剥夺这种资源,这就牵涉方方面面的利益,因此虽然在1997年市场上关于建立退市机制的呼声就非常高,但退市仍遇到重重阻力。但是,壳资源所带来的融资潜力仍吸引了各方力量来对ST公司进行"保壳运动",由此带来的账面重组和恶性炒作使相当一部分亏损公司仍不思进取。于是,1999年一批连年亏损的ST公司被安排进行"特别转让",即PT每周只能在周五交易一次,希望能以此抑制二级市场的炒作风。但是,出于"保壳"现象的加剧,人们反而对PT股票的重组预期大大增强,而PT股票的暴涨暴跌也吸引了相当一部分投机资金参与其中,炒作垃圾股成了中国证券市场上独有的现象。中国证监会也在总结退市实践的基础上,根据实施过程中的有关情况和各方面的反映,对《亏损上市公司暂停上市和终止上市实施办法》进行了修订,取消了PT制度,上市公司暂停上市后,股票即停止交易,证券交易所不提供转让服务,也就是退市。

对证券市场来说,水仙摘牌是市场成熟的标志,水仙电器作为我国第一家正式摘牌企业也将进入我国证券史。

当然,退市机制的建立和完善是一个漫长的过程,需要有一个简单易行、较具操作性的评判标准。例如,美国纽约证交所规定,在主板市场交易的股票如果连续30个交易日股价维持在1美元以下,该股就将退市并被转移到二板市场上交易。这里30个交易日和1美元的判断标准就很明确简练;然而,我国目前的退市机制仍有较多的不确定因素,如评判周期比较长、评判标准仍显宽松等。不过,相信这些问题肯定都将在今后的改革过程中不断得到修正和完善。

(资料来源:饶宏斌、曾艳:《公司上市案例评析》,中国方正出版社,2007年版。)

案例七 从猴王事件看完善公司财务治理结构

案例介绍

ST猴王引人注目是和它的第一大股东——猴王集团有着直接的关系。猴王集团已于2001年2月27日由湖北宜昌市中级人民法院宣布其进入破产程序。猴王股份是猴王集团的第一大债权人,猴王集团的破产使得猴王股份有大约10亿元的债权化为乌有。这对猴王股份无疑是一记重棒。并且,拥有猴王股份1.08亿元债权的华融资产管理公司(其拥有猴王集团6.22亿元债权),为尽量减少自己的损失,要求猴王股份破产还债,致使猴王股份濒临生死边缘。

猴王股份有限公司的前身是猴王焊接公司,1992年8月进行股份化改造,1993年11月在深圳证券交易所上市,是全国最早的上市公司之一,也是焊材行业当时唯一一家上市公司。在2000年1月之前,猴王股份的业绩一直不错,并深得各股东的满意。1998年年报中,它还保有配股资格。猴王股份之所以跌落如此下场,其直接原因就是猴王集团的破产使其丧失了猴王股份的10亿元债权。

猴王集团原有职工将近3 000人,注册资金5.8亿元,是由1958年建厂的国营宜昌市七一拉丝厂逐步发展起来的国有大型企业,曾经为宜昌市的经济发展作出过突出贡献,在全国同行业中具有重要影响,1997年成为猴王股份的第一大股东。本来一个很有前途的企业,为什么会这么快就破产呢,其原因主要有两个。

一、盲目扩张

猴王集团的陈列室展示了集团鼎盛时期的各类产品,除焊材以外,还包括玻璃酒瓶、啤酒、柴油发动机、金刚石等,这还没有包含其他不便集中展示的产业,如船运业、建筑业、酒店业等。至于猴王集团究竟有多少家企业,至今没有一个确切的数字。猴王集团的企业遍布全国,横跨十几个行业。盲目扩张的结果使集团背上了沉重的包袱,终于将其压垮。

二、投资失误

猴王集团曾进行过大量投资,其中投资在外地办 30 个电焊条联营厂损失 4.87 亿元;投资办 5 个酒店损失 0.70 亿元;投资 19 个其他企业和单位,损失 1.31 亿元。在 1994—1996 年,猴王集团炒股的直接亏损达 2.596 亿元,由于炒股向各个证券公司透支达 2.450 亿元,两者合计达 5 亿多元。

盲目扩张和投资损失占用了猴王集团大量资金,为了满足自己对资金的需求,猴王集团利用自己是猴王股份有限公司大股东的地位,或者直接从股份公司拿钱,或者以股份公司名义贷款而集团拿去用,或者是股份公司为集团提供担保贷款,用这三种形式集团公司从股份公司调走了大量资金。由于在很长一段时间里,猴王集团和猴王股份的董事长、总经理,甚至党委书记都是由同一个人担任,集团和公司的人财物都是搅在一起的,使得猴王集团的这种行为轻而易举。

猴王集团盲目扩张,疯狂投资的行为使其陷入了僵局,然而其肆意抽逃猴王股份资金的行为,也使猴王股份濒临灭亡。如果我们从财务的角度对猴王事件进行分析,就会发现不论是猴王集团还是猴王股份,都没有健全的财务治理结构,以至于它们的财务行为几乎不受约束。所以,有效的财务治理结构对一个公司尤其是上市公司的健康发展起着至关重要的作用。

案例评析

对财务治理结构进行分析,主要的任务是要说明它们的功能,衡量它们的影响,并明确其发挥功效的最佳时间。经过众多公司,尤其是上市公司的多年实践,我们不难发现,财务治理结构只有当具备一定的条件时,才可能发挥作用。

一、政企分开

企业是市场经济的微观主体,要想使这个微观主体真正起到作用要满足这样两个条件:(1) 企业必须有自己独立的经济利益;(2) 企业必须是自由的。在追求利益的过程中,自由的企业才能为实现自己利益最大化找到最有效的途径。也正是在实现自己利益最大化的过程中,整个社会的资源得到了有效配置。并且,自由总是和责任联系在一起的。政府的角色是整个市场经济的管理者,它的任务是通过宏观调控的手段(而不是直接插手企业的经营管理)来推进整个经济的平稳运行。

在这次猴王事件中,地方政府的干预是不容忽视的。猴王股份的一位董事曾说过:以前每次开董事会议,都有政府的人参加并发表意见。政府和企业本是两个领域,政府和企业有不同的目标,如果政府利用手中的权力干预了企业的经营,那么这种干预不仅是无效率的,而且会使企业的行为发生扭曲,严重违背了市场经济本身应有的规律。

二、产权制度的改革

产权制度是一种确认和保障财产持有人的权益的制度,它直接关系到从事经济活动的当事人的行为。当产权规则发生改变,人的行为就会改变,收入的分配形式就会改变,资源的分配就会改变,随之,经济发展速度也会改变。只有当社会能明确地承认和保护产权时,人们在交易活动中才能形成一个可以把握的、稳定的预期,人们的经济行为才会长期化。

从这次猴王事件中可以看出我国产权制度的主要弊端有:(1) 产权主体虚置。我国国有企业的资产名义上为全民所有,理应由全民负责,但实际上是无人负责。有权力对国有资产进行调度的人对国有资产的损失实际上并不负责,这就造成权利不对称。(2)产权关系不顺。由于政府的社会行政管理职能和所有权管理职能没有分开,政府以行政手段干预企业,企业无法作为市场主体参与竞争。要解决这些问题就必须进行产权制度的改革。产权制度改革还有更深一层的含义,那就是产权结构要合理化,要改变一股独大的局面。

(资料来源:饶宏斌、曾艳:《公司上市案例评析》,中国方正出版社,2007年版。)

案例八 普华永道的谨慎生存

案例介绍

星期一早晨八点半,当许多上班族还在北京拥挤的地铁里挣扎时,封和平已经开完了两个会,秘书安排的日程几乎以分钟为单位。封和平是普华永道中国公司的合伙人,进入新年,他几乎每天都如此繁忙,尽管在北京他的下属超过三百人,但封和平仍然要亲自参与一些项目的落实,"没办法,作为会计师,谨慎、信誉和生存紧密相连,安达信的教训在前,所以即使是'五大',也没有资格掉以轻心"。

就在2004年年底,中国证监会发布了《公开发行证券的公司信息披露编报规则第16号——A股公司实行补充审计的暂行规定》,这一规定使五大会计师事务所进入了异常忙碌的状态。进入新年,普华永道以这样的节奏展开工作:前台小姐在一刻钟的时间里要接转几十个电话,等待拜访的客户在门前排起了队,很多职员要在各个城市间忙碌穿梭。普华永道目前已经在中国最有经济活力的六个城市设立了办事机构,这样的场景也正在这些城市同时上演,一贯处在幕后的会计师事务所,逐渐习惯以这样的速度冲向前台。

一、迁徙的困难

如此门庭若市显然让一些老资格的会计师感到诧异,因为今年已经是普华永道来中国的第23个年头。但是,此前似乎从未感到忙碌。封和平说:"我们完全是随着跨国公司迁徙来的,当我们在美国的客户比如壳牌、IBM纷纷致力于中国市场时,普华永道也被从美国拷贝到中国,因为这些公司已经习惯了在我们的帮助下工作,而中国还没有哪个公司可以满足这些巨头们的苛刻要求,我们就这样在中国立足。"

但是,这个追随计划最初的经历并不顺畅。1979年,普华永道的代表处在北京饭店挂牌,但在随后的十几年里,由于受到有关政策的限制,公司始终无法开展具体业务,只能从事税务、法律方面的咨询服务,十年之后,普华永道中国公司的员工只有20多个,还不如美国公司一个小的项目组,这段时间也许是普华永道在中国最为灰暗的日子。进入20世纪90年代情况有了本质突破,随着1991年允许建立中外合资会计师事务所,以及国企改制、赴港上市政策的出台,普华永道看到了自己在中国的未来,"那是黎明前最后的黑暗,此后普华永道的名字渐渐被中国人熟悉"。

但是,观念的转变远比记住一个名字难得多,封和平和他的同事在实际中遭遇的困难甚至超过他自己的所有设想,"人们的很多客户是土生土长的中国公司,与国外的公司相比,由于文化习惯以及制度方面存在的差异,在思维方式和做事方法上甚至可以用格格不入来形容,当客户需要出具审计意见时,我们首先想看到实际的证据来证明他们所说的属实,但在许多企业眼中,这种合作关系被异化,合理的要求往往得不到协助。我们缺乏资料而且受到习难,当我们试图用一些国际化的方法来应用于客户时,一些客户对会计师甚至产生仇恨的情绪,所以在开始的时候工作关系很糟糕,因为普华永道有自己的标准,我们要保持合理的怀疑,而国内的企业还没有看到会计师的作用"。

封和平的这些经验现在说来已经成为故事,因为现在这样的事情已经非常稀少了,"事在人为,你要努力向客户宣讲正确的做法,当我们的用意被企业理解后,合作也就变得顺利了,另外从会计制度上讲,中国最近十年的变化超过以往几十年的总和,而我们已经参与到最前沿的课题,已经脱离了依靠跨国企业链生存的时期,从这个角度看,普华永道已经迁徙成功了"。

二、扩张的速度

按照计划,普华永道在未来五到七年的时间里将把中国公司的职员从目前的1 800人扩张到2万人,这是一个令人眩晕的数字,按照中国人的习惯判断,这应当是一家大型工厂的标准,而一家出售智力和专业经验的公司,是否需要如此庞大的人力是个值得怀疑的问题。封和平解释说:"这个数字绝非危言耸听,也不是主管层的一厢情愿,这个结论是根据目前的业务量以及对未来的一些基本判断得出的,当初在中石化上市这一项目上,普华永道派出了300人组成大队伍才顺利完成,随着《公开发行证券的公司信息披露编报规则第16号——A股公司实行补充审计的暂行规定》的出台,客户的倍数增长已经来临,而现在的人手很显然捉襟见肘,以这样的速度膨胀不是操之过急而是不够迅速。"

难点在于,普华永道迫切需要的专才不能像产业工人一样在短时间内培训出来,加上其他国内外同行的竞争,能够在多大程度上实现这个庞大的计划,是对公司计划的另一层考验。

普华永道高管层对困难也很清楚。人们对有形产品的竞争非常了解,其实在会计行业的竞争也非常激烈,尤其是五大会计师事务所之间的竞争几乎可以用残酷来形容,如果期望赢得胜利,唯有依靠实力和良好的信誉,对会计师事务所来说,这都可以归纳到人才的竞争。

普华永道目前的难处在于加速人才本地化进程,这是一个着急不得的过程,封和平介绍说,在公司里,从大学毕业顺利升任到合伙人,至少要花去13年的时间,但所有的等待都是必须的,因为会计师最重要的资本在于信誉,所有的扩张都不能急功近利,标准也不能因此降低,人才短缺的阴影在短期内还无法改变。

案例评析

注册会计师以提供审计等专业智力和专业经验的服务性组织,职业道德和专业技术要求非常高,因此必须坚持把社会责任放在首位,把职业道德标准放在首位,不能盲目扩张而忽视质量。注册会计师职业道德受社会文化等环境影响深远,处理好扩张发展中的文化冲突是极为重要的工作。

案例九 德勤与普华永道面临诚信危机

案例介绍

中国资本市场进入制度建设的关键时期,标志之一就是政府大大加强了对市场的监管力度。作为保障股民享有上市公司真实、可靠信息的审计机构——具有证券业审计资格的会计师事务所,理所当然成为投资者瞩目的焦点。

财政部日前发布第十一号会计信息质量检查公告,依法对涉及做假账的8家上市公司、8家会计师事务所和23名注册会计师作出了处理和处罚,普华永道和岳华等世界或国内的知名公司被责令整改。与此同时,世界知名会计师事务所德勤对科龙电器的审计报告是否存在失职,也引发了社会的普遍关注。

从德勤与普华永道的反应来看,显然不太适应目前监管形势的变化。德勤于一片质疑声中,再三强调在审计过程中存在的"固有的局限性",认为"我们已依据适用的审计准则恰当执行了对2002年、2003年和2004年财年的审计。在财务报表的审计中存在某些固有的局限性,同时某些重大错报的情况未能被察觉,都是可以理解的,尤其当这些是由于故意隐瞒的违规行为所造成"。然而,普华永道的反应十分谨慎,把"责令整改"解读为"对个别项目中的审计程序作出修改,并非行政处罚",同时公司高层到北京紧急"公关"。

在有关部门的结论未公开前,一切仅止于猜测。但是,德勤与普华永道的行为让人不解,前者使出了会计师事务所面临危机的常用方法,有事先推卸责任之嫌;后者则采用了颇具中国特色的定向"公关"办法。作为世界知名的会计师事务所,普华永道的行动指向不是广大投资者,而是相关政府权力部门。

普华永道之所以进京"公关",应该出于对以往经验的判断。我国政府部门对会计师事务所的违法行为所进行的裁决和处理,偏重于行政处罚,主事者的自由裁量权较大,以罚代法、重刑轻民的现象屡见不鲜。不仅如此,高法的司法解释对于投资者因虚假陈述引发的民事赔偿案设定了很高的门槛,使投资者的法律索赔成本变得十分高昂。

对于会计师事务所的监管还面临专业门槛的难题,目前我国注册会计师的监管主体为行业协会监管部,这很难避免同业审查的利益相关者倾向。美国也实行类似核查制度,却从未有过一家大的会计师事务所被亮过红牌。此次为科龙电器实施审计的两位德勤的签字会计师,一为2002年以来同时为古井贡实施审计的德勤的签字会计师,而古井贡也在2005年被证监会立案调查;另一位此前为中天勤会计师事务所的合伙人,而中天勤则由于在银广夏事件中存在重大审计过失,被财政部吊销了执业资格。此二人尽管遭到业内人士的私下质疑,但这一质疑却从未成为市场的公开信息。

这次财政部的检查旋风收到了良好的社会效果,被认为是"维护注册会计师行业的形象"的有力之举。这次检查由各地监察专员办事处负责,一是避免了利益相关者和自查弊病,二是将结果公之于众,成为市场的有效信息,有关部门显然应该持之以恒,使抽查成为常规检查。

在美国国际集团丑闻发生后,作为审计方的普华永道首席执行官迪佩萨曾表示,"我们得证明自己的质量","我想责任改革应该提上日程"。这应该是历尽劫波之后的肺腑之言。被查出有违中国法律法规的普华永道与德勤等知名会计师事务所显然应该以此自勉。在危机来临时,将问题归结于"某些固有的局限性",无异于推卸责任,无法取得社会公众信任,也不利于整个会计行业和中国资本市场的发展。

案例评析

审计所存在的"固有局限性"确实是审计理论与实务的重大难题,是产生审计期望差距的主要原因,但是这绝不可成为审计人员开脱责任的借口,审计应千方百计尽到应尽关注之责。

(资料来源：中华财会网，2005年8月5日。)

案例十 国际四大会计师事务所遭信任危机

案例介绍

2005年7月28日财政部公布的一份《会计信息质量检查公告》显示，在2004年度的检查中，财政部抽查了5家具有证券期货许可证的会计师事务所和13家中小会计师事务所，并对8家事务所和23名注册会计师做出了处罚。普华永道及其两名注册会计师名列其中。

更有意思的一种现象是，一些上市公司正在纷纷与四大所"分手"，另一方面四大所对客户收取的费用却在年年攀升。

一、普华受罚

这是监管机构对国际会计师事务所第一次进行公开处罚。尽管普华永道随后一再向媒体强调，"'责令整改'是财政部对普华永道工作提出的建议和意见，希望普华永道对个别项目中的审计程序问题做出修改，并非行政处罚"。

相对于其他被"撤销""暂停经营"和"警告"的处理决定中，普华永道被"责令整改"的处罚的确不是非常严重，但四大所曾意味着"最高的审计质量"，而普华永道作为18家被抽查中唯一一家国际所，一查就出了问题。

对此，普华永道正在试图尽量减轻处罚带来的负面影响。

"财政部2004年6月份就进驻了普华永道深圳和广州两个分所，检查持续了三四个月，不可能一点问题都没有。最后财政部出具了类似于'关注函'。他们对我们的审计程序设计还是满意的，只是提出一些助理审计员在实际操作过程中可能有疏漏的地方，并没有完全按事先设计好的审计程序执行。"普华永道一位工作人员表示。

但是，检查出的结果似乎并没有这样轻描淡写。

据《上海证券报》报道，普华永道审计的上市公司黄山旅游，2002年投入4 400万元用于证券投资，至2004年3月全部处置后亏损1 852万元，该事项未在2002年、2003年年报中如实反映。另外，2002年，黄山旅游还有一笔为避免计提无形资产减值准备对利润的影响而进行的3 700万元的不当资产交易。

而且，普华永道负责审计的另一家上市公司京东方似乎问题更大。2003年该公司需要更正的会计差错多达6项，涉及多结转成本、少计财务费用、多计投资收益、漏计银行借款等。经调整，京东方2003年净利润减少4 202万元，留存收益减少1 681万元。

出现问题的并不只有普华永道。

德勤近期也卷入了科龙公司的乱局。格林柯尔自入主科龙三年来一直由德勤为其审计，由于格林柯尔及科龙在财务报表上有很多明显漏洞，德勤对科龙2003年年报出具了"非标准无保留意见"，这遭到业内的普遍质疑。

"财政部查出这些问题，也觉得很为难，因为中国的注册会计师行业与监管机构有着千丝万缕的裙带关系，无论是四大所，还是众多国内所，很多都是由财政部和地方财政局官员挂名的。"一位业内人士对记者说。

因此,越来越多的上市公司促使监管机构加大监管力度。2005年,财政部将与证监会、国资委联手,共同开展对部分会计师事务所、上市公司和中央国有企业的检查。

二、收费上涨

事发后,普华永道主动解除了与黄山旅游及京东方的审计聘约。

根据中国注册会计师协会提供的数据,在2004年年报审计过程中,普华永道中天共解除了8家上市公司的审计聘约,除黄山旅游、京东方外,还有帝贤B、联通国脉、ST天海、上柴股份、ST自仪和ST大化B。

另据中国注册会计师协会对2004年更换会计师事务所的统计,共有104家上市公司变更了审计师。其中,27家上市公司炒掉了四大会计师事务所,只有6家上市公司改聘四大会计师事务所。

在中国会计视野网站上,网民飞草认为,在发达的资本市场,上市公司的审计师呈垄断地位,越来越多的上市公司最后都集中由四大所来审,而在中国,情况却恰恰相反,这就背离了发展趋势。

是信誉危机导致四大所客户流失?

"我们并不是被炒掉的,而是每年对上市公司的风险进行重新评估,如果风险超出了能承受的范围,我们就不会再接了。即使是黄山旅游和京东方,也是正常的业务调整,解聘是因为它们风险过高。"普华永道一位合伙人称。

一个不争的事实是,尽管遭受质疑,四大所的收费却在上涨。

"2004年我们向客户的收费涨了5%,2005年要涨12%。"四大所的一位审计经理表示。

而且,四大所在中国的生意似乎丝毫没有受到影响。与国内许多中小所要去大力拓展客户形成对比的是,四大所对于一些小客户提出的审计要求"不理不睬",理由是"风险太高"。一位四大所的工作人员称,"所谓流失的客户可能也是我们不想要的"。一位正在寻求香港上市的高科技公司的财务经理抱怨说:"我们可是一个在海外上市的项目,他们拿到几百万美元的审计项目,但是在忙季,却只过来一个人。"

在经过了最初的开辟市场阶段后,四大所在中国的战略正逐渐向"抓大放小"演变。尽管"流失"了一些国内的上市公司,但所有在海外上市的垄断型国有航母无一不被其尽收囊中。

案例评析

审计职业经验要求高,专业技术难度大,业务风险规避困难,事务所规模大不等于服务质量一定高,如果不能尽到职业道德应尽职责、达到专业技术标准要求,也会审计失败,因此受社会广泛关注的大的事务所更应该谨慎再谨慎。

监管者与被监管者在某种程度上存在一定的"利益相关性",如何正确处理两者的关系,也是值得探讨与研究的重要问题。

(资料来源:中华财会网,2005年8月8日。)

图书在版编目(CIP)数据

商务伦理与会计职业道德/张俊民编著. —上海:复旦大学出版社,2020.8
(创优. 经管核心课程系列)
ISBN 978-7-309-15037-7

Ⅰ.①商… Ⅱ.①张… Ⅲ.①商业道德-高等学校-教材 ②会计人员-职业道德-高等学校-教材 Ⅳ.①F718 ②F233

中国版本图书馆 CIP 数据核字(2020)第 105383 号

商务伦理与会计职业道德
张俊民 编著
责任编辑/鲍雯妍

复旦大学出版社有限公司出版发行
上海市国权路 579 号 邮编:200433
网址:fupnet@ fudanpress.com http://www.fudanpress.com
门市零售:86-21-65102580 团体订购:86-21-65104505
外埠邮购:86-21-65642846 出版部电话:86-21-65642845
上海春秋印刷厂

开本 787×1092 1/16 印张 22.75 字数 553 千
2020 年 8 月第 1 版第 1 次印刷

ISBN 978-7-309-15037-7/F · 2694
定价:48.00 元

如有印装质量问题,请向复旦大学出版社有限公司出版部调换。
版权所有 侵权必究